Hans Fallada

Köstliche Zeiten

atb aufbau taschenbuch

Rudolf Ditzen alias Hans Fallada (1893–1947), zwischen 1915 und 1925 Rendant auf Rittergütern, Hofinspektor, Buchhalter, zwischen 1928 und 1931 Adressenschreiber, Annoncensammler, Verlagsangestellter, 1920 Roman-Debüt mit »Der junge Goedeschal«. Der vielfach übersetzte Roman »Kleiner Mann – was nun?« (1932) machte Fallada weltberühmt. Sein letztes Buch, »Jeder stirbt für sich allein« (1947), avancierte rund sechzig Jahren nach Erscheinen zum internationalen Bestseller. Weitere Werke u. a.: »Bauern, Bonzen und Bomben« (1931), »Wer einmal aus dem Blechnapf frißt« (1934), »Wolf unter Wölfen« (1937), »Der eiserne Gustav« (1938).

Die Herausgeberin: Sabine Lange, geb. 1953, von 1984 bis 1999 Archivarin im Hans-Fallada-Archiv in Feldberg, Gründungsmitglied der Hans-Fallada-Gesellschaft e.V., Mitbegründerin des internationalen Fallada-Forums; zahlreiche Veröffentlichungen und Herausgaben zu Hans Fallada.

Hans Fallada war ein Feinschmecker, der vor allem Landgerichte liebte, mit Zutaten aus der eigenen Bauernwirtschaft, aber auch aus Wald, Feld und See vor der Haustür. Diese kulinarischen Vorlieben sind in sein literarisches Werk eingegangen. Es gibt wunderbare Geschichten ums Essen in seinen Büchern: derbe Fressgeschichten, zarte Orgien der Völlerei, Geschichten um das Nichtessenwollen und das Heimlich-Essen. Die schönsten sind hier versammelt. Ergänzt werden sie durch Originalrezepte aus dem Hause Ditzen-Fallada. Die Köchin Herta Schmidt, die sich 1942 um das leibliche Wohl der Familie sorgte, hat viele Gerichte, wie sie damals in Carwitz auf den Tisch kamen, aufgeschrieben.

Hans Fallada

Köstliche Zeiten

Geschichten und Rezepte

Herausgegeben
von Sabine Lange

atb aufbau taschenbuch

Mit 2 Abbildungen aus dem Kochbuch
von Herta Schmidt

ISBN 978-3-7466-2853-0

Aufbau Taschenbuch ist eine Marke
der Aufbau Verlag GmbH & Co. KG

1. Auflage 2012

Die erste Auflage des Bandes erschien 2001 unter dem Titel
»Der Schmortopf ist ganz überflüssig. Geschichten und Rezepte«
bei Aufbau Taschenbuch
Umschlaggestaltung Mediabureau Di Stefano, Berlin unter
Verwendung einer Zeichnung von Conrad Neubauer-Conny
und Dean Stanton/getty-images
Satz LVD GmbH, Berlin
Druck und Binden CPI – Clausen & Bosse, Leck
Printed in Germany

www.aufbau-verlag.de

Inhalt

Geschmacksneigungen

Es muß an den Erbsen liegen

Allmählich kommt der Appetit wieder

Gutes Essen macht auch die Menschen gut

Wieder zwei Pfund zugenommen!

Geschmacksneigungen

Grüner Aal mit Gurkensalat

An einem schönen, stillen Abend saß der Mann nun recht zufrieden, seine Pfeife rauchend, auf einer Bank, die an seinem Komposthaufen stand. Oben auf dem Komposthaufen wuchsen Gurken, unten auf der Bank saß rauchend der Mann. Morgen könnte es ein bißchen regnen, überlegte der Mann. Das ewige Gießen ist mir schon recht über. Aber für meine Gurken ist es mir nicht über – ich will die allerlängsten und allerdicksten Gurken von allen Leuten ernten. Wirklich hingen sehr schöne große Gurken da oben, aber der Mann wollte sie noch schöner und dicker.

Gerade als der Mann dies überlegte, raschelte es oben und – pardauz! fiel eine Gurke von dem hohen Komposthaufen auf die Erde. »Das verbitte ich mir!« rief der Mann und nahm die Pfeife aus dem Munde. »Ihr habt zu wachsen, nicht abzufallen, ihr Gurken!« Er bückte sich nach der Gurke, oben raschelte es wieder und – plauz! – fiel ihm eine zweite Gurke auf den Rücken, daß es knallte. »Aua!« schrie der Mann. »Das tut ja weh!« Und er rieb sich den Rücken.

Oben raschelte es noch einmal, aber diesmal fiel nichts, nein, es war, als wenn etwas fortlief. Diebe! dachte der Mann. Gurkendiebe! Und er lief schnell um den Haufen herum. Er sah nichts, der Haufen war zu hoch. »Hallo, Sie!« schrie der Mann. »Gehen Sie mal raus aus meinen Gurken, sonst rufe ich die Polizei.«

Plauz, pardauz fiel etwas aus dem Komposthaufen heraus, und als der Mann es ansah, war es wieder einmal der

Igel. »Dachte ich es mir doch!« sagte der Mann empört. »Nun sind meine Birnen gepflückt, da gehst du an meine Gurken. Sind meine Gurken alle, wirst du die Kürbisse nehmen. Kürbisernte vorbei – machst du dich an die Rüben. Rüben alle, heißt's Kartoffeln. Kartoffeln ausgebuddelt, ist der Winter da, und du willst womöglich in mein warmes Haus. Nichts da – jetzt ist es völlig alle mit dir – aber unter eine Kiste setze ich dich nicht wieder. Mir sollst du nicht noch einmal ausreißen!«

Damit nahm der Mann eine Schaufel, schob sie unter die Stachelkugel und trug den Igel hinunter an den See und legte ihn ins Boot. Dann ruderte ein weites Stück auf den See und warf den Igel ins Wasser. »So«, sagte er, »du bist weg. Meinetwegen können sich die Fische deine Stacheln in ihre Mäuler pieken.« Dabei fiel ihm ein, daß er gut einmal wieder nach seiner Aalreuse sehen könnte. Er ruderte hin, zog sie hoch, und richtig waren zwei schöne starke Bengel darin. Das geht ja großartig, dachte der Mann. Erst die Gurken, nun die Aale. Grünen Aal mit Gurkensalat eß ich für mein Leben gerne.

Er ruderte vergnügt nach Haus, nahm in jede Hand einen Aal, stieg ans Ufer, ging zum Haus hinauf – wer steht da im Wege?

Der Igel! Der Igel – noch ein bißchen naß, aber sonst sehr vergnügt.

Vor Schreck läßt der Mann die Aale fallen, der Igel quiekt und rennt unter einen Rosenbusch, die Aale schlängeln sich fort ins Gras, der Mann schreit auf und rennt dem Igel nach in den Dornenbusch, wo er sich jämmerlich zersticht und zerkratzt. Die Aale sind fort, der Igel ist verschwunden, aber der Mann hat blutige Hände. Der hat nicht gut geschlafen diese Nacht!

Aus: *Die Geschichte vom getreuen Igel*

Gespickter Igel (Ditzen)

2 Pakete Leibnitzkeks, ½ Pfund Zucker, ½ Pfund Palmin (geht auch mit fester Butter), ¼ Pfund Kakao, 4 Eier, 2 Vanillezucker.

Zubereitung:
Palmin schmelzen, dann Kakao und Zucker vermischen und dazurühren. Nach und nach die Eier zuführen. Auf einem Brett ein Stück Pergamentpapier mit Wasser anfeuchten, von der Masse draufstreichen, darauf eine Schicht Keks legen, dann wieder Masse usw. Zuletzt von allen Seiten mit der Masse bestreichen und mit einer nassen Gabel verzieren.

Diners

Feierliche Abendessen, zu jenen grauen Vorzeiten um das Jahr 1905 herum »Diners« genannt, waren der Schrecken meiner Eltern, aber die Wonne von uns Kindern. War das Weihnachtsfest vorüber, hatten zu Neujahr Portier, Briefträger, Schornsteinfeger, Waschfrau, der Milch- wie der Bäckerjunge ihren meist sowohl hinten gereimten wie auf buntes Papier gedruckten Neujahrswunsch abgegeben und dafür nach einer geheimnisvollen Preisskala Beträge von zwei bis zu zehn Mark empfangen, so fing meine gute Mutter erst sachte, bald dringlicher an zu mahnen: »Arthur, wir müssen wohl allmählich an unser Diner denken!«

Zuerst sagte mein Vater nur leichthin: »Das hat gottlob noch ein bißchen Zeit!« Später seufzte er, schließlich stimmte er bei: »Dann werden wir also wieder einmal in den sauren Apfel beißen müssen. Aber das sage ich dir, Louise: mehr als fünfundzwanzig Personen laden wir diesmal nicht ein! Das vorige Mal war eine Fülle, daß keiner bei Tisch die Ellbogen bewegen konnte!«

Worauf Mutter ihm zu bedenken gab, daß wir, bloß um

uns zu »revanchieren«, mindestens vierzig Personen einladen müßten. »Sonst müssen wir eben zwei Diners geben, und zweimal diesen Aufstand im Hause zu haben, das bringt dich und mich um! Außerdem würden die zum zweiten Diner Eingeladenen alle gekränkt sein, denn ein zweites Diner gilt doch nur als Lumpensammler!«

So glitten die Eltern ganz von selbst in immer häufigere eifrige Debatten über »unser Diner«, Debatten, denen wir Kinder mit größter Anteilnahme lauschten. Noch nicht so wichtig war uns die Frage, wer geladen wurde, wer neben wem sitzen sollte, trotzdem gerade diese Frage meinen Eltern besonderes Kopfzerbrechen machte. Denn einesteils waren Rangordnung und Dienstalter (unter Berücksichtigung etwaiger Ordensauszeichnungen) strengstens zu beachten, zum anderen mußten auch persönliche Sym- und Antipathien bedacht werden. Und schließlich entstand die schwere Frage: Hatten die so für ein vierstündiges Essen aneinander Gebannten sich auch etwas zu erzählen? Frau Kammergerichtsrat Zehner schwärmte nur für den Tirpitzschen Flottenverein, und Herrn Kammergerichtsrat Siedeleben interessierten neben seiner Juristerei nur kirchliche Dinge – ein solches Paar würde nie guttun! Und der liebe Kammergerichtsrat Bumm war auf dem linken Ohre taub, wenn er es auch nicht wahrhaben wollte: schon fünfmal hatte in diesem Winter bei andern Kammergerichtsdiners Frau Kammergerichtsrat Elbe (Gutsbesitzerstochter vom Lande) neben ihm gesessen. Es machte ihr nichts aus, auch mal ein bißchen zu schreien, aber konnte man es ihr wirklich ein sechstes Mal zumuten –?

Hatten die Eltern aber glücklich das kunstvolle Gebäude einer solchen Tischordnung errichtet und die Einladungen mit der mir sehr imponierenden Formel: U. A. w. g. (Um Antwort wird gebeten) durch Berlin versandt, so wurde unausbleiblich der Bau schon mit den ersten Antworten erschüttert bis in seine Grundfesten: der hatte Influenza, dem war eben die Mutter gestorben, hier hatten die Kinder Diphtherie ...

»Nein!« seufzte dann mein Vater, der sich immer am wohlsten über seinen Akten fühlte, »diese Abfütterungen sind etwas Schreckliches! Keiner schätzt sie. Warum verabreden wir uns nicht eigentlich alle, mit dem Unsinn Schluß zu machen –?!« Aber dies war ein rein rhetorischer Ausruf. Mein Vater wußte wohl, solchen Gedanken auch nur zu hegen grenzte an anarchistischen Umsturz. Alles, was sich in der Juristerei kannte, lud sich alle Winter gegenseitig ein, wie das Offizierskorps sich untereinander einlud, wie die Geistlichkeit zu einem Teller Suppe bat, der auch vier Stunden dauerte – alles schön nach Ämtern und Klassen getrennt, daß nur kein neuer Gedanke in die altgewohnten Kreise kam!

Doch, wie schon gesagt, diese Fragen interessierten uns Kinder nur als die Vorfrage der Hauptfrage: Was werden wir essen? Was werden wir trinken? Womit werden wir uns kleiden? (Nämlich die Mama, für den Papa war Gehrock mit weiß pikierter Weste selbstverständlich.) Oh, diese wichtige Frage: Koch oder Köchin? Jeder Koch war nach dem alten Glaubenssatz tüchtiger als jede Köchin, aber er war auch teurer und ließ sich nie etwas sagen. Mit der Köchin ließ sich angenehmer arbeiten, aber das letztemal war das Filet zäh gewesen, und die Eisbombe war ihr zusammengefallen.

Ganz Fortgeschrittene ließen das Essen auch schon aus einer Stadtküche kommen, das dann im Hause nur aufgewärmt wurde. Aber dafür war Mutter gar nicht: »Es ist nicht das richtige, Arthur. Es schmeckt eben doch aufgewärmt!«

In unserem Hause fiel nach langen Erörterungen die Entscheidung unweigerlich für die Köchin, trotz des zähen Filets und der zusammengefallenen Bombe. Dann erschien Frau Pikuweit eines Nachmittags zu einer Vorbesprechung mit Mutter, und wenn ich es irgend so einrichten konnte, schmuggelte ich mich zu dieser Besprechung ein. (Von daher datiere ich meine nie nachlassende Liebe für die guten Speisen dieser Erde.)

Da saß dann also die gute Frau Pikuweit vor meiner Mutter, sie sah in ihrer bürgerlichen Alltagstracht lange nicht so majestätisch aus wie am Tage ihres Wirkens in schneeigem Weiß mit einer immer rutschenden gestärkten Haube auf dem Kopf. Die beiden Frauen verhandelten immer eifriger und schließlich immer verzweifelter über die Gänge – nach einer heiligen Tradition mußten es sieben oder neun sein, ich weiß es so genau nicht mehr. Meine Mutter hatte alle Speisefolgen – sprich Menüs – dieses Winters, durch die sie sich schon hindurchgegessen hatte, aufbewahrt: es sollte doch auch etwas Abwechslung sein!

Und nun fielen geheimnisvolle Wort: Harcots verts, Sauce Béarnaise, Sauce Cumberland, Soupe à la Reine, Cremor tartari, Aspik – Worte, die mir märchenhafter vorkamen als jedes Märchen. Schon wenn ich den Ausdruck »Krebsnasen« hörte – man denke Nasen von Krebsen, man aß Nasen! –, wurde mir ganz anders, und ich sah die fette, weißgelbliche Sauce vor mir, mit den kleinen rötlichen Fettkreisen und den schwarzen Knopfaugen und langen roten Fühlern der Krebse ...

Was die Speisefolge anging, zeigt sich Vater uninteressierter. Er war so unglücklich, gallenleidend zu sein, und aß allwinterlich fünfundzwanzigmal seine vier Stunden ab, indem er nicht mehr als eine Scheibe Fleisch und einen Löffel Prinzeßbohnen aß, wozu er ein Glas Sauerbrunnen trank. Pro forma wurde ihm stets ein Glas Wein gefüllt, das er aber nur bei ganz feierlichen Toasten mit den Lippen berührte. Daß mein lieber Vater die lange Folterqual dieser ihm immer wieder neu servierten Schüsseln mit den verlockendsten Gerichten stets in bester Laune überstand, zeigt sowohl seinen Sinn für das Schickliche wie sein grundgütiges Herz, das gottlos alle Galle nicht hatte verderben können.

Beim Menü ratete und tatete mein Vater also nicht viel mit, außer daß er sich ein Vetorecht wegen zu hoher Kosten vorbehielt. Denn solche Abfütterung kostete immer drei- bis vierhundert Mark, und das spielte in dem Etat eines Kammergerichtsrats, der vier Kinder hochzubringen hatte, eine sehr erhebliche Rolle!

Dafür hatte aber Vater als rein männliches Geschäft den Wein zu besorgen. An sich wäre auch meine Mutter dafür die Richtigere gewesen, denn sie trank wenigstens ab und zu ein Glas Wein. Aber die Zeiten waren nun einmal so, daß das Weibliche unter keinen Umständen in männliche Vorrechte eingreifen durfte: Männer tranchierten den Braten, rauchten und kauften den Wein, Frauen waren für Küche, Kinder und Dienstboten zuständig.

Ich fürchte, diese Weinkäufe von Vater sind nicht immer sehr erfolgreich gewesen. Vater, der ein sparsamer Mann war und es auch sein mußte, wählte den Wein mehr nach dem Preise als nach Lagen, und sein Weinhändler beriet ihn, wie es seinem Lager zur Räumung schwer verkäuflicher Reste guttat. Vielleicht tue ich meinem Vater mit diesem Verdacht unrecht, aber ich erinnere mich, daß ich einmal im Badezimmer die beiden Lohndiener überraschte. In der Wanne des Badezimmers wurde nämlich der Weißwein kalt gestellt. Da standen, als ich aus unaufschiebbaren Gründen eilig hereinplatze, die beiden Helden, jeder eine Flasche Wein am Munde, die sie bei meinem Erscheinen nicht übermäßig eilig absetzten.

»Sauer, wat?« fragte der eine trübsinnig.

»Sauer?!« gab der andere empört zurück. »Det nennste sauer?! Det is ne janze Essigfabrik in *eene* Pulle! Det wolln wa lieba de Jäste üebalassen! Sauer, heeßt es doch, macht lustig!«

»Aber erst am dritten Tag«, bemerkte der erste düster.

Danach ist es mir rätselhaft, wieso sich die beiden Lohndiener mit einer überraschenden Regelmäßigkeit bei jedem unserer Diners in mehr oder minder schwankende

Gestalten verwandelten, die von meiner Mutter, je näher die Mitternachtsstunde rückte, mit empörten, von meinem Vater aber mit halb amüsierten, halb besorgten Blicken gemustert wurden. Alle Jahre wurden die Lohndiener gewechselt, und alle Jahre erlebten meine Eltern mit ihnen das gleiche. Alle schienen sie nach demselben Muster gearbeitet zu sein.

Auch behauptete meine Mutter von ihnen, daß die Taschen ihrer Fracks mit Wachstuch gefüttert seien: ganze Brathähnchen sollten in ihnen spurlos verschwinden und halbe Rinderfilets. Die schöne Sauce wurde gleich nachgegossen, klagte Mutter. Ihr Ziel war bei solchen Klagen, meinen Vater zu einer strengen Aktion gegen diese trunksüchtigen, räuberischen Diener zu veranlassen. Aber mein Vater war ein weiser Mann und sagte nie etwas, weil er gut wußte, er konnte nicht an einem Abend die Schattenseiten eines langen Berufslebens beseitigen oder auch nur mildern.

Wenn also Mutter am Morgen nach einem solchen Festessen darüber klagte, daß von den vielen schönen Resten kaum noch ein Mittagessen für die Familie zusammenzustellen sei, so sagte er nur leise lächelnd: »Laß es gut sein, Louise! Denke einfach, es hätte den Gästen noch besser geschmeckt und sie hätten mit allem Rest gemacht!«

»Es war aber noch ein ganzes Filet da!« sagte meine Mutter empört.

»Auch ich bedaure sein Verschwinden«, stimmte Vater milde bei. »Weil nämlich von allem Fleisch – nur den Kalbsbraten ausgenommen – mir Filet am besten schmeckt und bekommt. Ich bitte dich, mach uns also zum nächsten Sonntag ein Filet auf deine Art, die mir zehnmal lieber ist als die raffinierten Köchinnenkünste!«

Worauf meine Mutter durch dies wohl angebrachte Lob schon halb besänftigt war.

Im übrigen war das Kammergericht, und wer überhaupt zu jener Zeit solche Festessen gab, in genau der gleichen Lage mit seinen Lohndienern wie die Eltern. Verstohlen, aber darum nicht weniger teilnahmsvoll, beobachtete die ganze Tischrunde das Gehaben der beiden befrackten Gesellen, und manche Hausfrau fragte sich insgeheim: »Ob die wohl auch was für uns wären? Ich muß mir doch die Adresse von dem kleinen Dicken geben lassen – er scheint seine Sache zu verstehen.«

Leider war gerade dieser kleine Dicke ein besonders eklatanter Mißerfolg meiner Eltern: beim Abholen einer Platte aus der Küche fiel er über einen Abfalleimer, landete mit Mund und Nase auf der glühenden Kochplatte und erschreckte die ganze Festgesellschaft durch ein brüllendes Geheul: die olle Dicke (die Köchin Pikuweit) habe ihm den Eimer absichtlich in den Weg gesetzt, weil er ihr zu langsames Anrichten getadelt habe. Er verlange Schadenersatz, Körperverletzung sei das, und was derartige betrunkene Anschuldigungen mehr waren.

Er muß einen schrecklichen Anblick geboten haben. Nicht nur ein paar Zähne hatte er verloren, sondern seine Rotweinnase zierte auch eine ständig anschwellende Brandblase. Zu seinem Unheil aber sah er sich einer geschlossenen Front der gewiegtesten Juristen – sowohl Zivil- wie Strafrecht – gegenüber, und während die Damen ihm mitleidig den Gesichtserker mit geriebenen Kartoffeln kühlten, bewiesen die Herren ihm klipp und klar, daß er nicht nur keine Ansprüche zu stellen habe, sondern daß er froh sein könne, ohne Anzeige davonzukommen. Denn Trunkenheit durch entwendeten Wein liege zweifelsfrei vor. Zum Schluß saß der Unselige, bandagiert wie ein Student, dem auf der Mensur die Nasenspitze abgehauen ist, weinend in der Küche ... Er traute sich in diesem Zustand nicht nach Haus zu seiner Eheliebsten und flehte seine Feindin Pikuweit an, ihm doch ein paar Tage bei sich Quartier zu geben, bis er ein bißchen ausgeheilt sei. Dazwischen trank er zur Tröstung Vaters Wein ...

Dieses Diner war sicher auch für unsere Gäste eines der anregendsten in diesem Winter, nur meine Eltern schämten sich sehr, daß grade ihnen das passiert war. Sie trösteten sich endlich damit, daß auch andern Häusern solche Erlebnisse nicht fremd blieben. Beim Senatspräsidenten Flottwell war doch sogar einmal ein Lohndiener während des Diners spurlos verschwunden und erst morgens um halb vier Uhr gestiefelt und gespornt von der Präsidentin in ihrem eigenen Bett friedlich schlummernd aufgefunden worden!

Von all solchen erregenden Ereignissen blieben wir Kinder natürlich ausgeschlossen. Wir erfuhren sie erst so nach und nach aus den Gesprächen der Eltern oder, waren sie besonders schlimm, auch unter dem Siegel unverbrüchlicher Verschwiegenheit aus der Küche. Aber wir nahmen doch an allem lebhaftesten Anteil.

Aus: *Damals bei uns daheim*

Bald entdeckten wir, daß wir Baumkuchen haßten!

Als ich noch klein war, mußte ich, Diner hin und Festessen her, genau wie sonst um acht Uhr im Bett liegen. Es dauerte dann oft eine lange Weile, bis der Schlaf mich überkam. Von halb neun Uhr ab ging fast ununterbrochen die Türklingel, ich hörte das Gemurmel der ankommenden Gäste. Die Schirme klapperten in den Ständern, Seide rauschte, ab und zu erhob ein Gast seine Stimme lauter, oder ich hörte auch ein fröhliches Begrüßungswort meines Vaters ...

Allmählich glitt ich dann ins Schlafland hinüber, aber bei jedem solchen Diner kam meine Mutter noch einmal zu meinem Bruder und mir ins Zimmer, legte uns von dem Festkonfekt und vor allem von den beliebten Knallbonbons einiges auf den Nachttisch und beugte sich zum Gutenachtkuß über mich. Dann erschien mir meine liebe

Mutter im unsicheren Licht und halben Schlaf völlig verändert. Sonst war sie unermüdlich im großen Haushalt tätig, wir vier Kinder machten unendlich viel Arbeit und Unruhe, dazu brauchte mein zarter, oft kränklicher Vater ständige Pflege und Arbeitsfrieden. Sie kam eigentlich nie zur Ruhe, die Mutter, nur selten schlüpfte sie einmal aus ihrem Arbeitskleid.

Aber an solchen Festtagsabenden trug sie ein tief ausgeschnittenes Seidenkleid, ihre weißen Schultern blinkten wie Schnee daraus. Sie roch so gut nach irgendeinem unbekannten Blumenduft, und ich bewunderte sie aus tiefstem Herzen mit ihrem blitzenden, funkelnden Familienschmuck: der Halskette, der perlenbesetzten Goldbrosche, den leise klingenden Armreifen! Ach Gott, das arme bißchen Familienschmuck! Es ist dann im Weltkrieg den Weg »Gold gab ich für Eisen« gegangen, seit fünfundzwanzig Jahren habe ich ihn nicht mehr gesehen, und doch könnte ich ihn noch aufzeichnen, Stück für Stück – wenn ich bloß zeichnen könnte! Eigentlich hatte ich viel verloren, als ich nun, größer geworden, mit den älteren Schwestern bis elf Uhr abends zusammensitzen und mich mit Kostproben vom Tisch der Großen füllen durfte. Aber ich wußte noch nicht, was ich verloren hatte: ein Kindheitsparadies, in dem meine Mutter eine richtige Fee war, schöner als alle Feen der Märchenbücher.

Solange man noch wirklich jung ist, denkt man weder an Vergangenheit noch Zukunft, man lebt nur der Stunde, und so fand ich es herrlich, wenn immer wieder die Tür bei uns aufging und ein Lohndiener oder auch die Kochfrau oder besonders unser Faktotum, die alte mürrische Minna, uns Teller heranreichten, auf denen eilig die verschiedensten Speisen zusammengeworfen waren: Blätterteigpasteten schauten zwischen Stangenspargel hervor; der Klecks Johannisbeergelee war statt auf die Rehkeule zwischen die Petersilienkartoffeln geraten; und einmal entdeckten wir sogar in einer Omelett soufflée statt der

Champignonfüllung einen veritablen Salzstreuer aus Glas – ein Sturmsignal dafür, welch fieberhafte Aufregung in der Küche herrschte!

Das schwere, ungewohnt kräftig gewürzte Essen versetzte uns Kinder bald in eine gehobene Stimmung. Wir lachten und lärmten so sehr, daß manchmal mahnend gegen unsere Tür geklopft werden mußte. Dann war es nicht mehr weit, daß eine Raubexpedition in das Badezimmer erwogen wurde: so viel Essen macht Durst! Zwar war uns Alkohol von den Eltern streng verboten, aber in unserer Feststimmung waren wir geneigt, ein wenig lax über ein solches Veto zu denken. Und schon waren wir auf dem langen Gang, mit Horchposten sowohl gegen das Speisezimmer wie gegen die Küche. Alle Welt war unserem Labetrunk feindlich gesinnt! Wie oft mußten wir uns überstürzt wieder zurückziehen, wenn ein Lohndiener, geschirrbeladen, den endlosen, echt Berliner Gang entlangscheeste oder wenn gerade in der stets offenen Küchentür Minna erschien mit dem Ruf: »Wollt ihr Rabanters woll machen, daß ihr in euer Zimmer kömmt! Gleich gibt es Eis, und wenn ihr nicht artig seid, essen wir es alleine!«

Aber dann das Glück, wenn wir mit einer Flasche Rheinwein oder gar Burgunder wieder in unserem Zimmer anlangten! Große Unterschiede machten wir zwar in den Sorten nicht, Wein war uns Wein, ein Getränk, das einen unbegreiflich lustig und unternehmend machte! Wir tranken ihn in kleinen Schlucken aus den Zahnputzgläsern der Schwestern und fühlten uns wie Seeräuber, die eine feine Prise gemacht haben.

In einer solchen echten Räuberstimmung unternahmen einmal mein Bruder Ede und ich eine kühne Expedition in die Speisekammer, deren Eingang direkt neben der Küchentür lag, so daß wir jeden Augenblick überrascht werden konnten.

Als wir aber erst darin waren, vergaßen wir jede Gefahr: von weißem Zuckerguß glänzend, standen vor uns die beiden großen Baumkuchen, die am Vormittag ein Konditorjunge gebracht und die seitdem mein und Edes Herz erregt hatten. Ich kannte als der ältere sehr wohl meine Pflicht: ich steckte meine Hand aus, brach eine Zacke ab, und schon war sie in meinem Munde!

»Mir auch eine Nase! Ich will auch solche Nase!« verlangte Ede, und schon um einen Mitschuldigen zu haben, sagte ich: »Brich dir selber eine ab!«

Aber bald dachten wir nicht mehr an Schuld und Unschuld. Diese Nasen schmeckten zu verführerisch, wir brachen immer mehr ab. Hielten wir uns zuerst an einen Baumkuchen, und zwar an seinen unteren Rand, so trieb uns bald die Lust immer weiter. Damit wir einander nicht ins Gehege kämen, teilten wir die Kuchen unter uns auf: Ede brach links, ich rechts die Nasen. Ein unheilvoller Stern stand in dieser Nacht über meinem Elternhaus: kein Mensch kam in die Speisekammer und störte uns bei unserm frevlen Beginnen.

Wie wir es – nach einem überreichen Nachtessen – geschafft haben, ist mir noch heute unerklärlich. Jedenfalls standen in Kürze die beiden Baumkuchen völlig nasenlos vor uns. Jetzt doch ein bißchen bedenklich, schauten wir einander an, selbst wir konnten nicht übersehen, daß dies Prachtgebäck erheblich an Schönheit eingebüßt hatte.

»Ich glaub, wir gehen gleich ins Bett«, meinte ich schließlich.

»Und das Erdbeereis?« gab Ede zu bedenken.

»Wenn sie *das* sehen«, sagte ich düster, »bekommen wir bestimmt kein Erdbeereis!«

»Vielleicht denken sie, Baumkuchen sind so?« schlug Ede vor.

Ich zuckte nur hoffnungslos die Achseln.

»Oder wir sagen einfach, der Konditorjunge hat's gemacht!«

»Am besten gehen wir ins Bett«, wiederholte ich. »Ich stell mich schlafend.«

»Dann werde ich schnarchen«, entschied Ede. »Du bist der Ältere, zu dir kommen sie überhaupt zuerst.«

Wir lagen noch nicht lange in unsern Betten, als wir eine gesteigerte Unruhe auf dem Gang bemerkten. Dann hörten wir die aufgeregte Stimme meiner Mutter von der Küche her. Wir machten, daß wir unter die Decken krochen. Ede fing sofort an, in der lächerlichsten Weise zu schnarchen. Es war oft, meistens sehr schön, der Ältere von uns beiden Brüdern zu sein, doch hätte ich in dieser Stunde mein Erstgeburtsrecht für noch weniger als ein Linsengericht gerne hergegeben. Später hörte ich sogar Vaters Stimme aus dem Küchenbezirk. Man bedenke, unser Verbrechen war so riesengroß, daß beide Gastgeber von der Tafel weggerufen wurden! Ich konnte mir den Umfang der uns drohenden Strafe nicht einmal ausdenken!

Aber was dann eintrat, war schlimmer als jede Strafe: es trat nämlich gar nichts ein. Ich lag mit immer stärker klopfendem Herzen in meinem Bett und erwartete das Jüngste Gericht. Aber niemand kam. Ich wartete, ich flehte fast um Erlösung: niemand kam. Ede war längst richtig eingeschlafen, und immer noch lag ich wach, schlaflos über tausend Möglichkeiten grübelnd. Ich lag, wie man so sagt, die ganze Nacht wach, schließlich wäre mir die schlimmste Strafe lieber gewesen als dieses Warten. Als ich dann hörte, wie sich Frau Pikuweit von unserer Minna und Charlotte verabschiedete, drehte ich mich mit einem tiefen Seufzer zur Wand. Ich war böse mit meinen Eltern, daß sie das Schwert der Rache so lange über mir schweben ließen.

Und der nächste Morgen kam, die Eltern schliefen noch. Als Frühstück bekamen wir Jungens Baumkuchen, die Schwestern aber Butterbrote. Sie wollten protestieren, Charlotte, übermüdet, sehr unwirsch, sagte nur, der Herr Rat habe es angeordnet. Als wir in der Schule unsere Frühstücksbrote auspackten, fanden wir keine Brote, sondern Baumkuchen. Beim Mittagessen – Vater war auf dem

Gericht – blieb Mutter recht kühl zu uns, sagte aber kein Wort von Baumkuchen. Dafür mußten wir ihn essen, nur Baumkuchen, während die anderen sich an den herrlichsten Resten delektierten. Sie bekamen auch Eis!

Vesper, Abendessen: unser Speisezettel hieß unverändert Baumkuchen. Der nächste Tag: Baumkuchen! Die anderen aßen zu Mittag Brühkartoffeln mit schöner grüner Petersilie und schierem Rindfleisch, wir hatten Baumkuchen! Es wurde uns immer schwerer, unsern Hunger mit Baumkuchen zu stillen. Wir fanden, Baumkuchen war ein überschätztes Gebäck. Bald entdeckten wir, daß wir Baumkuchen haßten! Expeditionen nach der Speisekammer und Küche blieben erfolglos: die Speisekammer war verschlossen, und auch aus der Küche wurden wir prompt verjagt.

Ein dritter Tag zog herauf – Baumkuchen! Wurden diese elenden beiden Baumkuchen denn nie alle? Und immer starrten uns die Bruchstellen, an denen die Nasen gesessen hatten, anklagend an. Wir wagten nicht zu meutern, wir wagten nicht einmal zu bitten ... Mit immer lahmeren Kinnbacken kauten wir an unserem Baumkuchen ...

Und das allerschlimmste war dabei, daß nie jemand ein Wort über unsere etwas gleichförmige Speisenfolge verlor. Es schien das Selbstverständlichste, daß wir allein mit Baumkuchen ernährt wurden, von Urzeiten her, bis in alle Ewigkeiten! Wagten die Schwestern in ihrer albernen Gänsemanier wirklich einmal, über unsere Leidensmienen zu gniggern, so brachte sie der strenge Blick meiner Eltern sofort wieder zur Ruhe. Selbst Minna und Charlotte, die sonst immer sofort bereit waren, uns zu bedauern, verloren nicht ein Wort über diese unsere Prüfung. Mein Vater sagte ihnen selten etwas, aber tat er es, so folgten sie ihm blindlings. Sie liebten ihn beide schwärmerisch wegen seiner Güte und Gerechtigkeitsliebe, die alte mürrische Minna ebensosehr wie die junge vergnügte Charlotte.

Ach Gott, was wären Ede und ich glücklich gewesen,

wenn wir wie andere Jungens eine kräftige Tracht Prügel gekriegt hätten! Aber mein Vater war weder für Prügel noch für Schelten, alles Gewaltsame und Laute widerstrebte seiner Natur. Er strafte haargenau auf dem Gebiet, auf dem man gesündigt hatte. Die Gier nach Baumkuchen strafte er durch Übersättigung mit Baumkuchen. Auch der Dümmste begriff dies ohne ein Wort...

Und schließlich war der Baumkuchen dann alle. Den Mittag, ich weiß es noch, gab es westfälische dicke Bohnen, süßsauer, mit Räucherfleisch, ein Essen, dem ich bis dahin immer abgeneigt gewesen war. Ich aß davon wie ein Verhungerter. »Junge, du ißt dich ja wohl zuschanden!« rief meine Mutter, als ich mir den Teller zum drittenmal füllen ließ.

Vater aber sagte nur: »Sieh da! Sieh da!« und lächelte mit all den vielen Fältchen um seine Augenwinkel. –

Aus: *Damals bei uns daheim*

Grießkuchen Tante Tilly

3 Eier, 150 g Zucker, 100 g Grieß, 100 g Mehl, 1 Pk. Vanillezucker, ½ Pk. Backpulver.

Zubereitung:
Eigelb mit Zucker schaumig rühren. Dann Grieß und Mehl, Vanille in Backin dazu, zuletzt den Eischnee. In der Springform backen.

Ein versalzenes Bohnengericht

Aber mit den Sorgen war es wirklich vorbei. Die Lebensmittel waren so billig, und wie oft bekamen wir sie noch geschenkt! Wirklich, diese Holländer waren ein großzügiges Volk! Acer hatte die richtige Witterung gehabt, kaum einer hatte Bedenken, sich vierzehn Fresser an den Tisch zu laden. Und mit unsern Konzerten ging es weiter gut. Wir verdienten viel Geld, haben es freilich auch alles wieder ausgegeben und sind nicht als reiche Leute nach Haus zurückgekehrt.

Vater freilich, als ich ihm später von unsern Konzerten und meinem Geldsammeln erzählte, wiegte den Kopf bedenklich hin und her. Es ging ihm doch etwas wider die Ehre, daß sein ältester Sohn wie ein Bettelmusikant mit dem Hut in der Hand auf öffentlichen Straßen und Plätzen kassiert hatte! Aber schließlich lächelte er doch. Es schien ihm vielleicht ganz gut, daß der ewige Träumer mal etwas vom wirklichen Leben zu schmecken bekommen hatte! Wie oft sagten Eltern und Geschwister von mir, wenn ich nicht antwortete auf ihre Fragen: »Sehet, da kommt der Träumer!«

Ich habe auf dieser Fahrt nichts von schönen Gebäuden, von Museen und Bildern gesehen, an denen die Niederlande doch so reich sind. Ohne jede Last von Schulwissen wanderten wir und ohne allen Bildungsdrang. Unsere Augen waren für diese Art Schönheit noch nicht geöffnet, und der vergnügte Acer war wohl auch nicht der Mann dazu, sie uns aufzutun. An nichts der Art erinnere ich mich.

Aber ich sehe die niedrigen holländischen Häuschen noch deutlich vor mir, schön rosa und bläulich und grünlich getüncht, die innen und außen so unglaublich sauber waren. Und ich weiß noch, wie die Holzschuhe mit ihren aufgebogenen Spitzen, zogen wir sehr frühe durch ein Dorf, alle frisch gescheuert vor den Türen standen, erst die großen der Eltern, dann klein und immer kleiner werdend die Schuhe der Kinder. Ich meine noch das fröhliche, trockene Klappern all dieser Schuhe zu hören, wenn die Kinder aus der Schule kamen.

Und ich sehe noch die weißen, weiten Kopfhauben, die die Gesichter der Frauen und Mädchen wie ein Rahmen umgaben, und den silbernen Kopfschmuck, der, je näher wir der See kamen, um so häufiger glatt wie eine aufgeklappte Muschel die beiden Scheitel der Frauen bedeckte. Ich erinnere mich auch der endlosen breiten Landstraße, die fast siebzig Kilometer lang fast ohne einen Knick von Groningen nach Leeuwarden führt, auf der wir marschierten und marschierten, zwei Tage lang ... Und ich höre wieder die uralten hohen Pappeln über uns rauschen auf dieser Straße und sehe sie klein und eng werden zehn Kilometer vor uns, und so fleißig wir marschieren, wir erreichen nie diese kleine enge Stelle, sie rückt immer weiter. Wir aber wandern im Troß, mit uns zieht ein ganzes Volk, zu den Märkten und von den Märkten, und wir lachen über die kleinen Wägelchen, auf denen ein Mann vor einem Korb Kohl oder Gurken sitzt, und zwei Hunde ziehen ihn im Galopp auf der ebenen, glatten Straße, zwei wohlgenährte, vergnügte Hunde, die nichts mit unsern jämmerlichen Ziehhunden gemein haben.

Auch sehe ich mich wieder auf dem Käsemarkt zu Edam stehen und mit Staunen auf die Gebirge von Käse schauen, die dort aufgetürmt sind, weit über mannshohe Pyramiden aus roten Kugeln und wahre Bastionen aus gelben Käseleibern. Der ganze Markt riecht scharf und doch angenehm nach diesen Käsen, und wenn ein Händler kommt und prüfend vor einem Haufen stehenbleibt, so greift der Verkäufer rasch eine Kugel aus der Pyramide, setzt einen Bohrer an und bohrt ein Loch bis in die Mitte der Kugel. Die mit dem Bohrer gefaßte Kostprobe bietet er dem Händler, der nun kostet und schmeckt, ob der Käse auch bis innen reif ist. Wir erfahren, daß diese angebohrten Käse zum Schluß des Marktes für ein paar Cent zu kaufen sind, und erwerben viele. So essen wir doch einmal Edamer Käse mit Löchern, was nicht viele getan haben.

Aber beim Erinnern überfällt mich ein anderer Duft, und ich denke an die großen Hyazinthenfelder längs der graden Pappelallee, an diese Felder, die so ungewohnt lila und rosa und cremefarben sind und einen fast betäubenden Duft zu uns senden.

Wir sind reich, wir können unser Programm glatt durchführen, wir brauchen nicht um den Zuidersee herumlaufen, wir fahren von Harlingen nach Helder mit einem kleinen Dampfer. Als wir aber dort die richtige See erblickt und in ihr gebadet haben, werfen wir unser Programm völlig um. Wir verzichten auf die Städte des Binnenlandes, wir können uns vom Meer nicht mehr trennen, wir beschließen, bis zur Höhe von Amsterdam immer an der See entlangzuwandern.

Nur in kleinen Tagesmärschen rücken wir vor, der Hauptteil des Tages gehört dem Baden und der Sonne. Am Abend schlagen wir das Zelt ganz am Dünenfuß auf, oder lieber noch ein Stück die Düne hinauf, denn in der ersten Nacht geschah es uns Unerfahrenen, daß uns die Flut aus unserm Schlafe weckte. Es gab einen überstürzten Aufbruch in dunkelster Nacht, meine Uhr mußte ich aus dem Wasser fischen, der Abbruch des Zeltes war schwierig, und manch gutes Stück bedeckte die Flut oder verdarb es. Am nächsten Tag aber gab es ein emsiges Trocknen an der Sonne. Seitdem sind wir vorsichtig geworden.

Immer stiller und großartiger wird die Einsamkeit, in die wir eindringen. Immer wilder, höher, zerrissener werden die Dünen, jetzt sind es schon wahre Berge, und in vielen Ketten liegen sie hintereinander! Nur Sand und See und Sonne und darüber die Möwen! Es ist eine Lust zu leben, zu baden, sich wieder an der Sonne trocknen zu lassen und wieder ins Wasser zu springen. Manchen Tag sehen wir nicht einen Menschen. Das Besorgen von Essen und besonders von Trinkwasser macht immer mehr Schwierigkeiten. Mit dem Frühesten müssen vier Mann über den breiten Dünensaum landeinwärts wandern, bis sie einen Ort finden, wo Lebensmittel gekauft, Wasser geholt wird. Wir haben uns einen Wassersack angeschafft.

Es ist schweres Tragen über die hundert Meter hohen Dünen, durch den losen Sand auf und ab. Erst gegen Mittag kommen die vier wieder zu uns, dann fängt das Essenkochen an, dann hat die Sonne auch schon das gesammelte Treibholz getrocknet.

Acer hatte bestimmt, daß ich zum Wasserholen nicht mitzugehen brauche, ich schien ihm zu schwächlich dafür. Da ich nun weder Essen kochen kann, noch Kartoffeln so schälen, daß die Schale nicht dicker wurde als der Kern, bin ich ein recht unbrauchbares Mitglied unserer Gesellschaft. Das wird mir manchmal auch recht deutlich zu verstehen gegeben, am deutlichsten aber vom Säugling.

An einem Schicksalstag hatten die Essenholer grüne Bohnen mitgebracht. Sie waren geschnitzelt und dann mit Fleisch und Kartoffeln in den großen Kessel geworfen. Das Feuer brannte lustig, Treibholz lag genug zum Nachlegen bereit, und Acer sah seine Gesellen prüfend an, wen er als Feuermann am Kessel zurücklassen sollte.

Da rief der Säugling: »Hör mal, Acer, wir finden alle, jetzt ist auch mal der Esau dran! Immer drückt er sich von allem! Das Essen ist fertig, er braucht nur nachzulegen, daß der Topf am Kochen bleibt. Dabei kann er doch wirklich nichts verderben!«

Acer fand das auch, und so sah ich die andern bald den Strand entlangstürmen, immer auf dem festen, vom Seewasser bespülten Streifen. Sie hatten eine weite Entdekkungsreise vor, sie wollten nach Strandgut suchen. Strandgut übte auf uns alle immer einen großen Reiz aus, und wenn es nur ein paar angeschwemmte, vom Salzwasser ungenießbare Apfelsinen waren oder eine Flasche, die nichts enthielt, aber so leicht eine Flaschenpost hätte sein können!

Ich sah ihnen nach, langsam wurden ihre Gestalten kleiner und waren plötzlich hinter einer weit vorspringenden Dünennase verschwunden.

Ich setzte mich in den Sand, nahe am Feuer. Eigentlich

war es mir ganz recht, daß ich einmal allein geblieben war. In den letzten Tagen war mir gar nicht gut, ich hatte ewig Kopfschmerzen, manchmal wurde mir schwindlig, ich war überzeugt, daß ich Fieber hatte. Den andern hatte ich nichts davon gesagt, ich empfand es schon bitter genug, daß ich ihnen durch Ungeschicklichkeit und Schwäche eine ewige Last war. Was sollten sie erst mit einem kranken Esau anfangen –? In einigen Tagen waren wir in Amsterdam, und von da sollte es rasch zur deutschen Grenze gehen, in zehn Tagen würden wir wieder zu Haus sein. Bis dahin würde ich es schon durchhalten.

Ich griff nach dem Treibholz und legte nach. Ein großes Stück ließ sich nur mühsam unter den Kessel zwängen, ich brauchte ein wenig Gewalt, und schon kippte der Kessel und ergoß seinen Inhalt mit breitem Strom über den Sand. Etwas verwirrt starrte ich darauf. Zuerst begriff ich den vollen Umfang des angerichteten Schadens noch nicht. Dann wurde mir langsam klar, daß dort das Mittagessen von vierzehn sehr hungrigen Jungens im Sande lag und daß es in mindestens zehn Kilometer Umkreis kein Dorf gab, aus dem Ersatz zu holen war!

Das brachte Leben in mich! Ich sprang auf und lief zu dem Wassersack. Aber der Wassersack war leer. Ich erinnerte mich, daß schon heute früh gesagt worden war, das Wasser sei knapp, Trinkwasser gäbe es erst wieder zum Abend, alles Wasser müsse zum Kochen genommen werden.

Langsam ging ich zum Kessel. Ich hatte meine Sache fürwahr trefflich gemacht: der Kessel war vollständig leer, auch nicht ein Tropfen Wasser war mehr in ihm. Aber etwas mußte geschehen, ich konnte hier nicht tatenlos sitzen und die Rückkehr von dreizehn wilden Barbaren abwarten, mit einem leergelaufenen Kessel!

Ich schaufelte alles, was im Sande lag, Bohnen, Kartoffeln, Fleisch mit sehr viel Sand in eine Zeltplane und ging damit zur See hinunter. Hier wusch ich alles mit Seewasser, so gut es eben ging, spülte den Sand ab und füllte das verbliebene wieder in den Kessel. Vieles war fortgeschwemmt, aber was jetzt im Kessel lag, sah immer noch recht stattlich aus. Vor allem setzte ich meine Hoffnung auf das Fleisch. Fleisch war immer gut, und am Fleisch wenigstens fehlte nichts. Ich brachte den Kessel wieder aufs Feuer und füllte ihn mit Hilfe eines Kochgeschirrs neu mit Wasser. Mit Seewasser natürlich, denn anderes hatte ich nicht.

Nun hielt ich das Feuer mit mehr Aufmerksamkeit in Gang, und bald kochte es recht vertrauenerweckend im Kessel, und es sah auch nicht anders aus als vor dem Unfall. Meine Hoffnung wuchs, ungeschoren durchzukommen. Als dann die Kartoffeln weich zu werden schienen, holte ich mir meinen Löffel und kostete, banger Vorahnungen voll.

Teufel! dachte ich, Teufel! Daß es ein bißchen versalzen schmecken würde, das hatte ich mir schon gedacht, aber dies schmeckte nicht versalzen, dies schmeckte rundheraus gallenbitter, dies war auch für den hungrigsten Menschen nicht genießbar. Ich wagte nicht, einen zweiten Löffel zu kosten, hockte mich vor den Kessel nieder und betrachtete melancholisch den Dampf, der vom Mittagessen der Vierzehn aufstieg.

Allmählich aber regten sich meine Lebensgeister wieder. Es mußte einen Ausweg geben, ich mußte das Essen doch noch genießbar machen! In meinem wirklich fiebrigen Kopf – ich glaubte damals von mir selbst, ich hätte einen leichten Sonnenstich – regten sich Ideen. Da waren zum Beispiel Plus und Minus, sie hoben einander auf. Und da gab es Weiß und Schwarz, wenn man sie aber mischte, wurde daraus ein sanftes Grau. Und solche Gegensätze waren eben auch Salz und Zucker, durch eine Zuckerbeigabe mußte sich doch das Zuviel an Salz aufheben lassen! Ich hatte Zucker im Rucksack, eigentlich alle hatten Zucker im Rucksack, privaten Zucker heißt das. Wir liebten alle das Süße, und der uns aus allgemeinen Mitteln gespendete Morgenkaffee bedurfte stets eines privaten Nachsüßens.

Ich ging zuerst an meinen Rucksack und schüttelte fast zwei Pfund Zucker in den Kessel. Ich rührte um und kostete: grauenvoll! Ich ging an Pietschens Rucksack und beraubte ihn. Dann kam Acer daran, dann die Wanze – was soll ich viel erzählen, ich beraubte, innerer Hoffnung voll, alle Rucksäcke ihres Zuckers, zuallerletzt den vom Säugling. Ich tat gewöhnlichen Zucker, Stückenzucker, Kandiszucker in den Kessel, und das Resultat war: noch grauenvoller! Dann sank ich in den Sand und erwartete apathisch mein unvermeidliches Schicksal. Ich hatte getan, was ich tun konnte, nun war die Reihe an den andern!

Sie kamen herangestürmt, braun und nackt und wild und so hungrig! Sie waren in der allerbesten Laune und überschütteten mich lachend mit ihren Erlebnissen, während sie die Eßschalen holten. Acer schwang den großen Auffüllöffel und rief: »Ran, wer Kohldampf hat! Es riecht großartig!«

Und er kellte auf, während ich das frohe Bild der erwartungsvoll herandrängenden Hungernden mit meinen Blikken verschlang: in einer Minute würde es nicht mehr froh sein!

Und dabei noch immer diese wahnsinnige Hoffnung, wie ein Stoßgebet zu meinem guten Engel: sie sollten es nicht schmecken! Sie dürfen es nicht schmecken!

Und sie hoben die Hände zum lecker bereiteten Mahle ... Und sie ließen sie so rasch wieder sinken ... Dreizehn Löffel klapperten gegen die Ränder von dreizehn Eßgeschirren, dreizehn Augenpaare starrten mich düster an ...

»Esau!« sagte Acer mit unheilverkündender Stimme, »Was in aller Welt hast du mit unserm Essen angestellt –?!!«

Also denn los! Nun half nichts mehr. Ich erzählte alles, erzählte es so kurz wie möglich, und sie saßen stumm dabei, ihre dampfenden Kochgeschirre vor sich, und starrten mich nur an, ohne ein einziges Wort, ohne einen Zwischenruf. Nur als ich von dem Zuckerraub berichtete, ging eine kurze Bewegung durch alle, wie wenn ein erster Windstoß vor dem Gewitter durch die Baumkronen fährt.

Ich hatte geredet, und noch immer sprach niemand ein Wort. Dann nahm Acer seine Eßschale, drehte sie um und ließ den Inhalt in den Sand fließen. Und die andern zwölf folgten seinem Beispiel.

»Esau!« sprach Acer dann. »Ich habe dich in Schutz genommen, aber du bist wirklich zu gar nichts zu gebrauchen! Du bist kein Mensch, du bist ein Trottel!« Und zu den andern: »Also packt möglichst schnell zusammen. Wir haben vierzehn Kilometer bis zum nächsten Dorf. So lange müßt ihr euch mit euerm Hunger und euerm Durst einrichten. Los!«

An diesen Marsch über den glutheißen Strand werde ich mein Lebtag denken! Noch nie hatte die Sonne so heiß geschienen, noch nie hatte das Licht auf den weißen Dünen so sehr geblendet. Und immer zur Rechten das Meer, mit seinem ewigen sinnlosen Gebrüll, das nach was klang und gar nichts bedeutete, dieses Meer, das so gallenbitter schmeckte! Ich zuckelte hinter den andern drein, zusammenbrechend unter der Last meiner Selbstvorwürfe, und niemand sah sich nach mir um, und niemand sprach mit mir ein Wort. Aber jedesmal, wenn jemand vorne über den verdammten Durst schimpfte, zuckte ich zusammen und kam mir wie ein Verbrecher vor. Der Kopf brummte mir stärker als je, und wenn das Licht stark blendete, wußte ich gar nicht mehr, wo ich ging. Es war mir, als schelte auch das Meer mich, dieses völlig versalzene Meer!

Nun, wir sind schließlich doch zu einem Dorf gekommen. Da war es schon dunkel geworden. Und wir haben gegessen und getrunken, aber ich blieb der Ausgestoßene. Auch am andern Morgen, als die Gefährten sich schon besserer Laune erhoben, wurde noch immer nicht mit mir gesprochen, ich war Luft für sie. Wir traten wieder die Wanderung am Strande an, der Wassersack wanderte gefüllt mit uns, ebenso der Proviant. Dann wurde das Essen vorbereitet, in den Kessel getan, Pietsch zum Koch bestimmt, und alle stürmten zum Baden.

Ich sah zweifelnd von Pietsch zu den Badenden. Schließlich fragte ich: »Bist du mir auch so böse, Pietsch?«

»Geh man zum Baden!« sagte Pietsch. »Ich kann dich hier nicht brauchen.«

So ging ich den andern nach, die noch unschlüssig am Strande standen, bei meinem Annähern aber ins Wasser liefen. Nur Acer ging von den Badenden fort, den Dünen zu. Ich wäre ihm gerne gefolgt, aber ich fürchtete eine zweite Zurückweisung, und so ging ich ins Wasser. Ich konnte damals noch nicht schwimmen, aber das Schwimmen hätte mir auch wenig genutzt. Niemand konnte hier seine Schwimmkünste ausüben, der Wellenschlag war viel zu stark. Man hatte zu tun, daß man auf den Beinen blieb.

Langsam folgte ich den andern, mir war gar nicht sehr nach Baden zumute. Aber ich durfte mich nicht von ihnen absondern. Ich näherte mich ihnen, aber auch sie näherten sich mir. Ich hatte so etwas noch nie erlebt, darum blieb ich bis zum letzten Augenblick ahnungslos. Plötzlich – sie hatten einen förmlichen Ring um mich gebildet – rief Säugling: »Jetzt wollen wir ihm salzige Suppe zu schmecken geben!« – und alle stürzten auf mich!

In einem Moment war ich untergetaucht, und kaum erschien mein Kopf wieder über dem Wasser, ergriff ihn schon eine andere Hand, und ich verschwand von neuem in den Fluten. Erst ließ ich es mir fast gutwillig gefallen, selbst überzeugt, ich hätte solches Einsalzen verdient. Als mir aber die Luft immer knapper wurde, als sie mich gar nicht mehr aus dem Wasser hochkommen ließen, als ich erst drei, vier, sechs Schlucke von dem gallebitteren Wasser genommen hatte, kam Todesangst über mich. Ich stieß mit Händen und Füßen um mich, ich versuchte, mich an ihnen festzukrallen, aber das machte sie nur noch wilder –!

Wie lange das alles gedauert haben mag, davon habe ich natürlich keine Ahnung – mir ist es wie eine Ewigkeit vorgekommen. Es werden aber wohl nur ein paar Minuten gewesen sein, aber auch ein versalzenes Bohnengericht ist mit ein paar Minuten echter Todesangst zu teuer bezahlt! Schließlich ließen fast alle von mir ab, nur Säugling tauchte mich immer noch wieder, trotzdem ich nur noch taumelte und sichtlich nicht mehr ganz bei Besinnung war.

(Ich habe mein ganzes Leben hindurch solche Menschen getroffen, die mich instinktiv haßten, oft noch ehe sie mich überhaupt kannten. Es ist die alte Geschichte von dem Urhaß, der zwischen dem einen und dem andern Samen eingesetzt ist. Ich habe ihnen diesen Haß aber immer redlich zurückgezahlt!)

Schließlich rief Acers Stimme befehlend vom Strande her: »Nun ist's genug, Säugling! Bring ihn raus!«

Ich wurde an den Strand geschleppt und vor meinen Häuptling hingelegt, und das erste, was ich tat, als ich mich erst wieder ein bißchen rühren konnte, war, daß ich einige Liter Seewasser erbrach. Acer blickte ein wenig zweifelhaft auf mich und half mir fast liebevoll zur Kochstelle zurück. Ich nehme an, er hatte kein ganz reines Gewissen, daß er diese Taucherei durch sein Entfernen stillschweigend gebilligt hatte. Ich muß auch sagen, daß für alle andern – bis auf den Säugling natürlich – das versalzene Mittagessen mit dieser Taucherei endgültig vergeben und vergessen war. Sogar Anspielungen darauf waren verpönt, und fing Säugling doch einmal wieder davon an, hieß es sofort: »Halt's Maul, Säugling!«

Ja, sie waren genauso freundschaftlich und voller Hilfsbereitschaft für mich wie vorher. Sie waren die besten Jungen von der Welt, sie konnten wütend werden über ein verdorbenes Mittagsessen und einen Durstmarsch, aber sie trugen nichts nach!

Und als in den nächsten Tagen allmählich klar wurde, daß ich wirklich krank war, taten sie alles, um mir das Leben zu erleichtern. Sie schleppten meinen Rucksack, schließlich schleppten sie mich selbst, viele, viele Dutzende von Kilometern entlang, endlose Straßen, ...

Aus: *Damals bei uns daheim*

Geschichte von der kleinen Geschichte

Es war einmal ein Kind, das war nicht artig und wollte sein Essen nicht essen. Da stellte es die Mutter zur Strafe vor die Tür und fing an, drinnen den artigen Kindern eine kleine Geschichte zu erzählen.

Als das unartige Kind merkte, drinnen erzählte die Mutter, brüllte es ein wenig leiser, denn es wollte horchen und hätte gerne zugehört. Da rief die Mutter: »Willst du jetzt artig sein und gut essen, Kind, so darfst du bei meiner kleinen Geschichte zuhören.«

Doch der Bock stieß das Kind noch, und als es die Mutter rufen hörte, fing es gleich wieder an, lauter zu brüllen, so gerne es auch die kleine Geschichte gehört hätte. Da fuhr eine Maus aus ihrem Loch und fragte: »Was machst du denn für ein Geschrei, Kind? Meine jungen Mäuslein verschlucken sich ja vor Schreck beim Speckessen.«

Das Kind antwortete und sprach: »Meine Mutter hat mich vor die Tür gestellt und will mich ihre kleine Geschichte nicht hören lassen. Darum, wenn du willst, daß deine Kinder in Ruhe Speck essen, schlüpfe durch einen Mäusegang ins Eßzimmer und erzähle mir, was für eine kleine Geschichte meine Geschwister hören.«

Die Maus tat, wie das Kind gesagt hatte, fuhr durch einen

Mäusegang ins Eßzimmer und horchte. Die Mutter aber, die hörte, daß das Kind still geworden war, rief durch die Tür: »Willst du jetzt artig sein und essen, Kind?«

Das Kind dachte bei sich: Gleich kommt die Maus und erzählt mir die kleine Geschichte, da brauche ich auch nicht artig zu sein, und fing wieder an, lauter zu brüllen. Als das Kind eine Weile gebrüllt hatte und die Maus noch immer nicht kam, dachte es: Es ist doch sonderbar, daß die Maus solange ausbleibt, das muß ja eine ganz herrliche Geschichte sein, daß sie das Wiederkommen ganz vergißt. Ich will einmal die Fliege schicken, daß sie nach der Maus sieht.

Das Kind rief also die Fliege an und sagte: »Liebes Fräulein Krabbelbein, ich habe die Maus ins Eßzimmer geschickt, daß sie auf die kleine Geschichte hört, die meine Mutter meinen Geschwistern erzählt. Aber die Maus kommt gar nicht wieder – willst du da nicht so freundlich sein und durchs Schlüsselloch kriechen und einmal nach dem Rechten sehen? Ich gebe dir auch morgen früh meinen Zucker, den ich zum Kakao bekomme.«

Die Fliege war einverstanden, kroch durchs Schlüsselloch und verschwand. Die Mutter aber, die hörte, das Kind brüllte nicht mehr, rief durch die Tür: »Willst du jetzt artig sein und essen, Kind?«

Das Kind dachte: Gleich kommen die Maus und die Fliege zurück und erzählen mir die kleine Geschichte, da brauche ich nicht artig zu sein! Und es schrie: »Nein, nein, ich will nicht essen!« und brüllte noch lauter.

Als es aber eine Weile gebrüllt hatte, wunderte es sich, daß weder Maus noch Fliege wiederkamen, und dachte bei sich: Was muß das doch für eine wunderbare Geschichte sein! Mäuslein vergißt ihre Kinder, Krabbelbein denkt nicht an ihren Zucker – nein, jetzt mache ich nur noch einen Versuch, und wenn ich dann nichts erfahre, will ich gewiß artig sein und essen, damit ich nur die kleine Geschichte höre.

Es rief also eine Ameise an, die grade auf der Diele kroch, und sagte: »Fräulein Schmachtleib, Sie sind so dünn, sicher können Sie unter der Tür durchkriechen. Tun Sie das doch und sehen Sie im Eßzimmer nach, was eigentlich Maus und Fliege machen, die ich geschickt habe, die kleine Geschichte zu hören, die meine Mutter meinen Geschwistern erzählt. Kommen Sie aber bloß schnell wieder. Ich halte es vor lauter Neugierde schon nicht mehr aus.«

Die Ameise sprach: »Den Gefallen will ich dir wohl tun«, kroch unter der Tür durch und verschwand. Die Mutter aber, die hörte, das Kind brüllte nicht mehr, rief durch die Tür: »Komm bloß schnell, Kind, sei artig und iß. Es gibt jetzt etwas ganz Feines!«

Das Kind aber dachte: Die Ameise wird mir jetzt Maus und Fliege schicken, da werde ich die kleine Geschichte schon zu hören bekommen. Und es schrie: »Ich will gar nichts essen – auch nichts Feines!«, trampelte mit den Füßen und brüllte noch lauter als vorher.

Als es aber eine Weile laut gebrüllt hatte, brüllte es leiser. Einmal, weil ihm der Hals weh tat, dann aber, weil es dachte: Es muß eine zu schöne Geschichte sein. Die drei, Maus, Fliege und Ameise, hören zu und vergessen mich ganz. Ich will jetzt doch artig sein und essen. Und das Kind hörte ganz auf zu brüllen.

Die Mutter aber, die das Kind dreimal umsonst gefragt hatte, war jetzt böse auf das Kind und fragte es nicht mehr. Da dachte das Kind: Meine Mutter ist böse auf mich. Ich will ein bißchen an der Tür kratzen. Dann fragt sie mich, ob ich wieder artig sein will, ich aber sage ja und darf hinein. Und das Kind kratzte an der Tür.

Die Mutter hörte es wohl, aber sie wollte das ungezogene Kind nicht mehr fragen, und so schwieg sie. Nun fing das Kind an zu rufen: »Ich will artig sein! Laßt mich herein!«

Da fuhr die Maus aus dem Mäusegang und rief atemlos:

»Gott, was war das für eine herrliche Geschichte! Entschuldige bloß, daß ich nicht kam, aber ich konnte nicht früher kommen, als bis ich das allerletzte Wort gehört hatte.«

Die Fliege schwirrte durch das Schlüsselloch und summte: »So eine vorzügliche Geschichte hört man wirklich nicht alle Tage. Da war es kein Wunder, daß die Kinder gegessen haben wie die Scheunendrescher – auch nicht ein Löffel voll blieb in der Schüssel!«

Und die Ameise kroch unter der Tür hervor und ächzte: »So eine großartige Geschichte und dazu noch Schokoladenpudding und Vanillensauce – so gut möchte ich es auch einmal haben!«

»Was?!« rief das unartige Kind. »Es hat Schokoladenpudding mit Vanillensauce gegeben?! Da will ich auch was abhaben!« Und es riß die Tür auf und schrie: »Ich will auch Pudding und Vanillensauce. Ich will auch ganz artig sein! Und die kleine Geschichte will ich auch hören!«

Da fingen alle Kinder mit der Mutter an zu lachen und zeigten dem unartigen Kind die Puddingschüssel – da war auch nicht ein Krümchen mehr darauf. Und sie zeigten ihm die Teller, die waren so blank und leer, als wären sie mit der Zunge abgeleckt. Die Mutter aber sagte: »Warum hast du dich nicht zur rechten Zeit besonnen, Kind? Nun ist nichts mehr da.«

Das Kind fing an zu weinen und sagte: »Wenn ich denn keinen Pudding mehr bekomme, so will ich doch die wunderbare, die herrliche, die großartige kleine Geschichte hören, die du meinen Geschwistern erzählt hast.«

Die Mutter aber antwortete: »Jetzt ist später Abend. Jetzt werden keine Geschichten mehr erzählt, jetzt wird ins Bett gegangen.«

Da mußte das unartige Kind ohne Pudding und ohne kleine Geschichte ins Bett gehen, und darüber war es sehr traurig. Hätte es sich aber zur rechten Zeit besonnen, so hätte es Pudding und kleine Geschichte bekommen, und das wäre besser für das Kind gewesen, und ebenso für uns, denn dann hätten wir die kleine Geschichte auch zu hören bekommen!

Aus: *Geschichten aus der Murkelei*

Quarktorte mit Äpfeln, ohne Boden

125 g Butter, 250 g Zucker, 3 Eigelb, 1 Vanillesoßenpulver, 1000 g Quark, 75 g Grieß, 1 Prise Backpulver, 3–4 Äpfel, 3 Eischnee.

Zubereitung:
Butter sahnig rühren, abwechselnd Eigelb und Zucker hinzufügen, dann das Soßenpulver, den durchgerührten Quark, Grieß und Backpulver. Die Äpfel in recht dünne Scheiben schneiden, unter den Teig mischen, zuletzt den Eierschnee unterziehen. Den Teig in eine nur mit dem Boden gefettete Form füllen und zur Mitte hin höher streichen.

Backzeit 60–65 Minuten.

Quarknapfkuchen

125 g Butter, 200 g Zucker, 2 Pk. Vanillezucker, Zitrone, 250 g Quark, 2 Eier, 350 g Weizenmehl, 1 Pk. Backpulver, 75 g Mandeln, 75 g Rosinen,

Backzeit 60–70 Minuten bei Mittelhitze.

Käsetorte mit Korinthen

150 g Weizenmehl, 1 Teelöffel Backpulver, 65 g Zucker, 1 Ei, 65 g–150 g Butter, 150 g Zucker, 4 Eigelb, ¼ abgeriebene Zitronenschale, 1000 g Quark, 40 g süße Mandeln, 75 g Stärkemehl, 50 g Korinthen, 4 Eischnee.

Zubereitung:
Von den ersten Zutaten einen Mürbeteig bereiten, ½ Stunde kaltstellen, später eine Tortenform damit auslegen und einen niedrigen Rand bilden. Dann rührt man die Butter sahnig, fügt abwechselnd Zucker und Eigelb zu, den durchgestrichenen Quark, Gewürze und zuletzt das gesiebte Mehl und die gewaschenen, getrockneten Korinthen. Danach hebt man lose den Eischnee unter. Der Teig wird zur Mitte hin höhergestrichen.

Die Torte wird 60–65 Minuten gebacken.

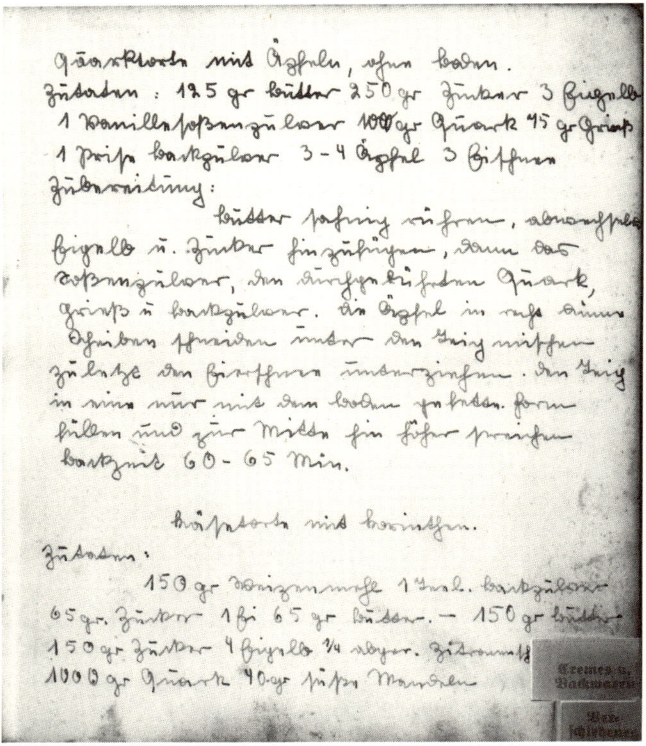

Dann, zwei oder drei Tage später, beim Mittagessen war es, daß Achim die grünen Bohnen nicht essen mochte. Etwas nicht essen mögen, gibt es bei uns nicht, es sei denn, es handele sich um Abneigungen, die fast alle Kinder haben. Es gibt nämlich angeborene und es gibt erworbene Geschmacksneigungen. Alle Kinder lieben das Süße, und fast alle Kinder haben eine angeborene Abneigung zum Beispiel gegen Spargel und auch Pilze. Spargel und Pilze müssen Kinder essen »lernen«, bei Kleineren mit Kostgäbchen, vor allem aber durch das Beispiel anderer Kinder bekommt man sie dazu – das Beispiel der Erwachsenen verschlägt bei ihnen nichts. Erwachsene tun so viel Unbegreifliches, die können kein Kind zur Nachahmung begeistern.

Aber jedenfalls: Grüne Bohnen waren zu essen, Achim aber hatte seinen schlechten Tag und wollte sie nicht essen. Er wurde hart bedrängt, und eine schreckliche Sache, wie schlafen nach dem Mittagessen unter Aufsicht des Vaters und mit dem Vater im verdunkelten Zimmer, stand ihm bevor. Der Mund war voll von Bohnen, die Augen schon voll Tränen, der Augenblick, da die fütternde Mummi und der drohend zuschauende Vater die Geduld verlieren würden, nahe, da war es Achim, Achim, der Bedrängte, der Verzweifelte, selbst, der die Rettung fand! Plötzlich sagte er, weinerlich schluckend: »Aber – der kleine Jü-Jü ißt doch auch nicht, Papa!«

Und er sah starr neben mich. Einen Augenblick sahen wir uns zweifelnd an, dann hatte ich so ungefähr begriffen, das heißt, ich sah in einem ersten Lichtschein das Zipfelchen eines großen besonnten Kinderlandes.

»Und der große Jü-Jü, Achim?« fragte ich.

»Der – der ißt natürlich Bohnen!« sagte Achim heftig, und nun waren die Tränen direkt am Losbrechen. »Der ist ja schon fast groß ...« Und er sah auf meine andere Seite.

»Dann muß der kleine Jü-Jü sie auch essen«, sagte ich mit Entschiedenheit, »sonst kriegt er Schacht!« Und ich führte den Löffel voll Bohnen in einen imaginären Mund zu meiner linken Seite, dicht über der Tischkante, so hoch, wie ich mir eben den kleinen Jü-Jü dachte. Ich hatte wohl so ungefähr das Richtige getroffen, denn Achim sah gespannt zu, in seinen Augen waren die Tränen versiegt, es war schon wieder Licht in ihnen.

»Jü-Jü«, sprach ich mahnend, »iß jetzt, sonst setzt's was!«

»Siehste, Papa«, sagte Achim voll geheimen Triumphs, »Jü-Jü mag auch keine grünen Bohnen!«

Das ging zu weit. Dies ging wahrhaftig zu weit! Alles sollte sich der kleine Jü-Jü auch nicht in meinem Hause erlauben dürfen. Ich legte den Löffel mit den grünen Bohnen auf den Teller zurück. Ich holte aus: Mit der linken Hand schlug ich meiner rechten eine schallende Ohrfeige, daß es nur so klatschte. Achim sah mit Begeisterung zu und schluckte dabei schon den zweiten Löffel grüne Bohnen, den ihm seine Mutter geistesgegenwärtig in den Mund geschoben hatte.

»Willst du jetzt essen, Jü-Jü?!« schrie ich zornig und schlug noch einmal und ein drittes und ein viertes Mal. Kinder sind immer begeistert davon, wenn andere Dresche bekommen; das hat, wie man an jedem Kasperletheater sehen kann, nichts mit Schadenfreude zu tun, es ist ein reines Lebensglück für sie. Und Achim war geradezu hingerissen, zumal ich jetzt auch das klägliche Geplärr des kleinen Jü-Jü imitierte.

»Ich will ja die Bohnen essen«, plärrte Jü-Jü, »gib mir doch bloß Bohnen, eine ganze Fuhre voll auf den Löffel!«

Und so aßen sie friedlich jetzt, der kleine Jü-Jü und Achim, der große Jü-Jü selbstverständlich auch. Der war ja schon fast groß und konnte auch schon schwimmen.

Aus: *Der kleine Jü-Jü und der große Jü-Jü*

Die geistesgegenwärtige Großmutter

Geistesgegenwart ist heutzutage eine sehr notwendige Eigenschaft. Jeder Chauffeur, mehr: jeder gewöhnliche Fußgänger hat Geistesgegenwart zu haben. Ich freilich besitze sie nicht, immer fällt mir eine halbe Stunde später ein, was ich hätte sagen müssen, und ohne die trefflichen Verkehrsampeln wäre ich sicher längst nicht mehr. Ja, ich gehe noch weiter, ich möchte nicht einmal geistesgegenwärtig sein, und wenn ich über den Fall nachgrüble und meine Abneigung gegen diesen Vorzug herzuleiten suche, dann lange ich schließlich stets bei meiner Großmutter an, die einmal in ihrem Leben geistesgegenwärtig war und die das teuer hat bezahlen müssen.

Damals, als die Geschichte passierte, war meine Großmutter freilich noch keine Großmutter, aber doch schon sehr ausgiebig Mutter: Sieben Kinder saßen an ihrem Tisch. Dieser Tisch stand in einem Landpastorenhaus im Hannöverschen, an einer Schmalseite saß mein Großvater, der Pastor, ein gewaltiger Mann mit großem Eifer für die »Ökonomie«, was Acker, Kühe und Pferde heißt, am anderen Ende meine Großmutter, eine kleine zierliche Frau mit sehr heller Stimme, zwischen den beiden, an den Längsseiten, die sieben Putschenutscher, meine Mutter darunter, damals noch mit Zöpfen.

Die neun aßen zu Mittag, vielleicht saß auch noch Gesinde am Tisch, so genau weiß ich das nicht, es ist nicht mit überliefert worden. Die Suppe war da und zu der Suppe in der gewaltigen Terrine ein Gewitter am Himmel, und gerade wollte Großmutter mit Auffüllen anfangen – da flammte es, da tat es einen gewaltigen Schlag, es prasselte, es knackte, und schon kam der Rauch, und alle waren aufgesprungen und schrien: »Es hat eingeschlagen!«

Ein Landpastorenhaus im Hannöverschen mit Strohdach, da war nichts zu retten und zu zögern, da war nur zu laufen. Und sie liefen, die sieben Putschenutscher und ihr Vater, und standen dann im Garten mit den Dorfbewohnern und sahen ihr Heim wie eine Fackel brennen, und nichts war zu tun. Die größeren Kinder und der Vater sind sicher sehr aufgeregt und traurig gewesen, und so hat es wohl eine ganze Weile gedauert, bis sie merkten, daß Großmama fehlte. Aber grade als sie unruhig werden wollten und Großvater wieder in das brennende Haus hinein, da kam Großmutter aus Rauch und Flammen, und in den Händen trug sie ...

Ja seht, Großmama hatte es nicht eilig gehabt, Großmama war geistesgegenwärtig gewesen, Großmama hatte retten müssen, und in dem Eßzimmer hatte immerhin Großvaters Schreibtisch gestanden mit Geld (sicher nicht mit viel Geld) und mit Papieren. Was aber hatte Großmutter gerettet? Sie schritt aus den Flammen, und in ihren Händen trug sie die gewaltige weiße Suppenterrine. Und verloren lächelnd sah sie sich um und sagte: »Zu Mittag müssen wir doch essen!« Und nahm den Deckel von der Terrine ab, und siehe, in der Suppe schwamm etwas, was vorher nicht darin gewesen war, Großmutter hatte noch etwas gerettet: In der Suppe schwamm ihr Strickzeug!

Arme Großmama! Sicher hast du deinem Mann und den Kindern mit dem überwältigenden Gelächter, das nun losbrach, über den ersten ärgsten Kummer wegen des verbrannten Heims hinweggeholfen. Aber hast du es eigentlich verdient, daß noch deine Urenkel die Neunzigjährige arglistig fragen: »Und wie, Oma, war's mit der Suppe und dem Strickzeug? Was hast du dir eigentlich dabei gedacht!« Arme Großmama!

Nein, es ist schon so, Geistesgegenwart ist eine höllische Eigenschaft, mal trifft man es, und mal trifft man es nicht. Und immer wird nur von den Treffern geredet, aber was meine Person angeht, so werde ich mir auch in Zukunft meine geistesgegenwärtige Großmutter zur Warnung dienen lassen.

Aus: *Märchen und Geschichten*

Es muß an den Erbsen liegen

Der Schmortopf ist ganz überflüssig

»– Also, sag endlich, wie es ist: Man kommt die Treppe rauf und da ist die Flurtür. Und dann …«

»Dann kommt der Vorplatz, den haben wir gemeinsam. Und links gleich die erste Tür, das ist unsere Küche. Das heißt, 'ne ganz richtige Küche ist es nicht, früher ist es wohl nur so 'ne Dachkammer gewesen unter dem schrägen Dach, aber ein Gaskocher ist da …«

»Mit zwei Flammen«, ergänzt Lämmchen traurig. »Wie ich das machen soll, das ist mir noch schleierhaft. Auf zwei Flammen kann doch kein Mensch ein Essen kochen. Mutter hat vier Flammen.«

»Aber natürlich geht es mit zweien.«

»Nun paß doch mal auf, Junge!«

»Wir wollen ganz einfach essen, da reichen zwei Flammen vollkommen.«

»Wollen wir auch. Aber 'ne Suppe willst du doch haben: erster Topf. Und dann Fleisch: zweiter Topf. Und Gemüse: dritter Topf. Und Kartoffeln: vierter Topf. Wenn ich dann zwei Töpfe auf den beiden Flammen warm habe, sind unterdes die beiden andern kalt geworden. Bitte!«

»Ja«, sagt er gedankenvoll. »Ich weiß doch auch nicht …« Und plötzlich, ganz erschrocken: »Aber dann brauchst du ja vier Kochtöpfe!«

»Brauch ich auch«, sagt sie stolz. »Damit komm ich noch nicht einmal aus. Einen Schmortopf muß ich auch haben.«

»O Gott, und ich hab nur einen gekauft!«

Lämmchen ist unerbittlich. »Dann müssen wir eben noch vier dazu kaufen.«

»Aber das geht doch nicht vom Gehalt, das geht doch schon wieder vom Ersparten!«

»Das hilft aber nichts, Junge, sei schon vernünftig. Was sein muß, muß doch sein, wir brauchen doch die Töpfe.«

»Das hab ich mir ganz anders gedacht«, sagt er traurig. »Ich denke, wir kommen vorwärts und sparen, und nun fangen wir gleich mit Geldausgaben an.«

»Aber wenn es sein muß!«

»Der Schmortopf ist ganz überflüssig«, sagt er erregt. »Ich eß nie Geschmortes. Nie! Nie! Wegen so ein bißchen Schmorbraten einen ganzen Topf kaufen! Nie!«

»Und Rouladen?« fragt Lämmchen. »Und Braten?«

»Also die Wasserleitung ist auch nicht in der Küche«, sagt er verzweifelt. »Wegen Wasser mußt du immer in die Küche von Frau Scharrenhöfer gehen.«

»O Gott!« sagt sie wieder einmal.

Von weitem sieht eine Ehe außerordentlich einfach aus: Zweie heiraten, bekommen Kinder. Das lebt zusammen, ist möglichst nett zueinander und sucht vorwärtszukommen. Kameradschaft, Liebe, Freundlichkeit, Essen, Trinken, Schlafen, das Geschäft, der Haushalt, sonntags ein Ausflug, abends mal Kino! Fertig.

Aber in der Nähe löst sich die ganze Geschichte in tausend Einzelprobleme auf. Die Ehe, die tritt gewissermaßen in den Hintergrund, die versteht sich von selbst, ist die Voraussetzung, aber beispielsweise: Wie wird das nun mit dem Schmortopf? Und soll er gleich heute abend noch Frau Scharrenhöfer sagen, daß sie die Uhr aus dem Zimmer nimmt? Das ist es.

Dunkel fühlen es die beiden. Aber das sind noch keine dringenden Probleme, jeder Schmortopf wird über der Feststellung vergessen, daß sie jetzt allein im Abteil sind. Der Grämliche ist irgendwo ausgestiegen. Sie haben es gar nicht gemerkt. Schmortopf und Stutzuhr bleiben hinten, sie nehmen sich in die Arme, der Zug rattert. Ab und an holen sie einmal Atem, und dann küssen sie sich wieder, bis der langsamer fahrende Zug verrät: Ducherow.

»O Gott, schon!« sagen beide.

Aus: *Kleiner Mann – was nun?*

Es muß an den Erbsen liegen

Zuerst am Morgen hat Lämmchen eingekauft, nur schnell die Betten zum Lüften ins Fenster gelegt, und ist einkaufen gegangen. Warum hat er es ihr nicht gesagt, was es zum Mittagessen geben soll? Sie weiß es doch nicht! Und sie ahnt nicht, was er gerne ißt.

Die Möglichkeiten verringern sich beim Nachdenken, schließlich bleibt Lämmchens planender Geist an einer Erbsensuppe hängen. Das ist einfach und billig, das kann man zwei Mittage hintereinander essen.

O Gott, haben's die Mädchen gut, die richtige Kochstunde gehabt haben! Mich hat Mutter immer vom Herd weggejagt. Weg mit dir, Ungeschickt läßt grüßen!

Was braucht sie? Wasser ist da. Ein Topf ist da. Erbsen, wieviel?

Ein halbes Pfund reicht sicher für zwei Personen, Erbsen geben viel aus. Salz? Suppengrün? Bißchen Fett? Na, vielleicht für alle Fälle. Wieviel Fleisch? Was für Fleisch erst mal? Rind, natürlich Rind. Ein halbes Pfund muß genug sein. Erbsen sind sehr nahrhaft, und das viele Fleischessen ist ungesund. Und dann natürlich Kartoffeln.

Lämmchen geht einkaufen. Herrlich, an einem richtigen Alltagsvormittag, wenn alles in den Büros sitzt, über die Straße zu bummeln, die Luft ist noch frisch, trotzdem die Sonne schon kräftig scheint.

Über den Marktplatz tutet langsam ein großes gelbes Postauto. Dort hinter den Fenstern sitzt vielleicht ihr Junge. Aber er sitzt nicht dort, sondern zehn Minuten später fragt er sie über die Schultern, was es mittags zu präpeln gibt. Die Schlächterfrau hat sicher was gemerkt, sie ist so komisch, und für Suppenknochen verlangt sie dreißig Pfennig das Pfund, so was muß sie doch eigentlich zugeben, bloße blanke Knochen, ohne ein Fitzelchen Fleisch. Sie wird Mutter schreiben und fragen, ob das richtig ist. Nein, lieber nicht, lieber allein fertig werden. Aber an seine Mutter muß sie schreiben. Und sie fängt auf dem Heimweg an, den Brief aufzusetzen.

Die Scharrenhöfer scheint nur ein Nachtgespenst zu sein, in der Küche, als Lämmchen Wasser holt, sieht sie keine Spur, daß dort etwas gekocht ist oder wird, alles blank, kalt, und aus dem Zimmer dahinter dringt kein Laut. Sie setzt ihre Erbsen auf, ob man das Salz gleich reintut? Besser, sie wartet bis zum Schluß, dann trifft man es richtiger.

Und nun das Reinmachen. Es ist hart, es ist noch viel härter, als Lämmchen je gedacht hat, oh, diese ollen Papierrosen, diese Girlanden, halb verblaßt, halb giftgrün, diese verschossenen Polstermöbel, diese Winkel, diese Ecken, diese Knäufe, diese Balustraden! Bis halb zwölf muß sie fertig sein, dann den Brief schreiben. Der Junge, der von zwölf bis zwei Mittagspause hat, wird kaum vor drei Viertel eins hier sein, er muß erst aufs Rathaus zur Anmeldung.

Um drei Viertel zwölf sitzt sie an einem kleinen Nußbaumschreibtisch, ihr gelbes Briefpapier aus der Mädchenzeit vor sich.

Erst die Adresse: »Frau Marie Pinneberg, Berlin NW 40, Spenerstraße 92 II.«

Seiner Mutter muß man schreiben, seiner Mutter muß man mitteilen, wenn man heiratet, zumal als einziger Sohn, als einziges Kind sogar. Wenn man auch nicht einverstanden mit ihr ist, weil man nämlich mit ihrem Lebenswandel nicht einverstanden ist, als Sohn.

»Mutter sollte sich was schämen«, hat Pinneberg erklärt.

»Aber, Jungchen, wenn sie doch nun schon zwanzig Jahre Witwe ist!«

»Egal! Und es ist nicht einmal immer derselbe gewesen.«

»Hannes, du hast doch auch schon mehr Mädchen als mich gehabt.«

»Das ist was ganz anderes.«

»Was soll denn der Murkel sagen, wenn er sich mal ausrechnet, wann er geboren ist, und wann wir geheiratet haben?«

»Das ist doch gar nicht raus, wann der Murkel geboren wird.«

»Doch. Anfang März.«

»Aber wieso denn?«

»Laß schon, Jungchen, ich weiß. Und an deine Mutter schreib ich, das gehört sich so.«

»Tu, was du willst, aber ich mag nichts mehr davon hören.« [...]

»Mittagessen!« ruft der Junge, schon draußen auf dem Flur.

Sie muß ein wenig geschlafen haben, manchmal ist sie jetzt so müde.

Mein Mittagessen, denkt sie und steht langsam auf.

»Noch nicht gedeckt?« fragt er.

»Einen Augenblick, Jungchen, gleich«, sagt sie und läuft zur Küche. »Darf ich den Topf auf den Tisch bringen? Aber ich nehme auch gerne die Terrine!«

»Was gibt's denn?«

»Erbsensuppe.«

»Fein. Na, bring schon den Topf. Ich decke unterdessen.«

Lämmchen füllt auf. Sie sieht etwas ängstlich aus. »Scheint etwas dünn?« fragt sie besorgt.

»Wird schon richtig sein«, sagt er und schneidet das Fleisch auf dem Tellerchen.

Sie probiert. »O Gott, wie dünn!« sagt sie unwillkürlich.

Und es folgt: »O Gott, das Salz!«

Auch er läßt den Löffel sinken, über dem Tisch, über den Tellern, über dem dicken braunen Emailletopf begegnen sich beider Blicke.

»Und sie müßte so gut sein«, klagt Lämmchen. »Ich hab alles richtig genommen: ein halbes Pfund Erbsen, ein halb Pfund Fleisch, ein ganzes Pfund Knochen, das müßte eine gute Suppe sein!«

Er ist aufgestanden und bewegt nachdenklich den großen Auffüllöffel aus Emaille in der Suppe. »Ab und an begegnet man 'ner Schluse! Wieviel Wasser hast du denn genommen, Lämmchen?«

»Es muß an den Erbsen liegen! Die Erbsen geben rein gar nichts aus!«

»Wieviel Wasser?« wiederholt er.

»Nun, den Topf voll.«

»Fünf Liter – und ein halbes Pfund Erbsen. Ich glaube, Lämmchen«, sagt er geheimnisvoll, »es liegt an dem Wasser. Das Wasser ist zu dünn.«

»Meinst du«, fragt sie betrübt. »Hab ich zuviel genommen? Fünf Liter? Es sollte aber für zwei Tage reichen.«

»Fünf Liter – ich glaube, es ist zuviel für zwei Tage.« Er probiert noch mal. »Nee, entschuldige, Lämmchen, es ist wirklich nur heißes Wasser.«

»Ach, mein armer Junge, hast du schrecklichen Hunger? Was mache ich nun? Soll ich ganz schnell ein paar Eier raufholen und uns Bratkartoffeln und Spiegeleier machen? Spiegeleier und Bratkartoffeln kann ich bestimmt.«

»Also los!« sagt er. »Ich lauf selbst nach den Eiern.« Und ist fort.

Als er dann zu ihr in die Küche kommt, laufen ihre Augen nicht von der Zwiebel, die sie für die Bratkartoffeln geschnitten hat.

»Aber Lämmchen«, sagt er, »es ist doch keine Tragödie!«

Sie wirft beide Arme um seinen Hals. »Jungchen, wenn ich nun eine untüchtige Hausfrau bin! Ich möchte gern alles so nett für dich machen. Und wenn der Murkel kein richtiges Essen kriegt, kommt er auch nicht vorwärts!«

»Meinst du jetzt oder nachher?« fragt er lachend. »Glaubst du, du lernst es nie?«

»Siehst du, du veräppelst mich auch noch.«

»Mit der Suppe, das habe ich mir eben schon auf der Treppe überlegt. Der Suppe fehlt doch gar nichts, nur zuviel Wasser. Wenn du sie noch mal aufsetzt und ganz lange richtig kochen läßt, daß alles Wasser auskocht, was zuviel ist, dann haben wir doch 'ne richtige gute Erbsensuppe.«

»Fein!« sagt sie strahlend. »Da hast du recht. Mach ich gleich heute Nachmittag, dann eß ich noch einen Teller zum Abendessen.«

Sie ziehen mit ihren Bratkartoffeln plus je zwei Spiegeleiern ins Zimmer.

»Schmeckt es? Schmeckt es ganz richtig, wie du es gewöhnt bist? Ist es auch nicht zu spät für dich? Kannst du dich nicht noch einen Augenblick hinlegen? Du siehst so müde aus, Jungchen.«

Aus: *Kleiner Mann – was nun?*

Gemüsesuppe italienischer Art

Grüne Bohnen, Mohrrüben, Kohlrabi, Wirsing, einige Zwiebeln, Sellerie und frische Erbsen, etwas Butter.

Zubereitung:
Alles außer Erbsen in sehr kleine Streifen schneiden, in brauner Butter dünsten, dann Wasser oder Brühe dazu und einige Hände voll Reis mitkochen.

Argentinischer Eintopf

Makkaroni, Tomatenmark, Pfeffer, Salz, Zwiebeln, Öl, Butter, Schweinefleisch.

Zubereitung:
Makkaroni in Salzwasser gar kochen, Butter im Topf zerlassen, Zwiebeln dünsten, Makkaroni dazu tun, dann ein Gläschen Tomatenmark hinzufügen, alles mit Salz und Pfeffer gut abschmecken, zuletzt das Öl. Das Fleisch wird schön mit den Zwiebeln durchgeschmort.

Erbseneintopf (Ditzen) sehr gut

Grüne Erbsen, Grießklöße, viel Petersilie und Butter.
Dazu Schinken essen.

Also, dieser Lachs

Also, das Grüne Ende. Und wenn es mit dem Grünen Ende zu Ende ist, kommt etwas anderes, Billigeres, jedenfalls vier Wände, ein Dach über dem Kopf, Wärme. Eine Frau, jawohl, eine Frau. Es ist herrlich, in einem Bett zu liegen und jemand schnauft neben einem in die Nacht. Es ist herrlich, die Zeitung zu lesen und jemand sitzt in der Sofaecke und näht und stopft. Es ist herrlich, man kommt nach Haus und jemand sagt: »Guten Tag, Jungchen. Wie war es heute? Ging's?« Es ist herrlich, wenn man jemand hat, für den man arbeiten und sorgen kann, nun ja, meinethalben auch sorgen und arbeitslos sein. Es ist herrlich, wenn man jemanden hat, der sich von einem trösten läßt.

Plötzlich muß Pinneberg lachen. Also, dieser Lachs. Dieses Lachsviertel. Das arme Lämmchen, wie unglücklich sie war! Trösten, das ist es.

Eines Abends, sie wollten gerade essen, erklärt Lämmchen, sie kann nicht essen, alles widersteht ihr. Aber sie hat heute im Delikatessengeschäft einen Räucherlachs gesehen, so saftig und rosarot, wenn sie den hätte!

»Warum hast du ihn denn nicht mitgebracht?«

»Aber was denkst du, was der kostet!«

Nun, sie reden hin und her, es ist natürlich Unvernunft, viel zu teuer für sie. Aber wenn Lämmchen doch nichts anderes essen kann! Sofort – das Abendessen wird eben um eine halbe Stunde aufgeschoben –, sofort geht der Junge in die Stadt.

Aber kein Gedanke! Lämmchen geht selbst. Was er denkt. Das Laufen ist ihr sehr gesund, und dann, glaubt er, sie soll hier sitzen in Bange, er kauft von einem falschen Lachs?

Sie muß ihn sehen, wie die Verkäuferin von ihm absäbelt, Scheibe für Scheibe. Also unbedingt geht sie.

»Nun gut. Gehst du.«

»Und wieviel?«

»Ein Achtel. Nein, bring schon ein Viertel. Wenn wir doch einmal so üppig sind.«

Er sieht sie losmarschieren, sie hat einen schönen, langen, strammen Schritt, und überhaupt sieht sie in diesem blauen Kleid glänzend aus. Er schaut ihr nach, aus dem Fenster lehnend, bis sie verschwunden ist, und dann wandert er auf und ab. Er rechnet, wenn er sich fünfzigmal durch das Zimmer hindurchgewunden hat, wird sie sicher in Sicht sein. – Er läuft ans Fenster. Richtig, eben geht Lämmchen ins Haus, sie hat nicht hoch gesehen. Also nun nur noch zwei oder drei Minuten. Er steht und wartet. Einmal ist ihm so, als sei die Flurtür gegangen. Aber Lämmchen kommt nicht.

Was in aller Welt ist los? Er hat sie ins Haus kommen sehen – und nun kommt sie nicht.

Er macht die Tür zum Vorplatz auf, und direkt im Türrahmen steht Lämmchen, an die Wand gedrückt, mit einem tränenüberströmten, ängstlichen Gesicht, und sie hält ihm ein fettglänzendes Pergamentpapier hin, das leer ist.

»Aber mein Gott, Lämmchen, was ist denn los? Hast du den Lachs aus dem Papier verloren?«

»Aufgegessen«, schluchzt sie. »Alles alleine aufgegessen.«

»Du hast ihn so aus dem Papier gegessen? Ohne Brot? Das ganze Viertel? Aber Lämmchen!«

»Aufgegessen«, schluchzt sie. »Ganz allein.«

»Aber nun komm nur her, Lämmchen, erzähle doch. Komm rein, deswegen brauchst du doch nicht zu weinen. Erzähl mal der Reihe nach. Also du hast den Lachs gekauft ...«

»Ja, und ich hatte solche Gier darauf. Ich konnte es gar nicht mit ansehen, wie sie abschnitt und abwog. Und kaum war ich draußen, da ging ich in den nächsten Torweg und nahm schnell eine Scheibe – und weg war sie.«

»Und weiter?«

»Ja, Jungchen«, schluchzt sie. »Das habe ich den ganzen Weg gemacht, immer wenn ein Torweg kam, habe ich mich nicht halten können und bin rein. Und zuerst habe ich dich auch nicht beschupsen wollen, ich hab genau geteilt, halb und halb ... Aber dann hab ich gedacht, auf eine Scheibe kommt es ihm auch nicht an. Und dann hab ich immer weiter von deinem gegessen, aber ein Stück, das habe ich dir gelassen, das habe ich mit raufgebracht, bis hier auf den Vorplatz, bis hier vor die Tür ...«

»Und dann hast du es doch gegessen?«

»Ja, dann habe ich es doch gegessen, und es ist so schlecht von mir, nun hast du gar keinen Lachs, Jungchen. Aber es ist nicht Schlechtigkeit von mir«, schluchzt sie neu. »Es ist mein Zustand. Ich bin nie gierig gewesen. Und ich bin schrecklich traurig, wenn der Murkel nun auch so gierig wird. Und ... und ich soll nun nochmal schnell in die Stadt laufen und dir noch Lachs holen? Ich bring ihn, wahr und wahrhaftig, ich bring ihn her.«

Er wiegt sie in seinen Armen. »Ach, du großes kleines Kind. Du kleines großes Mädchen, wenn es nichts Schlimmeres ist ...«

Und er tröstet sie und begöscht sie und wischt ihr die Tränen ab, und langsam kommen sie ins Küssen, und es wird Abend und es wird Nacht. –

Aus: *Kleiner Mann – was nun?*

Berlin macht sich Frühstück

Im Herd war Feuer entzündet mit lappigem, gelbem Papier und Streichhölzern, die stanken oder deren Kuppe abflog. Feuchtes, schwammiges Holz oder minderwertige Kohle schwelten. Das verfälschte Gas brannte puffend, ohne zu hitzen. Langsam wurde wäßrige, blaue Milch warm, das Brot war klitschig oder zu trocken. In der Hitze der Wohnungen weich gewordene Margarine roch ranzig.

Eilig aßen die Leute das lieblose Essen, eilig, wie sie eilig in die zu oft entfleckten, gewaschenen, ausgebeutelten Kleider gefahren waren. Eilig überflogen ihre Augen die Zeitungen. Es hatte Teuerungskrawalle, Unruhen und Plünderungen in Gleiwitz und Breslau, in Frankfurt am Main und Neuruppin, in Eisleben und Dramburg gegeben, sechs Tote und tausend Verhaftete. Daraufhin hat die Regierung Versammlungen unter freiem Himmel verboten. Der Staatsgerichtshof verurteilt eine Prinzessin wegen Begünstigung des Hochverrats und Meineids zu sechs Monaten Gefängnis – aber der Dollar steht auf vierhundertvierzehntausend Mark gegen dreihundertfünfzigtausend am 23. »Am Ultimo, in einer Woche, gibt es Gehalt – wie wird der Dollar dann stehen? Werden wir uns zu essen kaufen können? Für vierzehn Tage? Für zehn Tage? Für drei Tage? Werden wir Schuhsohlen kaufen, das Gas bezahlen können, das Fahrgeld –? Schnell, Frau, hier sind noch zehntausend Mark, kauf was dafür. Was, ist gleichgültig, ein Pfund Mohrrüben, Manschettenknöpfe, die Schallplatte ›Bananen verlangt sie von mir‹ –

oder einen Strick, uns aufzuhängen ... Nur schnell, lauf, rasch –!«

Aus: *Wolf unter Wölfen*

Frau Pagel frühstückt

Wolfgang Pagel sitzt noch immer am Wachstuchtisch seiner Höhle, wippt mit dem Stuhl, flötet gedankenlos sein ganzes Repertoire an Soldatenliedern und wartet auf den Thumannschen Emaillekaffeepott.

Seine Mutter unterdessen, in der wohleingerichteten Wohnung an der Tannenstraße, sitzt vor einem schönen, dunklen Renaissancetisch. Auf einer gelblichen Klöppelspitzendecke steht ein silbernes Kaffeegeschirr, frische Butter, Honig, echt englische Jams – es ist alles da. Nur vor dem zweiten Gedeck sitzt noch niemand. Frau Pagel sieht auf den Platz, die Uhr. Dann greift sie zur Serviette, zieht sie aus dem Silberring und sagt: »Minna, ich fange an.«

Minna, das ältliche, gelbliche, verstaubte Wesen an der Tür, seit über zwanzig Jahren bei Frau Pagel, nickt mit dem Kopf, sieht auch auf die Uhr und sagt: »Gewiß doch. Wer nicht kommt zur rechten Zeit ...«

»Er weiß, wann unsere Frühstückszeit ist ...«

»Gewiß doch – das kann der junge Herr ja gar nicht vergessen!«

Die alte Dame mit dem energischen Gesicht, dem klaren, blauen Auge, der das Alter nichts von ihrer straffen Haltung, nichts von ihren Grundsätzen hat nehmen können, sagt nach einer Pause: »Ich dachte eigentlich, ich würde ihn heute zum Frühstück sehen.«

Minna hat seit jenem Streit, an dessen Ende die am wenigsten beteiligte Petra eine Ohrfeige bekam, tagtäglich das Gedeck für den einzigen Sohn auflegen müssen, tagtäglich hat sie es unbenützt wieder forträumen müssen, und tagtäglich hat die Gnädige diese Erwartung ausgesprochen. Aber Minna hat auch gesehen, daß die tägliche Enttäuschung der alten Dame nichts von der Sicherheit genommen hat, mit der sie den Sohn immer neu erwartet (ohne ihm einen Schritt entgegen zu tun). Minna weiß längst, alles Reden hilft nichts, also schweigt Minna.

Frau Pagel schlägt ihr Ei an. »Nun, er kann noch im Lauf des Tages kommen, Minna. Was haben wir heute zum Essen?«

Minna berichtet, und die gnädige Frau ist zufrieden: alles Dinge, die er mag.

Jedenfalls wird er nun sehr bald kommen. Einmal muß er mit dieser verdammten Spielerei scheitern. Ein Ende mit Schrecken ... Nun, von mir soll er kein Wort des Vorwurfs hören ...

Minna weiß es besser, aber das muß sie ja nicht sagen, also schweigt sie. Doch Frau Pagel ist auch nicht ohne Verstand und nicht ohne Witterung. Sie dreht den Kopf scharf zu der alten Getreuen unter der Tür und fragt: »Sie hatten ja gestern Ihren freien Nachmittag, Minna. Sie waren wohl wieder – da –?«

»Wohin soll ein alter Mensch gehen?« versetzt Minna mürrisch. »Er ist doch auch wie mein Junge!«

Die gnädige Frau schlägt ärgerlich mit dem Löffel gegen die Tasse. »Er ist ein ganz dummer Junge, Minna!« sagt sie scharf.

»Jugend hat keine Tugend«, antwortet Minna völlig ungerührt. »Wenn ich bedenke, gnädige Frau, was ich für Dummheiten in meiner Jugend gemacht habe –!«

»Was haben Sie denn für Dummheiten gemacht, Minna?!« ruft die Gnädige empört. »Gar keine haben Sie gemacht! Nein, wenn Sie von Dummheiten reden, dann meinen Sie natürlich bloß mich – und das verbitte ich mir, Minna!«

Minna schweigt darauf. Aber ist man mit sich unzufrieden, kann auch das Schweigen des andern Öl ins Feuer sein – grade das Schweigen.

»Natürlich hätte ich ihr keine Ohrfeige geben sollen«, fährt Frau Pagel noch hitziger fort. »Sie ist nur ein kleines, dummes Mädchen, und sie liebt ihn. Ich will nicht sagen, wie der Hund seinen Herrn liebt, trotzdem sie genau das tut, jawohl Minna, schütteln sie nicht mit dem Kopf, genau das ...« (Frau Pagel hat sich nicht nach Minna umgedreht, aber Minna hat wirklich mit dem Kopf geschüttelt.) »... sie liebt ihn, wie Frauen einen Mann eben nicht lieben sollten!«

Frau Pagel starrt wütend ihr Brot mit Jam an. Aus einer naheliegenden Erwägung heraus steckt sie den Löffel in die Jamdose und macht den Aufstrich fingerdick. »Sich opfern!« sagt sie empört. »Das glaub ich! Das möchten alle! Weil's bequem ist, weil's dann keinen Ärger gibt! Aber Unangenehmes sagen: ›Wolfgang, mein Sohn, mit der Spielerei ist es aus, keinen Pfenning kriegst du mehr von mir‹, ihm so was zu sagen, das wäre rechte Liebe ...«

»Aber, gnädige Frau«, sagt Minna recht nölig, »die Kleine hat ja gar kein Geld, das sie ihm geben kann, und *ihr* Sohn ist er doch auch nicht ...«

»Du!« ruft Frau Pagel zornentbrannt. »Da!! Machen Sie, daß Sie rauskommen, Sie undankbare Person, Sie! Mein ganzes Frühstück haben Sie mir verdorben mit Ihrem ewigen Besserwissen und Widersprechen! – Minna! Wo laufen Sie denn hin? Decken Sie auf der Stelle ab! Denken Sie, ich kann noch essen, wenn Sie mich so ärgern?! Sie wissen doch, wie empfindlich ich mit meiner Galle bin! – Ja, den Kaffee auch weg. Ich werde jetzt noch Kaffee trinken – ich bin schon aufgeregt genug! Für Sie mag dies Mädchen meinethalben auch sein wie eine Tochter; ich bin altmodisch, ich glaube nicht daran, daß man seelisch sauber sein kann, wenn man vor der Ehe ...«

»Sie haben grad gesagt ...«, meint Minna, ganz ungerührt von dem Ausbruch. Denn solche Ausbrüche sind tägliche Kost für sie, und die Gnädige ist ebenso schnell friedlich, wie sie wütend wird ... »Sie haben gerade gesagt, wenn man jemanden gerne hat, sagt man ihm auch mal was Unangenehmes. Da durfte ich Ihnen auch sagen, daß der Wolf nicht der Sohn von der Petra ist!«

Und damit entschreitet Minna, das klirrende Tablett in den Händen, und zum Zeichen, daß sie nun erst einmal Ruhe »in ihrer Küche« haben will, schlägt sie die Tür fest zu.

Frau Pagel versteht das auch, und sie respektiert dies altgewohnte Zeichen der Getreuen. Sie ruft nur noch schnell hinterdrein: »Schafskopf! Immer gleich beleidigt! Immer gleich wütend!« Sie lacht vor sich hin, ihr Zorn ist verflogen. So eine alte Eule, bildet sich jetzt ein, Liebe besteht darin, dem anderen Unangenehmes zu sagen!

Sie geht einmal im Zimmer hin und her, sie ist satt, denn der Zornausbruch kam erst, als sie schon genug gegessen hatte, und sie ist bester Stimmung, denn der kleine Streit hat sie erfrischt. Jetzt bleibt sie vor einem Schränkchen stehen, wählt bedachtsam eine lange, schwarze Brasil, brennt sie lange und sorgfältig an und geht dann hinüber in ihres Mannes Zimmer.

Aus: *Wolf unter Wölfen*

Pampelmusenschlösser

Sie haben die Gurken übereinander geschichtet und die grünen Bohnen in den Körben ausgebreitet. Sie haben Wälle aus Blumenkohl gebaut und Türme aus Äpfeln errichtet, Birnenbastionen aufgeführt und Pampelmusenschlösser gefertigt. Manchmal haben sich ihre Finger dabei berührt, dann sind sie auseinandergewichen, als hätte eines sich am anderen verbrannt.

Tante Gustchen Mahling hat die beiden scharf aus dem Augenwinkel beobachtet. Sie ist fest entschlossen, dem jungen Mann, mag er noch so tüchtig sein, gleich den Laufpass zu geben. Ihre Nichte Hanne ist ein anständiges Mädchen, und Tante Guste ist fest entschlossen, dafür zu sorgen, daß sie das auch bleibt. Dieser junge Herr von Nirgendwo, der zur Vollendung den Hallenarbeiter spielt, kann nichts Gutes im Sinn haben. So fängt eine anständige Liebe nicht an.

Aus: *Dies Herz, das dir gehört*

Bisquit

3 Eier, 3–4 Eßlöffel Wasser, 150 g Zucker, 1 Pk. Vanillezucker, 100 g Gustin, 100 g Weizenmehl, ½ Pk. Backpulver.

Zubereitung:
Eigelb, Wasser und ¾ des Zuckers, sowie die Würzmittel werden zu einer cremeartigen Masse geschlagen. Dann tut man das Mehl und Gustin dazu, zuletzt den Eierschnee.

Die Form mit Papier auslegen, sofort backen.

Backzeit 35–45 Minuten

Bisquitrolle

5 Eier, 100 g Zucker, 1 Pk. Vanillezucker, 90 g Gustin.

Zubereitung:
Blech mit Papier belegen und sofort nach dem Backen aufrollen.

Backzeit: 15–20 Minuten

Spritzgebäck auf der Platte

1 Pfund Mehl, ½ Pfund Zucker, 150 g Butter, 3 Eier, ½ Bakin, geriebene Zitronenschale oder Vanillepudding.

Zubereitung:
Butter schaumig rühren, die Eier und den Zucker dazurühren, zuletzt das mit Bakin gesiebte Mehl und die Gewürze dazu. Mit der Spritze auf gefettetem Blech spritzen und hellgelb backen.

Allmählich kommt der Appetit wieder

Essen und Fraß

Es war einmal ein junger Mann, nämlich ich, der Schreiber dieser Zeilen, den verurteilten in seiner Jugend Ärzte und Eltern, Landwirt zu werden, weil meinen Nerven nämlich das Großstadtleben »nicht bekömmlich« sei. So ist es gekommen, daß ich ein gutes Dutzend meiner Lebensjahre die Füße unter den Tisch der Rittergutsbesitzer habe stecken müssen – und daß die immer großzügige Gastgeber waren, das kann ich nicht behaupten.

Du lieber Himmel, das waren doch damals, besonders vor 1914, noch reiche Jahre, und auf ein bißchen Essen kam es eigentlich wirklich nicht an. Aber viele, die meisten wollten einfach nicht, und namentlich ihre Ehefrauen sahen es als Ehrensache an, uns nicht einmal die eigenen, auf dem Hofe erzeugten Lebensmittel zu geben, sondern schmierten uns auf unsere Stullen statt guter Butter die billigste Margarine und mästeten uns damals schon mit Mehlsuppen, die statt mit Zucker mit Saccharin gesüßt waren.

Ich denke an ein Weihnachtsfest in der Neumark, am ersten Feiertag waren auch wir Beamte an die »Tafel« des Chefs geladen. Es war alles sehr feierlich und ungewohnt herzlich, eitel Güte und Menschenliebe, wie es das Fest verlangt. Als ich aber von der herumgereichten Platte mir ein Stück Fleisch nahm, erreichten mich doch die scharfen, durch keinerlei Feststimmung gemilderten Worte meiner Kommandeuse: »Sie hätten auch gerne das Knochenstück nehmen können! Ich habe es extra für Sie vornean gelegt, Herr Fallada!«

Einmal war ich auch Feldinspektor auf der Begüterung des Grafen Bibber in Hinterpommern. Es war ein herrlicher Besitz, sieben Rittergüter und drei Vorwerke, achtzehn Kilometer fuhr der Chef über eigenes Land, ein kleiner Fürst! Ich wohnte im Beamtenhaus des Hauptgutes und wurde wie die anderen Beamten von Fräulein Kannebier beköstigt. Eines Morgen kam ich durchgefroren vom Acker heim – es war später Herbst, und ich hatte die Aufsicht über die pflügenden Gespanne. Mein Frühstück steht auf dem Tisch, wie üblich zwei Brote mit Wurst und eine Flasche Bier.

Ehe ich noch abgebissen habe, warnt mich meine Nase: Diese Leberwurst stinkt zum Himmel! Betrübt stelle ich meinen Teller wieder zurück – ich war damals noch sehr jung und hatte ewig Hunger –, aber ich denke: So was kann schon mal passieren. Ich trinke meine Flasche Bier und gehe wieder auf den Acker.

Am nächsten Morgen das gleiche: Ich habe die stinkende Leberwurst vom Vortage längst verschmerzt, aber meine Frühstücksbrote erinnern mich, sie stinken wieder.

Zornentbrannt ergreife ich den Teller und eile in die Küchenregionen. Du Aas! denke ich. Das ist kein Versehen mehr! denke ich. Ich bin kein sanftes Schaf, du! denke ich. Ich kann auch anders –!

Und: »Fräulein Kannebier« sage ich drohend. »Das ist heut das zweite Mal, daß Sie mir verdorbene Wurst zum Frühstück geben. Ich tue anständige Arbeit, ich verlange auch anständiges Essen!«

»Die Wurst ist gut!« behauptet sie und sieht mich mit ihren dunklen Augen abweisend an. Sie hat ein fettes, bleiches Gesicht, ich kann sie nicht ausstehen. Sie frißt bestimmt alles, was Sie mir entzieht, und sie entzieht mir, was sie nur irgend kann!

»Die Wurst stinkt!« rufe ich wieder und schiebe ihr den Teller unter die Nase. »Da riechen Sie doch mal –!«

Sie zieht sich einen Schritt zurück. »Tadellos ist die

Wurst!« sagt sie. »Nicht einmal einen Stich hat sie!« sagt sie. »Selbst eingeschlachtete Wurst ist das«, sagt sie auch noch.

Zwischen uns ist eine Einigung nur schlecht möglich, keines will auch nur ein bißchen nachgeben. Ich schlage ihr vor, diese selbst eingeschlachtete köstliche Leberwurst einem andern und mir einfache Margarinestullen zu geben, aber sie will nicht einmal das. Allmählich erhitzt sie sich auch, sie möchte mich aus ihrer Küche loswerden, und ich weiche und wanke nicht. Ich verdiene brutto ganze sechzig Mark im Monat, davon kann ich mir kein Frühstück im Gasthof leisten. Ich will mein reelles Deputat-Frühstück.

Schließlich entschlüpft ihr im Eifer des Disputes der Satz: »Frau Gräfin selbst hat angeordnet, daß ich diese Leberwurst für das Beamtenfrühstück nehme!«

»Fräulein Kannebier!« rufe ich. »Was Sie da sagen, das kann nicht wahr sein! Das ist unmöglich! Frau Gräfin selbst soll –? Ausgeschlossen! Nein, das ist allein Ihr Werk, Fräulein Kannebier!«

»Und doch hat Frau Gräfin es angeordnet!« wiederholt die Kannebier und wendet mir den Rücken. Sie bedauert sichtlich, was sie gesagt, natürlich lügt dieses Weib.

»Ich frage Frau Gräfin selbst!« sage ich drohend.

»Tun Sie doch, was Sie wollen!« ruft die Mamsell ärgerlich. »Bloß: gehen Sie endlich aus meiner Küche!«

Eine Minute später wandert der kleine Feldinspektor Fallada über den Rittergutshof dem Schlosse zu. Er sieht weder nach rechts noch nach links, vor sich trägt er den Teller mit den übelriechenden Frühstücksbroten. Der will ich es zeigen! denke ich.

Ich wandere die Lindenallee durch den Schloßpark hinauf, betrete die Auffahrt, komme in die Vorhalle. Der alte Kastellan Elias, mit dem ich am Sonntagnachmittag manchmal Skat spiele, beschaut mich verwundert. »Was wollen Sie denn hier bei uns?« fragt er.

»Elias!« flüstere ich, wie ein Verschwörer. »Wo ist Frau Gräfin?«

Sein Blick wandert zwischen dem Frühstücksteller und meinem Gesicht hin und her. »Was wollen Sie denn von der Gräfin –?« fragt er argwöhnisch.

»Egal!« winke ich ab. »Sagen Sie mir nur, wo Frau Gräfin ist, alles andere geht Sie nichts an!«

Elias hat sich entschlossen. »Im Frühstückszimmer nach der Terrasse zu«, flüstert er nun auch. »Geradeaus, dann den Gang rechts, bis zur blauen Tür. – Ich habe Ihnen aber nichts gesagt!«

»Nichts!« bestätige ich.« Wir haben uns gar nicht gesehen.

Wiedersehen!«

Ich stehe vor der blauen Tür. Mein Herz klopft jetzt doch ziemlich. Aber das macht nichts, jetzt gibt es kein Zurück mehr. Ich klopfe an und trete ein. Ich bleibe unter der Tür stehen.

Es ist kein Frühstückszimmer, es ist ein ganzer Saal, in dem hier gegessen wird. Die eine Wand des Saales besteht ganz aus Spiegelglastüren, die bunten Tuffs der Blumenrabatten auf der Terrasse leuchten herein, helle und dunklere Baumgruppen der alten Parkbäume – in der Sonne blinkt der See.

Sie sitzen da am Frühstückstisch, vielleicht zwanzig, vielleicht dreißig Personen – das Schloß ist immer gestopft voll von Gästen. Die bunten Friedensuniformen der Offiziere, die hellen Kleider der Damen. Es blitzt von Silber und Kristall, es riecht wunderbar nach Bohnenkaffee, nach hundert guten Dingen – und ich stehe hier unter der Tür mit meinen stinkrigen Leberwurststullen. Eine ganz andere Welt, nichts für kleine Feldinspektoren mit sechzig Mark Monatsgehalt!

Aber ich kann nicht mehr zurück. Frau Gräfin, so jung sie noch ist, hat sofort gemerkt, daß etwas nicht stimmt, schon steht sie vor mir. »Nun, mein lieber Herr Fallada«, fragt sie, »wollen Sie den Grafen sprechen? Der Graf ist jetzt nicht hier.«

Ich habe nie gedacht, daß Frau Gräfin überhaupt von meiner Existenz schon Kenntnis hat, und nun weiß sie sogar meinen Namen! Ich bin fast überwältigt. Trotzdem trage ich mein Sprüchlein leidlich vor: »Frau Gräfin, ich bekomme heute zum zweiten Male Frühstück mit verdorbener Leberwurst.« Ich hebe den Teller leicht an. Frau Gräfin richtet ihre Augen auf die Wurst und tritt einen Schritt zurück. Ich habe eigentlich nicht den Eindruck, daß Wurst und Frau Gräfin sich zum ersten Male sehen. »Die Mamsell behauptet nun, Frau Gräfin selbst hätte die verdorbene Wurst für uns Beamte bestimmt!«

»O diese Kannebier!« ruft Frau Gräfin und hebt den Blick zur schön mit Stuck gezierten und gemalten Decke. »Diese Kannebier ist doch zu dumm! Ausdrücklich habe ich ihr gesagt, sie soll die verdorbene Wurst für die Leute nehmen, nun nimmt sie sie für die Beamten –!«

Einen Augenblick stehe ich überwältigt. Dann sage ich: »Ich danke vielmals, Frau Gräfin!« Geschlagen ziehe ich über den Hof heim: Es sind eben doch zwei Welten!

Am Abend aber besucht der Graf mich auf meiner Bude und setzt mich fristlos an die Luft. Er läßt es sich sogar etwas kosten, diesen roten Revolutionär, der eine Gräfin wegen seines Frühstücks belästigt, loszuwerden: Er zahlt mir ein ganzes Vierteljahresgehalt!

Viele Stellungen habe ich während meiner landwirtschaftlichen Periode gehabt, sehr lange habe ich es nirgends ausgehalten. Doch die kürzeste Dienstzeit absolvierte ich auf einer großen Domäne in Mittelschlesien: Sieben Stunden stand ich dort in Diensten – sieben Stunden nur, und auch wieder wegen des lieben Essens.

Das war im Jahre 1917, ich war in Berlin bei irgendeiner Kartoffelgesellschaft tätig und hungerte und fror mich durch den verdammten Kohlrübenwinter. Da hatte es der Ökonomierat Reinlich leicht, mich zu überreden, auf seiner Domäne die Bücher für eine von ihm gezüchtete Kartoffel zu führen. Schon längst hatte ich bedauert, in die Großstadt gegangen zu sein, das flache Land verlassen zu haben, wo es doch wenigstens immer noch Brot gab und Obst und Milch und Kartoffeln – nicht nur Kohlrüben!

Eines Abends kletterte ich von einem Jagdwagen, der mich von der Bahn geholt hatte, ich war auf meinem neuen Tätigkeitsfeld angelangt. Mein Chef, der Ökonomierat Reinlich, war ein guter alter Mann, übrigens Junggeselle, fett, ein bißchen schwerhörig und ein bißchen schmuddlig – für seine Körperpflege machte er von seinem Namen entschieden nur wenig Gebrauch. Er zeigte mir selbst mein zu ebener Erde gelegenes Zimmer, ganz nett. »Vielleicht richten Sie sich gleich ein bißchen ein. Wir essen in einer halben Stunde zu Abend.«

Ich hatte mich kaum gewaschen, da gongte es schon. Alles ging hier recht patriarchalisch zu: An einem Ende der Tafel saß der angeschmuddelte Ökonomierat, am anderen seine kleine verhutzelte Schwester, die ihm den Hausstand führte. Dazwischen die mancherlei Beamten: der Feldinspektor, der Hofverwalter, der Milchkontrolleur, der Rechnungsführer, die Mamsell. Und ganz patriarchalisch-ländlich begann auch das Abendessen mit einer Mehlsuppe, einer Mehlsuppe, die durch irgendwelche bräunlich-schwärzlichen Klöße einen ungewohnten Reiz bekam. Dann gab es richtiges Butterbrot mit Wurst und Käse – jaja, es war gut, daß ich hierher gegangen war, hier würde ich lange bleiben. Keine Kohlrüben mehr ...

Die Tafel wurde aufgehoben, und der Ökonomierat sagte zu seiner Schwester: »Ich setze mich mit Herrn Fallada noch ein bißchen aufs Büro und bespreche die Zuchtbücher. Bring uns doch eine Flasche von dem mittleren Mosel!«

Mittlerer Mosel und gleich etwas zu rauchen, gut, sehr gut. Dies halte fest, Fallada!

Herein kommt die Schwester mit dem Mosel. Der Chef schielt unter seiner Brille fort böse nach ihr hin. »Hundertmal habe ich dir gesagt«, knurrt er, »daß du den Deckel von der Mehlkisten geschlossen halten sollst. Aber nein! Heute schwamm wieder die ganze Mehlsuppe voller Mäusedreck!«

Da wußte ich es, was ich da für ungewöhnlich reizvolle bräunlich-schwärzliche Klößchen gegessen hatte. Und dachte: Nein, was gleich mit Schiet anfängt, kann nur schietig weitergehen. Schüttele den Staub von deinen Füßen, Fallada, und trolle dich von hinnen!

Ich habe mir dann noch friedlich angehört, was alles mir der Ökonomierat von seiner schönen Kartoffel zu erzählen hatte, habe von seinen Zigaretten geraucht und seinen Mosel getrunken – an den Dingen konnte ja bestimmt nichts »dran« sein. Als ich dann wieder in meinem Zimmer war, habe ich still gewartet, bis alles im Hause friedlich schlief. Ich stellte meine beiden Koffer auf die Fensterbank, kletterte hinaus und bin den Weg wieder friedlich zurückgewandert, den ich sieben Stunden vorher mit dem Jagdwagen gefahren war. Und als sie sich auf der Domäne zum ersten Frühstück hinsetzten – vermutlich mit Mehlsuppe mit, mit ... –, da trug mich schon der Eilzug wieder nach Berlin – mit seiner Kälte, mit seinen Kohlrüben. Der Ökonomierat aber hat sich nie wieder bei mir gemeldet, hat nie wieder nach mir gefragt. Vielleicht hat er es sogar verstanden, daß es Menschen gibt, die nicht einmal über einen Mäusedreck wegkommen – ich hoffe es jedenfalls.

Aus: *Märchen und Geschichten*

Aufgebratene Mehlklöße

Als Herr Studmann die Tür zum Büro öffnet, sieht er da Herrn von Teschow und den jungen Pagel in trautem Verein sitzen. Die beiden Herren, der älteste und der jüngste Landwirt von Neulohe, scheinen sich ausgezeichnet zu verstehen: Sie haben beide sehr vergnügte Gesichter.

»Ich erzähle Ihrem Jüngling grade«, sagt Herr von Teschow dröhnend, »was ich so als angehender Forkenjünger zu fressen kriegte. Schweinskotlett mit Spinat an einem hundsgemeinen Wochentag –? Oje, oje! Dreimal in der Woche aufgebratene Mehlklöße! Schließlich schmissen wir sie an die Decke, und da blieben sie kleben, so kleisterig waren sie. Als ich wegging von dem Gut, klebten sie noch immer da.«

»Und was aßen Sie tatsächlich?« fragt Herr von Studmann höflich, um so höflicher, da er sich schändlich ärgert. Denn von der vorhergegangenen Unterredung mit dem Rittmeister liegen noch alle möglichen Schriftstücke offen auf dem Schreibtisch. Es ist ja nichts Verfängliches, aber der Alte ist schlau, er errät aus einer Andeutung einen ganzen Kriegsplan.

»Wir klauten wie die Raben!« sagt Herr von Teschow. »Speisekammer, Räucherkammer, Äpfelkammer – zu jedem Loch hatten wir Nachschlüssel ...«

»So daß am Ende Schweinskotlett mit Spinat für den Arbeitgeber doch vorteilhafter ist«, meint Herr von Studmann trocken.

Aus: *Wolf unter Wölfen*

Ostfriesischer Mehlpudding, genannt Mehlpott

⅛ Pfund Butter, 3 ganze Eier, etwas geriebene Zitronenschale, wenig Salz, ¼ Pfund Zucker, ½ Liter Milch, 1½ Pfund Mehl, u. 50 g Hefe.

Zubereitung:
Von den Zutaten einen Hefeteig herstellen und in einer Puddingform im Wasserbad drei Stunden kochen. Die Form darf nur gut halb voll sein.

Mailänder Risotto

200 g guten Reis mit einem Tuch sauber abreiben, in 60 g Öl (heiß) glasig rösten, etwa ⅜ Liter heißes Wasser zugießen, dann 10 Eßl. geriebenen Käse unterrühren, Salz und Paprika zufügen und auf ausgeschalteter Platte 30–45 Min. ziehen lassen (10–15 Min. für einfachen Reis).

Grießklöße

2 Tassen Milch, 1 Tasse Grieß, 2 Eßl. Butter, 1 Prise Salz.

Zubereitung:
Auf dem Feuer zu steifem Brei verrühren. Noch warm 2 ganze Eier, etwas Muskat und Zucker dazu. Kleine Klößchen abstechen, in Salzwasser gar kochen.

Hefeklöße

500 g Mehl, 15 g Hefe, 2 Eier, 3 Eßl. Fett, etwas Salz, ¼ Liter Vollmilch.

Zubereitung:
Hefe in warmer Milch auflösen, alle Zutaten zusammenkneten. Klöße formen und auf bestäubtem Blech gut 1 Std. gehen lassen. Auf Dampf etwa 10–12 Minuten kochen lassen.

Pflaumenknödel

500 g Kartoffeln werden gekocht, gerieben und mit 1 Ei, einer Prise Salz und soviel Mehl geknetet, daß ein ziemlich fester Teig daraus wird, der etwa ½ cm stark ausgerollt wird. So lang, wie der Teig ist Pflaumen legen, den Teig überschlagen und mit dem Ausstecher (Wasser) abstechen.

Die Knödel werden nun 20–35 Minuten in leicht gesalzenem Wasser gar gekocht, mit brauner Butter und Zucker zu Tisch gebracht.

Die Fleischscheiben werden papierdünn geschnitten

Kaum hatte sich Willy Jensen davon überzeugt, daß der Besucher das Arbeitszimmer betreten hatte, so schlich er leise über den Gang in die Küche. Minna war wieder vorne im Eßzimmer, wo sie inzwischen bei der süßen Speise angelangt sein mußten, aber ihr Teller mit Essen stand noch unangerührt auf dem Küchentisch.

Willy setzte sich davor und begann eilig zu schlingen; dabei ließ er seine Augen in der Küche umherstreifen, um weiteren Proviant zu entdecken, den er bei einer etwaigen Flucht mit auf sein Zimmer entführen könnte. Aber wenn auch keine Flucht notwendig wurde: Minnas Essensportion, von der Hausfrau unter den kontrollierenden Augen des Hausherren am Tisch vom allgemeinen Essen abgenommen, war für seinen sich entwickelnden, siebzehnjährigen Körper viel zu klein.

Auf dem Küchentisch lag noch ein größeres Stück Fleisch – aber an das wagte er sich nicht, trotzdem es nur ein Happen für ihn war. Sicher war es zu kaltem Aufschnitt für den Vater bestimmt. Im Eßzimmer redeten sie jetzt recht lebhaft; seit der Vater gegangen war, hatten alle wieder Mut gefaßt. Ach, dieser ständige Alpdruck der Familie, von Mutter an, dieser Vater, Strafrichter und Tyrann –

Willy hatte ihn zwei- oder dreimal bei Verhandlungen im Oberlandesgericht gesehen: Mit den Angeklagten sprach er freundlicher als mit Frau und Kindern, wenn er sie auf Abwegen glaubte.

Überall konnte Willy Jensen ein liebenswürdiger, freundlicher, hilfsbereiter Mensch sein, nur nicht in diesem Elternhause Uhlandstraße Nummer 3! Er hatte nicht einmal mehr so sehr Angst vor seinem Vater, die Zeiten des Zitterns und Weinens und der hilflosen, sich selbst zerfleischenden Wut hatte er – Zeus sei Dank! – hinter sich, aber er war all dieser ewigen Verhöre, dieser Splitterrichterei, dieser ausgerechneten Pedanterie so tödlich müde!

Sollte der Vater ihn schon strafen, da er nun einmal der Vater war, also der Erzeuger und Ernährer (trotzdem die Frage noch gar nicht entschieden war, ob ein Vater das Recht auf Tyrannis hatte, denn er, der Sohn, hatte ihn sich nicht zum Vater gewünscht) –, aber er sollte doch um Gottes Willen dieses ewige Gezeter lassen, dieses Geschwätz über jeden Dreck! Es war doch wahrhaftig in diesem Hause, als gäbe es keine Jugend, kein Leben, kein Hin und Her, keinen blühenden Flieder, kein Lachen. Sondern als sei dieses ganze Dasein nichts wie ein Strafgesetzbuch: Verbote, Übertretungen, Vergehen, Verbrechen, Paragraphen – ein Dreck!

Und daß man nichts dagegen tun konnte, daß man es aushalten mußte, weil nur das bestandene Abitur den Weg in die Freiheit bedeutete ..., daß man so aufgezogen war, daß man nichts anderes leisten konnte, als eben dies Abitur bestehen, wofür man wieder des Vaters Geldbeutel brauchte ..., daß alles Revoltieren nichts nützte, weil der Vater schon einmal gedroht hatte, den widerspenstigen Sohn einfach in ein Priesterseminar zu stecken ..., daß aber vielleicht auch das Abitur nicht die Freiheit bedeutete, weil nach des Vaters Ansicht ein Sohn von ihm nie etwas anderes als Jurist werden konnte, während der Sohn nur an die Medizin dachte ...

Ach, das waren alles so schrecklich auswegslose Gedanken, sie machten das Leben in diesem Hause immer unerträglicher, die Stimmung des Vaters stets verhaßter, die einst innig geliebte weiche, zwischen Mann und Kindern schwankende Mutter immer gleichgültiger. Daß man sich manchmal sogar wünschte, alles möchte doch zusammenstürzen, seinethalben in einem Erdbeben, oder in einer Feuersbrunst aufgehen, daß alles zu Ende wäre, ganz zu Ende, Ruhe, bloß Ruhe ... Oder daß man, vielleicht noch gerettet, von frischem anfangen könnte, unbelastet von all diesen schrecklichen Gedanken, von diesen bedrohlichen Gefühlen, die doch schlecht waren, so oft man sich auch mit dem Verstande bewies, daß sie ihre volle Berechtigung hatten –!

Minnas Teller ist längst leer, und nun stöbert Willy Jansen in der Speisekammer herum. Er ist noch nicht annähernd satt. Aber was er dort findet: einen Apfel, einen Brotkanten, einen kleinen Rest Pflaumenmus, das ist auch alles wieder so dürftig wie jedes Ding hier im Hause! Alles ist immer so ausgerechnet, daß es gerade von einem Tag zum anderen reicht. Gewiß, das weiß Willy auch, bei sechs Kindern, von denen fünf Söhne aufs Gymnasium gehen, reicht das Gehalt eines Oberlandesgerichtsrates nicht weit, selbst nicht vermehrt durch die Diäten eines Abgeordneten. Aber Willy ist überzeugt, daß auch hier sein Vater des Guten zuviel tut: Er ist nicht nur sparsam, er ist geizig. Bestimmt legt der alte Herr noch Geld auf die hohe Kante, Willy hat ihn ein paarmal aus der Stadtbank herauskommen sehen! Aber die Fleischscheiben werden papierdünn geschnitten, die Brotscheiben zugeteilt – ein verlorengegangenes Taschentuch wird zum Verbrechen!

Aber was haben wir hier –?! Was entdecken wir hier in der äußersten Ecke, wohlverborgen zwischen Teebüchse und Mehltönnchen?! Wahrhaftig, noch ein ganzes Stück von dem Rinderschmorbraten am Sonntag – sicher hat sich den die alte Minna beiseite gestopft! Willy überlegt nicht einen Augenblick, er beißt sofort von dem Stück Fleisch, das vielleicht noch ein gutes Pfund schwer sein mag, ab. Das Fleisch ist angetrocknet, sehr fest und zäh, aber seine jungen Wolfszähne schaffen es spielend. Es schmeckt köstlich, er beißt ab und kaut. Er kann gar nicht schnell genug kauen, während er noch kaut, gelüstet es ihn schon wieder, von neuem in das Fleisch zu beißen. Und als nur noch etwa ein Viertelpfund da ist, schiebt er es auf einmal in den Mund. Da steht er, er kaut mit beiden Backen, fünf viertel Pfund Rinderschmorbraten, Reichtum der Erde, Glück –!

Er steht noch so da, als er ein Geräusch in der Küche hört, und als er den Blick auf ihre Tür richtet, sieht er dort seinen Bruder stehen, das Nesthäkchen Bernhard, den Quintaner, den Petzer, der ihn halb schadenfroh, halb ängstlich betrachtet ...

Mit drei langen Schritten ist er bei dem Bruder, der vergebens zu flüchten versucht. Er packt ihn am Arm, er versenkt seine Fingerspitzen kunstgerecht in den Bizeps des Knaben, er gibt ihm einen Muskeltriller, von dem das Bürschchen aufquiekt. Reden kann Willy dazu noch nichts, er kaut und schlingt immer noch an seinem Rinderschmorbraten.

»Läßt du mich gleich los!« wimmert Bernhard, sofort Tränen in den Äuglein. »Ich schrei so, daß Vater aus seiner Stube kommt! Und dann erzähl ich ihm, daß du dir auch Essen geklaut hast!«

»Höre, du jämmerlicher Helot!« sagt Willy drohend und versenkt seine Fingerspitzen nur noch schmerzhafter in den Muskel, spielt gierig mit diesem zuckenden, feigen Stück Fleisch. »Wenn du mich noch ein einziges Mal beim Vater verpetzt, ich gebe dir mein heiliges Ehrenwort, ich bringe dich als unheilbaren Angeber vor die Triumvirn der Prima und lasse dich von der ganzen Penne in den großen Verschiß tun!«

»Das tust du nicht! Das wirst du nie tun! Das gibt

Otto schon nicht zu! Du blamierst ja unsere ganze Familie!«

»Die blamierst du, Angeber! Und Otto ist einverstanden, ich habe schon mit ihm geredet. Also, du weißt Bescheid – ich habe dir mein Ehrenwort gegeben!«

»Ich habe Vater gar nichts gesagt – und ob du Essen klaust, das mach mit Mutter und Minna aus – mir ist das so egal! Ich –«

»Du weißt Bescheid! Dir wird es ganz gut tun, im großen Verschiß zu sein, wenn keiner auf der ganzen Penne mehr mit dir spricht, keiner mit dir auf einer Bank sitzen will, alle vor dir ausspucken ...«

Er läßt den Bruder los, sieht ihm noch einmal drohend ins kläglich bleiche Gesicht und geht eilig auf sein Zimmer.

Aus: *Unterprima Totleben*

Das gekochte Mark des Liebesapfels

Näher kamen sie, nun unterschied er die beiden einander zugeneigten Gesichter, seine Hand hielt ihr Haupt im Nacken – und er kannte die Hand. Sein Gesicht neigte sich über das ihre – und er kannte dies Gesicht. Ein seliger Abglanz schwoll auf beiden wie ein endlos ausgehaltener, immer aufs neue verstärkter Orgelton ... Nun wehten ihre Wimpern, vom Lippenhauch gestreift, zu, so nahe, daß er erschreckt zurückfuhr, aber es war, als fiele ein endlos seliger Vorhang über eine herrliche Landschaft, fiel, fiel – Engel jubilierten –, war meergrün, wechselte in tieferes Blau, fiel, fiel, wechselte in Schwarz, ward ganz dunkel, daß er nichts mehr sah, nur die Ahnung dieses endlosen rasenden Sturzes war noch da – und eine Stimme rief: »Mittagessen!«

»Ja doch!«

»Mittagessen!«

Er erhob sich langsam, taumelnd. Durch das Zimmer lag ein breiter goldener Sonnenbalken, in dem Stäubchen tanzten, fielen; er endete bei dem gebrannten Spruchsegen, und mechanisch las Anton die Worte: »Der Herr ist meine Zuflucht, die Liebe aber mein Berg Tabor.«

»Die Liebe aber mein Berg Tabor –? Seltsam. Was heißt das –?« fragte er sich grübelnd, als er treppab stieg. Dann kam ihm die Idee, daß er träume, noch nicht ganz wach sei, denn seine Gedanken und selbst die Dinge um ihn schienen sonderbar verändert, – und selbst die Treppenstufen, auf denen er hinabstieg, waren nicht mehr hölzern, sondern ein Gewachsen-Wachsendes, das im Begriffe stand, unter seinem Fuß Laut zu geben und ein Unerhörtes zu sprechen. Die grüne Samtportiere verweilte auf seiner Schulter, ihr Gewebe schien sich zu lösen, nein, es war, als ginge er durch sie hindurch, ließe seinen Leib durch sie hindurchstreichen und schlösse sich hinter ihr wieder auf eine magische Art, unbeschädigt und doch verändert, als sei seinem Leib nun ein Partikel jener Schultern infiziert, die schon durch den Vorhang geschritten, ihn gestreift, ihn hastig, ihn gleichgiltig zurückgeschlagen hatten.

Aber nun war er im Speisezimmer. Die andern saßen schon da, am Kopfende des Tisches der Onkel, neben ihm links und rechts Mama und Papa, unten sein Platz frei. Sie sahen nicht auf, blickten in ihre Suppenteller, in denen etwas Rötliches schwamm, und so konnte Anton unbemerkt seinen Stuhl erreichen. »Ach, Tomatensuppe«, sagte er, zum Löffel greifend.

»Ganz recht«, setzte der Onkel ein, als habe er diese und gerade diese zwei Worte erwartet, »dies ist der gekochte Saft und das gekochte Mark des Liebesapfels, auch Tomate genannt.« Und er griff in die Tasche seines faltigen Rockes, zog eine dunkelrote Tomate hervor und zeigte sie zwischen zwei Fingern hoch.

Doch der Vater griff danach, hielt sie vor sich hin, genau wie der Onkel, blickte starr darauf und fuhr fort:

»Eines der wenigen zur Familie der Nachtschattengewächse gehörenden Pflanzenreises, dessen Früchte ungiftig, ja, dem menschlichen Gaumen zuträglich und angenehm sind.«

Doch schon war die Mama an der Reihe: »Man macht diese zuträgliche und angenehme Suppe mit Mehl sämig – ich nahm das knistrige Kartoffelmehl ...«

›Wie verrückt reden sie, wie verstiegen!‹ dachte Anton. ›Oder ist es vielleicht ihre Art so? Beobachte ich heute nur besonders scharf? Es kam mir schon vorhin so vor – ah, ich bin daran!‹

Zwischen Zeigefinger und Daumen drehte er den rötlichen Apfel, dessen Haut seidig und kühl, geheimnisvoll unter seinen Fingern strammte und wich, als ein Automat in ihm losschnurrte: »Das knistrige Kartoffelmehl, das aus der Stärke der Kartoffelknolle gewonnen wird, auch eines Nachtschattengewächses, dessen Früchte oder Beeren hinwiederum durch ihren hohen Solaningehalt giftig sind.«

Die Tomate flog auf den Onkel zu, er empfing sie mit seinem Tischmesser, sie zerteilte sich im Fluge, noch im Fallen streute er auf die saftigen Schnittflächen Salz und Pfeffer, und mit jeder Hand bot er Schwester und Schwager das Gericht. »Man nennt es eine Barbarei, diese Früchte mit Pfeffer ...«, begann er von neuem.

Aber Anton hörte nicht mehr. Sein vom Schnellen der Tomate in die Ruhelage rückkehrender Arm hatte die Messerbank berührt, eine unerwartete Kühle hatte seine Nerven erschreckt, er sah auf den Arm, seine Brust, an sich nieder – rieb seine Augen, atmete einmal ganz tief, aber es blieb, wie es war: er saß splitterfasernackt am häuslichen Mittagstisch!

Sein erstes Gefühl war: aufspringen, davonlaufen; doch wie leicht konnten sie dann aufschauen, seine Blöße entdecken. Unglaublicher Gedanke: sie hatten noch nichts gemerkt! Nein, es schien so. Der angstvoll und scheu Aufblickende sah gleichmütige Mienen, unbeschäftigte, alltägliche, aber doch wie aus der Alltagsbasis verschobene ..., er hörte die seltsam verstiegenen Worte, die mit abseitigen Ausdrücken glatteste Alltäglichkeit verbrämten, und er tastete nach der Serviette – »Gott sei Dank, die ist wenigstens da« –, schlang sie um seinen Hals, zerrte sie vorn auf den Bauch hinab und preßte die nackten Arme fest an die Stuhllehne, während eine wilde Unruhe ihn aus dem Zimmer jagen wollte, indes ihm sein Verstand das Bleiben befahl. »Es ist sicherer so. Ich lasse sie alle aufstehen und hinausgehen. Und dann schleiche ich fort.«

Aber das Fleisch juckte schlimmer, er mußte in seinen Schoß spähen, wo das neue bräunliche Haar so erregend wuchs, ein Muttermal am Oberschenkel saß höhnend grell dort. Ein Gefühl wuchs, als habe er allein die Schmach und Schande, so nackt sein zu müssen: ein haarloser, kärglicher Leib, spärlichen, ungesund gelblichen Fleisches, indes doch die andern – alle! alle! – bekleidet seien, Kleidermenschen selbst ohne Kleider, und die Schmach solcher Nacktheit allein für ihn bereitet sei.

»Mann!« sprach die Mutter, »unser gemeinsamer Sohn Anton ißt seine Taube nicht, obschon es eine junge Taube ist.«

»Verzehre sie, Anton, verzehre sie immerhin.«

Aus weiter Ferne drangen diese Worte zu ihm, er lauschte auf die Nähe, die Tür hinter ihm hatte ein leises Geräusch gemacht; nun strich es heran, behutsam, sacht, streifte ihn seidig und neben dem Onkel saß sie am Tisch, sie! Gerda! Neigte ein wenig das Haupt und lächelte.

Doch dies seltsame Mahl ging fort, niemand schien jemanden zu sehen, immer sprach einer und spickte seine Sätze mit entlegenen Worten, die niemand hörte außer dem angstvollen Anton, sondern jeder nur Automat seiner selbst, der sein Sprüchlein knarrte und schwieg ... Sprüchlein knarrte und schwieg. Schauer liefen heftig über Antons Leib, sein Blick trübte sich, er konnte nicht mehr unterscheiden, ob jemand ihn vielleicht doch angesehen, die Serviette ging auf, fiel in den Teller, färbte sich fettig braun, und da war es, als habe ihm Gerda rasch und verstohlen zugezwinkert. Er sah hin: nichts. Aber dies Zwinkern wiederholte sich, es sprang aus dem Winkel, die Facetten der Lampe zwinkerten blau auf und erloschen, über das Gesicht des Onkels lief ein boshaftes Zucken, als könne er Lachen nicht ganz mehr unterdrücken; des Vaters Klemmer stürzte in das Kompott, wütend riß er ihn an der Schnur heraus, schleuderte den spritzenden von sich, und wie ein Vogel ritt er durch die Luft auf Gerda zu, die ihn gleichmütig einfing, ihren Seidenrock hochnahm und daran abrieb. Der Vater zerrte an der Schnur, er flog zurück auf die Nase des Herrn, von der kleine zuckende Rinnsale zum Munde liefen.

Laut klagend rief die Mutter: »Er ißt nicht! Unser gemeinschaftlicher Sohn, Gatte aller Gatten, ißt nicht!«

Kalt sagte der Vater: »Seiner Nacktheit schämt sich wohl das Kind.«

Der Onkel brummte: »Auf eure Leisten aber werde ich Geschwüre setzen und auf eure Lenden das Horn des Herrn«, wozu Gerda schrill lachend über den Tisch jubelte, mit den Händen applaudierend.

»Ich bin verraten!« schreit Anton klagend und springt auf. Die Serviette ist zurückgeglitten: er ist nackt, er ist nackt! Alle starren auf ihn, ihre Gesichter haben etwas gespenstisch Bekümmertes ... Und er fühlt mit Schrecken, wie sein Fleisch sich rührt, er muß fliehen, sonst geschieht Unglück – gleich! Gleich! –, aber seine Füße kleben am Boden, er kann nicht ... Ein wahnsinniger Taumel jagt durch ihn ...

»Gerda! Gerda, sieh weg!« schreit er jammernd.

Aber sie blickt auf ihn, blickt mit diesen ruhevollen grünen Augen ein wenig traurig auf ihn, der sich zu fliehen bemüht, seine Blöße bedecken will, seine Geilheit kaschieren und sich immer schlimmer preisgibt ...

Blickt auf ihn ...

Auf ihn ...

Eine Stimme schreit: »Mittagessen! Anton! Höchste Zeit! Mit – tag – essen!«

Er blickt um sich: angekleidet liegt er auf dem Sofa, und sein Blick fällt auf das Spruchband: »Der Herr ist meine Zuflucht für und für.«

Aus: *Anton und Gerda*

Windbeutel, sehr fein

¼ Liter Wasser, 50 g Butter, 125–150 g Weizenmehl, 3–4 Eier, 1 Teelöffel Bakin.

Zubereitung:
Von den Zutaten einen Brandteig machen, zuletzt die Eier drunterrühren, dann auf ein mit Mehl bestäubtes Blech setzen.

Trüffel

50 g ungesalzene Butter oder Palmin, 200 g Kakao, 400 g Puderzucker, ⅛ Liter süße Sahne, 1 Vanillezucker, Krümelschokolade.

Zubereitung:
Butter rühren, Palmin zerlassen, etwas abkühlen lassen, Kakao, Vanillezucker und Sahne abwechselnd dazu. Kugel formen und in Krümelschokolade wälzen.

Kartoffelhörnchen

1 Pfund gekochte, geriebene Kartoffeln, 1 Pfund Mehl, ½ Pfund Zucker, 2 Eier, 100 g Butter, 2 Backpulver, Marmelade zur Füllung.

Zubereitung:
Die Zutaten werden wie beim Mürbeteig verknetet, mit Marmelade gefüllt.

Marzipankartoffeln

4 Tassen Grieß, 3 Tassen Puderzucker, ½ Tasse deutsches Puddingmehl, ¾ Tasse Wasser, 30 gr. geschmolzene Butter, ein paar Tropfen Bittermandelöl.

Zubereitung:
Der Puderzucker wird gesiebt und alle Zutaten dazugegeben. Vorsicht bei Bittermandelöl –. Dann läßt man die Masse ein paar Stunden stehen. Sie ist zunächst etwas krümelig, wird aber nach und nach geschmeidiger. Man forme sie zu kleinen Kugeln, die in Kakao oder Backersatz gewälzt werden. Sie müssen eine Weile trocknen. In Blechdosen aufbewahrt halten sie lange ihre Frische.

Schmalzkuchen, sehr fein

3 Eier, 150 gr. Zucker, ¼ Liter saure Sahne, 1 Bakin, 1 Zitrone, 1 Pfund Mehl, Schmalz zum Ausbacken.

Zubereitung:
Eier, Zucker, Sahne und Zitronenschale verrühren, nach und nach Mehl und Backpulver unterrühren. Kleine Bälle mit dem Teelöffel abstechen, in Fett goldgelb backen, gleich mit Zucker bestreuen.

Allmählich kommt der Appetit wieder

Ich lehne mich zurück, ich schließe die Augen – wenn ich jetzt noch etwas zu trinken hätte, würde ich ganz glücklich sein. Irgend etwas fehlt immer am menschlichen Glück, ganz zufrieden werden wir nie.

Ich habe den Rotwein ausgetrunken, sonst gibt es nichts zu trinken in diesem Haus. Ich muß mir gleich morgen einen Weinkeller zulegen, und ein paar Flaschen Schnaps müssen auch in ihm sein. Schnaps ist etwas sehr Gutes – wie schade, daß ich so viele Jahre versäumt habe, in denen ich hätte Schnaps trinken können – in aller Mäßigkeit natürlich. Ich lehne mich noch immer weiter zurück, genieße das Bad, fühle die brennenden Schmerzen nachlassen ... Und springe plötzlich auf! Das Wasser schwappt aus der Schale und überschwemmt den Fliesenboden. Aber das ist jetzt ganz egal! Eine Erleuchtung ist über mich gekommen! Natürlich haben wir noch etwas zu trinken im Haus! Hat denn nicht Magda Madeira für manche Suppen, zum Beispiel für die Ochsenschwanzsuppe? Und besitzt sie nicht Rum zum Sterilisieren ihrer Gelees? Ich weiß das doch aus den Haushaltsbüchern! Und ich laufe mit meinen nackten Füßen in die Speisekammer, ich suche, ich rieche an Flaschen, ich rieche Essig und Öl – und hier, da steht es ja: »Fine old Sherry« und hier sogar Portwein, dreiviertel voll die Flasche, und Rum, halb voll – oh, wie schön ist das Leben. Rausch, Vergessen, auf dem Strome des Vergessens dahintreiben, in die Dämmerung hinein, tiefer in die Schwärze hinab, dorthin, wo es weder Versagen noch Reue gibt ... Guter Alkohol, sei gegrüßt la reine Elsabe, an deiner nackten Brust habe ich geruht, den Ruch von Haar und Fleisch geatmet!

Ich habe die Schüssel wieder gefüllt, ich habe die drei Flaschen aufgekorkt vor mich aufgebaut, ich habe einen tiefen Zug aus der Rumflasche getan. Zuerst widerstand er mir nach dem sanfteren und reineren Geschmack des Korns, dieser Rum schmeckte schärfer, brennender, er ist zusammengesetzter, aber auch feuriger. Wie dunkelrote Wolken fühle ich ihn in meinem Blute treiben, er beschwingt meine Phantasie, er macht mich noch wacher, achtsamer, listiger ... Ich weiß, ich muß die Küche gut aufräumen, aufwischen muß ich die Überschwemmung auf dem Fliesenboden, die Flaschen gut verkorkt wieder wegsetzen. Niemand darf etwas merken, auch Else nicht. Die gute Else, sie schläft fest, sie ist noch jung, sie hat den Schlaf der Jugend, aber ich, ihr Brotherr, ich sitze hier in der Küche und bewache ihren Schlaf. Wenn jetzt ein Einbrecher käme ... Aber wo habe ich bloß die Korken gelassen? Ich sehe sie nirgends, ich habe sie auch nicht in den Taschen – ob sie wohl in der Speisekammer liegen? Ich müßte dort nachsehen, ich muß die Flaschen gut verkorkt fortsetzen, aber das Wasser ist so linde an den Füßen, und jetzt werde ich müde: So möchte ich schlafen, noch einen Schluck, dann werde ich so schlafen, nur einen kurzen Augenblick, und ich werde alles hier ordnen, tadellos werde ich alles in Ordnung bringen, und auch die Korken werde ich finden ... Wer kommt? Wer stört mich schon wieder? Ach, es ist nur Magda, die tüchtige Magda, mitten in der Nacht, nein, mehr dem Morgen zu, steht sie da gewissermaßen gestiefelt und gespornt, jedenfalls völlig angezogen in der Küchentür und sieht stumm mit einem sehr blassen, erschrockenen Gesicht auf mich! Ich richte mich halb auf, mache eine begrüßende Geste mit dem Arm, nicke ihr zu und sage fröhlich: »Da bin ich wieder, Magda! Ich habe einen Ausflug gemacht, eine Landpartie in das Frühlingsgrün hinaus. Hast du in diesem Jahr überhaupt schon die Lerchen singen hören? Morgen werden wir gemeinsam gehen. Du sollst die Birken sehen, wie sanft grün sie sind, und du sollst die Königin des Schnapses kennen lernen, la reine d'alcool, ich habe sie Elsabe getauft ... Du bist so tüchtig, Magda, ich sah dich im Geschäft mit Hinzpeter über den Büchern. Du hast Bilanz gemacht, du hast Klarheit gewonnen, ich habe mich immer mehr vor dieser Klarheit gefürchtet! Diesen Schluck dir, meine Magda, und noch einen und noch einen! Ich weiß, es ist dein Rum, aber ich werde ihn dir ersetzen, ich werde dir alles ersetzen; wir haben noch Geld, ich kann das Geschäft verkaufen. Es gehört mir, ich bin der Chef, ich kann tun, was ich will! Oder sagst du etwas dagegen?«

Sie sagte nichts. Sie sah stumm auf mich, dann auf meine blutigen Füße. Sie war sehr bleich. Aus ihren Augen lösten sich zwei Tränen, sie rannen langsam über ihre blassen Wangen, sie wischte sie nicht fort, ich verfolgte gespannt ihren Weg mit den Augen, bis sie auf das Kleid tropften. Diese Tränen rührten mich nicht, im Gegenteil, es tat nur gut, daß sie weinte, es war ein süßes Gefühl in mir, daß sie noch Schmerz empfinden konnte meinetwegen. Ich trank wieder.

»Du bist so mitleidlos tüchtig, ja, ich habe die Lieferung für das Gefängnis nicht bekommen, aber du wirst das schon wieder ausgleichen. Ich habe immer in deinem Schatten gelebt, du hast mich deine Überlegenheit nie fühlen lassen, aber ich kam nie hoch, und nun bin ich unten angelangt. Auch unten läßt es sich leben, ich habe ein seltsames Mädchen kennengelernt, auch sie ist ganz unten, aber auch sie empfindet Schmerz und Freude. Auch unten empfindet man Lust und Leid, Magda, es ist genau wie oben, es ist gleich, ob man oben oder unten lebt. Es ist vielleicht das Schönste, sich fallen zu lassen, mit geschlossenen Augen ins Nichts zu stürzen, immer tiefer in das Nichts. Man kann unendlich fallen, Magda, ich bin noch nicht unten angelangt, ich bin noch nicht aufgeprallt, alle meine Glieder sind noch heil ...«

»Erwin«, sagte sie bittend, »Erwin, rede nicht mehr. Höre auf zu trinken. Du bist krank, Erwin. Komm lege dich ins Bett, ich will deine Füße verbinden. Deine Füße sehen schrecklich aus, ich will deine Füße verbinden ...«

»Siehst du«, rief ich und trank noch einmal, »du gönnst mir nicht einmal die paar Schlucke. Gewiß, es sind deine Flaschen, aber ich bezahle sie dir. Ich bezahle sie dir bar oder gebe sie dir in natura wieder, das ist ein glattes Geschäft, dagegen kannst du nichts sagen.

Du fragst mich nach meinen Füßen? Ich habe eine Landpartie gemacht, wenn die tüchtige Chefin arbeitet, kann der Chef sich wohl einmal eine Ausspannung gönnen! Ich bin barfuß gegangen, Barfußgehen soll gesund sein ...«

Sie ließ mich weiterreden. Sie hatte schnell die Küche verlassen und kam mit dem großen Badeschwamm, einer Salbendose und Binde wieder. Sie kniete neben mir, und während ich immer abgerissener und lallender über ihr fortredete, wusch sie meine Füße, wusch den Straßenschmutz aus den Wunden, trocknete sie gelinde ab, salbte sie und wickelte sie ein. »Gut, gut«, sagte ich und trank, »du bist wirklich gut, Magda; wenn du nur nicht so verdammt tüchtig wärst!«

Ich erwache. Ich liege in meinem Bett, die Fenster stehen auf, die Vorhänge bewegen sich leise im Wind, draußen scheint die Sonne. Es muß schon spät sein, das Bett neben mir ist bereits gemacht, das Schlafzimmer ist leer, ich bin allein darin. Mir ist sehr schlecht, mein Magen hat ein trockenes Brennen, nur langsam entschließt sich mein Kopf zu denken. Nur langsam kommen mir die Erinnerungen an die vergangene Nacht zurück, dann fühle ich die Schmerzen in den Füßen. Ich streife die Decke zurück und sehe die Verbände. Und mit einem Schlage steht alles wieder vor mir: das Lauern vor meinem eigenen Geschäft nach den Schatten auf der Glasscheibe, die gemeine Trinkerei in der Schankstube, die schamlose Szene in der Kammer des gemeinen Mädchens, mein schuhloser, betrunkener Heimweg und als Schlimmstes von allem, die Szene in der Küche mit Magda!

Wie ich mich beschmutzt habe, ach, wie ich mich beschmutzt habe. Eine brennende Reue überfällt mich. Scham, peinigende, schmerzende Scham, ich verberge mein Gesicht mit den Händen, ich presse die Augen fest zu ... Ich will nichts mehr sehen, ich will nichts mehr hören, nichts mehr denken! Ich stöhne, ich beiße die Kiefer zusammen, ich knirsche mit den Zähnen. Ich stöhne: »Es kann nicht wahr sein! Es ist nicht wahr! Das bin ich nicht gewesen! Ich habe alles nur geträumt! Ich muß alles vergessen, auf der Stelle muß ich alles vergessen! Es darf nichts wahr sein!« Das schüttelt mich wie ein Krampf, und dann kommen die Tränen, Tränen über all das, was ich so mutwillig verlor. Endlose, bittere, bange, schließlich doch lösende Tränen. Und als ich mich ausgeweint habe, ist immer noch die Sonne vor meinen Fenstern, wehen die frischen duftigen Vorhänge im leichten Winde. Immer noch ist das Leben da, jung und lächelnd, du kannst es in jeder Stunde noch einmal beginnen, es kommt nur auf dich an. Neben meinem Bett steht ein Tischchen mit einem Frühstückstablett, der Kaffee ist sorgsam mit einer Haube verdeckt, und nun beginne ich zu frühstücken. Die ersten Bissen der Semmel kaue ich noch zäh und träge im Munde, aber der Kaffee ist extra stark zubereitet; allmählich kommt der Appetit wieder, und ich genieße mit dankbarer Freude all das, was mir Magdas Sorgsamkeit an Extrabissen auf das Tablett gestellt hat: scharfe Anchovis, eine schöne fette Leberwurst und wunderbaren feingegebenen Chesterkäse. Selten habe ich mit solchem Genuß gegessen, ich fühle mich wie ein Genesender. Dankbar begrüße ich die säuberlichen Dinge der bekannten Umwelt, grüße sie wie alte vertraute Freunde, die man lange entbehrt hatte.

Aus: *Der Trinker*

Weinschaumsoße. Sehr gut

2 ganze Eier, 2 Eigelb, 3 Eßl. Zitronensaft, 50 g Zucker, 10 g Mondamin, ¼ l Weißwein (Apfelmost geht gut als Ersatz), 3 Eßl. Wasser.

Zubereitung:
Alle Zutaten werden erst kalt tüchtig verrührt, dann im Wasserbad schaumig geschlagen. Die Soße darf den Kochgrad nicht erreicht haben. Man nimmt die Soße vom Herd und schlägt sie noch kurze Zeit.

Einfache Cumberlandt

2 Eßl. Öl, 2 Eßl. Essig, 2 Eßl. Senf, 2 Eßl. Johannisbeergelee, Rum.

Zubereitung:
Alles tüchtig schlagen. 1 Prise Pfeffer dazu.
Zu Pasteten, kaltem Fleisch, Braten, Sülze usw.

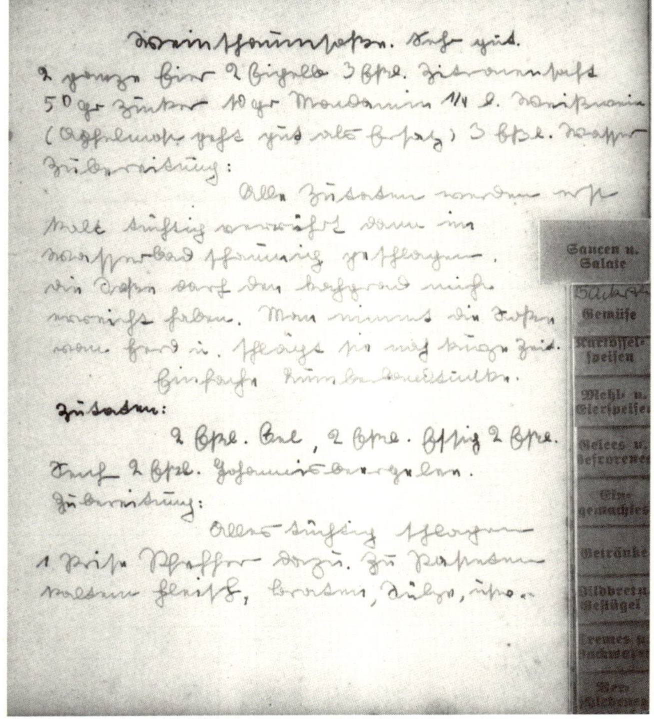

Weinschaumsoßen. Sehr gut.
2 ganze Eier 2 Eigelb 3 Eßl. Zitronensaft
50 gr Zucker 10 gr Mondamin 1/4 l. Weißwein
(Apfelmost geht gut als Ersatz) 3 Eßl. Wasser
Zubereitung:
Alle Zutaten werden erst mal tüchtig verrührt dann im Wasserbad schaumig geschlagen. Die Soße darf den Siedepunkt nicht erreicht haben. Man nimmt die Soße vom Herd u. schlägt sie noch kurze Zeit.
Einfache Cumberlandsoße.
Zutaten:
2 Eßl. Öl, 2 Eßl. Essig 2 Eßl. Senf 2 Eßl. Johannisbeergelee.
Zubereitung:
Alles tüchtig schlagen 1 Prise Pfeffer dazu. Zu Pasteten kaltem Fleisch, Braten, Sülze, usw.

Gutes Essen macht auch die Menschen gut

Und plötzlich überkommt mich ein rasender Hunger

29.6.1924

Es kann noch nicht spät sein. Ich habe wohl keine halbe Stunde geschlafen. Von unten höre ich eine Stimme kommandieren, dann höre ich ein rascheres Geräusch wie Schlagen auf Holz und eine Weile darauf eine wilde Jagd die Treppe hinauf. Dann wird meine Tür geschlossen, jemand reicht mir eine Schale und ein Stück Brot hinein. Die Tür geht wieder zu.

Ich betrachte mein Abendessen. Es ist eine hübsche Portion Haferschleim und ein Riesenstück trockenes Brot, ein halbes Pfund Brot in einem Stück. Ich betrachte es mit Ehrfurcht und setze es wieder in meinen Schrank. Dann esse ich ein paar Löffel Haferschleim und versuche ein wenig von Frau Wulfens Butterbroten. Es schmeckt nicht. Und wieder gehe ich auf und ab. (Ich habe so ein wenig das Gefühl, daß Gefangene auf und ab gehen müssen, immerzu.)

Dann öffnet sich meine Tür noch einmal, und der Oberwachtmeister schaut hinein. »Geben Sie dem Mann dort Ihren Napf. Bis morgen früh kommt nun niemand mehr. Und nach dem Frühstück treten Sie dann auch mit zur Arbeit an.«

Ich bin allein. Ich gehe auf und ab. Ich denke ein wenig an das Mädel von vorhin, an die vorhergehende Nacht, die Fahrt zum Dampfer – ferne Welt.

Und plötzlich überkommt mich ein rasender Hunger nach Rauchen. Es ist wie ein Irrsinn. Wilder Irrsinn. Ich habe Tabak, ich habe Zigarettenpapier, nur die Streichhölzer, die Streichhölzer! Aber kann man denn gar nichts machen? Ich erinnere mich, das Zuchthauskommando, das wir in Radach hatten, sie hatten einen Knopf auf einem langen Faden, den sie in Rotierung versetzten, gegen den Rand einer Blechschachtel schlagen ließen, die Funken fielen auf Zunder … Blechschachtel und Knopf sind da, nun nur ein langer Faden. Ich mache mich daran, aus meinen sehr gestopften Strümpfen einen Wollfaden auszuziehen, als ich ihn habe, ist er zu kurz. Den Rand aufrebbeln? Es ist mir alles egal. Aber ich bekomme nichts los. Außerdem, fällt mir ein, würde ein Wollfaden zu schwach sein, er würde reißen. Ich suche weiter, und plötzlich fällt mir die Kehrichtschaufel ein, auf der von meinem Vorgänger alles mögliche Zeug lag. Richtig, da liegen viele Fäden, aber so wollig, so kurz.

Und nun bekomme ich ein Stück Holz in die Hand, es ist so seltsam schwer, und als ich es näher anschaue, bemerke ich, daß mit Leinenstreifen auf seine eine Seite eine Dreikantfeile aufgebunden ist. Zuerst denke ich an Durchfeilen des Fenstergitters, Ausbruch, den mein Vorgänger betrieb, aber als ich dann ein weiteres Stück Holz in die Hand bekam, in dessen aufgespaltene Spitze ein Stück Feuerstein eingeklemmt war, begriff ich: das gesuchte Feuerzeug, Gnade über Gnade, hier war es, fertig zum Gebrauch.

Gesegnet seist du, Vorgänger! Wo immer du auch nun wandelst, nie soll es dir an Rauchmaterial fehlen und an Feuer dazu, das wünsche ich dir.

Und ich drehe eine Zigarette. Lege den Zunder bereit. Und fange an, Feuer zu schlagen.

Ich schlage eine Viertelstunde, eine halbe Stunde. Es wird dämmrig, ich pinke noch. Es ist dunkel, ich pinke immerzu.

Ihr Lieben, auch Feuerschlagen will gelernt sein, ich habe in zwei Stunden einen Funken erzielt!

Aber darüber ist mein Rauchhunger vergangen. Ich schiebe ein wenig Tabak in den Mund, zuerst schmeckt er ein wenig stark, aber nach einer Weile ist er köstlich und lind.

Und nun werde ich einen tiefen Schlaf tun, ...

Aus: *Strafgefangener, Zelle 32*

Graupen mit Kartoffeln

Montag, den 23. Juni 1924
Zu dem Viertelliter Roggenkaffee aß ich heute zum ersten Male das halbe Pfund trockenen Brots, das es in einem Stück – gut, daß ich mir meine Zähne habe machen lassen! – morgens und abends gibt. Ich tunke es in den Kaffee, werde es aber nicht wieder tun, weil es erstens nicht besonders schmeckt, dann aber das Reinigen des Bechers mir auch zu viel Mühe macht. [...]

Mittags Erbsen mit Kartoffeln, zum ersten Male schaffte ich meine volle Portion. Freilich ist das Essen nicht übermäßig wohlschmeckend, nicht der spezifische angenehme Erbsengeschmack schmeckte hervor, sondern etwas Fades. Ich erinnere mich, einmal gelesen zu haben, daß man in Gefängnissen zur Dämpfung des Geschlechtstriebes den Speisen Soda zusetzte. Ob es das ist?

Mittwoch, den 25. Juni 1924
Übrigens: gestern mittag: Graupen mit Kartoffeln, heute mittag: Mohrrüben mit Kartoffeln; gestern abend: Gerstenschleim und ein halbes Pfund Brot, heute abend: eine Art Brühkartoffeln und ein halbes Pfund Brot.

Montag, den 30. Juni 1924
Mittagessen: Graupen mit Kartoffeln. Habe ich je etwas Schlechtes von Kartoffeln gesagt? Jede in der Graupenwildnis gefundene ist eine Oase. Gut gekocht, aber von allen bisherigen Mittagessen am wenigsten mein Fall. –

Mittwoch, den 2. Juli 1924

Und zu Mittag gibt es wirklich Mohrrüben und Kartoffeln, das schmeckt schon, aber hält nicht vor, es ist gleich wieder, als hätte man nichts im Leibe. Ich überlege, daß es Unsinn ist zu hungern, wenn man noch beinahe ein Pfund Brot vom ersten Tage her im Schrank hat. Nur, es ist natürlich steinhart. Ich werde es morgen früh in Wasser einweichen und dann zwischen mein Essen mengen, Nährwert hat es allemal noch. Nach dem Essen brenne ich mit dem letzten Streichholz die letzte Zigarette an, …

Donnerstag, den 3. und Freitag, den 4. Juli 1924

Mittag um halb zwei Uhr. Ein Doppelschlag (Rotwelsch für Doppelportion) Mittagessen. Reis mit Kartoffeln. Ich esse sie ganz auf und muß mich sofort hinlegen, so voll ist mein Magen.

Sonntag, den 6. Juli 1924

Jetzt ist es Abend, ich kann immer schon ins Bett gehen, es ist nicht zu früh dazu. Ich habe sogar noch eine kleine Zigarette zu rauchen. (Morgen – das wird sich finden.) Und ich fühle, daß das heute ein guter Tag war. Ich habe ihn beinahe verbracht wie den vorigen. Schön geschlafen. Zwei Liter dicke Bohnen in Breiform mit Kartoffeln gegessen. Und ich hätte noch mehr gegessen, wenn der Magen Platz gehabt hätte. Aber er schmerzte schon. Man hat das Gefühl: Der Körper braucht es. Und zum Abendessen hatte ich schon wieder Hunger, habe meine ganze Portion vertilgt und hätte gern noch ein halbes Pfund Brot mehr gegessen.

Freitag, den 11. Juli 1924

Eben habe ich noch neben mein Manuskript einen Riesennapf Haferflocken bekommen, die ich gleich vertilgen werde. Es ist ganz unglaublich, was für Portionen ich esse. Ich habe nämlich das Glück, daß in der Zelle neben mir der Schuster haust, der als Handwerker Doppelschlag, also eine Doppelportion Essen bekommt, aber nicht einmal eine einfache ißt. Das landet alles bei mir und wird fast alles gegessen. Ich nehme allerdings auch an, daß ich hier trotz meiner körperlichen Strapazen stark zunehmen werde; ich höre dasselbe von fast allen Gefangenen. Die lange Nachtruhe und das trotz seiner Fettarmut doch ausgezeichnete Essen tun ihr Teil.

Mittwoch, den 16. Juli 1924
Heute ist ein Tag, an dem ich bei keiner Mahlzeit auch nur annähernd satt geworden bin. Es gab Graupen mit Kartoffeln – gut, aber zu wenig.

Freitag, den 18. Juli 1924
Am störendsten ist das ständige Hungergefühl, unter dem ich lebe, richtig satt bin ich eigentlich nur direkt nach dem Mittagessen, sonst ist mir manchmal geradezu flau zumute. Ich tröste mich dann ein wenig damit, daß ich mir das Gudderitzer Essen ausmale; dort kann man soviel Brot nehmen, wie man will, und, man denke sich!, Butter! Freilich sagt man sich gleich darauf, daß man sich schneller an die Üppigkeit als an den Hunger gewöhnen wird und daß einem Brot nach Belieben schon nach zwei Tagen keine übermäßige Verwöhnung scheinen wird. –

Sonntag, den 20. Juli 1924
Das halbe Pfund Schmalz wird freilich nicht lange vorhalten. Aber es hat mir meinen Sonntag sehr versüßt. Ich tat mittags ein großes Stück in meine Bohnen und ließ es zergehen, den Wohlgeschmack steigerte es nicht, aber es ist bezeichnend, wie stark man hier bei körperlicher Arbeit an den Nährwert der Speisen denkt. Und den ganzen Nachmittag freute ich mich auf mein halbes Pfund Brot, das ich mit Schmalz bestreichen würde, abends.

Es sind dies die kleinen Freuden, aber ob klein oder

groß, so lange geht es noch, wie man etwas hat, sich zu freuen.

Sonnabend, den 26. und Sonntag, den 27. Juli 1924
Morgens gab es eine Überraschung: Statt des Kunsthonigs (mit dem man immer alles vollschmierte, da man ja kein Messer und keine Gabel hat und der Löffelstiel nur unzureichender Ersatz ist) gab es Schmalz. Etwa ein achtel Pfund. Ich denke, ich werde mich für zwei Tage damit einrichten. Aber morgens und mittags wurde ich wieder einmal gar nicht satt, mächtigen Hunger, den ich erst abends, als es zu Brot und Suppenkartoffeln einen ganzen Hering gab, versöhnen konnte. Ich aß ihn sehr manierlich aus der Hand.

Dienstag, den 29. Juli bis Sonnabend, den 2. August 1924
Aber ich bin auf Kommando, habe Anrecht auf Doppelportion beim Essen, erhalte von dem Arbeitgeber Frühstück und Vesper (jedesmal eine Klappstulle mit Schmalz und einen Becher Kaffee), darf bei diesen Pausen sogar rauchen, erhalte dafür jedesmal eine Zigarette und erhalte das Doppelte vom Holzhofverdienst: zwanzig Pfennig pro Tag.

Aber vor allem: ich bin draußen! Da ist der Himmel, die Büsche, die vielen Blumen. Und die Sonne! Die Sonne!

Aus: *Strafgefangener, Zelle 32*

Speckjäger

»Rauchen auch wieder, die Äster«, murrt Kufalt. »Wissen, daß es verboten ist hier vorm Jugendgefängnis. Na, laß sie, übermorgen bin ich in der vierten Stufe, da kann mir piepe sein, was aus der dritten wird. – Aber, der olle Sethe, der war Kartoffelschäler für die Küche und saß seine sechs oder acht Jahre im Kartoffelkeller und schälte Kartoffeln. Und jeden Monat einmal meldete er sich zum Arbeitsinspektor, er bäte um andere Arbeit, er wäre nun lange genug im Kartoffelkeller gewesen, möchte auch mal an die Luft. Und immer wurde sein Gesuch abgelehnt. Schließlich kommt er dahinter, daß es der Küchenmeister ist, der den Arbeitsinspektor aufputscht, er soll ihn nicht aus dem Kartoffelkeller rauslassen. Weil Sethe nämlich soviel schafft wie sonst zwei Kartoffelschäler. Das hast du vom vielen Arbeiten hier im Bau.«

»Richtig.«

»Und er fleht den dicken vollgefressenen Küchenbullen an, er soll ihn doch rauslassen, er wird trübsinnig in dem nassen dunklen Keller, und der sagt: Ja, ja, nur noch dies Vierteljahr, und im Frühjahr soll er zu den Gärtnern kommen. Und dann wieder nicht und wieder nicht, bis dem ollen Sethe die Geduld reißt.

Der weiß doch eine ganze Menge aus der Küche, und so weiß er auch, daß der Küchenmeister sich jeden Mittwoch und Sonnabend seine fünf, sechs Pfund Fleisch unter die Weste steckt und nach Hause schleppt. Und dann dürfen die Beamten sich doch Hobelspäne holen aus der Tischlerei, in einem Sack auf dem Handwägelchen, zum Feueranmachen. Aber im Sack vom Küchenmeister sind oben Späne, und unten drin sind Erbsen und Linsen und Graupen und Grieß. Aber das beste ist: meistens muß ausgerechnet der olle Sethe dem Dicken das Handwägelchen nach Hause ziehen.

Na, der Sethe überlegt sich hin und her, wie er es machen soll, daß er den Küchenmeister absägt und ein anderer kommt und er aus dem Keller. Schließlich erzählt er mir den ganzen Quatsch und fragt: ›Kufalt, was soll ich machen?‹ Und ich sage ihm: ›Sethe, die Sache ist klar wie Kuhkäse, mit der Scheiße gehen wir zum Direktor.‹ Und er sagt: ›Zum Alten! Auf keinen Fall! Da schussele ich rein!‹ Und ich sage: ›Wie kannst du da reinschusseln, der Quatsch ist klar, wir drehen das Ding so, daß du nicht reinfallen kannst.‹ Und er zu mir: ›Ich wollte Gott, ich hätte dir nichts gesagt, ich falle rein, du bist ja grün.‹ Und ich zu ihm: ›Ich bin nicht grün, aber du bist in einer Woche bei den Gärtnern.‹ Und melde mich zum Direktor.

Denn eine schöne Wut hatte ich im Bauch auf das fette Schwein von Küchenmeister. Uns armen Gefangenen, die Kohldampf schieben, frißt so ein Speckjäger noch das bißchen Fleisch weg!«

»Und was sagte der Alte?«

»Der Direktor hört sich also die Geschichte an und wiegt seinen ollen Glatzkopf hin und her und sagt: ›So ist das also. Gehört habe ich auch schon davon, aber wie es im einzelnen zuging, das wußte ich noch nicht.‹ Und ich sage ihm: ›Ja, nun darf aber der Sethe nicht reinfallen. Wenn Herr Direktor sich vielleicht am nächsten Mittwoch oder Sonnabend um sechs Uhr am Tor aufhalten wird? Da kommt der Küchenmeister mit seinem Handwagen mit Spänen drauf und Sethe vorneweg. Und kneift Sethe die Augen zu, so ist diesmal wirklich nur Holzzeug im Sack, und läßt er die Augen offen, so greifen Sie zu und haben den Speckjäger.‹ – ›Ja‹, sagt der Direktor, ›das haben Sie gut ausgedacht, das machen wir. Und ich danke Ihnen auch, Kufalt.‹

›Na‹, sage ich zu Sethe, ›die Sache ist in Butter.‹ Und er freut sich auch. Aber am nächsten Mittwoch sagt er: ›Der Direktor war nicht da, und drei Büchsen Cornedbeef waren im Sack!‹ Und am Sonnabend sagt er: ›Die haben dem Küchenmeister die Sache verpfiffen, der ist ganz anders zu mir.‹

Und wie der Kram zum Klappen kommt, kriegt der Sethe eine Anklage wegen Beamtenbeleidigung in die Zelle. Und die Köche stehen wie ein Mann da und schwören, daß sie nie gesehen haben, daß der Küchenmeister sich Fleisch genommen hat oder Erbsen und daß das auch gar nicht möglich ist, und oll Vadder Sethe hat drei Monate Knast weg. Übermorgen wäre er sonst rausgekommen.«

»Aber vielleicht hat er wirklich geschwindelt. Warum soll der Direktor so was machen?«

»Das hat doch nicht der Direktor gemacht, das hat doch die Beamtenkonferenz gemacht. Das geht doch nicht, daß ein alter Beamter von einem Gefangenen reingelegt wird! – Sei du vernünftig, mach es, wie ich es dir gesagt habe, und geh nicht zum Direktor.«

»Ich weiß nicht, Willi. Bei mir ist das doch anders.«

»Natürlich ist es anders bei dir. Aber das gleiche ist, daß der ein Verbrecher ist und du auch, und uns wird schon von vornherein gar nichts geglaubt. Mach es, wie ich es dir gesagt habe. Halt die Klappe und sei froh, wenn du draußen bist und Arbeit hast!«

»Wenn du wirklich meinst, Willi?«

»Natürlich meine ich das. Ich mach es auch nicht anders, Emil!«

Aus: *Wer einmal aus dem Blechnapf frißt*

Abendmilchsuppe

Freilich war in diesem Punkte, dem Heranschaffen von Waren aller Art, Frau Almas Tätigkeit noch viel einträglicher, ihre Geschicklichkeit wohl auch größer als die des Mannes. Ihr war – mit dreißig, vierzig andern Frauen und Mädchen – die Aufgabe zugefallen, aus dem Barackenlager, das früher die SS eingenommen, die dort noch lagernden Vorräte in einen großen Schuppen an der Bahn zu schaffen. Es war ein weiter Weg, und oft waren die Säcke, welche die Frauen zu tragen hatten, mit schwerer Ware gefüllt, so daß die Last über ihre Kraft ging.

Was aber ihren Unwillen auf das Höchste trieb, war der Umstand, daß all diese Fleischkonserven, diese Butter-,

Käse-, Milch-, oder Sardinendosen, daß diese Büchsen mit gemahlenem Kaffee, diese Stangen mit gepreßtem feinem Blättertee, diese Kartons voller Schokoladenpulver (wozu noch Flaschenbatterien mit Wein und Kognak kamen sowie unübersehbare Packungen voller Rauchwaren) – ja, der Unwille der schleppenden Frauen wurde durch den Gedanken aufs schärfste angestachelt, daß all diese in solchem Übermaß vorhandenen Waren seit Jahren darbenden Frauen und hungernden Kindern vorenthalten waren, Kindern, von denen viele in ihrem Leben Schokolade nie geschmeckt hatten, um dann all dies anmaßenden, herrschsüchtigen Burschen von der SS, denen Deutschland ein gut Teil seines Unglücks verdankte, ins gefräßige Maul zu stecken.

Schon seit die Kinder, Weinflaschen in den Händen, sich vor dem größten Hotel der Stadt betrunken hatten, war eine neue Auffassung des Eigentumsbegriffs unter dem größten Teil der Bevölkerung aufgekommen: Dies alles waren eigentlich Waren, die ihnen zustanden. Eigensucht und Geldgier der Kaufleute hatten sie ihnen vorenthalten – es war nicht mehr als recht, daß man sich jetzt noch nahm, was man nur bekommen konnte! Der Weg von den SS-Baracken zu den Bahnschuppen war weit, der Sack drückte, die Last war schwer: Immer wieder verschwand eine Frau in den Büschen am Wege, und wenn sie wieder vortrat und sich, eben noch an der Spitze, jetzt in das Ende der lang auseinandergezogenen Kolonne einreihte, war der Sack nur noch dreiviertel voll, für den Abend aber ein hübsches Depot in den Büschen angelegt.

Frau Alma Doll war nicht bedenklicher als die andern Frauen, wie die meisten von ihnen hatte sie zu Haus Kinder, die nach Fett ausgehungert waren und gerne auch einmal erfuhren, wie eine Tasse mit Milchschokolade schmeckte. Wie die andern Frauen legte sie ihre Depots an, und als sie merkte, daß entweder Mitarbeiterinnen oder Beobachter aus der Ferne diese Depots noch vor Feierabend beraubten, wurde sie noch kühner: Sie ließ, in den Büschen versteckt, das Ende des Zuges ruhig an sich vorüberziehen. War er dann außer Sicht, eilte sie mit ihrem Sack in ein nahe gelegenes Haus zu Bekannten und ließ dort – auf Teilung – alles. War nun die Zeit herangekommen, daß die Kolonne auf ihrem Rückmarsch wiederkommen mußte, trat sie neu unter die Büsche und schmuggelte sich, den leeren Sack über dem Arm, unter die andern.

Natürlich hatten die ihr Fehlen bemerkt, sie sparten auch nicht mit spitzen Bemerkungen und Anspielungen; da sie aber alle mehr oder weniger das gleiche taten, geschah ihr nichts Schlimmeres. Was aber die russischen Posten anging, die an der Spitze und am Ende des Zuges marschierten, so sahen sie entweder nichts oder wollten nichts sehen von dem, was da vorging. Wahrscheinlicher war das letztere, sie wußten wohl alle, wie weh Hunger tut, und waren großmütig – auch einem gehaßten Volke gegenüber, das die Frauen und Kinder der Posten erbarmungslos hatte hungern und verhungern lassen.

Am Abend saß Alma dann bei ihrem Manne, auf dem kleinen Notherd kochte »seine« Abendmilchsuppe, und die junge Frau wies ihm bei Kerzenschein – der elektrische Strom funktionierte nicht mehr – ihre Eroberungen. Sie aßen allesamt ein Ölsardinenbrot auf Vorschuß, dann wurde in die Milchsuppe Schokoladenpulver gestreut. Sie aßen nicht, sie fraßen, sie stopften sich bis zum Platzen voll, alle, von der fünfjährigen Pette an bis zur alten, fast bewegungsunfähigen Großmutter. Sie dachten nicht an überfüllte Mägen und an den schon ohnedies so unruhigen Nachtschlaf, sie dachten auch nie an den nächsten Tag, an die Anlage eines kleinen Vorrats. Gedanken der Art waren ihnen in den Jahren der Bombenangriffe gründlich vergangen. Sie waren wieder zu Kindern geworden, die nur dem Heute, ohne einen Gedanken an den kommenden Morgen, leben, aber sie besaßen nichts mehr von der Unschuld der Kinder. Sie waren entwurzelt, sie, dieser

Kuhhirte und diese Sackträgerin, die Vergangenheit war ihnen entglitten, und ihre Zukunft war zu ungewiß, sich mit Denken daran zu beschweren. Ziellos trieben sie auf dem Strom des Lebens dahin – wozu lebte man eigentlich?

Aus: *Der Alpdruck*

Gutes Essen macht auch die Menschen gut

Hinter der doppelt verschlossenen Dielentür fühlte ich mich vor allen unliebsamen Überraschungen einigermaßen sicher, und nun gab es für mich nichts anderes mehr, als in die Höhle zu stürzen und nachzusehen, was des Elias Weib für meinen Großonkel gekocht hatte. Seit dem Hähnchen am gestrigen frühen Abend im Bahnhofsrestaurant zu Saßnitz hatte mein Magen nichts mehr zu schmecken bekommen als Rotwein. So verspürte ich jetzt einen Appetit, als hätte ich nicht achtzehn, sondern schon achtzig Stunden gehungert.

Ich hob die Deckel von den Schüsseln. Mein Herz schlug schneller, das Wasser lief mir im Munde zusammen, daß es schon nicht mehr anständig war! Nur keine Überstürzung! sagte ich zu mir und füllte dabei den Suppenteller. Hier ißt dir niemand was weg! Es wird reichen für dich, Lutz!

Ich führte den ersten Löffel zum Munde, ich schloß die Augen, langsam ließ ich den köstlichen Wohlgeschmack im Munde zergehen. Oh, du kleine, kugelrunde, geschwätzige Dienerin – wenn du schon zu meiner Taufe gekocht hast, was Wunder, wenn ich solch verfressener Mensch geworden bin. Langsam aß ich weiter, und während ich schmeckte und schluckte, suchte meine Zunge zu erraten, was ich da eigentlich aß. Daß es eine Geflügelkraftbrühe war, dies war nicht zu verkennen. Aber die Einlage, zum Teufel, was hatte dieses Weibsbild alles als Einlage hineingestopft, um dieser Kraftbrühe einen solchen Wohlgeschmack zu verleihen?! Nach langem Probieren kam ich zu dem Ergebnis, daß diese Einlage aus Hahnenkämmchen und -nieren bestand, dazu Spargelspitzen mit ein wenig Kerbel, schließlich auch Eierstich mit einer ganz raffiniert gewürzten Schinkenfarce.

Mit einem tiefen Seufzer füllte ich mir einen zweiten, dann einen dritten Teller. Ich verdarb mir den Appetit für die folgenden Köstlichkeiten, aber so schnell konnte ich von diesem Suppengedicht nicht Abschied nehmen. Ich will meine Leser nicht durch alle Tafelgenüsse hindurchquälen, sie könnten nur neidisch werden und eine Abneigung gegen diesen verfressenen Menschen fassen. Ich weiß, ich weiß, die Zeiten für solche kulinarischen Genüsse sind endgültig vorbei. Die Chemie ist in die Tafelfreuden eingebrochen und hat uns erst die Lehre von den Kalorien serviert, dann die Vitamine. Man ißt keine Kraftbrühe a la Douglas mehr, sondern ernährt sich mit Vitamin A und C und betet die schlanke Linie an.

Aber, meine Lieben, es waren doch köstliche Zeiten, da man sich ohne Hemmungen den Freuden der Tafel hingab. Gutes Essen macht auch die Menschen gut. Als ich mich hinter meinen Suppenteller gesetzt hatte, war ich ein recht nervöser, gehetzter junger Mann gewesen. Aber schon der erste Teller hatte mich so verwandelt, daß zum Beispiel meine Abneigung gegen Rotwein völlig verschwunden war. Ich stand auf und suchte mir unter den aufmarschierten Kompanien eine vertrauenerweckende Flasche burgundischer Herkunft aus, und da saß ich nun wieder, schmeckte und schlürfte ein Gläschen Wein, löffelte mein Süppchen und dachte mit Wohlwollen an die ganze Welt.

Ja, so weit ging in Kürze diese Verwandlung, daß ich von dem herrlichen Holsteiner Schnitzel (mit Spiegelei, Sardellen und Kaviar) weit über die Hälfte zurückließ, einesteils vielleicht aus Platzmangel, zum anderen Teil aber, weil ich mich meines Gefangenen im öden Weinkeller erinnerte. Jetzt dachte ich mit völligem Wohlwollen an den alten Herrn von Lassenthin. Wäre er nicht so unvernünftig und rauhboldig gewesen, ich hätte niemanden lieber als ihn zum Tischgefährten gehabt: Ein Mann, der sich täglich noch solche Genüsse bereitete, konnte nicht ganz verdorben sein. Ich schloß mit einer köstlich geratenen Apfelcharlotte, einer Charlotte, die mit ein paar Löffeln Marillencreme vervollkommnet war, zu der es eine Marillensauce gab, der eine Spur Zitrone die letzte Vollendung verlieh. Mühsam ging ich zu dem großen Ruhebett des Rauhbolds, warf mich darauf und schwur mir, mich allerhöchstens eine Viertelstunde von innen zu besehen.

Wie lange ich wirklich geschlafen habe, ahnte ich nicht. Ich hatte keine Uhr, und auf ganz Ückelitz schien es auch keine gehende Uhr zu geben – wozu auch, der alte Lassenthin kümmerte sich bestimmt nicht mehr um das Verrinnen der Zeit. Vielleicht aber jetzt doch in seinem Keller – und etwas reuig packte ich Fleisch und Auflaufreste zusammen und machte, daß ich in den Keller kam. Schon als ich die letzte Treppe hinabstieg, tönte mir wilder Gesang entgegen. Der alte Lassenthin hatte wohl noch stärker als ich in der Nacht dem Burgunder gehuldigt und sang nach einer selbsterfundenen Melodie das alte Lied:

Im kühlen Keller sitz ich hier
auf einem Faß voll Reben,
bin frohen Mutes und lasse mir
vom Allerbesten geben …

Ich stand lautlos hinter der Kellertür und lauschte auch frohen Mutes diesem wilden, ungezügelten Gesang, bis er mit dem Gebrüll schloß: »Und trinke, trinke, trinke!« Darauf seufzte der Rauhbold tief, und es gluckerte.

Ich aber klopfte gegen die Kellertür und rief: »Herr Großonkel, ich habe hier was für Sie zum Essen. Wenn Sie mir versprechen wollen …«

»Komm nur herein, du Lumpenkerl!« brüllte er. »Ich werde dir schon das Gelbe vom Schnabel wischen, du oller Gaudieb! Ich will dich schon trösten, du Tunichtgut! Am Galgen sollst du Hund mir baumeln müssen!«

»Wenn Sie was zu essen haben wollen, Herr von Lassenthin«, schrie ich dagegen, »müssen Sie mir Ihr Wort geben, daß Sie keinen Fluchtversuch machen! Stellen Sie sich an das Fenster, und ich will ...«

Aber all mein Reden war unnütz. Er sang schon wieder, diesmal das schöne Lied:

> Im Schwarzen Walfisch zu Askalon,
> da trank ein Mann drei Tag,
> bis daß er steif wie ein Besenstiel
> am Marmortische lag ...

Ich wagte es. Leise drehte ich den Schlüssel im Schloß, aber ich hatte nicht mit seiner teuflischen Hellhörigkeit und Wachheit gerechnet: Schon erdröhnte die Tür wieder unter seinem Anprall. Gottlob hatte ich erst einmal umgeschlossen, rasch drehte ich zurück und rief: »Ja, Großonkel, so wird es aber nichts mit dem Essen werden!«

Nun goß er einen ganzen Kübel übelster Verwünschungen über mich aus. Ich machte, daß ich davonkam. Den Gedanken aber, ihn zu nähren, hatte ich trotzdem noch nicht aufgegeben. Ich ging den Kellergang weiter, stieg langsam die Stufen empor, die ich zur Nacht so eilig hinabgeschossen war, und stand im sonnenglänzenden Garten. Ich sah um mich. Alles war, trotz Vernachlässigung und Verfall, in dieser schönen Stunde friedlich und heiter. In den Buchen am Parkrand flatterten und sangen die Vögel; es gab sogar blühende Rankenrosen, die an der Wand emporstiegen und mit reichen gelben und roten Dolden im leichten Sommerwinde leise pendelten.

So still, so friedlich – nur aus dem Kellerloch tönte wieder das wüste Gebrüll, aber hohl und dumpf, als käme es aus den Eingeweiden der Erde. Ich ging näher. Allmählich unterschied ich Worte, der Großonkel sang jetzt ein mir ganz unbekanntes Lied:

Jetzt weicht, jetzt flieht, jetzt weicht, jetzt flieht
mit Zittern und Zähnegefletsch!
Jetzt weicht, jetzt flieht! Wir singen das Lied
vom Enderle von Ketsch!
Ott Heinrich, der Pfalzgraf bei Rheine
der sprach eines Morgens: Remblem!
Ich pfeif auf die sauren Weine!
Ich geh nach Jerusalem! Lem!

Während dies immer wilder werdende Gebrüll absolviert wurde, ließ ich mich leise auf meine Knie nieder und versuchte, in den Keller zu spähen. Aber der Schacht war viel zu tief, nur ganz unten sah ich ein Stückchen der Eisenstäbe, die das Fensterloch sicherten. Also legte ich mich auf den Bauch und hing mich mit meinem Oberkörper in den Schacht, in der einen Hand das eingewickelte Schnitzel, in der andern Hand, ebenfalls eingewickelt, die Reste der Äpfelcharlotte (ohne Marillensauce). Noch immer konnte ich nicht in den Keller sehen, aber meine herabhängenden Arme waren vor den Gitterstäben: Ich zielte und schoß das Schnitzel in den Keller!

Der Gesang brach ab, aber ein riesiger, nackter, behaarter Arm fuhr blitzgeschwind durch die Gitterstäbe und griff nach meinen Armen. Das wäre dem alten Rauhbold nur recht gewesen, mich in den Kellerschacht hinabzureißen und durch die Gitterstäbe langsam zu Tode zu quälen! Fast wäre es ihm gelungen. Ich hatte aber noch die Äpfelcharlotte. Ganz unwillkürlich, ohne lange zu überlegen, warf ich sie. Ich muß sie ihm wohl direkt ins Gesicht geschleudert haben, ich hörte ein ersticktes Gebrabbel, die Hände griffen ziellos ... Ich aber nützte meine Zeit, stemmte mich gegen die Wand und war in einer Sekunde wieder im sonnigen, grünen Garten.

Daß er unten schrie, mich verfluchte, tobte, das kümmerte mich nicht mehr. Meine Pflicht als Schloßherr von Ückelitz hatte ich erfüllt und einen Gefangenen genährt. Mochte er nun sehen, wie er weiter zurechtkam, meiner harrten andere Aufgaben.

Aus: *Junger Herr – ganz groß*

Zitronencreme

4 Eigelb mit ¼ Liter verdünntem Wein oder Apfelsaft u. Saft von 2–2½ Zitronen und 200–250 g Zucker, etwas Zitronenschale und einem gehäuften Löffel Gustin.

Zubereitung:
Kalt gut vorschlagen, im Wasserbad gut heißschlagen, bis die Masse dick wird, dann 5 Blatt weiße Gelatine dazu, bis vor das Kochen kommen lassen. Dann schnell abkühlen, ab und zu durchschlagen, Schnee lose drunter.

Quarkcreme mit Obst

400 g Quark, 150 g Zucker (Vanille), Salz, ¼ Liter Schlagsahne, gedünstetes oder rohes Obst.

Zubereitung:
Der Quark wird durchgestrichen, mit Zucker, Vanille und Salz sahnig gerührt, mit der steifen Schlagsahne vermischt. In eine Glasschale gibt man Creme, dann das Obst wie Erdbeeren, Kirschen, Preiselbeeren, Apfelsinen oder Ananas.

Zuckerguß

150 g Puderzucker, der gesiebt wird, mit wenig lauwarmem Wasser glattrühren, etwas Zitronensaft zufügen. Die Glasur mit einem Pinsel auftragen.

Schokoladenguß

150 g gesiebter Puderzucker, 100 g Kakao, einige Eßlöffel Wasser, ein haselnußgroßes Stück Butter.

Mürbeteig

1 Pfund Mehl, 200 g Zucker, ½ Pfund Butter, 1–2 Eier, ½ Backpulver, etwas geriebene Zitronenschale.

Zubereitung:
Zucker und Eier rühren, nach und nach Butter und das mit Bakin gemischte und gesiebte Mehl zukneten.

Ausrollen, mit Obst belegen, mit etwas Zucker bestreuen.

½ – 1 Stunde bei mäßiger Hitze.

Hefeteig

1 Pfund Mehl, 25 g Hefe, 60 g Zucker, 40 g Butter, 1 Ei, ¼ Liter Milch.

Zubereitung:
Von den Zutaten einen Hefeteig machen. Auf einem gefetteten Blech ausrollen, mit Streuseln bestreuen.

Streusel: 250 g Butter, 500 g Mehl, 250 g Zucker.

Wieder zwei Pfund zugenommen!

Die köstliche Pflanze Süßwachs

Er lief zuerst zur rechten, aber das rauschende Wasser des Durchflusses, die enge Brücke über ihn fort und die vielen Häuser des Dorfes scheuchten ihn wieder zurück. So wandte er sich nach links, folgte erst der Straße und geriet dann in Ditzens Kartoffelfeld. Da gefiel es ihm schon besser, es roch nicht mehr so zweibeinisch, und zu seiner Rechten rauschte das Schilf, und die schmale Mondsichel streute Millionen von Silberfunken in den Carwitzer See. Das mutete ihn nach all den Häusern und nach der wüsten, sandigen Einöde der vergangenen Nacht schon ganz heimatlich an.

Nach einem kurzen Weg über den Kartoffelacker stieß Fridolin auf einen Drahtzaun, der ihm aber wenig Beschwer machte. In einem Augenblick hatte er sich darunter durchgegraben und befand sich nun in einem saubergehaltenen Gemüsegarten, der so groß war, daß man den Hullerbuschgarten dagegen für einen reinen Dreck erachten konnte. Auch die Güte der Gemüse befriedigte Fridolin, und als er gar unten am Seeufer, an das dieser Gemüsegarten grenzte, noch ein paar fette Tauwürmer fand und gleich darauf einige Frösche fing, war Fridolin für seine Griesgramverhältnisse fast ganz zufrieden.

»Das haben die Zweibeine mal ganz ordentlich eingerichtet«, sprach er zu sich. »Für Zweibeine sind die gar nicht so dumm. Die Rüben hätten etwas zarter sein können, und am Erbsenbusch hingen überhaupt keine Schoten mehr. Aber wo in dieser verkehrten Welt findet man alles Gute beisammen? Dumm ist es natürlich wieder, daß sie diesen Steinbau von einem Hause so nahe an den Garten gesetzt haben; aber das muß ich wieder loben, daß hier kein blöder Kettenhund lärmt. Wirklich ein hübscher Freßplatz; die Erdbeeren haben mir natürlich auch hier die Leute alle abgefressen, aber im ganzen bin ich zufrieden. Wenn ich nur bloß eine passende Wohnung in der Nähe finde –!«

Damit machte sich Fridolin wieder auf den Weg, immer dem Seeufer folgend. Er stieß auf einen andern Drahtzaun und kurz darauf auf einen dritten, unter denen er sich hindurchgraben mußte. Aber nicht einmal das ärgerte den Dachs. Er fand es im Gegenteil lobenswert, daß die Leute »seinen« Garten so gut gegen fremde Eindringlinge gesichert hatten.

Recht schön satt bereits setzte Fridolin seinen Weg fort, nun über einen langen, am See hingestreckten Acker, auf dem die verschiedensten Feldfrüchte wuchsen. Und hier hatte Fridolin plötzlich das größte Erlebnis seines Daseins, er begegnete einem Gewächs, das bestimmt war, sein ganzes Leben und vielleicht sogar seine Todesart zu beeinflussen – aber das letztere wissen wir noch nicht.

Wie vom Blitz getroffen blieb Fridolin plötzlich sitzen und roch an einer Pflanze, von der viele, viele Geschwister auf einem unendlich langen Beet standen. Schon der Geruch dieser bisher nie erlebten Pflanze war Fridolin so angenehm, daß sein Glaube, er sei in die verkehrteste aller Welten geraten, zu wanken anfing. Er schnupperte an der Pflanze, der saftige, volle Stengel streifte sanft seine empfindliche Schnauze, er nahm die ganze Nase voll, er wurde fast närrisch vor Entzücken. Wonneschauer durchbebten seinen Leib – daß es so etwas Herrliches auf dieser schlimmen Welt gab! In diesem Augenblick war Fridolin sogar dem stinkenden Fuchs Isolein dankbar, daß er ihn aus der heimatlichen Höhle und damit aus dem Hullerbusch vertrieben hatte, um dieses Prachtgewächs zu entdecken!

Fridolin lehnte sich mit der Schulter gegen die Pflanze, mit einem leisen krachenden Geräusch brach sie ab und fiel, rauschend mit den Blättern gegen ihre Geschwister anstreifend, zu Boden. Er biß in den Stengel, der reichlich strömende Saft erfüllte des Dachsens Maul – nie hatte er noch in seinem ganzen Leben etwas so Delikates geschmeckt! Dies ging weit über Ringelnattern, über junge Karotten, ja dieser Saft übertraf sogar an Güte die Erdbeere und den süßen Bienenhonig. Es war ein einfach himmlischer Geschmack, besonders vom Schöpfer für die Dachse erschaffen!

Fridolin war wie berauscht, in einem Wonnetaumel stürzte er sich auf die nächsten Maisstauden, er brach sie um, er biß in den Stengel; vor Entzücken fast vergehend, ließ er den Saft durch die Kehle rinnen, in den Magen hinein, der ihn mit erfreutem Gluckern empfing. Und bei diesem trunkenen Umbrechen machte der Dachs noch eine zweite Entdeckung, die seine erste fast in den Schatten stellte: Es gab noch etwas viel, viel Besseres als den Saft aus dem Stengel dieser Pflanze! Etwa in der halben Höhe des Stengels saß ein dickes, spindelförmiges Gebilde, ein kräftiger Kolben, in viele feine Blätter gehüllt, die nach innen immer zarter und wohlschmeckender wurden. Aber am besten schmeckte doch das Innerste dieses Kolbens, die Spindel selbst, die mit vielen Kernen besetzt war, größer als junge Erbsen und viel süßer und zarter schmeckend. Dies konnte man nicht nur schlürfen wie den Saft der Stengel, dies konnte man auch kauen, essen, fressen, damit konnte man den Wanst bis zum Platzen füllen – und das tat der Dachs auch!

Pflanze auf Pflanze fiel unter seinem gierigen Stoß. Schon kümmerte ihn nicht mehr der eben noch gepriesene Geschmack der Stengel, nur das Zarteste nahm er: die Spitze der Kolben. Als der Dachs endlich seine Freßgier gestillt hatte, war in dem langen, langen Maisbeet ein freier Platz, groß wie eine geräumige Stube, entstanden.

Auf ihm lagen die niedergebrochenen Pflanzen in wildem Durcheinander, wie von einem Sturmwind verheert. Schon begannen sie zu sterben, die welkenden Blätter strömten einen wehen, bitterlichen Geruch aus. Im Licht der schmalen Mondsichel leuchteten geisterhaft die weißlichen Lieschblätter, die zuinnerst die Körner tragende Spindel umhüllt hatten.

Der Dachs Fridolin aber ließ einen glücklichen Blick über das lange, lange Beet streifen, auf dem noch Maisstaude neben Maisstaude in vollem Saft stand. Da war Nahrung – und mehr als Nahrung, da war Genuß für viele, viele Nächte, für eine Ewigkeit, für ein ganzes, endloses Dachsenleben, wie Fridolin meinte, der sich nicht vorstellen konnte, daß sein Leben je enden würde.

Vor Rührung und Glück und zu vielem Gefreß bekam der Dachs den Schluckauf, und von vielen kräftigen Rülpsern unterbrochen, sprach er also: »Köstliche Pflanze Süßwachs, die allein für mich erschaffen wurde, meinen Wanst mit süßem Safte zu füllen – ich lobe dich! – Widerwärtig riechendes Zweibein, dessen Spuren ich überall um dieses schöne Beet erschnobere – auch dich lobe ich diesmal, weil du dieses Beet für mich angelegt, bestellt und gepflegt hast! – Und auch dich lobe ich, Schöpfer aller Tiere! Unerträgliches hast du uns Dachsen auferlegt, viel Schweres müssen wir durchmachen: den harten Winter mit den langen Fastentagen, die mühsame Nahrungssuche, den viel zu kurzen Schlaf. Wir müssen die widerlichen Gerüche von Hunden, Zweibeinen und Füchsen ertragen, und du hast in deiner Gedankenlosigkeit übersehen, uns wenigstens die stolze brandrote Rute eines Isolein zu verleihen. Aber ich verzeihe dir heute alle diese Ungerechtigkeit, Schöpfer, und ich lobe dich sogar, denn du hast als Entschädigung für all diese Unbilden den Dachsen die köstliche Pflanze Süßwachs verliehen. Um des Süßwachses willen soll dir verziehen sein!«

Als der Dachs Fridolin so seinen Lobgesang beendet

hatte, lief ein leiser Wind über die Maisstauden dahin. Ihre Blätter rieben sich mit einem leichten Rascheln aneinander, zugleich fingen alle Silberflecke unten auf dem See zu tanzen an.

Auch den Dachs durchschauerte es geheimnisvoll: Er hatte das Gefühl, als sei ihm der große Schöpfer ganz nahe und werde gleich zu ihm aus dem Mais hervortreten. Es war aber nur ein einzelner Windstoß gewesen. Das Rascheln der Blätter verstummte, und ruhig blinkten wieder die glitzernden Mondlichtflecken auf dem See.

Aus: *Fridolin, der freche Dachs*

Essigbirnen

2½ kg Birnen, 750 g Zucker, 1 Liter Weinessig, 1 ganze Stange Zimt, einige Gewürznelken, etwas Zitronenschale.

Zubereitung:
Birnen schälen, halbieren, gardünsten und in Steintöpfe füllen. Flüssigkeit zu Sirup kochen, dann durch ein Sieb darauf. Nach einigen Tagen wiederholen.

Sieh es doch ein, Olsch, friß!

Während ich ansetze, diese Zeilen zu schreiben, hallt meine Stube wider vom bald zornigen, bald klagenden Gebrüll unserer Olsch. Und ich weiß, dieser peinigende Lärm wird mich begleiten über diese Seite und über noch manche folgende, heute, morgen bestimmt auch noch, vielleicht sogar noch übermorgen, wenn wir beide es solange aushalten: ein fast pausenloses Gebrüll, tags wie nachts.

Ich bin eisern entschlossen, dieses Gebrüll zu ertragen, das mir Schlaf wie Arbeit verstört. Ich werde nicht nachgeben! Also muß die Olsch nachgeben. Aber wird sie es wirklich tun? Es klingt nicht danach, so brüllt sie bereits den vierten Tag! Ihr Brüllen klingt schon heiser, seit gestern bekommt sie auch kein Wasser mehr – ich will doch sehen, wer von uns beiden nachgibt: das unvernünftige Vieh oder die Krone der Schöpfung! Das wäre doch gelacht – oder wäre es etwa gebrüllt?!

Wir lebten in Frieden miteinander, mein Kühlein und ich. Wir waren mit ihr zufrieden, sie gab alle Tage an die zwanzig Liter Milch, sie war still und sanft, ohne alle Untugenden.

Und auch sie schien zufrieden mit uns, gerne fraß sie ihre Portion Futterrüben und Wruken, darauf einen Arm Heu, darauf Stroh, so viel, daß sie satt wurde. Dann legte sie sich hin, käute wieder und produzierte Milch. Gott, sie war keineswegs das Ideal einer Kuh; die Zeiten sind längst vorüber, da wir die beste Kuh landauf und landab im Stalle hatten. Man hat glückliche Zeiten mit seinem Vieh und weniger glückliche, aber so unselige Zeiten, daß wir mit unserer Kuh in Zwietracht lebten, haben wir zum erstenmal.

Gewiß, sie war immer ein bißchen altmodisch, unsere jetzige Olsch. Was wollen Sie? Sie stammt aus kleinen Verhältnissen, sie ist immer eine Einzelkuh von kleinen Leuten gewesen. Sie kam aus keinem Rittergutsstall, wo man fortschrittlicher denkt. Zum Beispiel war sie immer sehr gegen das Lüften – schien draußen die Sonne und stellten wir das Stallfenster nur ein wenig auf, so nahm sie uns das gewaltig übel, gleich gab sie zwei, drei Liter Milch weniger! Gut, hierin gaben wir nach, wir waren nicht rechthaberisch. Wenn sie ihren Mief für Ozon hielt – bitte schön, von uns aus!

Aber in der Frage des Sauerfutters sind wir eisern, hier sind wir modern, weil wir modern sein müssen. Wir haben Madam nichts anderes mehr zu bieten als Sauerfutter, sieh es doch ein, Olsch, friß!

(Nein, sie sieht es nicht ein, sie brüllt immer weiter, jede Zeile lang mindestens zweimal!)

Ich habe es schon gesagt: bei Rüben, Heu und Stroh hat sich unsere Olsch sehr gut befunden. Aber ich kann auf meinem bißchen Acker nicht Rüben genug für die Kuh anbauen. Für solche Fälle ist das Sauerfutter erfunden. Man baut schön zementierte Gruben in die Erde hinein, in sie wird im Sommer Grünfutter eingestampft – in meinem Fall Süßlupinen –, ein kleiner Säurezusatz, Luftabschluß durch Lehmdecke – und nun säuert das Grünzeug angenehm bis in die Zeiten der Futterarmut hinein, eine Art olivgrünes Sauerkraut. »Es wird begierig vom Rindvieh genommen, doch hüte man sich vor Verfütterung zu großer Mengen«, heißt es in meinem Lehrbuch.

Pustekuchen! Die Olsch lehnt dieses moderne Sauerfutter entschieden ab! Wir haben es auf alle Weise versucht, es ihr mit Kleie schmackhaft machen wollen: sie leckt die Kleie ab und läßt das Sauerfutter liegen! Wir haben ihr nach und nach alles andere Futter entzogen, das Heu, das Stroh, schließlich das Wasser – denn das Sauerfutter ist naß, und vielleicht bringt der Durst die Olsch dazu, es zu fressen.

Nichts! Sie fischt eher nach jedem verlorenen Strohhalm ihrer Streu, den sie noch vor fünf Tagen nicht angesehen hätte. Manchmal, wenn der Hunger gar zu groß wird, nimmt sie ein paar Stengel Sauerfutter ins Maul. Sie priemt zögernd darauf herum, dann reißt sie das Maul auf, die Stengel fallen zur Erde, und sie brüllt, sie brüllt herzzerreißend.

Ihre Seiten sind schon eingefallen, der Milchertrag ist von zwanzig auf vier Liter heruntergegangen, und noch immer kein Nachgeben! Vielleicht wird sie morgen überhaupt keine Milch mehr haben, und was mache ich mit einer Kuh ohne Milch? Anderes Futter? Aber wir leben im Kriege, wir stehen am Ausgang eines harten Winters – niemand hat Futter abzugeben! Und da, in den beiden

Säuregruben, ist Futter für fast ein Vierteljahr, es reicht, bis Grün genug auf Wiesen und Koppeln ist! So war es ausgerechnet, und nun will die Olsch anders rechnen!

Sieh es doch ein, Olsch, ich kann dir nicht helfen, du mußt das Sauerfutter fressen! Oh, dieses herzzerreißende Brüllen! In einem größeren Stall ist so was kein Problem: unter fünfzig Kühen, ja, schon unter zehn findet sich immer eine, der das Sauerfutter von Natur schmeckt. Darin sind die Kühe wie die Menschen: sie machen nach, was ihnen eine vormacht. Aber meine Olsch hat keine, die's ihr vormacht, sie muß es sich selber vormachen, und grade das will sie nicht!

Natürlich sind auch die Kinder aufgeregt, das Brüllen ist in ihrer Stube nicht zu überhören.

Alle Augenblicke kommt eines: »Papa, hat die Kuh jetzt gefressen?«

Ich bin sehr ungnädig: »Ach, laß mich zufrieden! Das hörst du doch wohl, daß sie nicht gefressen hat!«

Und mein armer alter Futtersmann! Er ist schwer zukkerkrank, solchen Aufregungen ist er nicht mehr gewachsen. Ich finde ihn in einem Winkel zwischen Holzfeimen und Torfmull. Er hat die Hände gegen die Ohren gepreßt und starrt pieplings vor sich hin. Von meinem Kommen hat er nichts gemerkt. »Se fret nich, se fret nich!« jammert er mit seine hohen alten Fistelstimme vor sich hin. »Lewe Herrgott, giv, dat se hüt fret! Mach doch zu, lewe Herrgott!«

Heute nacht bin ich von dem Gedanken (und von dem Gebrüll) wachgeworden, ich könnte mit dem Saatgut angeschmiert sein. Es waren vielleicht gar keine Süßlupinen, es waren vielleicht bittere Lupinen. Dann hätte die Olsch recht: bittere Lupinen darf man auch einer modernen Kuh nicht zumuten.

Der Gedanke ließ mir keine Ruhe. Im Bademantel, mit nackten Beinen schlich ich zum Stall hinüber. Der Mond stand klar am Himmel, es ist der 31. März. Wir haben wieder fünf Grad Frost, noch immer läßt der Frühling auf sich warten. Noch kein Samenkorn in der Erde, noch keine Furche gepflügt! Sorgen. Sorgen. Durch eine dünne Wand von mir getrennt, brüllt die Kuh. Es klingt erschütternd in der Nachtstille. Ja, ich weiß, du hast Hunger, Olsch, ich würde dir gerne helfen. Jetzt fresse ich erstmal dein Sauerfutter, ich mache es dir vor, Olsch, ich, die Krone der Schöpfung!

Es schmeckt gar nicht unangenehm, schwach säuerlich, ein bißchen salzig. Nicht die Spur von Bitterkeit, mit dem Saatgut bin ich nicht angeschmiert. Du hast unrecht, Olsch! Du mußt nachgeben, dazu bist du verpflichtet, nach allen Fütterungsregeln und nach der ganzen modernen landwirtschaftlichen Wissenschaft!

Ich liege wieder im Bett. Das ungewohnte Sauerfutter grummelt und brummelt in meinem Magen. Mit dem Schlaf wird es wohl nicht mehr viel. Ich überlege, wie lange wir es wohl noch so aushalten, die Olsch und ich. Beinahe möchte ich ein Stoßgebet zum Himmel senden, wie mein alter Futtersmann. Ist man ganz hilflos, erinnert man sich wieder, wie schön es doch damals war, als man noch ungläubig-gläubig beten konnte: »Lieber Gott, ich weiß, ich habe dreizehn Fehler im Extemporale. Mach doch bitte, daß es nur fünf sind, ja? Sonst kriege ich eine Vier!« –

Aus: *Heute bei uns zu Haus*

Salzgurken

Gurken 24 Stunden in Wasser legen, dann abtrocknen, schichtweise mit Dill (tüchtig), Weinblättern, Sauerkirschblättern belegen.

Auf 1 Liter Wasser 40–45 g Salz, ½ Liter Essig.

Senfgurken

Gurken schälen, halbieren, Kerngehäuse entfernen, in Stücke schneiden und mit Salz bestreuen.

24 Stunden stehen lassen, auf einem Tuch abtropfen, schichtweise mit Senfkörnern, Basilikum, Estragon, einigen Lorbeerblättern, Schalotten, geschnittenem Meerrettich, Pfefferkörnern, Piment und einigen Nelken belegen.

Essig mit Wasser verdünnt aufkochen, auf 1 Liter Essig 1 Eßlöffel Salz. Alles über die Gurken gießen. 3 Tage das Aufkochen wiederholen.

Zuckergurken

Grüne Gurken vorbereiten wie oben, aufkochen, einmal in Salzwasser abtropfen lassen, auf 2 kg Gurken 1 Liter Weinessig, 750 g Zucker, 4 g Nelken, 10 g ganzen Zimt aufkochen.

Nelken und Zimt entfernen. Ein wenig Ingwer und Muskatblüte mit einschichten, die Flüssigkeit noch dreimal aufkochen.

Pilze für drei Abendessen

Ich bin der leidenschaftlichste Pilzsucher meiner gesamten Bekanntschaft, ich, der ich mich beim Erdbeerpflükken nicht bücken kann, merke beim Pilzesuchen überhaupt nicht, daß ich mich bücke. Ich kann sechs Stunden lang Pilze gesucht haben, sehe ich auf dem Heimweg nur einen klimperkleinen: schon springe ich vom Rad und hole mir auch noch den Zwerg. Und fühle nicht das geringste Ungemach im Rücken!

Und ich, dem seine Arbeit über alles geht, der an sie gekettet ist, wie ein Galeerensträfling an seine Ruderbank, ich mache mich frei für einen Vormittag, für zwei Vormittage, für fünf Vormittage, lasse die Arbeit im Stich und suche Pilze (freilich unter Vor- und Nacharbeitung des auferlegten Pensums).

Ich habe mich oft gefragt, was denn an diesem Pilzesuchen so Herrliches ist, was mich dabei so glücklich macht? Es kann nicht der Aufenthalt im Walde sein, denn um des Waldes willen ließe ich meine Arbeit nicht einen Vormittag im Stich. Und es können auch nicht die Pilze sein, die ich finde, so gerne ich Pilze auch esse, Pilze kann man schließlich kaufen.

Es kann nur das Sammeln sein, das mich so glücklich macht. Das Sammeln mit all seinem Drum und Dran, dem Herumstreifen in den weiten stillen Wäldern, dem ewig unermüdlichen, unersättlichen Suchen, dem fast gierigen Füllen von Beuteln und Körben – und immer weiter und nie genug! Wie oft hat Suse mir schon gesagt: »Aber, bitte, bring heute nicht so viele mit! Wir schaffen es einfach mit dem Putzen nicht mehr! Es ist gerade jetzt so viel mit der Einmacherei zu tun! Bring nicht mehr, als daß wir zum Abendessen ein paar Pilze haben!«

»Na ja!« sage ich und ziehe ab.

Und dann finde ich eine Stelle, und dann finde ich noch eine Stelle. Und nun müßte ich schon längst nach Haus fahren, denn das sind Pilze für drei Abendessen! Aber wie kann ich das –? Hier ganz in der Nähe ist ein Gestell, da hab ich einmal vor zwei Jahren ganz überraschend im tiefsten Moos die herrlichsten großen, festen Pfifferlinge gefunden! Seitdem bin ich nicht mehr in diesen Waldteil gekommen, ich will wenigstens mal nachsehen ...

Also sehe ich nach. Und siehe, es leuchtet gelb im grünen Moos, und wenn ich den ersten festen Pilz in der Hand habe, und ich fühle das Fleisch, und ich sehe die feinen Rippen der Lamellen unter dem krempigen Schirm, und ich rieche diesen frischen Duft aus Waldfäulnis und Moos und Wurzelwerk und feuchter Erde – dann bin ich verloren! Stehenlassen? Zum Verfaulen? Für andere? Nicht um's Verrecken! Hier wird gepflückt, noch der letzte, schäbigste Pilz wird gepflückt. Wenn Suse mit ihren jungen Mädchen nicht soviel Zeit hat, so kann sie ja Pilzextrakt kochen, der macht nicht soviel Mühe.

Und dann radle ich glücklich heim. Bis zur letzten möglichen Minute bin ich im Wald geblieben. Im Schnellzugtempo jage ich die schmalen Waldwege der Holzhauer entlang, um zur rechten Zeit das Mittagessen zu erreichen. Ich schätze mein Sammelergebnis auf gut zwanzig Pfund, entspricht einem Wert von etwa sechs Mark, macht einen Stundenlohn von einer Mark – und was verdiene ich mit sechs Stunden Schreiben? Nein, so gerechnet ist dieser Vormittag ein blanker Verlust, und wie reich komme ich mir vor!

Natürlich beschimpft mich Suse nicht, wenn ich statt mit einem Abendessen mit einem Tragkorb voller Pilze ankomme. Das ist ihre Art nicht. Mit einem kleinen Seufzer sagt sie: »Na, stell's man dort hin! Wir werden es schon irgendwie schaffen!«

Aber nicht einmal damit gebe ich mich zufrieden. Ich verlange, daß Suse mein Ergebnis bewundert. Ich suche die schönsten Exemplare hervor, von den hervorragendsten Pilzen weiß ich genau, wo ich sie fand. Ach, jetzt, da ich diese Zeilen schreibe, denke ich an bestimmte Stellen in dem Forst. Ich sehe den Waldboden vor mir, die Sonnenflecke darauf, wieder rieche ich den Duft – da fandest du die kleinen festen Steinpilze! Dort im Ginster und Moos saß ein ganz dickes Nest Morcheln! Und dann jene Bootsfahrt eines Abends, es dämmerte schon, über den See nach einer bestimmten Koppel, nur mal nachzusehen, ob es schon Champignons gab ...

Und als ich im tiefsten Dunkel heimkam, leuchtete mein Boot weiß von Champignonbergen, und als wir's gewogen hatten, waren es ein Zentner und zwanzig Pfund herrlichster Champignons. Ein wunderbarer Champignon ohne einen Wurm, der Schaf-Champignon, den wir dem angeblich viel edleren Wiesenchampignon bei weitem vorziehen. Stücke von einem halben Pfund waren dabei, schneeweiß, fehlerfrei, zum Reinbeißen!

Aber wenn ich von Pilzen rede, verliere ich Maß und Ziel. Da gleiche ich den Jägern, die von ihren Böcken erzählen, den Anglern, die von Trockenfliege und Wurfangel und Darre schwärmen, und ich gleiche den Briefmarkensammlern, ich gleiche überhaupt jedem Menschen mit einem Steckenpferd. Und ich wollte doch nur erzählen, wie ich das Mückchen mit in den Wald zum Pilzesammeln nehme, vielleicht dreimal im Jahr. [...]

Dann kommen wir in den Wald. Wir fahren auf schmalen Fußsteigen, oft an der Kante kleiner tiefer Schluchten, mal über glatten, trockenen Nadelboden, dann wieder über das leise raschelnde Laub von Buchenwäldern. Viele Meilen weit erstrecken sich diese Forsten, und wir haben sie fast immer allein für uns. Wo ich suche, sucht kein Mensch.

»Halt Mückchen!« rufe ich, und sie hält. Wir verstecken unsere Räder im Unterholz und gehen los, unsere Körbe in der Hand. »Nun bin ich neugierig«, sage ich, »wer von uns den ersten Pilz findet!«

»Du natürlich, Papa!«

»Das ist noch gar nicht raus. Übrigens finden wir vielleicht gar nichts!«

»Du doch immer, Papa!«

»Na –! Beruf es nicht! So, Mückchen, von nun an müssen wir aufpassen. Halte dich ein bißchen links. Wir gehen hier grade durch die Kiefernstangen, immer mit der Sonne im Rücken.«

Ich gehe ganz langsam. Ich habe es schon gesehen: wir werden Pilze finden. Da und dort blitzt es gelb. Es kribbelt mir in den Fingerspitzen, ich möchte mich bücken ... Aber Mückchen ist ein wenig zu sehr geneigt zu sagen: »Das kann ich nicht!« und den Kampf aufzugeben, ehe er noch begonnen hat. Sie hat den rechten Glauben nicht an ihr Glück, darum soll sie den ersten Pilz finden!

Da steht direkt vor mir eine ganze Pfifferlingfamilie, würdige Erwachsene mit großen breitkrempigen Hüten, die sie abenteuerlich aufgebogen haben, und viele Kinder, die ihre Füße schräg gegen den Fuß der Großen stellten. Das ist fast unüberwindlich, daran kann ich nicht vorübergehen, hole den Henker die ganze Pädagogik! Ich *muß* diese Pilze aufsammeln!

Da erreicht mich Mückchens Schrei und erlöst mich von meiner Gier!

»Papa! Papa! Ich hab den ersten! Denk mal, ich hab den ersten! Sieh doch bloß, so einen großen, festen!«

Sie stürzt auf mich zu und zeigt mir strahlend vor Glück ihren Pilz. Ihre Backen sind rot, ihre Augen leuchten; zwischen den halbgeöffneten Lippen sehe ich die breiten Zähne. Sie hat genau die schönen großen mandelförmigen Zähne ihrer Mutter!

In einem solchen Moment, den ersten Pilz in der Hand, würde mein ältester Sohn über mich triumphieren, er würde mir nicht die Mitteilung ersparen, daß er seinen Vater geschlagen hat! Mein liebes Mückchen, das Kind mit dem sanften Herzen, das zornig weint, wenn Achim mal Klapse kriegt (»So doll brauchst du ihn auch nicht zu schlagen!«), Mücke ist nur Glück. »Faß mal an, Papa, wie fest der ist! Da wird sich die Mummi aber freuen! Das ist ein richtiger fetter Mops, was, Papa?«

Sie entdeckt plötzlich die Pilzkolonie, neben der ich noch immer stehe. »Oh, Papa, hier sind ja auch eine Masse Pilze! Hast du die denn gar nicht gesehen? Aber, Papa –!« Einen Augenblick ist Verdacht in ihrem Herzen wach geworden. »Ach, Papa, du hast gewollt, daß ich den ersten finde!«

»Nee, Mücke, so edel bin ich doch nicht! Du weißt, mit Pilzen verstehe ich keinen Spaß! Hätte ich die gesehen, ich hätte sie unbedingt gepflückt!«

Mücke in ihrer Arglosigkeit glaubt mir sofort. »Na, laß man, Papa! Du hättest sie vielleicht noch gesehen. Und dann, man kann ja auch mal was übersehen, nicht wahr? Das passiert jedem. Und du trägst ja auch 'ne Brille. Leute mit 'ner Brille sehen nicht so gut, wie Leute ohne Brille. Die übersehen leicht mal was. Wie ist das nun, sind das meine Pilze, oder sind es deine?«

»Natürlich deine, Mücke. Ich wäre wahrscheinlich vorbeigelatscht.«

»Dann verhafte ich sie, Papa! Sieh mal, wieviel ich schon in meinem Korb habe, und du hast noch gar keinen! Na, laß man, du findest auch noch welche! Und zum Schluß schütten wir unsere Pilze zusammen und sagen Mummi, wir haben beide gleich viel gefunden. Mummi muß das gar nicht wissen, daß du heute kein Glück gehabt hast, man hat doch mal kein Glück, nicht wahr, Papa? Alle Tage braucht man ja kein Glück zu haben, dann wäre es doch gar nichts Besonderes mehr ...«

Aus: *Heute bei uns zu Haus*

Pilzextrakt

Die geputzten Pilze mit kochendem Wasser übergießen und waschen. Dann ohne das Wasser in den Topf tun und aufkochen lassen, sofort in Gläser tun, etwas Salz zufügen, dann 1¾ Stunden bei 100 Grad. Bei Morcheln Kochwasser weggießen, frisches Wasser nehmen, Vergiftungsgefahr.

Auf 1 Liter Pilzwasser 10 Gramm Salz. Solange kochen, bis dickflüssig.

Alle Pfefferkörner Indiens

Als ein rechter Stadtmensch glaubte er, ein Wald müsse voll von eßbaren Früchten sein. Aber soviel er auch in die Kreuz und Quere ging, er fand nichts als ein paar letzte

Brommelbeeren, die der Regen wäßrig und fade gemacht hatte; Schlehen genug, deren erste aber ihm den Mund schon so mit Bitternis zusammenzog, daß er sie rasch wieder ausspie. Und als er sich nun nach den Pilzen bückte, die von der Herbstnässe reichlich aus dem braunen Waldboden aufgeschossen waren, als er in Unkenntnis ihrer Arten einen schönen, großhutigen, weißen abbrach, beroch, fand, daß er recht gewürzig rieche, und schließlich herzhaft in ihn reinbiß – da war es ihm doch, als habe er mit der Zunge über des Teufels glühenden Bratrost geleckt! Alle Pfefferkörner Indiens brannten, bissen, ätzten in seinem Munde, und lange lief er umher, bis er eine Quelle fand, die ihm den hitzigen Durst löschte und wieder einen frischeren Geschmack im Munde verschaffte.

Aus: *Märchen vom Stadtschreiber, der aufs Land flog*

Wieder zwei Pfund zugenommen!

Nun besteht in meinem Haus seit vielen Jahren die schöne Gewohnheit, daß am Sonntagmorgen nach dem ersten Frühstück alle gewogen werden, Eltern, Kinder, Haustöchter, Gäste. Über sämtliches Gewicht wird Buch geführt, es kostet mich nur einen Griff, ein Nachschlagen, und ich kann sagen, was mein guter Verleger im Juli 1934, wieviel Tante Tilly im November 1937 gewogen hat. Die eigene Familie besitze ich natürlich lückenlos.

Ist am Sonntagmorgen das Frühstück eingenommen, so begibt sich alles, Kind und Kegel, auf die Scheunendiele, wo die Dezimalwaage steht. Feige Gemüter und solche mit schlechtem Gewissen stürzen vorher noch schnell an einen geheimen Ort, um gewisse Gewichtskorrekturen vorzunehmen. Nun wird gewogen. Stets wiegt der Hausherr, stets schreibt die Hausfrau an. Es gibt Jubelschreie zu hören und stille Seufzer der Enttäuschung:

»Wieder zwei Pfund zugenommen! – Und ich habe diese Woche gar nichts gegessen! Die Waage geht bestimmt falsch!« – »Aätsch, Anneliese! Nun bin ich doch um ein halbes Pfund leichter als du – und du hast immer gesagt, du würdest nie schwerer als ich!«

Fräulein Bäht, die Füllige, betrat die Waage, stets mit Zittern. Ich weiß nicht, was in diesen Frauen steckt, sie war Fünfundfünfzig und hatte die Männer nie ausstehen können. Sie hatte bestimmt keine Heiratsabsichten, und sie schien auch auf ihr Äußeres wenig zu geben. Aber sie hörte ihr Gewichtsergebnis immer an wie einen Richterspruch über Leben und Tod. Stumm, mit bleichen Wangen, ging sie von der Scheunendiele zurück in ihre Küche. Den ganzen Vormittag weinte sie, selbst Bettinchen bekam kein gutes Wort. Sie hatte wieder zugenommen, jede Woche nahm sie bei uns zu.

Uns war es ein Rätsel, denn Fräulein Bäht aß am mäßigsten von uns allen. Bis wir allmählich dahinterkamen, daß Fräulein Bäht naschte. Vom frühen Morgen an schleckte sie da und probierte sie dort. Um die zehnte Stunde wurde der Appetit in ihr übermächtig: sie briet sich ein Stückchen Fleisch, sie schlug sich ein Eichen schaumig, sie holte sich schnell ein Kellchen Sahne aus dem Keller oder machte aus frischem Quark, Schnittlauch, Sahne und Knäckebrot ein Schlemmerschnittchen.

Dann stand sie zitternd am Sonntagmorgen auf der Waage. Sie betete zu Gott, ein Wunder möge geschehen sein. Aber das Wunder geschah nicht, und in der Küche begoß sie ihre Sünden mit Tränen und gelobte Enthaltsamkeit. Dann, spätestens beim Kuchen zum Sonntagnachmittagskaffee, schlich die Sünde wieder in sie...

Als Fräulein Bäht vor der ernsten Frage stand, entweder ihre ganze Garderobe zu erneuern oder aber zu hungern, machte sie meiner Frau einen Vorschlag. Wir hatten es in letzter Zeit mit ernster Besorgnis beobachtet, daß ihre Hüllen nicht mehr auf ihr weilen wollten. Bewegte sich

Fräulein Bäht, so knackten die Druckknöpfe, es öffneten sich Schlitze und Scharten. Die Reißverschlüsse rissen. Fräulein Bäht durfte nicht mehr lachen, nicht heftig atmen.

Also, da machte sie der Suse einen Vorschlag. Dieser Vorschlag war für Fräulein Bäht bezeichnend. Sie beschloß nicht etwa Mäßigkeit für sich, nein, sie verdammte das ganze Haus zum Hungern. Sie hatte von einer wunderbaren Diät gehört, von einem Obsttag: einen Tag in der Woche aß man nur Obst, und man wurde schlank wie eine Nymphe. Ob wir nicht auch solch einen Obsttag einführen wollten, vielleicht jeden Freitag –? Ich muß gestehen, daß dieser Vorschlag Fräulein Bähts von meinen sämtlichen weiblichen Hausgenossinnen mit großem Beifall aufgenommen wurde. Das liegt nun einmal in der Zeit. Sie alle, alle glauben, durch ein bißchen Hungern zu den überschlanken Frauen Botticellis werden zu können, auch wenn sie vom Mutterleibe her mit wahren Bärenschinken in der Weltgeschichte herumlaufen. Frau und Haustöchter waren sich sofort einig, Fräulein Bäht bei ihrem Obsttag Beistand zu leisten. Ich schloß mich natürlich aus – ich war nie für Hungern.

Prickelnde Erwartung begrüßte den ersten Obsttag. Auf jedem Platz liegen drei Äpfel, dazu hatte Fräulein Bäht jeder eine Tasse schwarzen Kaffee bewilligt. Scherzend wurde das schlichte Mahl eingenommen.

Ernstere Mienen sahen am Mittag auf die drei Äpfel, zu denen sich diesmal eine Tasse Fleischbrühe aus einem Bouillonwürfel gesellte. Auf dem Gebratenen des Hausherrn ruhten gedankenvolle Blicke, die scheu abirrten, wurden sie bemerkt.

Am Abend – drei Äpfel und eine Tasse schwarzer Kaffee – war die Stimmung wieder aufgeräumter: nun war der Obsttag so gut wie überstanden, die Nacht wurde verschlafen, am nächsten Morgen tüchtig gefrühstückt, und am Sonntag auf der Waage gab es dann die Belohnung für dieses Fasten!

Das sonntägliche Wiegenfest war eine leichte Enttäuschung. Die einen hatten ein bißchen zu-, die anderen ein wenig abgenommen, es war genau so, als hätte es keinen heldenhaft ertragenen Obsttag gegeben. Sie trösteten sich mit dem Gedanken, daß einmal keinmal sei, daß die Auswirkungen solchen Hungerns sich erst allmählich bemerkbar machen würden. Dieser Gedanke verlieh auch Fräulein Bäht Kraft, sie weinte nicht. An diesem Sonntagvormittag naschte sie mit bestem Gewissen: am Freitag würde sie hungern und am Sonntag abgenommen haben! Dessen war sie gewiß.

Wieder der Freitag, wieder die Blicke auf meinem Teller, und wiederum ist es Sonntag geworden. Oh, meine Lieben, wie soll ich es euch sagen, wie soll ich euch gläubig machen, die Wahrheit ohne Zweifel hinzunehmen, sie nicht für die Lüge eines verfressenen Schriftstellers zu halten –?! Das Wiegeergebnis: der einzige, der abgenommen hatte, war ich! Alle, alle hatten sie zugenommen, und teilweise recht beträchtlich!

Die Woche, die nun heraufzog, war düster. Von Äpfeln auch nur zu reden, war Vermessenheit. Wir hatten junge und hübsche Mädchen im Haus, es war Friedenszeit, überall gab es junge Männer: unsere jungen Mädchen sahen sich schon rettungslos einem Puddingformat ausgeliefert. Wenn nicht einmal ein Obsttag mehr half! Geradezu mit Abneigung sahen sie auf das gute Essen, das Fräulein Bäht uns auf den Tisch setzte, aßen's aber doch!

Genau wie Fräulein Bäht es aß, wie sie es nicht über sich gewinnen konnte, eine Suppe anbrennen zu lassen, ein Gemüse zu versalzen. Ihre natürliche Gabe, gut zu kochen, lag in heftigem Widerstreit mit ihrem Wunsch, ätherisch zu werden. Es war die alte Geschichte von der irdischen und der himmlischen Liebe, die himmlische kommt immer zu kurz, wir sind eben Menschen.

Der Apfeltag ging unter düsterem Schweigen vorüber, nur Fridolin wagte die Bemerkung: »Wenn ich diesmal wieder zugenommen habe, höre ich aber mit dem Quatsch auf!« Tiefe Stille, kein Widerspruch – nicht einmal von Fräulein Bäht, und doch hatte eben solch junges Ding eine von ihr vorgeschlagene Maßnahme als Quatsch bezeichnet!

Sonntag ist's und wieder wird gewogen. Nur zögernd finden sich die zu Wiegenden ein, sie stehen erst vor einer gewissen Tür, ewig rauscht das Wasser ... Ich selbst war hoffnungsvoll, mit einer gewissen Freudigkeit setzte ich die Gewichte auf die Waage. Diesmal mußte das Hungern sich ausgewirkt haben, solche Kasteiung mußte belohnt werden, oder es gab keine Gerechtigkeit auf dieser Erde!

Und wiederum war das Ergebnis kläglich: niemand hatte abgenommen. Einige waren stehengeblieben, andere hatten zugenommen. Ich stand vor einem Rätsel. Suse war's, die Gute, die des Rätsels Lösung fand. Sie hatte am Sonnabend, am Tag nach der Obstdiät, alle Esser beobachtet. Sie hatte schon beim ersten Frühstück einen gewaltig gesteigerten Brotkonsum festgestellt, sie berichtete von schnell zwischen zwei Arbeiten eingeschobenen Stullen – zu deutsch: was sie sich an einem Tag abgehungert hatten, legten sie sich am nächsten Tag zu.

Damit war das Urteil über die Obsttage gesprochen. Alle waren der Ansicht, so etwas eigne sich vielleicht für Stadtmenschen; wer aber auf dem Lande lebe, viel in der frischen Luft sei, sich kräftig ausarbeite, alle Augenblicke in einen See springe und schwimme, der habe einen so kräftigen Appetit, daß er einfach befriedigt werden müsse. Hungern, jawohl, aber dann still im Bett liegen. Lieber sich tüchtig abarbeiten, das hielt einen am ehesten auf einem vernünftigen Gewicht!

Mit den Obsttagen war es vorbei. Nun hatte ich auch an den Freitagen wieder fröhliche Mitesserinnen an meinem Tisch, nicht mehr wurde gierig mit schlechtem Gewissen auf meinen Teller gestarrt.

Nur Fräulein Bäht – mit einer unbegreiflichen Hartnäckigkeit hielt sie an ihrem Obsttag fest. Während wir schmausten, kaute sie unter giftigem Schweigen mit hohen Zähnen an ihren Äpfeln. Die jungen Mädchen erzählten uns kichernd, daß diese so herausfordernd ertragene Diät Fräulein Bäht nicht im geringsten hindere, in der Küche auch an den Freitagen zu naschen. Aber nachdem sie um elf ein kleines hübsches Muschelragout aus Kalbsmilch und Champignons zu sich genommen, nachdem sie dann um halb zwölf ein Erdbeereis mit Schlagsahne verzehrt hatte, saß sie um zwölf Uhr fünfzehn mit giftiger Miene vor ihrem Apfelteller.

Ein äußerst komplizierter Vorgang spielte sich in Fräulein Bäht ab: sie warf dem Schicksal einen Fehdehandschuh hin! Sie fastete, jawohl, sie fastete! Wer wagte, anderes zu behaupten, wenn sie da vor ihren drei schrumpeligen Äpfeln saß? Sie fastete, und demzufolge hatte sie abzunehmen, so gehörte sich das! Und wenn sie nicht abnahm, so sollten das Schicksal und Gott und die Welt und Menschen was mit ihr erleben! Sie war nicht sanft, nein, sie hatte Haare auf den Zähnen, Galle im Leibe und Essig auf den Lippen – alle sollten sie sehen!

Aus: *Heute bei uns zu Haus*

Gelees

Man lasse die Früchte aufkochen, abtropfen.

1 Pfund Zucker auf ½ Liter Saft, einmal aufwellen lassen, sofort in Gläser füllen.

Erdbeeren, Johannisbeeren 1 : 1,
1 Liter Saft, 1 kg Zucker, Kochzeit 15–20 Minuten

1 kg Himbeeren, ½ kg Johannisbeeren
1 Liter Saft, 1 kg Zucker, Kochzeit 15–20 Minuten

Erdbeerkonfitüre

500 g Erdbeeren, 500 g Zucker und ¼ Liter Wasser.

Zucker mit Wasser kochen, dann die Erdbeeren hineintun, wenn sie anfangen auf den Boden zu sinken, mit dem Schaumlöffel herausnehmen und in Gläser tun. Den Saft dick einkochen und ihn über die ganzen Früchte füllen. Nach dem Erkalten mit einer Gabel die Früchte nach unten drücken.

Pflaumenkonfitüre

15 Pfund Pflaumen ohne Kerne, 3 Pfund Zucker, ¼ Liter Essig.

Kochen bis es dicklich wird (¾ Stunde), dann ein Päckchen Einmachehilfe darunterrühren.

Einfüllen, gut zubinden.

Kirschenkonfitüre

½ kg Johannisbeeren, ½ kg Himbeeren, 1½ kg Kirschen, 2 kg Zucker. Johannisbeeren und Himbeeren zu Saft kochen und beides für sich lassen.

½ Liter Wasser und den Zucker zum Faden kochen lassen. Kirschen reintun, ½ Stunde kochen lassen, dann Johannisbeersaft und Himbeersaft nach 10 Minuten hinzu, weitere 5 Minuten kochen.

¾ Stunde kochen im Ganzen, dann wie vorher.

Heidelbeerkonfitüre

Auf 1 kg Heidelbeeren 750 g Zucker mit ¼ Liter Wasser und ¼ Liter Rotwein oder nur ½ Liter Wasser und 1 Stück Zimt klar kochen bis Blasen und Perlen aufsteigen aus dem Zucker.

Die Beeren unter vorsichtigem Umrühren bis kein Saft mehr abläuft kochen, dann in Gläser füllen, kalt zubinden.

Schlachtetag

Bei den Gäntschows war es gekommen, wie es immer gegen Ausgang des Winters kam, wenn die eigentliche Schlachtezeit vorüber war: Frau Gäntschow hatte plötzlich entdeckt, daß sie viel zu wenig Dauerwurst, Pökelfleisch, Speckseiten für die Leutebeköstigung den Sommer über hatte. Der Bauer hatte geschimpft, noch nicht sechs Wochen war es her, daß er seine Frau gefragt und daß sie nein gesagt hatte, da wäre genug. Nun mußten die beiden fetten Sauen daran, die eigentlich für Hypothekenzinsen hatten verkauft werden sollen.

Am Morgen eines solchen Schlachtetages geht es noch immer. Da werden die Schweine gestochen, gebrüht, damit hat die Frau nicht viel zu tun. Aber am Mittag, wenn der Fleischbeschauer da gewesen ist, und die Tiere sind ausgekühlt, fängt der Strom von Schweinefleisch an, sich in das Haus zu ergießen. Neun Zentner Schwein überschwemmen die Küche und alle Stuben. Aus der Küche dringt ununterbrochen der Wrasen des Fleischkessels, ununterbrochen ächzt der Wolf, der das Fleisch für die Dauerwurst zerkleinert, überall stehen Wannen und Tröge mit Fleischstücken, kopflos rennen die Mädchen umher, stellen hier etwas ab, was jetzt die andere schon wieder fortträgt.

Unerschüttert im Tumult waltet der Hausschlächter, gibt knappe oder gar keine Antwort, ein Junge wird ins Dorf gehetzt, weil das Salz nicht reicht, ein Mädchen wird ihm nachgeschickt, um noch zweieinhalb Meter Därme zu holen, runde, glatte, trockene.

Wo ist das Wurstband? schreit Frau Gäntschow verzweifelt. Die ergrauenden Haare hängen ihr wild ins Gesicht, sie steht an der Wurststopfmaschine und hält mit der einen Hand eine eben gestopfte Wurst zu, aus der sofort die Masse wieder herauskommen wird, wenn sie losläßt. Wo ist das Wurstband? Eben lag es noch hier. O Gott, kann denn keine auf den kleinen Willi aufpassen, er fällt ja in die Fleischbalje!

Ab und an taucht der Bauer schweigend im Gewühle auf, schweigend überschaut er die Sachlage, schweigend langt er sich eine Handvoll fertiges Mettgehacktes aus der Wanne, rollt es zwischen beiden Handflächen zu einer Kugel und vertilgt es. Oder er geht mit seinem Taschenmesser an den Fleischkessel.

Ist ja noch nicht gar, du weißt, ich will das nicht.

Der Bauer verschwindet schweigend, ein Stück heißes Fleisch von der einen in die andere Hand wechselnd, aus dem Haus.

Und überall sind die Kinder. Dieser Geruch von Fleisch und Blut und Gewürzen, von frisch zerhauenen Knochen regt sie auf. Das Getriebe, das Geschrei, das Hin und Her regen sie auf. Der Dampf in der Küche regt sie auf. Auch sie stehlen sich rohes Wurstfleisch, kosten von allem, das Kleinste wird gefunden mit einem Stück Fleisch im Munde, an dem er fast erstickt. Und überallhin dringt das Fett; Tische, Kleider, Hände, jedes Gerät, jeden Türgriff überzieht es mit seiner trägen Masse. Es hinterläßt seine Spur in den flüchtig aufgeblätterten und rasch wieder zugeschlagenen Schulbüchern der Kinder. Es klebt in Fünffingerspuren an den Fenstern. Es bedeckt die Tischplatte mit einer schmierigen Masse.

Und dann die Hunde. Sie sind wie toll. Trotzdem sie sich am Geschlinge dick und duhn fressen können, dringen sie immer wieder in das Haus ein. Für einen hinausgeworfenen kommen drei neue. Sie stehlen, schnuppern, sind plötzlich bösartig, verrückt vom Blutdunst, mit bösen, funkelnden Augen.

Plötzlich jaulen sie alle auf, fangen an zu blaffen, wütend zu bellen und jagen hinaus auf den Hof, um die Scheune herum und sind weg. Man hört ihr Gebell aus der Ferne, hinter der Scheune.

Aus: *Wir hatten mal ein Kind*

Schlachterei

Arbeitseinteilung

1. Tag:
Schmalz auslassen, Mettfleisch schneiden, Kochfleisch aufstellen
Lungenwürste und Bratwürste machen,
Därme binden, Salamifett schneiden

2. Tag:
Mettfleisch durchdrehen, Mettwürste und Salami machen
Kochfleisch schneiden, pökeln

3. Tag:
Kochwurst machen, Fleisch einwecken
Sülze und Sauerfleisch

Mettwürste

Zutaten:
1 Pfund Fleisch, 1½ g Pfeffer u. 10 g Salz auf die ganze Menge
1 Handvoll Zucker, etwas Rum, 1 Eßl. Salpeter.

Wenn Rindfleisch zugenommen wird, 2x durchdrehen, mehr Fett dazu.

1. Sorte

Zutaten:
14 Pfund Fleisch, 235 g Salz, 8 g Pfeffer, ½ Tasse Blut, 30 g Zucker, 30 g Salpeter, 1 kleine Tasse Rum

Salami (sehr gut)

⅓ Rind, ⅓ Schwein, ⅓ Rückenfett
Rind- und Schweinefleisch 2x durchdrehen
Fett roh ganz fein schneiden, die gleichen Gewürze, statt Rum Rotwein mit Knoblauch

Leberwürste

Leber roh 2x durchdrehen, fettes Fleisch durchdrehen, ca. 2 Pfund Zwiebeln in Brühe kochen und durchdrehen. Pfeffer, Salz, Wurstkraut nach Geschmack, Brühe und 1 Handvoll Schwarten.

Blutwürste

Fleisch schneiden (Kopf- und Bauchfleisch), Blut durchgießen, Pfeffer, Salz, Nelken, Piment, Majoran nach Geschmack. Scharf würzen, Brühe, Stopfen in dicke krause Därme.

Dabei Nieren, Herz und Zunge einstecken. Von der Zwiebelbrühe der Leberwurst drantun.

Lungenwürste

Lunge roh 1x durchdrehen, Fett und Fleisch roh 1x durchdrehen.

Salz, Pfeffer, Senfkörner. Sehr wenig würzen.

Bratwürste

Mettfleisch und Fett roh 1x mit ganz feiner Scheibe durchdrehen. Salz, Pfeffer, etwas geriebene Zitronenschale, Schuß Weißwein.

2. Sorte

Hierzu nehme man von der Mettwurstmasse und gebe außer den üblichen Gewürzen zu ungefähr 15–18 Würsten eine gute Handvoll tags zuvor gekochte geriebene Kartoffeln und soviel warme Fleischbrühe, daß es eine mehr lose als feste Masse ist, und in Därme tun. Entweder gebraten und nur mit dem Bratfett einwecken oder roh in Gläser tun und mit Fleischbrühe bedecken und einwecken, ungefähr 1 Stunde.

Preßkopf

Rest Mettfleisch, Schwarten, geschnittenes Knorpelfleisch, Zwiebeln roh gewürfelt. Salz, Pfeffer, Senfkörner, Brühe.

Grützwürste

Grütze mit Brühe kochen, Schwarten, Brühe, Blut, Salz, Zimt, Nelken, Piment, Zucker, alles aufkochen lassen.

Sauerfleisch

Bauchfleisch mit Brühe kochen, Zwiebeln mit Piment 5–6 Körnern, Lorbeer, Salz.

Kurz vor dem Garwerden Essig ran. Zum Schluß Gelatine.

Sülze

Spitzbein kochen und klein schneiden. Gewürz (Piment), Lorbeer, Zwiebeln und Gurken, kleingeschnitten, Essig, Salz, Pfefferkörner und Brühe.

Jagdwürste

3 Pfund Fleisch, halb Schwein, halb Kalb, fein durchdrehen, mit ½ Liter Wasser zusammenrühren. 1 Pfund Schweinefleisch in Würfel schneiden und dazugeben. Gewürze Salz, Pfeffer, wenig Muskatblüte, Senfkörner, heiß räuchern.

Das Wunder des Tollatsch

Mindestens einmal im Jahre, zu irgendwelchen Ferien, wie es grade kam, wurde ich von Tante und Onkel Lorenz eingeladen. Das vergaß Tante nie, obwohl ich gar nicht mit ihnen verwandt war. Ich war nur so ein Waisenkind, das ihnen einmal irgendwie in den Weg gelaufen war und dann nicht wieder vergessen wurde. Tante Lorenz – Anna – liebte ich sehr, ich fand sie war solch natürlicher, offener, grader Mensch. Es war bewundernswert, wie sie ihrem großen Gutshaushalt vorstand, die vielen Kinder erzog, stets tätig, stets in Eile und doch immer, hatte eines ein wirkliches Anliegen, mit aller Zeit und Teilnahme von der Welt.

Für Onkel Lorenz – Hans – waren meine Gefühle schwankender. Er wanderte meistens stumm mit reichlich mürrischen Falten im Gesicht umher und hatte, erzählte man etwas, eine sehr erschreckende Art, plötzlich dazwischenzurufen: »Döskopp!« Pause. Man brach ab, erstarrte. »Jawohl! Döskopp!« Pause. »Nimm den Löffel, Döskopp, mit der Gabel schaffst du die Erbsen nie!« Und sich an mich wendend: »Du erzähltest, Mimi? Verzeih, dieser Franz ist ein völliger Döskopp.« – Zu andern Zeiten war er, was er wohl lustig und aufgeräumt nannte. Dann neckte er jedermann, vor allem Tante Anna, bis aufs Blut, erzählte etwa, wie es hier auf Baumgarten nach seinem Tode aussehen und welche Art Mann sich Tante Anna aussuchen würde – »nach den Erfahrungen mit mir!«

Kurz und gut, Onkel Hans war mir etwas zu unübersichtlich und verzwickt. Hatte er mir einmal weh getan und sah Tante Anna mich heulen, sagte sie bloß: »Du bist doch ein rechtes Schaf, Mimi, und es wird wirklich Zeit, daß du aus der Hühnerwirtschaft von Pension und Seminar herauskommst und ein paar Männer kennenlernst. Männer haben nun einmal alle einen Sparren, und einen harmloseren als meinen Hans, der jedes Gefühl sogar vor sich selbst verstecken möchte, wirst du so leicht nicht finden!«

»Aber was haben denn meine rosa Zopfschleifen mit Onkel Hansens Gefühlen zu tun?!« rief ich klagend.

»Er hat vollkommen recht«, sagte Tante Anna plötzlich ziemlich spitz. »Du bist wirklich in dem Alter, wo du dir dein Haar anständig frisieren könntest, Mimi, Schnecke oder Dutt oder meinethalben auch Bubikopf, statt mit solchen Hängern wie eine fallenstellende Tochter Evas herumzulaufen. – Und jetzt, bitte, wasche dir das Gesicht und gehe in die Küche und stengele Johannisbeeren ab. Achtzig Pfund hat der Gärtner hereingeschickt, und Mamsell hat keine Ahnung, wie sie die bis Abend bewältigen soll.«

So waren meine Nennverwandten, die Lorenzens, und wie ich Jahr für Jahr zu ihnen kam, verlor Onkel Hans auch für mich manchen von seinen Schrecken. Richtig nahe kam ich ihm aber erst am Weihnachtsabend, nein, in der Weihnachtsnacht 1927. Von da an nickte ich verständnisinnig mit dem Kopfe, wenn Tante Anna sagte:

»Er ist eben ein Kauz. Laß ihn nur kauzen ... Es macht ihm Spaß, und uns tut es nichts.« Zu jener Zeit war ich schon wohlbestallte, fest angestellte Lehrerin, lehrte die Mädchen und wehrte den Knaben, und auffallende, schmetterlingshafte Zopfschleifen lagen weit dahinten.

Durch irgendeinen Zufall war ich in jener Weihnachtsnacht mit Lorenzens ganz allein. Keines von den Kindern hatte zum Fest nach Haus kommen können, kein Besuch außer mir war, scheint's, geladen worden. Und so saßen wir drei, ganz ungewohnt ruhig, unter dem brennenden Baum, erzählten uns sachte von verrauschten Festen, in denen dies große Zimmer laut gewesen war vom Jubel der Kinder, und waren schließlich ganz froh, als die Uhr auf Mitternacht ging. Tante Anna, immer die erste aus den Federn, war verschwunden, ich weiß nicht wie schnell. Onkel Hans schüttelte mir noch auf der großen, düsteren

Diele die Hand, redete abgerissen vom Wetter und ließ mich nicht los.

»Gute Nacht, Onkel Hans«, sagte ich schließlich. »Schlaf gut und Dank für alles.«

»Ja, ja«, sagte er. »Schön. Ist in Ordnung. – Du kennst doch Tollatschen, Mimi?«

»Natürlich«, sagte ich sehr verblüfft; denn diese pommersch-mecklenburgische Schlachtespezialität war mir wohlbekannt. Aber was sollte das jetzt? »Es ist«, sagte er stockend und schien richtig ein bißchen verlegen, »es ist gewissermaßen noch eine kleine Überraschung für deine Tante Anna. Würde es dir etwas ausmachen, jetzt in die Küche zu gehen und uns Tollatschen zu braten? Recht fett?«

»Jetzt –?« fragte ich verblüfft.

»Jetzt«, sagte er. »Natürlich, wenn du zu müde bist ...«

»Nein«, sagte ich, »deswegen nicht. Aber bist du überzeugt, Onkel Hans, daß es für Tante Anna eine angenehme Überraschung sein würde?«

»Für Änne –? Die angenehmste von der Welt! Gewissermaßen ein Genuß. Sie müssen direkt in Fett schwimmen, spare nicht das Fett, Mimi! Und ..., sagen wir, um zwölf Uhr dreißig klopfst du bei uns – mit den Tollatschen. Es ist wirklich reizend von dir, Kind, daß du mir aus der Verlegenheit helfen willst.« Damit drückte er mir die Hände mit ganz ungewohnter Wärme und verschwand die Treppe hinauf.

Ich stand auf der Diele und starrte ihm nach. Hätte ich irgendeinen heimlichen Weg zu Tante Anna gewußt, ich hätte sie trotz aller »Überraschung« doch lieber erst einmal befragt. Aber die lag sicher schon todmüde in ihrem Bett. So ging ich, über die Schrulligkeit der Männer seufzend, in die Küche.

In der Küche roch es, trotz der späten Stunde, angenehm würzig, als sei eben erst frisch gebraten worden. Im Herd brannte ein Feuer. Ein alle Schrullen vorausahnender Jemand hatte einen großen Steintopf mit Blutwurst bereitgestellt, dazu süße Mandeln, Rosinen, Bratfett … Während ich die Blutwurst gut mit Rosinen und Mandeln durchknetete und die Klöße dann in die Pfanne legte, wurde mir immer rätselhafter und wunderlicher zumute. Tollatschen, das ist eben süße Blutwurst mit Rosinen und Mandeln gebraten, sind – sparsam genossen – ein recht schönes Schlachteessen. Aber sie sich in der Weihnachtsnacht eine halbe Stunde nach Mitternacht ins Schlafzimmer zu bestellen – das schien mir doch eine Schrulle über alle Schrullen. Und doch mußte es richtig sein, mußte es seine ganz natürliche Bewandtnis damit haben, denn wie sonst hätten hier auf dem Tisch der ordentlichen Gutsküche Wursttopf, Rosinen und Mandeln sich ein Stelldichein geben können –?

Aus der Diele unten gongte es tief und lang nachhallend halb, als ich mit meinem Tollatschentablett vor der Tür des Schlafzimmers stand. Ich wartete, bis auch der letzte Ton völlig verhallt war, dann klopfte ich zaghaft. Keine Antwort. Doch schien es drinnen hastig zu flüstern, verstohlen zu tuscheln, heimlich zu zischeln. Noch ein Klopfen, kräftiger schon – und die verschlafene Stimme des Onkels: »Wer ist denn da?«

»Ich«, rief ich. »Du weißt doch …«

»Was weiß ich? Daß jetzt Nacht ist und ich schlafen will!«

»Aber Onkel –!« rief ich, schon verzweifelt und den Tränen nahe. »Die Tollatschen, du weißt doch –!«

»Tollatschen!« schrie der Onkel wütend. »Jetzt Tollatschen –?«

Und Tantes Stimme: »Aber komm doch rein! Was sind denn das für Tollatschen?«

Mir ist wie zwischen Schlaf und Wachen, wie halb im Traume befangen. Gedankenlos stoße ich die Tür zum Schlafzimmer auf, im Schein einer kümmerlichen Nachttischlampe sehe ich den Onkel verstört im Bett sitzen, halb verschlafen, halb wütend. Die Tante aber hat den Kopf auf einen Arm gestützt und sieht mir blinzelnd entgegen. »Was in aller Welt zu dieser Stunde ...«, flüstert sie.

»Die Tollatschen ...«, antworte ich, ebenso flüsternd. Dichter und dichter wird das Geheimnis, verworrener. Ich hier mit meinem lächerlichen Tablett in Händen, bestimmt wache ich gleich auf, und Rieke ruft vor der Tür, daß der Krug mit warmem Wasser bereitsteht. »Zeigen Sie mal her«, sagt der Onkel, der richtige Onkel Hans Lorenz, und ganz unrichtig, aber wie es im Traum eben wieder ganz richtig ist, redet er mich mit Sie an. »Wahrhaftig Tollatschen! Was sagst du, Änne?«

»Dann wollen wir sie also essen, Hans«, sagt meine Tante plötzlich mit ganz heller Stimme. »Es ist wirklich furchtbar nett von dir ...«

»Natürlich ist es furchtbar liebenswürdig von Ihnen«, brummt der Onkel. (Wieder Sie!) »Sie sind doch nicht etwa fett –?«

»Aber du sagtest doch, Onkel!« flüstere ich verzweifelt den Spuk an. Und ich teile Teller und Messer und Gabeln aus. Und der Onkel sitzt, die Knie angezogen, den Teller vor sich, im Bett und brabbelt leise murrend vor sich hin, und die Tante stochert mit der Gabel.

»Nehmen Sie doch Platz«, sagt der Traumonkel verbindlich. »Wo Sie sich solche Mühe gegeben haben!«

Ich kämpfe mit den Tränen, aber gehorsam setze ich mich und starre vor mich hin. »Verdammt fett«, höre ich den Onkel halblaut sagen. »Kriegst du's runter, Änne?«

»Schlecht«, antwortet die Tante. »Aber Tollatschen sind so blutbildend!«

»Auch nach Mitternacht?« knurrt der Onkel. Und dann wieder nur das leise kratzende Geräusch von Messer und Gabel auf den Tellern. Vor den Fenstern geht, stark genug, der Weihnachtswind. Jetzt prasselt es, sicher treibt wieder Schnee.

»Ach nein, Hans, bitte, nein«, höre ich die Tante aufgeregt flüstern. Ich schaue hoch. Plötzlich ist es, als sei das Licht heller geworden – oder geht solch Schein von Tantes Gesicht aus? Wie Helle liegt es auf ihm – Lächeln und eine Spur Verlegenheit. Doch vor allem Lächeln, heiteres, fröhliches Lächeln. Sie starrt zum Onkel hinüber.

Der ißt jetzt, auch völlig verwandelt, mit fast genießerischem Eifer. Auch sein Gesicht scheint heller – freut er sich denn nun? »Solch ausgezeichnete Tollatschen«, sagt er eben. »Doch eine großartige Idee. Ich habe richtig wieder Hunger bekommen.« Er legt Messer und Gabel hin und lächelt erst Tante, dann mich an. Und nun – aber was ist das? – greift er mit den Händen auf den Teller, faßt mit den Händen einen Tollatsch, führt ihn zum Munde und fängt an, den Tollatsch abzunagen ...

Ich reibe mir die Augen. Ich starre. Ich wundere mich. Ich glaube und verstehe nichts – und außerdem will ich es nicht wahrhaben, es bleibt doch dabei: Der Tollatsch hat einen Knochen, den der Onkel zierlich zwischen Daumen und Zeigefinger hält. Der Knochen ist knusprig-bräunlich gebraten, nicht so schwärzlich, wie Tollatschen aussehen – und an dem Knochen hängt gutes, schön gebratenes Gänsefleisch!

»Sehr gute, ausgezeichnete Tollatschen«, murmelt der Onkel.

Ich hole tief Atem, nehme alle Kraft zusammen, wende den Blick von der unbegreiflichen Verwandlung ab und sehe auf die Tante. Tante Anna schneidet eben bedachtsam ein schönes Stück Gänsebrust. Keine Spur von Tollatschen, braves, herrliches Gänsefleisch. Bratäpfel sind auch auf dem Teller!

Nein, ich bin Lehrerin – und wenn auch nur bei Abecisten, um so sicherer ist der Grund, auf dem ich lehre. Zweimal zwei macht vier plus fünf gibt neun weniger neun gibt null, und Tollatschen sind kein Gänsebraten. Ich springe auf. In dieser Sekunde wußte ich wirklich nicht mehr, ob ich träumte oder wach war, und außerdem hatte ich damals gerade meinen Kummer mit Kurtchen, den ich dann später auch geheiratet habe, und war mit den Nerven nicht ganz beisammen.

»Sehr gute, vorzügliche Tollatschen«, hörte ich den Onkel gerade noch schmatzen. Jawohl, mein gebildeter, ekelhafter Onkel schmatzte geradezu. Die Tränen stürzten wie Bäche aus meinen Augen, ich lief zur Tür, rannte hindurch und schlug sie mit solcher Gewalt hinter mir zu, daß das Haus erdröhnte. Dann stand ich wieder auf der Diele; ganz wirklich, sehr müde, völlig zerschlagen und verzweifelt stand ich auf der Diele und schwor mir zu: Morgen mit dem ersten Zug fahre ich. Dieses lasse ich mir denn doch nicht bieten!

Und gerade als ich das dachte, fing die große Uhr an zu schlagen, erst die vier helleren Schläge zur vollen Stunde und dann einmal tief und lange nachhaltend: eins!

Geisterstunde vorbei! dachte ich. Ich, eine geprüfte, angestellte Lehrerin, dachte in dieser Stunde an Gespenster, Spuk und dergleichen! Und alles wegen solcher dämlichen Tollatschen, die ich nie wieder anrühren würde. Dann ging ich ins Bett, und ich törichte Gans weinte mich richtig noch in den Schlaf. –

Ich bin natürlich am nächsten Morgen nicht gefahren. Dazu habe ich viel zu gut geschlafen, ich habe sogar Riekes Warm-Wasser-Ruf überhört. Aber ein komisches Gefühl war es doch, ins Frühstückszimmer zu treten, und da saß der Onkel vor seinen Briefen und sah genau so trocken und wirklich wie sonst aus, und wenn es mir so vorkam, als werfe mir Tante Anna einen prüfenden Seitenblick zu, so kam es mir eben vielleicht nur so vor!

Aber guter Rat kommt über Nacht – ich tat das Vernünftigste, was ich nur tun konnte, ich packte den Stier bei den Hörnern, stellte mich vor den Onkel hin und fragte ganz unschuldig: »Wie wäre es mit ein paar Tollatschen, Onkel Hans?«

Und in demselben Augenblick warf der Onkel auch schon seinen Brief hin, fuhr hoch, starrte mich an und fing an zu lachen, zu lachen ... Und auch Tante Anna stimmte ein – und aus diesem Lachduo wurde sogleich ein Terzett, denn sofort zerstob auch der letzte Zweifel, der etwa aus der Nacht noch in mir genistet hatte, und ich wußte gleich, daß sie sich nur ihren Spaß mit mir gemacht hatten und daß ich nur den Esel abgegeben hatte, auf dem sie ihre Säcke zur Mühle geschafft hatten. »Die Mimi ist richtig«, rief der Onkel begeistert. »Die reist nicht ab wie die Mama!«

Die Mama – da war die Katze nun wirklich aus dem Sack. Und nun erfuhr ich, mit vielen Zwischenrufen, und keiner von den beiden Erzählern gönnte dem andern das Wort, nun erfuhr ich, daß es hier in Baumgarten vor dreiundzwanzig Jahren eine Mama gegeben hatte – natürlich Tante Annas Mama.

»Und sie war wirklich sehr gut und hilfreich, Mimi. Aber vielleicht war sie ein bißchen zu hilfreich. Und Hans hat sich auch nie überwinden können und hat sie anders als mit Sie angeredet. – Nein, Änne, sie war schon ein richtiger Drache, und daß sie ein sanfter Drache war, ändert nichts an ihrem Drachentum. Weißt du noch, wie du eine Woche Haferschleim essen mußtest, weil sie fand, du sähest blaß aus, und dir fehlte gar nichts?! – Ach Gott, ja, und wie sie zum Getreidehändler Dörnbrack fuhr, Hans, mit dem du eine Differenz um zweihundert Mark hattest. Und sie brachte ihm einfach das Geld – ›Damit mein Schwiegersohn sich nicht mehr so ärgert!‹ –, das Geld, das *uns* zukam, und sie sparte es dann wieder beim Essen ein! – Und weißt du noch ...?«

Onkel und Tante verloren sich in Erinnerungen, und die Tollatschen wären wohl ganz vergessen worden, hätte ich nicht sanft daran erinnert. »Ja, richtig, die Tollatschen ... Siehst du, man kann doch eine Mutter nicht so einfach aus dem Haus schicken, wenigstens meinte

Hans das. Ich hätte es ihr schon sachte mit der Zeit beigebracht ...«

»Denkst du! Nie wäre sie gegangen ohne mich!«

»Siehst du, Mimi, so sind eben die Männer. Er hat es viel schlimmer gemacht und sie zu Tode gekränkt, bloß weil er es ihr nicht direkt sagen mochte.«

»Erlaube mal, Änne ...«

»Die Tollatschen!« mahnte ich.

»Also vor Weihnachten wird doch immer so viel geschlachtet – und wo soll man mit all dem Blut hin? So gab es denn Abend für Abend Tollatschen, und so gerne wir sie dann und wann aßen, wir hatten sie recht über. Und ich erkundigte mich bei Mama so leise, was es wohl am Weihnachtsabend geben würde ...«

»Aber doch Tollatschen, Kind. Es sind doch noch so viele da, und sie sind doch sooo blutbildend«, äffte Onkel mit hoher, piepsender Stimme nach.

»Und da schworen es sich Onkel und ich, daß wir nicht nur Tollatschen zum Weihnachtsabend haben würden. Und als Mama zu Besorgungen in der Stadt war – sie erledigte ihre Besorgungen immer erst im letzten Augenblick –, machte ich uns eine hübsche Gans fertig, und die wollten wie allein für uns essen. Und am Abend rührten wir wirklich die Tollatschen kaum an, und wie dann alles vorbei war und es war still im Haus und jeder in seinem Zimmer, machte ich ihm eine Keule und mir ein Stück Brust warm, und mit unserm Gänsebraten stiegen wir ins Bett und wollten uns recht gütlich tun. Da klopfte es ...«

»Zwölf Uhr dreißig, Änne«, rief der Onkel mit Grabesstimme, »und kaum haben wir die Teller unterm Bett, ist die Mama auch schon im Zimmer und sagt: ›Ich bring euch was zu essen, Kinder. Ihr müßt ja halb verhungert sein. Ich habe wohl gesehen, ihr habt vor Vorfreude nichts gegessen von den Tollatschen, und da habe ich sie euch noch einmal warm gemacht – mit leerem Magen läßt es sich nicht schlafen!‹ Und schon hatten wir die Teller in der Hand, und das verfluchte Zeugs ...«

»Ja, du hättest Onkel Hansens Gesicht sehen müssen, Mimi! Und Mama richtete es sich auch ganz gemütlich ein und fing an, das Fest und alle Geschenke und alle Briefe durchzusprechen, und dazwischen ermunterte sie uns immer wieder, doch auch ordentlich zu essen ... Da plötzlich fühlte sie es förmlich, wie es bei Onkel riß. Plötzlich war es bei ihm alle, und eins, zwei, drei, als Mama grade nicht hinguckte, hatte er die Teller vertauscht, meinen wie seinen, und nun aßen wir Gänsebraten, statt in Tollatschen zu stochern ...«

»Jawohl, nach dem ersten Schreck aß deine Tante wakker mit, und so muß eine Frau auch sein, Mimi, mit dem Mann durch dick und dünn. Es war großartig. Und dann das Gesicht von Mama – sie glaubte einfach ihren Augen nicht ...« Der Onkel freute sich noch, wie vor dreiundzwanzig Jahren.

»Eigentlich tut mir die alte Frau noch heute leid«, sagte die Tante ganz nachdenklich. »Sie hat – ganz anders als du, Mimi – gleich begriffen. Wir waren für sie immer wohl Kinder, und dies war eine richtige, sehr böse Kinderungezogenheit, für die wir doch wohl selbst ihr zu alt waren. Am nächsten Morgen war sie natürlich fort. Aber gottlob habe ich es noch erlebt, daß sie uns verziehen hat, sogar gelacht hat sie darüber, und das ist nur gut, sonst möchte ich diese Erinnerungsfeiern gar nicht, Hans!«

»Und so habt ihr denn –?« fragte ich atemlos.

»Jawohl«, sagte die Tante. »Das läßt sich dein Onkel nicht nehmen. Jedes Weihnachtsfest seitdem haben wir das Wunder des Tollatsch gefeiert, er nennt es seine Befreiungsfeier.«

»Und wer da alles schon an deiner Stelle gesessen hat, Mimi!« schwelgte der Onkel.

»Manche haben richtig gekreischt und an Gespenster geglaubt.«

»Männer sind eben Kinder«, sagte Tante Anna. »Sie können das Spielen nicht lassen.«

Ich nickte ernst. Ich dachte an Kurtchen, der mir auch Kummer machte – aber schließlich habe ich ihn doch geheiratet, trotz aller Erfahrungen von Tante Anna mit Mamas, Tollatschen und Onkels.

Aus: *Märchen und Geschichten*

Nachwort

»Der Erbseneintopf wurde aus frischen Schoten bereitet, nicht mit Kartoffeln, sondern mit Grießklößchen und mit viel Petersilie. Und dazu wurde Schinken gegessen«, erinnert sich die letzte Köchin der Familie des Schriftstellers Hans Fallada.

Vom Juni 1942 bis April 1944 war Herta Schmidt, geborene Matuschek, als Haustochter bei den Ditzens in Carwitz beschäftigt.

Als gelernte Köchin sorgte sie vor allem für das leibliche Wohl der Familie.

Obwohl überall Kriegsmangel herrschte und die Töpfe beim Kochen übereinandergestellt wurden, um Strom zu sparen, an deren Inhalt wurde zu allerletzt gespart. »Auf Essen und Trinken wurde großer Wert gelegt«, berichtet die Zeitzeugin. Ein Hähnchen wurde nicht durch acht geteilt, so wie sie es aus ihrer Kindheit kannte, hier bekam jeder ein halbes auf den Teller. »Wir haben gegessen wie die Fürsten«, erinnert sie sich.

Landluft macht hungrig. Und wer kräftig arbeitet, soll auch gut essen. Es ist ein Stück von dem, was das Leben auf dem Lande ausmacht. Die Familie des Schriftstellers fügte sich in diese gute Sitte mit Lust.

Vor allem Hans Fallada liebte die einfache und deftige Landkost. Und nicht nur, um das nötige »Nervenfett« anzusetzen. Sie gehörte zu seinem Carwitzer Leben wie die Feder zum Stapel Papier. »Hungern, jawohl, aber dann still im Bett liegen«, pflegte er zu sagen.

Das ausgiebige Tafeln vor üppigem Mahle tat nicht nur dem Gaumen gut. Frühstücken neben den alten Weiden am See, Speisen in mehreren Gängen, Essen im Kreise der ganzen Familie. Das war es, was Leib und Seele zusammenhielt.

Zur Familie gehörten hier alle. So war das bei den Ditzens, es gab einen gemeinsamen Tisch. Da saßen der Schriftsteller und seine Frau, die drei Kinder, der Gärtner, die Haustöchter, meist zwei an der Zahl, manchmal sogar drei.

Herta Schmidt ist noch heute dankbar. Die warmherzige Aufnahme hält die Erinnerung wach. Die Erinnerung an das über einen Hügel geschwungene Anwesen am See mit dem großen Gemüsegarten und den über hundert Obstbäumen mit den besten Sorten und die Erinnerung an jenen berühmten Mann, der hier nicht nur Bücher schrieb, sondern eine kleine Landwirtschaft betrieb, Pferd, Kuh und Schweine hatte, sogar Bienen, und der Tabak anbaute.

Das ganze Hauswesen war auf Arbeit abgestimmt. Im Sommer gab es wahre Großkampftage, unübersehbare Ströme von Gemüse und Obst gelangten auf den Küchentisch. Der Wecktopf kochte ständig, Flaschen und Gläser füllten sich mit Säften, Gelees und Extrakten von Blaubeeren, Schlehen, Erdbeeren, Himbeeren ... Es wurde geschält, gepellt und geputzt, und durch das Haus schallte das fröhliche Lachen der Hausmädchen. Der Hausherr selbst sah in der Küche nach dem Rechten oder saß über dem Gemüsebuch für das Finanzamt. Täglich zog der Schimmel eigene Ernte auf den Markt. In manchem Jahr brachte der Garten an die 700 Reichsmark in die Kasse. Milch, Quark und Butter blieben im Hause. Und natürlich das Fleisch und die Wurst vom Schlachten.

Zu Kriegsbeginn wurde ein Hühnerstall gebaut. Als Herta Schmidt im Sommer 1942 nach Carwitz kam, liefen 40 Hühnerküken auf dem Hofe umher und etwa 20 Entlein. Die drei Karnickelhäsinnen hatten gerade gejungt, und Ziegenlämmer waren angeschafft. (Die durften auch ohne Genehmigung geschlachtet werden und ohne Anrechnung auf die Karten). Der Selbstversorgerbetrieb blühte und auf den Tisch kam in schlechten Zeiten wenigstens gutes Essen.

Pökelzunge mit jungen Schoten, Holsteiner Schnitzel, auch Karnickelbraten, fein zubereitet wie ein Muschelragout und mit Parmesan überbacken. Am liebsten allerdings aß der Schriftsteller grünen Aal mit Gurkensalat. Fisch stand überhaupt auf der Speisekarte ganz obenan. Die Seen der Umgebung waren voller Hechte, Bleie, Aale und Barsche, Fische mit »wundervollem Wohlgeschmack«. Sie wurden lebendig geholt, abends, wenn der Fischer vom Fang zurückkam, oft waren auch Krebse dabei. Die kamen aus dem Luzin, einem der acht großen Feldberger Seen.

Haustochter Herta kann von ihrem ersten Fischbesteck erzählen. Sie war in Bedrängnis und mußte erst schauen, wie die anderen damit aßen. Dann konnte sie es sogar »besser«. Die Familie hat auf gute Sitten Wert gelegt und auch ein bißchen auf Vornehmheit, so weiß es die Haustochter zu berichten.

An den Töpfen stand sie meist gemeinsam mit Anna Ditzen, der Frau des Hauses. Die Hamburgerin hatte die norddeutsche Küche mitgebracht, das Gemüse wurde kurz gekocht, keine langen Soßen. Das gefiel der Köchin aus Bützow, die ihrerseits mit gepökelter Gänsebrust glänzen und eine phantastische Entenfüllung aus Dörrobst, Zimt und Anis bereiten konnte. Die Haustochter verstand sich mit ihrer Chefin. Die Frauen lernten voneinander, tauschten Rezepte aus und kochten gemeinsam. Und sie besprachen das Menü, wenn es Gesellschaften gab.

Dann war auch der Schriftsteller gern in der Küche zugegen. Schon als Kind liebte er die Vorbesprechungen zu den Diners, zu denen er sich »einschmuggelte«, denn hier klangen so geheimnisvolle Worte wie: »Sauce Béarnaise, Soupe à la Reine, Cremor tartari ...« Später bekennt er: »Von daher datiere ich meine nie nachlassende Liebe für die guten Speisen dieser Erde.«

Einige Rezepte hat Herta Schmidt in Carwitz erst kennengelernt, z. B. »Ostfriesischen Mehlpott« oder »Weinschaumsoße«. Die Köchin hat sie alle in ein schwarzes Lederbüchlein notiert. Es existiert noch heute. Sie hat es über 50 Jahre aufbewahrt und später mit eigenen Rezepten ergänzt. Die von damals, aus dem Hause Ditzen, kann man deutlich erkennen. Sie sind in Sütterlin geschrieben, jener altdeutschen Schrift, in der der Schriftsteller seine Romane schrieb.

In ihnen gibt es eine Vielzahl von Geschichten um das Essen. Hier sind sie erstmals gesammelt und werden von

Originalrezepten aus der Carwitzer Zeit ergänzt. Der Leser kann sich nach dem literarischen Genuß nun den falladaschen Gaumenfreuden hingeben und sich einen Grießkuchen backen nach Art der Tante Tilly. Für den Baumkuchen allerdings, den der Vater des Schriftstellers einst als Erziehungsmittel benutzte, gibt es kein Rezept. Und auch nicht für die Art, dieses Bändchen zu gebrauchen. Die Geschichten jedenfalls bieten ein verläßliches Erlebnis, denn sie zeigen den Schriftsteller als Meisterkoch. Da gibt es wunderbare Freßgeschichten, zarte Orgien der Völlerei, Geschichten um das Nichtessenwollen, das Heimlich-Essen und das Essen aus seelischer Qual, gegen die »schrecklich ausweglosen Gedanken«. Nicht immer war die Tafelrunde fröhlich, begleitet von munterem Kindergeplauder und dem Gekicher der Hausmädchen. So manche Geschichte erzählt von den Beklemmungen der Kindheit und Jugend, dem Ausgehungertsein nach Zuwendung, Freude und Verständnis. Und vom bürgerlichen Tisch, der eher auf den Magen schlägt als satt macht.

Auch vom anderen Hunger ist die Rede, vom richtigen, der weh tut. Falladas Gefängniszeit. In seinem Tagebuch »Strafgefangener, Zelle 32« hat der schreibende Delinquent die kargen Mahlzeiten notiert. Meistens heißt es »Graupen mit Kartoffeln«. Er schildert den Alltag im Gefängnis, der von einem ständigen Hungergefühl begleitet ist.

Das Essen in Extremsituationen wird mehrmals zum Thema. Der Schriftsteller kann aus eigenem Erleben berichten.

Der »Trinker« genießt nach seinem »Unendlichen Fallen« sein Katerfrühstück mit scharfer Anchovis und Leberwurst und ist froh, daß er die Frau noch hat, die es ihm sorgsam bereitet. Dankbar begrüßt er die »säuberlichen Dinge der bekannten Umwelt«.

Nach dem Kriege kocht die Säcketrägerin ihrem Mann die Abendmilchsuppe aus geschmuggelter Milch und Kakaopulver. »Sie aßen nicht, sie fraßen, sie stopften ...«. Die Zukunft war das Heute und hieß: Vorrat heranschaffen.

Anrührende Eßgeschichten von Schmalhans Küchenmeister findet man auch in »Kleiner Mann – was nun?« Emma Mörschel hatte 5 Liter Wasser für die Erbsensuppe genommen, damit sie auch für zwei Tage reicht. »Das Wasser ist zu dünn«, tröstet Pinneberg, der in der Suppe ab und zu »ner Schluse« begegnet, sein Lämmchen. Sparen will der Mann lieber an den Töpfen: »Der Schmortopf ist ganz überflüssig«, bedeutet er der Hausfrau, die für Suppe, Fleisch, Gemüse und Kartoffeln je einen Extratopf will. Und einen Schmortopf noch dazu.

Fallada erzählt auch darüber, wie man Kinder zum Essen überlistet und die Mahlzeit zur beabsichtigten Nebensache werden läßt. Wer möchte nicht wissen, wie die Geschichte von der kleinen Geschichte weitergeht, der sogar die Fliege und die Ameise andächtig lauschen. Mit Hilfe der Phantasie kann man auch »Essen lernen« und angeborene »Geschmacksneigungen« verändern. Der »kleine Jü-Jü« bringt Sohn Achim dazu, die grünen Bohnen doch zu mögen.

Fallada hat auch den Gaumen der Tierwelt bedacht. Von der Kuh, die das Sauerfutter verschmäht, obwohl der Hausherr »Probe fraß«, ist die Rede und von Dachs Fridolin, der die »köstliche Pflanze Süßwachs« für sich entdeckte und »närrisch vor Entzücken« ein Loblied auf einen Maiskolben anstimmt. Mit Dachs Fridolin sind wir auch wieder in Carwitz.

Die Köchin Herta Schmidt erzählt auch vom »sonntäglichen Wiegefest«, wenn die ganze Familie auf die Dezimalwaage mußte. Sogar die kleinen Gewichte wurden aufgestellt. Sie hat damals über den Sinn der Prozedur oft nachgedacht und sich später beim Lesen von »Heute bei uns zu Haus« darüber amüsiert.

Sie kann auch von anderen Marotten des Schriftstellers berichten: Daß er am Sonntag früh gern zwei Stunden in der Badewanne lag und las. Und daß er gern Knickerbocker trug.

Auch in seinen Arbeitsphasen hat die Köchin ihn erlebt, wenn alle leise sein mußten und beim Töpfeauskratzen kein Lärm entstehen, die Dielen nicht knarren und die Schaukel nicht quietschen durfte. Die Verantwortung für die häusliche Stille übernahm Anna Ditzen, die überhaupt für jegliches Sorge trug. Sie kannte die Eigenheiten ihres Mannes, des Schriftstellers, genau. So kam das Essen pünktlich auf den Tisch, der Arbeitsfriede war geheiligt und beim Pilzeputzen lief munter das Grammophon. Überhaupt Pilze.

Hans Fallada nannte sich selbst den »leidenschaftlichsten aller Pilzsucher«. Seitenlang beschreibt er seine Vorliebe in »Heute bei uns zu Haus«. Schon frühmorgens ruderte er zur Conower Koppel, wo die schönsten Exemplare standen. Von einem Boot, das am Abend »weiß von Champignonbergen leuchtete«, ist die Rede. Gern zog er auch mit der ganzen Familie los. Dann wurde die Kutsche angespannt. Er ging mit den Hausmädchen voraus und die Frau kam mit dem Wagen und den Kindern hinterher.

Für Herta Schmidt waren die schönsten Stunden, wenn die Familie gemeinsam etwas unternahm. Das kannte das Hausmädchen von ihren früheren Anstellungen nicht. Es wurden Brote geschmiert, Kaffee in Thermoskannen gefüllt, und dann ging es auch oft mit den beiden Booten los. Meistens zur Liebesinsel. Hier gab es Picknick mit rotweißkarierter Tischdecke, und es wurde gebadet. Oder man zog früh in die Blaubeeren und kehrte spät mit schweren Weinballons zurück.

Herta Schmidt kann nicht nur aus der Küche plaudern.

Einmal mußte sie zwei Minuten vor dem geöffneten Flugloch des Bienenhauses verharren. Der Schriftsteller wollte ihre Eignung für das Schleudern prüfen. Die Zitterpartie ist ihr noch heute in den Knochen. Seitdem weiß sie aber, was Scheibenhonig ist.

Und seit Carwitz kennt Herta Schmidt auch Balzac. Denn hier hat sie nicht nur Blut gerührt und die Wurstrezepte aufgeschrieben, hier hat sie auch das Lesen gelernt. Die 4000 Bände zählende Bibliothek durften auch die Angestellten benutzen. Die Bücher, die sie sich für die Nacht holte und am Morgen mit dem Lineal wieder einordnete, handelten allerdings nicht vom Kochen.

Und das Rauchen hat sie gelernt. Mit einer Schachtel Wiener Damenzigaretten, die ihr Hans Fallada eines Tages schenkte, fing es an. Sie übte so lange, bis sie es konnte. Es gab oftmals Gesellschaften, interessante Leute kamen, z. B. der Verleger Ernst Rowohlt. Dann wurde geraucht. Meistens nach einem schönen Essen. Der Hausherr allerdings, der rauchte immer.

Im Frühjahr 1944 verließ die Köchin das Schriftstellerhaus

am See, wo es Weihnachten Piroggen gab und wo man im Sommer nach getaner Arbeit ins kühle Naß springen konnte. »Ist im August ein Tag sehr heiß, ist es beinahe Essenszeit, so stürzen, gesotten vom Küchenherd, Hausfrau und Haustöchter erst einmal in den See. Ein wenig feucht, aber kühl und lächelnd setzen sie sich an den Tisch«. So schreibt Hans Fallada in »Heute bei uns zu Haus«.

Die einstige Haustochter ist später noch oft nach Carwitz gefahren. Sie hat Anna Ditzen besucht, auf eine schöne Tasse Bohnenkaffee. Dann wurde von damals erzählt. Und es gab Quarkkuchen mit Äpfeln ohne Boden. Herta Schmidt bäckt ihn noch heute.

Sabine Lange

Textnachweis

Grüner Aal mit Gurkensalat
Aus: *Geschichten aus der Murkelei*, in: *Märchen und Geschichten*, Aufbau-Verlag 1985

Diners
Aus: *Damals bei uns daheim*, in: *Damals bei uns daheim/ Heute bei uns zu Haus*, Aufbau-Verlag 1982

Bald entdeckten wir, daß wir Baumkuchen haßten!
Aus: *Damals bei uns daheim*, in: *Damals bei uns daheim/ Heute bei uns zu Haus*, Aufbau-Verlag 1982

Ein versalzenes Bohnengericht
Aus: *Damals bei uns daheim*, in: *Damals bei uns daheim/ Heute bei uns zu Haus*, Aufbau-Verlag 1982

Geschichte von der kleinen Geschichte*
Aus: *Geschichten aus der Murkelei*, in: *Märchen und Geschichten*, Aufbau-Verlag 1985

Geschmacksneigungen
Aus: *Der kleine Jü-Jü und der große Jü-Jü*, in: *Drei Jahre kein Mensch*, Aufbau-Verlag 1997

Die geistesgegenwärtige Großmutter*
Aus: *Märchen und Geschichten*, Aufbau-Verlag 1985

Der Schmortopf ist ganz überflüssig
Aus: *Kleiner Mann – was nun?* Aufbau-Verlag 1962

Es muß an den Erbsen liegen
Aus: *Kleiner Mann – was nun?* Aufbau-Verlag 1962

Also, dieser Lachs
Aus: *Kleiner Mann – was nun?* Aufbau-Verlag 1962

Berlin macht sich Frühstück*
Aus: *Wolf unter Wölfen*, Aufbau-Verlag 1970

Frau Pagel frühstückt*
Aus: *Wolf unter Wölfen*, Aufbau-Verlag 1970

Pampelmusenschlösser
Aus: *Dies Herz, das dir gehört*, Aufbau-Verlag 1994

Essen und Fraß*
Aus: *Märchen und Geschichten*, Aufbau-Verlag 1985

Aufgebratene Mehlklöße
Aus: *Wolf unter Wölfen*, Aufbau-Verlag 1970

Die Fleischscheiben werden papierdünn geschnitten
Aus: *Unterprima Totleben*, in: *Drei Jahre kein Mensch*, Aufbau-Verlag 1997

Das gekochte Mark des Liebesapfels
Aus: *Anton und Gerda*, in: *Frühe Prosa*, Aufbau-Verlag 1993

Allmählich kommt der Appetit wieder
Aus: *Der Trinker*, in: *Der Trinker/Der Alpdruck*, Aufbau-Verlag 1987

Und plötzlich überkommt mich ein rasender Hunger
Aus: *Strafgefangener, Zelle 32*, Aufbau-Verlag 1998

Graupen mit Kartoffeln
Aus: *Strafgefangener, Zelle 32*, Aufbau-Verlag 1998

Speckjäger
Aus: *Wer einmal aus dem Blechnapf frißt*, Aufbau-Verlag 1976

Abendmilchsuppe
Aus: *Der Alpdruck*, in: *Der Trinker / Der Alpdruck*, Aufbau-Verlag 1987

Gutes Essen macht auch die Menschen gut
Aus: *Junger Herr – ganz groß*, Ullstein-Verlag 1965

Die köstliche Pflanze Süßwachs
Aus: *Fridolin, der freche Dachs*, in: *Märchen und Geschichten*, Aufbau-Verlag 1985

Sieh es doch ein, Olsch, friß!
Aus: *Heute bei uns zu Haus*, in: *Damals bei uns daheim / Heute bei uns zu Haus*, Aufbau-Verlag 1982

Pilze für drei Abendessen
Aus: *Heute bei uns zu Haus*, in: *Damals bei uns daheim / Heute bei uns zu Haus*, Aufbau-Verlag 1982

Alle Pfefferkörner Indiens
Aus: *Märchen vom Stadtschreiber, der aufs Land flog*, Aufbau Taschenbuch Verlag 1991

Wieder zwei Pfund zugenommen!
Aus: *Heute bei uns zu Haus*, in: *Damals bei uns daheim / Heute bei uns zu Haus*, Aufbau-Verlag 1982

Schlachtetag
Aus: *Wir hatten mal ein Kind*, Rowohlt Taschenbuch Verlag 1980

Das Wunder des Tollatsch*
Aus: *Märchen und Geschichten*, Aufbau-Verlag 1985

Die mit * versehenen Titel sind Originaltitel von Hans Fallada, alle übrigen Titel stammen von der Herausgeberin.

HANS FALLADA
Wer einmal aus dem Blechnapf frißt
Roman
583 Seiten
ISBN 978-3-7466-2678-9

Falladas tragikomischer Pechvogel

Der Häftling Kufalt kann sein fünfjähriges Gefängnisleben nicht mit der Gefängniskluft abstreifen. Es bleibt an ihm haften, begleitet ihn auf Schritt und Tritt wie unsichtbar an ihn gekettet. Sein Leidensweg ins bürgerliche Dasein ist von den Vorurteilen seiner Umwelt begleitet.
Es platzt die Verlobung und sein Traum von der ehrbaren Existenz.
Er, der ewige Pechvogel, bleibt ein Versager für die Bürger und für die Ganoven.
Erleichtert geht er am Ende zurück ins Gefängnis: Nun hat er Ruhe – er ist zu Hause.

Mehr Informationen erhalten Sie unter www.aufbau-verlag.de oder in Ihrer Buchhandlung

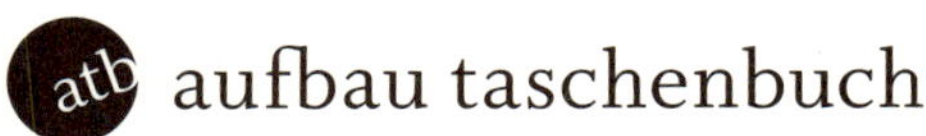

GEORG A. WETH
Marlene Dietrich
»Ick will wat Feinet«
Das etwas andere Kochbuch
176 Seiten
Gebunden. Mit Leseband
Mit 32 Abbildungen
ISBN 978-3-352-00823-8

Delikatessen für Diven

Marlene Dietrich testete die Qualitäten ihrer Liebhaber mit Rühreiern: ein Pfund Butter und drei Eier – und wehe dem, der nicht aufaß. Sie bekochte Soldaten mit Gulasch und Filmteams mit Bouillon. Sie kochte in jedem Alter und in allen Lebenslagen. Dies ist die erste kulinarische Biographie einer Frau, deren Karriere mit ihrer Vorliebe für zünftige Kost Hand in Hand ging.
Georg A. Weth garniert die Rezepte der Diva mit spannenden Geschichten und heiteren Anekdoten von Markus Auer, dem letzten Leibkoch der Dietrich in Paris. Ihn pflegte sie zu Unzeiten mit dem Satz aus dem Bett zu klingeln: »Schätzchen, ick will wat Feinet.«

»Kochen ist eine Kunst, während es beim Film letztlich doch immer nur ums Geld geht.« MARLENE DIETRICH

Mehr Informationen erhalten Sie unter www.aufbau-verlag.de oder in Ihrer Buchhandlung

Sei mir gegrüßt, mein Sauerkraut
Hundert kulinarische Gedichte
184 Seiten. Leinen
ISBN 978-3-351-03396-5

Einladung zum perfekten Dinner

Ein poetisches Menü mit hundert Gängen, das beflügelt! Die Tafel ist reich gedeckt mit lyrischen Leckerbissen, die mal besinnlich sind wie ein Glas Burgunder, mal leicht wie ein Soufflé, vergnüglich wie eine fröhliche Tischgesellschaft oder köstlich wie der Duft in Mutters Küche.
Die hundert schönsten Gedichte für Genießer von Johann Wolfgang Goethe, Heinrich Heine, Theodor Fontane, Christian Morgenstern, Frank Wedekind, Arno Holz, Joachim Ringelnatz, Kurt Tucholsky, Bertolt Brecht, Hermann Hesse, Erich Kästner, Carl Zuckmayer, Eugen Roth, Peter Rühmkorf u.v.m.

Mehr Informationen erhalten Sie unter www.aufbau-verlag.de oder in Ihrer Buchhandlung

Knut Kiesewetter

Fresenhof
Ein Stück von mir

Autobiografie in Anekdoten

Husum

Umschlagabbildungen: Archiv Kiesewetter

Bibliografische Information der Deutschen Nationalbibliothek

Die Deutsche Nationalbibliothek verzeichnet diese Publikation in der Deutschen Nationalbibliografie; detaillierte bibliografische Daten sind im Internet über http://dnb.dnb.de abrufbar.

Gesamtherstellung: Husum Druck- und Verlagsgesellschaft
Postfach 1480, D-25804 Husum – www.verlagsgruppe.de
ISBN 978-3-89876-840-5

Vorwort

Vorworte habe ich noch nie gemocht.

Wenn ich ein Buch las, und ich habe früher viele Bücher gelesen, habe ich das Vorwort meistens überschlagen.

Wenn nicht der Autor selbst, sondern ein anderer das Vorwort schrieb, versuchte dieser oft zu beweisen, dass er viel besser schreiben könne als der Autor, und das war immer tödlich langweilig.

Hier glaube ich aber mal ein Vorwort schreiben zu müssen, um manche Dinge, die in diesem Buch stehen, zu erklären.

Der Titel „Ein Stück von mir. Eine Autobiografie in Anekdoten" ist noch von meiner Regine. Sie konnte nur die ersten drei Seiten lesen.

Nie würde ich behaupten, dass alles, was in diesem Buch steht, hundertprozentig richtig ist. Ich hatte zwar mein Leben lang ein sehr gutes Gedächtnis, aber jetzt bin ich Mitte siebzig und es kann schon passieren, dass man mal kleine Dinge verwechselt, zum Beispiel Jahres- und sonstige Zahlen.

Das Manuskript dieses Buches habe ich an Bekannte und Freunde verteilt, um mir ihre Meinung einzuholen. Die „Vorleser" hielten mit ihren Meinungen hinterm Berg, beschwerten sich nur, wenn bei irgendeiner der folgenden Geschichten sie dabei waren, aber nicht genannt wurden.

Warum sollte ich Menschen nennen, die mit der Dramaturgie der Geschichte gar nichts zu tun haben? Dann würde ja dieses Buch zu einem Telefonbuch verkommen. Zu viele Personen – zu wenig Handlung.

Über alte Menschen wird ja von jüngeren gern gelacht, auch schamlos über deren Gebrechen. Andererseits reden die meisten Menschen davon, dass sie gern alt würden, und zwar sehr alt. Also wollen diese sich doch dem Gelächter der Jüngeren aussetzen, aber daran denkt natürlich niemand.

Wenn alte Menschen nichts mehr zu erzählen haben, reden sie über ihre Gebrechen und versuchen sich dabei auch noch gegenseitig zu übertreffen (ich hab das noch viel schlimmer).

Ich lief von frühester Kindheit mit einem Gebrechen durch die Welt, habe das aber immer versucht zu verstecken, denn ich hatte schon oft erfahren, dass man sich über die Gebrechen anderer lustig macht, und das machte mich immer maßlos wütend. Bis vor ein paar Jahren war mir das Verheimlichen meines Gebrechens meist trefflich gelungen. Jetzt wird es so schlimm, dass ich es nicht mehr verstecken kann.

Friedrich der Zweite von Preußen, aus meiner Sicht zu Unrecht „der Große" genannt, hat meiner Meinung nach einen wirklich großen Satz gesagt: Jeder soll nach seiner Fasson selig werden. Ich stimme ihm da vollkommen zu, und zwar nicht nur, wie er es meint, religiös, sondern auch sexuell und mit seinen Süchten, solange man damit seinen Mitmenschen nicht auf die Nerven geht.

Viele Leute sagen diesen Satz von Friedrich, verhalten sich aber nicht im Geringsten danach, sondern brechen über andere den Stab und schleudern Latrinenparolen um sich, ohne sich je Gedanken darüber gemacht zu haben, ob an diesen Parolen überhaupt etwas stimmen kann. Ich gebe zu, dass ich als junger Mensch so etwas auch getan habe.

In diesem Buch habe ich versucht, nicht zu prahlen. Meine größten Erfolge (aus meiner Sicht) habe ich weggelassen. Ich möchte dem Leser nur klarmachen, wie erbärmlich diese Branche oft ist, in der ich mich bewegte. Einer macht sich wichtiger als der andere und merkt nicht, mit wie viel Peinlichkeit er sich in dieser, von anderen so gesehenen, „Glitzerwelt" umgibt.

Nun trotzdem viel Spaß beim Lesen.

Ein Stück von mir

Autobiografie in Anekdoten

An meine Geburt kann ich mich nicht entsinnen … welch ein blöder Anfang, aber er hat schon seinen Sinn. Ich gehöre zu den Menschen, die sich sehr weit an ihre Kindheit zurückentsinnen können, sodass meine (Nenn-)Tanten in St. Peter (Bad St. Peter-Ording), wenn sie sich mit meiner Mutter über die hinterpommersche Stadt Stolp unterhielten, von mir dann und wann hörten: „Das weiß ich noch.“ Dann lachten diese laut und sagten hämisch: „Dann kannst du dich bestimmt auch noch an deine Geburt entsinnen.“

Meine Eltern waren kurz nach Hitlers Machtergreifung von Stolp, wo sie aufgewachsen waren, nach Stettin, der pommerschen Hauptstadt, gezogen. Mein Vater hatte dort einen höheren Posten bei der SS bekommen. Ihre vier Kinder wurden in Stettin geboren, am 13. September 1941 ich als Jüngstes. Die Gedanken meiner Eltern waren stets in Stolp bei ihrer *Clique* geblieben.

Stettin wurde damals als ausgesprochen norddeutsche Stadt bezeichnet. Auf demselben Breitengrad wie Hamburg gelegen, und Hamburg ist doch das Sinnbild für eine norddeutsche Stadt.

Östlich von Stettin lag schließlich noch Hinterpommern, vier- oder fünfmal so groß wie Vorpommern, das heute noch zu Deutschland gehört. Östlich davon Westpreußen, Danzig und Ostpreußen. Ergo lag Stettin sehr weit von der damaligen deutschen Ostgrenze entfernt. Ich bin also kein Ostdeutscher, sondern ein Norddeutscher. Auch wenn Stettin heute in Polen Szczecin genannt wird, gibt es doch keinen wirklichen Grund, diesen Namen auch als Deutscher zu benutzen. Wir sagen ja auch Rom statt Roma, Neapel statt Napoli, Mailand statt Milano, Prag statt Praha, das könnte man unendlich fortführen.

Stettin liegt an der Mündung der Oder. Deswegen sagen viele Leute, die auch von dort stammen, den üblichen

Spruch: „Aha, mit Oderwasser getauft?" Das muss ich verneinen, denn wir wurden gar nicht getauft. Mein Vater (katholisch) und meine Mutter (evangelisch) konnten sich wohl nicht einigen.

Weil meine Eltern zur *Stolper Clique* gehörten, verschlug es uns, wie die gesamte Clique, nach St. Peter und Garding. Das klingt unlogisch. Ein Stolper Mädchen aus dieser Clique hatte schon vor dem Krieg bei einer Zugfahrt einen Unternehmer aus Garding und Bad St. Peter namens Cornils kennengelernt und ihn später geheiratet.Und so zog sie an die Nordsee auf die nordfriesische Halbinsel Eiderstedt. Die *Stolper Clique* kannte sich in „Restdeutschland" überhaupt nicht aus, wie sollte man auch, wo doch Stolp für sie der Mittelpunkt Deutschlands war? Nun war aber ein Ventil von Stolp nach Garding und St. Peter geschaffen worden, und es soll soger Stolper gegeben haben, die schon vor dem Krieg Garding und St. Peter besuchten. So folgte meine Mutter mit ihren Kindern dieser Frau nach St. Peter, und wer dort nicht unterkam, kam nach Garding, das ganze zehn Kilometer vor St. Peter liegt. Die *Stolper Clique* nannte sich jetzt der *Stolper Kreis*. Rudi Oettinger, aus diesem Kreis, hatte viel Charme und war ein richtiger Filou. Er war erst kurze Zeit in St. Peter, als er auch schon die Besitzerin des großen Kinderheimes „Duborg" heiratete. Er wurde der erste Nachkriegskurdirektor von Bad St. Peter-Ording. Zu ihm später.

Zurück nach Stettin und meinem Gedächtnis: Als Zweijährigem wurde mir in einem Stettiner Krankenhaus ein Blutschwamm am rechten Handgelenk entfernt. Ich entsinne mich noch ganz genau, wie meine Mutter mich mit meinen drei Geschwistern, die Hakenkreuzfähnchen schwenkten, im Triumphzug vom Krankenhaus abholte und ich in einer Sportkarre vorneweg geschoben wurde. Wenn ich im *Stolper Kreis* als Jugendlicher so etwas sagte, ging lautes höhnisches Gelächter los, und ich wurde wieder nach den Erinnerungen an meine Geburt gefragt, und meiner Mutter gesagt: „Du hast aber einen klugen Jungen."

Ich habe schon oft festgestellt, dass ein gutes Gedächtnis leicht mit Intelligenz verwechselt wird. Ein gutes Gedächtnis kann zu großem Wissen befähigen, muss es aber nicht, denn wer sich für nichts interessiert, kann trotz eines guten Gedächtnisses auch kein großes Wissen erlangen. Auffassungsfähigkeit, logisches Denken und Humor, die in hohem Maße zur Intelligenz gehören, kann ein gutes Gedächtnis leider nicht vermitteln.

Als Ende 1944 die Bombenangriffe auf Stettin zu stark wurden, entschloss sich meine Mutter, mit ihren Gören nach Stolp auszuweichen, um bei ihrer *Stolper Clique* irgendwo unterzukommen. Wir kamen abends in Stolp an und fuhren mit der Straßenbahn zu Tante Liesel. Ich schlief schon in der Straßenbahn ein. In ihre Wohnung ging es eine Treppe hoch, neben mir lief ein Spitz, der für mich so groß war wie ein Bernhardiner. Das alles weiß ich noch und sehe es heute noch vor mir. Oben stellte mich meine Mutter im Wohnzimmer auf die Couch und fing an, mich auszuziehen. Ich sagte total übermüdet: „Hier schleef ich nu aber!" Worauf meine Mutter und Tante Liesel kreischten vor Vergnügen. Ich war ja erst gerade drei geworden und verstand nicht, was daran so komisch war. Heute erschließt sich mir dieser köstliche Humor noch immer nicht.

Wenn diese kleine Geschichte im *Stolper Kreis* wieder mal zum Besten gegeben wurde und die Clique mit dem komischen Humor vor Lachen brüllte, wagte ich es einmal zu sagen, dass ich mich an die Szene noch gut entsänne und ich den Witz daran noch immer nicht verstünde. „Du glaubst ja nur, dass du das noch weißt, weil du die Geschichte schon zu oft gehört hast." Worauf ich sagte, dass die Couch, auf der ich stand, weinrot war, davor ein höherer Tisch mit Stühlen umstellt, rechts von mir eine große Standuhr und Tante Liesel gar nicht im selben Zimmer, sondern im Nebenraum war. Dann kam natürlich von den Stolpern wieder die ätzende Frage nach meiner Geburt.

Die Luftangriffe auf Stolp wurden dann auch zu stark, und meine Mutter zog mit uns in ein nahe gelegenes Schloss namens Hebronn-Damnitz.

Das Schloss ließ ein Schotte in brandenburgischen Diensten im 17. Jahrhundert bauen. Der Mann hieß Hepburn, was sich im pommerschen Platt zu Hebronn wandelte. In diesem Schloss wuchs eine Palme, für die, je höher sie wuchs, in die jeweils nächste Decke ein Loch geschlagen wurde, sodass sie schon bis in den zweiten Stock gewachsen war.

Wir wohnten dort über Weihnachten, und am Heiligabend kam der Nikolaus auf einem Schimmel dahergeritten, Knecht Ruprecht führte den Gaul. Man wollte mich zum Nikolaus auf den Schimmel reichen, ich aber hatte solche Angst und schrie und gebärdete mich wie wild, bis man mich dann laufen ließ, also ein kleiner Junge voller Mut und Energie. Ein Stolz für meinen Vater.

Mein Vater hatte über Weihnachten Urlaub bekommen und war also bei uns. Er hatte Geschenke mitgebracht, an meins kann ich mich nicht erinnern. Nur an das meines Bruders entsinne ich mich gut. Es war ein Flugzeug, das mit einem Faden an der Decke zu befestigen war. Es wurde, nachdem man es aufgezogen hatte, von einem Propeller im Kreis herumgezogen. Zuerst fiel die kleine Tragfläche hinten ab, dann die eine Tragfläche vorne, schließlich die andere. So löste sich das Flugzeug innerhalb kurzer Zeit in seine Bestandteile auf. Mein Vater hatte vor dem Verschenken das Flugzeug ganz auseinandergenommen, nur um mal zu sehen, wie so ein Ding funktioniert. Dass Auseinandernehmen und Wieder-Zusammensetzen etwas ganz Verschiedenes sind, konnte er natürlich nicht ahnen! Ja, wie auch?

Das einzige Mal, dass ich meine Großeltern mütterlicherseits erlebte, war in jenem Schloss. Zwar weiß ich nicht mehr, wie die beiden aussahen, aber mein Großvater, ein herzensguter Mann, brachte uns Kindern morgens etwas zu trinken ans Bett. Mir eine Flasche Milch mit Schnuller, obwohl ich doch schon über drei Jahre alt war, und sang dabei: „Trink, trink, Brüderlein trink, lass doch die Sorgen zu Haus …“ Das sang er so haarsträubend falsch, dass es mich schon als so kleinen Jungen schauderte.

Eines Tages, meine Großeltern waren noch da, spielte ich Lokomotive: Mit den Armen kreisend lief ich vorwärts und rückwärts, je nach dem Gang, den ich gerade eingelegt hatte. Da kam mein Großvater mit einer Schüssel kochend heißem Wasser, die er meiner Mutter bringen wollte, ich fuhr gerade den Rückwärtsgang und lief ihm unter die Schüssel, die sich über mich ergoss, wodurch das kochende Wasser mir den Rücken verbrühte. Das war natürlich furchtbar schmerzhaft und ich wurde auf dem Rücken mit allem möglichen eingeschmiert und schreiend ins Bett gelegt. Aber mich beeindruckte viel mehr, wie sehr mein Großvater sich grämte und sich immer wieder Vorwürfe machte. Dabei war es doch gar nicht seine Schuld, sondern meine.

Dieser Großvater war Oberzollinspektor. Er hatte es in die höhere Beamtenlaufbahn geschafft, obgleich er als Waisenkind so gut wie keine Schulbildung erfahren hatte. Er war in seiner Jugend, in der Kaiserzeit, schon Kriegs- und Waffengegner, dennoch verpflichtete er sich für zwölf Jahre beim Militär als Sanitäter. Das war damals die einzige Chance ohne ausreichende Bildung, soziale Schichten zu durchbrechen und damit in den höheren Beamtendienst übernommen zu werden.

Als meine Mutter meinem Großvater erzählte, dass sie ein viertes Kind erwarte, bat dieser sie flehentlich darum, falls es ein Junge würde, ihm doch den schönen Namen Knut zu geben. Seine Vorfahren kämen aus Nordfriesland, so beteuerte er, und der Name Knut sei doch typisch nordfriesisch.

Mein Großvater väterlicherseits war Oberreichsbahninspektor und hatte den normalen Werdegang hinter sich, also Abitur und Beamtenlaufbahn. In dem Hause ging es sehr korrekt und zackig zu. Als eine Bedienstete, so erzählte man mir später, nicht ganz den Anordnungen meiner Großmutter Folge geleistet hatte, herrschte diese sie an: „Welchen Befehl habe ich herausgegeben?"

Die Familie Kiesewetter gehörte schon seit Generationen zur gehobenen Bürgerschicht und stammte, so erzählte man, von dem berühmten ersten Musikwissenschaftler Georg Kiesewetter ab. Deswegen musste in jeder Generation ein Georg, wie mein Großvater ja auch hieß, dabei sein. Meine Mutter war absolut gegen Georg, und so konnte mein Vater sie wenigstens zu Jürgen überreden. In meine Geburtsurkunde wurde dann Jürgen Knut eingetragen, was meiner Mutter sehr missfallen haben muss. Als wir 1945 in Garding ankamen, ging sie zum Standesamt und erzählte dort, dass sie die Geburtsurkunde ihres jüngsten Sohnes verloren habe, man solle ihr doch eine Ersatzurkunde für „Knut Kiesewetter" ausstellen. Glücklicherweise schummelte sie, denn ich bin mit dem Namen Knut Kiesewetter sehr zufrieden. Die ursprüngliche Geburtsurkunde habe ich Jahrzehnte später in ihrem Schrank gefunden.

Die Ehepaare aus der gehobenen bürgerlichen Schicht hatten schon damals wenige Kinder. Meine Mutter hatte eine Schwester, die sehr früh starb, und mein Vater einen Bruder. So hatte ich nur wenige Verwandte, also nicht so viele, die mir auf die Nerven gehen konnten.

Eine Cousine meines Vaters kann man natürlich noch dazuzählen, Tante Lotte. Sie aber war mir sehr angenehm. Sie war herrlich „kaputt", wie wir Musiker sagen, und heckte viele verrückte Dinge aus. Sie hatte meine Großmutter in Stolp besucht und wollte nun zu einer Freundin außerhalb der Stadt fahren. Meine Großmutter brachte sie mit der Straßenbahn bis zur Endstation. In die Bahn stieg ein Mädchen, so erzählte Tante Lotte, mit einem unheimlichen Eierkopf. Tante Lotte sah das und sagte zu meiner Großmutter: „Du, das Mädchen, zu dem ich jetzt will, hat noch einen schlimmeren Eierkopf als die da." Darauf meine Großmutter, mit dem Ton der feinen Dame: „Aber Lottchen, dann würd ich doch da nicht hinfahren."

Ende Februar rückte die Front näher und meine Mutter rief ihre Nachkommen zusammen, es ging in den Zug nach Swinemünde. In den Zügen waren statt der heutigen Gepäckablagen Gepäcknetze, da legte mich meine Mutter hinein und ich blieb dort, bis wir in Swinemünde waren. Dort angekommen, gingen wir zu einem Bäcker, denn uns trieb der Hunger. Der Bäcker behauptete, kein Brot mehr zu haben; in dem Moment fingen die Sirenen an zu heulen und warnten vor einem Fliegerangriff. Die Stadt war bis dahin von Bomben verschont geblieben. Meine Mutter lief mit uns in ein Haus gegenüber, das einen großen Flur hatte. Dort standen wir vier Kinder in eine Ecke gedrängt und meine Mutter beugte sich schützend über uns. Ab und zu sprangen nach einem riesigen Knall die beiden Flügel der Haustür auf, worauf Männer hinstürzten und sie wieder verriegelten. Als nach langer Zeit der Angriff vorüber war, traten wir auf die Straße, und soweit ich weiß, war das Haus, aus dem wir kamen, das einzige in der Straße, das noch stand. Vor der Ruine des Bäckerhauses lag die Straße voller Brote. Als ich ein kleines aufheben wollte sagte meine Mutter, dass die Bomber wiederkämen, wenn ich das Brot anfasse. Das wäre damals unter Plünderung gefallen und schwer strafbar gewesen.

Nun gingen wir zum Schiff und mussten durch einen Park. In diesem Park stapelte man Leichen zu Wällen auf. Mir kamen die Wälle sehr hoch vor. Ich habe immer geglaubt, dass es Leichen von Soldaten waren, die bei dem Angriff keinen Schutz gefunden hatten. Heute weiß ich, dass kein Soldat in Swinemünde war. Die Stadt war voller Flüchtlinge, die ein Schiff nach Travemünde ergattern wollten. Das alles geschah am 12. März 1945.

Zur Überfahrt über die Ostsee möchte ich lieber nichts schreiben, sie war ein Kotzhorror.

Nachdem wir in Travemünde angekomen waren, steckte man uns in ein Barackenlager. Dort wurden wir irgendwie verpflegt. Wenn das Brot, das wir bekamen, schon zu hart und zu trocken war, machte meine Mutter es klein und legte es für die Vögel ins Fenster. Das war dann immer sofort weg. Bis meine Mutter beobachtete, dass eine Hand von der Seite sich das Brot griff. Es war die Hand eines russischen Kriegsgefangenen, für den das Brot noch immer mehr als essbar war. Daraufhin legte meine Mutter für ihn und die anderen armen Teufel mehr von dem Brot ins Fenster. Als das ein deutscher Offizier sah, war die Hölle los und meine Mutter, so sagte sie später, hatte Angst um ihr Leben.

Wie wir dann in den Zug nach St. Peter kamen, weiß ich nicht mehr. Zehn Kilometer vor St. Peter hielt der Zug in Garding an. Der Hauptsitz des Unternehmens Cornils war in Garding, also schienen wir doch richtig zu sein. Wir betraten das Haupthaus Cornils in der Süderstraße, ein sehr altes Haus, bestimmt 300 Jahre alt, und fragten nach der Frau aus Stolp. Die sei in St. Peter, sagte man uns, und ihr Mann sei auch nicht da, der sei an der Front. Der Krieg sollte ja noch sechs Wochen dauern.

Wir gingen zum nächsten Hotel, dem *Holsteinischen Hof*, dem ersten Hotel am Platze, und wohnten dort, bis der Krieg vorüber war. Dann kam der Strom von Flüchtlingen, die auf die Stadt und in die Baracken des Reichsarbeitsdienstes verteilt wurden. Wir mussten das Hotel verlassen und wurden bei einem Drogisten-Ehepaar in der Fischerstraße einquartiert.

Die Nordfriesen, die schon in den 20er-Jahren in großer Mehrheit die NSDAP gewählt hatten und während der berühmten 1000 Jahre die strammsten Nazis waren, nahmen ihre Volksgenossen nicht gern auf. Wer gibt schon gern ab? Und das Wort „Flüchtling" entwickelte sich bald zu einem Schimpfwort, was einem doch heute sehr bekannt vorkommt. Vielleicht wurden die Flüchtlinge nicht nur deswegen verachtet, weil sie nicht von hier waren, sondern auch, weil sie ja, und das war klar, nichts besaßen. Es ist allzu menschlich, dass selbst diejenigen, die nur ein wenig besitzen, die verachten, die gar nichts haben; so wie in Amerika die Weißen aus der untersten Schicht die Schwarzen am meisten hassen.

Es gab auch sehr versprengte Linke in der Nazizeit in dieser Kleinstadt. Als in Garding ein großes Fest zur Einweihung des Hermann-Göring-Kooges gefeiert wurde und die ganze Stadt mit Hakenkreuzflaggen drapiert war, machte der Schuster aus der Fischerstraße bei diesem hohen Feste nicht mit. Es hing in seiner Tür ein Schild, auf dem stand: „Wie flaggen nich binnen, wie flaggen nich buten, wie ling in't Bett und moken Rekrut'n." Jeder wusste, wie das gemeint war, aber niemand konnte ihm an den Karren fahren, denn der Führer brauchte doch Rekruten.

Als am 8. Mai 1945 die deutsche Wehrmacht schließlich kapitulierte, mussten die deutschen Soldaten, die sich noch in Skandinavien aufhielten, zu Fuß „heim ins Reich". Sie wurden dann von den Engländern bei Husum abgefangen und auf die Halbinsel Eiderstedt, die als ein großes Kriegsgefangenenlager benutzt wurde, geschickt. Jetzt wurden fast alle jungen Mädchen zwischen 15 und 25 Jahren wegen etwaiger sexueller Übergriffe aus Eiderstedt herausgebracht. Nie habe ich davon gehört, dass sich hier so etwas zugetragen hätte.

Die deutschen Soldaten waren wohl zu diszipliniert. Sie wurden auf die Tanzsäle von Garding, wir hatten damals fünf, verteilt. Außerdem waren noch ein paar große Zelte um die Stadt herum aufgebaut. Einmal war ich als Kind im Apollo-Saal in der Osterstraße. Die Soldaten sangen dort ein Lied mit dem schönen Text: *Oswald, dein Panzer steht nicht still.* Ein Lied, das sich mir für mein Leben einprägen sollte. Ein paar Tage später stand der Saal in Flammen. Einer der Jungs, die damals in den Sälen auf Stroh lagen, war wohl beim Rauchen eingeschlafen.

Die immer hungrigen Soldaten wurden von manchen Geschäftsleuten aufs Schäbigste ausgenommen. Ich war gerade in einem Bäckerladen, als die Bäckersfrau einer Kundin einen Kasten zeigte, der voller Eheringe war. Sie erzählte ihrer Freundin ganz stolz, dass sie den Soldaten für einen Ring ein halbes Brot gegeben habe. So ging man mit seinen ehemaligen „Verteidigern" um.

Mein Vater kam auch bald mit dem Zug in Garding an, in Zivil natürlich, hatte aber seine SS-Uniform sauber verpackt und gab sie einem Stadtangestellten, der diese auf dem Boden aufbewahren sollte, denn der Führer käme ja bald wieder.

Eigentlich hätte er sich in Garding in dieser Hinsicht auf fast jeden verlassen können, er hatte nur unsagbares Pech mit dem Mann; dieser zeigte ihn bei den englischen Besatzern an, und mein Vater ging in den Knast.

Bevor er ins Gefängnis musste, hatte ich in meinem kleinen blauen Mantel mit den großen weißen Knöpfen am Rande eines großen Grabens gespielt und fiel hinein. Ich sehe noch die drei alten, schwarz gekleideten Frauen, die sich hintereinander festhielten, um mich herauszuziehen. Trost suchend lief ich weinend nach Hause, es waren nur 50 Meter. Vor der Tür stand mein Vater, der zog mir den nassen Mantel aus und schlug mir damit mehrere Male über den Kopf, sodass die Haut auf meinem Kopf, wegen der Knöpfe, platzte und mir das Blut über den Kopf strömte.

Das war der Beginn einer lebenslangen innigen Zuneigung.

Mein Vater wurde von den Engländern für dreieinhalb Jahre in das ehemalige KZ Neuengamme bei Hamburg gesperrt. Die Tommies hatten also nicht herausbekommen, was er wirklich war; wie mir später erzählt wurde, war er SS-Obersturmbannführer. Er sagte nur, dass er in einem großen Gebiet in der Ukraine die Partisanenbekämpfung geleitet hatte. Heute weiß ich, dass er die sogenannten Säuberungen leitete und unzählige Menschen einfach erschießen ließ. Wenn er in sowjetische Gefangenschaft gekommen wäre, hätte man ihn also gleich hingerichtet.

Wir waren inzwischen in das Haus Am Markt 1 umgezogen. Eine gut zu merkende Adresse. Da wir ja gar nichts besaßen, war ich wenigstens auf die Adresse stolz und hielt sie für die beste Adresse der Stadt. Das Haus, Wahrzeichen der Stadt, wurde als Erstes unter Denkmalschutz gestellt. – Im *Baedecker* von 1906 ist es außer der Kirche das einzige Gebäude der Stadt, das als erwähnenswert gilt. 1604 wurde es im Renaissance-Stil gebaut und 1750 bei einer „Taxation“ nebst dem zugehörigen Stall als das wertvollste Privatgebäude der Stadt geschätzt.

1945 zog unsere Familie aus der Fischerstraße in ein großes Zimmer dieses Hauses, das eigentlich zu meiner einzigen Heimat wurde und so viele dunkle Ecken und Winkel hatte, und dessen Dachboden voller schöner antiker Möbel war. Ein Paradies für mich. Daher ist wohl meine Vorliebe für Antiquitäten geblieben. Unser heutiges Haus in Garding ist fast ausschließlich mit Antiquitäten eingerichtet, nur auf die hilfreichen Dinge der modernen Zeit wollten auch wir nicht verzichten.

Oft stehe ich auf dem Markt vor diesem Haus und freue mich darüber, dass es noch steht. Bis ich mir dann sage: „Alter, du träumst!“ und langsam wach werde; denn dieses Haus wurde schon in den 50er-Jahren abgerissen. Dann merke ich, wie sehr mich der Verlust eines alten Hauses in der Seele treffen kann.

Die Stadt Garding, die seit dem Krieg immer von einer strammen CDU-Mehrheit regiert wird, kümmerte Geschichte wenig. Und wenn es ums Geld geht, werden Gesetze und Bestimmungen einfach ausgehebelt. Wie wichtig aber vor dem Abriss „die Kultur“ für die Stadtoberen war, sah man daran, dass wir nicht einmal einen dünnen Draht als Antenne für unseren Volksempfänger aus dem Fenster hängen durften. Als meine Mutter das tat, kam der Stadtbote, ein Mann mit einer großen Glocke in der Hand, um die Stadtneuigkeiten auszurufen, und sprach meine Mutter an; in Hochdeutsch natürlich, denn er war ja offiziell da: „Frau Kiesewetter, holen Sie sofort den Draht wieder ein, so etwas ist hier nicht erlaubt, denn das Haus steht unter Denkmalschutz und ist das Wahrzeichen der Stadt. Hebb se dat mitkreg'n, beste Fruu?“

In diesem Haus, das schon durch den Sanitätsrat Dr. Wörpel im Stil der Gründerjahre verschandelt wurde, wohnte ganz hinten in zwei größeren Räumen eine Familie aus dem Memelland, sie hießen Schmeil, weshalb sie sich „Schmäil“ nannten. Der Sohn Herbert gab oft sein Frühlingsgedicht zum Besten:

Der Frihling kommt per Dampfer
De Sieß- und Sauerampfer, se bliehen schon
De A und andre Mäisen, se singen ihre Wäisen
und lejen Äi bäi Äi
So scheen is doch der Mäi
Oder mäinst näi

Wenn man dieses Gedicht vortragen will, darf man nicht vergessen, das „R“ vorne hinter den Zähnen stark zu rollen. Ich übte das und konnte dieses Werk bald auswendig und im richtigen Dialekt. So wie ich diesen Dialekt mein ganzes Leben nicht vergessen habe, und wenn ich früher mit Ostpreußen sprach, es gibt ja heut keine mehr, hielten mich diese für einen echten Ostpreußen.

Frau Schmeil war eine besonders gemütliche Frau, die sehr viel Ruhe ausstrahlte. Wenn fast alle Kinder des „Wörpelhauses“ durch ihre beiden Räume tobten, blieb sie gelassen und ruhig. Ich kann mich nicht entsinnen, dass sie mich einmal hinausgeworfen hätte, und ich war besonders zappelig und laut. Selbst wenn ich mich immer wieder an ihrem Spinnrad versuchte, dabei ihren Faden zerriss und ihre Wolle durcheinanderbrachte, blieb sie ausgeglichen und freundlich. Nur einmal am Tag verlangte sie unbedingte Ruhe.

Hinter dem „Wörpelhaus“ stand das alte Gericht, das Haus steht heute noch. In dem Gerichtsgebäude oben wohnte die Familie Hammer. Der älteste Sohn Heinz, genannt „Heinzi“, war ein begeisterter Sänger; alle Schlager der Zeit hatte er im Kopf.

Die Schmeil'schen Räume grenzten an das Gerichtsgebäude und durch das Fenster konnte man auf dessen Hof sehen. Wenn Heinzi erhobenen Hauptes, mit einer Zeitung unterm Arm – er wollte nicht lesen – eiligen Schrittes auf das Holzhäuschen in der Ecke des Hofes zustrebte, bat sich Frau Schmeil bei uns urplötzlich und energisch unbedingte Ruhe aus. „Kinderchen, werd' ihr wohl scheen läise säin, des Häinzche singt jläich wieder so scheen.“

Sobald Heinzi die Tür des Holzhäuschens hinter sich geschlossen hatte, schallte es auch schon über den Hof: „Wenn in Capri … hmmh, die rote Sonne … hmmh, im Meer versinkt, hmmh, hmmh.“ Das höchste Knödeln wurde nur hin und wieder durch ein paar Kompressionsgeräusche unterbrochen. Frau Schmeil hatte längst das Fenster geöffnet und lauschte hingebungsvoll, und auch ich, so gebe ich zu, war tief ergriffen.

Apropos Plumpsklo. Das „Wörpelhaus“ hatte drei, zwei im Stall und eines draußen auf dem Hof. Das Benutzungsrecht dieser Klos war nach dem Drei-Klassen-System geordnet. Das erste, etwas größere, mit Fenster, war den Besitzern vorbehalten und meistens abgeschlossen. Wenn das Abschließen einmal vergessen wurde, setzte ich mich schnell drauf, um das Gefühl eines Privilegierten einmal zu genießen, auch wenn ich gar nicht musste.

Natürlich war ich doch stolz darauf, dass wir immerhin das zweite Klo im Stall benutzen durften, es wurde schließlich im Winter durch die daneben stehenden Kühe „geheizt“.

Ab und zu besuchten uns Nenn-Tanten aus dem *Stolper Kreis*, die mich dann auf den Arm nahmen und abknutschten, was ich überhaupt nicht leiden konnte. Ich habe mir dann die Stelle, wohin sie mich geküsst hatten, sofort mit der Hand abgewischt. Nur eine Ausnahme gab es, Tante Liesels Tochter Anneliese, 13 $^1/_2$ Jahre älter als ich, ein wunderhübsches junges Mädchen, durfte mich gern küssen. Das empfand ich als ausgesprochen wohltuend.

Im Frühjahr 1948 kam ich in die Schule, natürlich ohne Schultüte. Für so einen Luxus gab es kein Geld. Durch die Flüchtlinge waren hier so viele Kinder, dass die Klassen in „A“ und „B“ aufgeteilt wurden. In beiden Klassen waren je ca. 50 Kinder. Ich war in Klasse A und musste um 8 Uhr zur Schule, die Klasse B um 10. Ich war schon immer ein Spätaufsteher und ein Spät-zu-Bett-Geher. Meiner Mutter tat es immer leid, mich so früh zu wecken.

Sie sagte die Uhrzeit noch immer auf pommersche Art und weckte mich mit dem Satz: „Knutchen, es ist schon viertel acht.“ Worauf ich: „Viertel vor?“ Das wurde zum morgendlichen Ritual.

Der Klassenlehrer der ersten Klasse hieß Skubian, seine Familie stammte wohl aus Armenien. Ich hatte vor ihm Angst, als ich in die erste Klasse kam, denn mein Vater hatte über ihn mit einem hasserfüllten Unterton gesagt: „Der ist ein Sozi.“ Er stellte sich aber für mich als ein ausgesprochen lieber und mitfühlender Lehrer heraus, so wie ich es danach fast nie mehr erlebt habe. Über 90 Prozent der Lehrer, bei denen ich Unterricht hatte, waren geistige Nazis.

Wenn es in unserer Familie um Schulnoten ging, erzählte meine Mutter immer wieder dieselbe Geschichte: „Ich war die Zweitbeste auf unserem Lyzeum, nur Hanna Harmke war besser." Nachdem ich diese Geschichte zum hundertsten Mal gehört hatte, fügte ich immer nach Zweitbeste „weitaus Zweitbeste" ein, was sie sehr ärgerte, trotzdem fuhr sie bis Hanna Harmke fort, obwohl Hanna Harmke uns doch gänzlich unbekannt war.

Das Wörpelhaus war schon 350 Jahre alt und es war wenig daran getan worden. Auch die Stufen zur Haustür hinauf hatten schon viele Löcher, und so fiel ich „kleiner Wirbelwind" die Treppe hinab und brach mir dabei den linken Knöchel. Röntgengeräte hatte man in Garding und Umgebung nicht, daher wurde mein Fuß alle paar Tage mit einem dicken Klebeband umwickelt. Mein Bruder musste mich morgens zur Schule tragen, zurück schaffte ich es humpelnd alleine. Der Knöchel wuchs schief an, das störte mich nicht weiter, aber die Goldmedaille im 100-Meter-Lauf war mir ab da verwehrt.

Ich lief auch schief, das hatte ich mir wohl aufgrund der vorherigen Schmerzen angewöhnt. So stellten die Ärzte nachträglich Hüftgelenks-TB fest. Bis heute weiß ich nicht, ob es diese Krankheit wirklich gibt. Ich musste aber ins Krankenhaus unserer damaligen Kreishauptstadt Tönning und lag dort die ganzen großen Ferien über. Das waren seelische Schmerzen, denn so sonnige große Ferien hatten wir seit Jahren nicht. Nach den Ferien wurde ich entlassen. Die Ärzte stellten fest, dass ich nicht mehr krank sei, und sie konnten auch nicht feststellen, weshalb ich überhaupt eingeliefert worden war.

Im Wörpelhaus hatten wir eine Dachkammer mit einer Dachluke. Dorthin brachte ich eine junge Dohle, die aus ihrem Nest gefallen war und die mir ein anderer Junge in die Hand gedrückt hatte. Täglich brachte ich ihr mehrere Mal in einer großen Tasse eingeweichtes Brot, das ich ihr in den riesig aufgerissenen Schnabel stopfte. Sie wuchs und gedieh. Aus dem Grund weiß ich heute, dass es sich gar nicht um eine Dohle gehandelt haben kann. Aus der Familie der Krähenvögel sind nur Saatkrähen Vegetarier und können ohne tierischen Zusatz gedeihen.

Eines Tages war sie so groß, dass ich sie mit herunter auf den Markt nahm und mit ihr das Fliegen übte. Nach ein paar Tagen flog sie schon um den Kirchturm und landete wieder auf dem Tassenrand, riss den Schnabel weit auf, „ra, ra, ra".

Von da an ließ ich die Bodenluke offen, denn sie kam ja immer zurück. Eines Tages fand ich sie mit umgedrehtem Hals auf dem Boden liegend. Ein Dachdeckerlehrling, so erzählte man mir, habe sie, als sie ihm auf die Schulter flog, sofort umgebracht und in die Luke geworfen. Er wusste also, wo sie hingehörte.

Schreiend vor Kummer lief ich mit der toten Krähe in der Hand aufs Bürgermeisteramt, um meine Klagen vorzubringen. Die Leute dort kamen zusammen, stellten sich um mich herum und schütteten sich aus vor Lachen. Wie viele böse Menschen es doch gibt, dachte ich.

Meine Mutter hatte zeit ihres Lebens beidseitige Sehnervenatrophie, eine Krankheit, bei der sich die Zellen des Sehnervs langsam auflösen. Menschen mit solchen Behinderungen wurden ja von den Nazis als „lebensunwertes Leben" bezeichnet; das hat aber meinen Vater bei meiner Mutter in den ersten Jahren nicht gestört. Diese Krankheit haben meine nächstältere Schwester und ich geerbt. Ich am meisten, ich musste schon in der Schule immer in der ersten Reihe sitzen und konnte trotzdem nicht lesen, was an der Tafel stand.

Durch die Flucht und die Bombenangriffe war ich wohl ein Zappelphilipp, heute nennt man so etwas ein hyperaktives Kind. Die Prügel meines Vaters prasselten täglich auf mich nieder.

Während ich in der ersten Klasse war, besuchte meine Mutter mit meiner ältesten Schwester meine Großeltern in Bad Kissingen. Mein Vater hatte sich über sein hyperaktives Kind, das außerdem nicht mal richtig gucken konnte, so geärgert, dass er mich, während meine Mutter fort war, in die Nervenklinik nach Rendsburg schickte. Die Ärzte dort waren ja noch Nazi-Euthanasie-Ärzte. In den sechs Wochen meines glücklichen Aufenthaltes machte man drei Luftpunktionen bei mir.

Weil man das Hirn nicht richtig röntgen konnte, wurde mit einer Nadel Luft in das Rückgrat gepumpt, die dann langsam ins Hirn hochwanderte. So konnte man dann mit Röntgenstrahlen nach den Abnormitäten im Hirn suchen. Als man das erste Mal nichts fand, versuchte man es nach einiger Zeit ein zweites Mal mit mehr Luft, dann ein drittes Mal mit noch mehr Luft. Aber es war, wie gesagt, nichts Ungewöhnliches festzustellen. Nachdem die Luft im Hirn angekommen war, fiel ich in Ohnmacht und konnte, am nächsten Tag wieder aufgewacht, keinerlei Nahrung bei mir behalten. Ich kotzte alles aus.

Da wir sowieso nicht viel zu essen hatten und ich deswegen spindeldürr war, bin ich bei der dritten Luftpunktion beinahe verhungert.

Einer der Schwestern tat ich furchtbar leid. So fragte sie mich, was ich denn am liebsten mag. Ich quälte heraus: „Eigentlich Pudding oder Bratkartoffeln." In ihrer Herzensgüte muss sie sich sehr angestrengt haben, mir diese beiden Köstlichkeiten zu bereiten. Ich musste beides herunterwürgen.

Als sie sich danach stolz umdrehte, um zu gehen, hatte sie die Mixtur schon längst auf dem Rücken ihres weißen Kittels.

Als ich wieder in Garding angekommen war, wollte kein Kind mehr mit mir spielen. Denn die Eltern hatten erzählt, dass ich in der Verrücktenanstalt gewesen sei. Kinder sind ja so vorurteilsfrei.

In der ersten Klasse hatte ich meinen ersten großen Auftritt. Jedes Jahr wurde ein Elternabend veranstaltet, die Kinder mussten für ihre Eltern und Großeltern etwas zum Besten geben. Meine Klasse spielte ein kleines Theaterstück, das *Der Puppendoktor* hieß. Ich spielte die Hauptrolle, nämlich den Doktor.

In diesem Stück sollte der Arzt der Puppenmutter, deren Puppe unter furchtbaren Halsschmerzen litt, erzählen, dass sie ihr Kind mit Bienenhonig behandeln solle. Der Arzt nahm einen Teelöffel und führte der Mutter die „Behandlung“ vor und ich aß auf diese Weise den gesamten „Honig“. Da man für die Aufführung aber keinen Honig besorgen konnte, gab man mir eine Dose schwarzen Zuckerrübensirup. Dieser Sirup zog lange dunkle Fäden, die sich auf meinem weißen Kittel niederschlugen. Das Publikum johlte bei jedem Löffel, den ich aß. Diese schwarzen Streifen auf dem weißen Kittel konnte ich natürlich sehen, und als wir uns nach Beendigung dieser kurzweiligen Komödie vor den Eltern verbeugten, hielt ich meine Hände immer über die dunklen Streifen, was das Publikum zu den größten Lachsalven hinriss.

Mein Erfolg war so groß und legendär, dass ich fortan für die Hauptrollen bei Theaterstücken anderer Klassen ausgeliehen wurde. Ich konnte damals noch recht und schlecht mit bloßem Auge in den Schulbüchern lesen, also auch meine Rollen lernen.

Das mit dem Ausleihen für Rollen wurde für die beiden jüngsten Kiesewetter-Kinder fast zur Tradition. Meine Schwester wurde bei so einem Stück allerdings nicht auf die Bühne gestellt, sondern sang hinter dem Vorhang wegen ihrer ach so schönen Stimme statt der Protagonistin, die dazu ihren Mund bewegte. Ein sehr frühes Play-Back-Verfahren.

Meine Schwester konnte diese Rolle leider nicht selbst spielen, denn der Lehrer musste die Hauptrolle seiner Klassenliebsten geben, die aber nicht gut singen konnte.

Meines Vaters Auffassung von Erziehung bestand mir gegenüber aus Prügeln, und das täglich. Also versuchte ich, so weit es möglich war, meine Zeit außerhalb des Hauses zu verbringen. Wenn ich Schularbeiten machen wollte, fühlte mein Vater sich ab und zu bemüßigt, mir dabei zu „helfen“.

Wenn ich mich verschrieb, und das tat ich oft, kam sein Befehl: „Sofort noch mal von vorne!“

Beim nächsten Mal Verschreiben schlug er mir mit der Faust an die Schläfe. Nun fing ich natürlich an zu weinen;

so rannen auch noch meine Tränen aufs Papier. Das war wiederum ein Grund, von vorne anzufangen. Auf die Art verging ein ganzer Nachmittag, meine Schläfe wurde schließlich sehr dick und ich kam am nächsten Tag wieder ohne fertige Schularbeiten zur Schule. Diese Späßchen machte er meistens nur, wenn meine Mutter nicht da war.

Später, als wir einen Hund hatten, nahm mein reizender Erzeuger zum Züchtigen auch gern die Hundekette.

Meine Zensuren ließen natürlich allmählich, wenn er nicht arbeitete und deshalb im Hause war, immer mehr nach.

Inzwischen stand ich so unter Druck und wurde so nervös, dass ich zum ersten Mal feststellte, dass mein Augenlid anfing zu zucken, und das tat es stundenlang. Dieses Zucken verschiedener Muskelteile blieb mein ganzes Leben lang, nicht immer, aber immer wieder, und noch heute liege ich im Bett und beobachte das Zucken an meiner Wade.

Ab und zu ließ meine Mutter Griebenschmalz aus, und wie wohl jeder weiß, liegen die Grieben im Schmalz unten. Da aber Grieben besonders beliebt sind, angelten meine Geschwister mit dem Messer immer nach unten, wenn sie sich ihr Brot schmierten. Das wurde von meinem Vater natürlich streng verboten. Ich mochte keine Grieben. Als mein Vater das merkte, musste er mir natürlich das Schmalzbrot machen und mir besonders viele Grieben daraufschmieren und dann hämisch beobachten, wenn ich mir die ungeliebten Grieben herunterwürgte. Wie gerne hätte ich doch abgegeben. Nach einiger Zeit änderte sich langsam mein Geschmack und ich mochte die Grieben. Das aber sagte ich nicht, sondern setzte wieder mein Anti-Grieben-Gesicht auf, wenn mein Vater für mich nach ihnen stocherte.

Er war meistens zu Hause, nur Ende der 1940er ging er einmal in den Ruhrpott, um im Bergbau zu arbeiten. Eigentlich war er Bauingenieur; in seine Arbeitsbewerbung schrieb er jedes Mal, dass er bei der SS war. Und so wurde er in seinem eigentlichen Beruf vor 1956 nicht angestellt.

Nicht nur ich wurde von ihm gequält, auch meine nächstältere Schwester Sigrun kam in den Genuss seiner

Erziehung. Sie ist Linkshänderin. Er legte ihr einen Nagel und einen Hammer neben die linke Hand, damit er, so drohte er ihr, die *falsche* Hand an den Tisch nageln könne, falls sie diese benutze.

Sie hatte außerdem als kleines Mädchen die Angewohnheit, die Zunge herauszustrecken, wenn sie den Löffel zum Mund führte. Also lag eine Schere bereit, damit er ihr die Zunge abschneiden könne, wenn er diese erwischte.

Sigrun hatte für sein ästhetisches Empfinden außerdem zu dicke Fingerkuppen, die er in Wäscheklammern klemmte. Ich habe das, als er nicht guckte, bei mir selbst ausprobiert, es tat höllisch weh.

Als meine Mutter mit meiner ältesten Schwester zu einer Untersuchung nach Husum fuhr, befahl mein Vater Sigrun, die neun Jahre alt war, für den Rest der Familie etwas zu kochen. Sie konnte nichts anderes als Griessuppe, die aber durch ihre fortgeschrittene Kochkunst sehr klumpig wurde.

Mein Vater machte sich die Arbeit, stundenlang in der Suppe zu suchen, bis er alle Klumpen auf Sigruns Teller bugsiert hatte, und genoss es, sie zu zwingen, diese zu essen.

Sigrun war schon damals ein großes Showtalent. Sobald fremde Leute unseren Palast betraten, nahm sich meine Schwester sofort den Besen, um dem Besuch um die Füße zu fegen. „Oh, was für ein fleißiges Mädchen Sie haben", riefen erfreut die Umfegten, wobei sich meine Mutter ein gewisses Schmunzeln nicht verkneifen konnte.

Meine älteste Schwester Ute sollte aufs Gymnasium gehen. Ihre beste Freundin, die im selben Haus wie wir wohnte, hatte aber nur die Aufnahmeprüfung für die Realschule bestanden. Und so wollte meine Schwester auch nicht aufs Gymnasium, sondern mit ihr zur Mittelschule. Zum Gymnasium hätte sie mit dem Zug nach St. Peter fahren müssen, zur Mittelschule aber fuhren die beiden nach Tönning. In Tönning nahmen sie auch noch nachmittags Flötenunterricht. Dazu fuhren sie am Nachmittag extra noch einmal dort hin.

Anfang Februar 1950 fuhren die beiden wieder zum Flötenunterricht. Der Gardinger Bahnhof hat heute nur ein Gleis, damals aber viele, weil alles Mögliche mit Güterwagen geliefert und Vieh abtransportiert wurde.

An diesem Tag, als der Zug schon im Dunklen nach Garding einfuhr, hatte der Bahnangestellte, der im Gleiswärterhäuschen saß, mit einem Freund eine Flasche Schnaps geleert. Er musste nach dem eingefahrenen Zug die Weiche stellen. Das tat er aber in seinem Suff zu früh, er stellte die Weiche unter dem fahrenden Zug. So kippten die letzten beiden Wagen, die jetzt auf ein anderes Gleis rollten, einfach um. Die beiden Freundinnen standen mit zwei anderen Mädchen schon draußen auf dem Perron. Sie fielen vom Zug und einer der Wagen auf sie. Alle vier Mädchen waren sofort tot. Außerdem verlor ein junger Mann dabei sein Bein. Mein Vater wurde im Ruhrpott benachrichtigt und kam nach Hause. Hier baute er sich vor mir auf und schrie mich an: „Warum bist du es nicht gewesen!? Lebensunwertes Leben!“ Das baut auf.

Trotzdem war ich außerhalb des Hauses, in dem ich ja nur Angst hatte, ein fröhliches Kind, wodurch ich den Gardinger Bürgern sehr oft auf die Nerven gefallen sein muss. Den Tarzan-Ruf hatte ich mir beigebracht und rannte, diese edlen Geräusche von mir gebend, durch die Straßen. Auch das Pfeifen auf vier Fingern hatte ich eingeübt, und die Gardinger mussten es ertragen.

Mein Bedürfnis, alle anderen zu unterhalten, war so groß, dass ich überall Witze erzählen musste. Natürlich erzählte ich die, worüber die jungen Männer und Erwachsenen am meisten gelacht hatten. Also waren diese sehr unanständig. Das wussten alle, nur nicht ich. Ich sang auch, auf der Kirchwarft stehend, das Lied *Banane, Zitrone, an der Ecke steht ein Mann, er lockt die Weiber an* … Warum dann nach einem Dreivierteljahr das Kind „Mama“ schreit, erschloss sich mir nicht; aber es war doch so ein tolles Lied. Die Frau des Propstes Anton Tödt hörte mich das singen und konnte sich ihren Reim darauf machen. Schon wurde mir verboten, mit ihren Enkeln zu spielen. Mein Faible für Witze hielt mein ganzes Leben lang, auch heute erzähle ich noch gern Witze, aber nur noch richtig gute und deswegen auch nur sehr wenige.

Ich war auch oft außerhalb der Stadt im Grünen und sang dabei. Ich liebte viele Volkslieder. Meine Lieblingslieder waren u. a. *Der Winter ist vergangen, Der Mai, der Mai, der lustige Mai* und *Bunt sind schon die Wälder.* Schon als Kind mochte ich Jahreszeitenlieder sehr, es ist also nicht von ungefähr, dass ich später so viele Jahreszeitenlieder geschrieben habe, alle diese handeln von unserer Landschaft. Um das Singen bei den Elternabenden habe ich mich aber erfolgreich gedrückt.

Noch heute sehe ich zwei Jungen in meinem damaligen Alter (ungefähr zehn) vorn am Bühnenrand stehen und mit schiefem Kopf affektiert nickend in Bauernterzen ein Liedchen trällern. Der Saal kochte vor Begeisterung und mir liefen schon damals Schauer des Entsetzens über den Rücken.

Am Markt, nicht weit von uns, gab es das Lebensmittelgeschäft von Carl Jansen, genannt Koddel Kees. Frau Jansen hatte wohl gehört, wie schön ich singen konnte, und rief mich ab und zu in ihren Laden, um mich zu ermutigen, ihren Kunden das Lied von *Sanella* vorzusingen. Einen Lolly vor meinem geistigen Auge, fing ich an zu singen: „Ei, ei, ei Sanella, Sanella auf dem Teller, wenn Sanella ranzig ist, dann kommt sie in den Keller." Schon damals fiel mir auf, was für ein unlogischer Stuss das war. Aber für das entsprechende Honorar war ich seinerzeit skrupellos bereit, mich zu prostituieren.

Da wir nie genug zu essen hatten, war ich sehr mager. Damals wurden gern Kinder zu Kuraufenthalten verschickt, um sie aufzupäppeln. Wenn die Kinder sich in einer Reihe aufstellen mussten, wurde ich immer zuerst rausgepickt. So lernte ich viele Orte in Deutschland kennen.

Ein Mal ging es sogar in die Schweiz, das war 1951. Großzügige Schweizer Familien nahmen für ein halbes Jahr deutsche Kinder auf. So bekam ein Ehepaar mit drei Kindern, in Wollhusen bei Luzern, einen Nazi-Zappelphilipp aufgedrückt. Natürlich hatte ich nur Nazi-Sprüche drauf, ich kannte ja nichts anderes und hatte noch nie davon gehört, dass Hitler doch nicht ganz so gut war. Die Anlickers waren sehr fromme, protestantische Anti-Nazis und entsetzt über diesen Bengel. Der Sohn der Familie war einen Tag älter als ich. Wir hören auch heute noch voneinander und haben uns schon oft gegenseitig besucht. Ich ging dort auch zur Schule, die Schule war vormittags und nachmittags, dafür war mittwochs frei. Frei war aber nicht frei; es ging in die Kirche und ich musste mir den Gottesdienst in Schweizerdeutsch anhören, was ich zuerst nicht verstand. Natürlich verstand ich es später, denn das geht ja bei Kindern sehr schnell, habe es aber niemandem gesagt, damit die in dem Glauben, ich verstünde sie nicht, über mich reden konnten. Die Zeit dort hat aber meinen kindlichen Horizont erweitert, sodass ich, wieder zu Hause, anfing, an vielem zu zweifeln. Zum Beispiel hatte ich kritiklos in mir aufgenommen, dass die Erwachsenen so viel klüger sind, weil sie ja so viel Erfahrung hatten, worauf sie immer wieder hinwiesen. Nach ein paar Jahren fragte ich mich, warum diese daraus denn gar nichts gelernt hatten.

1952, ich war zehn Jahre alt, fand mein Bruder durch „Zufall“ einen Zwanzigmarkschein in einem Buch. Er rief laut aus: „Jetzt können wir doch die Radtour machen!“ Ich wusste zwar nichts von einer Radtour, war aber doch begeistert, denn endlich passierte einmal etwas. Bei meinem Fahrrad funktionierte der Rücktritt nicht, dafür aber fehlte die Handbremse.

Sobald die großen Ferien anbrachen, setzten wir uns aufs Rad und fuhren los. Zuerst in Richtung Rendsburg (80 Kilometer), denn dort wohnte inzwischen unsere Tante Lotte (die lustige). Nach zwanzig Kilometern mussten wir durch Friedrichstadt, es war der erste und einzige Tag auf dieser Radtour, an dem die Sonne schien. Mein Bruder hatte eine tolle Idee: „Wir mieten uns ein Paddelboot und erkunden Friedrichstadt vom Wasser aus.“

Friedrichstadt wurde 1621 von Niederländern (Westfriesen) gebaut. Es sieht also sehr holländisch aus, weil in dieser Kleinstadt glücklicherweise nie der Modernisierungswahn um sich schlug. Wir paddelten die Gracht am Marktplatz hinab und unter einer schönen alten Brücke hindurch. Dort standen zwei zehn- bis zwölfjährige Mädchen. Die eine sagte, auf uns zeigend: „Guck mal, die können ja nicht mal richtig paddeln." Kinder haben keine Ahnung, wie verletzend sie oft sein können.

Friedrichstadt liegt direkt an der Eider, es war wohl Ebbe und die Schleusen wurden aufgemacht. Wir haben stundenlang gepaddelt, bis wir das Boot wieder abliefern konnten. Vollkommen fertig setzten wir uns in das zum Bootsverleih gehörige Lokal. Um mich wieder aufzurichten, redete mir mein Bruder ein, jetzt einmal diese neue amerikanische Brause zu probieren, sie heiße Coca Cola und sei etwas ganz Besonderes. Ich war eher enttäuscht, habe mich aber im Laufe meines Lebens, seitdem es sie ohne Zucker gibt, daran gewöhnt.

Aus der Kriegszeit hatten viele Leute noch tarnfarbene Zeltdreiecke, die man zusammenknöpfen und daraus ein richtiges, aufrechtes Zelt machen konnte. Dazu brauchte man vier dieser Dreiecke; wir hatten aber nur zwei, diese zusammengeknöpft, einen vierzig Zentimeter langen Stock daruntergestellt und einen Sack davorgehängt. Das war unser Zelt. Da es nun alle Tage regnete, tropfte es natürlich durch und wir froren jede Nacht.

Wir fuhren ganz bis nach Grömitz (damals mindestens 300 Kilometer), auf dem Weg dahin mussten wir durch Plön. Plön hat, für unsere Verhältnisse, ganz schön steile Straßen. Ich auf dem Rad, mit Gepäck, ohne Bremse, fuhr auf einer Kopfsteinpflasterstraße unter einen Bierwagen. Einer der Kaltblütergäule zertrat mir mein Vorderrad. Wie sollte ich nun nach Hause kommen? Ein sehr netter älterer Herr besaß eine Fahrrad-Reparaturwerkstatt, er bog mir das Vorderrad wieder zurecht und zog alle Speichen neu auf. Eine wahnsinnig langwierige Arbeit. Er wusste ja, dass wir kein Geld mehr hatten, und gab uns seine Adresse mit, damit wir die fünf Mark, die er für das alles haben wollte, schicken konnten. So toll konnte diese Zeit dann auch sein. Es war noch lange nicht so, dass fast jeder den anderen übers Ohr zu hauen versuchte.

Unser Klassenlehrer hieß Ernst Wienandt; er war sehr fromm, aber dabei Nazi, und spielte in dem dicht bei Garding gelegenen Dorf mit dem schönen Namen Welt die Kirchenorgel, also hatte er schließlich Ahnung von Musik. Aus diesem Grunde musste er uns auch viel über Musik erzählen. Eines Tages erklärte er uns den Jazz: „Ihr Jungs, hier vorne", sagte er, „Knut Kiesewetter, Volker Gille, Helmuth Hengstler und Karl Heinz Kniese, ihr könnt doch alle kein Instrument spielen. Das macht gar nichts, jeder kriegt ein Instrument in die Hand und versucht, Töne darauf hervorzubringen. Das nennt man Jazz; dass die Jazz-Musiker doch alle gleichzeitig anfangen und aufhören, ist wie ein Wunder."

Wir mussten bei ihm auch Gedichte lernen, die fast alle sehr rechts gestrickt waren und dadurch auch entsprechend blödsinnig. Ein Gedicht fing so an:

„Als Kaiser Rotbart lobesam
ins heilge Land gezogen kam …"

So ein Blödsinn! Der hieß nie Rotbart, sondern Barbarossa, weil er nur von den Italienern so genannt wurde. Was bitteschön ist lobesam? Vielleicht Dichtkunst? Barbarossa kam außerdem nie ins Heilge Land gezogen, denn er ertrank ja schon in der heutigen Türkei, auf dem Weg nach Jerusalem. Außerdem lernten wir das Gedicht *Nis Randers*, das, in Nordfriesland spielend, von dem ausgesprochenen Friesenkenner Otto Ernst geschrieben wurde, dieses Stussgedicht ist bei vielen heute noch sehr bekannt, es endet mit dem typisch friesischen Satz: „Sagt Mutter, 's ist Uwe."

Schräg hinter unserem Haus war das ehemalige Gefängnis, in dem dann mehrere Familien untergebracht waren. Eine Familie hieß Matern, der jüngste Sohn Uwe.

Vielleicht fing es schon zu der Zeit an, dass ich mich über andere Leute lustig machen musste. Besonders liebte ich es, Namen komisch zu vermauscheln.

Wenn ich Uwe Matern sah, nannte ich ihn Uwe Laterne, worüber der sauer wurde. Wenn ich ihn richtig ärgern wollte, rief ich: „Sagt Mutter 's ist Uwe … Laterne", dann fing er an zu schreien vor Wut und rannte auf mich los. Ich mit großen Schritten, lachend im Zickzack über den Marktplatz.

Auch gewöhnte ich es mir an, Leute, die ich für besonders zickig und spießbürgerlich hielt, zu verladen, wie wir Musiker sagen, also ihnen einen Bären aufzubinden. Ich bemühte mich mein Leben lang, in der hohen Kunst des Verladens zum Meister zu werden, weshalb ich bei meinen Schulkameraden wahrlich nicht besonders beliebt war.

In den zehn Jahren in Garding wurde ich nicht einmal zum Geburtstag eingeladen. Nein, eine Ausnahme gab es: Jochen Andresen in der ersten Klasse. Ich brachte ihm als Geschenk einen Bleistift mit.

Damals hatten alle Kinder ein Poesiealbum. Ich hatte keins und wurde auch nie aufgefordert, bei anderen etwas hineinzuschreiben.

Plötzlich liefen alle Gleichaltrigen in Uniformen und im Gleichschritt über den Markt: Die Pfadfinder: „Komm, mach mit!" Aber Gleichschritt und Uniform, da war bei mir schon damals nichts zu machen.

Die Kleinstadt Garding, die zweitkleinste in Schleswig-Holstein, war voller Nutztiere. An das Wörpelhaus grenzend stand der dazugehörige große Stall; darin waren Kühe, Schweine, Enten, Gänse, Hühner und Tauben. Ich bin also mit Nutzvieh aufgewachsen und kannte mich damit sehr gut aus. Oh, wie fand ich Hühnerküken niedlich, aber Entenküken waren noch süßer.

Außerhalb Gardings sah ich eine Entenmutter mit ihren acht Küken, davon klaute ich ihr eines und versuchte, der Ente zu entkommen. Was mir aber nicht gelang, sie wusste, wie viele Küken sie hatte, und verfolgte mich; ich musste ihr das fehlende wieder zurückgeben, was ich ja sowieso getan hätte.

Jahre später habe ich diese Geschichte in meinem Text *Sommer* einfließen lassen:

Ein helles Licht liegt über dem Land
Und taucht versilbert ins Meer

So leuchtend hell schien niemals der Strand
Und noch nie schien der Himmel so leer

Und hinter dem Deich sind die Fennen so grün
Der Kiebitz ruft laut sein Kiwitt

Die kleinste Blume fängt an zu blüh'n
Und die Welt blüht voll Zuneigung mit

Die Entenmutter ruft ihre Schar
Sie hat sie niemals gezählt

Doch ist die Zahl der Küken ihr klar
Und sie weiß genau, welches noch fehlt.

Ich sitze am Wegesrand, schau in die Luft
Und fühle mich träge und frei

Und lausch den Lerchen, rieche den Duft
Und denk, Sommer, geh niemals vorbei

Den Winter liebte ich aber auch; es war so schön, wenn es so früh dunkel wurde und ich im Dunkeln durch die Stadt streichen konnte. Die Stadt war nachts ja noch nicht so erhellt wie heute. Man konnte in erleuchtete Fenster schauen, daranklopfen und weglaufen, in den Sternenhimmel sehen und dabei träumen. Noch schöner war es, sich eine Taschenlampe zu borgen und sich vorzustellen, am Lichtkegel hochzuklettern.

Die Nacht war schon immer meine Zeit, was mir bei meinem Beruf zugutekam. So habe ich später einmal eine Ode an die Nacht geschrieben:

Morgenlicht

Schon schaut der Morgen
durch meine Fenster
bringt er mir Sorgen
bringt er mir Glück
Träume vergehen
im Handumdrehen,
Tagesgespenster
kehren zurück

All meine Träume
weichen der Sonne,
im Laub der Bäume
bricht sich ihr Licht
will mich erschrecken
will mich aufwecken
scheint wie mit Wonne
mir ins Gesicht

Treibt auch die Wahrheit
nachts keine Blüte,
des Morgens Klarheit
zerrt sie ans Licht
was böse funkelt
wird nachts verdunkelt
durch der Nacht Güte
sieht man es nicht

Längst singen Meisen
schon ihre Lieder
lustige Weisen
frohen Gesang
was sie auch singen
kann niemals klingen
zauberhaft wie der
Nachtigall Klang

Es gab eine komische Geschichte um einen Lehrer in Garding, der beste Lehrer, den ich je hatte. Ich kam in seine Klasse und er sagte zu mir: „Setz dich mal hier vorn hin, denn ich kenne ja all deine Geschwister, also wirst du wahrscheinlich sowieso der Beste bei mir." Das macht Mut und ich erfüllte seine Ansprüche. In Biologie und Physik war ich der Beste und ich wurde den Klassenkameraden von ihm immer als Vorbild hingestellt. Dann kam das erste Zeugnis. Ich schaute sofort nach Bio und Physik und hatte eine Drei. Tief enttäuscht durchstand ich die Ferien. Als wir die ersten Stunden wieder bei ihm hatten, fragte er, ob wir denn mit den Zensuren zufrieden seien. Volker Gille, ein sonst nicht berauschender Schüler, war von Herrn Mundt, so hieß dieser Lehrer, auch motiviert und hatte fest mit einer Zwei gerechnet. Als Herr Mundt nun Gille fragte, ob er zufrieden sei, sagte dieser ein klares Nein.

„Aber du Kiesewetter, du musst es doch, denn besser geht es doch gar nicht." Ich überreichte ihm still mein Zeugnis. Er fiel aus allen Wolken und rief laut: „Das geht doch nicht!", rannte aus dem Klassenzimmer die Treppe runter in die Wohnung unseres Klassenlehrers. Wir hörten noch ein großes Gebölke, dann kam Mundt wieder hoch und sagte ganz ruhig: „Das ist alles in Ordnung Kinder." Die Tochter des Klassenlehrers war auch in unserer Klasse; sie erzählte uns später, dass ihr Vater den Zettel von Mundt mit den dazugehörigen Zensuren verbummelt hatte und sie dann einfach nach Gutdünken einsetzte. Warum Mundt dann einfach schwieg, hatte seinen Grund.

Als ich später in Lübeck Musik studierte, musste ich einmal, ich weiß nicht mehr, warum, aufs Amt. Ich sah damals noch sehr viel besser als heute und konnte Menschen, die einen Meter neben mir standen, noch erkennen. Da stand neben mir Herr Mundt in einer Schlange vorm Sozialamt. Als ich ihn fragte, was er dort mache, antwortete er, dass er etwas für einen Bekannten abholen wolle. Ich habe ihn nie wieder gesehen. Aber als ich in den Semesterferien wieder nach Hause fuhr, erzählte man mir, dass Mundt gar kein Lehrer war und nach dem Krieg die Papiere seines gefallenen Bruders, der Lehrer war, für sich selbst genommen hatte. Er begann damit ein anderes Leben. Irgendjemand muss das nach 13 Jahren mitbekommen und ihn angezeigt haben. Er war aber, wie gesagt, der beste Lehrer, den ich je hatte.

Als ich zwölf war, erzählte mir ein Kumpel, dass ich doch in den Herbstferien mit ihm nach St. Peter fahren solle, um mit ihm und anderen Gardinger Jungen Kartoffeln zu sammeln. Es gäbe eine Mark die Stunde, das sei doch ein Heidengeld. In der Pause zwischendurch sogar noch etwas zu essen.

Das Essen bestand aus Schwarzbrotschnitten, auf die Vierfruchtmarmelade gestrichen wurde, nicht einmal Margarine darunter, dazu gab es Muckefuck.

Die Bahnfahrt von Garding nach St. Peter und zurück mussten wir selbst bezahlen.

Jeder von uns Jungen bekam eine Furche zugeteilt, aus der er die Kartoffeln in einen Korb sammeln musste. Plötzlich lief in der Furche eine Maus vor mir her. Während ich weitersammelte, warf ich „Klüten" nach der Maus, die ich natürlich nicht traf, was in meinen Gedanken auch gar nicht vorgesehen war. Auf einmal traf ein Erdklumpen die Maus direkt am Kopf, sie drehte sich auf den Rücken, strampelte noch ein paar Mal mit den Beinen und war tot. Ich konnte gar nicht aufhören zu weinen und die folgende Nacht nicht schlafen. Was für ein harter Kerl ich doch war.

Karl Heinz Kniese war wohl einmal nicht versetzt worden, er war älter und stärker als wir alle. Trotzdem ließ ich mich eines Tages zu einem Streit mit ihm hinreißen. Wir verabredeten uns, je eine Mannschaft zusammenzustellen und uns auf dem Hafenplatz zu treffen. Wir waren alle bewaffnet, nur mein Knüppel war mehr ein dünner Stock, Knieses aber war ein dicker Ast, mit dem er mir furchtbar auf den linken Ellenbogen schlug. Ich schrie laut auf und ergab mich sofort. Das hatten meine Kumpane aber gar nicht mitbekommen, sie trieben Knieses Mannschaft in die Ecke des Platzes, bis diese aufgaben. So wurde ich also als Sieger gefeiert, obwohl ich der Erste war, der verloren hatte.

Da lernte ich, dass Schweigen sehr vorteilhaft sein kann. Nur Karl Heinz Kniese und ich kannten die Wahrheit.

Meine Mutter gab mir ab und zu, wenn ich etwas richtig gemacht hatte, und das war wohl selten genug, zur Belohnung ein Stück Schokolade, also ein kleines, vorgepresstes Stückchen.

In der Osterstraße wohnte eine Familie Hinrichs, sie war anscheinend sehr wohlhabend, denn der Sohn Hauke packte in der Pause auf dem Schulhof eine Tafel Schokolade aus und aß sie wie ein Stück Brot. Das hat mich unheimlich schockiert. Wie konnte man Schokolade wie Brot essen? Das ging mir nie aus dem Kopf.

Mitte der 50er-Jahre zogen wir dann doch noch von Garding nach St. Peter, wohin meine Mutter ursprünglich mit uns wollte. Mir aber fehlte mein Garding und erst nach 40 Jahren habe ich es geschafft, dort wieder zu wohnen.

Meine Eltern hatten sich in St. Peter ein Siedlungshaus gekauft (vom Wiedergutmachungsgeld angezahlt). Hermann Ostendorf, auch aus dem *Stolper Kreis*, hatte Einfluss auf die Vergabe von Siedlungshäusern, und so verhalf er meinen Eltern zu einem solchen Haus. Mein Vater schimpfte ihn zwar immer als Kommunisten, aber wer beißt schon in die Hand, die ihn füttert.

Da wir noch immer sehr wenig Geld hatten, machte meine Mutter einen Nachbarshop auf. Das gab es öfter mal, Hausfrauen bezogen von Hamburger Firmen Kaffee, Tee, Kakao und Schokolade, die sie zu einem Sonderpreis erhielten. Wenn Nachbarn nun so etwas brauchten, kamen sie zu meiner Mutter und kauften ihr etwas ab. Dadurch erhielt meine Mutter ein Paar Mark Sonderzulage.

Als meine Mutter einmal mit dem Zug nach Husum musste und meine Geschwister auch nicht da waren, kam mir wieder Hauke Hinrichs mit seiner Tafel Schokolade in den Sinn. Ich nahm mir einfach eine Tafel Vollmilchschokolade und aß sie hastig. Danach wurde mir so schlecht, dass ich sie wieder ausspuckte und mir zeit meines Lebens schon schlecht wurde, wenn ich nur Vollmilchschokolade sah. Als meine Mutter wiederkam, war mir noch immer so schlecht und ich erzählte ihr diese kriminelle Geschichte. Sie amüsierte sich darüber. Dabei wusste sie noch gar nicht, wie viel Schokolade sie dadurch noch sparen sollte. Nur die ganz bitteren Schokoladen mit 75 bis 80 Prozent Kakaoanteil kriege ich heute manchmal herunter.

Bis heute würde ich wahrscheinlich nicht wissen, dass man auch im tiefsten Schlaf husten kann. Ich hatte mich sehr erkältet und hustete den ganzen Tag. Mein Vater, mein Bruder und ich schliefen in einem gemeinsamen Zimmer, als ich abends, trotz des Hustens, endlich eingeschlafen war, und ich muss tief geschlafen haben, wurde ich langsam dadurch wach, dass jemand auf mich einprügelte. Mein Vater schrie beim Prügeln laut: „Bengel, hör auf mit der Husterei!“ Ich hatte also im Schlaf noch weitergehustet, und das musste natürlich gehörig bestraft werden.

Meine Tracht Prügel bekam ich täglich und auch meine Schwester hatte, wie schon erzählt, schlechte Karten bei meinem Vater. Einmal hatte sie sogar den Mut, sich gegen ihn aufzulehnen. Sie war sechzehn, als mein Vater immer wieder in ihr Zimmer stürmte und sie aus dem Bett reißen wollte, sie sollte wohl ganz früh irgendwas im Hause tun. Als er schon wieder brüllend in ihr Zimmer drang, nahm sie eine große Niveadose und warf sie dem Scheusal an den Kopf.

Er fiel aus allen Wolken, das war schließlich Offiziersbeleidigung, und warf sie einfach aus dem Haus, was er natürlich nicht durfte. Sie wurde dann fürs Mithelfen in einem befreundeten Kinderheim aufgenommen und hatte bis zum Ende der Schule dort eine schöne Zeit. Wie habe ich sie beneidet!

Meine Mutter besaß in unserem Haus überhaupt keine Macht. Das Einzige, was sie tat, war meckern.

Im Übrigen kann ich mich nicht daran entsinnen, dass meine Eltern je ein freundliches Wort miteinander gesprochen hätten. Wenn sie ihn bei Tisch einmal fragte, wie es ihm schmecke, antwortete er unwirsch: „Wenn es mir nicht schmecken würde, hätt ich’s doch schon längst gesagt.“

Von unserem Haus zum Wasser waren es ungefähr zwei Kilometer, das kam natürlich auf Ebbe und Flut an. Im

Sommer setzte ich mich aufs Fahrrad und fuhr ans Wasser, um zu baden. Vom weißen Strand ging eine Holzbrücke in das Wasser hinein. Von dieser sprang ich bei Hochflut immer kopfüber ins Wasser.

Eines Tages war stärkerer Ostwind, was ich nicht bedachte, denn bei Ostwind ist das Wasser ja viel flacher. Ich stieß mit dem Kopf hart auf und überschlug mich unter Wasser, wobei ich mit dem Hintern auf den Grund prallte. Das tat sehr weh, und ich krabbelte langsam wieder an Land. Ich wollte mit dem Fahrrad nach Hause fahren, das ging aber nicht. Denn wenn ich mich auf den Sattel setzen wollte, kam ein so stechender Schmerz auf, dass ich das Rad nach Hause schieben musste. Zu Hause wollte ich mich hinsetzen, aber der Schmerz war sofort wieder da. Abends wollte ich mich ins Bett legen, doch es schmerzte auch dann wieder so stark, dass an Schlaf überhaupt nicht zu denken war. Die einzige erträgliche Stellung war, auf Knien und Ellenbogen zu hocken. Am nächsten Tag marschierte ich natürlich zum Arzt. Der sagte: „Hosen runter!“ Er schaute sich, so weit es ging, den Schaden an und sagte: „Zu sehen ist da nichts. Junge, du musst dir das Steißbein gebrochen haben. Daran kann ich nichts machen. Geh wieder nach Hause und warte, bis der Schmerz aufhört. Eigentlich müsstest du jetzt tot sein, ein Glück, dass du dir bei deinem Sprung nicht das Genick gebrochen hast.“ Nach sechs Wochen hörte der Schmerz langsam auf.

Unser neues Haus hatte Keller und Dachboden, was sehr wichtig für mich war, denn da konnte ich mich oft vor meinem Vater verstecken und Dinge tun, die streng verboten waren, z. B. Gedichte von Erich Kästner lesen. Ich las als 14-Jähriger außerdem Ringelnatz und Tucholsky, aber keiner begeisterte und beeinflusste mich so wie Erich Kästner. Kästner, bin ich fest der Meinung, hätte ganz sicher den Nobelpreis für Literatur verdient, mehr als die anderern deutschen Schriftsteller, die ihn bekamen. Vielleicht hat es ihm international sehr geschadet, dass er während der Nazizeit in Deutschland blieb, die Zeit, die er nur mit viel Glück überlebte. Die Beeinflussung von Kästner, so bilde ich mir ein, kann man aus meinen ersten Texten deutlich ablesen.

Mein Bruder hatte sich unter Anleitung seines Freundes Hans Jürgen König, ein sehr humorvoller, intelligenter und musikalischer Junge, einen Schallplattenspieler gebaut, und brachte eine Platte von dem berühmten Louis-Armstrong-Konzert in Boston, 1947, mit. Ich hörte zum ersten Mal die Musik, die man Jazz nennt, und war total hingerissen. Nicht nur von dem, was Louis Armstrong spielte und sang, sondern noch mehr von einem weißen, deutschstämmigen Sänger und Posaunisten, der Jack Teagarden hieß. Genau das wollte ich auch machen; nur durfte mein Vater natürlich nichts von diesem Wunsch wissen und ich konnte das auch lange vor ihm verheimlichen. Erst als er 1956 eine Anstellung in Flensburg bekam, konnte ich mir auf Raten eine Posaune kaufen.

Meine Eltern hatten damals die beiden besten Zimmer unseres Hauses an ein altes Offiziers-Ehepaar vermietet. Als mein Vater nun endlich Arbeit hatte, wollten meine Eltern diese Zimmer doch wieder gern selbst benutzen und kündigten den Alten, die aber vorerst nicht gingen. Ihr Enkel, Sohn eines Nazi-Lehrers, der sich mit meinem Vater sehr gut verstand, zog als Erwachsener nach Flensburg und soll dort später erzählt haben, dass ich meine Karriere nur seinen Großeltern zu verdanken habe, mir also die Posaune nur gekauft hätte, um seine Großeltern aus dem Haus zu tuten.

Der Mann scheint keine Ahnung zu haben, wie teuer so ein Instrument damals war; wie dämlich können Menschen sein!

Anfang Februar 1957 stand ich zum ersten Mal beim Faschingsfest des Gymnasiums auf der Bühne; ich bekam 15 DM dafür. Die Töne, die ich aus der Posaune quälte, können sich eigentlich nicht richtig wie Posaunentöne angehört haben, aber nie wieder war ein Konzert für mich so aufregend. Das Publikum war hellauf begeistert, denn auch bei den anderen Schülern wurde Jazz allmählich modern.

Inzwischen hatten wir ab der fünften Klasse auch das Fach Englisch bekommen.

Eines Tages sollten wir eine englische Nacherzählung schreiben. Wir saßen in der Klasse mit rauchenden Köpfen, als einer, der ganz gewiss nicht als das Fremdsprachengenie galt, seine Arbeit dem Lehrer aufs Pult legte und verschwand. Für die Nacherzählung hatten wir vier Stunden Zeit. Er aber gab nach zwanzig Minuten ab. Der Lehrer nahm dessen Arbeit, ging an die Tafel und sagte: „Seht mal, das hat er quer über die Seiten geschrieben", und er schrieb an die Tafel: I WITE NOT.

Sehr oft kam ich zu spät zur Schule. Natürlich ging jedes Mal das Geschimpfe los, und ich musste Strafarbeiten schreiben. Bis ich mir eines Tages sagte: „Das ist doch nicht nötig, du kommst jetzt einfach nicht mehr zu spät!" Und ich kriegte das tatsächlich hin. Damals wurde in die Zeugnisse noch eingetragen, wie oft man im letzten halben Jahr zu spät gekommen war. Als es das nächste Mal Zeugnisse gab, stand bei mir, dass ich fünfmal zu spät gekommen sei. Ich ging zu unserem Klassenlehrer und machte darauf aufmerksam, dass diese Zahl doch ganz gewiss nicht stimmen könne. „Damit bist du doch noch gut weggekommen, Kiesewetter." Der Lehrer griff zum Klassenbuch und fing an zu blättern, nur wenn nichts zum Zählen da ist, kommt man auch zu keinem Ergebnis. Er war vollkommen baff. Ich bin wirklich in meinem Leben nie mehr zu spät gekommen. Es sei denn, ich hatte daran nicht die geringste Schuld.

Dieser Lehrer kam aber selbst oft zu spät. Rauschte an mir vorbei und stank nach einem penetranten Herrenparfum. Das legte er reichlich an, damit man seine Fahne nicht roch. Er war ein schwerer Trinker, der nicht nur seine Schüler, sondern auch, wie ich später erfuhr, seine Frau verprügelte.

Man kann mir wirklich nicht nachsagen, dass ich ein strebsamer Schüler gewesen sei. Auch während des Unterrichts träumte ich lieber, als zuzuhören. Ich saß meine ganze Schulzeit in der ersten Reihe, weil die Lehrer glaubten, dass ich dann sehen könnte, was an der Tafel steht. Aber keine Chance, ich hätte aufstehen müssen und mich an die Tafel stellen. Das aber war mir zu peinlich, besonders vor den Mädchen. Wer ein Gebrechen hat, ist immer der Doofe.

Außerdem war ich stinkefaul. Einen gibt es aber immer, der dich noch übertrifft. Ich hatte nicht einmal hier die Spitzenstellung erreicht. Dieser Junge war nicht nur faul, er war auch noch blöd. Sein Vater hatte eine große Möbelfirma.

Eines Tages schrieb dieser Junge eine Zwei im Diktat; wie ungewöhnlich! So fing ich an, ihn auszufragen, wie er zu dieser Zensur gekommen sei. Er war so blöd, mir gleich zu sagen, dass unser Klassenlehrer doch schon seit Wochen alle Klassenarbeiten, die anstanden, lange vorher mit ihm übte. Nun ging ich aus einem vorgeschobenen Grund in die Wohnung unseres Lehrers, die war total neu möbliert. Komisch. Damit zum Direktor zu gehen, hätte ich natürlich nie gewagt, es waren eben ganz andere Zeiten.

In einer Zeitung sah ich ein Bild von dem Saxophonisten Gerry Mulligan und dem Trompeter Chet Baker. Zu der Zeit trugen alle Herren die Haare straff zurück mit viel Pomade darin. Ich inzwischen auch. Die beiden modernen Jazzer aber hatten sich ihre Haare auf einen bis anderthalb Zentimeter kürzen lassen. Ich fand, das sah gut aus, ging zu unserem Friseur und sagte ihm, dass ich das auch so haben wolle. Dieser gab den Auftrag an seinen Gesellen, den wir Putzer nannten, weiter. Putzer weigerte sich, mir die Haare so zu schneiden, mit der Erklärung, das könne man gar nicht. Ich erzählte ihm von dem Foto, worauf er sagte, dass ich ihm dieses bringen müsse. Erst da war er zu dieser Schandtat bereit.

Nachdem ich mit dieser Frisur den Friseurladen verließ und nach Hause ging, rannten die Kinder und Jugendlichen grölend und kreischend mit dem Finger auf mich zeigend durch das Dorf, die zwei Kilometer bis zu mir nach Hause, hinter mir her.

Als ich damit in die Schule kam, drohte der Lehrer mir, dass man mich der Schule verweisen würde, wenn ich mir nicht *sofort* die Haare wieder wachsen ließe. Eine sehr tolerante Zeit.

Der Chef des größten Kolonialwarenladens in St. Peter Dorf erzählte einmal in meinem Beisein einer Kundin, dass er schon 20 Jahre Musik studiere, denn er spiele schon so lange in der Dorffeuerwehrkapelle und könne dadurch Noten lesen. Das erzählte ich meinem Bruder, und schon hatte dieser uns bei der Feuerwehrkapelle angemeldet. Er spielte Trompete und meinte, Noten lesen zu können sei doch nicht schlecht. Ich wusste nicht, dass er dabei einen Hintergedanken hatte. Nach dem Üben auf der Bühne des Saales vom *Olsdorfer Krug* blieben wir immer bis zum Schluss.

Wenn alle Kapellenmitglieder schon draußen waren, ging mein Bruder an die Hintertür und öffnete den Haken, der die Tür zuhielt. Wir verließen vorne das Lokal und holten hinten die große Trommel heraus. So konnte unser Schlagzeuger eine Woche lang die große Trommel als Basedrum benutzen. Am Tag vor dem Feuerwehrüben brachten wir die große Trommel wieder zurück. Das ging so lange gut, bis die Eltern von Tante Liesel 60-jährigen Hochzeitstag hatten. Selbstverständlich wollte die Feuerwehrkapelle zu diesem hohen Fest ein Ständchen bringen. Ohne die große Trommel waren die Jungs total hilflos. Und so schlug einer mit dem Klöppel auf einen großen Pappkarton, damit die Musikanten den Rhythmus hörten.

Unsere Feuerwehrkarriere war damit spontan beendet. Trotzdem wollte ich ja weiter Noten lernen. So wurde ich Mitglied des St. Peteraner Männergesangsvereins, der gegenüber im Kirchspielkrug sang. Die Mitglieder, fast ausschließlich ältere Herren, waren sehr kumpelhaft zu mir, dem 16-Jährigen. Auch unser Polizist, Mallorni (von uns „Spioni" genannt), gehörte dazu. Wenn ich damals auf dem Fußweg Fahrrad gefahren war und Mallorni das sah, hatte er mir sofort zwei Mark Strafe abgeknöpft. So streng waren damals die Bräuche. Von nun an ließ der Wachtmeister mich fahren und drohte höchstens mal mit dem Zeigefinger. Beziehungen sind ja nur schlecht, wenn man keine hat.

Da mein Vorbild Jack Teagarden außer die Posaune zu spielen auch sang, und das in einer unheimlich lässigen Art, musste ich natürlich auch singen. Nur Singen ohne Begleitung macht keinen Spaß. Wie kam man also am billigsten zu einer instrumentalen Begleitung? Ein etwas älterer Mitschüler hatte eine Ukulele, auf der er rumgurkte, ohne sie richtig stimmen zu können. Ich borgte sie mir ab und zu und kriegte auf irgendeine Weise heraus, wie man sie stimmen muss. Er wollte sie aber nach einiger Zeit wiederhaben. Also trampte ich nach Husum, um mir dort eine Ukulele zu kaufen. Die billige kostete zehn Mark, die teure zwanzig. Ich kaufte natürlich die billige, mit dem fernen Ziel, mir auch eines Tages die teure leisten zu können.

Ein Jahr später besaß dann meine Schwester eine Gitarre für achtzig Mark. Darauf brachte ich mir das Gitarrenspiel selbst bei. Manche Gitarristen schlagen noch heute die Hände über dem Kopf zusammen, wenn sie sehen, wie ich manche Akkorde greife. So einen Fingersatz haben sie noch nie gesehen.

Im Kirchspielkrug hörte ich auch zum ersten Mal Jazz live. Es war großartig eine „US-Negerkapelle“ angekündigt. Da musste ich natürlich hin. Vor der Kapelle stand ein Schwarzer mit der Trompete in der Hand und kündigte, mit Armstrong-Stimme, die Stücke an, die sie spielen wollten. Er hieß Peter Joachim und wurde später in Deutschland als Billy Mo bekannt (*Ich kauf mir lieber einen Tirolerhut*). Der Tenor-Saxophonist hieß Sammy Walker und der Pianist Dennis Busby. Mit den dreien sollte ich später noch oft zu tun haben.

Als 15-Jähriger hatte ich schon meine erste eigene Dixieland-Band gegründet. Die Real- wie die Oberschule in St. Peter hatten fast ausschließlich auswärtige Schüler. Manche kamen sogar aus Mexiko, aus Australien und aus dem Iran. In meiner Dixieland-Band kamen die Mitglieder auch von Gott weiß woher, nur der Trompeter kam aus

Garding. Weil ich den Posaunisten Kid Ory mit seiner Band gern hörte, wurde ich bald Kid genannt. Wegen meines Nachnamens hieß ich schon lange Kiets, also setzte ich die Namen zusammen und nannte diese absolute Spitzenkapelle *Kid Kiets and his Dixieland-Babies.* Wir selbst nannten uns aber untereinander *Karl Pelle und seine Kapelle.* Diese Band gefiel meinem Klassenlehrer wiederum nicht. Nicht etwa wie wir spielten, diese Kritik wäre ja durchaus berechtigt gewesen. Es gefiel ihm nicht, dass die Band überhaupt existierte.

„Wenn Sie noch einmal einen der Schüler dazu kriegen, bei Ihnen mitzuspielen, werden Sie hier rausgeschmissen." Ich erklärte ihm lang und breit, dass man nicht ein Instrument spielen könne, indem man es einfach in die Hand nähme, man müsste es schon längere Zeit erlernen. Außerdem wollten so viele bei mir mitspielen, und ich würde niemanden darum bitten.

Klarinette spielte ein Junge, dessen Vater einer der Großen von St. Pauli war; der Junge hieß Horst Mehrer. Wenn man damals von der Reeperbahn die Große Freiheit runtersah, stand groß über der Straße: *Mehrer.* Das Lokal hatte die Nummer sieben. Dass man nach dem berühmten Film *Große Freiheit Nummer sieben* auch das Lokal so nennen könne, merkten die Besitzer erst viel zu spät.

Im Frühjahr 1957 spielte ich schon mit der Kapelle meines Bruders zum Abiturball im Olsdorfer Krug auf. Danach, zu Pfingsten, im Kurhaus. Es gab 50 Mark, schon fast die Hälfte des Preises meiner Posaune.

Wir „Musiker" mussten nach Beendigung des Balles das Kurhaus durch den Keller verlassen. Es regnete gar schrecklich und es war entsprechend dunkel. Als wir durch die Kellertür ins Freie traten, rutschte unser Schlagzeuger, er spielte das Instrument an dem Abend zum ersten Mal, mit dem rechten Bein in einen Gulli und seine Hose wurde ihm bis übers Knie nass. Er klagte mehrere Mal laut: „Mein schöner neuer Treviraanzug!"

Trevira hatte ich noch nie gehört, aber das Wort beeindruckte mich zutiefst. Als ich ein paar Jahre später nach

Hamburg zog, war mein erster Weg zu C&A, und auch ich hatte einen so tollen Treviraanzug.

Eines Tages, mein Bruder war inzwischen zur Bundeswehr eingezogen, hielt ein DKW vor unserem Haus. Daraus stieg ein Husumer namens Karl Friedrich Hagemann, genannt Fiete. Fiete war Drogerieangestellter, Schädlingsbekämpfer, Häusermakler, Antiquitätenhändler, Schrotthändler und Bandleader einer Amateur-Tanzkapelle, also ein echter Tausendsassa. Er erkundigte sich nach meinem Bruder, denn dieser sollte in Fietes Tanzkapelle, genannt *Die Pinguine,* den Melodie-Part übernehmen. Ich musste ihn wegen der Abwesenheit meines Bruders enttäuschen und fragte ihn, warum er mich denn nicht nähme, worauf er mich fragte, was ich denn spiele. Darauf sagte ich: „Posaune und Gitarre, ich singe auch." „Der Sänger in unserer Band", sagte er, „bin ich. Und eine Posaune kann ja gar nicht richtig Melodie spielen." „Ich doch!", sagte ich. Aber das ließ er nicht gelten. Also fuhr er nach Flensburg zur Bundeswehr und engagierte meinen Bruder für die Sonnabendsmucken. Mucken wurde damals das Musikmachen überhaupt genannt. Langsam verschwand das aus dem Sprachgebrauch der Jazz- und Tanzmusiker und wurde durch das amerikanische Wort „Gig" ersetzt, bis es sich nach der Wiedervereinigung aus dem Osten wieder in ganz Deutschland durchsetzte. Mein Bruder spielte also so lange mit ihm, bis er ins Manöver musste und er mich als Ersatz vorschlug. Die Mucke war in Garding, direkt neben unserem jetzigen Haus. Es war der Saal, in dem ich schon meine schauspielerischen Fähigkeiten unter Beweis gestellt hatte. Die Musiker von Fiete Hagemanns Band waren sehr erstaunt, dass ich auf der Posaune richtige Melodien spielen konnte. Und so durfte ich also auch Gitarre spielen und singen.

Allmählich spielte mein Bruder immer weniger für *Die Pinguine* und ich nahm seinen Platz ein.

Im Jahre 1958 musste ich mich, wenn ich am Sonnabend um 12 Uhr aus der Schule kam, immer sehr sputen; so schnell wie möglich mit dem Fahrrad nach Hause, meine Posaune unter den Arm, die Posaunendämpfer in eine Einkaufstüte und in die andere Hand die Gitarre, für die ich keinen Koffer besaß. Damit los zum Bahnhof, für den Weg brauchte ich ungefähr zehn Minuten. Die Fahrt mit dem Zug nach Husum (50 Kilometer) – damals noch mit einer richtigen Dampflokomotive – dauerte über zwei Stunden, denn in Tönning, einem Sackbahnhof, wurde ca. 40 Minuten umrangiert.

Wenn ich dann um ca. drei Uhr nachmittags in Husum ankam, ging ich zu unserem Bandleader und Gitarristen. Er wohnte in zwei winzigen Dachkammern oberhalb der beliebten Kneipe „Zum goldenen Schlüssel".

Dort angekommen, brachten wir seine und meine Sachen runter ins Auto. Er spielte Gitarre oder, besser gesagt, hielt sie sehr geschickt fest. Er wollte absolut modern sein und besaß deswegen eine Gitarre mit Tonabnehmer, einen Verstärker aber besaß er nicht. Er verstärkte die Gitarre über sein Radio, das er zu den Mucken mitnahm. Also konnte seine damalige Freundin, mit der er in den beiden Dachkammern zusammen hauste, sonnabends nicht Radio hören und einen Fernseher hatten sie ja sowieso nicht, also erlebte sie diese Abende sehr trist. Er besaß aber außerdem eine sogenannte Gesangsanlage, die klang ungefähr halb so gut wie die Lautsprecheranlage auf dem Husumer Bahnhof.

Wir fuhren dann eine bis anderthalb Stunden zu dem Auftrittsort, bauten auf, bis es dann um acht Uhr losging. Geübt wurde nie. Alle zwei Stunden eine Viertelstunde Pause, eine Runde vom Wirt umsonst, und dann weiter bis morgens um vier.

Zu der Zeit gab das Publikum noch viele Runden aus, und wenn wir aufhörten, hatten wir schon ganz schön einen im Tee. Trotzdem tranken wir bestimmt noch eine Stunde auf unsere Kosten in dem Tanzlokal weiter.

Obwohl meine Art von Musik (Blues- und Jazzstandards) bei uns auf dem Lande sehr unpopulär war, kämpfte ich mit Fiete den ganzen Abend darum, mal so ein Stück einstreuen zu dürfen.

1958 war der Schlager *Marina* sehr populär und unser „Bandleader“, er war das nur, weil er so gut die Mucken aufreißen konnte, hatte dann dieses Stück zu singen, denn ich weigerte mich, das zu tun. Mir war das zu schlicht. Im Prinzip nur zwei Harmonien, nichts daran jazzte und der Text war auch nicht ausgesprochen intellektuell. Also kurz: Ich mochte diese Nummer einfach nicht.

Wenn wir dann um fünf Uhr anfingen, unsere Instrumente einzupacken und danach nach Husum zurückfuhren, hatte nicht nur ich, sondern auch der Fahrer viel zu viel Promille im Blut. Aber damals schliefen die Polizisten nachts und wir sind nicht einmal angehalten worden. Nach zehn Uhr durfte niemand, der unter achtzehn war, außer Haus sein. Ab und zu wurde das in den Lokalen, in denen ich spielte, überprüft. Aber nur, weil der Polizist wusste, dass der Wirt ihm einen ausgab, so denke ich. Ich war erst 16 und da ich auf der Bühne saß, wurde ich nicht überprüft.

Um sieben Uhr morgens kamen wir wieder in Husum an. Ich trug noch die Instrumente und das Radio mit auf den Boden und nach einem schleppenden Abschiedsgespräch zog ich von dannen, Richtung Bahnhof.

Der Zug nach St. Peter fuhr am Sonntagmorgen frühestens um neun, sodass ich um elf, halb zwölf wieder zu Hause war.

Für die acht Stunden Spielen in der Nacht und die fast 24 Stunden Unterwegssein bekam ich 30 Mark, was ich damals für ein tolles Geld hielt und was mir die uneingeschränkte Bewunderung meiner Mitschüler einbrachte.

Am Bahnhof musste ich ungefähr zwei Stunden warten. Es war 1958 im Mai und es schien morgens schon die Sonne. Also setzte ich mich auf die Bank, die gegenüber des Husumer Bahnhofs stand, und ließ mich wärmen.

Auf einmal drang mir ein kehliger Gesang ins Ohr, ein schwankender Mann bewegte sich in Richtung Stadt. Es war sehr verwunderlich, dass er überhaupt vorwärtskam, denn nach zwei Schritten vorwärts machte er drei zurück. Sein Kopf hing nach unten, sodass ich annahm, dass der Kelch an mir vorüberginge und ich nicht in sein Blickfeld geraten könne. Aber weit gefehlt. Auf einmal sah er meine Gitarre und lallte laut: „Musik ist was Schönes“, trat näher auf mich zu und sagte: „Marina, sing sofort mal Marina.“ Ich sagte nur: „Junge, geh doch nach Hause, da wartet die Mutti; lass mich in Ruhe.“ Er aber hörte nicht auf: „Marina, einmal Marina.“ Als ich nicht weichzukriegen war, grub er in seinen Hosentaschen, hatte plötzlich ein Fünfmarkstück in der Hand und sagte: „Einmal Marina.“ Nachdem ich mich vergewissert hatte, dass uns keiner beobachtete, steckte ich mir schnell die fünf Mark in die Tasche, griff zur Gitarre und sang: „Bei Tag und Nacht denk ich an dich, Marina.“ Ich hatte das Lied noch nie gesungen, aber es war wie gesagt so einfach, dass ich es, so oft, wie ich es schon gehört hatte, natürlich konnte.

So schnell hatte er wohl *Marina* noch nie gehört, die Gitarre lag wieder auf der Bank und ich sagte: „Junge, geh nach Hause, Mutti wartet“. Er war aber nicht zu bremsen: „Musik ist was Schönes“, sage er, „einmal noch Marina“. Eigentlich wollte ich nicht mehr, aber plötzlich hatte er wieder ein Fünfmarkstück in der Hand und ich sang. Das Ganze wiederholte sich noch einmal, und als er das vierte Mal *Marina* hören wollte, fehlten ihm die Fünfmarkstücke. Jetzt wurde ich fast grob, er solle doch endlich nach Hause gehen und mich in Ruhe lassen. Er aber bat und suchte weiter. Auf einmal hatte er einen Zwanzigmarkschein und fragte: „Kannst du wechseln?“

Ich habe die zwanzig Mark noch abgesungen und hatte für sieben Mal *Marina* mehr bekommen als für die ganze Nacht Musikmachen. Im Zug nach Hause dachte ich noch lange darüber nach und glaubte, dass ich mich ja eigentlich schämen müsse, aber dann befreite ich mich von den gedanklichen Qualen und sagte mir, man muss auch einfach mal ganz kommerziell sein können.

Mit unserer Amateurtanzkapelle hatten wir eine Mucke in Tönning, dreiundzwanzig Kilometer von St. Peter entfernt. Einer der „Musiker“ sagte, wir sollten doch früher fahren, damit er uns vorher noch etwas Gutes in Tönning zeigen könne.

Wir bauten unsere Instrumente auf und dann gingen wir zum Friedhof, heute weiß ich nicht mehr, wo der war, aber der Grabstein, den er uns zeigte, ist mir ein Leben lang im Gedächtnis geblieben. Da stand nämlich:

Hier liegt unsre *Rosa Hose.*

Heute nennt man einen Mann, der durch den Unterhaltungsabend führt, einen Moderator. Dieses Wort kannte man damals gar nicht, man nannte ihn damals in Urdeutsch Conferencier. So einer war ein junger Mann in meinem Alter. Er hieß Horst Jüssen, wohnte in Husum und machte bei unseren Sonnabendsmucken ab und zu diesen Conferencier. Später war er Mitglied der Münchener Lach- und Schießgesellschaft und spielte bei der berühmten Fernsehserie Klimbim mit. Die ganze Zeit war ich noch mit ihm befreundet, bis ich unter etwas Alkohol zugab, dass der Humor von Klimbim überhaupt nicht meiner sei. Das sei für mich nur billige Klamotte. Da wir Menschen ja alle eitel sind, der eine nur mehr und der andere weniger, nahm er mir das sehr übel und unsere Freundschaft war plötzlich beendet.

Der römische Geschichtsschreiber Tacitus schrieb über Friesland: „Frisia non cantat", was heißen soll, die Friesen sängen nicht und hätten somit keine Kultur. Dass die Friesen nicht singen, stimmt aber gewiss nicht. Je weiter im Norden wir unsere Mucken hatten, wo man mehr Friesisch als Plattdeutsch sprach, desto mehr freuten wir uns. Die Friesisch Sprechenden machten ihre eigene Unterhaltung. Sobald wir ein Stück zu Ende gespielt hatten, fingen sie an, ihre friesischen Lieder zu singen. Und wir konnten uns mehr um unsere Getränke kümmern. Ihre friesischen wie auch plattdeutschen Lieder gehörten gewiss nicht zum hoch stehenden deutschen Liedgut. Nicht eine Melodie weiß ich heute noch, denn je schlichter desto schlechter kann ich es mir merken.

Sie entblödeten sich auch nicht, immer wieder ein Lied auf Hochdeutsch zu singen. Eins, das sich eine ganz rechts gestrickte Dame wohl schon in den 20er-Jahren hat einfallen lassen.

Hier ein paar Zeilen des genialen Machwerks:

Wir sind die Friesenkinder
und haben frohen Mut
Wir leben an den Deichen
wo Ebbe ist und Flut
Wir tragen keinen Bubikopf
das finden wir nicht fein
und nehmen keinen Lippenstift
oh nein, oh nein, oh nein
Goldblondes Haar und treu-blaue Augen
so soll mein Madel sein
in meinem friesischen Heim

Ich garantiere nicht für die Textgenauigkeit und auch vollständig ist dieser Geniewurf nicht. Es wurde von Ort zu Ort unterschiedlich gesungen.

Meine Mitmusikanten spielten dann immer mit, denn die Harmonien, im Höchstfall drei, sind leicht zu hören. Ich aber weigerte mich, denn ich bin gegen dieses Gedankengut sehr allergisch.

Eigentlich war ich damals schon ein Typ, der mit den Leuten, die ihn umgaben, immer seine Späße machen musste, die, wenn ich es heute bedenke, auch manchmal ganz schön gemein sein konnten. Die Straße, an der unser Haus lag, hieß Heideweg und der Name passte wirklich. Denn die Grundstücke waren voller Heidekraut und unter dem Heidekraut war weißer Sand. Es gedieh also gar nichts. Unsere direkten Nachbarn, die ausgesprochen zickig waren, hatten einen Birnenbaum gepflanzt, der natürlich vor sich hinkümmerte. Also versuchten sie es jedes Jahr mit noch mehr Dünger. Und tatsächlich, in dem einen Jahr fing doch eine Birne an dem Baum zu wachsen an. Immer wieder versammelte sich die fünfköpfige Familie abends um den Birnenbaum und bestaunte ihre Birne. Ich konnte ihre Gespräche genau mithören. Als sie eines

Abends beschlossen, die Birne am nächsten Tag zu ernten, schlich ich mich im Dunklen auf ihr Grundstück und stahl die Birne. Das war nicht etwa Mundraub!

Es gab schon viele komische Dinge, die da in St. Peter passierten, oder empfand ich es nur so? Wenn ich z. B. ins Dorf ging, stand am Zaun des übernächsten Hauses oft ein kleiner zweieinhalb- bis dreijähriger Junge, er hieß Wolfgang Discher, er sah seinem Vater sehr ähnlich. Schon von der Frisur her kam er dem sehr nahe, denn er hatte so gut wie keine Haare auf dem Kopf und ein richtig altes Gesicht. Er sah mich und empfing mich nicht etwa wie sonst ein kleines Kind, sondern sagte mit ausgesprochen tiefer Stimme: „Na, Kiesewetter, wo willst du denn jetzt hin?"

Gleich um die Ecke wohnte ein Junge aus dem Rheinland. Er war jetzt in die 5. Klasse gekommen und erzählte mir, dass er jetzt auch Englischunterricht bekommen habe, bei Fräulein Preuß. „Wenn sie morgens zu uns reinkommt, bejrüßt se uns auch schon: Judn Morjen Preuß 'n Jröls." Es dauerte lange, bis ich dahinter kam, dass Fräulein Preuß *Boys and Girls* gesagt haben musste.

Mein Vater ging zum Wasserlassen nicht etwa auf die Toilette, sondern stellte sich meistens bei schönem Wetter dazu in den Garten. Es störte ihn nicht, dass ihn die Nachbarn dabei sehen konnten. Einmal war ich dabei. Sein Altdeutscher Schäferhund sah sich das an, trat animiert auf meinen Vater zu, hob sein Bein und pinkelte dem Alten ans Hosenbein. Ich fiel schreiend vor Lachen in das Heidekraut. So „komisch" konnte mein Vater auch manchmal sein.

Es wurde in der Zeit modern, sich bekloppte Witze zu erzählen. Wir nannten das „kaputt". „Der Witz ist aber kaputt." Von manchen dieser Witze sind die Pointen heute noch als Sprüche übrig geblieben, von denen aber kaum jemand weiß, was sie wirklich bedeuten.

Zwei hier zum Beispiel:

Ein Affe und ein Papagei sitzen auf einem Frachtschiff, und ihnen ist furchtbar langweilig. Da sagt der Papagei zum Affen: „Ich weiß ein tolles Spiel. Wir halten uns jetzt beide die Augen zu und zählen bis zehn." Sie zählen, doch bei zehn fährt das Schiff auf eine Mine und explodiert. Beide finden sich auf einer schwimmenden Planke wieder. Da sagt der Affe: „Scheiß Spiel!"

Ein Mann steht neben einem Fahnenmast. Da kommt ein Junge, klettert am Fahnenmast hoch und bringt ganz oben ein Schild an, klettert wieder herab und verschwindet.

Der Mann versucht zu lesen, was auf dem Schild steht, kann es aber nicht und klettert mühsam zum Schild hinauf. Dort steht: „ Ende der Fahnenstange."

Noch so etwas, was aus den 50ern übrig geblieben ist. Wenn wir damals etwas vollkommen Unsinniges in sehr gestelzter Weise von uns geben wollten, sagten wir: „Nichtsdestoweniger trotz." Ohne das „weniger" ist es heute in den normalen Sprachgebrauch übergegangen. Man hört es im Radio, im Fernsehen und liest es in Zeitungen, und keinem fällt auf, was für ein hanebüchener Stuss das ist.

Da die meisten Schüler in St. Peter gar nicht von dort kamen, sah man sie nach dem Schulabschluss nie wieder. Also konnte man die Dinge, die sie nicht mehr brauchten, günstig kaufen. Ich kaufte mir ein Fahrrad, das nur noch ein Schrotthaufen war, aber die Mark für das Rad konnte ich mir noch leisten. Ich trug damals nur Jeans, die wir Nietenhosen nannten, denn andere Hosen waren ja zu teuer. Diese Hosen waren nach einiger Zeit dann total zerschlissen. So fuhr ich eines Tages auf meinem „neuen" Rad durchs Dorf. Natürlich hatte das Rad kein Kettenschutzblech, so verfing sich das rechte Hosenbein der Jeans in der Kette. Die Jeans riss unter dem Gürtel ab, und zwar ganz rundherum. Ich stand also nur im Gürtel da und die Jeans lag unten. Es war schwierig, so nach Hause zu kommen.

Meine Tante Else war furchtbar reich, kam aber trotzdem manchmal nach St. Peter, um uns zu besuchen. Ihren jüdischen Mann hatte man, obwohl er Ritterkreuzträger im Ersten Weltkrieg war, im Zweiten Weltkrieg in Auschwitz umgebracht. Sie hatte so viel Wiedergutmachung bekommen, dass sie gar nicht wusste, wohin mit dem Geld. Sie war sehr christlich fromm, aber vom Abgeben hielt sie nichts. Sie schimpfte ständig über meine furchtbaren Hosen, den Ausdruck Jeans kannte sie ja nicht. Wenn ich ihr dann vorschlug, mir eine andere Hose zu kaufen, war das Thema durch.

Tante Else bot uns drei Kindern an, uns jedem fünftausend Mark zu geben, wenn wir ihr jeder einen Brief schrieben, in dem wir ihr Gottes Segen wünschten (also einen Fensterplatz im Himmel). Meine Geschwister schrieben ihr solch einen Brief, ich aber lehnte es ab, mich kaufen zu lassen. Dabei waren fünftausend Mark ein Heidengeld.

Der Stiefsohn des Kaufmannes Kumm hieß Herward Jokel, genannt Hedde. Er war ein ausgesprochener Luftikus und hatte viel Mist im Kopf. Ich mochte ihn aber, wohl auch wegen seines Musikgeschmacks. Er liebte Rhythm and Blues, was damals noch viel jazziger war als heute. Er brachte aus dem Laden seines Vaters ab und zu Rum und Rotwein mit, woraus wir uns „Eisbrecher" machten und damit zuschütteten. Nach so einem Gelage mit ihm gingen wir raus, und ich sagte: „Ich sehe auf einmal lauter Sterne vor mir." Worauf er: „Kein Wunder, du bist umgefallen, liegst auf dem Rücken und guckst in den Himmel."

Eines Abends, spät, kam er zu mir und fragte, ob ich nicht mitmachen wolle. Er hätte schon ein paar Mal das Auto seines Vaters aus der Garage geschoben, vorher hatte er sich den Schlüssel stibitzt und fuhr dann damit durch die Gegend. Diesmal müssten wir das Auto aber sehr weit wegschieben, denn der Alte hätte wohl etwas gemerkt. Wir schoben also das Auto aus der Garage und dann 500 Meter weit weg. Als wir nun losfahren wollten, sprang der Wagen nicht an, und das eine halbe Stunde lang. Wir schoben also den Wagen unverrichteter Dinge wieder zurück. Welch ein Erfolg!

Hedde hatte mehr solcher Dinge auf Lager. Wir wollten einmal per Anhalter nach Hamburg fahren, aber keiner nahm uns mit, worauf Hedde vorschlug, in der Toilette der Kurverwaltung den Präser-Automaten aufzubrechen, das

Geld rauszuholen, um dann mit dem Zug nach Hamburg zu fahren. Mir war das Ganze nicht geheuer, aber er überzeugte mich mit dem Satz: „Das ist doch eine Kleinigkeit!" Wir gingen also die drei Kilometer ins Bad, 500 Meter vor dem Bad war Hedde auf einmal verschwunden. Es war schon abends, und ich stand in jeder Hinsicht im Dunkeln. Nach einiger Zeit war er auf einmal wieder neben mir und hielt stolz ein Beil in der Hand, das er sich kurz aus der Garage des Bürgermeisters „ausgeliehen" hatte. Wir gingen also weiter zum Lokus der Kurverwaltung. „Du schiebst hier draußen Wache, ich knack den Automaten." Das war mir auch viel lieber, ich brauchte ja nur, wenn Leute kämen, eine Melodie zu pfeifen. Hedde verschwand, und dann ging in der Herrentoilette ein Riesenradau los, so ein Krach, dass mir der kalte Angstschweiß auf der Stirn stand. Da kamen auch schon drei alte Leute daher, direkt auf mich zu. Ich pfiff *Seven lonely nights*, was Hedde bei dem Krach, den er machte, natürlich nicht hörte. Die Alten schienen aber sehr stark hörbehindert zu sein, sie gingen ruhig an mir vorbei. Dann kam Hedde raus: „So ein Mist, der ist gerade neu gefüllt."

Heddes bester Freund, von schräg gegenüber, hieß Willi Burmeister. Seine Mutter betrieb das Warmbad von St. Peter Dorf, weshalb sie auch nur „Frau Warmbad" hieß. Willi wurde Esel genannt, weil im Dorf erzählt wurde, dass Willis Vater elf Monate vor Willis Geburt auf Fronturlaub gewesen sei, und seine Mutter also, wie eine Eselin, elf Monate an ihm getragen habe. Ich habe keine Ahnung, ob das stimmte. Die Nordfriesen sind gehässig und haben einen harten Flachs, der oft sehr komisch sein kann. Willi war hellblond, klein und schmächtig, konnte aber den Schlagball über 100 Meter weit werfen, weiter als jeder andere. Ich habe auch sonst keinen erlebt, der so gut mit dem Katapult umgehen konnte. Er holte mit Bleikugeln zehn Meter entfernte Spatzen vom Baum.

Wegen seiner Schmächtigkeit hatte er große Minderwertigkeitskomplexe, färbte sich seine schönen blonden Haare schwarz und versuchte krampfhaft, seine Stimme dunkler zu machen. Da er sehr viele dieser billigen Groschenromane, Krimis und Cowboygeschichten las, sprach er nur noch in diesem Jargon.

Eines Nachts wollte ich noch in dem Kirchspielkrug ein paar Bierchen trinken. Die Laternen waren längst ausgeschaltet. Plötzlich sprangen hinter zwei Bäumen Hedde und Willi hervor, um mich zu erschrecken. Sie waren eigentlich auf dem Weg nach Hause, kehrten aber sofort um, um mich beim Biertrinken zu unterstützen. So gingen wir, eng nebeneinander auf dem Bürgersteig. Ich guckte Willi an, um ihm etwas zu erzählen, und sah auf einmal nur Hedde, Willi war weg. Da kam Willi aus einem Gulli gekrochen, stöhnte aber nicht, denn der Sturz musste ihm doch wehgetan haben. Er stellte sich nur auf und sagte mit seiner tief gestellten Stimme: „Ich denk, der Teufel zieht mich hinab."

Heddes Stiefvater war wirklich ein herzensguter Mensch. Obwohl er in sein Auto eine Wegfahrsperre einbauen musste, weil Hedde ihm schon sehr viel Unannehmlichkeiten gemacht hatte, ließ er Hedde auf seine Kosten, als dieser 18 war, den Führerschein machen. Unter dem festen Versprechen, dass Hedde nie unter Alkoholeinfluss fahren würde, überließ er ihm nachts das Auto.

Eines Abends fuhr Hedde nach Husum und traf dort, so erzählte man mir, einen Jungen aus St. Peter, der ohne Auto dort war. Er versprach Hedde, ihn wieder nach Hause zu fahren und vorher nichts zu trinken. Hedde trank also reichlich, weil der andere ihn ja fahren wollte. Der Bengel soll nicht mal den Führerschein gehabt haben. Er setzte den Wagen an einen Baum. Er überlebte, Hedde aber nicht.

Am Gymnasium hatten wir einen Musiklehrer, der Hans Meinholdt hieß und eigentlich gar kein Lehrer war. Er war studierter Trompeter, der wegen Lungenemphysemen seinen Beruf aufgeben musste. Er hatte mich Posaune spielen gehört und man hatte ihm erzählt, dass ich Musik studieren wollte. So sprach er mich eines Tages an und sagte: „Ich würde an Ihrer Stelle nicht Musik studieren, denn sobald man Berufsmusiker ist, verliert man den Spaß daran. Ich halte Sie aber für so begabt, dass ich Sie gern auf dieses Studium vorbereiten möchte. Ich gebe Ihnen einmal in der Woche Unterricht." Auf meinen Einwand, dass ich so etwas nicht bezahlen könne, sagte er: „Mein Junge, das mache ich umsonst."

Zum Unterricht gehörte natürlich ein Notenbuch, nach dem man lernt und das sich „Posaunenschule" nennt. Bei Meinholdt musste ich natürlich nach der klassischen Posaunenschule lernen. Nach ein paar Stunden sagte ich zu Meinholdt, dass ich lieber nach der Posaunenschule des Hamburger Jazzposaunisten Günther Fuhlisch lernen wolle. Für einen zukünftigen Jazzmusiker sei das besser. Ich bestellte also diese Schule in dem Buchladen im Bad, wo diese nie ankam. Alle paar Tage fuhr ich auf dem Fahrrad die drei Kilometer ins Bad, um nach der Posaunenschule zu fragen, denn wir hatten kein Telefon.

Eines Tages, im März, als ich wieder ins Bad fuhr, schneite es noch einmal. Mir flogen die Schneeflocken ins Gesicht, worauf ich meinen Kopf senkte, um mir die Schneeflocken aus dem Gesicht und aus den Haaren zu schütteln. Wieder hochschauend sah ich ein Auto, ein bis zwei Meter vor mir. Es war das Auto des Pfarrers. Ich knallte da rauf und schlug mit dem Oberkiefer eine Beule in die Fassung der Heckscheibe. Ich brach mir dabei den Oberkiefer und ein Stück meines vorderen Schneidezahns ab. Ich lag dann mit Gehirnerschütterung im Bett, mein Vater stürzte rein, lachte hämisch und konnte gar nicht wieder aufhören zu lachen. Ich bekam also meinen Posaunenunterricht nicht. Eigentlich hätte mir ja eine Strafe gedroht und ich hätte die Schäden an Pfarrers Auto bezahlen müssen, aber nichts geschah. Viel später merkte ich, dass der Pastor im Halteverbot gestanden hatte. Mir also hätte Schadenersatz zugesprochen werden müssen. Aber ein Pfarrer war damals noch eine große Respektsperson. Mir aber wurde, wegen meiner schlechten Augen, das Fahrradfahren verboten, woran ich mich aber jahrelang nicht hielt. Erst nach einem Jahr konnte ich langsam wieder anfangen,

Ansatzübungen zu machen, wurde aber trotzdem auf der Musikhochschule in Lübeck angenommen.

Wenn man alt wird, wird man sentimental. Immer wenn ich in St. Peter bin, kaufe ich einen Strauß Blumen und lege ihn Hans Meinholdt aufs Grab.

Ich hatte mir fest vorgenommen, Musik zu studieren, aber meine Mutter war strikt dagegen. „Musik machen ist doch kein Beruf, so etwas macht man, wenn Freunde zu Besuch kommen, um diese zu amüsieren." Sie dachte sich alles Mögliche aus, was ich werden könne, fand aber nichts. Es gibt Berufe für Sehende und Berufe für Blinde, für die dazwischen gibt es nichts. Sie fuhr sogar mit mir zur Landesberufsberatung nach Kiel. Der Mann dort prüfte mich stundenlang und sagte zu meiner Mutter: „Fahren Sie wieder nach Hause, liebe Frau Kiesewetter; ich mache mich schlau und melde mich dann bei Ihnen." Auf diese Meldung warte ich heute noch. Also war mein Weg zum Musikstudium frei.

Auf dem Weg zur Schule im Frühjahr 1959 war mal wieder Glatteis, was ich zuerst gar nicht merkte. Erst als ich ausrutschte und auf meine rechte Hand fiel, stand mein kleiner Finger schräg ab und tat furchtbar weh. Ich ging zum Arzt, der befestigte den Finger mit Klebeband an einer Schiene. Der Finger ist heute noch etwas schief, und wenn ich ihn bewegen will, schnappt er nach einiger Zeit ruckartig nach vorne. Was für ein Glück habe ich dabei doch gehabt, denn der kleine Finger der rechten Hand ist der einzige, den man beim Gitarrespielen nicht braucht.

Auch den Ellenbogen des linken Armes brach ich mir einmal in St. Peter. Da ich ja die Erfahrung hatte, dass man dabei nicht viel tat, ging ich erst gar nicht zum Arzt, sondern lief wochenlang mit einem geschwollenen, schmerzenden Ellenbogen herum und der abgesplitterte Knochen ist auch nicht sauber wieder angewachsen. Aber was für ein Glück hatte ich, er hat mich später beim Boxen nie gestört.

Den kleinen Zeh des linken Fußes brach ich mir auch mal an einem Stock, der am Strand aus dem Sand ragte. Das schmerzte so sehr, dass ich den Fuß dann doch röntgen ließ. Der Arzt sagte: „Ja, sauber abgebrochen. Aber soll man einen kleinen Zeh in Gips legen?“ Und so humpelte ich damit drei Monate durch die Gegend.

Von Frühling 1959 an studierte ich in Lübeck Posaune, was mich aber nicht vorwärtsbrachte. Die Schuld lag wohl bei mir, denn zum ersten Mal in einer größeren Stadt kümmerte ich mich um alles Mögliche, aber kaum ums Studieren. Mein Drang nach Leben und Erleben war so groß, dass ich davon regiert wurde.

Dort gab es ein Jazz-Lokal, das *Riverboat* hieß. Es war ein altes Schiff, und dadurch sehr romantisch für uns. All mein Vermögen habe ich dort gelassen, aber auch sehr gute Jazz-Musiker kennengelernt, mit denen ich ein Leben lang befreundet sein sollte.

Der Toilettenmann auf dem Boot hieß Franz, ein alter Kaschube, der sich selbst „Europa-Franz“ nannte; da er aber furchtbar nuschelte, verstand man nur „Ropa-Franz“.

Oft spielte auf dem *Riverboat* das Michael Naura Quintett. Wir hießen bei Ropa Franz Hamburkapelle (Hamburger Kapelle), er mochte uns besonders gern, denn wir gaben ihm ab und zu einen aus. Um uns zu schmeicheln, sagte er dann: „Hamburkapelle, besser Michelaura (Michael Naura). Michelaura spielt Heilsarmee“; dann bekam er wieder ein Bier.

Einmal fragte er mich, wie viel ich denn fürs Bier bezahle. „Zwei Mark, Franz“, sagte ich. „Ich nur Finfundräißch Pfänje, jib mal.“ Ich gab ihm 50 Pfennig, machte mein Geschäft und wollte gehen, da kam er mit einer Flasche Bier in der Hand zurück auf den Lokus, drückte mir die Flasche in die Hand und sagte: „Musste aber hier trinken!“ Ich habe sie dann ihm überlassen. Er schien mich so gern zu mögen, dass er mich beim Pinkeln von hinten abbürsten musste, da wurde das Treffen sehr schwierig.

Als ich einmal im Januar ins *Riverboat* kam, erzählte er mir von seiner großen Silvester-Party. Die Chefin, Fräulein

Görges, hatte ihm eine Flasche Sekt geschenkt, die er auf dem nach Hauseweg gleich ganz austrank. „Hinjefalln, aufjestann, hinjefalln, aufjestann, hinjefalln, aufjestann, so jelenkich bin ich noch."

Im Buxtehude Musikstudentenheim wohnte ich mit einem Orgelstudenten zusammen; ein unheimlich hochnäsiger Typ, der von Mädchen nur als von kleinen Mädchen sprach: „Ich habe dort ein kleines Mädchen." Seine Eltern hatten Geld; er lief nur in Schlips und Kragen umher und durfte ab und zu Vaters Mercedes fahren.

Einmal sagte er morgens zu mir, er ginge jetzt ins Café Niederegger frühstücken, ich dicklippig: „Da komme ich mit." Ein ganz normales Frühstück, nur der Preis nicht. Die vier Mark 80, für mich ein Vermögen, werde ich nie vergessen, denn ich bekam nur 100 DM im Monat.

Im Herbst 1959 ging ich nach Hamburg, um dort weiterzustudieren.

In Hamburg wohnte ich in einem Hochbunker an der Budapester Straße, der inzwischen abgerissen ist. Dort fängt St. Pauli (der Kiez) schon an.

In den Semesterferien arbeitete ich am Hafen in einer Kaffeerösterei. Ich musste große, 50 Kilogramm schwere Kübel mit nicht geröstetem Kaffee in 1,50 Meter hohe Trichter schütten. Das hielt ich nicht lange durch. Also durfte ich nachher Pakete stapeln. Bei dieser Arbeit ging ich immer an Frauen vorbei, die die Pakete packten. Da damals in meinem Kopf nur Blues und Jazz war, sang ich den ganzen Tag solche Melodien laut vor mich hin. Nach kurzer Zeit fingen die Frauen an, sich zu beschweren; dieses blöde Gesinge ginge ihnen auf die Nerven. Ich solle sofort damit aufhören, was mir aber kaum gelang.

Jahre später liefen mir ab und zu Frauen von damals über den Weg. Da ich inzwischen ein bekannter Mann war, hatte sich ihre Meinung über meinen Gesang sehr verändert: „Sie haben damals doch immer so schön gesungen, wir konnten gar nicht genug davon bekommen."

Da ich ja nie in der Kirche war, welcher auch immer, stieß es mir doch auf, als ich merkte, dass man mir Kirchensteuer von meinem ach so üppigen Lohn – 1,30 DM in der Stunde – abgezogen hatte.

Ich erkundigte mich nach dem Grund. Ich müsse den Nachweis bringen, dass ich ausgetreten sei, beschied man mir. Das müsse ich mir schriftlich zu Hause in St. Peter holen.

Auf dem Gemeindeamt in St. Peter saß ein Typ, mit dem ich ab und zu abends am großen Tisch ein Bierchen zischte. Nun stand er im Gemeindeamt hinter der Balustrade vor mir. Ich sagte: „Du, schreib mal in meine Steuerkarte, dass ich nicht in der Kirche bin. Hier muss ein Fehler passiert sein." Er antwortete: „Herr Kiesewetter, wenn ich das machen soll, müssen Sie mir die Austrittserklärung von der Kirche bringen." „Aber ich war noch nie drinnen." „Ich muss das trotzdem haben." Ich entrüstet: „Erzähl doch nicht so'n Quatsch! Man kann nicht aus etwas austreten, worin man nie war!" „Ich brauche das trotzdem, Herr Kiesewetter", sagte er. Ich kann fuchsteufelswild werden, wenn jemand versucht, den Horizont meiner Logik zu sprengen. Ich griff nach ihm, zog ihn an mich heran und brüllte ihn an: „Du machst das da jetzt sofort weg!" „Na gut, Knut", sagte er kleinlaut und tat, wie ihm geheißen. Manchen Menschen muss man die Dinge nur richtig erklären.

Bald gab ich den Kaffee-Job auf und ging in die höhere Postlaufbahn. Ich war dann PFARB (Postfacharbeiter) von abends neun Uhr bis morgens um sechs Uhr, 1,83 DM die Stunde, Nachtzuschlag schon drin.

Ich stand an einer Paketrutsche, um mich herum verschiedene Wagen. Auf die musste ich die Pakete laden, gestaffelt nach den großen Zahlen, die man auf die Pakete geschrieben hatte. Manchmal entstand zum nächsten Paketschub eine Viertelstunde bis zwanzig Minuten Pause. Also richtete ich es mir ein, meinen täglichen Toilettengang in die Arbeitspausen zu legen. Ich bin ein langsamer Brüter, aber in den Pausen hatte ich ja genügend Zeit.

Die meisten Postfacharbeiter waren Frauen; sie waren viel fleißiger als Männer und auch ehrgeiziger. Dafür bekamen sie aber weniger bezahlt.

Als ich nun glaubte, dass eine größere Pause entstünde, entschwand ich in die Kabine. Sobald ich verschwunden war, muss schon die nächste Ladung gekommen sein und die Pakete häuften sich, so erzählte man mir nachher. Frauen sprangen für mich ein, meldeten mich aber bei der nächsthöheren Instanz als Drückeberger (in diesem Falle sogar wörtlich zu nehmen).

Um fünf Uhr kam ein höherer Beamter und rief mich zu sich. „Sie sind das also, der hier nicht vernünftig arbeitet! Wann haben Sie hier Schluss?" „Um sechs Uhr", antwortete ich. „Heute gehen Sie erst um sieben!", sagte er mir in Unteroffizierston. Das ärgerte mich natürlich und ich sagte: „Sie scheinen mir nicht richtig zugehört zu haben, ich habe um sechs Uhr Schluss!" Inzwischen scharte sich eine PFARB-Kolonne um uns. „Heute gehen Sie erst um sieben!", schrie er mich an. Ich wunderte mich, wie ruhig ich bei meinen Antworten blieb: „Nein, nein, um sechs, oder wollen Sie dann noch mal kommen und mich festhalten?" Er guckte mich erstaunt an, schaute in die Runde und sah seine Felle wegschwimmen. „Kommen Sie doch mal mit um die Ecke! Was war denn eigentlich los?" „Warum fragen Sie das erst jetzt?", sagte ich. „Ich war nur auf Toilette." „Ach, so war das", sagte er schon sehr viel ruhiger. „Dann gehen Sie natürlich um sechs."

Was für ein Erfolg, endlich hatte ich mich einmal gegen die Obrigkeit aufgelehnt und dabei sogar noch gewonnen.

Die Poststelle, in der ich arbeitete, hieß Hühnerposten und war direkt beim Hauptbahnhof. Nach sechs trollte ich mich in den Bahnhof, in dem eine kleine Bar war; Kaffee, Bier, belegte Brötchen und Bratwurst. „Snack-Bar" stand groß darüber. Ein Snack ist in Plattdeutsch eine Unterhaltung. Wie toll, dachte ich mir. Das ist die Bar, wo man sich aussnacken kann, und ging hinein, um eine Runde zu snacken. Die Bratwurst, die es dort gab, kostete so viel, wie ich in einer Stunde Arbeit bekam. Sie schmeckte aber so gut, dass ich dafür auf eine Stunde Arbeit pfiff. Und ich bilde mir ein, dass es die beste Bratwurst meines Lebens war.

Damals gab es auf St. Pauli, abseits der Reeperbahn, noch diese schönen Kneipen mit den schwarz getretenen Holzfußböden und den Tresen, an denen man stand. Diese Kneipen waren, falls besucht, total verräuchert, und man trank Bier und den billigsten Korn.

Eines Tages war ich nachmittags auf dem Weg nach Hause zu meinem Bunker, als ich an solch einer Kneipe vorbeikam.

Mich überfiel spontan ein brennendes Verlangen nach einem Glas Bier. Scharfe Kurve und jetzt rein in die Kneipe; die war total leer. Ich kannte diese Kneipe nicht, aber sie sah so aus wie all diese Kneipen mit dem Eisenständer in der Mitte.

Ich stand allein mitten in dem sonst leeren Etablissement, nur der Wirt hing hinter dem Tresen und empfing mich mit den Worten: „Na, da bist du ja endlich." „Ja, ja", sagte ich. „Nimmst du einen Weinbrand mit?", fragte er. Weinbrand mochte ich schon damals nicht. Aber meine Haushaltskasse litt mal wieder unter Hohlebbe. Und ich antwortete: „Ja."

Er war schon stark angetrunken und schenkte ein. Nach dem Prost fragte er: „Weißt du eigentlich, warum ich so traurig bin?" Ich: „Nee!" „Er stand da, wo du jetzt stehst. Er guckte mich an und sagte: Nie, nie, nie und nie und das klingt mir jetzt noch in den Ohren. Nimmst du noch einen mit?" „Ja", sagte ich.

Nach dem zweiten Prost fragte er: „Du weißt, warum ich so traurig bin?" Und ich, wahrheitsgemäß: „Nee." „Er stand da, wo du jetzt stehst. Und guckte mich einfach nur so an und sagte: Nie, nie, nie und nie und das klingt mir jetzt noch in den Ohren. Du nimmst doch noch einen?" Wieder stimmte ich zu. Wer kann denn so unhöflich sein und Getränke, zu denen man eingeladen ist, ablehnen? Nach dem fälligen Prost fragte er wieder:„Du weißt, warum ich so traurig bin?" „Nee, nee", sagte ich und jetzt ging die Geschichte schon wieder los, nach dem zehnten

Weinbrand habe ich mich aus seinen Fängen befreit, denn ich war schon ganz schön angeschlagen. Und er war total breit.

Auf dem Weg nach Hause dachte ich darüber nach, was der Nie-Sager wohl gemeint haben könne. Aber noch heute, Jahrzehnte später, kann ich mich an die Geschichte gut entsinnen, komme aber zu keinem Schluss.

In dieser Zeit trampte ich immer mit Posaune und Gitarre zu den Mucken mit Fietes *Pinguinen* in Schleswig-Holstein. Einem Wirt hat unsere Musik immer gut gefallen, dann rief er laut: „Das war gut, Jungs! Fünf Korn für die Kapelle!"

Er hing sehr an der Buddel, was auch seinem Hausarzt unangenehm aufgefallen sein muss. Er gab dem Mann absolutes Alkoholverbot, und der Wirt hielt sich tatsächlich daran und hatte dem Alkohol total abgeschworen. Wenn ihm ein Stück wieder sehr gut gefallen hatte, rief er ab jetzt: „Das war gut, Jungs! Fünf Kotelett für die Kapelle!"

Die dann auch kamen.

An der Musikhochschule war Professor Otto mein Lehrer, genannt „Otto der Unfehlbare". Allein durch seinen Namen entstand reichlich Druck. In Hamburg aber gab es viele Jazz-Bands, bei denen ich ab und zu mitspielen konnte. Wie schon erzählt, bekam man für Tanzmusik 30 Mark den Abend, für Jazz-Musik, bei der ja sehr viel mehr verlangt wird, nur 15. Trotzdem schlug ich mich irgendwie durch.

Ich fuhr also, so oft ich konnte, zu Mucken mit Fiete Hagemanns *Pinguinen*. Fiete Hagemann, ein strammer Kommunist, der aber das Wort Kommunist nie in den Mund nahm, sonst hätte er in Nordfriesland nicht sicher leben können, war trotzdem ein sehr guter Geschäftsmann.

Er hatte sich etwas ganz Tolles ausgedacht. In jeder etwas größeren Stadt Schleswig-Holsteins veranstaltete er einen Sänger-Wettstreit. Die Preise, z. B. Hansen-Rum, Niederegger-Marzipan, holte er sich bei den jeweiligen Firmen als Werbegeschenke ab und machte damit einen ganz schönen Reibach. Die Amateursänger rissen sich darum, bei diesen Veranstaltungen aufzutreten, denn ihnen wurden auch eventuelle Schallplattenaufnahmen versprochen.

Fiete versuchte immer wieder, Leute von der Deutschen Grammophon-Gesellschaft (Polydor) zu überreden, sich die Talente bei seinen Veranstaltungen anzuhören. Ich nahm an diesen Wettbewerben natürlich nicht teil, weil ich bei den anschließenden Tanzabenden spielte und sang. Nicht nur das Geld, das ich dabei verdiente, war mir angenehm, sondern ich amüsierte mich auch köstlich über manche „Originale", die bei diesen Wettbewerben mitmachten. Das Publikum amüsierte sich genauso wie ich.

Nach Eckernförde wurde von der Polydor ein Mitarbeiter namens Petry geschickt. Nach der Veranstaltung saßen wir zusammen und verstanden uns sehr gut, deswegen wurde ich wohl auch später von ihm zum Vorsingen in den Hauptsitz der Deutschen Grammophon in die Alte Rabenstraße, in Hamburg, eingeladen.

Als ich in Jeans, gammeligem Pullover und mit zerkratzter Gitarre erschien, warteten dort noch andere „Probesänger" in feinstem Sonntagsstaat und amüsierten sich köstlich über mich in meinem Outfit. Ich sang dann das schottische Volkslied *Loch Lomond* vor. Neben dem Produzenten Bobby Schmidt saß der damals sehr bekannte Orchesterleiter Horst Wende. In Südamerika, wo er nie war, wurden seine Platten unter dem Pseudonym Roberto Delgado millionenfach verkauft. Horst Wende gefiel mein *Loch Lomond,* und er wollte sofort am Klavier mitspielen. Ich hatte mir aber so schräge Harmonien dazu ausgedacht, dass er abbrechen musste.

Die Veranstaltungen mit Fiete Hagemann fanden natürlich nur am Wochenende statt. Alltags hatte ich frei und versuchte, überall eine Mucke aufzureißen. Wenn in den Jazz-Clubs eine Anlage mit Mikrofon vorhanden war, nahm man mich gern, denn ich konnte ja auch singen, was sich kaum ein Musiker sonst zutraute.

Auf der Großen Freiheit gab es ein großes Tanzlokal, das *Jungmühle* hieß. Für ca. ein Jahr wurde es in *New Or-*

leans umbenannt, weil die Besitzer glaubten, mit Dixieland-Jazz mehr Geld verdienen zu können.

Für den Oktober und November 1960 war dort eine Hamburger Amateurband mit dem Namen *Steam Boat Stumpers* engagiert. Da Amateure ja meist nur am Wochenende spielen können, engagierte mich der Trompeter Otto Spindler, genannt Zotto (Zoten-Otto), für die Wochentage für 10 Mark am Abend.

Als ich vor versammelter Mannschaft sagte, dass ich auch sänge, erhob der Bassist und Tubist Jan Mahler sofort Einspruch: „Der Sänger hier bin ich!" Ich zog zurück, denn die 10 Mark am Tag konnte ich gut gebrauchen.

„Weißt du überhaupt, wer das ist?", tuschelte mir ein Musiker zu.

„Nee."

„Das ist der Sohn von Heidi Kabel."

„Heidi wer?"

„Die berühmte Schauspielerin vom Ohnsorg-Theater und vom Fernsehen."

Ich war noch nie im Ohnsorg-Theater und hatte noch nicht ferngesehen. Mit der Familie Mahler, Heidi Kabel war eine verheiratete Mahler, sollte ich später noch sehr viel zu tun haben.

Die Mucke im *New Orleans* war zu Ende und Zotto verabschiedete sich mit den Worten: „Bis Silvester in der ‚Jazztaverne'." Ich packte Silvester also meine Posaune ein, ging zur Taverne und wollte wie selbstverständlich hineingehen, wurde aber festgehalten, um Eintritt zu zahlen. „Ich spiele hier", sagte ich. „Dafür kriegt man Geld und zahlt keins!" Man wollte mich trotzdem nicht durchlassen. Nun rief ich nach Zotto, der schickte nur jemanden und ließ mir bestellen, der Posaunist sei schon da, ich solle nach Hause gehen. Das wollte ich mir merken.

Dann zog Zotto nach Düsseldorf und ich sah ihn nicht mehr. Jahre später ging ich in der Düsseldorfer Altstadt in ein winziges Jazz-Lokal, in dem ein Quartett spielte. Ich erkannte sofort das Trompetenspiel wieder, es war Zotto.

Nach drei Stücken kam Zotto immer mit einem Hut herum und ließ die Leute ihren Obolus (im Sinne des Wortes) in den Hut werfen. Falls einmal jemand die Musiker so gut fand, dass er ein Fünfmarkstück in den Hut schmiss, drehte Zotto sich zu den Jungs um und rief: „Ein Heiermann!" Worauf die Musiker laut „Ein Heiermann" wiederholten. Ich holte einen 50 Mark Schein heraus und warf ihn in den Hut. Zotto erstarrte und guckte mich erstaunt an, ich sagte süffisant: „Aber Zotto, das bist du mir doch wert." Arroganz kann so gut tun.

Zurück zu Silvester '59:

Ziemlich früh war ich zu der Silvestermucke mit Zotto gegangen, sodass ich, als man mich dort so freundlich abgewiesen hatte, noch einen Akkordeonisten anrufen konnte, um ihm zu sagen, dass ich seine Silvestermucke nun doch noch mitmachen könne.

Der Quetschenspieler hieß Weisde. Das war nicht sein richtiger Name, aber er sagte, wie andere immer nach jedem Satz „Nich", oder „Nä" sagen, „weisde". Ich habe nie gewusst, wie der wirklich hieß.

In einer winzigen Kneipe in der Königstraße in Altona spielten wir nun acht Stunden für 30 Mark. Für Silvester war das sehr wenig, aber wie war das noch: Lieber eine Blinde im Bett, als eine Taube auf dem Dach.

Noch nie hatte ich mit Weisde zusammengespielt, aber wer sollte das schon hören? Er spielte zu den meisten Stücken falsche Harmonien, und ich versuchte ihm krampfhaft zu folgen.

So um ein Uhr kam ein Mann in dunklem Mantel und passendem Hut auf dem Kopf in das Lokal, stand am Tresen und trank etwas. Er wirkte überhaupt nicht glücklich und einsam. Nachdem er sich umgedreht hatte, hörte er uns eine Weile zu, dann trat er an mich heran und sagte mit ruhiger, sanfter Stimme: „Seid ihr mir etwa böse, wenn ich euch jetzt jedem zehn Mark gebe?" „Richtig böse eigentlich nicht", sagte ich und er überreichte uns jedem die zehn Mark schon fast feierlich. Das ist das einzige Mal in meinem Leben, dass ich ein Trinkgeld bekommen habe. Dass man mich um meine Gage betrog und ich gar nichts bekam, passierte dafür aber oft.

Im NDR gab es eine Sendung, die „Abend für junge Hörer“ hieß und sonntagabends live ausgestrahlt wurde.

Manfred Stachow, der mit dem Treviraanzug, spielte inzwischen Posaune, und das furchtbar schlecht, aber er spielte in einer zu seinen musikalischen Fähigkeiten passenden Band.

Eines Tages sollte diese Band beim „Abend für junge Hörer“ spielen. Stachow konnte aber nicht, also bat er mich, für ihn einzuspringen. Das tat ihm sehr leid, denn es gab fünfzig Mark für drei Stücke. Als ich bei den Nachmittagsproben feststellte, wie schlecht die Band war, war mir das unheimlich peinlich, denn außer uns spielte die *Riverside Jazzband*, die einzig richtig gute Dixielandkapelle Hamburgs.

Der Leiter der Sendung ging in den Proben zu der *Riverside Jazzband* und herrschte diese an, dass sie doch besser spielen sollten, die Jungs sollten sich doch an uns ein Beispiel nehmen. Ich war entsetzt. So ein Kerl vom NDR hatte also überhaupt keine Ahnung von Musik. Im Laufe der Jahre musste ich bei Mitarbeitern vieler Rundfunkanstalten dasselbe feststellen.

Wenn ich danach zu Tanzmucken mit Fiete Hagemanns *Pinguinen* trampte, stand auf den Plakaten „mit Knut Kiesewetter, bekannt vom Abend für junge Hörer“.

Wenn man die berühmte Hamburger Große Freiheit runterging, gab es am Ende, gleich links um die Ecke, das „Bambi“-Kino. Ich glaube, es war 1960, als ein Film herauskam, der *Die Jazzbanditen* hieß. Dieser Film war grauenhaft schlecht, aber er hatte einen Vorteil: Jeder Kinobesitzer, der den Film spielte, musste eine Jazzband vor und nach der Filmvorführung spielen lassen.

Der Besitzer des Bambi-Kinos, Koschmieder, spielte diesen Film, und wir durften uns ein bisschen Geld verdienen. Koschmieder war der Erfinder der Kleinstgage, war also sehr geizig und versuchte, jeden über den Tisch zu ziehen. Wir freuten uns trotzdem, ein bisschen Geld in seinem Kino verdienen zu können.

Ich kann mich nicht entsinnen, dass je mehr als fünf alte Leute sich diesen schrecklichen Film ansahen. Wir rissen sie nach der Vorstellung mit unserem Spiel aus dem Schlaf.

Unsere Musik kann nicht toll gewesen sein, denn Koschmieder gefiel sie. Er erzählte mir, dass er auf der Großen Freiheit einen großen ehemaligen Stripteaseladen übernommen habe, in dem er jetzt Rockmusik machen ließ. Dieser Laden namens *Indra* sei meistens leer.

Nun hatte er die Idee, dort eine Rock- und eine Jazzband je eine Stunde abwechselnd spielen zu lassen, weil er glaubte, dann Jazzer wie Rocker in den Laden ziehen zu können. Da er uns dafür engagieren wollte, widersprach ich ihm nicht, doch ich wusste, dass das jeweilige Publikum sich durch die andere Musik eher abschrecken lassen würde. Und so war es auch; Jazzer und Rocker waren sich damals spinnefeind.

So standen wir im total leeren *Indra* auf der Bühne, neben uns eine englische Rockband, und spielten nur für uns. Ab und zu ging die Toilettenfrau im blauen Kittel über die Tanzfläche und hielt sich die Ohren zu. Das kann nicht an der Lautstärke gelegen haben, denn wir spielten ganz ohne Verstärker. Auch die englische Band war kaum verstärkt. Die Jungs hatten pomadig hochgestylte Frisuren mit Entenpopo, trugen graue Anzüge mit speckigem Samtkragen und hochhackige Stiefeletten. Sie waren fünf Mann, so jung wie ich, zum ersten Mal in Hamburg und nannten sich *The Beatles*.

Wie man sich vorstellen kann, war dieses Engagement nicht von Dauer. Aber die Beatles wurden von Koschmieder wieder engagiert für seinen anderen Rock-Laden, der *Kaiserkeller* hieß und der erste richtige Rock-Laden in Hamburg war. Die Rockmusik war damals lange nicht so populär, wie es heute immer behauptet wird, auf der anderen Seite gab es in Hamburg über 40 Jazz-Kneipen, wo live gespielt wurde.

Die Beatles wollten gern in ein neues, größeres Rocklokal namens *Top Ten* wechseln. Koschmieder versuchte, es ihnen zu verbieten, und drohte ihnen Konsequenzen an. Als die Beatles trotzdem gehen wollten, erschien die Polizei und nahm George Harrison fest. Da George noch nicht ganz 18 war, musste er in einer Zelle in der Davidswache übernachten.

Koschmieders Ränkespiel misslang und die Beatles spielten nachher doch im *Top Ten*, und das oft. Mit Peter Eckhorn, dem Besitzer des *Top Ten*, war ich befreundet. Er war ein verrückter Hund und Waffennarr.

Eines Tages besuchte ich Peter, es war am Nachmittag des Heiligen Abends. Da klingelte es an der Tür. Ein Penner stand draußen und bat um etwas zu essen. Man könne ihm doch das am Heiligen Abend nicht verwehren. Peter bekam ein mitleidiges Gesicht, holte ihn herein und setzte ihn auf seine Ledercouch. Dann bestellte er in einem Restaurant gegenüber eine kalte Platte und ließ sie bringen, stellte sie vor den Mann, sagte „Bitteschön, nun iss." Alles in einem sehr freundlichen Ton, doch der Penner hatte plötzlich überhaupt keinen Hunger mehr. Natürlich war er eigentlich gekommen, um Geld für Schnaps zu schnorren. Peter herrschte ihn an: „Nun isst du was!" Der wollte aber nicht. Darauf ging Peter an seinen Waffenschrank, holte eine riesige Wumme raus, setzte sie dem Penner an den Kopf und sagte: „Du isst!" Und der aß. Ab und zu bat er mal flehentlich um ein Glas Wasser, weil ihm doch der Mund so trocken wurde. Erst als er, nach ungefähr einer Stunde, das letzte Stück aufgegessen hatte, wurde er entlassen. Peter drehte sich zu mir und sagte: „Dich habe ich ja ganz vergessen. Soll ich dir auch etwas zu essen bestellen?" Ich hatte aber komischerweise keinen Appetit und lehnte freundlich ab.

Peter Eckhorn war der Erste, der ein Vier-Spur-Studio in sein *Top Ten* einbauen ließ. Darauf nahm Les Humphries seine ersten Stücke auf. Auch ich habe mein erstes, selbst produziertes Album darauf aufgenommen. Bei den Rockaufnahmen, die Peter Eckhorn mit seinen jeweils fest engagierten Musikern einspielte, arrangierte ich den Bläsersatz für den Hintergrund und spielte dabei auch Posaune mit.

In seinem immer gerammelt vollen Laden ließ er mindestens zwei Bands abwechselnd spielen.

Diese Bands hatten bei ihm auch umsonst Logis. Auf dem Dachboden des *Top Ten*, direkt unter den Dachpfannen, standen ca. zehn bis zwölf Eisenbetten in einer Reihe. In den vier ersten schliefen die Beatles, inzwischen ein Mann weniger. Der musikalische Geschäftsführer des *Top Ten*, der Organist Ian Hines, nahm mich eines Tages mit dorthin, um mir etwas Besonderes zu zeigen. John Lennon (das zweite Bett) hatte eines Nachts besoffen zwischen Bett zwei und drei gekotzt. Da dort oben nicht sauber gemacht wurde, trocknete der Haufen langsam ein. Wenn die Beatles vorm Einschlafen im Bett noch rauchten, steckten sie ihre glühenden Kippen einfach in den Haufen, sodass dieser inzwischen aussah wie ein Igel.

Oft war ich zu der Zeit sehr depressiv und zugleich sehr nervös. Dann befiel mich ein unstillbarer Lebenshunger und ich musste irgendetwas erleben. Es zog mich zwar nie dorthin, wo viele Menschen auf einem Haufen waren, das stieß mich eher ab, aber ich musste mal in diese, mal in jene Kneipe gucken und den Leuten bei ihren Gesprächen zuhören. Das war für mich ein Erlebnis. Die dreckigen Kneipen auf dem Kiez waren hohe Kunst für mich. Heute gibt es diese Kneipen nicht mehr, und der Kiez ist furchtbar langweilig geworden. Wenn mich damals die Kneipengänger in ein Gespräch verwickeln wollten, waren meine Unterhaltungsbeiträge ironisch-zynisch bis sarkastisch. Später habe ich mich immer darüber gewundert, dass mir nie jemand eins aufs Maul gehauen hat, aber es wird wohl niemand einen meiner Scherze verstanden haben. Ich hatte auch immer den Drang, komisch zu sein, wahrscheinlich um meine innere Leere auszufüllen und zu unterdrücken.

Als ich 1960 in dem Hochbunker an der Budapester Straße wohnte, ging ich immer zu Fuß über das Heiligengeistfeld, um zur Musikhochschule zu kommen. Wenn der

Hamburger Dom dort aufgebaut war, gingen mir das Jahrmarktsgedudel und die immer gleichen Sprüche aus den plärrenden Lautsprechern furchtbar auf den Senkel. Dabei hatte ich doch Jahrmarkt als Kind so sehr geliebt. Wie früher auf dem Gardinger Jahrmarkt gab es die großen Losbuden, bei denen man für zehn Pfennig ein Los kaufen konnte. Wenn man gar nichts gewonnen hatte, stand auf dem Los „Posemuckel Niete", und diese Lose hatte ich in Garding immer getroffen. Ein Mitschüler von mir hatte in Garding auf seinem Los das Wort „Berlin" stehen, so hieß der Hauptgewinn. Er gewann eine, nach meinem damaligen Geschmack, wunderschöne Uhr, die man auf die Anrichte stellte.

Als ich über den Hamburger Dom ging, kam ich mal wieder an so einer Bude vorbei. Eigentlich hatte ich gar nichts vor, aber doch einen Groschen dabei, den ich dem Losverkäufer hinhielt. Ich öffnete das Los, hielt es dem Verkäufer hin und sagte: „ Was steht denn da?" Er rief laut zu dem Mann am Mikrofon, auf halber Höhe der Bude: „Berlin, Berlin!" Schon wurde ich auf das Podest gebeten und der Mann an der krächzenden Anlage sagte: „ Hier haben wir wieder einen glücklichen Hauptgewinner! Nun junger Mann, was suchen Sie sich aus?" Da waren nun große Puppen und Teddybären, die potthässliche Uhr war auch noch immer dabei und sonstiges wertloses Gedöns. Ich stand da vollkommen hilflos und der „Lautsprecher" fragte drängend: „Ja was wollen Sie denn nun? Oder wollen Sie etwa die zehn Pfennig wiederhaben?" Er lachte laut dabei, ich hielt ihm meine Hand hin und sagte: „Den Groschen." Er stand da, stockstumm. So etwas hatte er noch nicht erlebt. Ich nahm den Groschen und ging durch die lachende Menge weiter. Wie sich ein Mensch doch in ein paar Jahren ändern kann.

In Hamburg gab es ein Lokal, das direkt am Hafen lag. Wenn man aus dessen Tür trat, durfte man nicht zu viel getrunken haben, sonst konnte man in die Elbe fallen.

Ein typischer Hamburger Kellner namens Willi, der jahrelang auf dem Kiez bedient hatte, bekam Ende der

50er das Angebot, die 350 Jahre alte Kellerkneipe am Hamburger Hafen zu übernehmen.

Das Lokal bestand aus richtigen Kasematten (gemauerten Kellergewölben), die unter der Hafenstraße auf St. Pauli lagen.

Willi war ein herzensguter Mensch, der nicht in der Lage war, einen hinterlistigen Gedanken zu haben. Er versuchte, seine Kneipe als Hafenkneipe einzurichten, so geschmacklos, wie sie nun mal alle waren: mit ausgestopftem Krokodil über der Bar, dem Schwertfisch daneben und den Netzen an der Decke. In der Ecke stand eine Musikbox, die normale Tagesschlager plärrte, denn Willis Musikgeschmack war gar nicht ausgefallen.

Eines Tages betrat ein Amateurjazztrompeter diese Kneipe. Er hieß Günther Heide und nannte sich selbst King, weil er sein Spiel für so königlich hielt. Er sah sich in den Räumen um und sagte zu Willi: „Du, hör mal, dies ist doch das ideale Jazzlokal." Willi fragte: „Jazz, ist das nicht diese Musik, wo alle durcheinanderdudeln? Die kann ich ja gar nicht leiden." King aber versicherte ihm, dass das die einzige Musik sei, die seine Kneipe füllen könnte. Und voll war sie wirklich nicht. Willi ließ sich also bequatschen und eines Sonntagmorgens spielte in seinem Lokal, das unweit des Fischmarktes war, eine Band die ihm so verhasste Musik. Das Lokal war voll. Die Besucher des Fischmarktes waren durch die Musik, die durch die offenen Türen drang, angelockt worden. Und so wurde diese Kneipe jeden Sonntagmorgen der Treffpunkt aller Nachtschwärmer, die zum Fischmarkt gingen. Und bei Willi klingelten zum ersten Mal die Kassen.

Willi lernte schnell. Es dauerte nicht lange, bis am Wochenende abends in seinem Lokal regelmäßig Jazz gemacht wurde. Und gar nicht lange darauf war der Jazz schon jeden Abend in seinem Lokal zu hören.

Willi konnte zwar nicht richtig Englisch, aber glaubte sich dieser Sprache mächtig. Entweder wusste er, dass Fluss „River" heißt, oder es hatte ihm jemand zugesteckt. Er nannte sein Lokal *Die Riverkasematten*, und diese

Riverkasematten waren binnen kürzester Zeit das führende Hamburger Jazzlokal. Und Willi ein wohlhabender Mann.

Die Hamburger Jazzer rühmten sich inzwischen damit, dort einmal gespielt zu haben, und als ich 1959 dieses Lokal das erste Mal betrat, glaubte ich, in heilige Hallen des Jazz zu treten.

Da ich zu der Zeit viel Chuzpe hatte, fragte ich die dort spielende Kapelle, ob ich nicht einmal mitsingen dürfe. Mein Gesang gefiel dem Publikum und Willi. Und so bat mich Willi darum, doch öfter mal abends zu kommen, um mitzusingen und zu spielen, er würde mir auch fünf Mark am Abend geben. Fünf Mark waren damals schon erschreckend wenig. Aber ehe ich gar nichts zu tun hatte, ging ich an den freien Abenden lieber in die „Matten", so nannten wir das Lokal, um die fünf Mark abzustauben und mit den für mich sehr hervorragenden Musikern, die in den Matten fest engagiert waren, zu spielen. Willi war ein richtiges Hamburger Original, der sprachlich seine Hamburger Herkunft nicht verleugnen konnte. Sein Angebot an mich war nicht etwa: „Willst du für fünf Mark bei mir spielen?", sondern er sagte: „Du, komm doch mal vorbei und sing mal mit, kriegst von mir 'nen Heiermann."

Der Hamburger Kiez hatte seine eigene Währung. Eine Mark war eine Miese, zwei Mark ein Zwoling, drei Mark ein Taler, fünf Mark ein Heiermann, zehn Mark ein halbes Pfund, zwanzig Mark ein Pfund, fünfzig Mark ein Halber, hundert Mark ein Schein, fünfhundert ein halber Riese und tausend Mark war folglich ein Riese.

Ich war nicht fest bei Willi engagiert, sondern fuhr sonnabends nach Nordfriesland, um dort mit Tanzmucken richtiges Geld zu verdienen. Vierzig Mark am Abend.

Es war nicht etwa so, dass Willi nicht das richtige Verhältnis zum Geld hatte. Für die fünf Mark, die er mir anfangs am Abend zahlte, hätte sich ein Gast in den „Matten" keine zwei Whisky-Soda kaufen können. Und Whisky-Soda war damals dran. Es war schick, Whisky-Soda zu trinken. Ich mochte es nie besonders gern, aber ich bekam ja Hauspreise und wie gesagt, Willi hatte ein großes Herz und gab ab und zu mal ein Bier aus.

Als ich dann inzwischen beim Düsseldorfer Amateurjazzfestival gewonnen hatte, sagte Willi in seiner großzügigen Art zu mir: „Knut, du kriegst heute Abend einen halben Heiermann drauf.“ Also sieben Mark fünfzig; was er nach kurzer Zeit, als er merkte, dass so manche Leute kamen, um mich und meinen Gesang zu hören, um weitere zwei Mark fünfzig erhöhte.

Als ich im Juni 1961 unter Pseudonym (*Die Tramps*) einen Hit hatte landen können und meine Stimme aus allen Musikboxen klang, fühlte er sich bemüßigt, noch einmal um fünf Mark zu erhöhen. Und dann, nach einer Fernsehsendung, in der ich unter richtigem Namen zwei Titel gesungen hatte, engagierte er mich endlich fest. Also konnte ich keine anderen Jobs, keine Mucken woanders mehr annehmen. Nun gehörte ich fest zur Mattenband, die sich das *Bruno-Lefeldt-Quintett* nannte.

Die Kneipe war inzwischen zu einem richtigen Schick-Lokal avanciert. Der normale Jazz-Fan konnte es sich wegen der gesalzenen Preise gar nicht mehr leisten, dort hinzugehen. Und so waren richtige Jazz-Fans nur selten unter unserem Publikum.

Herren der Upperclass und Möchtegern-Hautevolees kamen nach ihren Partys in ihrem Smoking in die Matten und brachten ihre Damen mit Pelzmänteln und langen Abendkleidern mit. Nur die Kneipe sah noch immer aus wie eine Hafenspelunke. Nichts, oder kaum etwas, hatte sich in ihr geändert. Genauso wenig wie Willi selbst.

Er begrüßte die Leute nach wie vor mit groben Scherzen, die meist unter der Gürtellinie waren. Die Frau eines bekannten Hamburger Arztes aber mit Handkuss, und um seine Vertrautheit zu beweisen, klopfte er ihr mit der anderen Hand auf die Schulter.

Seine Witze waren so alt, dass man sie inzwischen längst vergessen hatte und jetzt wieder drüber lachen konnte. Aber meistens lachte man gar nicht über die Witze, sondern über die geniale Art, wie Willi sie erzählte. Er konnte

Witze bis zur Unkenntlichkeit entstellen, und nur wenn man das Original kannte, wusste man, worum es sich überhaupt handelte.

Da gibt es zum Beispiel einen alten Musikerwitz, in dem ein Musiker zum Arzt kommt und über fehlenden Stuhlgang klagt. Der Arzt gibt ihm Abführmittel und sagt dem Musiker, er solle doch am nächsten Tag wiederkommen. Der Musiker sagt am nächsten Tag, es hätte nicht geholfen. Der Arzt gibt ihm ein stärkeres Mittel. Als der Musiker dann am dritten Tag wiederkommt und sagt, es helfe noch immer nicht, fragt ihn der Arzt, was er von Beruf sei, worauf dieser eben mit „Musiker" antwortet. Daraufhin der Arzt: „Hier haben Sie fünf Mark, gehen Sie doch erst Mal etwas essen."

Willis Version war so, dass jemand zum Arzt kommt wegen fehlenden Stuhlgangs und nach dreimaligem Misserfolg der Arzt ihm fünf Mark in die Hand drückt und sagt: „Wenn Sie schon mal nicht kacken können, dann gehen Sie doch erst Mal einen saufen."

Wenn man das Original kannte, lachte man sich krank. Nur die, die nicht wussten, worum es geht, saßen mit verständnislosem Ausdruck im Gesicht da.

Am liebsten benutzte Willi Fremdwörter. Die konnte er ganz gezielt einsetzen.

Fast alle international bekannten Jazzmusiker, die in Hamburg auftraten, kamen nachher zu uns in die Matten. Die Oldtimer wie die Modernen, George Lewis, Albert Nicolas, Art Blakey, Count Basie, Louis Armstrong, Ella Fitzgerald, Gerry Mulligan, Chet Baker, Dizzy Gillespie, um nur einige zu nennen.

Als eines Abends, nach einem Basie-Konzert, die *Basie Band* hereinkam und Eddy „Lockjaw" Davis *Summertime* mitspielte, saß ich vor der Band und hörte mir die Musik an. Auf einmal kam Willi aufgeregt angerannt und schrie laut: „Knut Kursus, Knut Kursus!" Ich begriff überhaupt nicht, was er wollte. „Kursus Knut", und zeigte zur Bühne. Endlich dämmerte es mir. Er wollte, dass ich einen Chorus mitspiele.

Ein andermal sagte er zu mir: „Knut, weißt du, warum das Klavier so klirrt? Der Renongsangsboden ist lose!“ Ein Vibraphon hieß bei ihm Zebraphon. Ein Klarinettist war bei ihm ein Kladidentist, und der spielte dolle Schnurzen. Als unser Schlagzeuger Willi fragte, was das für eine Büste sei, die er im Fenster stehen habe, antwortete Willi: „Was, den kennst du nicht? Dantes, den größten Physolofen aller Zeiten.“

So hatte er jeden Tag neue Dinger auf Lager. Mir erzählte er zum Beispiel, dass ein Mann bei ihm seinen Geburtstag feiern wollte, „mit ein gebratenes Schwein ganz auf rustika“.

All diese Dinger erzählte ich immer einem Freund in Köln, wenn ich diesen besuchte. Dieser lachte zwar herzlich, aber er wirkte dabei immer so, als hielte er die Geschichten für gut erfunden. Als ich ihm eines Tages erzählte, dass Willi von einem Ehepaar gesprochen habe, das so klasse sei, dass sie sogar ein afrikanisches Kind amputiert hätten, lachte er zwar noch herzlicher, aber dieses Mal wurde es ganz klar, er glaubte kein Wort.

Eines Tages besuchte er mich in Hamburg und sagte zu mir, er wolle jetzt unbedingt die *Riverkasematten* und ihren wilden Wirt Willi kennenlernen. Bangen Herzens fuhr ich mit ihm zu den Matten. Auf dem Weg dorthin hatte ich Angst, dass mal wieder der bekannte Vorführeffekt eintreten würde. Und so glaubte ich auf der Fahrt zu den Matten, dass Willi den ganzen Abend das beste Deutsch seines Lebens sprechen würde und jeder Witz Logik und Pointe habe.

An diesem Tag war im Rheinland ein großes Geiseldrama passiert, und ein Kriminalbeamter hatte sich gegen die Geiseln austauschen lassen. Das ging immer wieder durch die Medien. Wir betraten die Matten. Willi empfing mich mit folgendem Satz: „Knut, weißt du schon, einen von die Gangsters haben die schon infiziert!“ Er hatte mich gerettet.

Wenn die Matten brechend voll waren, war das Publikum von unserer Musik immer hell begeistert. Das hat etwas damit zu tun, wie eng die Leute nebeneinandersitzen müssen, und auch Leute, die keine Ahnung von Musik haben, werden plötzlich zu großen Jazzfans.

Ein Mann, so um die dreißig, kam zu uns und sagte: „Das ist ja toll, was ihr macht, Jungs. Könnt ihr nicht auch auf meiner Hochzeit spielen?"

„Wir sind Jazzmusiker. Ob das so richtig bei einer Hochzeit ist? Da sind wir nicht so sicher", sagte unser Bandleader Bruno.

„Aber klar", sagte der junge Mann, „unsere Gäste werden sich schon wundern."

Wir also an unserem freien Tag in einem Bauernsaal in Schleswig-Holstein.

Zu Kaffee und Kuchen spielten wir noch die für uns sehr leichten Sachen, *Tea for two* und Ähnliches.

Danach kam der Brautvater auf uns zu und sagte: „Das war ja schon ganz schön schräge, was ihr da gespielt habt! Aber um acht Uhr geht's dann los mit Klatschmarsch und Walzer fürs Brautpaar!"

„Lassen Sie uns doch bitte bis dahin Zeit für unseren Umbau", fiel mir spontan ein.

Wir schlossen den Vorhang und öffneten den Bühneneingang, reichten all unsere Instrumente hinaus und weg.

Den Bräutigam sahen wir in den *Riverkasematten* nie wieder.

Im Februar 1962, bei der berühmten Sturmflut, stand ein Drittel Hamburgs unter Wasser. Natürlich traf es auch die Matten hart. Da wir schon vorher in Kenntnis gesetzt waren, dass das Wasser sehr hoch kommen sollte, schleppten wir das Klavier die Treppen hoch und dann über die Hafenstraße in die „Bierstube" schräg gegenüber. Alles, was nicht niet- und nagelfest war, hatten wir inzwischen abgebaut und irgendwo anders verstaut. Und der Laden lief auch bis unter die Decke voll. Wir Musiker standen noch oberhalb der Matten und schauten uns das Sturmflutspektakel an, als einer der Stammgäste auf einmal zwischen uns stand und aufgeregt fragte, wo Willi denn sei. Unser Bassist

Walter sagte seelenruhig: „Der ist noch in den Matten und versucht zu retten, was zu retten ist." Der Typ hatte eine Taschenlampe dabei, kraxelte ein Stück die Treppe runter, leuchtete durch ein Fenster in den Laden und rief, schon im Wasser stehend, immer wieder: „Willi, komm da raus, das hat doch keinen Zweck mehr." So können die größten Katastrophen ihre amüsanten Seiten haben.

Inzwischen sind die *Riverkasematten* längst abgerissen.

Im Gedenken an die schönen Zeiten dort habe ich ein Lied geschrieben, das heißt *Komm, wir geh'n in die Matten*

Komm, wir geh'n in die Matten,
Wo Jazz noch swingt, als wenn die Zeit nicht vergeht
Wo wir so viel Spaß hatten
Und wo man trotz Musik sein Wort noch versteht
Kriegen wir plötzlich Laune
Spiel'n wir noch mal mit, nur so für ein Bier
Ich blas wieder meine Posaune
Und du setzt dich noch mal ans Klavier

Komm, wir geh'n in die Matten
Und hör'n, wie manches Instrument heut noch klingt
Das wir früher mal hatten
Und das man nicht mit viel Elektrik umbringt
Komm, wir sitzen am Tresen
Wo uns Willi gleich einen Witz erzählt
Der zu Kaisers Zeit neu gewesen
Wir trinken und vergessen die Welt

Dieses Lied kam auf einer LP heraus, bevor die Matten abgerissen wurden. Aber im Wissen darum schrieb ich diesen sentimentalen Text. Im NDR wurde es viel gespielt. Willi hörte das und bat mich darum, ihm die Platte mitzubringen, was ich auch tat. Er besorgte sich einen Schallplattenspieler und spielte allen Stammgästen dieses Stück vor, ganz stolz, dass er im Rundfunk genannt wurde. Nur bei der Stelle „der zu Kaiserszeit neu gewesen“ redete er ganz laut dazwischen, weil ihm das doch peinlich war.

Gunther Wiedecke hieß der andere Posaunist in den *Riverkasematten*, er war ein Ansatzwunder. Bei den Blechblasinstrumenten formt man den Ton mit den Lippen, an die man das Mundstück hält. Es gibt Leute, die dafür sehr begabt sind und andere – so wie ich –, die stundenlang dafür üben müssen, bis der Ton gut klingt. Wiedecke brauchte das nicht, er konnte ohne zu üben die technisch raffiniertesten Dinge sofort spielen. Außerdem konnte er höllisch swingen, nur harmonisch wusste er nicht Bescheid und log sich durch seine Soli; weil er aber technisch so brillant spielte, merkte man das zuerst gar nicht. Die großartigsten Musiker hörten ihm voll Bewunderung zu.

Wir spielten bald viele Stücke mit zwei Posaunen. Und zwei Posaunen klingen einfach gut. Der einzige wirkliche Musiker in unserer Band, der Pianist Bruno Lefeldt, machte die Arrangements, und man konnte unser Spiel als richtige Musik vorzeigen.

Inzwischen hatte man mich aus den ganzen Probesängern auserkoren, eine Single zu machen. Kaum 19-jährig hatte ich also meine erste Schallplatte, was aber die Musiker in den *Riverkasematten* überhaupt nicht interessierte. Denn die beiden Titel auf der Single waren ja schließlich deutsche Schlager.

Auch hieß ich darauf nicht Knut Kiesewetter. Die Schallplattenchefs von der Polydor fanden den Namen so schlimm, dass man ihn auf einer Schallplatte doch nicht gebrauchen könne. Jetzt ging das heitere Vorschlagespiel los. Aber ein Pseudonym war blöder als das andere. Bis man mich fragte, wie ich denn von den Kollegen genannt würde. Ich sagte: „Kid Kiets“, das klang den Herren ganz besonders bescheuert. Aber zum Schluss blieb nichts anderes übrig und so hieß ich dann schließlich.

Eines Tages wurde ich von dem jungen Produzenten Jimmy Bowien in ganz Hamburg gesucht. Er wollte eine Single mit dem südafrikanischen Sänger Peter Stainbank aufnehmen, der aber nicht erschien.

Man fand mich schließlich in einem Schnellimbiss, wo ich mir gerade eine Erbsensuppe reintrieb, und sagte mir, ich müsse sofort mitkommen in die Musikhalle, die gar nicht weit entfernt lag.

Richtige Studios, wie man sie heute kennt, gab es in Hamburg noch nicht. Und so stand ich mit den Musikern auf der Bühne des kleinen Saals der Musikhalle und sang zwei Titel ein. Die A-Seite sollte der Titel *Michael* sein, ein weltbekanntes Spiritual, das ich aber nicht kannte, obwohl ich doch Spirituals so liebte. Er bekam einen saublöden deutschen Text: „Rote Rosen werden blüh'n am Missouri".

Die Aufnahmen dauerten zwar nur vier Stunden, trotzdem kam ich zu spät in die *Riverkasematten*. Dort wurde ich natürlich angemotzt. Als ich aber sagte, dass ich Aufnahmen machen musste, sahen die Herren Kollegen das spontan ein, aber fragten mich sofort, was für Melodien das waren. Ich wusste es nicht mehr, weil mich das eigentlich gar nicht interessierte; mich interessierten nur die 200 Mark, die ich dafür bekam, also vier Mal meine Monatsmiete.

Wie oft hatte ich mir damals gewünscht, dass einmal Menschen die Lieder kennen würden, die ich aufgenommen hatte. Ein unerfüllbarer Traum, so glaubte ich; bis ich, sechs Wochen nach Aufnahme dieses Spirituals, auf dem Weg zu den *Riverkasematten*, auf der Reeperbahn jemanden vor mir die Melodie pfeifen hörte, die ich sofort als den Song wiedererkannte, den ich aufgenommen hatte, *Michael*, den heute jeder kennt.

Ich hatte also meinen ersten Hit. So hoch sollte ich in der deutschen Single-Hitparade nie wieder stehen (Nr. 2). Die Single sollte ja eigentlich, wie gesagt, Peter Stainbank singen, meinen Namen wollte man aber dann auch nicht nehmen. Da ich mit vier anderen Sängern (Starletchor) arbeitete, die im Hintergrund ihr berühmtes Humduahduah sangen, wurde das ganze unter dem Namen *Die Tramps* veröffentlicht. Neun weitere Singles mit mir unter diesem Namen wurden in den nächsten Jahren noch herausgebracht.

Ich spielte also täglich in den *Riverkasematten*, dem besten Jazzlokal Hamburgs. In den Matten kostete eine Flasche Bier 1,50 DM. Alltags hatten wir von acht bis zwei zu spielen, freitags und sonnabends bis morgens um vier. Alle zwei Stunden war eine Viertelstunde Pause.

Da Gunther (der andere Posaunist) und ich gern in den Pausen *ein* Bier tranken, verließen wir die Riverkasematten, denn das Mattenbier war uns viel zu teuer. Wir gingen die Treppe hoch und über die Straße in *Schallers Bierstube* und tranken dort ein Bier vom Fass für dreißig Pfennig.

Die Kneipe hatte natürlich auch ein Dreißig-Pfennig-Bier-Publikum, und die Musikbox lief ständig. Als mein Titel *Am Missouri* schon das dritte Mal gedrückt wurde, rief Gunther plötzlich laut: „Wisst ihr eigentlich, wer das da singt? Das ist der hier!", und deutete auf mich. Die Leute drehten die Köpfe und glotzten uns dumm an. Gunther fühlte sich nicht verstanden. „Er hier, der singt das!" Jetzt kam der erste Protest: „Hör ma auf mit son Mist, du Spinner!" Gunther darauf: „Doch doch, das ist er hier neben mir!" Daraufhin ein anderer zu mir: „Hier, sach ma Alter, das bis du doch nich!" „Natürlich nicht", antwortete ich. „Würde ich sonst hier sitzen?" Zufrieden wandten sich alle wieder ihren Bieren zu.

Unsere Pause war vorbei, wir mussten wieder rüber. Draußen fragte mich Gunther entrüstet: „Was hast du da mit mir gemacht?" „Nee, nee", sagte ich, „du mit mir!" Mein Leben lang sollte es mir peinlich sein, wenn man mich als Sänger/Musiker erkannte. Bei den anderen Musikern in den *Riverkasematten* war ich durch meine „kommerziellen Erfolge" nicht besser angesehen, denn Schlager war für die ein Schimpfwort.

Eines Nachts kam von der Bar eine ungeheuer aufgemotzte Puppe zur Bühne getippelt und zwitscherte wie ein Spatz ein Wort: „Twist" und stöckelte zur Bar zurück. Nachdem dies das dritte Mal passiert war, sahen sich die Musiker verständnislos an und fragten mich, der ich ja jünger war als sie, was dieses Wort bedeute. Ich erklärte ihnen, dass es sich um einen neuen Tanz handele und dass die junge „Dame" sich wohl in diesen Jazzclub verlaufen haben müsse. Sie rief in dieser Nacht bestimmt noch 20 Mal in den höchsten Tönen dieses Wort: „Twist". Und unser Gelächter, wie das des Publikums, schwoll inzwischen zum Orkan an, was sie nicht störte.

Ein paar Tage später kam wieder Jimmy Bowien von der Schallplattengesellschaft und wollte von uns Twist-Aufnahmen, und schon saßen wir im Studio; es gab ja schließlich 100 Mark für den Titel, und wir nahmen in unserer Zwei-Posaunen-Band-Besetzung Twist auf. Diese Single war in Deutschland ein Flop, aber in Skandinavien, wo sehr viel mehr Instrumentalaufnahmen im Rundfunk gespielt wurden, wurde sie zu einem richtigen Hit, und die *Blue River Boys,* wie wir auf dieser Single genannt wurden, waren schließlich auch Schlagermusiker.

1961 nahm ich mit meiner noch immer existierenden Amateurband beim norddeutschen Amateur Jazz Festival in der Hamburger Musikhalle teil. Wir gewannen. Also waren wir auch beim deutschen Amateur Jazz Festival in Düsseldorf dabei. Dort gewann nur ich als Sänger. So wurde ich zu der Fernsehsendung *Jazz – gehört und gesehen, die Preisträger von Düsseldorf* in Baden-Baden eingeladen.

Im November sollte ich mit dem Zug nach Baden-Baden fahren. Der Zug fuhr morgens um sieben vom Bahnhof Dammtor. Ich wohnte fünf Minuten vom Dammtor entfernt.

Die Nacht davor nahm ich mir in den *Riverkasematten* frei, denn wenn ich dort gespielt hätte, wäre ich frühestens um drei im Bett gewesen und würde bestimmt um sechs Uhr den Wecker nicht hören. Ich war also um elf Uhr schon im Bett, ein Fehler, den ich oft wiederholen sollte. Ich kann nämlich nur zu der Uhrzeit einschlafen, an die ich gewöhnt bin. Ich war wohl auch aufgeregt. Meine erste Fernsehsendung! Das bedeutete ja etwas für mich. Kurz vor sechs war ich noch wach, hörte dann den Wecker nicht und wachte um viertel vor sieben auf. Ganz schnell in die Klamotten, den längst gepackten Koffer schnappen und zum Bahnhof rennen, so konnte ich gerade noch in den anfahrenden Zug springen.

Mir gegenüber saß eine ältere Frau, die mich fragte, wohin ich denn wolle. Als ich Baden-Baden sagte, meinte sie verständnisvoll: „Das sieht man aber auch, dass Sie zur Kur müssen."

In Baden-Baden lernte ich viele Musiker kennen, deren Namen ich damals noch gar nicht gehört hatte, sie aber meinen und zwar nicht Knut, sondern Kiesewetter. Die unanständigen Verse über Bonifatius Kiesewetter kannte damals jeder und jeder lachte, wenn ich mich vorstellte, auch bei den Musikern entstand ungetrübte Heiterkeit. Mit manchen blieb ich ein Leben lang befreundet. Sie waren wohl alle in ähnlicher Situation wie ich. Denn sie machten mich gleich mit der tollen Neuigkeit bekannt, dass sie im ach so teuren Baden-Baden eine Kneipe gefunden hätten, in der man Schnitzel für eine Mark achtzig essen könne, und die Portion sei nicht ein, sondern zwei riesige Schnitzel. Ich möchte heute nicht wissen, was für eine Art Schnitzel das war.

Ich weiß nicht mehr wem, aber irgendeinem meiner Bekannten fiel auf, wie schlecht ich doch sehen kann. Mir war so etwas immer peinlich, weil ich mich doch ziemlich sicher und gut bewegen konnte. Er aber sagte: „Das musst du dir von einem Augenarzt schriftlich geben lassen, dann brauchst du 1.500 Mark deines jährlichen Verdienstes nicht zu versteuern." Das hörte sich doch interessant an. Ich also zum Augenarzt am Jungfernstieg. Im Warteraum saß mir eine etwa sechzigjährige Frau gegenüber, die lauthals klagte, dass sie nur noch sechzig Prozent Sehkraft habe, und das sei ganz furchtbar. „Sie können sich gar nicht vorstellen, wie schlimm das ist, junger Mann", sagte sie mir. Ich stimmte ihr zu, denn wie das ist, konnte ich mir wirklich nicht vorstellen. Als der Augenarzt dann in meine Augen sah, erschrak er zutiefst. So etwas hätte er noch nie gesehen, sagte er. Das glaubte ich ihm sofort, denn ich wusste, Sehnervenatrophie kommt nur unter Millionen einmal vor. Er schrieb mir eine Bestätigung meiner Sehstärke aus, ich glaube, es waren damals 15 Prozent. Diese schickte ich ans Gesundheitsamt, um das bestätigen zu lassen. Ich wurde zum Amt befohlen, wo mir eine junge dralle Ärztin einfach ins Gesicht sagte: „Das bestätige ich Ihnen nicht, gehen Sie nach Hause." Ich ging und kriegte meine Steuerermäßigung nicht.

Meiner Mutter war Ähnliches passiert. Sie sah inzwischen viel schlechter als ich, denn diese Krankheit ist schließlich progressiv. Unser damaliger Amtsarzt in Tönning sagte ihr: „Einen Behindertenausweis stelle ich Ihnen nicht aus, ich habe Ihren Sohn neulich in der Fernsehsendung ‚Die aktuelle Schaubude' gesehen." Das sind Argumente. Ich habe oft erlebt, dass sich Ärzte zu Richtern aufspielen, „die Götter in Weiß". Die ganz netten, ohne Dünkel, sind die absolute Minderheit.

Schon immer, auch schon als Kind, hatte ich Freude daran, anderen Leuten einen Bären aufzubinden oder, in Musikersprache, jemanden zu verladen oder reinlaufen zu lassen.

Als ich dann ein paar Jahre mit Profimusikern zusammengespielt hatte, die dem gleichen Hobby frönten, meinte ich, dass ich es darin schon zu einer gewissen Meisterschaft gebracht hätte. Nur rechnete ich nicht damit, dass mir jemand eine Verlade mal so übel nehmen würde.

Es war im Sommer 1962, ich war 20 Jahre alt. Im deutschsprachigen Raum gab es einen riesigen Gesangsstar, der sich damals einfach Freddy nannte. Man hörte ihn aus jeder Musikbox und jedem Radio, im Fernsehen war er unvermeidlich und man sah sein Gesicht auf vielen Filmplakaten. Nur ein Taubblinder hätte behaupten können, dass er noch nie von Freddy etwas gehört habe.

In den deutschen Hitparaden war er natürlich nur mit deutschen Schlagern vertreten, obwohl er eigentlich mit internationalen Songs (südamerikanisch und Country) in Hamburg auf dem Kiez bekannt geworden war – und das machte er richtig gut. Der Gitarrist und Gitarrenbauer Hans Haider, mit dem ich oft zusammen spielte, war mit Freddy befreundet und hatte viel über ihn erzählt. Ich wusste also über kaum jemanden in der Branche so gut Bescheid, ohne ihn dabei persönlich zu kennen.

Wenn Freddy deutsch sang, ließ er auf einmal „den ganzen Kerl“ raushängen und alles klang martialisch deutsch und das, was ich an ihm gut fand, war plötzlich nicht mehr zu hören; aber seine deutsche Art zu singen fand viele Nachahmer, und manch einer hat mit Freddys Art zu singen noch groß Karriere gemacht.

Dieser Freddy also drehte mit der amerikanischen Schauspielerin Jayne Mansfield den Film *Der Junge von St. Pauli*. Auch das wusste natürlich jeder, denn die Medien waren voll davon.

Eines Sommerabends kam er mit Jayne Mansfield und einem ganzen Rudel von Yellow-Press-Fotografen hinunter in unsere *Riverkasematten*.

Nachdem wir Musiker und die beiden Stars tausend Mal vor dem Lokal abgelichtet waren, fing ich an, im Lokal zu singen und zu spielen. Jayne Mansfield und ihr Latin Lover tanzten nach meinem Gesang, und wie es so amerikanische Art ist, kam sie nach jedem Stück zur Bühne gestürzt, um mich mit ihrer Begeisterung zu überhäufen. Ich hatte gerade *We'll be together again* gesungen, als sie wieder in: „How wonderful, how wonderful“ ausbrach.

Freddy saß dabei an einer niedrigen Bar vor der Bühne, direkt vor mir. Der arme Kerl hatte, obwohl er doch den Gipfel an Popularität erreicht hatte, anscheinend noch große Komplexe. Er kannte wohl diese amerikanische Art von Höflichkeit nicht und nahm sie ernst. „Das machen Sie wirklich toll“, sagte er mir, worauf ich noch freundlich lächelnd bescheiden ein Dankeschön sagte. „Aber Sie müssen doch zugeben, dass ich meine Sache auch gut mache.“ Das war ja eine richtige Vorlage für mich.

„Wieso, was machen Sie denn?“, fragte ich. „Ich singe doch auch“, sagte er mit Vorwurf in der Stimme. „So, wer sind Sie denn?“, fragte ich. „Ich bin doch Freddy“, sagte er. „Was für ein Freddy?“, fragte ich. „Na, Freddy, der Schlagersänger!“, antwortete er entrüstet. „Schlager? Das find ich aber scheiße“, sagte ich. Darauf er: „Ella Fitzgerald singt auch Schlager". „Das find ich ja auch scheiße", sagte ich. Woraufhin er beleidigt das Lokal verließ, den Tross von Fotografen im Schlepptau, und ich freute mich königlich über meinen „Verladeerfolg".

Wenn Freddy sich nur ein klein wenig um seine eigene Branche gekümmert hätte, hätte er vielleicht gewusst, dass da ein junger Mann namens Knut Kiesewetter bei derselben Schallplattengesellschaft wie er Schlagersingles gesungen hatte, die sogar ganz erfolgreich waren.

Freddy war so beleidigt, dass er das sein Leben lang nicht vergessen konnte. Oft habe ich ihn danach bei vielen Gelegenheiten, wie z. B. gemeinsamen Fernsehsendungen, getroffen. Dann rief er mir immer von Weitem schon zu: „Knut Kiesewetter, the King of Jazz", sodass es jeder hören konnte. Wenn er das ernst gemeint hätte, hätte mich das ja gefreut, aber er rief es immer mit einem sehr verächtlichen Unterton. Ein paar Mal nahm ich ihn beiseite und sagte ihm, dass ich ihn damals in den *Riverkasematten* verladen hätte und somit das Ganze doch sehr lustig sei. Dann lachte er gequält und verhielt sich danach ganz normal. Doch jedes Mal, wenn ich ihn wieder sah, ging das Ganze von Neuem los. Die Wunde war wohl sehr tief.

Meine Schwester spielte eine Zeit lang mit ihm im St. Pauli Theater ein St. Pauli-Volksstück. Dort ging ich sie mal hinter der Bühne besuchen. Freddy sah mich und rief mich in seine Garderobe. Ich dachte: Freddy – mich – in seine Garderobe, was wird das denn? Er zeigte auf eine große Hantel, die er dort liegen hatte und sagte: „Stemm die mal." Ich war damals gewiss kein Schwächling und griff zuversichtlich zu, bekam sie aber nur bis zur Höhe meines Gesichtes, setzte sie wieder ab, sagte: „Na gut, toll Freddy", und verließ seine Garderobe. Draußen empfing mich der Musiker Okko Becker und sagte: „Du solltest doch seine Hantel stemmen oder? Hast du sie ganz hoch gekriegt?" Ich antwortete: „Nein, dabei ist sie ja gar nicht so schwer." „Das macht er mit jedem", sagte Okko „wer den Trick dabei nicht kennt, kriegt sie auch nicht ganz hoch. Man muss, auf Höhe der Schultern, die Ellenbogen unter die Hantel bekommen, dann krieg sogar ich das Ding hoch."

Es gab in den 60er- und 70er-Jahren das Deutsche Jazzfestival in Frankfurt. Bei der Fernsehsendung *Jazz gehört und gesehen* führte ein ehemaliger Schlagzeuger namens Horst Lippmann, der später die Jazzagentur Lippmann und Rau mit Fritz Rau zusammen hatte, die Regie. Er leitete auch das besagte Jazzfestival. Dorthin lud er mich ein. Wie war ich aufgeregt, die ganzen deutschen und internationalen Jazzgrößen dort zu treffen. Am Sonntagmorgen sollte ich bei der Matinee auftreten. Der berühmte Jazztrompeter und Musiktheoretiker Carlo Bohländer besaß in Frankfurt das Lokal *Domicile du Jazz.* Darin versackte ich natürlich gehörig. Unter den vielen anderen lernte ich auch den ungarischen Gitarristen Attila Zoller kennen, er war ein dufter Typ mit sehr viel Humor. Nur in deutschen unanständigen Versen kannte er sich nicht so gut aus. Jeder deutsche Jazzer kannte die Verse über Bonifatius Kiesewetter. Bei Kiesewetter muss etwas bei ihm geklingelt haben und er sagte: „Kiesewetter? Ahhh, Bonatius." Das erheiterte mich zutiefst und er hatte seinen Namen bei mir weg: „Bonatius." Lange noch blieb ich mit ihm befreundet und er hat später auf von mir bestehende Blues-Aufnahmen seine Gitarre gespielt. Wie gesagt, im *Domicile* musste ich ja mit jedem anstoßen, und das war meiner Stimme sehr abhold.

In der Matinee am nächsten Vormittag quälte ich mich durch meine Stücke, Carlo Bohländer sagte nachher zu mir, ich solle bei meinem Gesang doch mehr auf meine Intonation achten. „Können vor lauter Lachen, geht nicht, wenn man bei dir so viel gesoffen hat", antwortete ich.

Die *Riverkasematten* waren jeden Abend so voll, dass ich mich durch eine Traube von Menschen, die schon vor der Tür stand, wühlen musste, um in das Lokal zu kommen. Hannes Wader, der ein Jahr jünger ist als ich und in der Nähe von Bielefeld aufwuchs, erzählte mir später, dass er nach Hamburg getrampt sei, um mich dort zu hören.

Auch von vielen anderen Seiten wurde mir erzählt, dass man wegen meines Gesanges so oft wie möglich in die Matten ging. Ich wusste das nicht und Willi auch nicht.

Das Gehalt, das wir von ihm bekamen, war entsprechend klein, und so war unser Ohr immer offen, wenn jemand kam und uns fest engagieren wollte. Zum Beispiel ins *Riverboat* und später in die *Galerie Club 99* Hamburg Esplanade.

Michael Jary war damals der große Star der U-Musik-Komponisten (U = Unterhaltung). Er kam fast jeden Abend in die *Galerie* und trank Whiskey aus einem hohlen Elfenbeinzahn. Ab und zu bat er mich an seinen Tisch und erzählte mir, dass ich das größte Talent des Jahrzehnts sei, und füllte mich dabei mit seinem Whiskey ab. Ein paar Jahre später traf ich ihn wieder, und er hatte keine Ahnung mehr, wer ich bin.

Hans Lothar kam auch fast jeden Abend und stürzte auch grundsätzlich ab. Dann kam er auf die Bühne und wollte *Sugar-Blues* vortragen. Ein Stück, das auf der bekannten Platte von einer Trompete mit Wawa-Dämpfer gespielt wurde. Hansi sang in seine hohlen Hände, die er dabei öffnete und wieder schloss. Dieser Mann hatte nur Blödsinn im Kopf, aber guten.

Eines Abends bekamen sich zwei Angetrunkene auf der Tanzfläche in die Wolle und prügelten vehement aufeinander ein. Viele Männer stellten sich dazwischen und bugsierten die beiden vor die Tür. Jetzt war es plötzlich ganz still im Lokal: „Dann schieß doch, los schieß doch“, das kam hinten aus der Ecke, in die man nicht sehen konnte. Die Gäste erstarrten. Sofort rannten einige dorthin, um zu sehen, was los war. Ganz ruhig saß Hansi da und trank seinen Schnaps.

Jeder Musiker des *Bruno Lefeldt Quintetts* hatte natürlich einen Ersatzmann, der sofort einspringen konnte, wenn jemand krank wurde und ausfiel. Der Ersatzmann für unseren Pianisten Bruno war der Zahnarzt Dr. Peter Hieber, der vor seinem Dentistenstudium Musik studiert hatte und ausgebildeter klassischer Pianist war. Wenn er

Bruno ersetzte, war da nicht der leiseste Abfall. Viele meinten, er spiele sogar noch besser als Bruno.

Die damals sehr bekannte Jazzsängerin Inge Brandenburg kam in den Laden. Natürlich hatte man mit ihr auch deutsche Schlager herausgebracht, das waren aber alles Flops. Und so blieb sie weiter Jazz-Sängerin. Der Wirt hatte sie einfach engagiert, ohne dass wir davon wussten; wir mussten sie begleiten. Außerdem gaben wir mit ihr zusammen ein Konzert im Hamburger Audi-Max. Da passten zweieinhalbtausend Leute hinein und es war ausverkauft.

Zuerst spielte das *Gunther Hampel Quintett*, die Jungs waren so modern, dass sie, wie sie sagten, auf den Swing im Rhythmus verzichten könnten.

Wir standen hinter der Bühne und hörten den Künstlern zu. Bruno öffnete die Tür zur Bühne etwas, um besser hören zu können, und sagte zu uns gerichtet: „Der Pianist ist aber richtig gut!"

Jetzt sah er durch den Spalt. „Ach Gott, das ist ja Peter Hieber!" Er war auch bei den Jungs mal eben eingesprungen.

Dann kamen wir auf die Bühne und ich sang ein paar Titel mit Inge zusammen und es war eitel Freude im Publikum, bis zu meinem Solostück. Ich sang *I cover the waterfront*. Die ersten Töne a capella und dann fiel die Band ein. Nach dem Lied rief jemand von unten: „Aufhören!" Ich erstarrte, so einen Schlag ins Kontor hatte ich noch nie bekommen. Obwohl die Leute den Rufer gleich niederklatschten, hatte ich seitdem immer etwas Schiss vorm Publikum.

Wir spielten an einem Abend mit dem Gitarristen und Gitarrenbauer Hans Haider in der Galerie. Auf einmal stand ein kleiner Mann vor uns und fragte Hans mit ungarischem Akzent, ob dieser ihn mal spielen lassen würde. Hans tat es. Es war unglaublich, was dieser kleine Ungar so draufhatte. Wir glaubten, dass wir seinen Namen kennen müssten, er aber sagte, er hieße Jarny Mathias und sei eigentlich gar kein Gitarrist, sondern Geiger. Hans grinste uns an und sagte: „Na, der wird staunen. Ich hole mal meine Geige aus dem Auto." Jarny Mathias nahm das Instrument in die Hand und zog darauf ab, wie ich es noch nie gehört hatte und auch nie wieder hören sollte. Und ich habe die besten Geiger der Welt gehört und mit ihnen gearbeitet. Ich fragte ihn, ob er den ungarischen Gitarristen Attila Zoller kenne. „Der hat als Kind immer bei mir vor der Tür Fußball gespielt, dann habe ich ihm Gitarrenunterricht gegeben“, antwortete Jarny. Später habe ich Attila Zoller danach gefragt, die Story stimmte. Jarny Mathias spielte im Schweizer Hochgebirge in irgendsoeinem „Reiche-Leute-Nest“ Unterhaltungsmusik für die versnobten Geldsäcke. Nie wieder habe ich etwas von ihm gehört. So kann das größte Talent untergehen.

Jimmy Bowien, inzwischen mein fester Produzent, kam mit einem 48-jährigen Texter namens Ernst Bader in die Galerie und eröffnete mir, dass dieser die deutschen Texte für ein Spiritual-Album, das ich singen sollte, schreiben würde.

Spirituals in Deutsch, die Idee hielt ich für schlecht, aber ich nahm es auf, es gab schließlich Geld dafür. Ein Musiker singt und spielt und wird dafür bezahlt; er müsse sich nicht im Geringsten mit den Texten identifizieren, so glaubte ich. Wenn ein Schauspieler in einem Krimi einen Mörder spielt, muss er ja auch nicht selbst einer sein.

Das Vorbild für diese Platte war die Armstrong-LP *The Good Book,* die sämtliche Schallplattenpreise abgeräumt hatte. Ernst Bader war bestimmt kein dummer Mensch, aber er war kindlich gläubig und spendete all seine Tantiemen für diese Texte wohltätigen Zwecken.

Die Texte der Spirituals sind schon im englischen Original sehr schlicht, im Deutschen aber klingt das, meiner Meinung nach, mehr peinlich. Sei es drum, man sagte mir, dass dieses Album erst einmal zur Probe herauskommen sollte. Ich solle doch hundert Mark für jeden Titel nehmen, und wenn das Album dann länger vertrieben würde, bekäme ich auch Tantiemen. Es blieb sehr lange auf dem Markt, aber Tantiemen bekam ich nie.

Später habe ich mir ausgerechnet, dass ich, wenn Tantiemen an mich ausgezahlt worden wären, mindestens

50 000 Mark bekommen hätte. Das war damals so ein Haufen Geld, dass ich, so sah ich später ein, bestimmt Schaden an meiner Seele genommen hätte, ich war ja erst zwanzig.

Mit Ernst Bader aber blieb ich sein Leben lang befreundet. Er schrieb später Bücher, in denen auch Stories über unsere Freundschaft vorkamen. Darin stimmte kaum ein Wort. Ernst verdiente wahnsinnig viel Geld mit seinen Schnulzentexten. Er schrieb aber auch richtig gute Texte, zum Beispiel für Charles Aznavour und Marlene Dietrich.

In der *Galerie* spielten wir drei Monate und bekamen 1000 Mark brutto im Monat. Dann ging die Band wieder zurück in die Matten. Ich aber nicht, Willi hatte wohl vergessen, mich zu fragen.

Eine Zeit lang war ich also arbeitslos, als mich der Wirt der *Galerie* anrief und sagte, ich solle doch in seinen Laden kommen, er wolle mit mir über ein neues Engagement sprechen, bei dem ich mindestens 3000 Mark bekommen solle. Ein Wahnsinnsgeld. Also ging ich hin. Ich setzte mich an einen Tisch vor der Band und wartete. Der fest engagierte Sänger war ein kleiner Italiener namens Danny Marino. Er sang auf seine Art gut, südamerikanisches Zeug und französische Chansons.

Auf einmal erschien der Wirt und rief laut: „Dieser schwule Italiener soll hier sofort abhauen, da sitzt schon Knut Kiesewetter, der übernimmt sofort! Für 3000 Mark im Monat.“ Er deutete auf die Tür und schrie Danny Marino an: „Raus!“

Danny und ich traten gemeinsam auf die Straße. „Ich denke doch gar nicht daran!“, sagte ich. „Das werde ich dir nie vergessen, das mache ich auch eines Tages mal wieder gut“, sagte Danny, während er wieder hereingerufen wurde.

Er schien sehr geschäftstüchtig zu sein und hatte nachher in Hamburg, Berlin und sonstwo Lokale, in denen Livemusik gemacht wurde, die damals sehr bekannten *Dannys Pan*.

In seinem Hamburger Lokal war ich manchmal. Er hat mir nicht einmal ein Getränk ausgegeben.

Inzwischen hatte ich ein paar Singles unter der Leitung von Jimmy Bowien gemacht, die alle schlecht liefen, nur die Singles, die ich mit den *Tramps* und den *Cherrys* und anderen Gruppen aufgenommen hatte, bei denen ich der Lead- und Solosänger war, liefen gut.

Dieter Heck(scher), der damals noch keinen „Thomas" hatte und den ich schon aus Hamburg kannte, war inzwischen Sprecher bei Radio Luxemburg; er sollte mich interviewen. Radio Luxemburg war damals noch wirklich in Luxemburg. Das Gebäude wirkte wie eine alte Burg, vielleicht war es das ja auch einmal.

Meine Schallplattenfirma schickte mich dorthin, in dem Glauben, so ein Interview würde meine Schallplattenumsätze erhöhen. Weit gefehlt!

Gegen Luxemburg damals ist in Garding, der Kleinstadt, in der ich jetzt wieder wohne, der Teufel los. Abends um zehn wollte ich in Luxemburg noch ein Bier trinken, aber man hatte schon die Bürgersteige hochgeklappt.

Der Mann von der Hotelrezeption empfahl mir ein Striptease-Lokal, dort würde ich abends um zehn noch ein Bier bekommen. Hurtigen Schrittes strebte ich zu dem Lokal, setzte mich an den Tresen und bestellte ein Bier. Welche Enttäuschung, es war ein Flaschenbier.

Nun sagte man eine Stripteasetänzerin an. Der Auftrittsort ihrer großen Show war direkt hinter meinem Rücken. Ich konzentrierte mich mehr auf mein Bier und blieb ruhig sitzen.

Auf einmal schlug mich jemand von hinten und beschimpfte mich lauthals auf Französisch. Ich fragte meinen Nachbarn, was man von mir wolle. „Das ist die Stripteasetänzerin", sagte er. „Die ist beleidigt. Sie würden sie nicht beachten." Ich blieb nicht lange.

In der Radiosendung von Luxemburg musste ich meine Autogrammadresse angeben:

„2000 Hamburg 13
Schlüterstraße 14
Bei Hasse"

Wieder zu Hause, standen dort schon Plastikwannen voller Briefe mit Autogrammwünschen im Flur. Das ist nicht erwähnenswert, außer dass ein Brief adressiert war an:

„Schauspieler
Fräulein Glut Gieselbacher
Hamburg 50
Glüderstraße 13"

und das kam an, damals war die Post noch findig. Das zeigte ich natürlich allen Bekannten und Musikerkollegen. Seitdem hieß ich unter den Musikanten Fräulein Glut Gieselbacher.

Es kam aber auch solch ein Brief aus Braunschweig:

„Ich sammle Autogrammbilder von Stars. Ihre Adresse ist aber Schlüterstraße 14 bei Hasse, dann sind Sie ja gar kein richtiger Star, und ich will auch kein Autogramm von Ihnen."

Was für ein Tiefschlag …

Ich wohnte in einer großen Altbauwohnung in einem Zimmer, später zwei, zur Untermiete. Meine Wirtin, eine herzensgute Frau, kam eines Tages zu mir und schimpfte: „Sie frühstücken ja nie! Ich mache Ihnen ab jetzt jeden Morgen ein Frühstück. Eine Tasse Kaffee und ein belegtes Brötchen, dafür will ich fünfzig Pfennig haben." Ich fing an, mit ihr zu feilschen, nach Stunden hatte ich sie dann auf achtzig Pfennig hochgehandelt.

Nun war ich ja wenig da und bekam also dieses opulente Frühstück nur jeden dritten Tag. So kam sie ein Mal im Monat und kassierte ab. „Herr Kiesewetter, sie haben zehn Mal gefrühstückt, ich schreibe das mal eben auf." „Das brauchen Sie nicht", sagte ich, „hier sind acht Mark." „Nein, nein, ich schreib das auf!" Und sie schrieb zehn Mal achtzig Pfennig untereinander und fing an zu rechnen, nach geraumer Zeit sagte sie: „Tatsächlich, acht Mark! Wie haben Sie das so schnell gewusst?"

Im Frühjahr 1962 holte mich Jimmy Bowien mit der *Bruno Lefeldt Band*, die um zwei Bläser aufgestockt war, in das neue Polydor-Studio in Hamburg-Wandsbek. Wir nahmen eine EP namens *A new voice in Jazz* auf. Natürlich fand man im Alter von zwanzig Jahren noch alles gut, was man aufnahm. Auch wenn ich mir das heute anhöre, war das gar nicht so schlecht.

Viel Prominenz verkehrte in den *Riverkasematten* und sehr viele Presseleute waren fast jeden Abend dort, denn Jazz war damals sehr populär.

Als wir die Produktion gemacht hatten, brachten wir natürlich schon vor Veröffentlichung der Platte ein Tonbandgerät mit den Bändern von diesen Aufnahmen mit in den Laden und spielten diese den oft „restlos begeisterten" Fans vor.

Einer der Begeisterten war ein Reporter der *Bild-Zeitung* (bei uns „Blöd-Zeitung") Kurt Kühne. Er wurde von uns nur „Kurtchen" genannt.

Kurtchen schäumte über vor Freude und versprach immer wieder: „Wenn die Platte rauskommt, mach ich darüber eine Seite in der *Bild-Zeitung*, dann verkauft sich die Platte wie verrückt."

Das Erscheinen dieser Platte schien meiner Schallplattengesellschaft aber nicht sehr wichtig zu sein; es dauerte mindestens ein halbes Jahr. Auch Kurtchen Kühne war sein Versprechen wohl nicht mehr wichtig. Wir erinnerten ihn immer wieder, bis er dann eines Tages zu uns kam und groß rausposaunte: „Nun, Jungs, morgen geht's los. Wir treffen uns morgen alle im Jenisch-Park. Zieht euch gut an, bringt die Instrumente mit und Barbara (unsere Barfrau) muss natürlich auch dabei sein." Auf unsere erstaunte Frage, was diese dabei solle, sie hätte doch schließlich nichts mit der Platte zu tun, erwiderte Kurtchen mit wichtigem Gesicht: „Lasst mich man machen, Jungs, das soll ja schließlich etwas Tolles werden."

Am nächsten Tag wurden wir den ganzen Nachmittag von Fotografen durch den Park gescheucht. Der andere Posaunist Gunther Wiedecke und ich mussten mit den Posaunen aus einem Rhododendronbusch blasen, wir mussten uns um große Eichen stellen und so tun, als ob wir spielten, was unserem Pianisten ohne Klavier nicht leicht fiel. Im Gänsemarsch hetzten wir über Wiesen und machten allen möglichen verdammten Blödsinn, von dem wir überhaupt nicht begriffen, was er mit *A new voice in Jazz* zu tun haben könne.

Am Tag darauf ging unser aufgeregtes Warten los. Diese war schließlich unsere erste gemeinsame Jazz-Platte und wir hofften auf große Promotion. Nur, es erschien nichts. Jeden Tag wieder kaufte ich diese Zeitung, die ich sonst nie kaufe, und fand voller Enttäuschung – nichts.

Kurtchen vertröstete uns immer wieder, seinen Whisky bei uns schlürfend, dass dieses Mal nicht genug Platz dafür gewesen sei, es solle doch schließlich eine große Sache werden.

Nach 3 bis 4 Monaten endlich erschien auf einer der letzten Seiten der Blöd-Zeitung ein kleines Bild, über dem stand: „Barbara, geh du voran!"

Auf dem Bild schleppten wir fünf Musiker im Gänsemarsch laufend über unseren Köpfen einen Kontrabass durch die Botanik, und die schick angezogene Barfrau der Matten stolzierte, einen Schlagzeugstock schwenkend, wichtig vor uns her. Unter dem Bild stand, dass Barbara mit einer Kapelle hinaus ins Grüne gegangen sei (es war inzwischen November), um dort eine lustige Party zu feiern.

Kein Wort, wie die Band hieß, kein Wort, wie ich heiße, kein Wort über das Album. Endlich hatte ich begriffen, woher solche lustigen Geschichten in allen möglichen Zeitungen kommen.

Inzwischen hatte ich mit den *Tramps* die zweite Single aufgenommen mit dem schönen Titel *Nur eine kleine Träne*. Das war nicht mehr der riesige Erfolg wie *Am Missouri,* wurde aber doch recht bekannt. Und ich hörte die Nummer aus den Musikboxen der Kneipen, an denen ich auf dem Weg zur Arbeit vorbeiging.

In der Lincoln-Straße, die von der Reeperbahn abzweigt, gab es ein chinesisches Lokal, wohl eines der ersten in Hamburg. Ein Kollege sagte mir nicht etwa, dass man dort gut, sondern billig essen könne. Chaomin, ein Nudelgericht mit Hühnerfleisch (sehr wenig Hühnerfleisch), für eine Mark dreißig. Auf einmal war ich ein begeisterter Nudelesser. Dort bediente mich immer einer, der wie die Karikatur eines Chinesen aussah. Ein kleiner Spargeltarzan mit vorstehenden Schneidezähnen. Er hatte eine sehr hohe Stimme und sprach auch genau so, wie man einen Chinesen nachmacht; nein, noch schlimmer, denn man konnte ihn kaum verstehen.

Mitten im Lokal stand eine Musikbox, in der war – logisch – *Eine kleine Träne*, das Stück wurde auch oft gedrückt.

Meine Kollegen konnten es nicht lassen, unserem Ober zu erzählen, dass ich der Sänger sei.

Ab jetzt war immer der Teufel los, wenn ich das Lokal betrat. Der Chinesen-Ober erzählte mir stundenlange Geschichten, von denen ich kaum etwas verstand und wenn ja, es mich auch nicht interessierte. Er vertrieb mich also mit der Zeit aus dem Lokal.

Rolf Simson hieß der Bass-Sänger der Gruppe *Die Tramps*, die ohne mich und mit Frauen der *Starletchor* hieß. Wir nannten ihn nur Rudi. Er war der Weltmeister der Zoten. Auf alle möglichen Textzeilen, die wir singen mussten, konnte er blitzschnell einen unanständigen Reim machen.

Zum Beispiel mussten wir singen:

„Kein Berg ist so hoch,
dass ich dich sehen kann.“

Rudi:

„Kein Zwerg hat so n klein’,
dass er nicht stehn kann.“

Wir sollten singen:

„Wenn die Sonne verglüht,
dann singt sie ihr Lied
die Rose vom Tennessee River“

Rudi:

„Wenn die Sonne verglüht
dann schwingt sich das Glied
in der Hose von Tennessee Williams“

An einem Aufnahmenachmittag entstanden zehn bis zwanzig dieser Zoten, die ich hier nicht alle aufzählen möchte.

In den großen Studioräumen standen Stellwände, das sind verschiebbare Schallschluckwände. Rudi verschwand ab und zu hinter solch einer Wand. Bei der Aufnahme des Titels *Loop di Lou* mit den *Cherries* interessierte mich das, was er dort immer machte. Ich ging ihm nach und sah, wie er an einer Kornbuddel nuckelte. Höflich bat ich ihn um ein „wönziges Schlöckchen", das dann aber öfter. Schließlich war es so weit, dass ich dachte, wenn das nächste Mal das Mikrofon vorbeikommt, singe ich wieder rein.

Auch dieses Stück hörte ich wieder aus den Musikboxen. Und es schauderte mich, wenn ich meine Soloparts hörte. Da nahm ich mir vor, nie wieder unter Alkoholeinfluss zu singen und zu spielen. Und das habe ich, bis auf ein Mal, mein Leben lang durchgehalten.

Alle Jazzer, die nach Hamburg kamen, traf man in den Matten wieder. Es wurde miteinander gespielt, viel gealbert, geflachst und es wurden Gehässigkeiten von sich gegeben. Woran ich mich noch gut entsinne, waren die Äußerungen über Roberto Blanco. Ein schwarzer Mann, der schlohweiß singt. Seine Intonation, sein rhythmisches Gefühl, alles schlohweiß. Ein von Musikern immer wieder mit Begeisterung gebrauchter Gag war: „Was ist Roberto Blanco von Beruf?" Antwort: „Neger."

Inzwischen hatte mich auch der Norddeutsche Rundfunk (NDR) entdeckt. Ich machte dort viele Aufnahmen und für manche schrieb ein in Hamburg lebender Berliner, der sich Lem Arcon nannte, die Arrangements. Eines Tages traf ich Lem Arcon in der NDR-Kantine, die inzwischen Casino hieß. Er sprach mich an und erzählte mir, dass seine Frau so sehr in meine Stimme verliebt sei. Er solle mich doch zu sich nach Hause einladen, sie würde etwas Wunderbares kochen. Er lud mich zum 26. Juni 1963 ein.

Am Abend vorher bin ich mit meinem Kumpel Horst Mehrer auf dem Kiez unheimlich versackt. Immer wieder sagte ich: „Ich muss jetzt ins Bett gehen, ich bin morgen zum Essen eingeladen." Bis es so weit kam, dass ins Bett zu gehen sich auch gar nicht mehr lohnte, und ich es nicht mal pünktlich zu dem Mittagessen bei den Arcons schaffte. Viel zu spät kam ich dort an, doch das Ehepaar Arcon bemühte sich, freundlich zu sein. Er bot mir zur Begrüßung ein großes Glas Cognac an. Ich mag doch keinen Cognac, und das jetzt noch auf meinen Suff.

Das folgende Essen war dann auch sehr verkrampft. Plötzlich kam der kleine Sohn der Arcons ins Zimmer und fragte seine Eltern: „Wer ist das denn?" „Das ist der Herr Kiesewetter, der Sänger aus dem Rundfunk." „Der ist aber hässlich", sagte der Kleine, was den Eltern sehr peinlich war. Ich konnte aber gar nicht aufhören zu lachen.

Warum weiß ich noch, wann das war? Es lief die ganze Zeit der Fernseher, und Kennedy sagte in der Live-Übertragung: „Ich bin ein Berliner."

Dass Lem Arcons Frau so verliebt in meine Stimme war, war vorgeschoben. Er wollte mir seine Arrangements verkaufen, was er auch schaffte. Das tat mir aber nachträglich nicht leid, denn die Big-Band-Arrangements waren gut. Diese Arrangements für ein Zwanzig-Mann-Orchester konnte ich noch oft gebrauchen.

Zu der Zeit machte ich oft Aufnahmen mit der Bigband des Norddeutschen Rundfunks: Die Band hatte zwei Leiter (Bandleader), Franz Ton und Alfred Hause. Alfred Hause war ein immer freundlich lächelnder Mensch, der bestimmt sehr musikalisch war; er hatte das absolute Gehör, aber seine Musiker nannten ihn einen Zickendraht.

In Japan war Alfred Hause ein Riesenstar. Er hatte mit der NDR-Bigband und den Streichern des großen NDR-Unterhaltungsorchesters Tangoaufnahmen gemacht, die sich in Japan enorm gut verkauften.

Am Piano der Bigband saß der rechtsseitig beinamputierte Hermann Hausmann. Leute mit körperlichen Handicaps waren fast immer total verbittert bis böse, nicht aber Hermann Hausmann. Er war ein typischer Musiker, der lauter Blödsinn im Kopf hatte. Ich mochte ihn sehr, denn ich mag nun mal positiv Verrückte.

Jedes Jahr ging Alfred Hause mit seinem Tangoorchester auf große Japantournee. Diese Tourneen waren sehr anstrengend, aber die Gagen waren so gut, dass alle Musiker, die eigentlich nicht mehr mitfahren wollten, doch immer wieder mitmachten.

In einem Jahr, ich weiß nicht mehr genau, in welchem, sollte in einer großen TV-Live-Show Alfred Hause eine goldene Schallplatte überreicht werden.

Der Moderator dieser Sendung wandte sich an die Musiker und bat diese darum, ihm etwas Deutsches zu sagen, das kurz und einfach sei, gut für ihn auszusprechen und Alfred sehr erfreuen würde.

Die Musiker schickten ihn zu Hermann Hausmann und sagten, der hätte bestimmt was Passendes für ihn.

Als es dann in der Live-Sendung so weit war, kam der Moderator stolz mit der Goldenen LP auf die Bühne, ging auf den lächelnden Alfred zu und sagte laut und pathetisch: „Alfred Hause, alter Sack", worauf dieser total erstarrte und sein ewiges Lächeln gefror.

Inzwischen hatte ich mir meinen ersten Fernseher gekauft. Da ich spätestens um sieben losging, um in den Matten zu spielen, und frühestens um zwei Uhr nachts wieder nach Hause kam, gab es für mich gar nicht viel zu sehen, denn das Fernsehprogramm begann um sechs Uhr abends und hörte schon vor zwölf Uhr nachts auf. Am Sonnabend und Sonntag begann das Programm natürlich früher.

An ein Programm entsinne ich mich gut. Man berichtete über einen Verein, der sich in Süddeutschland etabliert hatte. Er nannte sich „Verein zur Rettung des Samstags", das Wort Sonnabend fing also an, sich auch in Süddeutschland durchzusetzen.

Sonnabend ist für mich der einzige Wochentag, der einen poetisch klingenden Namen hat.

Kein Verein, so glaube ich, war so erfolgreich wie der zur Rettung des Samstags, denn das hart klingende Wort „Samstag", das von Sabbat kommen soll, hat sich selbst bei uns in Norddeutschland inzwischen durchgesetzt. Von manchen Leuten wird es heutzutage sogar im Plattdeutschen gebraucht.

In vielerlei Hinsicht bin ich sehr konservativ. Wenn heute jemand zu mir sagt: „Wir sehen uns also am Samstag um 16 Uhr", frage ich: „Geht es auch am Sonnabend Nachmittag um vier?"

Schon im Februar 1963 war ich zum ersten Mal in der Fernsehsendung *Musik aus Studio B,* von dem damals sehr berühmten Entertainer Chris Howland moderiert. Das war wohl die bekannteste Musiksendung in der Bundesrepublik. Auf einmal hatte ich es dort mit den Größen des Show-Business der Zeit zu tun. Caterina Valente, Silvio Francesco, Rex Gildo, Gerd Böttcher, Elke Sommer und noch mehr solcher bekannter Interpreten. Bestimmt noch sechs Mal war ich in dieser Sendung, aber ich kann mich an keine Sendung so gut entsinnen wie an diese. Die Sendung wurde live ausgestrahlt und der Witz dieser Show war, dass jeder Interpret bei einem anderen darstellerisch mitwirken musste. Eine Woche lang wurde für diese Sendung geprobt. Und so lernten sich alle Interpreten natürlich gut kennen.

Bill Ramsey war auch in dieser Sendung, er hatte schon mehrere deutsche Hits gesungen und diese gehörten zu den Schlagern, die selbst mir gefielen (*Die Zuckerpuppe aus der Bauchtanzgruppe*). Wahrscheinlich weil er diese Titel so jazzig sang. Denn er war ja ein sehr guter Jazz-Sänger und das blieb er sein Leben lang. Er ist zehn Jahre älter als ich und ich hatte große Ehrfurcht vor ihm. Er hatte meinen Namen noch nie gehört und siezte mich, was ja eigentlich unter Kollegen unüblich ist. Aber er ist gebürtiger Amerikaner und wusste das wohl nicht besser.

Joachim-Ernst Berendt hatte mehrere Jazz-Bücher geschrieben, eines schlechter als das andere, so meine ich heute. Er war Jazzredakteur beim Südwestfunk Baden-Baden und schrieb viele Artikel über Jazz in allen möglichen Zeitungen. Berendt machte Umfragen bei Publikum und Kritikern und veröffentlichte das dann unter dem Titel

Der deutsche Jazz-Poll. Berendt hatte überall große Lobeshymnen über mich veröffentlicht, also gewann ich in der Sparte „Sänger“. Eigentlich konnte ich mir nichts darauf einbilden, denn der Herr Berendt war, meiner Meinung nach, nur ein Aufschneider und dabei höchst unmusikalisch.

Während der Proben zum *Studio B* fragte Bill mich plötzlich, ob der Jazz-Poll 62/63 schon veröffentlicht wurde. Ich sagte: „Ja, gestern.“ „Wievielter bin ich denn geworden?“ „Zweiter“, sagte ich. „Und wer hat gewonnen?“ „Ich“, erwiderte ich. Mir war das sehr peinlich, ihm das so zu sagen. Er guckte mich auch verständnislos an. Dieser grüne Junge hatte ihn vom ersten Platz verdrängt. Diesen Jazz-Poll habe ich noch ziemlich oft gewonnen. Wie oft, weiß ich nicht mehr; ich habe es nicht mitgezählt, weil es jedes Jahr unwichtiger für mich wurde.

Andere Sänger sehen Kollegen immer als feindliche Konkurrenten. Nicht Bill, das ließ ihn alles vollkommen locker. Später hat er mich noch bei Rundfunkanstalten und Fernsehsendern empfohlen. Seit damals bin ich mit ihm befreundet und wir besuchen uns noch immer gegenseitig. Er ist für mich einer der tollsten Menschen, die ich in meinem Leben kennengelernt habe. Wenn man etwas von ihm will, ist er für einen da. Außerdem ist er sehr intelligent, was von den meisten unserer Kollegen ja nicht behauptet wird.

Schon damals merkte ich, dass die, die vorne an der Rampe stehen, die man also Rampensäue nennt, dort nicht von ungefähr stehen. Nur wer einen unglaublichen Geltungsdrang hat und sich selbst auch noch wahnsinnig gut findet, schafft es überhaupt an die Rampe. Wenn solche Leute aus der Branche sich treffen, zu Sendungen oder auf der Bühne, fallen Sie sich grundsätzlich um den Hals, um sich gleich danach gegenseitig zu beteuern, wie gut sie selbst seien. Mir sind solche Situationen immer entsprechend peinlich und ich versuche, mich sofort zu verdrücken.

Auch beim *Studio B* lernte ich etwas später Udo Jürgens kennen. Auch er behauptete, ein Jazzer zu sein, und kam oft in die *Riverkasematten,* wenn er in Hamburg war. Wir freundeten uns an. Er bekam sogar nachher einen Schlüssel zu meiner Wohnung und weckte mich ab und zu nachts auf. Dann zogen wir noch gemeinsam durch die Kneipen. Eines Tages erzählte er mir, dass er bei einer großen Show gerade seinen Part abgeliefert hatte und von der Bühne ging, als ihn Hildegard Knef brutal zur Seite schubste und laut: „Ich bin jetzt dran", sagte. „So bühnengeil ist die." Ich dachte mir, das hätte aber auch umgekehrt passieren können.

In der sogenannten Show-Branche finden sich alle unglaublich wichtig und sind entsprechend arrogant. Selbst der Kabelträger beim Fernsehen glaubt, etwas Göttliches zu haben. Natürlich liegt es daran, dass der „normale Sterbliche" sie dazu macht. Weil sie von diesen ja so bewundert werden. Und nur dämliche Menschen werden arrogant. Arrogant sind schließlich die Leute, die behaupten, dass ihr Brett vor dem Kopf aus Ebenholz sei.

Da ich mich, trotz meiner Sehschwäche, ziemlich frei bewegen konnte, habe ich deswegen nie Komplexe gehabt. Ich konnte einfach viele Dinge nur nicht so gut wie die anderen. Nur nachts befielen mich Komplexe, immer wieder träumte ich, ich könne Auto fahren. Denn Auto fahren ist für einen jungen Mann ja unheimlich wichtig, so hörte ich es doch von jedem. Wer nicht Auto fahren konnte und kein Auto besaß, war nicht einmal die Hälfte wert.

Als ich mal wieder in St. Peter war, traf ich meinen alten Kumpel Willi Burmeister. Im Sommer bediente er die Touris in irgendwelchen Lokalen und im Winter ging er stempeln. Trotzdem fuhr er einen nagelneuen Ford Capri.

Es war Hochsommer und es wurde schon um zwei Uhr hell.

Da ich ja schon oft im Fernsehen aufgetreten war, war Willi sehr stolz auf mich.

Als ich ihn fragte, ob er mich nicht mal nachts auf der Sandbank sein Auto fahren ließe, stimmte er spontan zu.

Ich drehte also meine Runden auf der Sandbank, denn wie Auto fahren geht, wusste ich längst. Als wir dann wieder zurück auf die Straße kamen, wollte er sich wieder ans

Steuer setzen. „Willi“, sagte ich. „Hier kannst du mich doch auch noch fahren lassen. Ich kenne doch die Straßen ganz genau. Und es bewegt sich doch keiner morgens um drei auf der Straße.“ Ich fuhr also durch den ganzen Ort, und der ist sehr lang. Im Dorf fiel er mir plötzlich ins Steuer. „Hast du die alte Frau nicht gesehen?“, fragte er. Ich hatte sie nicht gesehen, und er hat ihr das Leben gerettet. Danach war es mit den Autoträumen vorbei.

In die Matten kam oft ein junger lebenslustiger Mann namens Axel Springer. Dass er genauso hieß wie der berühmte deutsche Pressezar, war nicht von ungefähr. Er war der Junior.

Axel war ein richtiger Fan. Er kannte alle Titel, die ich sang, und wünschte sich mal diesen oder jenen. Wir waren nach einiger Zeit richtig befreundet.

Als mein erstes Jazz-Album *A new voice in Jazz* 1962 erschien, war Axel der Erste, der es hatte, und er erzählte mir immer wieder, wie toll er die Platte fand.

Als ich dann zum ersten Mal in der Sendung *Musik aus Studio B* war, fand der Toningenieur dieser Sendung meine Jazzaufnahmen wohl so gut, dass er sie in den Probepausen immer über die gesamte Saalanlage abspielte, was mir sehr peinlich war, denn es waren große Stars in der Sendung, von denen viele auch Jazzer waren.

Eines Tages, während der Probewoche, erschien mein Freund Axel. Er fuhr ein für damalige Zeiten sehr schickes Auto, einen Peugeot 404. Die Sendung fand im Studio Hamburg statt, und es war enorm weit zu mir nach Hause. Axel bot mir sofort an, mich nach den Proben nach Hause zu fahren.

Ich hatte noch nie erlebt, dass jemand im Auto eigene Platten abspielen konnte. Axel konnte das und legte natürlich meine Aufnahmen auf. Ich musste sie also schon wieder hören, aber das hat mich nicht sehr erschüttert. Axel sang mit und ich stellte zum ersten Mal fest, dass dieser Mann total unmusikalisch war und keinen Ton traf. Das war nicht so beeindruckend; nur wenn alle Leute, die diese

Platte so gut fanden, so unmusikalisch waren, wie schlecht war dann mein Gesang?

Mit den *Jazz-Poll Winners* 1962/1963 wurde dann auch eine „wichtige“ Sendung, *Jazz, gehört und gesehen,* gemacht. Eine größere Band sollte meinen Song begleiten. Da als Oldtime-Band die *Düsseldorfer Feetwarmers* gewonnen hatten, war dadurch auch das *Klaus-Doldinger-Quartett* anwesend. Alle Mitglieder dieses Quartetts spielten bei den *Feetwarmers* mit. Weil ich auf die Musik des Doldinger-Quartetts stand, bat ich darum, mich von diesem begleiten zu lassen, obwohl die nichts gewonnen hatten. Am Tenor-Saxophon gewonnen hatte der Wiener Hans Koller, ich mochte ihn als Mensch unheimlich gern; nur mit seinem Saxophonspiel konnte ich wenig anfangen. Ich fand Doldinger doch sehr viel besser. Er spielte bei dieser Aufnahme auch ein sehr schönes Solo. Ich aber, der ich doch unbedingt zeigen wollte, wie gut ich Blues singen könne, verkrampfte innerlich total. Wenn ich mir das Stück heute anhöre, bin ich von meinem Gesang doch sehr enttäuscht und ich schäme mich. Überhaupt wenn ich viele der Schlager höre, die ich in den Sechzigerjahren aufgenommen habe, schäme ich mich zutiefst. Ich kann mich nämlich sehr schämen, kann aber auch sehr zornig werden. Ich werde zum Beispiel zornig darüber, dass ich solche Aufnahmen überhaupt gemacht und nicht mit Jazz und Chansons versucht habe, mein Leben zu bestreiten. In den Siebzigerjahren glaubte man, dass diese alten „Sünden“ bald total vergessen seien, die Platten gab es ja auch schon längst nicht mehr zu kaufen.

Das Internet aber macht einen zu einem lebenslang Verfolgten. Die Schandtaten von damals kann man sich heute alle ansehen und -hören. 99 Cent kostet es, wenn man sich einen alten Schlager aus den Sechzigerjahren von mir runterladen will. Ich habe leider keine Ahnung, wo die 99 Cent hinfließen, denn ich bekomme nicht einen davon.

Alle Musiker saßen in der Kantine und Hans Koller erzählte, dass man in Wien zum Geschlechtsverkehr auch Pudern sage. Da kam eine junge hübsche Frau aus der

Maske in die Kantine und sagte: „Herr Koller, Sie müssen mitkommen, ich muss Sie noch pudern." Na, da war was los, und sie wusste nicht, weshalb.

Eines Tages rief mich ein Herr Oswald an, der sich als Musikmanager vorstellte. Er sei der Manager des Kabarettisten Hans-Dieter Hüsch erzählte er mir, und fragte mich, ob ich denn schon einen Manager habe, was ich verneinte. Er habe so viel in Zeitungen über mich gelesen, ich müsse doch einen Manager haben. Ich hätte jetzt bei ihm die Chance. Am nächsten Nachmittag, um ein Uhr, wollte er mich abholen, um den Vertrag bei ihm auszuhandeln.

Es war viertel vor eins, als ich am nächsten Tag in meinen Flur kam. Durch seinen Namen an meine Gardinger Kindheit erinnert sang ich laut „Oswald, dein Panzer steht nicht still." Da stand ein kleiner dicklicher Herr vor meiner Tür, wirkte sehr verschnupft und stellte sich als Oswald vor. Wir fuhren zu ihm und er fragte mich alles Mögliche. Wodurch ich merkte, dass er mich gar nicht kannte. Auf einmal sagte er: „Wie singen Sie denn eigentlich, das habe ich ja noch gar nicht gehört?" Als ich ihm vorschlug, doch einmal eine Platte von mir zu kaufen, sagte er: „Nein, nein, das will ich jetzt aber mal live hören", und drückte mir die billige Sperrholz-Wandergitarre seiner Tochter in die Hand.

Nach stundenlangem Bemühen, das Ding zu stimmen, sang ich Blues. Nachdem ich mit meinen Bemühungen fertig war, starrte er mich entgeistert an und sagte: „Das ist ja grauenhaft, was Sie da von sich geben, so etwas möchte ich nicht managen!" Er rief mir ein Taxi und ich fuhr wieder nach Hause. Schließlich habe ich in meinem ganzen Leben nie einen Manager gehabt.

Hans-Dieter Hüsch erzählte mir später, dass dieser Oswald ihn ein paar Mal in Norddeutschland vermittelt habe. Aber sein Manager sei dieser nie gewesen. Ich hatte mal wieder Glück gehabt.

Gunther Wiedecke, der andere Posaunist in unserer Zwei-Posaunen-Band, war wie gesagt sehr begabt. Nur wenn er sich mal vergurkte, setzte er die Posaune ab und fing an, auf das Instrument zu schimpfen. „Alle haben ne gute Posaune, nur ich nicht!“ Die schickste Posaune für die damalige Zeit war die Conn Constellation. Ich habe extra das Wort „schick“ benutzt und nicht „die beste“, denn das war sie nicht. Es gab andere, die viel besser waren. Ich blies auch diese *Conn*, aber weil die zweitausend Mark kostete, für damalige Zeiten ein Heidengeld, konnte Gunther sich die nicht leisten.

Eines Abends kam Gunthers Vater, der ihn sehr liebte, mit einer nagelneuen Conn für Gunther in die Matten. Gunther überschlug sich fast. Er war ein harter Trinker und jetzt, mit der neuen Posaune, gab es natürlich einen Grund, noch mehr zu trinken.

Er stand vorne an der Bühnenkante und wedelte noch mehr als sonst im Kreise beim Spielen mit seinem „Horn“. Mit einer Flasche Whiskey im Bauch verliert man schon mal sein Gleichgewicht. Er fiel ungeschickt nach vorn über und begrub die Posaune unter sich.

Ab da nannten wir ihn nur noch Wiedecke, den Erfinder der Faltposaune.

Damals gab es noch eine Zeitung für die pommersche Landsmannschaft, die logischerweise die *Pommersche Zeitung* hieß. Ich war nicht mehr fest in den *Riverkasematten* engagiert, sondern nur noch Gast, der ab und zu bei der Band einstieg. Dorthin brachte mir jemand die *Pommersche Zeitung* mit, in der ein langes Interview mit mir stand.

Ich hatte kein Interview gegeben, es stand aber nichts darin, weshalb ich hätte klagen müssen.

Dann sah ich, Herausgeber und Chefredakteur war Rudolf Öttinger, der schon in Stolp von seinen Segelfreunden Raudi Fettfinger genannt wurde. Die Redaktion der *Pommerschen Zeitung* war drei Minuten von meiner Wohnung entfernt. Ich besuchte Rudi und fragte ihn, wie er zu dem Interview käme. Er sagte, dass er das ja eigentlich mit mir machen wollte, er mich aber nicht erwischt habe. Also hat er sich das Interview einfach ausgedacht. „Das kann dich doch nicht wundern, das machen doch alle so!“

Nun war aber ein Reporter der Deutschen Presse-Agentur (DPA) bei mir und machte eine sogenannte Home Story. Damals glaubte ich noch, dass Presseveröffentlichungen den Umsatz der Schallplatten ankurbeln würden, was erwiesenermaßen nicht stimmt. Es erschienen zwei Seiten über mich in der *Hör Zu*.

Wiedeckes Vater kam angetrunken in die *Riverkasematten*, stürzte auf mich los und sagte: „Ich hab das in der *Hör Zu* über Sie gesehen, das freut mich ja so, weil Sie doch oft mit meinem Sohn zusammen spielen. Das freut mich so, das freut mich so. Heute noch *Hör Zu*, morgen schon Bild-Zeitung."

In die Matten kam ab und zu ein Schweizer Schlagzeuger, der ein paar Monate im Schauspielhaus engagiert war, und spielte mit. Er hieß Alex Bally und hatte irgendwas mit den Bally-Schuhen zu tun, was man seinem Schlagzeugspiel aber nicht anhörte. Er war ein verdammt guter Trommler.

Joachim-Ernst Berendt rief an, ich solle für ihn in Zürich in dem Jazz-Lokal *Africana* spielen. „Was hast du denn damit zu tun?", fragte ich ihn. Er sagte: „Ich will eine Fernsehsendung über die amerikanischen Jazz-Musiker machen, die fest in Europa leben." „Ja und?", fragte ich. „Dort, im *Africana,* ist der Blues-Sänger Champion-Jack Dupree fest engagiert. Den will ich in meiner Sendung haben und brauche im *Africana* für ihn Ersatz. Das machst du. Ich habe aber nicht viel Geld dafür. Du kannst höchstens noch einen Musiker mitnehmen." Ich nahm den Musiker Horst Voigt, der Klavier und Bass spielte, mit. Wir fuhren mit dem Zug zweiter Klasse. Es war eine Weltreise. Vollkommen kaputt kamen wir in Zürich an und gingen noch etwas essen vor dem „großen Konzert". Auf einmal setzte sich Alex Bally neben mich und wir freuten uns über unser Treffen. Er könne mich nicht gleich im *Africana* hören, sagte Alex, er habe irgendwo noch eine Mucke, aber nachher würde er noch reinschauen.

Das *Africana* war ein schwarzes Loch. Ich setzte mich mit der Gitarre hin und versuchte das Publikum möglichst freundlich zu begrüßen: „Guten Abend, meine Damen und Herren, ich heiße Knut Kiesewetter und komme aus Hamburg.“ „Wärst du doch bloß da geblieben“, rief einer in der bekannten charmanten schweizerischen Art von hinten aus der Ecke. Ja, das lockert auf. Wir schleppten uns also zwei Stunden durchs Programm. Bis auf einmal zwei Leute ein Schlagzeug hereintrugen. Alex Bally brachte noch mehr Musiker mit, wir jazzten die ganze Nacht durch und hatten einen riesigen Spaß. An den Abend würde ich mich sicher nicht mehr entsinnen, wenn nicht diese beiden extremen Situationen aufeinandergeprallt wären und das nicht noch so eine tolle Nacht geworden wäre.

Dann wurde ich ein zweites Mal für einen Monat im Lübecker *Riverboat* engagiert. Ich spielte gern auf dem *Riverboat*, denn schon als ich 1959 in Lübeck studierte, war ich fast jeden Abend dort.

Ich stellte mir meine eigene Band zusammen, wir machten uns ein paar schöne Arrangements und schon ging's los. Mit dabei war der Gitarrist Hans Haider. Während der Sommermonate machte Hans keine Musik. Er war in Kampen auf Sylt Rettungsschwimmer. Unser Engagement auf dem *Riverboat* war im Mai. Der Besitzerin, Fräulein Görges, war vom Steg zum Boot ein Ring vom Finger ins Wasser gefallen. Sie beklagte den Verlust sehr. „Ich habe meine Taucherausrüstung dabei“, sagte Hans. „Ich hole Ihnen den Ring wieder hoch.“ Wir Musiker waren sofort damit einverstanden, denn das Boot war unüblicherweise kaum besucht. Und dann hat man doch keine Lust zu Spielen.

Hans mit Taucherbrille, Schnorchel und Flossen rein ins eiskalte Wasser.

Ab und an kam er wieder hoch und sagte: „Find ihn nicht.“ Wir machten uns einen Jux daraus, Hans immer wieder ins Wasser zu scheuchen. „Hans, das kannst du. Den findest du.“ Und Hans wieder rein. Das machte er, bis es dunkel wurde, fand den Ring aber nicht. Dann musste er heiß duschen und sich langsam wieder aufwärmen. Das *Riverboat* war inzwischen gut gefüllt, aber wir spielten nur noch eineinhalb Stunden.

Während Hans' Schwester im Urlaub war, hütete Hans ihre Wohnung. Sie hatte schöne Antiquitäten. Als Hans mich dorthin einlud, zeigte er mir ganz stolz, dass er in die Türen der barocken Anrichte seiner Schwester viele kleine Löcher gebohrt und auf die Rückseite der Türen die Lautsprecher der Stereoanlage geschraubt hatte. Mir, als altem Antiquitätenfreund, blutete das Herz. Ich sagte aber nichts. Das Herz seiner Schwester muss noch mehr geblutet haben, als sie das sah. Er musste die Löcher mit Holzkitt alle fein säuberlich wieder verschließen, wie er mir später beleidigt erzählte.

Wir saßen mit mehreren Musikern in dem Lokal *Drei Weisheiten* auf dem Kiez, wo sich die Jazzmusiker oft trafen. Ein Typ kam mit einer Gitarre herein, auf der er unentwegt sehr amateurhaft schlicht spielte und uns damit nervte. Er wusste nicht, dass das Lokal voller Berufsmusiker war.

Später kam Hans Haider herein und hörte mit traurigem Gesicht diesem Jungen eine Weile zu. Ein Musiker sagte: „Hans, du kannst doch auch ein bisschen spielen", worauf der „Gitarren-Virtuose" ihm seine Klampfe hinhielt. Hans guckte diese an und sagte: „Das sind mir zu wenig Saiten." „Gitarren mit mehr Saiten gibt es gar nicht." Darauf Hans: „Ich glaube, meine hat aber sieben." Der andere: „Eine Gitarre hat sechs Saiten, wetten?" „Na gut, wir wetten", sagte Hans. „Hundert Mark." Ich grinste die ganze Zeit schon in mich hinein, denn ich wusste ja, Hans, der Gitarrenbauer, hatte sich eine Gitarre mit einer zusätzlichen Bass-Saite gebaut. Hans ging hinaus, um sie zu holen. Aber die Geschichte muss man ja nicht zu Ende erzählen.

Der Wirt meiner Wohnung war eine enorme Type. Vor dem Krieg war er bei der Polizei in Breslau. Die Polizei war ja damals nahtlos von der SS übernommen worden und wurde auch oft zu sehr „schrägen" Einsätzen befehligt. Dabei muss er sich irgendetwas zuschulden kommen lassen haben, denn er wurde in Hamburg nicht, wie fast alle Vorkriegspolizisten, übernommen. Er hatte furchtbare

Nazisprüche drauf und schloss sie immer mit „Nicht wahr, auf Deutsch gesagt und so weiter“ ab. Er fand zum Beispiel, dass man einen neuen Krieg anfangen solle, damit er wieder in seine Heimat zurückkönne, nicht wahr, auf Deutsch gesagt und so weiter. Diese Art zu Reden juckte mich natürlich. Und ich antwortete ihm immer mit demselben Anhängsel, nicht wahr, auf Deutsch gesagt und so weiter, er merkte das aber nicht.

Als ich das dritte Mal in *Musik aus Studio B* auftrat, hatte man sich einen neuen Gag einfallen lassen. Die Zuschauer sollten auf einer Postkarte den Titel und Interpreten, der ihnen am besten gefallen habe, einschicken. Es stand mitten im Studio eine Schubkarre voller Postkarten. In der vorigen Sendung hatte Wencke Myhre den Schlager *Ich weiß, wen ich will* gesungen. Ich griff mir eine Postkarte aus der Schubkarre, worauf stand: „Wenga Möller. Ich weiß, wann ich will.“

Ein paar Jahre später hieß Wencke Myhre wirklich Möller, denn sie heiratete einen Zahnarzt mit diesem Namen.

Wenn ich in manchen Lokalen von Gästen erkannt wurde, was mir jedes Mal sehr unangenehm war, passierte es oft, dass die Leute sagten: „Sie sind doch der aus’m Fernsehen! Wie heißen Sie noch mal?“ Dann sagte ich genervt: „Rex Gildo“, manche schoben dann zufrieden ab. Anderen fiel es manchmal auf, dass das nicht ganz stimmte, dann sagte ich schnell „Roy Black“ und ging alle Namen der sogenannten Kollegen durch. Bis ich mich dabei, während der aufkommenden Diskussion, heimlich verdrückte.

Mein damaliger Schlagzeuger hieß Eberhard Plag und war der Sohn des Stadtpfarrers von Reutlingen. Der über 80-jährige alte Herr war unheimlich wissend und gescheit, was Eberhard nicht von ihm geerbt hatte. Ich hatte ihm ein Zimmer in der großen Wohnung, in der auch ich wohnte, besorgt.

Nichts ist so altmodisch und komisch wie die gerade vergangene Mode. Er hatte sich einen Nierentisch aus den 50ern besorgt und stellte ihn zur Belustigung schräg vor seine Zimmertür. Alle bekannten Künstler, die unsere

Wohnung betraten, mussten auf Eberhards ulkigen Tisch groß ihr Autogramm malen.

Eines Tages sah ich auf dem Tisch unter dem Autogramm von Udo Jürgens „Erika". „Wer ist das denn?", fragte ich ihn. „Och, das ist eine Nutte aus dem Schaufenster in der Herbertstraße. Die hat ungefragt einen Stift genommen und sich unter Udo verewigt."

Bei einer Tournee bildeten sich damals immer „Pärchen" unter den Musikern, die sich die jeweiligen Doppelzimmer teilen mussten. So blieb ich eine ganze Tournee, wie schon am ersten Tag, mit Eberhard zusammen. Sobald wir mit dem Bus vor dem Hotel ankamen, rannte er so schnell es ging ins Hotel, um sich den Schlüssel geben zu lassen.

Schließlich fand ich heraus, warum er das tat. In den Badezimmern unter den Spiegeln lagen immer eine ganz kleine Tube Zahnpaste und ein kleines Stück Seife; die steckte er sich immer ein, bevor ich das Zimmer betrat.

In Tauberbischofsheim hatte ich mir am Tag einen großen knallroten Apfel gekauft und den in einer Tüte auf meinen Nachtschrank gelegt. Als ich unser Zimmer am Abend betrat – Eberhard ging immer früh ins Bett, denn er trank keinen Alkohol –, war der Apfel weg. Am nächsten Morgen, er war dabei, das Zimmer zu verlassen, fragte ich ihn nach dem Apfel. „Den habe ich gegessen", sagte er „ich glaubte, du willst den nicht." „Bevor du gehst", sagte ich, „gib mir doch mal eins von den kleinen Seifenstücken, meine Seife ist alle." „Ich denke gar nicht daran", sagte er, schnappte seinen Koffer und verließ das Zimmer.

Wenn wir essen gingen, drehte er von den Salz- und Pfefferstreuern den Deckel ab und legte ihn nur auf die Streuer, damit dem Nächsten, wenn er nachwürzen wollte, alles ins Essen fiel.

Ich war schon der glückliche Besitzer eines Fernsehers. Als ich nun 14 Tage in den Urlaub fahren wollte, fragte er mich, ob er auch manchmal bei mir fernsehen könne; aber nur ganz selten, versicherte er. Ich gab ihm meinen Schlüssel: „Sieh doch, so oft du willst."

Ich kam einen Tag eher zurück, als er glaubte. Er saß auf meiner Couch, Füße auf dem Tisch, und sah fern. Ihm war das peinlich. „Habe nur ganz wenig gesehen“, sagte er. Ich nahm die Fernsehzeitung und sah, dass er den ganzen Tag ferngesehen haben musste, er hatte sich nämlich alles, was er sehen wollte, fett angekreuzt. „Ist mir doch egal“, sagte ich. „Bevor wir das vergessen, ich bekomme 1,40 Mark von dir für die beiden Fernsehzeitschriften.“ Er hielt schon die Hand auf. Dass ich nur genau 1,39 Mark klein hatte, war ein unheimlicher Zufall. Er nahm den von mir angebotenen 100 Mark Schein und ging wechseln. Er hatte also seiner Meinung nach nicht für einen Pfennig die Zeitungen benutzt und Strom bei mir verbraucht. Solche und noch viel mehr ähnliche Geschichten könnte ich über ihn erzählen.

Zu der Zeit traf ich ab und zu den Verleger und Sänger Michael Holm. Als ich mit Eberhard über Holm sprach, sagte er: „Den mag ich nicht, der ist mir zu geizig.“

Wenn er keine Mucken hatte, fuhr er für eine Firma als Chauffeur Leute durch Hamburg. Eines Tages erzählte er mir, dass er jetzt den Chef von Renault Belgien führe. Da Eberhard ja so gut französisch spräche, und das tat er wirklich akzentfrei, wolle der Renaultchef ihn in Belgien fest anstellen. Das klingt aber komisch, dachte ich mir. Außerdem wohnte der Renaultmann in einem unscheinbaren billigen Hotel. „Damit er nicht belästigt wird“, versicherte Eberhard. Noch komischer, dachte ich. Als Eberhard dann aber kam und mir erzählte, dass der große Renaultchef sich bei ihm 2000 Mark geliehen hätte – ich wusste gar nicht, dass Eberhard so viel besaß –, war mir klar, dass er einem Hochstapler aufgesessen war.

Immer wenn andere Leute hereingelegt werden sollen, habe ich eine Nase dafür und merke es sofort. Nur wenn es um mich selbst geht, scheine ich nasenfrei zu sein. Wie oft bin ich schon über den Tisch gezogen worden!

Der große Chef von Renault war spurlos verschwunden. Natürlich hatte er das Hotel nicht bezahlt, den Wagen mit Chauffeur auch nicht.

Wenn ich Musikanten traf, die Plag kannten und wussten, wie geizig und hinterlistig er war, erzählte ich denen ab und zu die neusten Storys, die Eberhard abgeliefert hatte. Dann war natürlich immer ein schallendes Gelächter angesagt. Manche erzählten Eberhard das wieder, der kam dann zu mir und beschwerte sich, dass ich schlecht über ihn rede. „Nein, Eberhard", sagte ich. „Ich erzähle das, was mir mit dir mal wieder passiert ist. Wenn das schlecht ist, bist du schlecht."

Von einem holländischen Fernsehsender wurden meine Schwester, mein Bruder und ich engagiert. Eine Sendung über singende Geschwistertrios sollte dort entstehen.

Wir wurden in einem kleinen uralten Hotel an einer Amsterdamer Gracht untergebracht. Die Treppe musste man auf allen vieren erklimmen (auch vor dem Genuss von Getränken), aber ich liebe ja solche Hotels. Mein Bruder und ich setzten uns an die Bar und bestellten beide einen Whisky-Cola. Mein Bruder mit und ich ohne Eis. Auf Eis hatte ich in Lokalen schon seit Jahren verzichtet, weil ich immer das Gefühl hatte, dass man dabei betrogen wird; denn immer wieder kam zuerst das Eis in das Glas und dann wurde der Whisky darübergeschüttet, sodass es schließlich nach viel mehr Whisky aussah, als wirklich drinnen war.

Hinter dem Tresen war ein Spülbecken, in dem man die benutzten Biergläser ausspülte. Das Wasser in diesem Becken floss langsam und zwar sehr langsam über einen Überlauf ab.

Jetzt war das Eis alle und der Barkeeper füllte den Eiswürfelbereiter mit diesem Wasser nach.

Ich bestellte mir noch einen Whisky-Cola ohne Eis, mein Bruder, ganz spontan, auch ohne.

In Düsseldorf machte man außerdem jeden Sonnabend spätnachmittags eine Livesendung, die, soweit ich mich entsinne, *Vierzig Minuten Aufenthalt* hieß, denn sie wurde vom Düsseldorfer Flughafen gesendet. Ich hatte damals einen ziemlich bekannten Schlager, der *Junge, mach mal*

Pause hieß. Die Firma Coca-Cola hatte seit ein paar Jahren den Werbespruch: „Mach mal Pause."

Der Regisseur hatte sich nun etwas ganz Originelles einfallen lassen. Während die Betonpisten mit einem Gartenschlauch abgespritzt wurden, sollte ich mit einer Flasche Bier in der Hand auf den Wasserlasser zugehen, ihm den Schlauch abnehmen und ihm stattdessen eine Flasche Bier in die Hand drücken und vorher wichtig sagen: „Junge, mach mal Pause."

Das klappte am Nachmittag sehr gut.

Nur abends war schon längst eine andere Schicht am Werken. Ein kleiner dicklicher Italiener in völlig verdrecktem Unterhemd stand dort wasserlassend.

Ich ging auf ihn zu, drückte ihm die Flasche Bier in die Hand und nahm seinen Schlauch. Das Playback lief schon. Ich wusste, an welcher Stelle ich in welche Kamera gucken sollte und fing unverdrossen an zu singen, während der kleine Italiener, von nichts wissend, mir den Schlauch wieder wegreißen wollte und dabei immer laut rief: „Cheffe hat gesagt, ich spritzen." Meine Regieanweisungen streng befolgend ließ ich den Schlauch nicht los, und so ging vor laufenden Kameras ein Gerangel und Gekämpfe zwischen uns beiden los. Als ich das Finale erreicht hatte, hatte ich nie in die richtige Kamera geguckt, war klitschenass und vollkommen fertig.

Mit dem Pianisten Horst Jankowski ging ich Mitte der 60er in Stuttgart in ein Show- und Tanzlokal. Großes Aufheben wurde um den rumänischen Pianisten Eugen Cicero gemacht. Wir wollten ihn gern hören und waren bass erstaunt, was dieser Junge konnte. Selbst Jankowski, der sich ja für den Weltmeister hielt, wurde blass. Mit Eugen Cicero war ich noch jahrelang befreundet, er war ein ganz bescheidener, manchmal alberner und kindlicher Typ.

Ein paar Jahre später machte ich in Düsseldorf Aufnahmen mit dem Kantor der Düsseldorfer Neanderkirche, Oskar Gottlieb Blarr. Nach den Aufnahmen verließen wir die Kirche und gingen ein Stück in die Düsseldorfer Altstadt. Auf einmal sagte Oskar: „Da vorne läuft einer, der sieht aus wie Eugen Cicero. Das ist ein Traumpianist, den würde ich gern mal kennenlernen.“ Ich sagte: „Mal sehen, ob er’s ist.“ Und rief laut: „Eugen, hier ist Knut.“ Er war es.

Wir gingen zu dritt in die Neanderkirche. Auf die Empore hatte man für die Aufnahmen einen Flügel geschafft. Nun fingen sie beide an zu spielen auf Orgel und Flügel. Sie spielten Johann Sebastian Bach, den ich seit eh und je für den größten Musiker der Welt halte. Ich saß also alleine mitten in der Neanderkirche, und man gab ein Konzert nur für mich. Ein Schwall von Musik, der mich umfing und den ich, so lange ich lebe, wohl nie vergessen werde.

Im Herbst 1964 machte ich mit dem holländischen Entertainer Lou van Burg eine Deutschlandtournee. So schnell stürzt man wieder in die untersten Gefilde der Musik ab. Es waren außer mir natürlich auch andere Sänger dabei.

Eines Tages bemerkten wir, dass sich ein Mann in Zivil hinter die Bühne gesetzt hatte und kein Wort sagte. Es war kein Feuerwehrmann, diese Leute standen auch immer hinter der Bühne, aber sie waren stets in Uniform. Als am nächsten Tag wieder so ein Mann hinter der Bühne saß, nahm uns das wunder. Ich fragte ihn, wer er sei und was er mache. Er antwortete mir, dass er von der Kriminalpolizei sei und mich beobachten müsse. Das haute mich direkt um. Aber er wollte nicht damit heraus, weswegen er auf mich angesetzt war.

Da nun aber jeden Abend ein Kriminalpolizist hinter der Bühne saß, kriegte ich aus einem heraus, weshalb ich staatlich beobachtet wurde. In Bad St. Peter-Ording – so sagte er – sei eine junge Kindergärtnerin verschwunden. Sie hieße Walburga Tedsen, und ich müsse etwas damit zu tun haben. Ich beteuerte dem Beamten, dass ich diesen Namen noch nie in meinem Leben gehört hätte. Der Name sei schließlich ungewöhnlich und ich müsste mich doch daran entsinnen. Wie man überhaupt auf mich käme. Worauf er entgegnete, dass man ihr Zimmer durchsucht habe und dort in einer Schublade eine Autogrammkarte von mir gefunden habe, auf der stünde: „Herzlich Knut Kiesewetter."

Auf dieser Tournee trat auch Maria Hellwig auf. Ich hatte ihren Namen noch nie gehört. Sie war eine ausgesprochen freundliche, herzliche Frau. Alle Kollegen mochten sie.

Ab und zu setzt man sich ja nach seinem Auftritt runter in den Saal, um zu sehen, was die anderen so machen. Maria machte bei ihren bayrischen Liedern immer an den gleichen Stellen Handbewegungen, die dazu passen sollten; oder sie wippte mit den Hüften oder drehte den Kopf. Wir anderen konnten das bald auswendig. Am letzten Abend der Tournee stellten wir uns hinter sie, als sie schon längst bei ihrer Show war. Wir machten ihre Bewegungen alle genau mit, nur zwei Sekunden früher. Das Publikum lachte jedes Mal laut, wenn ihre Bewegung direkt nach unserer kam, und sie merkte nichts. Sie hatte noch gar nicht registriert, dass wir hinter ihr standen.

Auch ein Sänger namens Gerd Böttcher war dabei. Ich habe kaum einen Menschen erlebt, der so viel Blödsinn im Kopf hatte. Man musste aufpassen, wenn man mit ihm in ein Lokal ging, dass man keine Prügel bezog. Manche Menschen merkten ja, dass sie verkackeiert wurden.

In Cuxhaven zum Beispiel rannte er durch eine Straße und rief laut, und er konnte laut: „Alle Leute die Häuser verlassen, es wird gleich gesprengt." Es liefen tatsächlich ein paar Leute auf die Straße. Da aber Gerd Böttcher durch seinen riesigen Hit *Für Gabi tu ich alles* schnell erkannt wurde, war der Gag nichts mehr wert.

Nach der Lou van Burg-Tournee wurde ich für eine große Schlager-Tournee engagiert, und zwar als Ersatz für Drafi Deutscher. Drafi Deutscher muss mal wieder so einen Bockmist gemacht haben, dass er aus der Tournee rausgeschmissen wurde. Er stand aber noch auf den Plakaten. Und da er sehr populär war, ging immer ein Pfeifkonzert los, wenn man mich statt seiner ansagte. Dadurch wird man hart. Eine Sängerin namens Manuela und ein älterer Musikant namens Ronny waren auch dabei.

Manuela war ausgesprochen zickig. Wir waren in der Westfalen-Halle in Dortmund; ich hatte wieder meinen ach so beliebten Auftritt hinter mir.

Bald war Manuela dran. Ich konnte damals meine Füße fast nach ganz hinten drehen, die ersten Glieder der Finger meiner rechten Hand konnte ich abwinkeln und den Rest des Fingers dabei gerade behalten. Wir nannten das die Teufelskralle. Das Lid meines rechten Auges konnte ich herunterklappen, wobei das linke offen blieb. Dazu schob mir Ronny ein Kissen unters Jackett und ich stand da wie Quasimodo, direkt dort, wo sie auf die Bühne gehen sollte. „Und nun kommt zu Ihnen Manuela", klang es von der Bühne. Sie kam aber nicht, denn sie lief schreiend vor mir weg. Noch dreimal kam die Ansage und sie rannte jedes Mal wieder schreiend vor mir weg. Dann musste ich damit aufhören, denn man hätte mich ja vielleicht regresspflichtig machen können, wenn sie nicht auf der Bühne erschiene. Aber vor jemandem wegzulaufen, mit dem man jeden Tag zusammen im Bus sitzt, finde ich schon sehr abnorm.

Eines Tages kam sie auf Ronnies Zimmer, wo ein *Playboy* auf dem Tisch lag. Sie schmiss das Magazin an die Wand und schrie laut: „Mit dir will ich nichts mehr zu tun haben, du Schwein!"

Nach jedem sogenannten Konzert standen Trauben von Autogramm-Jägern hinter dem Saal und hielten uns noch stundenlang auf. Ich verließ den Bühneneingang der Ostseehalle in Kiel und sah Ronny von Autogramm-Jägern umringt und versuchte, mich an der Seite vorbeizudrücken, um ins Hotel zu verschwinden. Das sah Ronny. Ich war schon zwanzig Meter weg und er rief: „Knut Kiesewetter, willst du jetzt schon ins Hotel?" Die Meute rannte sofort hinter mir her und er war sie los. Ein Schlitzohr!

In den 60er-Jahren war ich ein eifriger Kinogänger. Die Kinos waren groß und entsprechend groß waren auch die Leinwände. Ich saß wegen meiner Sehschwäche grundsätzlich in der ersten Reihe, weil ich dann die Handlung begreifen konnte. Nur was geschrieben stand, konnte ich nicht lesen. Für das normale Publikum saß da vorne natürlich ein Vollidiot, denn jeder, der anders ist als man selbst, kann ja nur ein Vollidiot sein. Meist wurde ich die ganze Veranstaltung von hinten mit Bonbonpapier beschmissen, was mir aber nichts ausmachte. Wenn ich mal Mädchen zum Kinobesuch einlud, sagte ich ihnen vorher, wo ich sitzen würde, die nahmen das aber in Kauf und ließen sich auch beschmeißen.

Später wurde mir erzählt, dass viele Kinobesucher genau wussten, wer ich war, und auch wussten, dass ich erst hereinkam, wenn schon das Licht aus war. Sie sagten dann untereinander: „Da kommt wieder unser Tennisschiedsrichter“, weil ich doch vor der Riesenleinwand immer meinen Kopf hin und her schwenken musste, zu der jeweiligen Stelle der Leinwand, auf der gerade etwas passierte.

Zu der Zeit war ich oft beim Saarländischen Rundfunk engagiert, und dieser kleine Sender entwickelte sich richtig zu meinem Haussender. In vielen Hotels in Saarbrücken hatte ich schon gewohnt, aber Martin Arnold, ein körperlich kleiner Sprecher beim SR, sagte mir, dass ich im besten Hotel Saarbrückens noch gar nicht war, denn das Beste sei schließlich das Saar-Hotel. „Das beste“ hieß bei uns natürlich nicht das vornehmste mit dem besten Restaurant, sondern ein Hotel, in dem die verrücktesten Sachen passieren.

Das nächste Mal in Saarbrücken betrat ich mit meinen Koffern die Lobby des Saar-Hotels: Ein verrauchter Raum, in dem Leute Bier trinkend an der Theke saßen und andere Karten spielend an Tischen. Der Hotelbesitzer trat auf mich zu und sagte: „Ich bin Adolf. Spielst du mit uns ein bisschen Karten und trinkst ein paar Bier? Das geht auf mich.“ Meine Koffer und ich blieben also vorerst unten, bis ich nach einiger Zeit in mein Zimmer wollte. Adolf hatte inzwischen von Frauen geschwärmt und mich gefragt, auf was für Frauen ich denn stünde. Ich nahm die Frage nicht ernst und sagte: „Groß, blond, drall und dicke Titten.“

Als ich nun mein Zimmer betrat, saß dort eine Frau, die all diese Attribute erfüllte. Ich erstarrte vor Schreck. Sie strahlte mich freundlich an und sagte: „Adolf schickt mich.“ Es dauerte eine ganze Zeit, bis ich sie wieder los war. Dann kam Martin Arnold und sagte mir, dass ich nachts um zwei mit ihm in die Hotelbar gehen müsse, denn dort sei eine Barfrau, die er, wenn die Gäste weg seien, dazu überreden könne, uns einen Striptease vorzuführen. Und das Tollste sei, dass man zum Schluss ihr selbst gehäkeltes lila Angorahöschen bestaunen könne.

Zu vorgerückter Stunde saßen wir in der Bar und Martin fing an, die Barfrau zu beknieen, für seinen Freund Knut einmal ihren berühmten Striptease vorzuführen. Eigentlich hat Striptease mich noch nie interessiert, aber da ja vorher so viel versprochen war, heuchelte ich Interesse. „Nee, nee“, sagte sie zu Martin, „dann machst du das wieder, du Schwein, und du weißt ja, wie sauer ich dann werde.“ „Diesmal tu ich es ganz bestimmt nicht, ich schwöre es dir“, beteuerte er. Ich wurde hellhörig. Was um Gottes Willen macht er denn? Aber der Dialog zwischen den beiden setzte sich noch mindestens eine Viertelstunde fort, wobei sie ihm immer wieder drohte, sauer zu werden, wenn er es wieder mache, und er immer wieder versprach, es nicht zu tun. Endlich legte sie sexy Musik auf und begann ihren berühmten Striptease. Sie machte es direkt vor mir an der Bar und Martin saß schräg hinter mir.

Eigentlich konnte ich nichts Besonderes an ihrer Show feststellen, aber tatsächlich, zum Schluss sah ich ihr selbst gehäkeltes lila Angorahöschen. Als ich glaubte, jetzt müsse es fallen, sprang sie wie eine Furie an mir vorbei und fing an, auf Martin einzuprügeln. „Du Sau tust es ja schon wieder!“ Ich schaute mich um, Martin war eingeschlafen.

Beim Spielen in den Matten lernte ich ein Mädchen kennen, das mir sehr nett schien. Sie wollte unbedingt auch noch zu mir nach Hause. Da erzählte sie mir, dass sie mich ganz toll fände, sie möge sonst die deutschen Jungen nicht. Deswegen lebe sie in London, denn die London-Boys seien ja so viel schicker. Um Gottes Willen, dachte ich, wie kriegst du deinen Kopf hier aus der Schlinge?

Inzwischen hatte ich mein eigenes Telefon. So ging ich raus, in den langen Flur der großen Wohnung, und wählte vom Wohnungstelefon aus meine eigene Nummer. Wieder zurückgegangen, nahm ich ab und sagte erschrocken: „Was, jetzt noch, mitten in der Nacht, ins Studio? Na gut, wenn's gar nicht anders geht." Ich bestellte ihr also ein Taxi und war sie somit los.

Ein Jahr später war wieder ein Mädchen so freundlich nett zu mir und auch diese wollte gern mit zu mir nach Hause. Bei mir angekommen und bei einem Glas Whisky fing sie an zu erzählen, dass sie eigentlich in London lebe und die London-Boys, die seien doch so viel schicker als die deutschen. Moment mal, sagte ich mir, das kenne ich doch! Was nun? Aber was einmal geht, geht auch ein zweites Mal. Ich zog die Nummer genauso wieder durch.

Durch meine Augen, die ja langsam immer schlechter wurden, konnte ich nie Gesichter von Menschen sehen und erkennen, geschweige denn Blicke erwidern. Weil ich mich sonst aber fast normal bewege, galt ich deswegen als total arrogant. Ich ging damals noch ab und zu auf Partys und fast immer spielte sich nach zwei, drei Stunden dieselbe Geschichte ab.

Eine Frau, Mitte zwanzig, setzte sich neben mich und sagte: „Sie sind doch Knut Kiesewetter." „Ja, ja", sagte ich. „Wissen Sie, dass ich Sie eigentlich überhaupt nicht leiden kann?" „Ach, wieso denn?" „Weil Sie so arrogant sind", sagte sie. Mir war klar, dass sie Blickkontakt zu mir gesucht hatte und dabei kläglich gescheitert war. Nun zog ich wieder eine Nummer ab, die ich jedes Mal, wenn mir so etwas passierte, vom Stapel ließ. „Das find ich aber traurig", sagte ich dann. „Sie sind mir schon den ganzen Abend aufgefallen, weil Sie ja so gut aussehend und charmant sind", dann flossen fast alle glückselig dahin und ich hätte sie sofort mitnehmen und mit ihnen ins Bett gehen können. Aber so was tat ich nun einmal nicht. Denn ich war ja kein Mann für den ersten Abend.

1965 machte ich zusammen mit dem *Golden Gate Quartet* eine dreiwöchige Tournee durch Polen. Wir verstanden uns fantastisch und hatten viel Spaß miteinander.

Der Manager des *Golden Gate Quartets* war viel geschäftstüchtiger als ich. Das Quartett wurde nur in Dollars bezahlt, während ich einen dicken Packen Zloty-Scheine bekam. Da die Jungs vom Golden Gate aber kein polnisches Geld besaßen, kamen sie oft zu mir zum Wechseln und so gelangte auch ich an meine Dollars. Mein polnisches Geld war so viel, dass ich es in der kurzen Zeit nicht ausgeben konnte. Ich durfte es aber nicht außer Landes nehmen und so fing ich an, mit dem Geld um mich zu schmeißen.

Als wir in Stettin waren, ging ich mit dem deutschen Pianisten des *Golden Gate Quartets*, Roland Schneider, in ein Nachtlokal. Dort setzten sich zwei Nutten zu uns an die Bar. Wir sprachen englisch mit ihnen, sie wollten aber unbedingt wissen, woher wir kamen. Wir sagten es nicht. Die eine griff sich mein Portemonnaie, um zu sehen, was für Geld ich bei mir hatte. Ich war vor der Tournee beim Zoppoter Festival aufgetreten und hatte mich anderen Künstlern gegenüber als Wechselbank betätigt. Ich hatte also D-Mark, Dollar, Franc, Pfund und Schweizer Franken bei mir. Sie war 'ne ganz Schnelle und sagte: „Oh, Sailor."

Ich aber glaubte, sehr witzig zu sein, indem ich in Plattdeutsch zu ihr sagte, dass sie sowieso nicht darauf käme, woher ich komme. Worauf sie in Plattdeutsch antwortete, dass ich aus Schleswig-Holstein sei, denn dort wäre sie, während der Kriegsjahre, als ihre Eltern als Arbeiter zwangsverpflichtet waren, schließlich aufgewachsen.

Am letzten Abend der Tournee saßen wir gemeinsam in der Kellerbar des Hotels *Europejski* in Warschau, um den Abschied zu begießen. Das *Golden Gate Quartet* ließ sich, wie schon erwähnt, damals von dem deutschen Pianisten Roland Schneider begleiten. Ich kannte Roland schon ein paar Jahre, und wir hatten schon sehr erfolgreich manches Glas zusammen geleert. So saßen wir zu sechst in der Kellerbar und außer uns war niemand dort, nur die Hauskapelle, die unverdrossen ihre scheußliche Tanzmusik spielte. Ich rief den Ober, bestellte fünf Flaschen Wodka und sagte: „Jedem Musiker eine Flasche, bitte!" Nachdem die Kollegen ihre Flaschen erhalten hatten, fragten sie mich, was sie denn dafür spielen sollten. Ich antwortete: „Nichts. Es ist doch schon sehr spät und außer uns ist niemand da. Geht nach Hause!" Das ließen sie sich nicht zweimal sagen, und so saßen wir alleine dort, was zu einer tollen Nacht führte. Dabei stellten wir fest, dass ich, obwohl ich sie liebte, gar nicht so viele Spirituals kannte. Und so gingen die Jungs an den Flügel und sangen mir bis dahin unbekannte Gospelsongs vor. Ich weiß heute nicht mehr, welche Gospels dabei waren, aber ein Song faszinierte mich ganz besonders: *Wade in the water*. Später nahm ich ihn auf.

Alle Singles, die Jimmy Bowien mit mir aufnahm, waren Flops. Nicht, dass er keine Hits produzieren konnte, aber mit mir, unter meinem Namen, gelang ihm das nicht.

Als ich nun hörte, dass der Chef unserer Schallplattenfirma zu einer anderen Firma wechseln wollte, rief ich ihn an und fragte, ob er mich nicht gleich mitnehmen wolle. Er hielt das für eine tolle Idee. Ich naiver Trottel ließ mir das nicht schriftlich geben. Nachdem mein Vertrag ausgelaufen war, rief ich jetzt bei dem Schallplatten-Boss an, doch der ließ sich immer wieder verleugnen. Es dauerte lange, bis ich begriff, was da lief.

Stets habe ich geglaubt, dass das, was mir Leute sagten, auch ernst gemeint sei. Und dass man das tut, was man verspricht.

Der Stimmungssänger Werner Böhm (Gottlieb Wendehals), der früher auch mal versucht hatte, Jazz zu machen, sagte in solch einem Fall: „Versprechen ist das eine und Halten etwas ganz anderes."

Nun saß ich also da, ohne Schallplattenvertrag. Es kam nichts Neues von mir auf den Markt und ich war von der Branche abgeschnitten.

Manfred Weißleder, der Gründer des Star-Club, machte jetzt auch sein eigenes Schallplatten-Label, Star Club Records. *Star Club* nannte er seinen Laden, weil es vorher das Sternkino war und ein großer Stern quer über die große Freiheit hing. Von mir – glücklicherweise – hatte er gehört, dass ich auch Rocknummern singen könne. Und deswegen produzierten wir die LP *That's me*.

Alle Stücke dieser LP, auch die von mir komponierten, lagen beim Sikorski Musikverlag in Hamburg. Eines Tages ging der PR-Mann von Sikorski auf Senderreise, um meine neue LP bei den Sendern vorzustellen.

Ganz stolz kam er zurück und erzählte mir, dass er mich bei einem Film für's ZDF als Schauspieler und Sänger untergebracht habe. Ich müsse drei Wochen nach München und könne in dem Film zwei bis drei Titel von *That's me* singen. „Welche Titel denn?", fragte ich. „Das machst du dann mit denen vom Film ab", sagte er. Er hielt mir den Vertrag hin, den ich unterschreiben musste. Da stand anstelle der Gage 1000 DM. „Das meinst du doch nicht ernst?", fuhr ich hoch. „Jeder andere kriegt für so etwas 10 000 DM!" „Willst du nun Reklame für deine Titel machen? Ja oder nein?" Ich unterschrieb.

In München musste ich nun die Rolle für einen vollkommen schwachsinnigen Film lernen, in dem ich nicht einen Ton von meiner LP sang. Trotzdem erinnere ich mich noch gern an diese Zeit zurück, denn Willi Hagara, der dort mitspielte, war ein völlig verrückter Hund, der sehr komisch war, es aber meist gar nicht merkte. Bei mir hieß er nur „Walla Higiri".

Bei Radio Luxemburg traf ich einen Mann, der Mary Roos im Schlepptau hatte. Er tat so, als kannten wir uns schon seit Jahren. Als ich ihn fragte, wer er denn sei, antwortete er mit Stolz: „Hans Heinz Henning." Der Name verpflichtet. Er fing an, von dem tollen Film zu schwärmen, den ich gerade in München gemacht hätte. Bei dem „toll" musste ich eingreifen und vehement widersprechen. Er aber bestand darauf, dass der Film sehr gut war und seine Ideen großartig; er hätte ja schließlich das Buch geschrieben.

Keine der Star Club Records-Aufnahmen lief gut. Also verkaufte Weißleder sein Label an die Philips. Die Philips musste somit auch alle Verträge übernehmen. Ich war auf einmal ein Philips-Sänger.

Der damals sehr erfolgreiche Produzent Fred Weyrich nahm mit mir Nummern auf Deutsch auf, die Frank Sinatra und Tom Jones im Original gesungen hatten. Man wollte probieren, ob ich auch in dem Stil singen konnte. Die Titel spielten wir in einem Berliner Studio ein. Auf einmal rauschte die damals bekannte Sängerin und Schauspielerin Heidi Brühl herein und hörte mich singen. Sie hatte bis dahin ein paar Jahre in Amerika gelebt und wusste wohl nicht, was in Deutschland so los war. Sie nahm mich fast mütterlich beiseite und sagte, dass das gar nicht so schlecht sei, was ich da sänge. Aus mir könnte durchaus mal etwas werden.

Auch die Philipsleute waren begeistert von dieser Art Gesang. Ich wurde vor die Philips-Bosse gerufen und mir wurde feierlich erklärt, dass ich ja nun der große Philips-Star sei, der diesem Image nicht durch weiteren Jazzgesang schaden dürfe.

Einer der Bosse, ein Dr. Lichthorn, sagte, dass die Schallplattenfirma nichts für mich tun könne, wenn ich noch weiter in „Jazzspelunken" auftreten würde. Den feierlichen Ton übernehmend, antwortete ich den Herren, dass sie doch erst mal dreihunderttausend Tonträger verkaufen sollten, bevor wir darüber weiterreden. Wir brauchten nicht darüber weiterzureden. Und nach zwei Jahren war ich auch schon auf und davon.

Die Schallplattenfirmen schickten ihre Künstler oft auf „Senderreisen". Ein PR-Mann der Firma reiste mit einem von Sender zu Sender und man musste artig seinen Diener machen, damit man öfter im Rundfunk gespielt wurde.

Bei einer solchen Senderreise sollte ich beim WDR zu den Backing Tracks meiner neuen Single live singen. Ich fragte, was das solle, ich sei doch schließlich nur auf „Good will"-Tour und denke gar nicht daran, ohne Gage live zu singen. Das sei aber der neue Trend beim WDR. „Der Trend kann mich mal", sagte ich. „Ich singe nicht umsonst." Was ich denn haben müsste, fragte man mich. „Mindestens 1000 Mark“, sagte ich. „Dann kommt das Ganze nicht zustande“, war die beleidigte Antwort der Philips-Leute. „Na gut, dann eben nicht.“ Ich bin ein Mann mit festen Prinzipien.

Ein paar Tage später rief mich jemand vom WDR an und sagte mir, dass man sich dazu durchgerungen habe, mir die 1000 Mark für meinen Auftritt zu zahlen. Ich war zufrieden. Noch zufriedener war ich, als mich ein Philips-Mann anrief und mir sagte, dass sich die Philips dazu durchgerungen habe, mir 1000 Mark für meinen Auftritt zu bezahlen. Das fand ich mehr als recht und billig. Das bin ich doch schließlich wert.

Bei dieser Senderreise kam ich auch nach Wien. Dort spielte gerade Freddy Quinn mit meiner Schwester den „Jungen von St. Pauli“ im Theater an der Wien. Nach der Vorstellung ging ich mit meiner Schwester und einem sehr witzigen Mann von der dortigen Philips zum Heurigen. Dort saßen wir und alberten vor uns hin. Wir saßen dicht an der Kapelle (zwei Mann: Akkordeon und Bassgitarre).

Plötzlich stand die Karikatur eines Betrunkenen vor den beiden Musikern: weit nach hinten gelehnt, offener schwarzer Mantel, offener weißer Schal und Hut im Genick. Er hielt einen sehr großen Geldschein in seiner gehobenen Hand und sagte: „Meine Herren, spuiln's doch a'mol *Servus Franz*.“

Wie hypnotisiert starrten die beiden auf den Schein und fingen mit einem sehr langen Glissando an: „Seeeeervus Franz, Servus Franz …“

Als sie ihr Werk abgeschlossen hatten, stand der Betrunkene noch in selber Stellung vor ihnen, schnaufte und sagte: „Meine Herren, spuiln's doch noch a'mol *Servus Franz*.“ Und schon wieder ging es los: „Seeeeervus Franz, Servus Franz …“ Das geschah noch drei Mal und erinnerte mich sehr an mein *Marina*-Erlebnis. Nur der Schluss entwickelte sich vollkommen anders. Als ein Kellner hinter dem Suffkopp vorbeiging, drehte dieser sich um und fragte: „Herr Ober, können's des wechseln?“ Noch die ganze Nacht habe ich darüber gelacht.

Jeden Sommer fuhr ich, so oft ich konnte, nach St. Peter, um meine Mutter zu besuchen.

St. Peter war damals sehr schön, gar nicht zu vergleichen mit heute. Es gab so viel Natur, Dünen, Heide, einen riesigen Strand, ein riesiges Vorland, dahinter den damals noch grünen Deich.

Es inspirierte mich zu folgendem Text:

Der Sommer ruft mich nach Haus

Die Zeit, um zu säen
Die Zeit, um zu jäten
Die Zeit, um zu mähen
Das duftende Gras
Diese Zeit voller Leben
Voller Glück ohne Maß
Und voll Lerchengesang
Die ich nie vergaß

Die Zeit, zu probieren
Sich nicht mehr zu zieren
Zu zweit zu spazieren
Auf sattgrünem Deich
Diese Zeit voller Sanftmut
Diese Zeit, die so reich
In der Duft auf dem Land ruht
Macht Winde so weich

Die Zeit, um zu träumen
Die Zeit, um zu spüren
Den Wind in den Bäumen
Der abends noch warm
Diese Zeit voller Liebe
Diese Zeit ohne Harm
Hältst du abends ganz zart
Die Liebste im Arm

Auf Wiesen mich bücken
Würd ich so gern wieder
Der Liebsten zu pflücken
Den buntesten Strauß
Nur die Unrast der Jugend
Trieb mich blindlings hinaus
Doch der duftende Sommer
Ruft mich jetzt nach Haus

Schon in St. Peter hatte ich als Schüler mit meinen Kumpels, als wir ein paar alte Stoffboxhandschuhe fanden, angefangen zu boxen. Es war die einzige Sportart, die ich trotz meiner Augen ausüben konnte. Ich brauchte ja nicht zu sehen, wie der Mann aussieht, den ich zu treffen versuche. Die Bewegungsabläufe konnte ich noch gut sehen und das blieb auch noch lange so. Mich interessierte nicht, ob mein Gegner blaue Augen hatte, solange ich sie ihm nicht verpasste.

In Hamburg trat ich in die Boxabteilung des Polizei-SV ein und ging auch, wenn ich dafür Zeit hatte, in das Box-Profi-Camp Bölck, ganze drei Minuten von meiner Wohnung entfernt.

Beim Boxtraining muss man sich auch mit Hanteln fitmachen, außer dass man auf Punchingballs, Maisbirnen, Sandsäcke und Boxwände einschlägt.

Je mehr Hanteltraining ich machte, desto mehr Nierenschmerzen bekam ich, so glaubte ich wenigstens. Ich ging also zum Arzt und ließ meine Nieren röntgen. Der Arzt zeigte mir später das Röntgenbild und sagte, dass er so etwas noch nie gesehen habe. Meine Nieren seien vollkommen gesund, nur der Wirbel direkt überm Becken sei gar kein Wirbel, sondern nur kleine Knochenfragmente. Ich hatte mir also beim Sprung von der Brücke in St. Peter nicht das Steißbein gebrochen, sondern den Wirbel zerbrochen. Darunter sollte ich mein ganzes Leben lang leiden.

In der Schlüterstraße in Hamburg wohnte ich höchstens eine Minute vom Auditorium Maximum entfernt. Dort trat eine große amerikanische Gesangsgruppe auf, die

Loblieder auf die USA sangen. Ich kannte ja den Bühneneingang gut, ging hinein und hörte mir an, was die jungen Amis unter dem Titel *Sing out* dort veranstalteten. Es war eine einzige Peinlichkeit. Ab Mitte der 60er-Jahre ging es los mit der ach so kritischen Jugend, was dann nachher in den großen Demonstrationen und Krawallen enden sollte. Dort zeichnete es sich schon ab. Der ganze Saal des Audimax saß voller Studenten, die, während die jungen Amis sangen, sie niederbrüllten und pfiffen. Die Ablehnung gegen diese Art von Liedern konnte ich ja gut verstehen, aber dass Menschen Eintrittsgeld dafür zahlten, um sich so zu äußern, beschäftigte mich tagelang. Und meine Liebe zu solcher Art Publikum stieg.

Mein Hauswirt offerierte mir eines Tages eine goldene Taschenuhr und sagte, dass ich sie ihm für 300 Mark abkaufen könne. Ich musste die 300 Mark zusammenkratzen, denn ich war im Augenblick richtig klamm. Ich habe Taschenuhren immer geliebt, weil ich die Uhrzeit auch ohne Lupe noch erkennen konnte.

Die portugiesische Freundin meines damaligen Pianisten besaß eine richtige Hamburger Hafenkneipe auf dem Kiez. Damals kamen noch viele Seeleute nach St. Pauli. Einer konnte seine Rechnung nicht bezahlen und hinterließ dort eine goldene Omega-Armbanduhr mit goldenem Armband. Diese könne ich für 300 Mark kaufen, sagte mein Pianist. Ich versuchte also, die Taschenuhr wieder für 300 Mark loszuwerden, und nahm dafür die Omega. Das war ein Name, den ich kannte und der mir als Synonym für Qualität etwas bedeutete.

Die Omega war wasserdicht, was bei goldenen Uhren eigentlich nicht möglich ist, weil das Metall Gold zu weich ist und somit nicht richtig schließen kann. Deswegen hatte man bei dieser Omega Constellation einen Stahlboden, auf dem man eine größere Goldplombe befestigt hatte, damit die ganze Uhr dann doch als goldene gelten konnte.

Mit dieser Uhr betrat ich die *Riverkasematten*. Willi sah sofort die Uhr an meinem Arm und fragte: „Was hast du denn da?“ Ich antwortete stolz: „Eine Omega.“ „Eine richtige Omega?“, fragte Willi. „Ist die denn wasserdicht?“ Ich sagte: „Ja!“ „Dann ist sie aber nicht aus Gold!“, warf Willi ein, er verstand also etwas von Uhren. Nun erklärte ich ihm den Trick bei dieser Uhr. „Dann lass uns tauschen“, sagte Willi. „Denn ich bin ja Sporttaucher. Tauchst du denn auch?“ „Ich denk nicht dran!“, sagte ich. „Na dann los, dann tauschen!“, drang Willi auf mich ein. „Ich habe hier nämlich eine goldene IWC.“ Den Namen IWC kannte ich gar nicht. Also wollte ich auch nicht tauschen. „Du mit deinem Krokodillederarmband“, sagte ich. „Du kannst dein goldenes Armband behalten.“ Ich sagte trotzdem nein. Jetzt fing Willi an zu bestechen. „Geb Knut mal eine Flasche Bourbon und Cola dazu.“ Ich trank damals noch dieses schreckliche Zeug. Ich ließ mich aber nicht erweichen. Jetzt bot Willi noch 100 Mark drauf. „Nee, nee, das wird nichts“, sagte ich. Als er jetzt 200 Mark bot, wurde ich hellhörig. Wer 200 Mark bietet, bietet auch 300. Dann habe ich seine Uhr und mein Armband umsonst, mag die IWC auch noch so schlecht sein. Ich bekam die 300 Mark, aber nur unter der Bedingung, dass das goldene Armband schon jetzt abgemacht wurde. Ich hatte Angst, dass er sich das ganze gute Geschäft noch einmal überlegen würde. Am nächsten Tag brachte ich die IWC und das goldene Armband zu meinem Uhrmacher an der Ecke, der fiel aus allen Wolken. „Was haben Sie denn da Tolles?“, sagte er. Ich erzählte ihm die Geschichte des Uhrerwerbs, worauf er mir sagte, das Armband sei schon mindestens 2000 Mark wert und die Uhr selbst noch mehr.

Am selben Abend war ich wieder in den Matten. Willi hatte sich bei einem Uhrmacher um die Fairness des Tausches erkundigt und machte mich an, dass ich ihn betrogen hätte. Ich sagte, dass ich mich nicht entsinnen könne, ihn zu dem Tausch gedrängt zu haben. „Wenn du so mit mir umgehst, komme ich nicht mehr her.“ Willi knickte ein, stellte mir eine Flasche Bourbon auf den Tisch und dazu Coca-Cola. Die Uhr trage ich noch heute, dabei habe ich nicht das geringste schlechte Gewissen. Ich habe Willi schließlich jahrelang den Laden vollgesungen, wobei er mich sträflich unterbezahlt hat.

1966 hatte ich mit der schwedischen Sängerin Anita Lindblom im großen Sendesaal des NDR eine Mucke. Wir saßen zusammen in der Garderobe und warteten auf unseren Auftritt.

Sie ließ sich aus dem Casino eine Platte mit Käsehäppchen kommen.

Ich bestellte mir nichts, denn ich mag vorm Musizieren nicht essen. Es war kurze Zeit bevor ich aufhörte zu rauchen. Während sie Käsehäppchen aß, rauchte ich eine Zigarette, so unhöflich war ich damals. Der Tisch zwischen uns hatte zwei Ebenen; als die Zigarette fast zu Ende geraucht war, suchte ich einen Platz, wo ich die Kippe lassen konnte. Auf der unteren Ebene des Tisches sah ich nach anstrengendem Gucken eine Schale, dort steckte ich die Kippe hinein. Anita stand abrupt auf und verließ wortlos die Garderobe. Das erschreckte mich doch etwas und ich fragte mich, was ich wohl wieder angestellt hätte. Ich beugte mich ganz runter zur zweiten Ebene des Tisches. Meine Kippe steckte aufrecht in einem ihrer Käsehäppchen. Nie wieder habe ich sie getroffen und ich konnte ihr den Unfall nie erklären.

In Hamburg besuchte ich das Konzertbüro von Karsten Jahnke, als ein junger Mann erschien, der ein Tonbandgerät und Mikrofon dabeihatte. Er stellte sich als Carlo von Tiedemann vor und sagte: „Das ist ja eine tolle Gelegenheit, dass ich Sie hier sehe. Ich mache schnell mal ein Interview mit Ihnen, das ich dann gleich in meiner nächsten Sendung spielen kann." Ich war einverstanden, und er fing an: „Hier vor mir sitzt Klaus Doldinger." Ich widersprach nicht, wie er sein Interview machte, war doch schließlich seine Sache. Als er das ganze Interview mit mir fertig hatte, ich hatte extra nur nichtssagendes Zeugs von mir gegeben, sagte ich nach seinem Dankeschön: „Ich heiße übrigens Knut Kiesewetter." Er konnte das ganze Interview wegschmeißen. Wenn ich ihn heutzutage darauf anspreche, ist es ihm noch immer peinlich.

Apropos Doldinger: Klaus Doldinger, ein hervorragender Musiker, trug allzeit eine gehörige Portion Arroganz vor sich her. Nicht nur mir gegenüber benahm er sich so, auch Kollegen hielten ihn für sehr arrogant, und so etwas bestärkt einen ja in seiner Meinung.

Wie schon gesagt, ging ich ab und zu in *Danny's Pan*, denn dort wurde oft auch gejazzt. Ich stand am Tresen und trank mein Bier, als jemand von schräg hinter mir, an mir vorbei, den Zuckerstreuer vom Tresen nahm, und mir lauter Zucker in den Nacken schüttete. „Was für ein Vollidiot", dachte ich und drehte mich um, es war Klaus Doldinger. Er fand sein Gebaren so komisch, dass er furchtbar darüber lachte, dieses Lachen sich immer mehr steigerte und er seine Brille auf den Tresen legen musste, weil ihm Tränen über das Gesicht liefen. Auch ich hielt diesen Spaß für köstlich und nahm darum seine Brille, ging zu der Tür, auf der *Herren* stand, warf die Brille ins Klo und zog. Weil Klaus vor tränendem Lachen nichts sehen konnte, hatte er nichts von dem mitgekriegt. Er suchte seine Brille, und weil er mich unter Verdacht hatte, dass ich etwas mit dem Verschwinden seiner Gläser zu tun hätte, tastete er meinen ganzen Körper ab. Ich ließ mir das in Ruhe gefallen, denn ich hatte die Brille ja nicht. Ich glaube, ich habe ihn seitdem nie wieder gesehen. Aber vor gar nicht so langer Zeit hörte ich ein Interview mit ihm im Fernsehen. Seitdem muss ich Abbitte bei ihm leisten. Er sprach sehr intelligent und sympathisch. Na gut, wir werden alle älter.

1967 traf ich beim Südwestfunk Baden-Baden einen Fernsehredakteur, den ich schon vorher vom Saarländischen Rundfunk kannte. Er hatte die Idee, einen ganzen Fernsehfilm über mich zu machen, in dem ich alle verschiedenen Musikstil-Arten die ich draufhatte, singen sollte. Auch Gitarre und Posaune sollte ich spielen. Der Titel des Films sollte ganz einfach „Knut Kiesewetter singt" heißen, obwohl ich ja auch spielte. Der Film war eine Stunde lang und bekam beim Prix jeunesse (ich war ja noch jung) den Kritikerpreis. Er wurde mehrere Male im Ersten wiederholt; immer spätabends, denn die Fernsehbosse meinten, er sei für das gemeine Publikum zu anspruchsvoll. Der Redakteur hieß Wolfgang Drescher. Während wir den Film aufnahmen, machte er Probeaufnahmen (heute nennt man das Casting) für eine Musikserie, die er produzieren wollte.

Ein Mann war dabei, den ich als Sprecher von Radio Luxemburg kannte. Er hieß Tim Elstner und nannte sich bei Radio Luxemburg „Frank". Es gab schon einen Sprecher namens Tim, als er dort anfing, und so nahm er den Vornamen seines Bruders an.

Wolfgang Drescher überredete mich, bei dem Casting auch mitzumachen, obwohl ich das überhaupt nicht wollte. Und so war ich bei den Aufnahmen wohl auch besonders locker. Ich hatte „Frank" zu interviewen und mit ihm über Unterhaltungsmusik zu diskutieren. Mindestens zehn junge Leute bewarben sich bei diesem Casting als Moderatoren, außer einem habe ich alle vergessen. Ein junger, gut aussehender Mann präsentierte sich sehr charmant und intelligent, trotzdem wurde er nicht genommen. Ich bildete mir ein, von diesem dann später doch hören zu müssen, aber der hat wohl gleich die Flinte ins Korn geworfen. Ich hörte nie wieder etwas von ihm.

Frank Elstner wurde ja später, obwohl er hier nicht gewann, sehr erfolgreich, und das war sonnenklar. Er hatte den unbedingten Willen, es in dieser Branche zu etwas zu bringen.

Ich gewann schließlich, ohne es zu wollen, also moderierte ich dann die Serie *Songs, Chansons, Lieder*, bei der Leute auftraten, die später sehr bekannt werden sollten (Reinhard Mey, Insterburg und Co., Schobert und Black, Alexis Korner, Hannes Wader).

Auch Jürgen Drews trat mit seiner Gruppe *Die Anderen* in einer Sendung dieser Reihe auf. Ich entsinne mich deshalb noch so gut, weil er ständig über den dummen deutschen Schlager schimpfte. Man würde ihn nie dazu kriegen, so einen Blödsinn zu singen.

Der richtige Frank Elstner (also der Bruder) führte bei dieser Sendereihe auch ab und zu Regie.

In Baden-Baden wurde mir vom Südwestfunk immer ein Zimmer im Hotel Bristol gebucht, so auch dieses Mal.

Am Abend vor Beginn der Proben kam ich in Baden-Baden an. Da in der Sendung alles live gespielt wurde, dauerten die Proben und Aufzeichnungen immer länger, und ich blieb eine Woche dort.

Hotel und Einrichtung wirkten über hundert Jahre alt, aber ich mag ja altes Ambiente und war immer gern dort. Am Abend meiner Anreise besuchte ich natürlich alle Kneipen, die ich kannte, ich musste ja Hallo sagen, und die Proben begannen erst am nächsten Nachmittag.

Am nächsten Morgen war eine merkwürdige Unruhe im Hotel. Es wurde schwer getragen und Türen klappten laut, aber ich hatte damals noch einen sehr guten Schlaf und hielt mir die Decke über die Ohren.

Plötzlich um zehn klingelte das Telefon, es war die Rezeption. Man fragte mich, wann ich denn das Zimmer verlassen wolle. Worauf ich sagte: „Sie brauchen heute kein Zimmermädchen zu schicken, es genügt, wenn die morgen kommt."

Darauf die Frau von der Rezeption: „Nein, wann Sie ausziehen wollen?" – Darauf ich: „Na, wie immer nach einer Woche, das Fernsehen hat es doch bestimmt so bestellt."

Sie wiederum: „Nein, wann Sie heute ausziehen? Morgen ist doch der Erste." Ich: „Und was hat das mit mir zu tun?". „Na, wir schließen doch!" Ich: „Wie? Schließen?" Sie: „Das Hotel heute! Sie sind der letzte Gast!" Den Telefonhörer noch in der Hand, sprang ich aus dem Bett und öffnete die Tür zum Flur. Gähnende Leere empfing mich. Helle Flecken an der Wand, wo mal Bilder hingen, und der Holzfußboden ganz hell, wo der Teppich lag.

Ich, der ich mich doch immer als so progressiv empfand, war zum ersten Mal der Allerletzte.

In meiner Band spielte ein Schlagzeuger, der später als Sänger sehr bekannt werden sollte, er heißt Udo Lindenberg. 1968 war die Zeit, in der alle Rundfunkanstalten sich von den extrem Linken unterwandert fühlten. So wurde überall gesucht, welchen Regisseur oder Redakteur man für die

Öffentlichkeit opfern könne. Der Redakteur meiner Sendereihe, Wolfgang Drescher, war ein ausgesprochen liberal denkender Mensch.

In einer seiner Sendungen ließ er todkranke Hühner als Beispiel für diktatorische Maßnahmen köpfen.

Schon war er seinen Job los und ich dadurch meine Fernsehreihe. So löste ich meine Band auf, weil wir keine Auftritte hatten, ich hatte mich während der Zeit der Sendereihe, also zwei bis drei Jahre, ja nicht darum bemüht.

Udo ging nach München zu Klaus Doldinger und spielte unter anderem die Erkennungsmelodie vom „Tatort" mit ein, war aber bald wieder in Hamburg.

Ich habe schon viele peinliche Situationen in meinem Leben erlebt. Während ich in Kopenhagen Aufnahmen machte, ging ich abends immer in *Timmes Bar*. Es war ein Jazzlokal, das richtig vornehm war.

Der Besitzer war Baron Timme Rosenkranz.

Er war ein Riesenkerl, genau wie sein Freund, der letzte dänische König. Die beiden waren in den 30er-Jahren, als der König noch Kronprinz war, oft nach Amerika gefahren, um sich dort in Jazzkneipen herumzutreiben. Billie Holliday schreibt in ihrem Buch *Lady sings the Blues* darüber.

Timme ließ in seiner Jazzbar amerikanische Jazzgrößen en suite spielen. Er konnte sich das leisten.

Jeden Abend saß ich in *Timmes Bar*, um mir die berühmte amerikanische Pianistin Mary Lou Williams anzuhören, die zu der Zeit dort engagiert war. Dann sang ich, begleitet von Mary Lou, ein paar Stücke, und wir hatten viel Spaß miteinander. Eines Abends wollte ich *Body and Soul* singen, ein Stück, das ich schon unzählige Male gesungen hatte. Sie spielte wie immer eine sehr schöne Einleitung, nur plötzlich fielen mir die ersten Wörter nicht ein. Ich sah sie hilflos an, sie begriff sofort und rief mir mit blecherner Stimme rüber: „My heart is sad and lonely", was ich dann auch sang. Natürlich war für mich nun alles klar, und ich hätte das Lied ohne Weiteres und ohne Unterbrechung zu Ende singen können. Es gehört zu meinen Lieblingsballaden. Nur, zwischen den einzelnen Phrasen dieses Stückes sind längere Pausen. In diese rief mir meine Souffleuse Mary Lou unüberhörbar laut grundsätzlich die nächste Textzeile zu: „For you I sigh, for you dear only". Ich gab ihr durch Handwinken zu verstehen, dass sie nun still sein könne. Sie machte aber stur weiter. Auch sagte ich, am Mikrophon vorbei, „I know, I know", das störte sie überhaupt nicht.

Inzwischen war es mucksmäuschenstill im Lokal geworden und alles starrte mich und Mary Lou, die ich das ganze Stück als Vorsagerin nicht loswurde, wie gebannt an. Allmählich bildeten sich Schweißperlen auf meiner Stirn, bis das Wasser mir übers Gesicht lief.

Body and Soul habe ich nie wieder gesungen, so peinlich war mir die Geschichte.

In den 60er-Jahren tingelte jedes Jahr das *American Blues Festival* durch Europa. Die ganze Tour wurde von dem Manager Fritz Rau betreut.

Da ich ja, wie gesagt, meine eigene Fernsehshow hatte, in der hauptsächlich Jazz-Folk- und Blueskünstler auftraten, entschloss sich die Redaktion, mich mit einem Fernsehteam bei der Tour 68 mitzuschicken, um davon eine Fernsehsendung zu machen.

So lernte ich viele Blues- und Gospelgrößen der Zeit näher kennen. Sister Rosetta Tharpe, Willie Dixon, Sonny Terry und Brownie McGhee, wie auch Champion Jack Dupree.

Als wir Station in Paris machten, traf ich dort meinen Schwager, einen Franzosen, der in Paris lebte. Dieser machte mich zum ersten Mal mit dem Getränk Kir vertraut; es schmeckt sehr lieblich und man ahnt nichts Böses.

Als ich am helllichten Tag aus dem Restaurant auf die Champs-Élysées hinaustrat, glaubte ich, mir fiele ein großer Holzhammer auf den Kopf. In dem Versuch, meine Fassung wiederzufinden, kam mir Champion Jack Dupree entgegen, dem man wohl auch gerade dieses Getränk zur

Probe eingeflößt hatte. So standen nun ein Blues- und ein Jazzmusiker auf den Champs-Élysées und unterhielten sich lauthals über Boxen. Warum über Boxen? Er erzählte mir, dass er seinen Namen „Champion“ als professioneller Leichtgewichtsboxer bekommen hatte, er aber um den Weltmeistertitel nie kämpfen konnte, weil er direkt vor dem Titelkampf im Zweiten Weltkrieg zum Militär eingezogen wurde und es danach nie wieder zu einem Titelkampf kam. Da ich ja jede freie Minute, wie schon erzählt, in einem Hamburger Profi-Boxcamp trainierte, konnte ich also mit ihm über dieses Thema fachsimpeln.

Wir waren längst über die rechte Gerade, den linken Jab und den linken Haken, über den linken Leberhaken zur Rechten auf den Solarplexus gekommen, als uns auf einmal Fritz Rau entgegenkam. Fritz schob damals noch eine gehörige Wampe vor sich her. Er strahlte uns an und fragte: „Ei, was macht ihr denn hier?“ Worauf ich ihm antwortete: „Wir reden gerade über den Solarplexus. Weißt du, wo der Solarplexus ist?“ Er antwortete: „Nein, das weiß ich nicht.“ Das hielt ich natürlich für einen Scherz, denn ich meinte, jeder wisse, wo der Solarplexus ist. Zur Demonstration machte ich meine Hand gerade und steif, dann versenkte ich sie in den oberen Teil seines Bauches und ich merkte sofort, dass er es wirklich nicht wusste, denn sein Bauch war vollkommen locker geblieben. Er sackte vornüber, schnappte nach Luft, und Champ und ich konnten ihn gerade noch an seinen Ellenbogen halten. Wir tätschelten ihm die Wangen und riefen: „Fritz, komm zu dir.“ Als er das dann endlich tat, stieß er, noch immer nach Luft schnappend, aus: „Ich glaubte, du meinst ein Tanzlokal.“

Diese Begebenheit muss ihn tief beeindruckt haben. Als ich ihn fünf bis sechs Jahre später auf dem Düsseldorfer Flughafen traf, hatte er eine sehr hübsche amerikanische Sängerin namens Joan Baez im Schlepptau. Die Frau interessierte mich und ich hätte mich gern länger mit ihr unterhalten, kam aber nie richtig dazu, denn Fritz erzählte nur vom Solarplexus und hielt immer seine gekreuzten Hände vor den oberen Teil seines Bauches, was er sein Leben lang tat, wenn er mich sah.

In Basel stiegen die Leute vom American Blues Festival, wie wir, in einem Hotel gegenüber des Hauptbahnhofes ab. Morgens trat ich vor die Tür und vor mir strömte der Verkehr. Ich nahm mir vor, eine Ampel zu suchen, denn so war gar nicht daran zu denken, hinüberzukommen.

„Knut, bist du das?“, hörte ich auf einmal Sunny Terry hinter mir. Sunny war vollkommen blind. „Bring mich über die Straße“, bat er mich. Kann man einem Blinden sagen, dass man sehr schlecht sieht? Kann man nicht, entschied ich. Ich nahm ihm seinen weißen Stock ab, wedelte den durch die Luft und überquerte, zwischen quietschenden Reifen der hupenden Autos, mit ihm die Straße.

Mit dem Redakteur, Wolfgang Drescher, fuhr ich auch zu den *Essener Songtagen*. Dort lernte ich Hannes Wader kennen. Zwar kannte ich ihn nicht, er mich aber, so sagte er mir. Er sei schließlich früher von Bielefeld per Anhalter nach Hamburg gefahren, um mich in den *Riverkasematten* zu hören. Ich fragte ihn, wo ich ihn denn mal hören könne. „Morgen singe ich in Baden-Baden“, sagte er. „Ja, da bin ich doch morgen“, sagte ich.

Am nächsten Tag hörte ich mir Hannes an und war begeistert von seinen Liedern. Ich fragte ihn nach dem Konzert, wo ich mir Schallplatten von ihm kaufen könne, denn ich fände es wirklich gut, was er mache. „Nirgends“, sagte er. „An meinen Liedern hat keine Schallplattenfirma Interesse.“ „Gib mir deine Karte, wir telefonieren und ich mache eine LP mit dir“, sagte ich, denn ich fand seine Lieder wirklich außergewöhnlich und meinte, im deutschen Kulturbereich würde etwas fehlen, wenn man sich seine Lieder nicht jederzeit anhören könne. Ich hatte bis dahin erst eine LP selbst finanziert. Er hatte keine Karte und keiner hatte einen Zettel und einen Stift dabei; so versprach er mir – wir wohnten im selben Hotel – seine Adresse beim Empfang zu lassen. Das aber tat er nicht.

Wieder zu Hause versuchte ich seine Adresse – er wohnte damals in Berlin – herauszubekommen. Es gelang mir, ich rief ihn an und fragte, wann wir die Aufnahmen machen könnten. Er sagte mir, dass er mein Angebot gar nicht ernst genommen habe. Ich aber sagte, dass ich in dieser Hinsicht nicht in die Branche gehöre. Wenn ich „Ja“ sage, dann meine ich auch „Ja“. Nicht lange Zeit danach kam er nach Hamburg, ich zahlte ihm Hin- und Rückflug. Er schlief auf meiner Couch und ich zog mit ihm von Freund zu Freund, wo er seine Lieder vorspielen sollte. Selbst zu meiner Mutter nach St. Peter nahm ich ihn mit. Er wohnte in meinem Häuschen hinter dem Haus meiner Mutter. Überall musste er seine Lieder vorspielen, das war auch eigennützig. Denn je öfter er die Stücke gespielt hatte, desto kürzer würden die Aufnahmen im Studio dauern. Und ich zahlte ja schließlich das Studio stundenweise. Soweit ich es heute noch weiß, kriegten wir die LP in drei Tagen fertig.

Hannes flog zurück nach Berlin und ich ging von Schallplattenfirma zu Schallplattenfirma. Und niemand wollte ihn haben. Man sagte mir, dass schon jemand anderer mit Aufnahmen von Hannes Wader bei ihnen gewesen sei. Und man hätte schon vorher seine Aufnahmen abgelehnt. Davon hatte mir Hannes kein Wort gesagt. Ich wartete, bis der zuständige Mann bei der Philips, bei der ich noch unter Vertrag stand, im Urlaub war. Seinem Vertreter konnte ich dann Hannes verkaufen.

Als wir dabei waren, den Vertrag zu machen, kam der Vertriebschef Georg Baum herein und protestierte gegen den Ankauf von Hannes Wader. Wir sagten aber, dass der Vertrag nun fertig sei. „Dann aber nur zu ganz wenig Prozenten“, verlangte Baum. „Und ich lasse nur fünfhundert pressen!“ Ich ärgerte mich darüber schwarz, aber konnte ja nichts machen. Alle anderen Firmen hatten Hannes ja schon abgelehnt.

Eines Tages rief mich ein Mensch aus der Schweiz an. Er sagte, er hätte gehört, dass ich Hannes Wader produziere, und fragte, wo er die Platte kaufen könne. „Erkundigen Sie sich doch bitte bei dem Vertriebschef der Philips, der Mann heißt Hans Georg Baum und ist der beste Vertriebschef von allen“, sagte ich ironisch. Als ich Hans Georg Baum das nächste Mal traf, war er ausgesprochen freundlich zu mir und duzte mich auf einmal. „Ich lass jetzt von der Wader-LP doch mehr pressen." Wahrscheinlich hatte der Mann aus der Schweiz sich bei ihm gemeldet, meine Lobeshymne ernst genommen und ihm davon erzählt. Ob dieser Zuvorkommenheit blieb ich sogar noch jahrelang mit Hans Georg Baum befreundet.

Hannes' LP verkaufte sich zuerst aber überhaupt nicht gut. Sie blieb bei zweieinhalbtausend hängen, ich aber kämpfte für meinen Hannes. Die Leute vom Fernsehen und Rundfunk, so sagte man mir später, erzählten sich untereinander, dass man mich gar nicht mehr engagieren könne. Ich würde in jedem Fall versuchen, ihnen einen neuen Mann namens Hannes Wader aufzureden. Den Vertrag, den ich mit Hannes hatte, besitze ich noch. Er ist für mich so interessant, weil Hannes ihn einfach brach und mich, durch die Philips, wissen ließ, dass er jetzt einen neuen Produzenten namens Jürgen Pohlmann habe.

Wenn jemand nicht mehr von mir produziert werden will, kann ich das ja gegen seinen Willen nicht weiter tun. Schließlich handelt es sich ja um eine künstlerische Zusammenarbeit, und wenn zusammen nicht mehr ist, dann eben nicht.

Ich blieb mit Hannes noch jahrzehntelang „befreundet". Als ich ihn fragte, ob er mit mir nicht mehr zufrieden sei, sagte er, dass er jemanden haben müsse, der nur ihn produziere, und ich produziere ja schließlich auch andere Leute.

„Aber Pohlmann hat doch noch nie produziert und von Musik keine Ahnung", sagte ich ihm. „Das macht nichts", sagte Hannes. „Ich kann das ja auch selbst, aber Pohlmann muss mich auch fahren und auch alle anderen Dinge für mich machen. Ich möchte, dass ein Mann nur für mich allein da ist."

Als aber das erste Wader-Album unter der Regie von Jürgen Pohlmann herauskam, bewarb der sich sofort bei anderen Schallplattenfirmen als Produzent. Das wurde mir von Leuten anderer Firmen erzählt, ich kannte sie ja alle.

Ein Jazzkumpan von mir, der Trompeter Hermann Zentgraf, war bei der Philips ziemlich hochgeklettert. Er wollte plötzlich von mir, dass ich auf die amerikanische Nummer *Come to my bedside, darling* einen deutschen Text schreiben solle. In Holland sei das Stück Nummer 1, das könne man in Deutschland doch auch versuchen. Ich schrieb also einen deutschen Text, bei dem das Mädel nicht zu mir ins Bett kommen soll, sondern aus dem heraus. Das Stück heißt *Komm aus den Federn, Liebste*. Er steht jetzt hier, weil ich damit der Engstirnigkeit der damaligen Zeit ein Beispiel geben möchte. Es handelt sich um den Originaltext, den ich aber auf Schallplatte so nicht singen durfte.

Komm aus den Federn, Liebste

Komm aus den Federn, Liebste
Weißt du nicht, du bist schon viel zu spät
Das ganze Dorf kommt her, um mich zu sehen
Den Bräutigam, der hier im Hemd noch steht

Oh, komm aus den Federn, Liebste
Heute ist doch unser Hochzeitstag
Der Küster läutet stundenlang die Glocken
Bis ich dich aus dem warmen Bett 'rausjag'

Die Kirche ist schon lange voller Leute
Der Organist spielt sich die Finger wund
Der Ofen ist kaputt, die Leute frieren
Nun steh schon auf, sonst wird mir's bald zu bunt

Der Vater gibt den Leuten Schnaps zu trinken
Die erste Flasche ist schon lange leer
Und auch der Pfarrer hat schon was getrunken
Die Predigt weiß er ganz bestimmt nicht mehr

Oh, komm aus den Federn, Liebste
Auch deine Neffen werden viel zu laut
Und außerdem klingt Geld in ihren Taschen
Das ha'm sie aus dem Opferstock geklaut

Und deine Mutter fängt schon an zu weinen
Der Vater hat das Ganze schon bald satt
Der Opa will nach Haus', er hat vergessen
Warum er sich fein angezogen hat

Der Pfarrer hat gesagt, jetzt muss die Braut her
Wenn nicht, verliert er noch den letzten Schwung
Und außerdem hat er auch keine Zeit mehr
Denn gleich danach kommt 'ne Beerdigung

Oh, komm aus den Federn, Liebste
Wie stellst du dir denn vor, wie so was geht
Die Jungfernschaft ist heut' nicht mehr zu retten
Dafür ist es schon lange viel zu spät

Das ist der erste hochdeutsche Text, der von mir veröffentlicht wurde.

Aber wie gesagt, nicht genau so, denn dass der Pfarrer schon etwas getrunken hat, die Kinder Geld aus dem Opferstock klauen und die Geschichte mit der Jungfernschaft gingen nicht. Das verlangte Hermann Zentgraf von mir, mein alter Jazzkumpel, wie konnte der so zickig sein? Es stellte sich aber heraus, dass er vollkommen Recht hatte, denn die Platte wurde auch so entschärft nicht im Rundfunk gespielt.

Der Text steht hier nicht, weil er so gut ist, sondern um zu zeigen, wie zickig die Rundfunkredakteure waren und wie sie versuchten, den Geschmack der deutschen Allgemeinheit zu bestimmen.

Als ich eine NDR-Redakteurin fragte, warum sie den Titel nie spiele, sagte sie: „Aber Knut, das Lied ist doch unanständig." „Wo denn?", fragte ich entsetzt. Sie: „Der Bräutigam, der hier im Hemd noch steht, das bedeutet doch, dass er schon vor der Hochzeit mit der Braut im Bett war." „Ach nee", sagte ich, „wie wirklichkeitsfremd."

Anfang der 70er entkrampfte sich aber langsam die Gesellschaft, und das Stück wurde bei den Rundfunkanstalten Jahre später noch zum richtigen Morgenrenner, und fast jeder kannte es. Nur kaufen konnte man die Platte nicht mehr, sie war längst eingestampft.

Für die Ruhrfestspiele in Recklinghausen wurde 1968 eine kleinere internationale Big Band zusammengestellt, bei der auch ich sein durfte.

Der dänische Gitarrist Ole Molin wurde auch gefragt, ob er daran teilnehmen wolle. Er musste aber absagen. Kurz vorher hatte er eine bekannte dänische Schauspielerin geheiratet, die diese Hochzeit nur unter der Bedingung einging, dass er nicht mehr öffentlich aufträte. Er trank nach den Mucken grundsätzlich so viel, dass seine Frau das nicht mehr mitmachen wollte.

Nach Oles Absage lag er seiner Frau tagelang in den Ohren, dass er dieses Konzert doch noch hätte mitmachen wollen, weil hier die größten Jazzmusiker dieser Zeit zusammengestellt waren, und dass das für ihn der letzte große Höhepunkt seiner Live-Karriere gewesen wäre. Seine Frau gab nach und er durfte nachträglich zusagen. Man lud ihn dann auch ein, obwohl man inzwischen schon den belgischen Gitarristen und Arrangeur Freddy Sunder engagiert hatte.

Wir trafen uns an einem Sonntagnachmittag, um eine ganze Woche für das Konzert am folgenden Sonnabend zu proben.

Zufällig war auch das *Albert Mangelsdorff Quintett* an diesem Tag im selben Hotel. So saßen also am Abend 18 Jazzmusiker zusammengepfercht in der kleinen Hotelbar, um dieses Zusammentreffen gehörig zu feiern.

Das Frühstück am nächsten Morgen fiel entsprechend ruhig aus. Ich saß mit Albert zusammen an einem Tisch, und still kauten wir die Brötchen in uns hinein, als Ole Molin an unserem Tisch erschien. Er wirkte vollkommen zerstört, ich wusste nicht, wann er ins Bett gekommen war, weil ich das von mir schließlich auch nicht wusste. Er sagte mit dem Unterton der Entrüstung: „Das ist hier eine ganze große Sseisse-Hotel.“ „Warum das?“, fragten wir. „Die ganze Nacht sind Leute in meine Ssimmer gekommen und wieder rausgegangen. Die ganze Nacht, immer rein und raus." Immer wieder erzählte er das. Wir sahen uns verständnislos an und sagten: „Ole, da drüben ist noch ein Platz frei, setz dich und trink erst einmal ein paar Tassen Kaffee."

Albert war ein sehr ruhiger und stiller Mensch, den ich sehr mochte. Er wirkte immer wie ein Herr. Auf einmal trat der Mann von der Rezeption an unseren Tisch und sagte zu Albert: „Herr Mangelsdorff, Sie scheinen doch hier der Chef des Ganzen zu sein. Können Sie nicht ein bisschen besser auf Ihre Kollegen aufpassen? Der Herr, der gerade an Ihrem Tisch stand, hat die ganze Nacht im Fahrstuhl geschlafen."

Der Leiter dieser Big Band war der amerikanische Klarinettist und Baritonsaxophonist Tony Scott. Er kam aus einer sizilianischen Familie und ihm kochte oft das Blut, wie man so schön sagt.

Der Posaunist Åke Persson kam deswegen einmal in große Gefahr. Tonys japanische Frau und die gemeinsame Tochter besuchten uns während der Proben. Tony zeigte immer wieder voller Stolz auf seine kleine Tochter und rief: „Isn't she lovely?" Åke, dessen Humor tiefschwarz war, sagte daraufhin: „She's a drag." („Sie ist eine Nervensäge.") Schon hatte Tony ein Messer in der Hand, wir waren schließlich im Restaurant, und stürzte sich damit auf Åke. Alle Musiker warfen sich dazwischen und nach großer Schreierei und tausendfachen Erklärungen und Entschuldigungen beruhigte sich die Szene wieder.

Wie viele Menschen, die lauter Mist im Kopf haben – denn der Satz „she's a drag" war ja witzig gemeint –, war auch Åke sehr depressiv.

Sieben Jahre später nahm er sich das Leben. Er fuhr mit dem Auto an die Hafenkante von Stockholm, stellte die Posaune im Kasten noch an den Kai, bevor er mit dem Wagen ins Wasser fuhr.

Alle Musiker, die bei dem Konzert dabei waren, gehörten damals zu den Spitzen der Musikbranche. Unbestritten der Weltmeister war der dänische Bassist Niels-Henning Ørsted Pedersen, der fest mit Oscar Peterson zusammen spielte. Obwohl er in der ganzen Welt engagiert wurde und nun gar nichts zu erleiden hatte, verfiel er später dem Alkohol und soll auch daran gestorben sein, so erzählte mir der dänische Schlagzeuger Alex Riel, der bei dem Konzert auch dabei war.

Wenn Zeitungsjournalisten bei mir anriefen, um sich mit mir zu einem Interview zu verabreden, musste ich dem Wunsch Folge leisten, sonst wäre ich bei meiner Schallplattenfirma total unten durch gewesen. Die Leute von der Schallplattenfirma hatten im Kopf ein Zeitungsbarometer: Je öfter etwas über einen in der Zeitung stand, desto besser war man angesehen.

Da diese Zeitungsleute immer wieder dieselben langweiligen, blödsinnigen Fragen stellten, dachte ich mir jedes Mal andere Antworten aus.

Eines Tages riefen zwei junge Mädchen von einer Schülerzeitung an. Ich bestellte sie zu mir nach Hause. Da saßen sie nun auf meinem Bettrand, meine Bude war ein einziges Chaos, und sie versuchten unverdrossen ihre Fragen zu formulieren. Als sie bei „ Hobbys“ waren, antwortete ich dieses Mal, dass ich deutscher Meister im Rudern gewesen sei.

Es war herrliches Wetter und von mir waren es nur drei Minuten zur Außenalster. Ich lud die Mädels also zu einem Eis am Bootssteg ein.

Wir aßen unser Eis und die Mädchen sahen die Ruderboote. Jetzt wollten die Nachwuchsjournalistinnen mich auch einmal rudern sehen. „Nichts leichter als das“, sagte ich. Ich hatte bis dahin noch nie in einem Ruderboot gesessen.

Rudern ist viel schwieriger, als man glaubt. Die Mädchen saßen mir gegenüber und wurden klitschenass, weil mir die Ruder immer wieder entglitten.

„Leider kann ich natürlich nicht in solch einem Kahn rudern“, sagte ich. „Ich bin ja nur die Rennruderboote gewöhnt.“ Die Mädchen scheinen mir das geglaubt zu haben, denn ich traf sie noch jahrelang bei meinen Konzerten.

Wenn ich etwas getrunken hatte, und das kam ziemlich oft vor, überfiel mich eine „Kitschkleptomanie“. Zum Beispiel eingeladen bei meinem Freund Ernst Bader, fiel mir eine Babypuppe ins Auge, die man aufziehen konnte, und die dann über Ernsts großen Flügel krabbelte. Eine einzige Scheußlichkeit. In offener Hand nahm ich sie dann einfach mit. Am nächsten Tag rief ich Ernst an. „Ernst, dein Krabbelbaby habe ich mitgenommen, du kriegst es morgen wieder.“ „Aber Knut, wenn du das so gerne magst, dann will ich das doch gar nicht wiederhaben.“ Was nun? Ich war ja inzwischen nüchtern und konnte ihm nicht sagen, wie scheußlich ich das Ding fand.

Ein andermal saß ich im Oevelgönner Fährhaus zum Schluss noch mit dem Chef „Paul-Günter“ und seinen Kellnern zusammen und wir tranken ein „wönziges Schlöckchen“.

Mir fiel auf, dass der Teekessel, der auf seinem Ofen stand, angekettet war, an der Decke verschlossen. Ich fragte „Paul-Günter“, warum. Er sagte mir, dass bei ihm sehr viele dieser Gemütlichkeits-Accessoires geklaut würden, ohne dass jemand es merkt. Neben mir hing ein Spiegel mit scheußlich kitschigem goldenen Rahmen. Ich nahm den Spiegel von der Wand, ca. 80 x 50 Zentimeter, klemmte ihn mir so unter den Arm, dass eigentlich alle es sehen konnten, und verabschiedete mich bei allen mit Handschlag. Beim Gehen war mir klar, warum den Diebstahl sonst nie jemand bemerkt hatte. Am nächsten Morgen ging ich schon früh in den Gemüseladen, der auch „Paul-Günter“ gehörte, neben dem Oevelgönner Fährhaus. Da kam „Paul-Günter“, Wampe vorneweg, in den Laden getrabt und fragte mich, ob ich den Spiegel habe. Ich bejahte in aller Ruhe. „Ein Glück“, sagte er. „Den hat mir meine Schwiegermutter geschenkt, der darf doch nicht weg sein.“ „Hätte ich schon längst mitgebracht, wenn ich gewusst hätte, dass du schon so früh hoch bist.“

Mit ein paar Jazzerkollegen war ich abends bei einer Sängerin eingeladen, sie nannte sich Jackee Snyder, ihr Mann war gerade auf Geschäftsreise. Auf dem Tisch bei ihr stand ein großes silbernes Tischfeuerzeug. Das war damals sehr schick. Dieses war dazu auch noch besonders geschmacklos. In offener Hand nahm ich es mit, rief aber am nächsten Tag an und sagte ihr, dass ich es ihr vorbeibringen würde. „Nein, das kannst du behalten", sagte sie. Wie sollte ich ihr jetzt erklären, dass ich das auf gar keinen Fall behalten wollte? Aber sie meinte, sie brauche es nicht mehr. Ich glaube, ihr Mann war inzwischen nach Hause gekommen.

In die Matten kam öfter eine junge Frau, die bei ihrer Kleidung immer sehr darauf achtete, dass ihre großen Brüste auch zur Geltung kamen. Ich glaube, sie hieß Elisabeth. Ein Freund und ich trafen sie eines Tages in einer Bar. Sie sagte, sie wohne gar nicht weit von dort. „Ja, dann lass uns doch zu dir gehen", sagte ich. „Hast du denn guten Whisky da? Und kannst du uns den dann oben ohne einschenken?" Sie bejahte alles und so geschah es. Während sie uns oben ohne ihren Whisky einschenkte, erzählte sie uns, dass sie Krankenschwester sei und ein Verhältnis mit dem Oberarzt des Krankenhauses habe. Und da er sich nicht scheiden ließe, sei das alles so traurig, erzählte sie uns unter Tränen. Da hatten wir keine Lust mehr, weiter Whisky bei ihr zu trinken, und verabschiedeten uns. Ich hatte aber längst den riesigen Holzknauf von ihrem Sofa abgedreht und ging mit diesem in der Hand. Das musste doch jeder sehen. Als ich sie aber am übernächsten Tag anrief und ihr sagte, sie könne ihren Knauf in den *Riverkasematten* abholen, wollte auch sie diesen nicht wiederhaben. Keine Ahnung, was sie ihrem Oberarzt inzwischen erzählt hatte.

Conny Schnur hieß ein damals sehr bekannter Musikjournalist. Als er eines Tages auf Reisen war, lud seine Frau lauter englische Musiker, die im *Star-Club* spielten, zu einer Party zu sich in den Keller ein. Der ganze Keller war voller LPs, er bekam sie ja schließlich von den Schallplattenfirmen umsonst, um darüber zu schreiben. Ich hatte mir mal wieder anständig die Kante gegeben und mir fielen an einer Ecke LPs mit den furchtbarsten deutschen Schnulzen auf. So zehn Stück von dem Schund nahm ich dann einfach mit. Später brachte ich sie ihm wieder, hatte aber ein paar gute LPs (Ray Charles, Lou Rawls), die ich doppelt hatte, daruntergemischt. Das hat er sogar gemerkt; oh Wunder. Rief mich nachher an und sagte: „Die hatte ich ja noch gar nicht." Bei den Tausenden Platten, die er besaß, war ich doch sehr erstaunt.

Nun sagte ich mir, diese Kleptomanie wird hiermit abgestellt. Irgendwann ist das nicht mehr lustig. Ich habe es dann auch nie wieder getan, mit einer Ausnahme, fällt mir ein. 1980 war ich in Baden-Baden beim Südwestfunk und ging dort zu einem eher unbedeutenden Rundfunkredakteur, ich glaube, er hieß Guido Schneider, bin mir aber nicht ganz sicher. Ich drückte ihm mein neues Album *Springe nicht in mein Boot* in die Hand und sagte ihm, dass er doch mal genau zuhören solle, den sechsstimmigen Chor des A-Titels sänge ich allein und hätte ihn gedoppelt. „Das Album habe ich schon hier", sagte er. „Da singst du falsch." Ich erschrak. „Wo bitte?", fragte ich. Er spielte mir die Stelle vor, bei der ich in der Oberstimme ein Glissando singe. „Oh, was für ein Kenner", dachte ich. „Woher hast du denn so eine Ahnung von Musik?" „Ich habe früher mal in einer Amateurband Schlagzeug gespielt." Das hat mich natürlich tief beeindruckt.

Das Telefon klingelte und ein Mann vom Sender erzählte unserem Guido, dass Steve Winwood im Haus sei. Winwood war damals eine absolute Koryphäe in der internationalen Pop- und Rockmusik. Guido sagte seinem Informanten, dass Steve sofort zu ihm kommen solle, denn er habe Winwood doch schließlich erst bekannt gemacht. Oh, welche Bescheidenheit, dachte ich und fing allmählich an, mich über den Sack zu ärgern. Auf dem Tisch, an dem ich saß, lag ein neuer Fußball. „Was soll der denn hier?", fragte ich. „Ich muss nach Feierabend zu einem Prominenten-Fußballspiel." „Und was machst du da?", fragte ich ihn. „Na, ich spiel doch da mit." Da ich so gern mit Prominenten zu tun habe, nahm ich seelenruhig den Ball und verabschiedete mich. Es bewies sich mal wieder, dass Leute, die gut sehen, nichts sehen. Nur der Portier, an dem vorbei ich hinausging, sah den Ball, obwohl er ja gar nicht wusste, was für eine Bewandtnis es mit diesem hatte. Wie habe ich mich gefreut! Als ich wieder nach Hause kam, rief besagter Schneider mich an und beschimpfte mich furchtbar, sie hätten keinen Ersatzball gehabt und das ach so prominente Spiel hätte verschoben werden müssen. Na, das hat ja gut geklappt, dachte ich mir. Und er bekam das Geld für den Ball überwiesen. Es muss der teuerste Fußball aller Zeiten gewesen sein.

Mein Erscheinungsbild schien unheimlich viele Leute abzustoßen. Bei den Sendern kamen, nachdem ich eine Sendung moderiert oder vielleicht auch nur ein Stück gesungen hatte, zustimmende Schreiben, aber auch viele Kiesewetter-Beschimpfungen an. Manche dieser Briefe wurden mir auch gezeigt. Natürlich trifft einen so etwas; andererseits war auch das Niveau der Schreiber so, dass es mich auch wieder stolz machte. Denn wenn die mich gut gefunden hätten, hätte ich irgendetwas falsch gemacht, das war mir klar.

Ich stieß aber nicht nur die ganz Rechten, sondern auch die ganz Linken ab, dort wo der Kreis sich oben wieder schließt. Die alten Säcke von rechts schrieben ihre Beschimpfungen immer im Namen des deutschen Volkes: „Das deutsche Volk will Sie nicht!“ Das Volk hatte in neun von zehn Fällen keinen Namen. Das war bei den ganz linken besser, die unterschrieben ihre Beschimpfungen wenigstens.

Mit meinem Titel *Komm aus den Federn, Liebste* wurde ich im August 1968 zu einer Fernsehsendung nach Prag engagiert. Die Sendung hieß *Europarty*, sie wurde in Westeuropa über die Eurovision ausgestrahlt. Wie geht das? In der Tschechoslowakei herrschte gerade der „Prager Frühling“, und so wurde diese westeuropäische Sendung erstmals aus dem Ostblock gesendet. Der Regisseur hieß Mirek Vlácek, ich kannte ihn schon aus Baden-Baden, wo er ab und zu Regie führte, denn er war ein ausgesprochen guter Regisseur. Ein halbes Jahr später sollte in Prag unter seiner Leitung ein Zirkusfilm gedreht werden, der sich sehr ironisch mit Machtstrukturen in den verschiedenen Gesellschaftsordnungen befasste. Ich blieb nach der Sendung noch ein paar Tage in Prag, denn mir hat nie wieder eine Stadt so gut gefallen wie Prag in der Zeit des sogenannten „Frühlings". Irgendein „OK" in meinem Flugticket fehlte wohl, denn man wollte mich nicht ausreisen lassen. Da das ja nun nicht meine Schuld war, wurde ich sehr ungehalten, und ich kann ausgesprochen böse werden, also flog ich noch mit, einen Tag bevor die Russen einmarschierten.

Der Vertrag für den Zirkusfilm war abgeschlossen und der Film musste also gemacht werden. Weil Mirek Vlácek, als die Russen kamen, auf der falschen Seite gestanden hatte, wurde er beim Prager Fernsehen rausgeschmissen und zum Steineklopfen in einen Steinbruch verbannt. In dem Vertrag über den Zirkusfilm stand aber er als Regisseur und Vertragspartner war der Südwestfunk. Also holte man ihn aus dem Steinbruch, und er konnte drei Wochen lang wieder unter seinen alten Umständen leben, was ihn sehr glücklich machte.

In dem Zirkusfilm sollten nur fünf Schauspieler auftreten. Das Prager Gesangstrio *Golden Kids*, Gitte Hænning und ich. Nie habe ich erlebt, dass sich eine Stadt in so kurzer Zeit total ändern kann.

In der Zeit des „Frühlings" swingte die ganze Stadt, überall war Lebenslust zu spüren und die Menschen strahlten Optimismus aus. Nun aber war die Stadt tot und es rührte sich nichts.

Vorher hatte ich schon in Filmen mitgewirkt, aber die Menschen, mit denen ich spielen sollte, waren in meiner Nähe und sprachen schließlich meine Sprache, also wusste ich, wann ich dran war. Hier aber kamen die größten Schwierigkeiten auf mich zu. In manchen Szenen waren die tschechischen „Schauspieler" sechs, sieben Meter entfernt von mir, sprachen tschechisch und ich spürte durch nichts, wann ich dran war. Das Ganze war eine Horrorveranstaltung für mich, und ich verkrampfte auch immer mehr.

Mit Gitte Hænning verstand ich mich sehr gut. Im Hotel hatte sie das Zimmer direkt neben mir, und tagsüber war die Tür zwischen unseren Zimmern auch immer offen.

2014 wurde ich von einem Berliner Sender als Überraschungsgast für eine Sendung mit Gitte Hænning eingeladen. An manches, was wir zusammen gemacht hatten – wir hatten schließlich auch oft zusammen gesungen –, konnte sie sich noch entsinnen, wohl aber schwach. Und von den drei Wochen Prag wusste sie gar nichts mehr.

In einer Szene in dem Film musste ich in einer Schweinebox stehen und meinen Text aufsagen. Da mich die Schweine immer wieder anrempelten, kam ich immer wieder raus. Es dauerte eine ganze Zeit, bis die Szene im Kasten war. Unter den Schweinen waren auch Wildschweine. Als wir fertig waren, erschien ein älterer Herr; man hatte ihn gerufen, weil ich mich unerlaubt zwischen seine Schweine gestellt hätte. Er guckte mich entsetzt an und fragte: „Waren Sie bei Schweine drin?“ Ich sagte: „Ja, musste ich.“ Er fragte: „Nichts passiert?“ „Nein, warum?“ „Können ganzes Bein abbeißen, Glück gehabt!“

Einmal musste ich in einem großen Löwenkäfig sitzen, zu dem ein Zugang führte. Während ich meinen Text rezitierte, wurde ein großer Löwe in den Zugang gelassen, der dann in meine Richtung lief. Der Regisseur sagte: „Wenn der Löwe in deine Nähe kommt, springst du durch die Käfigtür, es kann dir ja nichts passieren, die Tür steht ja offen.“ Manchmal bin ich sehr schwer zu überzeugen.

Alle politischen Spitzen in dem Film waren natürlich vorher gestrichen und der Film war somit höchst langweilig.

In München ging ich eines Abends mit Paul Kuhn in eine Bar. Wir setzten uns an den Flügel und sangen schöne alte Jazz-Standards. Zwar wollten viele Gäste immer wieder unsere Tagesschlager hören, darauf konnten wir aber keine Rücksicht nehmen, denn wir spielten nur aus Spaß.

Ein junges, ansehnliches Mädchen fing an, mich auf sich aufmerksam zu machen. Ich habe mich mit ihr länger unterhalten, sie erzählte mir, dass sie aus Backnang bei

Stuttgart käme; wir waren freundlich zueinander und wir tauschten unsere Adressen. Es war das einzige Mal, dass ich dieses Mädchen gesehen habe. Viel später kam in Schleswig-Holstein in einer Kneipe ein Mann auf mich zu, der mich vor die Kneipe befahl, weil er mich verprügeln wollte. Neugierig fragte ich nach, worum es denn ginge. Er beschimpfte mich, ich hätte seine Verlobung platzen lassen. Er käme aus Backnang bei Stuttgart und seine Verlobte habe ihm gesagt, dass sie jetzt die Verlobung lösen müsse, weil sie den Rest ihres Lebens mit mir verbringen wolle.

Als er ihren Namen sagte, fiel es mir wie Schuppen aus den Haaren. Mein damaliger Produzent, Fred Weyrich, hatte mir erzählt, dass er jetzt eine neue Freundin aus Backnang habe, und sagte mir ihren Namen. An dem Mädchen war wohl alles verlogen. Als ich das ihrem Spätverlobten erzählte, kam ich noch mal um die Haue herum.

Da ich durch alle Netze des Show-Geschäfts gefallen war und dadurch keine Auftritte in Funk und Fernsehen und auf der Bühne mehr hatte, ging ich wieder in die *Riverkasematten*. Nach fünf Jahren war ich mal wieder fest engagiert, diesmal aber zu einer einigermaßen anständigen Gage, die mich über Wasser hielt.

Am 13. März 1967 überfiel mich die Einsicht, dass ich mich ändern und härter an mir arbeiten müsse. Ich schmiss meine Zigaretten weg und schüttete den Whisky aus. Nie wieder habe ich richtig angefangen zu rauchen, nur ganz selten mal eine Pfeife guten Tabaks, das aber auch nicht auf Lunge.

Im Oktober '67 kam ein angeheitertes, junges Mädchen in die Kasematten, die mich darum bat, *The Lady is a tramp* zu singen. Ich mag das Lied heute noch nicht und konnte ehrlichen Herzens sagen, dass ich das nicht könne. Sie erzählte mir, dass ihr Bruder mit mir eine kurze Zeit in St. Peter, in einer Klasse gewesen sei. Außerdem sei sie in St. Peter geboren, das verbindet.

Sie hieß Regine Frerichs und ihre Mutter hatte eine damals in Hamburg bekannte Fischräucherei auf St. Pauli.

Was ich natürlich nicht wusste, ich kaufte mir keinen geräucherten Fisch.

Es waren zu der Zeit keine Gäste mehr da und wir unterhielten uns über dies und das, wobei das „Dies" mehr von Regine kam und weniger „Das" von mir. Sie quatschte angetrunkenen Blödsinn und war dabei kratzig und biestig, ein Zug, den sie ihr Leben lang behalten sollte.

Unser Berliner Bassist Wolfgang „Wippel" Luschert fasste sich immer vor den Kopf und rief laut aus: „Oh, is det n mieser Zahn."

Komischerweise war ich nicht seiner Meinung und fand das Ganze amüsant.

Als ich Feierabend hatte, bot sie sich an, mich (trotz Alkohols) nach Hause zu fahren. Sie wisse durch meinen Schlagzeuger Eberhard Plag, den sie mal kennengelernt hatte, wo ich wohne. Dass sie schon längst zu viel getrunken hatte, störte mich nicht.

Als meine Chauffeurin mich bei mir ablieferte und im Auto sitzen blieb, sagte ich: „Du kannst ruhig noch mit hineinkommen. Ich tue nichts." Sie glaubte mir und an dem Abend haben wir uns noch prächtig unterhalten und es „passierte" sonst auch wirklich nichts.

Wir trafen uns öfter und sie trank dabei reichlich, dadurch fing auch ich langsam wieder an zu trinken, aber sie trank mir eindeutig zu viel. Beim nächsten Treffen sagte ich ihr, dass wir, wenn sie das Trinken nicht einstelle, nie zueinander kommen könnten. Ich war so überheblich, zu glauben, dass ich so viel Macht besäße, einen Menschen zu ändern. Sie trank auch eine Woche lang wirklich viel weniger und ich glaubte schon, ich hätte gewonnen.

Einen Monat später, wir waren uns inzwischen doch sehr viel näher gekommen, hatte ich endlich eine 2000-Mark-Mucke in Minden. Eine Backing-Track-Mucke, das heißt, dass du alleine auf der Bühne stehst und jemand dir auf Zeichen die Hintergrundmusik deiner Stücke einspielt, zu denen man dann live singt. Ein sehr trauriger Job, aber ich brauchte das Geld. Das Finanzamt Husum saß mir im Nacken.

Ich fuhr also mit dem Zug nach Minden. Dort angekommen, stellte ich fest, dass ich Volltrottel die Bänder zu Hause liegen lassen hatte. Ich bekam die Telefonnummer von Regines Schwester heraus, bei der sie war, denn die Schwester hatte Geburtstag, das hatte ich mir glücklicherweise gemerkt.

Regine, ein Schaffensmensch, ließ meine Wohnung durch die Polizei öffnen und tobte mit dem Auto nach Minden. Direkt vor meinem Auftritt war sie da und ich konnte diese deprimierende Mucke abliefern.

Der Applaus des Publikums war sehr verhalten und wir fuhren still in den Nachbarort zu unserem Hotel. In dem Saal des Hotels war eine Veranstaltung. Der Hotelbesitzer sprach mich sofort an, ob ich nicht auch noch mal dort kurz auftreten könne. In meinem Gesicht muss die Frage gestanden haben: „Für wie viel denn?“ Und die Gage war annehmbar.

Nun sang ich hier dieselben Titel, die ich gerade vorher in Minden gesungen hatte. Hier tobten die Leute vor Begeisterung, sie hatten wohl schon mehr Sprit im Blut, denn ich kann mir nicht vorstellen, dass ich so viel besser gesungen habe, und aus den Soul-Titeln waren ja inzwischen keine Pop-Songs geworden. Aber es richtete mich wieder auf und wir konnten ohne Depressionen ins Bett gehen.

Auf dem Weg zurück nach Hamburg sagte ich mir: „Eine Frau, die so für dich da ist, könnte eine für's Leben sein.“ Ich war nie ein Mensch, der kurzfristig denkt. Sie stellte das Radio an. Da sang dann einer einen unbedeutenden Titel. „Das bist du ja“, sagte sie. „Nein, auf keinen Fall“, sagte ich. „Ich kenne den Titel ja gar nicht und der Sänger klingt auch nicht wie ich.“ „Natürlich bist du das! Ich erkenne doch deine Stimme sofort.“ Nach dem Titel sagte der Sprecher: „Das war Knut Kiesewetter mit dem NDR-Orchester.“ Die Titel, die ich im NDR aufgenommen hatte, schienen mich selbst also tief beeindruckt zu haben.

Wir unterhielten uns darüber, dass die HSV-Mannschaft ziemlich oft in die *Riverkasematten* gekommen war, und ich mich mit manchen Spielern angefreundet hatte. „Kennst du denn Uwe Seeler?", fragte Regine mich. Ihn und seinen Bruder Dieter kenne ich, Dieter noch besser als Uwe. „Uwe lernte ich schon, als ich Kind war, kennen", sagte Regine. „Mein Schwager Heinz Liese (ein guter HSV-Spieler) brachte ihn sonntags ziemlich oft in das Heidehaus meiner Mutter mit. Uwe war erst 18 und ich ein Kind."

Schon immer hatte ich einen schrägen Humor. Und wenn ich originelle Witze hörte, musste ich sie auch weitererzählen. So etwas Schönes kann man doch nicht für sich behalten.

Auch bei der Philips, bei der ich zu der Zeit unter Vertrag stand, erzählte ich solche Witze, bis der Leiter der Abteilung „Wort und Kabarett" zu mir kam und mich darum bat, doch einmal Witze vor Publikum zu erzählen, er würde das dann mitschneiden lassen und später als Schallplatte herausbringen. „Okay", sagte ich, „aber mein Name darf nicht auf der Platte erscheinen." Er versprach mir das, wolle mir in dem Fall aber nicht so viel Prozente zahlen, und das machten wir schriftlich. Ich naiver Trottel ließ mir das mit meinem Namen nicht schriftlich geben. Die Platte hieß dann „Knuts kaputte Witzkiste". Auf der Rückseite der Platte waren drei verschiedene Fotos von mir. Ich war mal wieder reingelegt worden. Jetzt schrieb dieser Mann auch noch den Text auf der Rückseite und sagte mir, er hätte das unter meinem Namen gemacht, denn er dürfe ja von der Philips nichts extra kassieren. Ich solle doch die 100 Mark abholen und ihm dann geben. Diesmal war ich schlauer: „Quittiere mir das bitte sofort." „Das kann ich doch nicht", antwortete er „dann hast du mich ja in der Hand." „Erstens habe ich das jetzt schon und zweitens denke ich nicht daran, für dich auch noch Steuern zu zahlen." Er unterschrieb.

In der Kneipe, in der wir die Bänder aufgenommen hatten, ließ er sich eine hohe Summe an Getränken quittieren, ohne etwas bezahlt zu haben. Als diese von der Firma angezweifelt wurde, sagte er: „Ihr wisst doch, wie viel der Kiesewetter saufen kann." Und die Leute ließen sich, ohne bei mir nachzufragen, über den Tisch ziehen.

Eines Tages, nicht viel später, klingelte das Telefon und es meldete sich jemand von einer sehr bekannten deutschen Illustrierten. Er erzählte mir, dass man in der Zeitung eine neue Rubrik einführen wolle, die „Witz der Woche" heißen sollte. Wenn ich ihm Witze erzählen könne, die dafür taugten, würde ich 100 Mark für jeden Witz bekommen. Ich sagte mir, da sind ja schnell 5000 Mark zusammen, und fing an, vom Leder zu ziehen. Aber nach jedem Witz hatte der Herr einen Einwand. Der erste Witz war ihm zu scharf, der zweite war ihm zu skurril, der dritte zu intelligent usw. Mich stachelte das natürlich zuerst noch immer an, aber nach einer halben Stunde gab ich auf und bedeutete ihm, dass er mich mal könne.

Nach einiger Zeit gab es in dieser Illustrierten wirklich diese Rubrik „Witz der Woche" und ich fand im Laufe der Zeit jeden Witz, den ich ihm erzählt hatte, wieder (ich habe, wie schon gesagt, ein sehr gutes Gedächtnis). Man hatte mich wieder mal hervorragend reingelegt.

Die nächsten Alben, die ich noch mit Hannes Wader produzierte, nahm ich in Berlin auf. Hannes wollte die Aufnahmen mit zwei Gitarren machen, worauf ich sagte: „Dann muss aber noch ein Bass dazu. Sonst fehlen die unteren Frequenzen." Hannes kannte keinen guten Bassisten, ich aber einen, der in Berlin beim SFB-Orchester spielte. Er hieß Jürgen Ehlers und gehörte ganz sicher zu den besten Bassisten Deutschlands. Während Hannes mit seinem Gitarristen übte, stand er dabei und schrieb die Harmonien mit. Dann stand er auf einmal hilflos vor mir und sagte: „Die Taktzahlen stimmen ja nie." „Das ist nun mal bei diesen Folkies so", sagte ich „zwischen die einzelnen musikalischen Teile setzen sie so viele Leerlauftakte, wie sie gerade Lust haben." Er versprach das zu versuchen.

Das machte er meiner Meinung nach sehr gut, denn jeder Ton stimmte. Hannes aber beschwerte sich nachher bei mir, dass dieser Mann alles so genau nehmen musste.

Bis heute habe ich geglaubt, was ich Jürgen Ehlers erzählte.

Erst neulich hörte ich Hannes mit Stanzi Wecker im Fernsehen. Er sollte irgendeinen albernen Schlager singen, bei dem er aber ständig umstieg (wie wir Musiker es nennen). Erst jetzt merkte ich, dass er es gar nicht besser kann.

Hannes schob in der Sendung alles auf die anderen und sagte in seiner ach so bescheidenen Art, dass er nie wieder mit anderen zusammen spielen würde, da könnten auch Bob Dylan und Paul McCartney kommen.

Ich denke aber nicht, dass die das je tun werden.

Ende der 60er-Jahre hatte sich der Freejazz bei den modernen Jazzern auf ganzer Ebene durchgesetzt. Freejazz ist eine Musik, die ich immer scheußlich fand.

Mit gleichgesinnten Musikern machte ich jetzt quasi eine Protestband auf, in der der Jazz wieder swingte. Diese Band nannte ich *Snap your Fingers*, damit man schon am Titel hören konnte, dass hier Musik wieder „losgehen" sollte. Rainer Regel war bei *Snap your Fingers* Klarinettist und Altsaxophonist.

Nach der großen Sturmflut im Februar 1962 liefen die Matten durch den langsam steigenden Wasserpegel immer wieder voll.

Das Lokal sah also nicht mehr gut aus und das Publikum kam allmählich auch nicht mehr.

Wir Musiker suchten mit *Snap your Fingers* eine Möglichkeit, uns einzuspielen, und so boten wir Willi an, montags ohne Gage bei ihm zu spielen und ihm, den wir alle mochten, damit auch wieder ein wenig auf die Beine zu helfen.

Eines Abends nach dem Spielen bat mich Willi an die Bar und sagte mir, dass er jetzt Plakate drucken lassen wolle, worauf stehen sollte, dass ich montags bei ihm spiele. Und er fragte: „Wie heißt denn die Band?".

Ich: *Snap your Fingers*. Er: „Wie?", ich wieder: *Snap your Fingers*! und schnippte dabei mit den Fingern. Ihm ging ein Licht auf: „Ach so, das heißt das!" und war es zufrieden. Ich überlegte noch, ob ich ihm das aufschreiben sollte, aber ich glaubte nicht, dass Willi überhaupt etwas in der Richtung unternehmen würde. Nach dem nächsten Schnaps und Bier hätte er das sowieso wieder vergessen.

Damals wohnte ich in Hamburg in der Övelgönne, einem schmalen Fußweg an der Elbe, sehr romantisch gelegen. Da das nur fünf bis sechs Kilometer von den *Riverkasematten* entfernt war, holte mich Rainer Regel vor dem Spielen zu Hause ab. Wir mussten etwa 150 Meter zu seinem Wagen gehen. Auf einmal stoppte Rainer, zeigte auf etwas und rief entsetzt aus: „Da, das musst du sehen!“ An einem Baum hing ein schlichtes weißes Plakat, auf dem Folgendes stand:

Montags in den Riverkasematten
Knut Kiesewetter
und
Se Klickband

Dreißig Sekunden standen wir dort wie erstarrt, bis Rainer fast weinerlich sagte: „Unter so einem bescheuerten Namen habe ich ja noch nie gespielt.“

Es gab inzwischen nur noch eine Jazz-Zeitung in Deutschland, das *Jazz Podium* aus Stuttgart. Dieses Blatt setzte die Tradition des deutschen Jazzpolls fort. Auch dort gewann ich immer wieder, ich weiß nicht mehr wie oft. Ich habe es nicht mitgezählt. Ich gewann also den Jazzpoll in diesem Blatt, obwohl immer wieder schlecht über mich geschrieben wurde. Man entblödete sich nicht, Dinge zu schreiben, die vorher in der Bild-Zeitung gestanden hatten. Als dort eines Tages wieder ein Jazzpoll veröffentlicht wurde und ich wieder gewann, schrieb man, dass ich doch jetzt endlich mal Jüngeren Platz machen könne; ich war 26.

Ich fragte mich oft, warum man mir immer wieder den ersten Platz überließ. Man hätte doch ganz einfach andere Zahlen veröffentlichen und mich weiter nach hinten stufen können. Das ist doch ganz normal in der deutschen Presse.

Neulich sah ich durch Zufall, in einer Fernsehsendung, *Die Frauenlieblinge der 60er-Jahre* oder so ähnlich, dass ich damals nach Roy Black gleich an zweiter Stelle stand.

Die Leute, die sich die Umfrageergebnisse für diese Sendung ausgedacht haben, hätten sich doch ein bisschen besser informieren können, denn in Wirklichkeit hätte ich nicht unter den ersten Fünfzig stehen dürfen. Meine Platten haben sich einfach nicht genug verkauft.

Bei den Singles, die von mir in den 60er-Jahren veröffentlicht wurden, stand oft als Begleitorchester Hans Last, später James Last. In den 50er-Jahren galt er als der beste Jazzbassist Deutschlands und gewann die Jazzpolls.

Es muss so 68 oder 69 gewesen sein, ich nahm gerade im Polydor-Studio auf, als Hansi (James Last) mich im Studio störte und dem Toningenieur sagte, er solle mal die neuen James-Last-Bänder auflegen. Zu mir gewandt sagte er: „Knut, du hast doch auch Ahnung von kommerzieller Musik, hör dir meine neuen Aufnahmen an, wird das was?" Erschrocken hörte ich grauenhafte „Tralala-Musik", aber Hansi war total überzeugt, dass das der große Renner würde. Ich log die Wahrheit: „Das wird wirklich was tolles, Hansi." Und es wurde.

Die Wahrheit zu lügen war mir ein paar Jahre vorher schon einmal trefflich gelungen. In Hamburg hatte ich ein junges Mädchen kennengelernt, das Dixieland-Klavier spielte. Sie hieß Evelyn Hamann. Ich traf sie bei einem Faschingsfest und tanzte mit ihr, daran kann man sehen, wie lange das schon her gewesen sein muss, denn Fasching und Tanzen mag ich beides nicht.

Sie erzählte mir, dass sie jetzt Schauspielunterricht nehmen würde, und fragte, ob ich glaube, dass sie als Schauspielerin eine Gute werden könne. Das traute ich ihr nun wirklich nicht zu, log aber die Wahrheit: „Evelyn, du wirst mal eine ganz Große."

Da ich beide sehr mochte, fiel mir das Lügen nicht schwer. Aber wie gesagt, ich log ja die Wahrheit.

Als meine Fernsehserie auf einmal geplatzt war, wurde ich als Moderator auch von anderen Rundfunk- und Fernsehanstalten engagiert.

In einer Sendung vom ZDF, die ich moderierte, war Roger Whittaker zum ersten Mal im deutschen Fernsehen.

Sein Auftritt war peinlich. Während seines Liedes brach er ab, holte sein Taschentuch heraus und sagte, die Zuschauer sollten ihren Fernsehapparat nicht abwischen, das unklare Bild sei nicht bei ihnen zu Hause, sondern in der Kamera, hauchte diese an und fing an, zum Schein mit dem Taschentuch zu wischen. Eine „urkomische Nummer". Als ich aber *Durhamtown* von ihm zum ersten Mal hörte, war ich begeistert. In meinen Rundfunksendungen, die ich für den NDR machte, spielte ich ihn nun öfter, zum Beispiel ein von ihm geschriebenes geniales Lied, *If*.

Zufällig traf ich ihn im „Casino" des Studio Hamburg, begrüßte ihn mit einem Hallo und erzählte ihm, dass ich ihn oft in meiner Sendung spielte und ich der Moderator in der ZDF-Sendung war. Daraufhin sprach er drei Wörter mit mir und verdrückte sich. Ein paar Wochen später traf ich ihn an der gleichen Stelle und sagte wieder ein freundliches Hallo, er hatte aber kein Wort für mich.

Ein halbes Jahr später wurden wir beide zusammen im Süddeutschen Rundfunk interviewt.

Am nächsten Tag stand er in der Abfertigungshalle am Flughafen direkt vor mir. Er drehte sich um und fragte, ob ich Englisch könne und ihm etwas übersetzen. Ich hatte vorher nur Englisch mit ihm gesprochen, denn er kann kein Wort Deutsch. Ich sagte nur: „Nein." Und dachte: was für ein Blödmann.

Als Fernsehmoderator wird man viel bekannter als als Sänger. Wo ich auch hinkam, alle Leute kannten mich, was mir unangenehm und peinlich war. Man steht überall unter Beobachtung und kann sich nicht einmal in Ruhe in der Nase bohren.

Viele Leute bedienten sich meines Namens. Ich bekam Briefe, in denen sich Leute über Dinge beschwerten, die ich nie gemacht hatte, an Orten, an denen ich nie war. Es traten sogar Leute unter meinem Namen auf. In Diskotheken ließen sie Bänder von mir laufen, nach denen sie den Mund bewegten. Manche müssen mir auch sehr ähnlich gesehen haben. Der damalige Box-Europameister Willy Quatuor begrüßte mich freudestrahlend, als er mal wieder im Boxstudio Bölck in Hamburg war. Wir hätten uns doch vor Kurzem in Dortmund in einer Diskothek gesehen, in der ich aufgetreten sei. Nur ich war da nie.

In Düsseldorf soll ich einen Feuermelder eingeschlagen haben und in Kaiserslautern mit meinem Auto ein anderes angefahren. Aber ich hatte doch nie einen Führerschein.

Da manche Menschen glauben, dass die Leute, die man im Fernsehen sieht, immer steinreich sind, kamen auch viele Bettelbriefe mit den merkwürdigsten Begründungen für eine Spende. „Knut, wenn du nicht sofort 1000 DM schickst, muss ich in den Knast." Das musste er wohl leider.

Solange die Boxschule Bölck existierte, war ich jeden freien Tag zweieinhalb bis drei Stunden zum Training da.

Fred Boelck hatte wohl ein paar Kämpfe zu viel gemacht, er hatte Gleichgewichtsstörungen. Wir nannten das „Er geht auf runden Füßen". Seine Muskeln zuckten unkontrolliert und er sprach, als hätte er eine Hasenscharte. Bei vielen Boxern wird das Sprachzentrum beschädigt. Auch Max Schmeling sprach ja etwas nuschelig.

Als ich eines Tages schon um zwei Uhr nachmittags ins Trainingslager kam, war ich der Einzige dort und Boelck nahm sich gewissenhaft meiner an. Er scheuchte mich so, dass ich nach einer Stunde schon total fertig war. Ich brach dann das Training ab und legte mich in den Nachschwitzraum, da wird man in ein Laken gewickelt und mit Wolldecken bedeckt, damit der Schweiß noch einmal richtig triefen kann.

Boelck setzte sich an die Seite auf meine Liege und nuschelte mir seine Kampfgeschichte vor (Kampfrekord). „Ich habe sie alle geboxt, die ganzen Ausländer und auch alle Neger." Die Karrieregeschichte gipfelte in folgendem Satz: „Nun guck mich doch mal richtig an, man sieht mir doch überhaupt nicht an, dass ich je geboxt habe."

Zu der Zeit fuhr ich mit ein paar Profiboxern zu einem Kampfabend in Köln. Wir gingen zu sechst, außer mir waren alle Profis, die Ringstraße herunter zur Veranstaltungshalle. Da war auf einmal eine Straße mit Planken davor, also war eindeutig der Puff dahinter. Schon kamen ein paar

Rocker dort heraus und fingen an, uns anzumachen. „Hei", dachte ich, „das wird ja ein Spaß." Ich wollte so gern die Jungs purzeln sehen. Da ging Schwergewichts-Europameister Peter Weiland, genannt „Der Dicke", auf den größten der Rocker zu, kniff ihm in die eine Backe und haute auf die andere ein paar leichte Schläge mit der flachen Hand, und sagte: „Na, Junge, du wirst doch wohl nicht …" Und schon war die Rockerbande auseinandergestoben. Und der ganze Spaß war vorbei.

Bei einem Kampf an diesem Abend passierte etwas Ungewöhnliches. Normalerweise versuchen die Boxer vorsichtig herauszufinden, was für eine Taktik der Gegner einschlagen würde. Und so sind meistens die ersten beiden Runden durch Zurückhaltung geprägt. In diesem Falle aber glaubten beide Boxer wohl, den Gegner sofort k. o. schlagen zu können. Von der ersten Sekunde an knallte es nur so und die ganze Halle hielt den Atem an. Da rief ein Kölner aus den hinteren Reihen: „Ihr sollt eusch vertraren." Da war die Hölle los.

Als Peter Weiland um den Europatitel boxen sollte, war ständig ein Sportreporter von der *Bild*-Zeitung im Boxcamp. Er bat mich darum, ein Gedicht für Peters Kampf zu schreiben. Ich habe ihm den Gefallen getan, schon allein Peters wegen.

Ein paar Wochen später bat ich den *Bild*-Heini um eine Pressekarte beim nächsten Kampf; er beschied mich sehr unfreundlich, ich solle mir die doch gefälligst kaufen. „Na gut", sagte ich ihm. „Eure Käsezeitung verkauft doch bestimmt 'ne halbe Million. Ich gebe mal mein Gedicht bei der Gema Wort an, dann muss der Axel Springer Verlag mindestens 100 000 DM für das Gedicht zahlen und du bist deinen Job los." Ab nun hatte ich immer, wenn ich Zeit hatte, Karten für die Kämpfe.

Ganz vorne, in der ersten Reihe, direkt am Ring, konnte ich dann die Kämpfe mit meiner Fernglasbrille einigermaßen gut verfolgen.

An den Ringecken sind kleine Treppen, die nach oben führen. Unten an diesen Treppen sind die Handtücher,

Schwämme, Flaschen und Wassereimer, die die Sekundanten in den Ringpausen benötigen.

Ich saß einmal ziemlich dicht an so einer Treppe. Der Kampfabend hatte noch nicht begonnen und ich döste vor mich hin. Auf einmal blieb jemand vor mir stehen und rief: „Knut, dass ich dich hier treffe …" Er hatte lauter Kameras umgehängt und beugte sich nach vorne, ganz dicht zu mir. Es war Axel Springer Junior. Als Fotograf hieß er Sven Simon und war inzwischen in Deutschland sehr bekannt in diesem Job. Mit freudestrahlendem Gesicht fragte er, wo er mich denn sehen und hören könne. Und wir müssen unbedingt, nach dem Kampfabend, einen Schnaps und ein Bier zusammen trinken. Auf einmal erstarrte er. Entsetzen spiegelte sich in seinem Gesicht. „Axel, was ist?", fragte ich. „Was ist denn passiert?" „So'n Mist, nun steh ich die ganze Zeit mit dem rechten Fuß im Wassereimer." Er entfernte sich quietschend und ich habe den ganzen Kampfabend verlacht.

In einer Sendung des ZDF, die in München aufgezeichnet wurde, sollte ich moderieren und *Komm aus den Federn, Liebste* singen. Am Abend vorher war ich im Hotel und muss dort wohl etwas gegessen haben, was meinem Verdauungstrakt nicht zukömmlich gewesen sein kann. Schon in der Nacht musste ich ständig zum Klo und kam vollkommen unausgeschlafen und kaputt zur Aufzeichnung.

Man hatte sich etwas sehr Originelles ausgedacht. Ich sollte im Frack, aber ohne Hosen vor dem Bett stehen, in dem die damals sehr bekannte Schauspielerin Elisabeth Volkmann lag. Ich war in meiner Garderobe dabei, mich umzuziehen, als ich merkte, dass mir etwas in die Unterhose gelaufen war. Einmal in meinem Leben ohne Hose im Fernsehen und dann die Unterhose vollgekackt! Schnell die Tür abgeschlossen, es war zum Glück ein Waschbecken in der Garderobe, ich wusch also stundenlang und draußen trommelten die Fernsehleute an die Tür: „Herr Kiesewetter, rauskommen, die Aufzeichnung geht los."

Mit nasser Unterhose stand ich dann vor der Volkmann, und immer wenn die Aufzeichnung wieder abgebrochen wurde, sagte ich: „Elisabeth, ich bin so müde, ich würde mich am liebsten zu dir legen." „Aber Knut, ich dachte für so ein kleines Aufhupferl seist du dir zu schade."

Einer der großen St.-Pauli-Könige hieß Wilfried Schulz, genannt Frieda. Eines Tages fühlte er sich zum Boxpromoter und Veranstalter berufen. Ab und zu sah ich ihn beim Boxtraining, er fragte mich: „Wollen Sie nicht bei einer meiner Boxveranstaltungen mal mit Ihrer Band auftreten?" „Können wir mal drüber reden." Ich fand mich bei solch einer Veranstaltung sowieso total deplaziert und nahm das auch gar nicht ernst. Bis jemand beim Boxtraining zu mir sagte: „Du spielst doch übermorgen bei der Boxveranstaltung in der Ernst-Merck-Halle." Ich war doch sehr erstaunt, unternahm aber nichts. Diesen als brutal geschimpften St.-Pauli-Helden wollte ich aufs Glatteis führen. Da ich nie eine Gage mit Frieda abgemacht hatte und nicht mal der Termin stand, erschienen wir natürlich nicht zu der Veranstaltung. Ich rief ihn am Tag nach dem Boxabend an und sagte ihm, dass die Sache so nicht ginge. Ich wolle natürlich kein Geld von ihm, aber meine Musiker hätten ja für den Tag, als sie sich auf dem Plakat wiederfanden, keine Mucke angenommen und wollten jetzt einen Ersatz. Ich sollte doch zu ihm kommen, beschied er mir, wir könnten darüber reden.

So teuer waren meine Musiker noch nie. Sein Rechtsanwalt, der dabei saß, nickte ob meiner Forderungen still mit dem Kopf. So fuhr ich mit dem großen Scheck wieder ab und dachte: „Na also, Frieda, du bist auch reinzulegen." Denn ich hatte über ihn gehört, dass er der größte Link-Mann sein sollte und alle Geschäftspartner quasi ausraubte. Den Boxern gegenüber, die er unter Vertrag hatte, soll er sich aber immer sehr anständig verhalten haben.

In der Hamburger Alsterdorfer Sporthalle war eine große Polizeisport-Veranstaltung. Wohl weil ich im Polizei-Boxverein war, wurde ich engagiert und sang, im Boxring stehend, meinen damals recht bekannten Titel *Fahr mit mir den Fluss hinunter* (*Sie sind grün*). Direkt vor mir hatte Rudolf Mang, Gewichtheber im Schwergewicht (Silbermedaille), seine Hanteln gestemmt, und nach mir turnte der Weltmeister Eberhard Gienger am Reck.

Nach der Veranstaltung schleifte der Amateurboxer Wolfgang Kuhlmann uns über den Kiez. Kuhlmann kannte sich sehr gut auf dem Kiez aus und führte uns in Lokale, in denen abnorm skurrile Dinge passierten.

Eberhard Gienger und ich schauten aber meist gar nicht hin, wir diskutierten über Politik. Er war ein Fan von Rainer Barzel und ich stand hinter der Außenpolitik von Willy Brandt. So verging der ganze Abend.

Dreißig Jahre später trat ich mal wieder in der Fernsehsendung *Die aktuelle Schaubude* auf, auch Eberhard Gienger war in der Sendung. Zum Schluss wurden noch einmal alle Mitwirkenden der Sendung aufgerufen. Als mein Name genannt wurde, rief Gienger laut in die Livesendung hinein: „Wo ist der? Den muss ich unbedingt mal kennenlernen!" Er stellte sich vor und sagte: „Sie sind doch der Mann mit ‚Fahr mit mir den Fluss hinunter'. Das Lied finde ich so toll." Ich sagte: „Hallo Eberhard. Wir kennen uns doch von der St.-Pauli-Nacht." Er wusste von nichts mehr oder er wusste gar nicht, mit wem er stundenlang diskutiert hatte. Eberhard Gienger ist übrigens um ein paar Ecken mit dem Superjazzposaunisten Jack Teagarden verwandt.

Immer fand ich die geistlichen Gesänge der amerikanischen Schwarzen (Spirituals und Gospelsongs) besonders zu Herzen gehend. Ich suchte mir, Ende der 60er-Jahre, in Hamburg vier Musiker, die nicht nur Instrumente spielten sondern auch noch dazu gut singen konnten. So machten wir uns über solche Lieder unsere eigenen Arrangements und sangen sie zu viert auf der Bühne. Das Publikum freute sich sehr daran, und so kam ich auf die Idee, davon auch ein Album zu machen. Nur was auf der Bühne ankommt, wird noch lange nicht gekauft.

Es war das erste Album, das ich auf eigene Kosten produzierte, aber da wir vier Sänger auch alle Instrumente selbst spielten, brauchte ich ja nur die Studiomiete zu bezahlen. Es hielt sich also in Grenzen.

Während der Aufnahmen, es war im August 1968, erschien mein Bruder im Studio, zog mich in würdevoller Haltung aus dem Aufnahmeraum und sagte: „Ich muss dir jetzt etwas ganz Trauriges sagen. Unser Vater ist gestern gestorben.“ Ich sagte ganz ruhig: „Ich dachte schon, es sei etwas Schlimmes. Na dann, Jungs, weitermachen.“

Die Leute von der Philips, bei der ich ja noch immer war, hatten zuerst noch gar kein Interesse daran, die Aufnahmen zu veröffentlichen. Nun kam aber das Dilemma, dass ich als Sänger noch immer bei der Philips unter Vertrag stand. Ich konnte das Album also gar nicht woanders verkaufen. Man bot mir einen Kompromiss an. Die LP sollte für 12,80 DM in den Laden kommen. Dadurch wären meine Tantiemen auch halbiert.

Als ich dann in den Schallplattenläden mal nach der LP fragte, wollte man sie mir für 24 Mark verkaufen. Die LP war ein totaler Flop, was ich auch nachträglich einsah. Negro-Spirituals will man schließlich nur von Schwarzen hören. Ich würde mir auch keine LP von einem afrikanischen Chor, der plattdeutsche Lieder singt, kaufen. Die Einzigen, die ein wenig daran verdienten, waren die Schallplattengeschäfte mit ihren Apothekenpreisen.

Albert Westphal war ein ehemaliger deutscher Meister im Schwergewicht. Er war ein ganzes Stück kleiner als ich und wog, obwohl er kein Fett am Körper hatte, über hundert Kilo. Er war also quasi lang wie breit und konnte unheimlich hauen, was er auch beim Sparring nicht ablegte. Wenn er mit leichteren Leuten sparrte, hatte man oft das Gefühl, dass er sie mitten durchbrechen wollte. Auch ich sparrte mit ihm, da darf man nicht Nein sagen, aber wenn er mich von der Seite am Kopf traf, rüttelte es mich ganz durch. Ich vibrierte quasi. Dann sagte er: „War locker, Knut, nä?! War locker!“

Nach dem Ausschwitzen wollten mehrere Boxer gleichzeitig unter die Dusche. Da fing Albert an, mir Schlagtechnik zu erklären. „Also Knut, es kommt darauf an, wie schnell du die Faust schlägst und wie viel Körper dahinter ist. Hier aus der Hüfte, mein Jung.“

Ich sagte: „Albert. Impuls gleich Geschwindigkeit mal Masse."

Die anderen Boxer, die sich um uns gesellt hatten, um der Lektion zuzuhören, lachten sehr laut, und Albert sagte mit einem enttäuschten Unterton: „Ja, ich hab ja kein Abitur."

Als ich eines Tages wieder zum Boxtraining war, setzte sich der ehemalige Europameister der Profis im Halbschwergewicht, Willi Hoepner, zu mir, und erzählte mir eine Geschichte in seinem Urhamburgisch. „Du Knut, ich saß neulich mal wieder zum Skatspielen bei Eier Koddel am Fischmarkt. Ein alter Mann stand am Tresen und es kamen ein paar lederberockte Rocker herein, die den Alten anmachten. Als sie dann anfingen, ihn rumzuschubsen und rumzustoßen, wurde mir das zu viel. Ich ging nach den Jungs hin und sagte, was macht ihr denn hier? Wollt ihr wohl mal den alten Mann in Ruhe lassen. Da greift der Obermacker nach mir und da hab ich ihm mit der flachen Hand rechts und links kräftig was an die Ohren gehauen (und Willi konnte hauen), da hauten die anderen ganz schnell ab, und der Obermacker stand da und hat so geweint. ‚Du musst mich doch nicht so doll hauen', hat er gesagt, und da habe ich ihn dann in Ruhe gelassen und weiter Skat gespielt." Solche Geschichten amüsieren mich immer wieder, weil ich, wie ich glaube, einen tiefen Gerechtigkeitssinn habe.

In Husum, unserer Kreisstadt, gibt es ein über 500 Jahre altes Lokal, das Dragseths Gasthof heißt. Dieses Lokal wurde, nachdem es ein paar Jahre geschlossen war, wieder im alten Stil eröffnet und ist wirklich schön. Die damalige Wirtin hatte so einige Schwierigkeiten mit der Realität. Trotzdem oder deswegen gingen wir öfter dorthin. Sie machte einen sehr guten Käsekuchen, und ich liebe Käsekuchen. Wir nahmen also einen unserer Besucher mit in den Gasthof und bestellten viermal Käsekuchen, weil unser Gast ein Käsekuchenfan war.

Sie baute sich vor uns auf und fragte: „Wann kommt denn der Vierte?" „Nein, nein", sagte ich. „Dieser Mann möchte gern zwei Stücke.“ „Das ist ja eine Unverschämtheit!“, fuhr sie hoch. „Andere Leute kommen kilometerweit gefahren, um meinen Käsekuchen zu essen. Und der will auch noch zwei.“ Das sahen wir natürlich ein, wie konnte man nur?

Ich glaubte ja immer, der König im Verladen zu sein, bis ich eines Tages furchtbare Tiefschläge von einer alten Frau bekam. Henry Vahl war ein sehr populärer Schauspieler des Ohnsorg-Theaters, der auch sang. Eines Tages wurden alle Interpreten unserer Schallplattenfirma an die Ostsee geladen, wo ein Haufen Fotografen viele lustige Bilder von uns machen sollte. Zu viert wurden wir in ein Taxi bugsiert, um an den Ostseesteg in Travemünde zu fahren. Ich saß hinten, neben Henry Vahl und seiner Frau, Frau Vahl direkt neben mir. Auf einmal fing sie an zu quengeln: „Henry, der junge Mann hat seine Hand immer direkt an meiner Tasche.“ Ich sagte: „Frau Vahl, es ist hier so eng, ich kann nicht anders, aber ich versuche meine Hand noch weiter wegzuziehen.“ Sie aber immer wieder: „Der hat seine Hand an meiner Tasche, der will da wohl beigehen.“ Und Henry: „Ja, bei den jungen Leuten muss man doll aufpassen.“ So ging das die ganze Fahrt, wir stiegen aus und die beiden Alten prusteten vor Lachen. Das mit mir! Mir war das unglaublich peinlich.

In den 60ern kamen auch oft die Beatles in die *Kasematten*. Ich kam ihnen aber nie sonderlich nahe. Dann kam eine Gruppe namens *The Summer Set* nach Hamburg und ihr Leiter, Les Humphries, war fast jeden Tag bei uns.

Als 1968 meine LP *The Gospeltrain* herausgekommen war, sagte mir Les in seiner künstlerischen Feinfühligkeit, dass diese Platte ein ganz großer Mist sei. Er aber mache jetzt selbst so einen Chor auf und ich könne bei ihm als Bass mitsingen. Apropos Bass, ich war bass erstaunt, wieso er einen Mann in seinem Chor haben wollte, der Tenor ist und den er für schlecht hielt. Er könne mir 1000 Mark im Monat garantieren, sagte er mir. Darüber konnte ich doch nur müde lächeln. Ich schlug also dieses großzügige Angebot aus, kaufte mir aber die erste LP mit seinen *Les Humphries Singers*. Viele seiner Stücke waren auch schon auf meiner LP und die Arrangements waren Ton für Ton abgeschrieben. Er entblödete sich nicht einmal, meine Englischfehler mit abzuschreiben. In *Sometimes I feel like a motherless child* singe ich: „Do believe it"; ich hatte Armstrong falsch verstanden, richtig heißt es „True believer" und Les Humphries ganzer Chor sang: „Do believe it." Unsere Freundschaft war danach nicht mehr so innig.

Beim SFB in Berlin machte ein Mann, der sich Hendricks nannte, oft Jazzsendungen. Eines Tages forderte er sein Publikum auf, ihm zu schreiben, welche Jazzinterpreten sie am liebsten bei einem SFB-Ball hätten. Am meisten wünschte man sich Knut Kiesewetter, am drittmeisten Inge Brandenburg, an zweiter Stelle aber, oh Wunder, war die Berliner Blödelgruppe *Insterburg & Co.* Sie wurden auch tatsächlich engagiert. Ich besaß nur zwei Bigbandarrangements und machte den Rest Blues nur mit meiner Gitarre. Ich stand also mutterseelenallein vor der Bigband und zupfte mir einen ab. Der berühmte Jazzsaxophonist Herb Geller saß direkt hinter mir und immer, wenn eine Pause in meinem Programm entstand, rief er mir ein ermutigendes „ Yeah-Man" zu, was mir doch sehr half.

In der Garderobe sagte der Insterburg-Mann Karl Dall: „Ach, du bist Knut Kiesewetter, der Hannes Wader so bescheißt." Ich erstarrte vor Schreck. „Der kriegt acht Prozent von mir", sagte ich „und das bei der ersten Platte. Ab der dritten Platte vor fünf Jahren bekam ich anderthalb Prozent. Und die Hannes-LP hat ihr Geld noch lange nicht wieder eingespielt." Ich verstand mich aber mit Karl Dall dann sehr gut und er machte ein paar Jahre später mit seiner Familie Urlaub bei uns.

Regine und ich saßen mal wieder bei einem Whisky in den Matten an der Bar. Sie arbeitete noch im Geschäft ihrer Mutter. Der Name Frerichs, wie Regine ja damals noch hieß, bedeutete in den Fünfzigerjahren großen Reichtum, der aber lange zerflossen war. Regine verabschiedete sich von mir, und ich blieb noch am Tresen sitzen. Neben mir saß so ein St.-Pauli-Typ, einer von denen, die sich schon vor zehn Jahren wegen der hohen Preise aus dem Lokal verabschiedet hatten. Er stieß mich an und sagte: „Ey du. Weißt du eigentlich, wer dir da gerade durch die Lappen gegangen is? Hätts du die dir geschnappt, wärn das sechs Richtige im Lotto, aber die Schanze is jetz weg." Ich sagte freundlich zu ihm: „Meinen Sie die Frau, die gerade ging? Und die ich in vier Wochen heiraten werde?" Er stieß erstaunt „Ach so" aus und war dann sehr still.

Immerhin bekam Regine dreißigtausend Mark Mitgift. Alle ihre Schwestern bekamen diese dreißigtausend. Nur ihre älteste Schwester heiratete '52 und wir '69, ein kleiner Unterschied im Geldwert.

Es hätte noch so viel Geld sein können, das war nicht der Grund, weswegen wir heirateten. Und das Geld war sowieso bald weg. Ich war ja so ein Schlauer. Ich hatte davon gehört, dass man bei den Aktien des Amerikaners Bernie Cornfeld sehr schnell viel dazuverdienen könne. Bernie Cornfeld war ein Betrüger, der dann selbst betrogen wurde. Ihm blieb nichts und uns blieb nichts. Insofern war ja die Höhe ihrer Mitgift auch ganz egal.

Direkt unter dem Haus meiner Schwiegermutter an der Oevelgönne wurde der Elbtunnel gebaut. Eines Nachts brachte mich Willi Breuker von den *Riverkasematten* mit dem Auto bis nach Neumühlen. Ich hatte ziemlich lange Haare und einen Vollbart, das schien den Bauarbeitern die nach ihrem Feierabend ihr Bier dort tranken, genug Grund, mich anzupöbeln. Ich war damals voll im Boxtraining, Schwergewicht. Ich rief also rüber: „Bleibt mal ruhig, Jungs, ich tu euch auch nichts." Daraufhin fanden drei sich aufgerufen, mich zu verprügeln, und ehe ich meine Posaune abgestellt hatte, schlug mir auch schon einer von hinten ins Gesicht; als ich mich zu ihm umdrehen wollte, merkte ich, dass der schräg vor mir ausholte, nur geht bei denen das Ausholen ja länger als bei einem Trainierten das Schlagen. Ich traf ihn voll auf ausgestrecktem Arm am Kinnwinkel.

Was man so oft in Comics sieht und für unglaubwürdig hält, kann wirklich passieren. Da wo gerade noch sein Gesicht war, waren nun seine Hacken, und er knallte voll hin. Die anderen beiden rannten.

Dieser Kerl aber lag da wie im Koma. Ich konnte also auf keinen Fall nach Hause gehen. Die Telefonzelle war ganze zwanzig Meter weit weg, und ich rief die Polizei.

Inzwischen hatten sich andere Arbeiter dazugesellt, die nun diskutierten, was man mit dem Ohnmächtigen machen solle. Da kam nach einiger Zeit ein Polizeiwagen, die Wache war damals ja noch dicht dabei. Die Polizisten sahen die vielen Männer und fuhren gleich wieder ab. Ich rief also noch einmal an. Der zweite Polizeiwagen erschien wieder nach längerer Zeit. Ich erklärte den Herren, dass der Ohnmächtige dort meinetwegen läge, und zeigte ihnen meinen Boxerausweis Polizei Hamburg. Der eine Polizist schaute hinein und sagte: „Sie haben drei Monate lang Ihren Beitrag nicht bezahlt."

Jetzt wurde der Komapatient langsam wieder wach, sah mich, und da ihm ja eine Dreiviertelstunde fehlte, wollte er gleich wieder auf mich los. Da hat er aber richtig Dresche gekriegt, und zwar von den Polizisten mit ihren Gummiknüppeln.

Am nächsten Tag stand die Story in der Zeitung. Polizisten scheinen sich damit ein kleines Zusatzeinkommen zu beschaffen, indem sie alles, was mit sogenannten Prominenten passiert und mit der Polizei zu tun hat, an die Presse weiterverkaufen. Das ist mir in mehreren Fällen passiert, es konnte also kein Zufall sein.

Die Schlager- und Chansonsängerin Nana Gualdi (*Junge Leute brauchen Liebe*) war mit einem Möbelgroßhändler zusammen. Dieser Mann fühlte sich nur wohl, wenn er andere Leute übers Ohr hauen konnte. Das tat er immer wieder, und auch mich hat er ein paar Mal furchtbar reingelegt.

Es gibt Menschen, die anderen Böses antun, auch wenn sie davon überhaupt nichts haben. So einer war dieser Mann.

Am 31. Januar 1969 traten Regine und ich, im Rathaus Altona, mit ernster Miene vor den Standesbeamten. Mein Trauzeuge sollte mein Pianist sein, und Regines Trauzeugin meine Mutter. Mein Pianist Dr. Peter Hieber hatte diesen bedeutenden Anlass einfach vergessen, so wichtig war ich ihm also. Aber glücklicherweise war Regines Mutter zur Stelle, also hatten wir unsere Trauzeugen über Kreuz.

Als wir vor die Tür traten, wartete dort ein Schwarm Journalisten und Pressefotografen. Keinen Menschen hatte ich wissen lassen, dass wir heiraten würden. Woher wusste diese Meute davon? Nur Nana Gualdi hatte ich davon erzählt. Viel später ging mir auf, dass nur ihr bekloppter Freund das an die Presse hinausposaunt haben musste. Solche Dinge und noch viele mehr hat er sich mir gegenüber später noch geleistet.

Seinen Namen möchte ich nicht nennen, zu viel der Ehre.

Vor der Hochzeit hatte ich Regine angeboten, einfach mein Konto bei der Dresdner Bank mit zu übernehmen, denn ich fand es schon immer spießbürgerlich, wenn ein Ehepaar zwei Konten besitzt.

Kurz bevor wir heirateten, war ich mit Regine in einem Musikgeschäft und wollte eine Gitarre kaufen, für die ich aber tausend Mark zu wenig bei mir hatte. Ich fragte Regine: „Hast du mal tausend Mark dabei?" Sie hatte, und ich kaufte das für mich so tolle Instrument.

Ein paar Wochen später, inzwischen verheiratet, gingen wir beide den Jungfernstieg hinunter, da fielen ihr ihre tausend Mark ein. Sie sagte: „Du, die tausend Mark will ich aber wiederhaben." Wir waren inzwischen direkt neben der Dresdner Bank. Ich zog sie am Arm vor den Schalter und sagte zu dem Mann hinter dem dicken Glas: „Geben Sie mir bitte tausend Mark" und füllte die Zettel dafür aus. Die tausend Mark drückte ich ihr dann in die Hand und sagte: „Hier, die kannst du jetzt wieder auf unser Konto tun."

Der Bassist meiner damaligen Band heißt Dietrich Walsdorf. Da er Pfarrerssohn war, wurde er von uns der Pope genannt. Eigentlich hatte er Gott weiß was studiert, übernahm dann aber plötzlich eine Fahrschule in Hamburg. Die Fahrschule hieß Kloninger, da er den Namen nicht ändern wollte, blieb es dabei.

Eines Tages rief ich dort an. Seine Frau Hildburg nahm ab und meldete sich mit „Kloninger". Meine Verladen fallen mir immer ganz plötzlich ein, ich lege mir also nie etwas zurecht. Ich sagte mit ganz normaler Stimme: „Frau Kloninger, ich möchte gern mal Ihren Mann sprechen." Sie: „Der ist nicht hier." „Aber ich ruf doch die Fahrschule Kloninger an, oder?" Da beteuerte sie mir, dass sie Walsdorf hieße und erklärte mir lang und breit, warum sie den Namen Kloninger gelassen hätten. Das genügte mir nicht, und ich fragte, wie viel so ein Führerschein denn dann bei ihnen koste. Sie sagte mir den Preis und dass es auch noch auf mein Talent ankäme. „Aber wenn man Sie kennt, kriegt man dann den Führerschein nicht billiger?" Sie sagte: „Ja, aber nur bei guten Bekannten." „Aber das bin ich doch", erwiderte ich. „Sie, wenn Sie mit mir gut bekannt wären, würde ich das doch wissen", sagte sie entrüstet. „Ach, sind wir nicht gut bekannt? Ich bin es doch, Knut, Knut Kiesewetter." Sie fing an zu kreischen. „Du hast mich aber verladen", sagte sie. „Du hast ja deine Stimme so verstellt." „Nein, überhaupt nicht", sagte ich. Und so trennten wir uns.

Am Abend rief der Gatte bei mir an. „Na, das ist ja toll, was du mit Hildburg da gemacht hast", und ich versicherte ihm, dass ich mich dabei überhaupt nicht angestrengt hätte.

Vierzehn Tage später rief ich wieder an, diesmal nahm er ab. Ich sagte: „Guten Tag, Herr Kloninger." Worauf er zu erklären begann, warum die Fahrschule noch immer Kloninger hieß, wobei er doch Walsdorf heiße. Jetzt begann unser Gespräch wie von einem Band von vor vierzehn Tagen abzulaufen, nur dass Kloninger diesmal er und nicht sie war. Nachdem es um den Preis ging und ich wieder den guten Bekannten raushängen ließ und dann sagte, dass ich Knut sei, fing er an zu schreien: „Das erzählst du nicht Hildburg!" Den Gefallen konnte ich ihm nicht tun.

Durch die vielen Fernsehauftritte war ich aus meiner Sicht optisch schon viel zu bekannt geworden. Ich trug meine Haare ziemlich lang, fünfzehn bis zwanzig Zentimeter, und dachte darüber nach, wie ich mein Aussehen wieder ändern könne, um dem Spießrutenlauf auf den Straßen zu entgehen. Da rief ein Friseur bei mir an. Er hatte uns Musikern in den Matten schon oft die Haare geschnitten, und das für fünf Mark, was wir für vollkommen in Ordnung hielten. Er hieß Karl-Heinz Kastel, nannte sich aber Charly Castell. Er fragte, ob ich mir bei ihm für ein Fernsehteam die Haare kurz schneiden lassen würde. Ich sagte: „Du hast doch heute geschlossen." Er: „Für die Fernsehleute mache ich noch mal auf. Du musst dir die Haare aber sehr kurz schneiden lassen." Das kam mir wegen meiner Angst, erkannt zu werden, gut zupass. Also fuhr ich mit der Taxe zu seinem neuen Laden in der Milchstraße an der Alster. Er schnitt mir die Haare wie ganz früher auf anderthalb Zentimeter Länge. Immer beobachtet und unterbrochen von dem Fernsehteam. Als die Aktion fertig war, stand ich auf, sagte „Danke" und „Tschüss" und wollte gehen. „Charly" rief: „Halt! Stopp! Du musst doch noch bezahlen. Fünfzig Mark!" Ich zahlte wortlos und habe ihn seitdem nie wiedergesehen.

Jetzt ließ ich mir zu den kurzen Haaren einen Vollbart wachsen. So ging ich mit Regine in einen Hamburger Jazzclub, in dem lauter Musiker spielten, mit denen ich schon oft zusammen getutet hatte.

Der Laden war leer. Keiner der Musiker guckte in die Ecke, wo Regine und ich saßen, und keiner erkannte Regine, geschweige denn mich. Ich sagte zur Bedienung (Laufziege), sie solle den Musikern doch jedem einen Whisky bringen, diese dann aber an unseren Tisch bitten, um mit uns anzustoßen. Artig folgten die Herren meinem Wunsch, steif vor mir stehend sagten wir Prost zueinander, bis einer laut rief: „Das ist doch Knut!"

Dann wurden es noch mehr Whiskys und es war bewiesen, dass man mich so nicht so schnell erkannte. Seitdem war ich im Übrigen nie wieder bartlos, nur das Aussehen des Bartes wechselte ich oft.

Anfang der 70er-Jahre war es unter den Musikern schick, ganz links zu sein. Es kam kaum vor, dass sich jemand mal von der herrschenden Meinung versuchte abzusetzen. Ich schrieb damals diesen Text, der mich bei den Linken nicht beliebt machte:

Wenn du dich umschaust

Wenn du dich umschaust, siehst du doch nur dich
Denn du umgibst dich stets mit Deinesgleichen
Wer anders denkt und fühlt, den siehst du nicht
Und was du sagst, das wird ihn nie erreichen

Du sagst etwas, um dich herum ist man begeistert
Man sagt: „Recht so, so sehe ich das auch"
Und euer Kunsthonig, mit dem ihr euch bekleistert
Tropft schon herab vom Kinn bis auf den Bauch

Du willst die Welt verändern, nur nicht dich
Denn was du tust, das ist vollkommen richtig
Du gehst mit allen andern ins Gericht
Nur mit dir selbst, da findest du's nicht wichtig

Du treibst mit schönen Worten Onanie
Und willst mit Formulierungen berauschen
Und das betreibst du schon mit Akribie
Du hältst es für erregend, dir zu lauschen

Du möchtest gern das Proletariat befrein
Ob es das will, das hast du nie gefragt
Denn magst du deinen guten Willen auch beteuern
Hat es wohl dir zu glauben nie gewagt

Denn es wird deine Worte nie verstehn
Ob es das soll, das wag ich zu bezweifeln
Dein Sinn für Allgemeinheit sollte nur
Dich selbst mit deinem Eigenlob beträufeln

Wenn ich dir dieses sage, wird gelacht
Dass du so bist, das musst du strikt verneinen
Ich habe jetzt darüber nachgedacht –
Ich werde wohl mich selbst nur damit meinen

Ein paar Reimfehler sind in diesem Text, die Fehler, die von fast allen Liedermachern gemacht werden.

Diese textlichen Schludrigkeiten der unsauberen Reime und unsauberen Rhythmik versuchte ich zehn Jahre später meinen Studenten an der Hamburger Musikhochschule auszutreiben, was aber nur bei wenigen fruchtete.

Die Linken, zwischen denen ich mich als Liedermacher zwangsläufig oft bewegte, bekamen ob dieses Textes einen richtigen Hass auf mich, und ich saß mal wieder zwischen allen Stühlen. Wenn in einer Diskussion unter solchen Leuten schrill über die Polizei geschimpft wurde (Bullenschweine), warf ich gelegentlich vorsichtig ein, dass auch diese Angst vor den Radikalen hätten und vielleicht dadurch manchmal mit ihren Knüppeln zu hart zuschlügen. Dann war ich sofort ein Faschistenschwein und musste fluchtartig den Raum verlassen.

Zu der Zeit mussten ja alle Liedermacher ihre politischen Ansichten in ihren Werken zu Markte tragen.

Wie man vom Publikum gesehen wird, hat man selbst leider überhaupt nicht zu bestimmen. Weil in manchen meiner Lieder auch Politisches mitklang, war ich auf einmal der politische Liedermacher. Das bestimmen die Moderatoren der Rundfunkanstalten, die einen einfach so nennen. Und das Publikum läuft damit los.

In dem belgischen Nordseebad Knokke gab es jeden Sommer ein Festival. Meine Frau Regine und ich fuhren mit Gitte Hænning im Auto dorthin, um aufzutreten. Der Wagen war Gitte von ihrer Schallplattenfirma zur Verfügung gestellt worden, und sie musste nach dem Auftritt zu einem anderen Ort weiterfahren, während wir mit dem Zug nach Hause fuhren.

Wir nahmen den Schlafwagen. Als wir schon wieder in Deutschland waren, gingen wir in den Speisewagen, um zu frühstücken. Ich aß früher morgens oft Schinken und Spiegeleier, englisch: ham and eggs. Als wir den Speisewagen betraten, kam mir schon dieser vertraute Geruch entgegen, und mir fiel auf, dass alle Leute, an denen wir vorbeigingen, auch dieses Frühstück aßen. Schinken und Eier sind ja in Deutschland nicht so üblich, und so dachte ich, dass dieser Zug wohl von der Kanalküste kommen und viele Engländer damit fahren würden.

Der Wagen war überfüllt, wir bekamen nur noch einen Tisch in einer Ecke. Nun stampfte ein stämmiger Ober, südeuropäischer Typ, durch den ganzen Wagen auf uns zu, wies mit dem Finger auf mich und sagte „Ham and eggs?!" Ich antwortete: „Ja, woher wissen Sie?", worauf er gleich zu Regine mit derselben Handbewegung „Ham and eggs?!" sagte. Sie überlegte einen Augenblick und sagte: „Na gut, dann ich eben auch mal."

Es war noch ein Platz an unserem Tisch frei, ein Mann der aussah wie ein zickiger deutscher Geschäftsmann, bat, sich mit an unseren Tisch setzen zu dürfen.

Der Ober stampfte auf ihn zu und fragte mit dem Finger: „Ham and eggs?!", worauf der Deutsche sagte: „Nein, ich hätte gerne zwei weiße Brötchen mit Butter, Konfitüre und Honig. Dazu Kaffee mit viel Milch." Der Ober guckte ihn verständnislos an und sagte: „Ich Türke, ich nix verstehen. Ham and eggs?!" Demoralisiert antwortete unser Geschäftsmann: „Na gut, wenn's nicht anders geht!"

Regines Mutter hatte in der Lüneburger Heide (Nordheide) ein Wochenendhaus mit einem großen Waldstück. Ab und zu fuhren wir dort hin und fühlten uns in dem hundertjährigen Haus sehr wohl.

Dort lernte ich einen jungen Mann kennen, der mir sehr sympathisch schien, obwohl er einen höheren Posten bei der Bank hatte.

So saßen wir eines Tages gemütlich beisammen in seinem reetgedeckten Fachwerkhaus. Wir kamen ins Klönen.

Er erzählte mir, dass er nicht aus Niedersachsen sei, sondern aus Stettin stamme. „Ich auch", sagte ich. Er sei neunzehnhunderteinundvierzig geboren. „Ich auch", sagte ich.

Er sei am dreizehnten September geboren. „Ich auch“, sagte ich.

Nun suchten wir weiter nach Gemeinsamkeiten. Wir waren beide einsachtundachtzig groß und wogen zu der Zeit achtzig Kilo. Das waren mir zu viele der Zufälle, und ich spielte einen letzten Trumpf aus.

Nun zog ich meinen Pullover hoch und sagte: „Ich habe aber eine dritte Brustwarze, das hat sonst keiner.“ Er zog seinen Pullover hoch und sein „Ich auch!“ war laut, überschwänglich und dadurch sehr komisch.

Seit Mitte der 60er-Jahre war ich angeschlossenes GEMA-Mitglied. Bevor man ordentliches GEMA-Mitglied werden konnte, musste man damals noch eine Aufnahmeprüfung machen, um dann erst einmal außerordentliches GEMA-Mitglied werden zu können. Diese drei Stufen hatten etwas mit der GEMA-Vergütung zu tun. Der Gitarrist Hans Haider hatte mich auf diese Stufentherapie aufmerksam gemacht, und ich meldete mich also zu dieser Prüfung an. So wurde ich mit anderen Prüflingen ins GEMA-Haupthaus in Berlin bestellt.

Der damalige Europameister, der Berufsboxer Gerhard Piaskowy, lebte in Berlin, und wir waren ziemlich eng befreundet. Er holte mich vom Flughafen ab und fuhr mich zur GEMA. Ich bat ihn darum, in einem Lokal vor dem GEMA-Haus auf mich zu warten, denn es könne ja nicht lange dauern, festzustellen, ob ich reimen könne oder nicht.

Jeder Proband bekam sein eigenes Zimmer und einen Kassettenrecorder, auf dem man sich eine Tralala-Melodie, geschrieben von einem Nicht-GEMA-Mitglied, anhören musste und einen passenden Text dazu schreiben sollte.

Ich schrieb einen passenden Text, der war in fünf Minuten fertig. Er passte mir aber zu gut, also schrieb ich eine nicht ganz so bescheuerte Alternative dazu.

Es muss Herbstzeit gewesen sein, denn wir sollten auch noch ein Herbstgedicht schreiben. Auch das schrieb ich, und nach nicht einmal einer Stunde gab ich meine Texte ab.

Es kam mir auf einmal eine gute Idee, und so bat ich darum, mir meine Werke zu kopieren, damit ich sie mitnehmen könne.

Die dichterisch so hoch stehenden Werke im Volksmusikstil habe ich natürlich nicht mehr. Aber mein Herbstgedicht ging so:

Den kühlen Wind auf meiner Haut
Geh ich durch einen Buchenhain
Der Dom, der um mich aufgebaut
Scheint plötzlich ohne Dach zu sein
Das Dach liegt mir zu Füßen
Es raschelt, wenn man darauf tritt
Der Sommer ist vergessen
Er starb ganz langsam Schritt für Schritt

Als er noch lebte, Grün noch trug
Da war mir der Gedanke fremd
Dass er mal stirbt, jetzt gehe ich
Über sein braunes Totenhemd
Nachdem die Blüten fielen
Hat sich bald jedes Blatt verfärbt
Der Herbst kam und hat langsam
Des Sommers Antlitz braun gegerbt

Der Sommer ging und die Natur holt Luft für neue Taten
Bei dem Gedanken an den Winter wird mir bang
Die Sonne wärmt nicht mehr, ihr Schein wirft nur noch lange Schatten
Ihr täglich Gastspiel dauert auch nicht mehr sehr lang

Des Sommers Bauwerk, das der Herbst mit seiner rauen Hand zerschlug
Steht als Gerüst jetzt nur noch da und jeder Baum, der Blätter trug
Ist des Gerüstes Säule, doch weiß ich, schon im nächsten Jahr
Baut einer das Gebäude viel schöner auf, als es je war

Einen Monat später bekam ich den erwarteten Brief von der GEMA.

Dieser Brief war nicht einfach eine Ablehnung, sondern er war eine Beschimpfung. So etwas Niveauloses wie ich könne niemals in die GEMA aufgenommen werden. Heute weiß ich nur noch, dass er voller Beleidigungen unterhalb der „geistigen Gürtellinie“ war.

Mit diesem Herbsttext ging ich zu drei damals bedeutenden GEMA-Mitgliedern (Aufsichtsrat oder so) und las ihnen mein Herbstgedicht vor. Ernst Bader, der etwas überschwängliche ältere Herr, rief begeistert aus: „Knut, das ist ja Goethe.“ Ich wusste gar nicht, dass Goethe so gut war. Dafür sind ja auch viel zu viele Reimungenauigkeiten darin, aber es musste ja schnell gehen, und Gerd saß unten und wartete auf mich.

Als Ernst den Antwortbrief las, war er zutiefst erschüttert und sagte, ich solle doch den Herren aus der Prüfungskommission schreiben, dass er, Ernst, gesagt habe, man hätte meinen Text mit dem eines anderen verwechselt.

Ralf Arnie, auch ein Großer der Branche, kam zu demselben Schluss: Ich müsse der GEMA schreiben, ich sei einer Verwechslung zum Opfer gefallen.

Prof. Dr. Hans Wilfred Sikorski hörte sich meinen Vortrag ruhig an und fragte: „Wollen Sie das etwa als Lied herausbringen? Das will doch keiner als Schlager hören.“ „Ist auch nicht so gedacht“, sagte ich. Ich erzählte ihm die Geschichte und las ihm den GEMA-Brief vor. „Ich weiß ja, wer in dieser Prüfungskommission sitzt“, sagte er. „Dort in dem Regal sind so kleine Schlagertextheftchen, schicken Sie den Leuten doch Ihre Werke einmal zu und raten Sie ihnen, sich doch zu schämen.“ So weit wollte ich nicht gehen, denn ich kannte ja diese Schlagertexter fast alle. Das wäre doch zu beleidigend gewesen. Aber auch er riet mir zu behaupten, dass diese meine Arbeit verwechselt hätten.

Mein Antwortbrief an die GEMA fiel entsprechend scharf aus.

Vierzehn Tage später kam wiederum ein Brief der

GEMA, in dem stand nur: „Sie sind seit heute aufgenommen."

Zu der Zeit war ich mit dem Journalisten, Fernseh- und Rundfunkmoderator Rainer Holbe befreundet. Als dieser eines Tages zu einem Sommerfest im Garten seines Hauses in Luxemburg einlud, traf ich dort den Fernsehmoderator (Entertainer) Thomas Gottschalk. Der ging auf mich zu und sagte: „Dich hat man nie in die GEMA aufgenommen." „Wie kommst du darauf?", fragte ich. „Wir waren doch zusammen zur GEMA-Prüfung in Berlin. Als du so schnell deine Textbögen abgabst und verschwandest, war ein großes Tohuwabohu im Haus. Man hielt das für die größte Unverschämtheit, seine Texte nach nicht einmal einer Stunde abzugeben. Und dort wurde laut gerufen: Der Kerl kommt uns nicht in die GEMA!"

Allein der Satz „Der Dom, der um mich aufgebaut" sei doch ein zigfach wiederholtes Klischee. Ich schrieb aber doch „Der Dom, der um mich aufgebaut" und nicht „Ein Dom ist um mich aufgebaut", das setzt doch voraus, dass man dieses Klischee kennt und ich es bewusst einsetze, um das Dach von dem Dom fehlen zu lassen.

Inzwischen war 1970 unser Sohn Klas geboren. Fest hatte ich mir vorgenommen, mich nicht so, wie die meisten Väter, die ich kannte, zu betrinken, ich bin doch schließlich ein vernünftiger Mensch. Aber an dem Abend, als er da war, ging ich in alle Jazzlokale, die ich kannte, um das freudige Ereignis kundzutun, und jeder wollte mit mir darauf anstoßen. Muss ich die Geschichte jetzt zu Ende erzählen?

Einen Monat nach Klas' Geburt spielte ich mit meiner Jazzband auf Helgoland. Damals gab es eine Vereinigung der nordeuropäischen Rundfunkanstalten, und da jedes Land eine Band dorthin schickte, war ganz schön was los. Auf einmal musste unser Bassist, Jan Rasmus Mahler, mit dem Flugzeug nach Hamburg zurück, weil sein zweiter Sohn geboren wurde.

Bei einem Konzert einen Monat später sagte er mir, er habe für seinen Sohn einen ganz seltenen tollen norddeutschen Namen gefunden „Wie heißt er denn?“ „Klas“, antwortete er. „So heißt meiner schon seit einem Monat.“ Er wirkte enttäuscht.

Jan war damals Redakteur und Grafiker bei der Zeitschrift *Die Yacht*. Seine Zeitschrift veranstaltete ein Jahr später ein Sommerfest.

Wir waren schon über Jahre mit dem Klarinettisten Fiete Westendorf gut bekannt. Fiete kam auch und spielte mit. In einer Pause zog er mich beiseite und sagte, dass er jetzt auch Vater geworden sei, ich gratulierte höflich, wie es sich unter Gentlemen gehört. Auf einmal sagte er fast aufgeregt: „Ich habe einen ganz tollen Namen für ihn gefunden.“ „Na, wie denn?“ „Klas“, sagte er voller Stolz. Ich drehte mich zu Jan um und rief: „Weißt du, wie Fietes Sohn heißt? So wie unsere beiden schon über ein Jahr!“ Und Fietes Schultern hingen runter.

In Saarbrücken wurde ich in eine Fernsehshow eingebaut. Den Harry-Belafonte-Titel *Bananaboatsong* hatte ich ein Jahr vorher in einem ganz anderen, viel rhythmischeren Arrangement aufgenommen, und in Wim Thoelkes ZDF Sportstudio in Mainz, nach Sparring mit Gerd Piaskowy, gesungen.

Diese Fernsehshow, von einem Jahrmarkt in Saarbrücken, moderierte besagter Wim Thoelke. Die Show war aufgenommen, die Fernsehheinis hatten schon ihr Equipment abgebaut, ich stand direkt beim Autoscooter, in dem mein *Bananaboatsong* gespielt wurde. Die jungen Leute tobten um mich rum und sangen laut mit. Wim Thoelke sagte nachher zu mir: „Die grölen dein Lied laut, und merken nicht einmal, dass du direkt zwischen ihnen stehst.“

Ich hatte mal wieder meine unheimlich depressive Phase, wie oft in meinem Leben, aber ich sagte ja schon, dass die Leute, die immer witzig sein wollen, oft die depressivsten sind.

Mit der Taxe fuhr ich zum Saarbrücker Bahnhof, saß noch lange im Wartesaal und schrieb dort diesen Text:

Saarbrücken

Ich gehe über einen Jahrmarkt ganz allein
Ich weiß, es ist viel Lärm um mich, doch höre ich ihn nicht
Um mich herum ist bunter Lichterschein
Ich bin allein und darum sehe ich kein Licht

Denn Einsamkeit ist etwas, das dich isoliert
Es schirmt dich ab, baut Mauern gegen Lärm und gegen Licht
Ich sehe, was um mich herum passiert
Ich sehe es, doch registriere ich es nicht

Aus einem Lautsprecher hör' ich mich singen
Um mich herum steh'n lachend Leute, sie wissen nicht, dass ich das bin
Wie lustig kann doch meine Stimme klingen
Ich dreh' mich um, geh' fort, hör' lieber gar nicht hin

Ich geh' hier fort, doch wieder weiß ich ganz genau
Ich bleibe heut mit mir und meiner Einsamkeit allein
Es ist so trist, wohin ich auch nur schau
So einsam kann Saarbrücken manchmal sein.

Wieder in Hamburg angekommen, ging ich ein paar Tage später wieder einmal zum Sikorski-Musikverlag, der ganze drei Minuten zu Fuß von meiner Wohnung entfernt war. Dort war ich öfter, um Demonstrationsaufnahmen einzuspielen. Diesmal war auch Udo Jürgens da, ich trug ihm meinen neuesten Text (*Saarbrücken*) vor. Ihm gefiel der Text und er sagte, dass er das Lied gern auf seine nächste LP aufnehmen wolle, nur das Wort „Saarbrücken" müsse für ihn durch „in der Großstadt" ersetzt werden. Denn seine Fans seien ja überall, wo man deutsch spricht, und nicht nur in Saarbrücken. Dann könne er das nicht von mir kriegen, sagte ich ihm.

Udos LPs liefen ja gut, und es hätte mir bestimmt ein paar Tausender eingebracht, wenn er es gesungen hätte. So starrköpfig war ich damals (bin ich das auch noch heute?).

Im Sikorski-Demonstrationsstudio sang ich für den Verlag oft ein paar Demotitel ein. Als wir uns die rockigen Aufnahmen anhörten, kam Dr. Siko (Sikorski) herein, und fragte, wer denn da so furchtbar sänge. „So ein Mann kommt doch wohl nie in unseren Verlag." Ich hielt mich lieber ganz zurück.

Ein paar Monate später baten die Sikorski-Jungs mich darum, ihnen wieder einen Demotitel einzusingen. Ich war aber so erkältet, dass ich kaum ein Krächzen herausbekam, und auch die Intonation war grottenschlecht. Wieder kam Dr. Siko beim Abhören rein und sagte: „Das ist aber mal ein guter Sänger. Den müsst ihr sofort unter Vertrag nehmen." Ja, die Geschmäcker …

In St. Peter hatte ich ein kleines Häuschen hinter dem Haus meiner Eltern. 1969 nahm ich Tony Sheridan und seine spätere Frau (ich glaube, die zweite) mit dorthin, damit sie in meinem Häuschen Urlaub machen konnten.

Tony hatte durch seine Singles sehr viel Geld verdient, aber er wusste nie, wo es geblieben war.

In St. Peter erzählte mir jemand, dass der schleswig-holsteinische SPD-Vorsitzende Jochen Steffen ganze 500 Meter von meinem Häuschen entfernt wohnte. Jochen Steffen hatte mich als Politiker immer sehr beeindruckt, weil er in Interviews und Reden nie versuchte, die Wahrheit zu verschleiern, sondern sie geradeheraus sagte.

Nun klingelte ich also an seiner Tür, er bat mich herein. Er war ein ausgesprochen freundlicher und humorvoller Mensch mit einem unheimlich großen Wissen, was mir sehr gefiel.

Später besuchten wir ein Mal in der Woche meine Mutter und landeten zum Schluss immer bei Jochen Steffen. Er mochte meine Lieder, am meisten *Ansprache an meinen Sohn.*

Unser Sohn Klas wurde 1970 geboren. Als er zwei war, schrieb ich dieses Lied, das sich mit der Erziehung meines Sohnes beschäftigte. Man glaubt ja viel von Erziehung zu verstehen, solange die Kleinen noch nicht richtig antworten können. Aber wenn man es aufmerksam hört, merkt man, dass es viel mehr um mich als um ihn geht. Tausende von Beschimpfungen habe ich wegen dieses Liedes bekommen. Die meisten waren derart, dass man sich seinen Eltern gegenüber nicht so äußern könne. Meine Mutter war ja in dem Text gar nicht gemeint. Und manche schrieben, man hätte mich viel öfter verprügeln müssen. Was zeitlich aber gar nicht ging.

Ich sang es auch einmal in einer Sonnabend-Abendsendung von Hans-Joachim Kulenkampff, und da sahen und hörten ja Millionen zu.

Ansprache an meinen Sohn

Du hast es gut, darfst deine Tränen zeigen
Dir sagte man noch nie, ein Junge weint doch nicht
Man sagt dir nie, wenn sie ins Auge steigen
Halt sie zurück, ein deutscher Mann wahrt sein Gesicht

Schau, man hat mich von Kindheit an erzogen
Zum harten deutschen Jungen, der ich niemals war
Und mir damit mein Inneres verbogen
Der Rest von Logik, der mir blieb, macht mir das klar

Man hat mich, wie so viele, oft geschlagen
Gesagt, das stählt nun mal den Körper und den Geist
Und so ist wohl in jenen Kindertagen
Der Platz, wo das Gefühl wohl sitzen soll, verwaist

Und ich begann zu hassen statt zu lieben
Das einzige Gefühl, das ich derzeit besaß
Doch ist zum Glück nicht viel davon geblieben
Wie gut, dass ich die bösen Dinge bald vergaß

Ich will versuchen, dich zu nichts zu zwingen
Und hoffe, du erkennst bald selbst, was wirklich zählt
Zum Lob der Götter brauchst du nie zu singen
Die sich nicht einmal wenigstens dir vorgestellt

Ich lernte früh, mein Inneres zu zügeln
Gott, Ehre, Vaterland, so hat man mir gesagt
Das müsste man mir in den Schädel prügeln
Zu widersprechen hab ich damals nicht gewagt

Doch meinem Kind soll das nicht widerfahren
Es soll die Welt erleben, möglichst ohne Zwang
Doch weiß ich frühestens in ein paar Jahren
Ob mir bei meinem Sohn das wirklich auch gelang

Fällst du mal hin und stößt dir deine Beine
So tut das weh, du wirst deshalb nicht ausgelacht
Und tu, was ich nicht durfte, Junge, weine,
Komm her und wein dich aus, solang das Freude macht

Auch in einer Sendung des damals sehr populären Moderators Hans Rosenthal wollte ich dieses Stück singen. Hans war aber ein Schisshase, man sang in seiner Sendung live, er stellte sich mit einer Stoppuhr in der Hand bei den Proben neben mich, um den Text genau zu verstehen. Die Stoppuhr benutzte er, weil die Lieder in seiner Sendung nicht über drei Minuten lang sein sollten. Als das Stück zu Ende war, sagte er: „Drei Minuten und drei Sekunden, also zu lang. Das Stück fliegt raus." Da ich mich sehr gut ärgern kann, drehte ich mich zum Orchesterleiter um und sagte laut: „Dass Menschen nie die Wahrheit sagen! Das Stück ist Hans politisch nicht recht, um drei Sekunden kann es ja gar nicht gehen." Hans erschrak und sagte: „Na gut, dann bleibt es eben drinnen."

Hans war Jude, der Glück gehabt hatte, den Zweiten Weltkrieg zu überleben. Er hatte Angst vor den alten Nazis, was ich verstehen kann. Er war ein ausgesprochen netter Mann, mit dem ich kurz vor seinem Tod noch eine Sendung im Deutschen Haus in Flensburg hatte. So etwas bleibt haften.

Ich habe meinen Sohn nie geschlagen, doch eine winzige Ausnahme gibt es da. Er wollte gern Klavierunterricht haben, und natürlich bekam er den auch. Man sieht ja sein

Kind schon in ferner Zukunft als großen Pianisten auf den Weltbühnen. Er wollte zwar Klavier lernen, aber wie ist das noch mit dem Geist und dem Fleisch? Er drückte sich also immer ums Üben, bis ich mir Vorwürfe machte und mich danebensetzte, um ihn „anzufeuern".

Ich stellte eine Eieruhr auf eine halbe Stunde und diese auf den Flügel. Er setzte sich hin und stellte sofort fest, dass der Klavierhocker zu hoch war, also drehte er ihn runter. Nun aber war er zu niedrig, das ging fünf Mal hin und her, dann stand der Hocker zu weit links, dann zu weit rechts. Das Notenblatt war falsch aufgeschlagen und es dauerte lange, bis er das Stück endlich fand, das er üben sollte. Bei diesen ganzen Ablenkungsmanövern starrte er fest auf die Eieruhr.

Mir riss der Geduldfaden, ich zog ihn ein kleines Stück am Hosenbund hoch und gab ihm einen kleinen Klaps auf den Hintern. Nicht, dass es weh tun konnte. Ich sagte in strengem Ton: „So, nun spielst du, Bengel!"

Er blieb vollkommen ruhig, sah mich nur an und sagte: „Du Papa, wenn du das noch einmal tust, spiele ich keinen Ton."

Ja, wie erzieht man richtig? Ich war in dieser Hinsicht hilflos und überließ das dann Regine. Niemand weiß, was nun wirklich richtig war oder gewesen wäre.

Als unser Junge ein Jahr alt war, wollten wir mit dem Kind in St. Peter bei meiner Mutter Urlaub machen.

Der „Bandleader" Fiete Hagemann aus Husum hatte inzwischen seinen Drogisten-Job aufgegeben, er war, wie schon gesagt, Kammerjäger, Schädlingsbekämpfer, Antiquitätenhändler, Makler und noch manches mehr geworden.

In diesem Urlaub redete er uns ein, ein Haus zehn Kilometer nördlich von Husum anzusehen, das er zu verkaufen habe.

Wir fuhren dort hin und fanden eine 300 Jahre alte Ruine vor. Am Himmel war keine Wolke, Igel huschten durch den Garten, Schmetterlinge flogen hin und her, und Schwalben, meine Lieblingsvögel, segelten durch die Luft. Das war so schön, dass wir das Haus gar nicht richtig anguckten. Die Türen und Fenster waren mit Brettern vernagelt und auf dem Dach war Blech und teilweise dieses wunderschöne Eternit. Das Haus hieß *Fresenhof* und hatte fließend Wasser aus dem eigenen Brunnen, sonst nichts.

Wir kauften es, denn Fiete war ja auch für eine Bausparkasse tätig und versprach uns, obwohl wir kein Geld hatten, die ganze Sache für uns hinzukriegen. Was waren wir für Optimisten und wie viele Jahre haben wir daran rumgekrebst, diese Ruine zu einem Wohnhaus unter Reet zu machen. Als wir 1971 den Fresenhof kauften, beizte ich die schönen alten Türen selbst ab. Diese Beize ist im Sinne des Wortes ätzend. Mit meinem schlechten Augenlicht hatte ich mich bis auf fünfzehn Zentimeter über die Türen gebeugt, um die Beize dann abzuschaben. Ich bekam so verheerende Bronchitis, dass es mir körperlich richtig schlecht ging, aber kein Arzt kam darauf, woher die Bronchitis rührte, und sie begleitete mich mein Leben lang und meine Intonation hat darunter sehr gelitten. Ich musste mich immer stundenlang einsingen.

Die schönsten Jahre meines Lebens habe ich auf dem Fresenhof verbracht. Wenn ich von einem Fernseh- oder Rundfunkauftritt, ganz im Süden Deutschlands, mit dem Zug nach Hause fuhr, wurde die Freude, bald wieder auf dem Fresenhof zu sein, mit jedem Kilometer Richtung Norden etwas größer.

Schon immer litt ich darunter, nicht einschlafen zu können, dann gingen mir oft Melodien durch den Kopf, die ich gar nicht kannte. Ich schaute mich um, ob Regine schon schläft, wenn nicht, sang ich ihr die Melodie vor und fragte sie: „Kennst du das?“ Auf ein „Nein“ hin sagte ich: „Dann ist das von mir.“ Ich bildete mir ein, diese auch noch am nächsten Morgen zu wissen, und sie dann aufzuzeichnen. Aber am nächsten Morgen war in meinem Kopf nur eine große Leere.

Eines Abends war ich schlauer, es gab inzwischen Kassettenrecorder, ich sang die Melodie darauf. Beim nächsten Einschlafversuch begann schon der Text zu entstehen, morgens war es eine Kleinigkeit, ein vollständiges Lied daraus zu machen.

Dieses Lied sang ich dann zur Gitarre bei manchen Schallplattenproduzenten vor, aber keiner war interessiert.

Die ersten Jahre wohnten wir hauptsächlich noch in Hamburg im Hause meiner Schwiegermutter in der Oevelgönne und selten auf dem Fresenhof.

Die Leute von den Schallplattenfirmen sagten mir, dass sie sich gar nicht richtig vorstellen könnten, wie dieses Lied nachher auf Platte klingen würde. Ich sollte doch mal ein gutes Demo davon machen. Das kostet aber Geld, und wir hatten wegen des Hofes nur Schulden.

Meine Schwiegermutter, eine tüchtige Geschäftsfrau, hatte durch mich schon einiges über meine Branche gelernt. „Du machst das jetzt gleich richtig“, sagte sie. „Ich zahle das!“ Das war mir zwar unangenehm, aber ich nahm an.

Nun ging ich mit der Aufnahme von Schallplattenfirma zu Schallplattenfirma. Keiner wollte sie haben, bis ich zum Schluss zu einer ganz neuen Firma ging. Dieses Label hatte ein großer Industriekonzern geschaffen. Der zuständige Mann dort hieß Rainer Timm, er hörte sich die Nummer an und sagte: „Ganz hübsch, aber das ist doch mehr ein Titel für eine LP.“ „Nun gut“, sagte ich. „Dann lass uns doch die LP machen. Die anderen zehn Titel habe ich ja zu Hause.“ Er aber sagte, dass er jetzt erstmal in einen dreiwöchigen Urlaub ginge und wir uns danach darüber unterhalten könnten, und hoffte mich damit los zu sein. In den drei Wochen schrieb ich schnell die zehn anderen Titel und nahm sie auf.

Als wir uns danach wieder trafen, legte ich ihm die Produktion auf den Tisch und sagte: „Rainer, wie abgemacht.“ Die LP kam heraus und der Titel, den ich als Single vorgeschlagen hatte, wurde dann doch als Single aus der LP ausgekoppelt. Der Titel hieß: *Fahr mit mir den Fluss hinunter.* Acht Mal kommen die drei Wörter „Sie sind grün“ in dem Stück vor. Immer wieder sagte man mir, so muss doch auch das Stück heißen. Dann antwortete ich immer: „Das Theaterstück von Shakespeare heißt ja auch ‚Hamlet‘ und nicht: ‚Sein oder nicht sein‘.“

Fahr mit mir den Fluss hinunter wurde zu einem richtigen Erfolg. Und die Rückseite *Hier liege ich nun* ebenso.

Hier liege ich nun wurde in allen möglichen Rundfunkanstalten für die Hitparaden vorgestellt und platzierte sich dort auch.

In den 50er-Jahren hatte ich in St. Peter ein liebes, nettes Mädchen namens Anette Regnier kennengelernt. Ihr Vater war der Unterhaltungschef des NDR. Die Redakteure des NDR waren solche Zickendrähte (Beispiel: *Komm aus den Federn, Liebste*), dass sie die Titel der Single überhaupt nicht spielten. Ich nahm meinen Mut zusammen und ging an ihnen vorbei gleich zum Chef, legte ihm die Single auf den Tisch und sagte: „Die steht im Südwestfunk an dritter Stelle, und hier wird sie nicht mal gespielt."

Fahr mit mir den Fluss hinunter handelt von Rassendiskriminierung.

Hier liege ich nun behandelt mehr das Sexuelle.

Henri Regnier, Bruder des Schauspielers Charles Regnier, trug eine herrliche Arroganz vor sich her. Und im Vergleich zum Niveau seiner Untergebenen war diese mehr als berechtigt. Er hörte sich die Single an und rief: „Diese Idioten, das wird sofort in unserer Hitparade vorgestellt."

Er glaubte natürlich, dass *Fahr mit mir den Fluss hinunter* die A-Seite sei. Das Stück platzierte sich in der Hitparade und (obwohl für einen Pop-Song viel zu schwierig) kletterte sogar bis auf Platz eins. Sieben Wochen blieb es darin, länger durfte ein Stück auch nicht in der NDR-Hitparade sein.

Einmal traf ich Regnier wieder und er fuhr mich an: „Sie haben mich ja belogen, das Stück steht ja gar nicht in der SWF-Hitparade." „Nein", sagte ich. „Die Rückseite. Aber das hätte man ja im NDR erst recht nicht gespielt." „Woher wollen Sie das denn wissen?", erwiderte er. „Die Rückseite wird in unserer Hitparade auch noch vorgestellt." Was auch geschah, und sie blieb auch sieben Wochen lang drinnen.

Sein Leben lang habe ich mich mit Henri Regnier, bei Musikern Heintje genannt, fantastisch verstanden. Er muss sehr viel von mir gehalten haben, denn ich musste für ihn ganze Rundfunkserien moderieren. Er brachte mich oft ins Fernsehen und wollte, dass ich auch bei Filmen für ihn Regie führen sollte. Als Erstes sollte ich einen Film über Boxen machen. Zuerst wehrte ich mich stark: „Das kann ich nicht und ich kann doch nicht richtig gucken." „Du kriegst ja 'n guten Kameramann, nun schreib erstmal das Buch." Ich ließ mir von ihm erklären, wie man ein Regiebuch schreibt, setzte mich zu Hause hin und versuchte das.

Als ich es ihm geschickt hatte, rief er mich an und sagte: „Kiesi, das ist Scheiße." „Ich habe doch gesagt, dass ich das nicht kann." Er nahm mir das nicht übel und unsere gegenseitige Sympathie litt nicht weiter darunter.

Die Titel *Hier liege ich nun* und *Fahr mit mir den Fluss hinunter* waren also richtige Erfolge, und wer Erfolg hat, hat Neider. Von Feministinnen wurde *Hier liege ich nun* als frauenfeindlich verfemt. Obwohl der Idiot in diesem Lied ja der Mann ist, dem nach dem Suff immer wieder derselbe Schlamassel passiert. Und *Fahr mit mir den Fluss hinunter* hatte Gegner von vielen Seiten, manche schrieben dann über das Lied: „Sie sind grühün." Ich habe dieses Lied vier Mal aufgenommen, also 32 Mal „Sie sind grün" gesungen. Nicht ein Mal war ein „H" dabei. Aber wenn jemand etwas verreißen will, dann hört er auch Dinge, die gar nicht da sind.

Schon Ende der 60er-Jahre hatte ich über den Club of Rome gelesen und dessen Warnung vor der Katastrophe, die die Menschheit anrichten würde, wenn sie den eingeschlagenen Weg weiterginge. Der Club of Rome war eine lockere Gemeinschaft von Wissenschaftlern, die sich mit den Schäden beschäftigte, die die Menschheit der Erde zufügte. Ich reagierte panisch, denn ich fühlte mich ja mitverantwortlich.

Sobald ich las, dass etwas schädlich für Luft und Wasser war, verbannte ich es aus unserem Haus, die Dosen, in denen FCKW enthalten war, und alle anderen giftigen Dinge, von denen ich hörte.

Wo ich auch Platz fand, pflanzte ich Bäume. Dreihundert Meter von unserem Haus, kurz vorm Wald, floss ein Bach, was heißt, war früher ein Bach geflossen; das Wasser, das inzwischen zu Jauche verkommen war, war in einen Kanal gezwängt. Ich kaufte Trauerweiden und pflanzte sie an den Kanal.

Ein paar Tage später lagen die Bäume rausgerissen auf den Feldern. Die Bauern, die das getan hatten, sollen dabei gesagt haben: „Der Kiesewetter glaubt wohl, er darf alles." Auch mit allen anderen Bäumen, die ich an die Wege gepflanzt hatte, ging man so um, bis ich auf einen Trick kam.

Die Bäume, die die Kreisverwaltung an die Hauptstraßen hatte pflanzen lassen, waren mit kleinen Schildern gekennzeichnet. Diese nahm ich ab und heftete sie an die von mir neu gepflanzten Bäume. Nun blieben sie stehen.

Vor ein paar Jahren sind wir noch mal zum Fresenhof gefahren, fast alle Bäume stehen noch heute und es sind richtig schöne Alleen daraus geworden.

Jochen Steffen, genannt „der rote Jochen" wegen seiner ehemals roten Haare, schrieb auch Satiren. Ich überredete ihn dazu, mit mir ins Studio zu gehen und diese Satiren aufs Band zu sprechen. Davon erzählte ich Rainer Timm. Er war hell begeistert: „Das kriege ich, das bringen wir raus." Ich versprach es ihm.

Nun sollte bei dieser Firma, die ich nicht nennen möchte und die es seit Jahrzehnten nicht mehr gibt, mein zweites Album herauskommen. Für die Vorstellung dieses Albums sollten aus ganz Deutschland Fernseh-, Rundfunk- und Presseleute eingeflogen werden. Die Firma hatte ja genug Geld.

Der ehemalige Kuhstall des Fresenhofs war von uns zu einer 136 m^2 großen Halle mit Rundkamin in der Mitte umgebaut worden, in der wir manche Feste feierten und auch manche Kollegen wie Alex Campbell, Tony Sheridan, Hannes Wader, Konstantin Wecker, Peter Horton, die Gruppe *Moin*, Fiede Kay, Heino Jaeger, Herb Geller, Wolfgang Schlüter und viele andere auftraten.

Hierhin sollten also die Musikjournalisten und -redakteure gebracht werden, um ihnen mein neues Album vorzustellen. Da fiel mir ein, dass Jochen Steffens LP auch dieser Tage herauskommen sollte. Ich fragte ihn, ob er nicht auch kommen wolle und ein wenig von seinen Glossen vortragen. Er wollte. Sofort rief ich Rainer Timm an und sagte ihm Bescheid, dass sie jetzt, für dasselbe Geld, zwei Alben vorstellen könnten. Er freute sich sehr darüber.

Eines Mittags liege ich im Bett und versuche meine Gedanken zu ordnen, als das Telefon klingelt. Ein Mann sagt mir, dass ich Jochen Steffen sofort wieder ausladen solle, sonst könne das alles nicht stattfinden. „Wer sind Sie denn überhaupt?“, fragte ich. „Das sage ich Ihnen nicht!“, antwortete er. „Aber der Sozi erscheint dort nicht, sonst sagen wir das alles ab.“ „Dieser Sozi ist aber bei Ihrer Firma.“ „Den haben wir nur zum Schein unter Vertrag genommen. Wir werden von der LP 100 Belegexemplare pressen und dann ist Schluss.“ „Dann lassen wir das Ganze eben“, blökte ich ihn an und legte auf.

Vorher war ich immer voller Bewunderung darüber gewesen, wie die deutschen Schallplattengesellschaften mit ihren kommunistischen Interpreten umgingen (Hannes Wader, Franz Josef Degenhardt, Dieter Süverkrüp). Sie ließen diese singen, was sie wollten, und verdienten Geld damit. Die Kommunisten wollten ja unser kapitalistisches System abschaffen, die Sozis es aber nur „verbessern“. Also stimmte das, was ich dachte, überhaupt nicht.

In Garding hatte ich als Zehn- bis Elfjähriger einen gleichaltrigen Jungen aus Breklum bei Bredstedt kennengelernt. Sein Bruder arbeitete als Bäckergeselle beim Bäcker am Markt. Und so kam Fiede Kay, so hieß der Junge, immer in den großen Ferien seinen Bruder besuchen und wir freundeten uns an – nicht ahnend, dass wir später jahrzehntelang auch musikalisch miteinander zu tun haben sollten.

Fiede Kay wurde als Sohn des Tagelöhners Max Kay in Breklum, Nordfriesland, geboren. Wenn man ihn auf seine Herkunft ansprach, hatte man immer den Eindruck, dass sie ihm peinlich sei, wobei ich doch der Meinung bin, dass er darauf stolz sein könnte, wie weit er es gebracht hatte.

Eigentlich hieß er Hans-Friedrich, aber, wie in Nordfriesland üblich, wurde er von klein an Fiede genannt. Er war das jüngste von sechs Kindern und das geliebte Nesthäkchen.

Sein Lebensweg war ihm von der Familie her eigentlich vorgezeichnet. Doch als der Bauer, bei dem Fiede nach der Schule als Knecht zu arbeiten anfing, seine Machtstellung mit der Pferdepeitsche zu unterstreichen versuchte (in den 50er-Jahren war das noch üblich), sah Fiede seine Karriere als Landmann abrupt für beendet an und versuchte sich darauf als Maurer, was er damals als seinen Traumberuf ansah. Als Maurer muss man sehr früh aufstehen, und das passte dem Nachtmenschen Fiede Kay wiederum auch nicht. So versuchte er sich in freieren Berufen, z. B. als Handelsvertreter.

Schon als Kind hatte Fiede versucht, das Quetschenspiel zu erlernen, und als 14-Jähriger spielte er erstmalig mit seinem Onkel (Schlagzeug) zum Dorftanz auf. Hier kam er näher mit Alkohol in Berührung und schien schon damals viel davon zu vertragen. Er wie sein Onkel schafften ihre Instrumente auf dem Fahrrad nach Hause, wobei nicht er, sondern sein Onkel mit dem Schlagzeug plus Rad im Straßengraben landete.

Fiede „muckte" ab nun fast regelmäßig am Wochenende. Er wurde auf der Quetsche nie ein Meister, aber er sang sehr schön und gewann manchen Sängerwettstreit im Norden Schleswig-Holsteins.

Auch ich gehörte damals zu den „Muckern", und so sahen wir uns ab und zu wieder. Dann verließ ich Nordfriesland, um in Lübeck und Hamburg Musik zu studieren und danach als Jazz- und Schlagersänger „Karriere" zu machen.

Erst 1971 kam ich nach Nordfriesland zurück, nachdem wir uns den Fresenhof gekauft hatten. Und so traf ich Fiede wieder.

Als Vertreter muss man unbedingt einen Führerschein haben. Weil ihm aber ein Polizist den Genuss von ein paar läppischen Bieren übel nahm, wurde Fiede zum ersten Mal seinen Führerschein und somit seinen Job los.

So bot Fiede an, mir bei der Restaurierung des Fresenhofs zu helfen, wofür ich ihm sehr dankbar war. Während seiner Arbeit war ich sein Handlanger und hörte ihn ständig dabei singen. Seine Art zu singen gefiel mir inzwischen noch besser, und da ich schon manche Lieder für Kollegen geschrieben hatte und gerade zwei Lieder bei mir auf dem Schreibtisch lagen, die bestellt und nicht abgeholt waren, fragte ich Fiede, ob er Lust habe, diese auf Schallplatte zu singen. Fiede war völlig aus dem Häuschen vor Begeisterung. Das hatte er sich ewig gewünscht.

Ich aber hatte nicht daran gedacht, dass er schon über 30 war und in der Schlagerbranche somit ein Start wegen „Überalterung" unmöglich. Ich blieb also auf meiner Produktion sitzen. Erst eine ganz kleine Firma in Hamburg kaufte die Bänder an, und der Chef war von Fiedes Gesang so begeistert, dass er gleich eine zweite Single bei mir bestellte. Direkt nach dem Abliefern dieser Produktion ging die Firma pleite.

Ich produzierte mit ihm das Lied *Es war so ganz anders* mit folgendem Text:

Ich wollte stets gern in die ferne
weite Welt hinaus
Denn ich wollte endlich mal gerne
Was anderes seh'n als zu Haus
Ich wusste nicht, was mich erwartet
Im fernen, fremden Land
Doch war ich schnell begeistert
Von dem, was ich dort fand

Es war so ganz anders und doch war es schön
Wie konnt es im Leben noch Schöneres geben
Den Reizen des Neuen konnt ich nicht widerstehn
Es war so ganz anders und doch war es schön

Man hörte mich früher oft singen
Ich fand unsre Lieder sehr schön
Doch kann bei so vielen Dingen
Die Freude schnell vergeh'n
Die Lieder warn immer dieselben
Ich hielt sie bald nicht mehr aus
Doch die Lieder der fremden Länder
Das fand ich schnell heraus

Sie warn so ganz anders und doch warn sie schön

Als ich sie nur einmal gesehen
Mit ihrem schwarzen Haar
Da war es um mich geschehen
Das war mir noch niemals so klar
Ob nun der Glanz ihrer Augen
Ob die seidige Haut überwog
Oder die fremde Sprache
Mich so sehr zu ihr zog

Sie war so ganz anders und doch war sie schön

Fiede hatte inzwischen in Bredstedt seine eigene Kneipe und damit schon seinen eigenen Fanclub.

Ich hatte Henri Regnier vorher schon dazu gekriegt, die A-Seite der Single in der NDR-Hitparade vorzustellen. Fiede stand sieben Wochen lang an erster Stelle und Regnier rief mich zu sich. Er fragte mich, wie mein Schützling das mache, denn obwohl sie Aufpasser hatten, die die Hitparadenpostkarten kontrollierten, konnte kein Schummel festgestellt werden. Es waren alles total verschiedene Handschriften und verschiedene Orte, aus denen sie abgeschickt wurden. Bei allen Titeln in den verschiedenen Rundfunk-Hitparaden wurde geschummelt, die Musikverlage, die Schallplattengesellschaften, alle schrieben Karten oder ließen schreiben.

Dafür waren die Aufpasser da, die alle Karten, die ihnen komisch vorkamen, in den Papierkorb warfen.

Fiede hatte aber seine Kneipe und bei Bredstedt war ein Bundesgrenzschutz-Ausbildungslager. Die Jungs kamen aus ganz Norddeutschland und warfen, wenn sie nach Hause kamen, Karten für Fiede dort ein.

Fiede löcherte mich ewig, dass ich ihm jetzt auch einen Auftritt in der „Aktuellen Schaubude" des NDR besorgen solle.

Den dafür zuständigen Mann, Werner Buttstädt kannte ich sehr gut. Ich konnte ihm sogar Fiede Kay einreden, und Fiede ging mit seinem Schaubuden-Termin durch Bredstedt und alle Kneipen und kündigte wichtig seinen ersten Fernsehauftritt an.

Buttstädt verschob den aber immer wieder und Fiede wurde immer saurer; wie stand er nun da vor allen seinen Kumpels!

Es war am Himmelfahrtstag, als Regnier mich anrief und sich bei mir über Fiede beschwerte. Er habe mit seinem Freund Rudolf Augstein gemütlich bei einem Glas „Wasser" gesessen, als ihn ein gewisser Fiede Kay anrief, um ihm zu sagen, was für ein Vollidiot Werner Buttstädt sei. „Ich stimme ja in dieser Hinsicht mit ihm überein, aber woher hat der betrunkene Kerl meine Geheimnummer?" „Ich habe keine Ahnung, ich kenne die Nummer ja selbst nicht einmal." Ich bat tausend Mal um Entschuldigung für den Trunkenbold. Ich pflege an solchen Feiertagen nichts zu trinken.

Zwei Wochen später treffe ich, bei einem großen Meeting der Schallplattenfirma Philips, Werner Buttstädt. Der pflaumt mich vor versammelter Mannschaft an: „Du hast da ja einen Mann, der große Karriere machen wird. Dein Anhängsel Fiede Kay hat mich am Vatertag total besoffen angerufen und mich ein Arschloch geschimpft." Alle umstehenden Leute grölten vor Lachen, worauf ich zu Buttstädt sagte: „Mein lieber Werner, wer im Glashaus sitzt ... Du hast ja noch nie etwas getrunken." Die umstehenden Leute lachten noch mehr. „Und bevor du mich das fragst, ich weiß nicht, woher er deine Geheimnummer hat, ich habe sie doch selbst nicht."

Wie Fiede zu den Geheimnummern kam, war später nicht mehr festzustellen, und er hatte sie auch nicht mehr.

Werner Buttstädt scheint meine Ansprache wohl doch zu Herzen gegangen zu sein, denn Fiede wurde zur nächsten Sendung endlich engagiert und die beiden wurden noch dicke Freunde.

Inzwischen hatte ich ein paar plattdeutsche und friesische Lieder aufgenommen, die sehr erfolgreich waren. Als ich dann einer großen Schallplattengesellschaft Fiede Kay mit solchen Liedern anbot, interessierte es nicht mehr, dass er inzwischen 33 war. Und so kam Fiede dann doch noch zu seiner späten Karriere.

15 Alben und einige Singles habe ich mit ihm produziert. Produzent heißt in der Musikbranche, dass man der Regisseur im Studio und für die Auswahl der Stücke verantwortlich ist, mit dem Sänger die Interpretation erarbeitet und auch die gesamte Produktion bezahlt.

Fiede Kay war für mich der wahrhaftigste Folkloresänger Deutschlands. Nichts an ihm war gekünstelt. Er erhob die Stimme – und es war Volksgesang.

Husum, zwölf Kilometer südlich vom Fresenhof, entwickelte sich langsam zu einem Touristenmagneten. Alle möglichen Kneipen und Trödelgeschäfte machten am Hafen auf. Wir gingen mit unserem dreijährigen Sohn in so einen Trödelladen. Der Besitzer schien mich erkannt zu haben und wollte nun über unseren Sohn rauskriegen, wie ich heiße, und so fragte er das Kind: „Wie heißt du denn?" Der sagte wahrheitsverpflichtet: „Klas." „Und wie weiter?" „Nicht weiter", sagte unser Sohn.

An der Wand hing eine lange Pfeife, die ich ganz schön fand, ich fragte: „Was kostet die denn?" „Fünfundachtzig Mark", sagte er. „Für achtzig nehme ich sie mit." Das käme gar nicht in Frage, das sei ein sehr wertvolles Stück, und am liebsten hätte er noch auf orientalische Art angefangen zu klagen, dass seine Familie zu Hause am Hungertuch nage.

Ein halbes Jahr später war der Mann am Telefon. Unsere Geheimnummer war ja weltbekannt. Er erzählte mir, dass er am Hafen jetzt noch einen Trödelladen aufmachen würde und dass ich zur Eröffnung doch gut in der Ecke dieses Ladens stehen könne, um den Interessenten als Kaufanreiz etwas vorzusingen, denn wir, aus derselben Gegend, müssten uns gegenseitig doch schließlich unterstützen.

Mich überfiel mein sarkastischer Drang. „Das ist eine gute Idee“, sagte ich. „Natürlich werde ich dorthin kommen und zwischen den Liedern die Leute auch noch ansprechen, dass sie bei Ihnen unbedingt etwas kaufen müssen.“ „Das ist ja toll“, sagte er. „Dann sehen wir uns also am Freitagmorgen um acht.“ „Einen Moment noch“, sagte ich, bevor er auflegte. „Ich bin Berufsmusiker. Über meine Gage haben wir noch gar nicht gesprochen.“ „Gage?“, fragte er erschrocken. „Was soll denn das sein?“ „Zehntausend Mark“, sagte ich sehr ruhig. „Was, so viel?“ „Nein“, antwortete ich. „Nicht so viel. Sie haben mir neulich bei einer Pfeife nicht einmal fünf Mark abgelassen, so ein strenger Geselle bin ich nicht. Ich lasse Ihnen durchaus fünf Mark ab. Sie zahlen also neuntausendneunhundertfünfundneunzig.“ Aus diesem herrlichen Engagement ist dann leider nichts geworden. Wie schade.

Fiede Kay hatte seit Anfang der 70er-Jahre seine eigene Kneipe „Fiedes Krog“ in Bredstedt am Markt. Und das war auch gut so. In so einem Krog gehen ja viele alkoholische Getränke glücklicherweise nicht so schnell aus, denn wenn wir am Tresen die nächste Produktion besprachen, ging das Arbeitstrinken oft in ein Kampftrinken über. Fiede war einer, von dem man in Bredstedt voller Hochachtung sagte: „De kann gut schwiern.“ (Der kann gut feiern.) Und wir konnten gut feiern und waren dabei oft furchtbar albern. Jeder versuchte den anderen mit dem neuesten Witz zu übertreffen. Nichts ist mir so gegenwärtig wie sein lachendes Gesicht. Meine Frau Regine erzählte mir, dass eine ihrer Schwestern eines Tages ihren ersten Freund mit nach Hause brachte. Die Söhne der gestandenen Trinkerfamilie Frerichs fanden ein Opfer und füllten den armen Kerl bis unter die Haarwurzeln ab. Dann trugen sie ihn einfach vor die Tür, um ihn dort hinzulegen. Besagte Schwester lief mit und rief laut mehrere Male: „Er ist gar nicht betrunken, er ist nur so erschöpft."

Alle Freunde in Fiedes Kneipe kannten diesen Spruch, der inzwischen zu einer stehenden Redewendung geworden war.

Wenn jemand zu viel getrunken hatte, sagte man: „Der ist nicht etwa betrunken, er ist nur so erschöpft."

Die weitaus meisten der Lieder, die Fiede auf Tonträger sang, sind meine Werke, und ich habe mich immer bemüht, ihm die Stücke auf den Leib zu schreiben.

Fiede hatte ein ausgesprochen sonniges Gemüt, Zukunftsängste gab es damals bei ihm nicht. Alles ging für ihn irgendwie positiv weiter, und jede Delle in seiner Karriere bog sich aus seiner Sicht auch bald wieder zurecht. Nur für ihn schrieb ich *Mir scheint die Sonne ins Gesicht.*

Ich hab kein eignes Zimmer und kein Dach, das mir gehört
Und wo ich schlaf, da gibt es oft kein Licht
So hab ich auch meistens keinen Nachbarn, der mich stört
Jedoch, mir scheint die Sonne ins Gesicht

Ich hab nur eine Hose, nur ein Hemd, nur ein Paar Schuh
Die halten noch, mehr brauch ich wirklich nicht
Und nachts deckt mich auch niemals eine Daunendecke zu
Doch tags scheint mir die Sonne ins Gesicht

Ich habe einen Mantel, den ich trag, wenn Winter ist
Ich friere nicht, nur das ist von Gewicht
Denn was man Wohlstand nennt, das hab ich niemals recht vermisst
Die Sonne wärmt und scheint mir ins Gesicht

Ich brauche keinen Wagen, um ein fremdes Land zu sehn
Wer schnell fährt, der sieht diese Welt doch nicht
Ich habe noch zwei Füße und benutz sie auch zum Geh'n
Und dabei scheint mir Sonne ins Gesicht

Du sagst, du kannst mich leiden, ich bin's, der dich interessiert
Doch sei ich nichts für dich auf lange Sicht
Das Glück kann man nicht fangen und dann halten wie dressiert
Doch heute scheint mir Sonne ins Gesicht

Vielleicht dauert's nicht lange und ich wünsch mir einen Ort
Der Ruhe und Geborgenheit verspricht
Doch bin ich heut noch jung und stark, darauf hast du mein Wort
Und noch scheint mir die Sonne ins Gesicht

Schon nach der Veröffentlichung seiner ersten LP interessierte sich das Fernsehen für ihn. Obwohl man ihm wahrlich nicht nachsagen konnte, dass er der geborene „Showman" war, kam er ehrlich und bodenständig rüber. Fiede Kay wurde das Synonym für norddeutsche Folklore.

Keiner war so heimatverbunden wie er. Breklum und Bredstedt, die vier Kilometer auseinander liegen, hat er in seinem Leben nie wirklich verlassen.

An nichts verdient ein Wirt so viel wie an seinem Sparclub. Die Gäste, die in den Club eintreten, müssen jeden Monat einen Betrag in ihr Sparfach stecken. Vergessen sie das, bekommen sie außerdem noch eine Strafe, und Ende des Jahres gibt es ein Essen für alle. Nichts besser als das.

Um seinen Gästen zu gefallen, hatte Fiede richtigen Grünkohl gekauft und saß mit seiner Freundin (oder seiner Frau) am Tag vor dem Essen vor seiner Kneipe und rupfte den Grünkohl. Viele seiner Sparclubmitglieder sahen ihn dort bei dieser Beschäftigung sitzen. Den großen Topf stellte er dann nachher in die Küche.

Über Nacht wurde das Zeug sauer und er konnte es wegschmeißen. Nun musste er lostoben und in irgendeinem Supermarkt lauter Grünkohldosen kaufen.

Seine Gäste waren begeistert: „Fiede, das schmeckt man aber, dass das frischer Grünkohl ist." So lassen sich Menschen hinters Licht führen. Und ich weiß genau, dass man das mit mir auch machen könnte.

Eddie Schmidt hieß ein in Hamburg berühmt-berüchtigter Mann. Bekannt geworden war er durch die vollmundige Ankündigung, dass Brigitte Bardot zur Vernissage eines Hamburger Malers erscheinen wolle. Das ging durch alle Medien und immer wieder wurde davon berichtet. Nur Brigitte Bardot erschien nicht. Wie sollte sie auch? Sie wusste nichts von einer Vernissage in Hamburg und hatte den Namen Eddie Schmidt noch nie gehört. Eddie Schmidt war also entlarvt. Das störte ihn überhaupt nicht.

Immer wieder erschien er im *Jazzhouse*, in den *Riverkasematten*, und im *Onkel Pö*, um sich wichtig zu tun, und viele meiner Kollegen fielen auf ihn herein.

Mit mir nicht, Eddie Schmidt, dachte ich dann immer, mit mir niemals, Eddie Schmidt!

Wo ich auch jazzte, auf einmal stand ein kleiner, unscheinbarer Mann vor mir und bot mir großzügig an, mich auch einmal ins Radio zu bringen. „Radio?“, fragte ich dann, „ist das nicht so ein kleiner, unscheinbarer Kasten, aus dem ständig Töne plärren? Kenne ich nicht.“ Dann ging er wieder und ich dachte: Mit mir nicht, Eddie Schmidt!

Das nächste Mal bot er mir einen großen Auftritt im Fernsehen an. „Fernsehen?“, fragte ich, „ist das nicht so ein etwas größerer Kasten, auf dessen Scheibe manchmal bunte Bilder erscheinen? Kenne ich nicht.“ Enttäuscht ging er wieder und ich dachte: Mit mir niemals, Eddie Schmidt!

So hielt ich ihn mir jahrelang vom Halse.

Das Telefon klingelte, es meldete sich Eddie Schmidt. „Was willst du?“, fragte ich barsch. „Knut, nicht böse sein“, sagte er schon fast kleinlaut. „Aber man will dich zum Ehrenkapitän des Hamburger Yachtclubs machen.“ Ich stutzte, ich sollte also gar nichts bezahlen? Wozu sollte das gut sein? „Was habe ich davon?“, fragte ich ihn. „Du kannst bei allen Regatten mitfahren und auch mal nach Helgoland und zurück.“

Da ich sehr gern auf Segelbooten mitfuhr und den Wind in den Segeln sehr liebte, hörte sich das doch ganz interessant an, wie sollte Eddie mich dabei reinlegen?

An einem Sonnabend vier Wochen später wollte er mich bei meiner Hamburger Wohnung abholen, ich sollte aber meine Gitarre nicht vergessen, denn ein Liedchen könne ich doch den Juroren zu dem ehrenvollen Anlass vorsingen. „Nun gut, warum eigentlich nicht", dachte ich, ich würde ja schließlich Ehrenkapitän und hätte auch etwas davon.

Eddie Schmidt holte mich ab und fuhr mit mir durch Hamburg über die Elbbrücken, durch ganz Harburg, bis wir in eine verödete Hafengegend kamen, in der Blechschuppen standen und viele uralte, verrostete Kräne.

Nach einer Stunde Fahrt hielten wir vor einer schäbigen Baracke, an der groß „Hamburger Motoryachtclub" stand. „Da sind wir!", sagte Eddie in großspurigem Ton. Wir betraten eine größere Hafenspelunke, in der die Motorbootsbesitzer, Leute mit karierten Hemden, und manche gar im Unterhemd saßen.

Wenn ich einen richtigen Schreck bekomme, durchfährt mich oft ein blitzschneller, stechender Schmerz. Es war wieder so weit. „Wie komme ich hier wieder weg?", dachte ich. Aber ich hatte keine Ahnung, wo ich war, und es war ja auch niemand da, der mich wegfahren würde.

Einer der Herren stellte sich in die Ecke des Lokals und rief laut: „Jetzt wird uns Knut Kiesewetter eine Stunde lang etwas vorsingen." Was blieb mir übrig? Fuchsteufelswild kann ich werden, wenn ich merke, dass ich reingelegt wurde. Aber bei dieser körperlichen Übermacht blieb ich ganz ruhig und sang. Begeistert kann sich das auf keinen Fall angehört haben, die Leute redeten ruhig weiter. Als ich merkte, dass gar keiner mehr zuhörte, packte ich meine Gitarre ein und rief: „Eddie, wir fahren!"

„Nein, so nicht!", sagte einer, der ziemlich dicht vor mir saß. „Du musst doch noch deine Urkunde kriegen."

Für die hatte man sich sogar richtig Mühe gegeben, aus bestem Pergament, ganz toll mit Gold bedruckt und einem großen anhängenden Siegel.

Mit einem bitteren Lächeln nahm ich sie entgegen.

Als Eddie mich die Stunde wieder nach Hause fuhr, dröhnte es ständig durch meinen Kopf: „Mit mir nicht, Eddie Schmidt! Mit mir niemals!"

In Hanau, der Stadt der Brüder Grimm, hatte ich ein Konzert. Nach dem Konzert ging ich mit meiner Band und den Veranstaltern mit Anhang in ein türkisches Restaurant. Nichtsahnend saßen wir da, aßen und tranken und alberten, als sich auf einmal ein kleiner Türke neben mich stellte und eine Lobeshymne auf mich zu halten begann. Wie konnte der mich kennen? Es hatte sich mal wieder einer unserer deutschen Begleiter mit mir brüsten wollen.

Der Türke wusste ja gar nichts von mir und redete geschwollen über den prominenten Deutschen, der gar nichts gegen die Türken habe. Mir sind solche Anlässe immer unheimlich peinlich und ich versuche dann solche Situationen mit einem Witz zu retten. Ich sagte also: „Ich bin ja gar kein Deutscher." Er fragte erstaunt: „Was sind Sie denn?" „Friese, und zwar Nordfriese", antwortete ich. Bei meiner Begleitung brach schon die nötige Heiterkeit aus, er aber drang in mich und wollte wissen, was das bedeute. „Na, wie bei Ihnen die Kurden", sagte ich. Da geriet er vollkommen außer sich. „Die Kurden sind nur Bergtürken", schrie er laut, „und alle Verbrecher." So war das also. Wir wurden sehr still und verließen bald die gastliche Hütte.

Wenn ein Mensch sich wirklich für etwas interessiert oder sogar versessen darauf ist, paktiert er sogar mit dem Teufel. Wenigstens ich tat es.

Joe Frazier hatte im ersten Kampf gegen Muhammad Ali nach Punkten gewonnen und blieb dadurch Weltmeister aller Klassen und aller Verbände. Nun musste Joe Frazier auch noch unbedingt singen. Sein Gesang hörte sich an wie ein schlechter Otis Redding.

Jemand von der „Blödzeitung" rief mich an und erzählte mir, dass Joe Frazier eine Gesangseuropatournee machen wollte. Sein erstes Konzert sollte in Amsterdam sein.

Auf meine Frage, was ich damit zu tun habe, sagte er mir, dass seine Zeitung mich als Beobachter dort hinschicken wolle, ich solle einen Artikel darüber schreiben, weil ich doch etwas vom Boxen verstünde und auch ein kleines bisschen vom Gesang. Das interessierte mich sehr. Aber der Name der Zeitung schreckte mich ab. Bis er mir die

Summe sagte, die man mir dafür bezahlen wollte. Dazu den Flug nach Amsterdam und zurück und das erste Hotel am Platze am Rembrandtplein. Ich machte das, habe mir aber sehr damit geschadet.

Die Riesenhalle bei Amsterdam war alles andere als gefüllt, nur ein paar schwarze Holländer verloren sich in der Viehauktionshalle. Außerdem war das Konzert schlecht.

Nach dem Event wurde ich als „Reporter" einer großen Tageszeitung zum Interview vorgelassen. Ich fragte Joe, wie sehr er denn von Otis Redding beeinflusst sei. Er erschrak und war total verwundert, dass man das hören könne. Nun, ich fragte noch mehr unbedeutende, zur Zeitung passende Dinge, es sollte ja eine ganze Seite voll werden, die man übrigens nachher total umschrieb; mein Deutsch gefiel nicht.

Zurück im Hotel, wollten mein Springer-Aufpasser und ich noch etwas essen gehen. Es war aber viel zu spät und so kamen wir nur noch in eine Hot-Dog-Imbissbude hinein und gingen danach die hundert Schritte zurück zum Hotel.

Da kam mir Joe Frazier entgegen. Er erkannte mich sofort wieder, nahm mich am Schlafittchen und fragte mich, wo er jetzt noch was essen könne.

Ich war drei Zentimeter größer als er, er wirkte mir gegenüber aber wie ein Hüne. Nun musste ich ihm die traurige Mitteilung machen, dass schon alle Restaurants geschlossen waren und nur noch die Imbissbude offen sei. Das störte ihn nicht. Er zerrte mich mit zur Imbissbude. Dort bestellte er sich zwei Hot Dogs und zwei Coca-Cola. Der Wirt, ein kleiner fetter Mann, sagte: „Hiernach ist aber Schluss." Daraufhin bestellte sich Joe noch zehn Hot Dogs und zehn Coca-Cola. Unter lautem Geschimpfe stellte der kleine Dicke ihm die Bestellungen auf den Tresen und drohte Joe an, ihn dann rauszuschmeißen. Nachdem Joe auf Drängen des Kleinen bezahlt hatte, aber doch noch mehr essen wollte, griff ihn der Zwergelefant im Nacken, und setzte den Schwergewichtsweltmeister aller Klassen vor die Tür. Joe Frazier schüttete sich aus vor Lachen. Das gefiel mir. Ich erlebte also noch eine Extra-Vorstellung.

Nun zogen wir an den Grachten entlang. Er sang, ich nicht. „Oh Baby Baby hmhm“; zu den „hmhm“ schlug er jeweils einen linken Haken, seinem imaginären Gegner zuerst auf die Leber und dann an den Kopf. Ich versuchte mich zwischen den „hm“ und den Haken mit ihm zu unterhalten, denn so ein toller Boxer interessierte mich natürlich brennend. Er unterhielt sich sehr freundlich mit mir und antwortete auf alle Fragen, nur als der Name Muhammad Ali aus meinem Munde kam, verstummte sein „hm hm“; er guckte mich böse an und sagte: „Never say that name again.“

Wir kamen zurück zum Hotel und verabschiedeten uns. Ich dachte gar nicht daran, freundlich über ihn zu schreiben, ich würde ja diesen Mann in meinem Leben nie wiedersehen.

Über ihn schrieb ich, dass er nie Boxweltmeister geblieben wäre, wenn seine linken Haken so schlecht getroffen hätten wie er die Töne traf.

Auf einmal war diese Zeitung wieder am Telefon. Joe Frazier sei jetzt in Hamburg. Ich solle nach Hamburg kommen und ihm meinen Artikel übersetzen. So weit ging die Liebe nicht. Und ich hatte mit ihm und dieser Zeitung auch nie wieder etwas zu tun.

Die Rundfunkanstalten hatten mich inzwischen zu einem rein plattdeutschen Interpreten degradiert, und ich war damit sogar noch sehr erfolgreich. Erfolg schürt natürlich überall Neid.

Es gab eine Gruppe, die sich *Liederjan* nannte und in Hoch- und Plattdeutsch sang. Wahrscheinlich hatte die Herren speziell der Erfolg meines Liedes *Fresenhof* so geärgert, dass sie mich in einem Lied in eine Reihe mit ihren beiden speziellen Feinden, Franz Josef Strauß und Ernst Albrecht (CDU-Ministerpräsident von Niedersachsen), stellten. Das Lied muss so ungefähr „wen wir nicht leiden können“ geheißen haben. In dem Text um mich ging es darum, dass ich meine Kuh Fiede Kay so stark melken würde. Ich habe einmal überschlagen, was ich an Fiede Kays Produktionen wohl verdient habe. Es kam, oh Wunder, ein

Minus von mindestens Fünfzigtausend heraus. Die Bauern von heute verdienen ja auch so viel an ihren Kühen, dass sie laufend ihre Kühe schlachten lassen müssen, aber wie weithin bekannt, bin ich bei Fiede nie so weit gegangen.

In ein oder zwei Fernsehsendungen, die ich zu moderieren und besetzen hatte, habe ich die Jungs trotzdem auftreten lassen. Sie schickten mir dann öfter Weihnachtskarten, in denen „Nichts für ungut“ stand. Auch bei den Folkies geht's nur um die Kohle.

Weil ich zu der Zeit ziemlich populär war, wurde ich oft zu Wohltätigkeits-Fußballspielen eingeladen. Wenn ich denen, die mich deswegen anriefen, entgegenhielt, dass ich doch nicht gut Fußball spielen könne, weil ich doch viel zu schlecht sehe, sagte man mir, dass das nichts mache. Mein Name sollte nur auf dem Plakat stehen und Leute ziehen.

Ich lief dann auf dem Feld immer wie Falschgeld rum, die Leute amüsierten sich sehr. Der Ball kam auf mich zu, ich schoss ... am Ball vorbei.

Ob ich etwas für diese „Wohltätigkeit“ haben wolle, Fahrt, Hotel, Spesen, hat man mich nie gefragt. Jahre später erzählte mir der ehemalige HSV-Profi Heinz Liese, dass keiner der sogenannten Prominenten diese „Auftritte“ ganz umsonst gemacht habe, tausend Mark hätte ja der unwichtigste schon bekommen. Ich begriff mal wieder, dass man so etwas immer mit mir machen konnte.

Zu diesen Wohltätigkeitsspielen fuhr Regine mich oft. Wir saßen vor dem Spiel in einem Aufenthaltsraum zusammen, als Uwe Seeler auf einmal vor uns stand. Er guckte uns erstaunt an und fragte: „Was macht ihr denn hier zusammen?“ „Wir sind verheiratet“, sagten wir. Er war bass erstaunt.

Eines Tages war in Bremen ein großes Gedränge an Prominenten. Es war Anfang der 70er-Jahre.

Nach dem Spiel saß ich mit vielen der Weltmeister von 1954 zusammen am Tisch, als sich Fritz Walter zu uns gesellte. Er trug seinen Namen immer ein Stück vor sich her, mir fiel das auf und ich fragte ihn, als er direkt neben mir stand: „Sagen Sie mal, kann das sein, dass ich Sie kenne?“

Er: „Ja, ja …“, von oben herab. Er wieder zu seinen Kollegen gewandt, zupfte ich ihn am Ärmel. „Aus dem Fernsehen, kann das sein?“ „Ja, ja …“, er jetzt schon etwas genervt. „Sportler, nicht?“ „Ja!“, sagte er jetzt schon etwas lauter. „Fußball, bin ich da richtig?“ „Ja, Herrgott!“ „Jetzt weiß ich auch, wie Sie heißen: Ottmar Walter.“ „Des is mei Bruder“, rief er laut. Und seine Kollegen konnten sich nicht halten vor Lachen.

Ich genoss meinen Erfolg und mir fiel ein, dass im Nebenraum Uwe Seeler war. Ich griff mir Fiede Kay und schärfte ihm die ganze Szene Wort für Wort ein und ging mit ihm nach nebenan zu Uwe, damit er dieselbe Schote mit Uwes Bruder Dieter durchziehen könne. Ich stellte mich sehr unauffällig hin, dass ich aber das Gespräch gut hören konnte.

Fiede fing also an: „Kann das sein, dass ich Sie kenne?“ „Kann sein“, sagte Uwe amüsiert. Und je weiter das Gespräch gedieh, desto mehr amüsierte sich Uwe. Auf einmal langte er rüber, zog mich an der Schulter und sagte: „Knut, was machst du hier für’n Mist mit mir?“

Ich bildete mir ein, mit Fiede Kay richtig eng befreundet zu sein. Eines Tages flogen wir mit seiner soundsovielten Frau nach Irland. Wir spielten sogar mit dem Gedanken, uns in Irland niederzulassen.

Als Zuckerkranker war ich inzwischen schon richtig erfolgreich, man hatte erst Mitte der Siebziger den Diabetes mellitus bei mir entdeckt. Aber es sucht ja auch kein Arzt danach.

Durch das harte Boxtraining hatte ich diese „Krankheit“, in Wirklichkeit ist es ja nur eine Stoffwechselstörung, immer weit im Zaum gehalten; erst als wir zum Fresenhof zogen und sich mein Training aufs Laufen beschränkte, wurde es doch sehr deutlich und schließlich entdeckt. Den Diabetes hatte ich aber schon mindestens fünfzehn Jahre, denn jetzt fielen mir die Symptome auf. Wenn man hoch Zucker hat, wird man todmüde und kann fast im Stehen einschlafen.

In Irland lief mir diese sogenannte Krankheit total aus dem Ruder, ich hatte nicht das richtige Insulin, konnte keine Nacht schlafen und es juckte mich am ganzen Körper. Ich war entsprechend unverträglich, und das wurde von Tag zu Tag schlimmer. Ganz schlimm ist es, wenn du dich selbst beobachtest und dabei merkst, wie du den anderen auf die Nerven gehst. Entsprechend furchtbar war dieser Urlaub.

Zurück in Deutschland, hatte ich mich nach einigen Wochen wieder im Griff und glaubte, dass alles, auch das Zwischenmenschliche, zwischen Fiede und mir wieder wie vorher sei.

Über den Saarländischen Rundfunk schickte uns unsere tolle Schallplattenfirma mal wieder nach Luxemburg.

Im Saarländischen Rundfunk, als ich interviewt wurde, nahm Fiede sich so eine Regenbogenzeitschrift, in der ein Artikel über den tollen Saarbrücker Nightclub „Butterfly" stand. Der Artikel war so bescheuert, dass wir nach der Sendung gleich dorthin mussten. In dem Laden bedienten unbeholfene Bauerntrutschen mit freien Brüsten. Dann trat ein „Ansager" vor die Bühne und kündigte Striptease an. Dieselben Mädchen, noch gerade Laufziegen, kamen nun mit Blusen bekleidet auf die Tanzfläche, latschten dort unbeholfen hin und her und entledigten sich zum Schluss wieder ihrer Blusen. So etwas Bekloppptes gefiel uns.

Fiede und ich beflirteten die Wirtin und ihre Schwester, als wir uns dann stark angetrunken ins Hotel gesellten, brauchten wir keinen Pfennig zu bezahlen.

Am nächsten Tag fuhren wir in Richtung Luxemburg. Noch in Saarbrücken gab Fiede auf einmal Vollgas. „Was ist los mit dir?", fragte ich. „Da an der Seite auf dem Bürgersteig standen Wirtin und Schwester von gestern Abend. Ich habe denen im Suff versprochen, dass wir sie mitnehmen nach Luxemburg", sagte Fiede. Ich konnte sein Gasgeben auf einmal gut verstehen.

Was sollten wir eigentlich in Luxemburg? Für meine Platten war das schon unwichtig genug, aber was sollte Fiede dort mit seinen Plattdeutschen Titeln. RTL konnte man ja hier oben überhaupt nicht hören.

Rainer Holbe, ein damaliger Sprecher bei RTL, wollte

uns einzeln interviewen. Er fuhr also mit Fiede zuerst in den Sender und machte dort eine Stundensendung mit ihm. Klar, dass ich mir das anhörte.

Rainer Holbe wollte immer wieder auf die Freundschaft mit mir zu sprechen kommen, aber Fiede zog anständig vom Leder gegen mich. Das war schon richtig peinlich.

Nach der Sendung sahen wir uns, ich sagte: „Hab die Sendung gehört. War höchst interessant." Er schreckte zusammen. Dass man eine Rundfunksendung auch außerhalb des Hauses hören könne, wie sollte Fiede bloß darauf kommen. Und unsere Freundschaft kühlte merklich ab.

Vom NDR wurde ich zu einer Silvestersendung aus dem Harz engagiert. Alles lief ohne Zwischenfälle, die NDR-Crew und die Künstler verstanden sich gut und es wäre alles sehr nett geblieben.

Nach meinem Auftritt befiel mich ein stechender Durst, ich ging neben der Bühne hiunter in den Saal, setzte mich dort an die Bar und bestellte mir ein Bier. Eine Frau setzte sich neben mich und begrüßte mich freundlich duzend. „Wir kennen uns aus Berlin", sagte sie „und haben uns dort in dem Jazzlokal *Badewanne* kennengelernt." „Oh, dann war das ja am Ostersonnabend 1962." „Wieso?", fragte sie. „Ganz einfach, weil das das einzige Mal war, dass ich dieses Lokal besucht habe." „Nein, nein", sagte sie „das war '67. Da haben wir zusammen an der Bar gesessen." „Ich habe nie dort an der Bar gesessen, auch nicht Ostern 1962." „Doch, doch", sagte sie, „ich weiß das ganz genau." „Na schauen Sie mich mal richtig an. Ich trug damals eine Brille und keinen Bart. Sie werden mich verwechseln." „Doch, doch, das warst du, das weiß ich ganz genau. Knut Kiesewetter." Langsam ging sie mir auf die Nerven. „Na gut", sagte ich, „dann haben wir uns eben da gesehen." „Also doch!", erregte sie sich. „Dann gib mir sofort das Geld wieder, das ich dir da geliehen habe!" Ich fiel aus allen Wolken. Noch nie in meinem Leben habe ich mir privat von jemandem Geld geliehen. Auf einmal stand ein riesiger Kerl hinter ihr und herrschte mich an, ich solle seiner Frau sofort das Geld zurückgeben. Jetzt wurde ich richtig zornig. Und ich kann zornig werden! „Wenn du nicht sofort hier verschwindest, hau ich dir die Birne ab!“ Ich muss so überzeugend gewirkt haben, dass er aus dem Raum und ich hinter die Bühne verschwand. So etwas sollte mir nie wieder vorkommen, nahm ich mir vor, und ich wurde im Laufe der Zeit Fremden gegenüber immer wortkarger.

1971/72 gab Hannes Wader im Saal der Behindertenwerkstätten in Husum ein Konzert. Regine und ich fuhren hin und wunderten uns, dass Hannes, der sonst seine Nerven außerhalb der Haut trägt, bei dem jungen, störenden Publikum ganz ruhig blieb. Wir nahmen ihn danach mit auf unseren Fresenhof.

Der Husumer Tausendsassa Fiede Hagemann hatte mir vorher erzählt, dass er eine reetgedeckte Mühle zu verkaufen habe. Davon erzählte ich Hannes. Er wollte sie gern sehen. Am nächsten Tag fuhren wir hin, die Mühle gefiel Hannes, aber die Gegend sei ja so hässlich, sagte er. Ein Stück von der Mühle entfernt standen reetgedeckte Häuser, ansonsten lag die Mühle im Grünen, nur war es ein grauverhangener Novembertag. „Die Gegend ist nicht hässlich, sondern sehr schön. Gib ihr die Chance bis zum Frühling.“

Der Preis von dreißigtausend Mark war ja auch wirklich nicht übertrieben, und deswegen so günstig, weil wohl niemand eine Mühle besitzen will. Hannes aber wollte, und besaß sie fast dreißig Jahre.

Wir hielten Hannes für einen Choleriker. Regine hatte mir zum Geburtstag einen schönen großen Schaukelstuhl geschenkt, den Hannes bei uns sah und begeistert davon war, also kauften wir den Stuhl noch mal, und er bekam ihn von uns zu seinem Geburtstag.

Als wir eines Tages im Anbau seiner Mühle am Kamin saßen, muss Regine etwas Schnippisches über Hannes herausgerutscht sein, und sie konnte sehr schnippisch sein. Hannes sprang auf, ergriff den großen, schweren Schaukelstuhl und zertrümmerte ihn in kleine Stücke.

Hannes hatte sich seine Mutter in ein Altenheim, das nicht weit von seiner Mühle entfernt war, geholt.

Eines Tages fuhr ich zu Hannes, um etwas mit ihm zu besprechen. Ich klingelte, aber seine Mutter machte auf. Als ich sie fragte, wo Hannes sei, sagte sie mir, er sei auf Tournee und sie würde in der Zwischenzeit seinen Haushalt führen. „Herr Kiesewetter. Hier ist so viel los, andauernd kommen Leute und wollen Hannes sprechen, wollen ihn zu irgendwelchen Partys abholen. Andauernd rufen Leute an, die ihn zu Konzerten und Tourneen engagieren wollen. Das wächst mir hier alles über den Kopf. Herr Kiesewetter, Sie können sich sicher gar nicht vorstellen, wie es in so einem Künstlerhaushalt zugeht."

Frau Wader sprach ein ganz ähnliches Deutsch wie meine Mutter. Als ich das hörte, fing ich an zu bezweifeln, dass Hannes aus einer Arbeiterfamilie stammte, wie er immer behauptete. Auch seine Schwester, die ich später kennenlernte, sprach ein ausgesprochen gehobenes Deutsch.

Hannes Mutter erzählte mir nebenbei, dass Hannes seine cholerische Veranlagung von seinem Vater geerbt habe.

Ein paar Tage später, als Hannes bei uns in der Küche saß, erzählte ich ihm, was seine Mutter mir gesagt hatte. Hannes sprang auf und schlug so hart auf unseren Küchentisch, dass ich glaubte, dass die dicke, alte Platte zerbrechen würde. Er schrie dabei immer wieder: „Ich bin kein Choleriker, ich bin kein Choleriker!"

Wenn ich zu Hause auf dem Fresenhof war, war oft abends ein gemütliches Beisammensein, und das ging meist bis in die Puppen. Jeder versuchte den anderen an Gags zu übertrumpfen, und wir genossen die Zeit. Nur das Glücklichsein kann ich erst immer nachträglich erkennen, und so schrieb ich den Text: *Kommt rein und schließt die Türen fest.*

Kommt rein und schließt die Türen fest
Lasst draußen jeden Mist
Streift ab, vergesst den letzten Rest
Der uns zuwider ist
Kommt, setzt euch, macht euch breit am Tisch
Streckt eure Füße aus

Der Tee zum Punsch ist grade frisch
Köm ist genug im Haus

Komm, Hannes, sei so nett, zupf die Gitarre
Ich kenne keinen, der das so gut macht
Vielleicht singt Fiede noch ein Lied in Platt
Das nichts von täglichen Problemen hat
Und über das man schmunzelt oder lacht
Bevor ich trübe in die Tasse starre
Will ich euch ein paar Döntjes noch erzähln
Und ihr tut so, als ob ihr sie nicht kennt
Ich will sie schnell erzähln, weil die Zeit rennt
Und später gänzlich die Pointen fehln

Wenn auch dein Kopf sonst denken kann
Heut hat er davon frei
Weil man sich denken schenken kann
Bei Köm ist das vorbei
Komm, mach nen Witz, komm, mach nen Spaß
Und denk nicht drüber nach
Denn mancher, der den Spaß vergaß
Wurd schneller alt und schwach

Hein, trag noch ein erotisches Gedicht vor
Von denen eines, die du selbst verfasst
Los, Erwin, komm erzähl vom letzten Kampf
Denn deine Rechte stand meist unter Dampf
Von dem du heut noch sehr viel darin hast
Euch auf den Nerv zu gehen, hab ich zwar nicht vor
Doch will ich ein paar Döntjes noch erzähln
Und ihr tut so, als ob ihr sie nicht kennt
Ich will sie schnell erzähln, weil die Zeit rennt
Und später gänzlich die Pointen fehln

Wir sind heut Nacht zu einigem bereit
Auch so erlebt man sie sehr gut, die Zeit
Und wer sie nicht erleben will, der verpenn se
Doch kommt der Sensenmann, ist Sense

Wenn Künstler zu sogenannten Senderreisen von ihren Schallplattenfirmen geschickt werden, wird von den Sendern mit ihnen umgesprungen, dass es auf keine Kuhhaut geht. Die Künstler müssen freundlich sein, denn sie wollen ja schließlich gespielt werden.

Einmal kam ich beim Hessischen Rundfunk in eine Sendung, zu der man sich schon mehrere Interpreten eingeladen hatte. Die Damen und Herren Künstler wurden vorgestellt, und es wurde ein Lied gespielt, das diese sich gewünscht hätten. Bei mir spielte man das Lied *Blue Eyes* von Elton John.

„Nun, Herr Kiesewetter, warum haben Sie sich dieses Lied gewünscht?"

„Habe ich nicht." „Wie?" „Ich kenne das Lied gar nicht. Ich höre es hier das erste Mal, muss aber zugeben, dass das eine hübsche Nummer ist."

Da ich mich ja ärgern kann, wenn man mit mir umspringt, regte sich in mir der innere Stachel. Und ich widersprach oft, sobald etwas nicht stimmte. Das hat mir ganz sicher bei den HR-Redakteuren sehr geschadet, aber ich habe mich dann einfach nicht in der Gewalt.

Einmal sagte mir jemand vom Saarländischen Rundfunk, dass ich in Saarlouis für eine SR-Veranstaltung auftreten müsse, und zwar umsonst. Wenn ich das nicht täte, würde man mich nie wieder beim SR spielen.

Ich gehorchte. Das Ganze fand in einem Hallenbad statt, ein Hallenbad heißt schließlich Hallenbad, weil es dort so herrlich hallt, dazu passend fand ich wegen des Halls auch viele Einsätze nicht. Es war zum Bad passend für mich ein richtiges Schwimmfestival.

Für so eine grauenhafte Mucke mich aus Nordfriesland kommen zu lassen, hat mich doch sehr gewurmt.

Inzwischen gab es in Baden-Baden eine Firma, die sich Media Control nannte. Bei dieser konnte man für Honorar herausfinden lassen, wann und wie oft man bei den deutschen Sendern gespielt wurde.

Noch nie hatte ich die eingespannt, diesmal wollte ich aber wissen, wie oft ich denn im Saarländischen Rundfunk eingesetzt wurde. In den letzten zehn Monaten hatte man nicht ein einziges Mal ein Lied von mir gespielt.

Der Makler, Antiquitätenhändler, Schädlingsbekämpfer und Tausendsassa Karl Friedrich Hagemann erzählte mir, dass er einen Mann habe, der bei ihm im Garten arbeite. Nun sei er bei Fiete bald fertig, und dann könne ich ihn auch bei mir etwas im Garten machen lassen. „Okay", sagte ich, „schick ihn her." Ich wusste nicht, dass Fiete den Mann nur loswerden wollte. Da kam einer mit zwei linken Händen, die Beine waren ihm falschrum eingeschraubt und er war der Meister des deutschen Wortes. Sein IQ muss so in den Dreißigern angesiedelt gewesen sein. Alles, was er tat, machte er falsch, und auch ich bestellte ihn nie wieder. Vorher hatte er aber noch eine schöne Geschichte bei mir abgeliefert:

Es war im Fernsehen am Frühnachmittag eine sehr vorsichtige Aufklärungssendung für Kinder gelaufen.

Dieser geistige Hüne kam am nächsten Tag zu mir mit folgendem Monolog: „Knut, du hast doch Beziehungen bei de *Hörzu*. Kannst du das nicht mal machen, dass die solche schweinischen Filme nich im Fernsehen zeigen, wenn grad die Kinder gucken." Ich versprach es ihm.

Der Freund von Nana Gualdi, einer der unangenehmsten Menschen, die ich je kennengelernt habe, kannte unseren Fresenhof auch, denn wir waren ja mit Nana befreundet. Er fand auf einmal Gefallen daran, zu den Leuten zu fahren, denen ich eine Hütte besorgt hatte, und diesen zu erzählen, dass ich dafür enorm hohe Courtagen kassiere.

Wenn jemand andere Leute betrügt, um dabei finanziellen Vorteil zu erzielen, ist es für mich ja noch irgendwo verständlich, aber was hatte dieser Mensch davon, solche Dinge über mich zu erzählen. Ich kam leider in sehr schlechten Ruf.

Dieser Jemand, seinen Namen nennt man nicht, fuhr jetzt durch Nordfriesland und kaufte Häuser auf, die er dann, durch Schwarzarbeitergangs renoviert, für ein Vielfaches wieder verkaufte. Der ehemalige *Riverkasematten*-

Schlagzeuger John Peterson hatte inzwischen ein Lokal mit kleinem Saal am Husumer Hafen. Dort machte dieser Gualdifreund und Unmensch ein Richtfest für all seine Bauten.

Er lud uns dazu ein. „Warum lädt der uns ein?“, fragte Regine mich. „Der hat doch in allen Taschen Stacheldraht.“ „Ignorieren“, sagte ich „wir erscheinen dort einfach nicht.“

Am Abend des Festes rief der Unternehmer an, wo wir denn blieben, alle warteten auf uns. „Wieso, was haben wir denn damit zu tun?“, sagte ich und legte auf. Er ließ nicht locker, bis er endlich auch John ans Telefon holte, der auch sagte, dass man auf uns warte.

Jetzt wurden wir aber neugierig auf das, was dort los war. Wir fuhren also dorthin. Als wir den Saal betraten, standen alle Arbeiter auf und klatschten. Wir wussten nicht, was das bedeuten sollte; vielleicht, weil die mich vom Radio und Fernsehen kannten?

Jahre später erklärte mir ein Bauarbeiter, dass sie immer aufstehen und klatschen, wenn der Bauherr beim Richtfest erscheint. Dieser Kerl hatte doch all seine Schwarzbauten unter meinem Namen machen lassen.

Als ich Ende der 50er, Anfang der 60er auf dem Kiez wohnte, gab es dort noch anstelle der weggebombten Häuser flache Ersatzgebäude, in denen man alles Mögliche essen konnte. In der Großen Freiheit gegenüber dem ehemaligen *New Orleans* gab es so eine Bude, die den schönen Namen „Schlachterheinz“ hatte. Dort gab es Frikadellen, die einen nicht definierbaren, ganz besonderen Geschmack hatten. Da ich nicht wusste, warum die Dinger so schmeckten, aß ich sie gern.

Mitte der 70er-Jahre fuhr ein Lehrer mich die Reeperbahn hinab. „Halte hier doch mal“, bat ich ihn „ich muss mal probieren, ob die Frikadellen bei Schlachterheinz noch genauso schmecken wie vor zwanzig Jahren.“ Und sie schmeckten genauso.

Es öffnete sich die Tür und es rief jemand herein: „Gerade eben soll hier Knut Kiesewetter vorbeigegangen sein.“ Wir rührten uns nicht. Da schallte von meinem Nebentisch: „Knut Kiesewetter? Das ist ein ganz großer Vollidiot.“ Vorsichtig fragte ich: „Wieso das denn?“ Worauf er bereitwillig Auskunft gab: „Ich steh in Frankfurt am Flughafen in der Schlange, da kommt der und sagt: ‚Lasst mich mal alle vor, ich bin schließlich Knut Kiesewetter.‘ So ein Idiot ist das.“

„Das stimmt nicht“, sagte ich ruhig. Er: „Was sagst du?“ Ich, noch immer ruhig: „Dass das nicht stimmt.“ „Du willst wohl einen aufs Maul?!“, wurde er jetzt grob. „Moment“, sagte ich, „sah der so aus wie ich?“ „Natürlich nicht.“ „Ich bin aber Knut Kiesewetter.“ „Du Spinner! Knut Kiesewetter sitzt bei Schlachterheinz und frisst Frikadellen?“ „Moment“, sagte ich und hielt ihm meinen Personalausweis hin. „Dann gibt es eben zwei Knut Kiesewetter“, sagte er. „Gibt es nicht“, sagte ich und wir gingen.

In den Hamburger Szene-Kneipen war ein Typ, der witzige Shows auf den Bühnen vorführte, und mir wurde oft davon erzählt.

Ein Typ, der früher ab und zu mal Bass in den *Riverkasematten* gespielt hatte, Hans Otto Mertens hieß, von uns aber Sleepy genannt wurde, weil sein Bassspiel immer so wirkte, als schliefe er dabei ein, rief mich an und sagte mir, dass er jetzt Manager sei. „Wen managst du denn?“, fragte ich. Er antwortete: „Otto.“ „Otto wer?“ „Na der Witzbold, der so viele Platten verkauft. Ich habe jetzt eine große Fernsehshow beim WDR für ihn herausgeholt. Ich finde, da solltest du mitmachen.“ Fand ich auch. Also trafen wir, Sleepy, Otto, der Redakteur vom WDR und ich, uns in meiner Hamburger Wohnung.

Es wurde die Show besprochen und dass ich da mitmachen sollte, außerdem für Otto ein Lied komponieren.

Was ich dort singen und spielen sollte, war gar nicht richtig besprochen. Der Redakteur, Spinnrats, sagte mir, man würde mir bald das Drehbuch zuschicken. Tat man auch, und ich war entsetzt. Ich sollte einen hochnäsigen, arroganten Schlagersänger spielen, der Otto nur fertigmachen wollte.

Das ging ja nun gar nicht.

Vor ein paar Jahren hatte ich mich doch schon erfolgreich von dieser blöden Rolle getrennt, und nun sollte ich das im Fernsehen spielen, ich sollte also die absolute „Unfigur“ in der Otto-Show sein.

Als ich Spinnrats anrief, um ihm zu sagen, dass ich diese Rolle so nicht übernehmen würde, sagte er mir, dass wir die Änderungen dann im Studio besprechen würden. Ich war schon zu lange im Geschäft und wusste, dass man mich dort mit Pochen auf den Vertrag letztlich dazu kriegen würde, den Quatsch doch zu machen. Glücklicherweise bekam ich aber eine schwere Erkältung und erschien nicht. Nie wieder wurde ich beim WDR-Fernsehen engagiert und war gar nicht unglücklich.

Mein Lied muss Otto in der Show gesungen haben, zwar war es im Ersten Programm herausgeschnitten und ich bekam nie einen Heller dafür, aber in den Dritten Programmen wurde die Show ein paar Mal wiederholt, und ich bekam Geld auf mein Konto, also hatte man dort vergessen, das Lied herauszuschneiden.

Auf dem Fresenhof hatten wir so oft und so viel Besuch, dass ich mich heute wundere, wie ich das nervlich überhaupt durchgestanden habe.

Eines Tages, es war Mitte der 70er-Jahre, kam Karl Dall mit Familie, um bei uns Urlaub zu machen. Die Dalls waren gerade angekommen, wir saßen auf unserer Terrasse, um ein Begrüßungsschlückchen zu nehmen, als junge Leute an die Pforte kamen und nach einem Autogramm riefen (damals war ich noch sehr bekannt). Darauf sagte Karl Dall: „Woher wissen die so schnell, dass ich hier bin?“ Über Karls Scherze konnte ich immer sehr lachen, sie waren meist gehässig, aber ich gebe zu, dass gerade Gehässigkeiten mich oft am meisten amüsieren.

Sechs Kilometer vom Fresenhof entfernt steht die Mühle, die damals Hannes Wader gehörte. Sie ist zweihundert Jahre alt, reetgedeckt und wunderschön. Hannes hatte sich, um ein Pferd halten zu können, ein Stück Land neben der Mühle gekauft.

Karl und Hannes kannten sich gut aus Berlin, und so fuhr Karl nach ein paar Tagen los, um Hannes zu besuchen. Hannes hatte wohl seine Reitstiefel an, als Karl erschien, denn als Karl wiederkam, erzählte er, dass Hannes ihn in seiner „Gutsherrenart“ empfangen hätte. Über dieses Wort kriegte ich mich vor Lachen gar nicht wieder ein.

Hannes Wader hat sich um das norddeutsche Liedgut sehr verdient gemacht. Wenn ich für die Besetzungen von Fernsehsendungen mit verantwortlich war, habe ich ihn oft eingesetzt.

Falls Hannes Wader damals wirklich eine Gutsherrenart gehabt hat, hat ihn Karl Dall darin inzwischen aber weit überholt.

Das Weihnachtsfest interessierte mich schon lange nicht mehr. Man beeinflusst seinen Partner ja auch unbewusst, auch bei Regine schwand das Interesse an diesem Fest. Erst als wir ein kleines Kind hatten, entsann ich mich der Weihnachtszeit und wie ich sie empfand, als ich so klein war wie unser Junge.

Es war wirklich die schönste Zeit des Jahres für mich, wenn dann die Lichter in der Stadt leuchteten und um die Kirche ein Märchenland aufgebaut war. Wie war ich zu dieser Zeit aufgeregt, saß auf dem Quittenbaum im Gefängnisgarten und konnte die Kirchturmuhr schlagen hören!

Meine Mutter konnte in unserem Zimmer Heiligabend auch richtige Weihnachtsstimmung zaubern, und ich war wirklich glücklich, obwohl es ja fast keine Geschenke gab. Dieses Glücksgefühl sollte unser Kind auf keinen Fall vermissen, und so fingen wir wieder an, das Fest zu feiern.

Mit unserem Jungen waren wir am Heiligabend bei seiner Großmutter in Hamburg. Da gab es dann viele Geschenke von Onkeln und Tanten und anderen Leuten. Er freute sich über jedes Geschenk, packte es mit hochrotem Kopf aus, bis er dann plötzlich aufstand und in den Nebenraum, in dem ich war, lief. Er zupfte mich am Hosenbein und sagte: „Du, Papa, kannst du mal dem Weihnachtsmann Bescheid sagen, dass es jetzt auch genug ist?“

Dadurch wurde meine Meinung bestärkt, dass der Mensch nicht zum Überfluss geboren ist, sondern erst im Laufe der Jahre dazu getrieben wird.

Da unser Junge ja ein Einzelkind ist, dachten wir uns, inzwischen wieder auf dem Fresenhof, dass eine Bescherung mit den Nachbarskindern am 25. Dezember sehr schön für ihn sei.

Wir luden die Kinder zu uns ein. Unser Klas wusste ja nicht, dass es die Geschenke eigentlich nur an einem Abend gibt.

Wenn dann die Kinder im Wohnzimmer am Weihnachtsbaum waren, verabschiedete ich mich mit den Worten: „Ich muss noch mal weg." Ich zog mir den langen roten Mantel mit der Kapuze an, Stiefel und Maske mit langem weißen Bart und ging hinten aus der Tür. Der Weg um das Haus herum zur Vordertür war mindestens hundert Meter lang. Ich sang, während ich herumschritt, Weihnachtslieder, klopfte dann vorn an die Haustür und verlangte Einlass.

Jetzt lief die Zeremonie so ab, wie es sich gehört. Ich verschwand dann wieder vorne raus, und wenn ich hinten wieder eintrat, fragte ich staunend: „Was, war der Weihnachtsmann schon da? Wie schade, dass ich ihn nicht miterleben konnte."

Schon dreimal war das Fest so abgelaufen, als ich im November das plattdeutsche Gespräch zwischen unserem Sohn und der ein Jahr älteren Nachbarstochter mithörte.

„Du, das gibt gar keinen Weihnachtsmann." Er: „Stimmt ja nicht, hab ihn ja selbst gesehen." Sie: „Das ist nicht der Weihnachtsmann, das ist dein Papa, der hat sich nur verkleidet."

„Die macht mir doch die ganze Nummer kaputt", dachte ich und überlegte, wie ich die Situation retten könne. Da kam mir der Zufall zu Hilfe.

Ein Freund mit dem passenden Namen Niklas besuchte uns am Ersten Weihnachtstag. Er hatte meine Statur und ungefähr meine Stimmlage. Gleich fragte ich ihn, ob er nicht am Abend für mich als Weihnachtsmann einspringen könne. „Na klar", sagte er, „das geht los."

Nun saß ich wieder am Abend mit den Kindern im Wohnzimmer und sagte meinen Satz: „Ich muss noch mal weg." Wissendes Lächeln der Kinder begleitete mich hinaus.

Jetzt schritt Niklas mit dem Sack auf dem Rücken um unser Haus und sang Weihnachtslieder. Die Schummelei hätten die Kinder eigentlich merken müssen, er sang abgrundtief falsch, machte aber sonst alles richtig. Als er die Kinder nun Gedichte aufsagen ließ, trat ich von hinten ins Wohnzimmer und sagte von Staunen überwältigt: „Oh, der Weihnachtsmann ist ja schon da." Eine einzige Verwirrung war unter den Kindern.

Die Welt, in der wir Menschen leben, ist viel kleiner, als wir alle glauben. Die Zahl derer, die uns in unserem Leben immer wieder über den Weg laufen, ist relativ klein, und wir leben eigentlich stets in einem kleinen Dorf.

In diesem kleinen Kreis, der mich umgab, hörte ich ab Ende der 60er-Jahre einen Namen: Heino Jaeger. Immer wieder und immer öfter sprach man von ihm und auch wenn die, die von ihm sprachen, seinen Namen nicht wussten, war mir doch klar, dass es sich nur um diesen Mann handeln konnte.

Freunde hatten ihn auf Partys erlebt und erzählten davon, dass ein Mann auf einmal urplötzlich und ohne ersichtlichen Grund lange Monologe hielt, oder richtiger gesagt, dass er sich mit nicht anwesenden Personen unterhielt oder deren Rolle stimmlich selbst übernahm. Dieser Mann, so erzählte man mir, würde in einem kleinen Schrankenwärterhäuschen wohnen, oder besser gesagt: hausen.

Unbewusst umgibt man sich ja immer mit Leuten, die am besten zu einem passen, und zu mir passen Leute, die schwarzen bis skurrilen Humor haben, und mit mir über dasselbe herzlich lachen. Als diese Leute immer wieder von der Komik dieses Heino Jaeger erzählten, interessierte mich dieser Mann von Tag zu Tag mehr.

Endlich hörte ich dann eines Tages mitten in Hamburg bei einem Freund ein Band, das dieser bei so einer Party mitgeschnitten hatte und, oh Wunder, ich lachte überhaupt nicht. Mir rutschte nur die Kinnlade herab und ich hörte staunend zu. Direkt danach war schon das Taxi vorgefahren, das mich nach Hause bringen sollte. Und jetzt, im Taxi sitzend, fing ich langsam an zu lachen, und dieses Lachen wurde immer mehr, sodass sich der Taxifahrer nach mir umdrehte und sehr direkt fragte: „Sind Sie verrückt, oder was?" Worauf ich antwortete: „Nein, ich nicht, aber das, was ich gerade gehört habe."

Inzwischen war ich Produzent vieler Schallplatten, und es waren sogar sehr erfolgreiche darunter. Ich produzierte nicht nur Musik. So ging ich auf die Suche nach diesem Heino Jaeger, weil ich diesen Mann unbedingt produzieren wollte.

Ich suchte nach dem Schrankenwärterhäuschen, doch niemand konnte mir sagen, wo dieses war, bis mir andere Leute erzählten, dass dieser Jaeger inzwischen in einem alten Frisiersalon wohne, aber auch diesen konnte ich nicht aufspüren. Endlich fand ich ihn in der Nähe des Hamburger Michels (St. Michaeliskirche). Er wohnte dicht neben Herbert Wieck, einem Hamburger Berufsboxer, den ich fast täglich im Boxcamp sah und mit dem ich trainierte.

Heino Jaeger hatte in seine neue Wohnung die Einrichtung aus dem Frisiersalon mitgenommen. Wenn man sich dort durchgeschlängelt hatte, kam man in sein Wohn-/Schlafzimmer, in dem ein riesiges Bett stand, auf dem sehr dekorativ ein Tigerfell lag. Mir stand ein Mann gegenüber, den ich mir total anders vorgestellt hatte. Heino Jaeger war klein, schmächtig, mit sehr langen Locken und total verschlossen. Auf Fragen sagte er kein Ja oder Nein, er grunzte nur mürrisch vor sich hin und man musste aus diesen „Antworten" seine jeweiligen Schlüsse ziehen. Es war ausgesprochen schwierig, an ihn heranzukommen. Er wirkte sehr misstrauisch, wenn man von Produktionen sprach, die man mit ihm machen wollte. Erst bei dem Nennen von Vorschüssen wurde er plötzlich sehr zugänglich, denn er steckte, wie ich später erfuhr, gerade in einem finanziellen Engpass. Alles, was ich bis dahin von ihm kannte, war dieses Amateurband, das ich bei dem Freund gehört hatte. Also nahm ich ihn mit auf den Fresenhof, um mit ihm die Produktion zu besprechen.

Nie sind mir Produktionsbesprechungen so schwer gefallen, denn er hatte nicht die leiseste Ahnung von Organisatorischem, und wollte sie auch gar nicht haben. Wenigstens tat er immer so und boykottierte quasi jede Besprechung.

Wir saßen am Küchentisch und frühstückten, was zeitlich eher ein Mittagessen hätte sein müssen. Heino war, wie ich, ein Nachtmensch.

Es trat der Postbote ein. Auf dem tiefsten Land in Nordfriesland hatten wir einen Postboten aus dem Schwarzwald, der nicht nur seinen Dialekt sprach, sondern auch noch ein unglaublich dummes Zeug. Als er nach langem Geschwafel endlich wieder ging, setzte Heino dessen Rede fort, und es wirkte so, als ob dieser die Küche nie verlassen hätte. Heino hatte Dialekt, Diktion und Tonfall nahtlos übernommen. Ich war perplex.

Heino schenkte, bevor er uns verließ, meiner Frau ein Bild, das er selbst gemalt hatte. Als ein paar Tage später mein alter Kumpel Erwin Koch (auch ehemaliger Berufsboxer) unsere Küche betrat, lag das Bild noch immer auf dem Küchentisch. Erwin schaute darauf und fragte: „Woher kennt ihr Heino Jaeger?“ Wir waren genauso verwundert darüber, dass Erwin ihn kannte, und fragten natürlich sofort, woher er ihn kenne und woher er wisse, dass Heino bei uns war. Erwin sagte, dass er das sofort an dem Bild erkannt habe, denn Heino Jaeger male nur Bahnhöfe. Dass Heino inzwischen Kabarettist war, wusste Erwin überhaupt nicht. Er erzählte nur, dass er in den Fünfzigerjahren in Hamburg zusammen mit Heino Retuscheur gelernt habe, und dass dieser einer der wunderlichsten Menschen sei, die er erlebt habe. Er habe sich öfter sein Gesicht bemalt und sich bewusst Treppen in die Haare geschnitten, nur um andere Menschen zu schocken. Wie sehr das damals geschockt haben muss, kann man sich heute gar nicht mehr vorstellen. Heino war also, vorsichtig gesagt, ein ausgesprochen merkwürdiger Mensch, und auch die Menschen, mit denen er sich direkt umgab, waren mehr als merkwürdig, und mir gelang es nie, deren Gedankenwelt nachzuvollziehen.

Als Heino uns einmal im Sommer wieder besuchte, verließ er eines Morgens zu Fuß unseren Fresenhof, um ein bisschen spazieren zu gehen. Er trug nur Jeans und ein ganz dünnes T-Shirt und hatte natürlich, wie immer, kein Geld bei sich. Über Mittag zog ein großes Gewitter auf, aber er kam erst nach zwölf Stunden wieder. Bei diesem merkwürdigen Menschen hatten wir uns große Sorgen gemacht. Als wir ihm das sagten, hatte ich das Gefühl, dass ihm das große Freude bereitete. Er dachte auch überhaupt nicht daran, uns zu erzählen, wo er gewesen war.

Mit seiner Freude, Menschen zu schocken, konnte er sich auch ab und zu bös in die Nesseln setzen. Weil die meisten Leute, die er kannte, inzwischen „DDR“ sagten, nannte er diesen Staat aufreizend weiter „Ostzone“. Er fuhr aber, wie er selbst sagte, gern dorthin, „ weil die Bahnhöfe in der Ostzone noch so herrlich nach Pisse stinken“. Als ihn Grenzbeamte danach fragten, was er in der DDR wolle, antwortete er, dass es nur ihn etwas anginge, was er in der Ostzone wolle.

Diese Leute aber hatten, wie wir alle noch wissen, überhaupt keinen Humor, und hielten ihn zwei Tage an der Grenze fest, bis sie ihn abschoben.

Ich hielt Heino für einen gnadenlosen Menschenverächter. Saß er aber vor seinem Publikum, war er, nachdem er dieses durch aufreizend langes Warten und Zettelsortieren gequält hatte, gar nicht mehr von der Bühne zu kriegen. Er genoss es also, wenn er ankam, und ich erlebte nie, dass er nicht ankam.

Nach Live-Mitschnitten war es natürlich eine höllische Arbeit für mich, seine nicht enden wollenden Stories auf ein erträgliches Maß zu kürzen.

Heino konnte aber auch kommerziell denken. Er brachte uns ab und zu selbst gefertigte Bleisoldaten und selbst bemalte Bierglasscheiben mit. Das waren, wie er mir erklärte, Glasscheiben, die im alten Land Leute früher selbst bemalten, um sie anderen Dorfbewohnern zur Hochzeit zu schenken. Diese von ihm gemachten Dinge wurden im Freilichtmuseum Kiekeberg bei Hamburg verkauft.

Heino hatte einen Drang zum Hamburger Kiez. Dort hatte er den damals sehr bekannten Berufsboxer Norbert Grupe, der sich selbst „Prinz Wilhelm von Homburg" nannte, kennengelernt, so erzählte es mir Norbert, als er mich einmal wieder zum Boxtraining und Waldlauf abholte. (Laufen konnte ich besser als er.) Jaeger und Grupe hatten etwas gemein, man konnte sich mit jedem von ihnen ganz vernünftig unterhalten, solange man mit ihnen allein war. Trat aber ein Dritter dazu, änderte sich ihr Habitus total, und beide spielten ab da nur noch Rollen. Heino spielte den Clown und Norbert den Fiesling.

Als ich zum ersten Mal mit Heino Jaeger ein Studio betrat (ich hatte noch nicht mein eigenes), fing Heino mit seinem immer mürrischen Gesicht langsam an, vorm Mikrofon seine Zettel zu ordnen. Der Toningenieur, den ich (und seinen Humor) gut kannte, fragte mich, was das Ganze werden solle. „Lass dich überraschen", sagte ich, und als Heino dann anfing, entgleisten ihm zuerst alle Gesichtszüge, bis er dann langsam unter sein Pult rutschte und sich vor Lachen nicht mehr halten konnte.

Wir nahmen den ganzen Tag auf. Die skurrilsten und makabersten Geschichten wollte ich vorerst im „Giftschrank" des Studios lassen, um sie später zu veröffentlichen. Sie verschwanden aber und sind nie wieder aufgetaucht. Ich habe jemanden schwer unter Verdacht, dass er sich die Bänder unter den Nagel gerissen hat, werde aber den Namen nicht sagen. Der Mann ist heute sehr populär. Wenn man seine Sketche hört, weiß man, dass er ein großer Heino-Jaeger-Fan ist.

Dann kam die erste gemeinsam produzierte LP heraus. Wo ich auch hinkam, sprachen mich in meiner kleinen Welt so viele Leute auf die LP an, dass es für mich klar war, dass der Umsatz dieser Platte sehr groß sein müsste. Auch die anderen Produktionen mit Heino waren in meinem „Dorf" Riesenerfolge. Erst als ich die Umsatzzahlen zu Gesicht bekam, merkte ich, wie klein meine Welt wirklich war.

Als es die Platte schon längst nicht mehr zu kaufen gab, hatte ich bei mir zu Hause natürlich noch eine Menge davon, um sie guten Freunden, die daran sehr interessiert waren, schenken zu können. Ich kam aber nicht dazu, sie zu verschenken, sie wurden von Leuten, die bei uns ein und aus gingen, vorher schon geklaut. Auch die Diebe hatten meinen Humor. Heute besitze ich nicht eine einzige dieser mit Heino produzierten LPs. Erst jetzt, lange nach Heinos Tod und fast vierzig Jahre nach den Aufnahmen, wird Heino Jaeger von den Medien wirklich entdeckt, und es wird ein großes Trara um ihn gemacht. Es hat kein Zweiter die deutschsprachige Comedy- und Satireszene so nachhaltig beeinflusst wie er. Es gab sogenannte Komödianten, die ihn sogar richtig kopierten und sich nicht entblödeten, seine Geschichten (sehr schlecht) nachzumachen.

Man kann in keinem Fall sagen, dass ich mit Heino Jaeger Geld verdient hätte. Das war auch bei anderen, die ich produzierte, so (zum Glück nicht bei allen). Und heute weiß ich bei manch einem überhaupt nicht mehr, warum ich ihn produziert habe. Nicht so bei Heino. Den „ Fehler" würde ich immer wieder machen, und wenn es auch nur für mein kleines geistiges Dorf ist, in dem ich lebe.

Eines Tages lernte ich einen sehr blonden Mann kennen, der behauptete, Heino Jaegers Vetter zu sein. Auch er wirkte sehr skurril. Aus irgendeinem Grund, den ich heute nicht mehr weiß, solle ich mich doch telefonisch bei ihm melden. Er selbst sei aber telefonisch nicht zu erreichen, man müsse dazu seine Freundin anrufen. Was ich versuchte. Es nahm eine Frau ab, die die Chefin dieser Freundin war und mir verbot, dort noch einmal anzurufen.

Ein früherer Freund von mir sah diesen Mann und erzählte mir, dass er diesen schon einmal in Lübeck vor Gericht gesehen habe, dieser habe wegen brauner Umtriebe vor Gericht gestanden. Das hat mich sehr geschockt, und dadurch weiß ich noch weniger, wer Heino Jaeger wirklich war.

Heino Jaeger hat zwei Verträge mit mir gemacht, worin er mir die alleinigen Veröffentlichungsrechte für Mitschnitte von ihm übertrug. Seine Vorschüsse dafür waren anständig. Trotzdem wurden dann noch einige Aufnahmen von ihm veröffentlicht, ich habe die Kopie der Verträge an die jeweiligen Firmen verschickt. Man hat das ignoriert und ich dann später auch.

Eines Tages saß ein Mann in unserer Küche, der mich sehr beeindruckt hat. Er war nicht sonderlich groß, war schmal, schnurrbärtig und hatte wenig Haare auf dem Kopf. Sein Gebaren war ausgesprochen zurückhaltend. In ziemlich leisem Ton erzählte er von seinen griechischen Erlebnissen. Er hieß Günter Wallraff.

In der Zeit, als Griechenland von Obristen beherrscht wurde, hatte er sich in Athen an einen Laternenpfahl gekettet und Flugblätter gegen die Diktatoren verteilt.

Als Polizisten ihn mit passendem Werkzeug „befreit" hatten, wurde er in eine Folterkammer geschleppt und ihm wurden seine Zehennägel langsam herausgerissen. Der Oberst, der dieses befahl, war ein so sensibler Mensch, dass er die Ausführung seiner Befehle nicht direkt sehen konnte, sondern aus dem Fenster starrte. Solche und mehr Geschichten erzählte Günter, und mir wurde schon vom Zuhören schlecht.

Ich empfinde solche Leidensfähigkeit schon fast als Perversion, bewundere ihn aber zutiefst. Heute noch telefoniere ich ab und zu mit ihm.

So um 76/77 war ich in einer Sonnabendabend-Sendung von Hans-Joachim Kulenkampff. Kulenkampff, der mir vorher immer als kumpelhafter, herzlicher Typ beschrieben wurde, benahm sich sehr kühl und reserviert. Das erzählte ich damals dem Schauspieler Hansjörg Felmy. Wir waren mit ihm und seiner Frau befreundet. „Hast du während der Probe Witze erzählt?“, fragte „Hannes“ Felmy; das wusste ich nicht mehr so genau, aber natürlich konnte es gut sein. „Ja, das darfst du bei Kuli nicht“, sagte Hannes, „weil er der beste Witzeerzähler der Welt ist.“ … Auf was man alles achten musste.

In Berlin gab es einen Auftrittsort, ich glaube, es war ein ehemaliges Kino, der hieß *Quartier Latin*. Von dem „Management“ wurde ich zu einem Auftritt engagiert. Nun fragt man ja nicht, wie das Lokal aussieht und welches Publikum dort verkehrt, sondern man handelt die Gage aus und das ist es.

Das *Quartier Latin* war ein vollkommen verdreckter Laden, bei dem Hundekacke auf der Bühne lag. Eine Garderobe gab es nicht, man ging in das Treppenhaus eines baufälligen Nachbarhauses, um sich umzuziehen.

Gerade hatte ich ein Lied geschrieben, das die Seefahrt einmal anders behandelte, als sie sonst in Seemannsschnulzen besungen wurde.

In Nordfriesland aufgewachsen, hörte man sehr oft, wie viele der friesischen Seefahrer nicht wieder nach Hause kamen, und wie arm auch die Leute, die an Land blieben, waren.

Sie fuhren hinaus, denn sie suchten ihr Glück
Und sagten, wir kommen ja wieder
Wir kehren nicht mit leeren Händen zurück
Und dass ihr uns hier niemals vergesst

Sie sangen von Seefahrtsromantik so laut
Ich hör noch genau ihre Lieder
Sie hatten so sehr auf die Zukunft gebaut
Und an fernes Glück glaubten sie fest

Sie sahen noch Frauen und Mädchen am Strand
Ein letztes Mal sehnsuchtsvoll winken

Wen störten die Sorgen der Frauen denn sehr
Wer glaubte, sein Schiff könne sinken
Doch kamen so viele nie wieder an Land
Und man hörte von ihnen nie mehr

Und die, die da kamen, nach Jahren voll Pein
Die fanden nicht das, was sie meinten

Sie fanden zwar Betten, doch ihre nicht leer
Und Frauen, die lang nicht mehr weinten
Wer bleibt denn schon gern über Jahre allein
Und man brauchte sie hier nun nicht mehr

Dieses Lied hatte ich gerade zu Ende gesungen, als jemand von unten rief: „Det macht Freddy aba bessa." In meiner immer charmanten Art antwortete ich: „Nur den könnt ihr euch nicht leisten." Spontan hatte ich mir wieder viele Freunde gemacht.

Zu der Zeit fuhren wir zum ersten Mal nach Israel. Ein Hamburger Kirchenmusikprofessor, der aus Husum stammte und mit uns befreundet war, schleifte uns durch das Land, weil er schon vorher da gewesen war.

Im Norden Israels lernten wir das Ehepaar Ellen und Heinz Schwarz kennen. Unheimlich gebildete, freundliche Menschen, die über Deutschland besser Bescheid wussten als neunundneunzig Prozent der Bundesbürger.

Sie hatten sich einen Betrieb aufgebaut, in dem sie Setzlinge züchteten und in die ganze Welt vertrieben.

Die Wiedergutmachung, die sie aus Deutschland bekamen, hatten sie an ihre arabischen Arbeiter aus dem nächsten Dorf verteilt. Die hatten sich davon eigene Häuser gebaut.

Eines Tages sagten sie: „Heute fahren wir in unser Araberdorf, wir sind dort zum Essen eingeladen. Knut, du nimmst aber deine Gitarre mit, wir müssen denen ja etwas bieten." Ich muss ja auch zu irgendetwas gut sein.

Als wir in das Dorf fuhren, rannten die Leute aus ihren Häusern auf unser Auto zu und fingen an, auf das Dach zu trommeln. Panische Angst überfiel uns, aber unsere beiden Israelis beruhigten uns. „Das ist große Freude“, sagten sie.

Nun kamen wir in das Haus, in dem wir zum Essen eingeladen waren. Dort hing ein großer handgeknüpfter Teppich mit Jesus und dem Lamm an der Wand, ein gnadenloser Kitsch. „Sind das Christen?“, fragte ich Ellen. „Nein, Muslime natürlich, aber Jesus ist ja bei denen auch ein Prophet. Mit dem Verbot der Abbildung von Menschen nehmen sie das einfach nicht so genau.“

Nach dem Essen war ich natürlich dran und sang den arabischen Freunden ein paar einfache deutsche Lieder vor. Regine hatte immer ein untrügerisches Gefühl dafür, was wo hinpasst. Sie fing an zu quengeln, dass ich doch nun endlich Blues singen solle, weil Blues ihre Lieblingsstücke von mir waren. Sie kriegte mich dann endlich so weit. Ich sang also Blues. Unsere arabischen Gastgeber und deren Sippschaft brachen in Gelächter und Entsetzensgeschrei aus, vielleicht hielten sie solche Lieder ja für deutsche Karnevalsmusik. Das hatte ich lange vorher schon befürchtet.

Von der „Blödzeitung“ gab es früher eine Kampagne, die *Ein Herz für Kinder* hieß. Diesen Spruch mit einem passend großen Herzen konnte man, wo man es auch wollte, ankleben. Hans Verres, der Unterhaltungschef des Hessischen Rundfunks, hatte das „K“ aus dem Spruch ausgeschnitten und vor das „Ein“ geklebt und „Kein Herz für Inder“ innen an die Tür seines Gästeklos geklebt. Eines Tages kam ihn ein Inder besuchen, der sehr gut deutsch sprach. Als dieser nun zur Toilette musste, ging Hans ein Blitz durch den Kopf und er sagte: „Zuerst muss ich mal ganz schnell.“ Er stürzte auf sein Klo und kriegte in kurzer Zeit nur das „K“ abgemacht.

Es klingelte das Telefon und mal wieder war jemand dran, der mich zu einem Wohltätigkeitskonzert engagieren wollte. Er war vom Blinden- und Sehbehindertenverband von Niedersachsen. Damals war es ja üblich, jeden zu duzen, und so sagte er, ich könne auch mal was für die Blinden und Sehbehinderten tun. „Bist du denn blind?“, fragte ich ihn. „Nein“, sagte er. „Ich habe noch acht Prozent Augenlicht.“ „Dann siehst du ja über doppelt so viel wie ich!“ „Wieso du?“, sagte er. „Ich habe keine vier Prozent mehr“, antwortete ich. „Knut, das ist ja toll!“, rief er laut ins Telefon. „Du gehörst ja zu uns. Wie schön!“ Ich ignorierte die Komplimente und wir spielten für die Blinden. Ein sehr merkwürdiges Konzert.

Dort stellte ich erschrocken fest, dass ich den Sehenden gegenüber auch Ansprüche stelle. Das ist wohl schon im Unterbewusstsein, dass ich Dinge zeige, die ich auf manche Entfernungen nicht einmal ahnen kann, aber fest annehme, dass mein Gegenüber das kann.

Bei dem Konzert vor den Blinden erzählte ich ihnen vom friesischen Ringreiten und zeigte mit den Fingern, wie groß dieser Ring sei, den man auf dem galoppierenden Pferd sitzend auf eine Lanze stechen müsse. Als ich das tat, überfiel mich ein Schreck, wie sollten die das denn sehen? Ich musste mich dann mit Zentimeterangaben retten.

Nach dem Konzert wollte ich zur Toilette. Es folgte mir eine Polonaise von Blinden, wahrscheinlich war der Erste nur sehbehindert und die anderen folgten ihm, Hände auf den Schultern des Vordermannes, in einer langen Schlange zur Toilette und so sah ich, dass Behinderte für Nichtbehinderte oft sehr komisch wirken.

In meiner Rundfunksendereihe *Neues von den Liedermachern* hatte ich wohl einmal mit einem Kater gesessen. Ich stammelte viel und unterbrach immer mit „äh, äh, äh“. Das gefiel mir selbst überhaupt nicht und ich habe mich auch gehörig geschämt.

Eine Woche später kam ein Brief, in dem mich der Schreiber beschimpfte: So etwas könne man doch keinem Hörer zumuten! Ich solle sofort die Sendereihe aufgeben.

Normalerweise beantworte ich solche Briefe nicht, hier aber hatte ich Spaß daran. Die Orthografie des Beschwerenden war verheerend und auch die Fälle konnte er nicht richtig einsetzen. Ich bat um Entschuldigung für meine miserable Leistung, schrieb aber: „Wenn einer so schlecht mit seiner Muttersprache umgehen kann wie Sie, dann soll er gefälligst auch keine Briefe mehr schreiben."

Wenn man einen Text schreibt, der mit einer Pointe (am besten bissig) enden soll, muss man mit der letzten Strophe anfangen, das Pferd also von hinten aufzäumen. So arbeitet man sich Strophe für Strophe langsam zum Anfang vor.

So tat ich es auch in dem Text *Der Morgen.*

Nach dem, was ich wollte, war dieses Lied ein voller Erfolg.

Es wurde häufig im NDR gespielt, und zwar morgens. Die Redakteure hatten das Lied bei „der Abnahme" wohl nicht ganz durchgehört.

Wütende Beschimpfungen verfolgten mich schriftlich wie telefonisch.

Manche Leute schrieben mir, sie hätten das Lied aufgenommen, aber wohlweislich den Schluss abgeschnitten.

Bei einer Autofahrt hörte ich im Radio ein Interview mit der damals bekannten Schauspielerin Erika Pluhar, zeitweilig versuchte sie auch zu singen. In dieser Sendung spielte man ihr auch mein Lied *Der Morgen* vor und fragte sie nach ihrer Meinung. Sie verdammte den Schreiber dieses Liedes, der nicht zu seinen romantischen Gefühlen stünde und sie dann schließlich selbst zerstören müsse.

Oh, welch ein Erfolg. Was ich in diesem Lied schrieb, war ja nicht reine Romantik, sondern bewegt sich doch schon hart am Kitsch.

Bei einer späteren Talkshow saß die Künstlerin direkt neben mir und würdigte mich nicht eines Blickes. Ob sie wohl wusste, dass dieser schreckliche Liedermacher direkt neben ihr saß?

Der Morgen

Der Morgen winkt, die ersten Sonnenstrahlen streichen
Der Nacht die Kälte aus ihrem ergrauten Antlitz fort
Das Licht greift Raum, das Zwielicht muss der Sonne weichen
Die ersten Blüten öffnen sich ganz langsam hier und dort

Die Lerche singt, wie von der Luft emporgetragen
So steigt sie in das tiefe Blau des Morgenhimmels auf
Und ihr Gesang scheint Käuzen Schrecken einzujagen
Ihr Rufen klingt schon lang nicht mehr vom nahen Wald herauf

Der Wiesengrund ist noch bedeckt mit Nebelschwaden
Als ob die Wiese morgens früh noch eine Decke braucht
Und jede Kuh scheint kauend sich darin zu baden
Sie stehen dösend bis zum Bauch in weißen Dampf getaucht

Und selbst der Bach scheint durch die Sonne aufzuwachen
Es klingt, als ob sein Gurgeln und sein Plätschern lauter wird
Die Fledermaus scheint Morgenlicht wohl blind zu machen
Sie hat sich hilfesuchend in das Morgenrot verirrt

Die Luft steht still, man glaubt ein Maler sei am Werke
Er malt den Himmel mit den denkbar schönsten Farben an
Denn Farbenpracht ist eben dieses Malers Stärke
Viel schöner, als es ein Romantiker je malen kann

Rings um uns her, hör ich aus vieler Leute Munde
Sei diese Welt des Morgens früh mit Schönheit übersät
Das mag ja sein und klingt ganz nett, doch dieser Stunde
Da lieg ich immer noch mit meinem dicken Kopf im Bett

Als wir in den 70ern in Nordfriesland mal wieder einen schönen Sommer hatten, besuchte mich ein großer, mächtiger, vollbärtiger, ansonsten kahlköpfiger Regisseur aus Saarbrücken. Er hatte seinen Kameramann mit, wir wollten auf Motivsuche gehen für einen Musikfilm, der von Nordfriesland handeln sollte. Der Redakteur und Regisseur hieß Hans-Bernhard Theopold. Ich erzählte ihm, dass es zwar viele schöne Flecken in Nordfriesland gibt, aber nichts so einmalig ist wie unser Wattenmeer und die darin liegenden Halligen. So fuhren wir also bei schönstem Wetter zum Hafen von Strucklahnungshörn und bestiegen die *Adler*, ein Schiff, das Touristen zur Hallig Hooge bringt und nach zweistündigem Aufenthalt von dort wieder zurückschippert. Eine Hallig ist eine kleine Marschinsel, die nicht durch einen Deich geschützt ist. Bei normaler Flut liegt das Land oberhalb des Meeresspiegels. Nur bei Springflut und erst recht bei Sturmflut wird das gesamte Land überspült. Die Menschen, die auf diesen Halligen wohnen, haben ihre Häuser auf Warften gebaut. Eine Warft ist ein von Menschenhand aufgeworfener Hügel, daher der Name „Warft". Mehrere Häuser stehen meist auf so einer Warft. Je größer die Hallig, desto mehr Warften und desto mehr Häuser auf ihnen.

Habel, die kleinste Hallig, hat nur eine Warft mit einem Haus darauf und Hooge, die größte, zu der diese Schifffahrt ging, hat mindestens sieben.

Halligen heißen diese kleinen Inseln, weil sie im Salzmeer liegen und Hall das altgermanische Wort für Salz ist.

Wenn man nun bei Flut durch diese Halligwelt fährt, sieht man vom Schiff aus nur die Warften und es wirkt, als stünden die Häuser direkt in der See.

Die *Adler* war natürlich an solch einem Tag überladen mit Touristen, wir klemmten uns dazwischen. Auf dem Schiffsdeck gab es eine Theke, an der man Souvenirs und Getränke kaufen kann. Dorthin ging ich. Mich quälte mal wieder der Durst.

Plötzlich stand ein langer, hagerer Mann vor mir, mit tiefen Falten im gebräunten Gesicht, in einer weißen Uniformjacke und mit einer weißen Mütze auf dem Kopf. Er sprach mich an: „Herr Kiesewetter, ich begrüße Sie im Namen der Reederei und lade Sie zu einem Pharisäer ein."

Der Pharisäer ist eines unserer friesischen Nationalgetränke, süßer Kaffee mit Rum darin und einer Sahnehaube obendrauf, geschlagene Sahne.

Ich fragte: „Herr Kapitän, richtig?" „Jawohl!", sagte er. „Leider kann ich Ihre Einladung nicht annehmen", fuhr ich fort, „so gern ich auch möchte, aber ich habe noch Leute vom Fernsehen dabei, und die kann ich oben nicht allein sitzen lassen, während ich hier mit Ihnen Pharisäer trinke." „Holen Sie die doch bitte sofort her", sagte er „die werden natürlich mit eingeladen."

Nachdem wir unseren Pharisäer getrunken hatten, sagte ich: „Nun bin ich natürlich dran", und schon kam die nächste Runde.

„Jetzt muss ich aber zurück auf meine Brücke", sagte der Kapitän, nachdem wir die zweite Runde getrunken hatten. „Ich kann meinen Steuermann das Schiff nicht so lange allein lenken lassen." „Wie viele Leute sind denn da oben?", fragte der Regisseur. „Denn nun bin ich ja wohl mal dran." „Der Steuermann und noch ein alter Ersatzsteuermann, der mal kurz eingesprungen ist", sagte der Kapitän. „Aber kommen Sie doch alle mit rauf!"

Wir stellten die neue Runde Pharisäer, auch für die beiden Steuerleute, auf ein Tablett und gingen die Treppen hoch zur Brücke.

Wer mit Präsenten kommt, wird immer freundlich empfangen, so auch wir. Und nach unserem „Prost" sagte der Steuermann: „Dann ich ja wohl", und stieg die Treppe hinab, um die neue Runde zu holen. Nach der Runde des Kameramanns fühlte sich der alte, schon weit über 80-jährige eingesprungene Steuermann Bendix Diedrichsen, den ich von Hooge kannte, auch genötigt, seine Runde auszugeben. Und als wir endlich auf Hooge ankamen, hatte ich schon einen ganz schön ondulierten Gang.

Unser Weg auf Hooge war nur 500 bis 600 Meter weit. Denn da stoppte uns schon der *Friesenpesel*, der älteste und schönste Krog auf der Hallig.

Mit der Wirtin, die ich Annemusch nenne, bin ich seit Jahren befreundet.

Nach dem freudigen „Hallo" stellte ich meine Begleitung vor. „Ein Regisseur und ein Kameramann aus Saarbrücken", sagte ich. „Wir wollen hier drehen." „Was, ganz aus Saarbrücken?", fragte Annemusch. „Die müssen erst mal unseren Pharisäer kennenlernen!" Da standen auch schon die drei Mann vom Schiff neben uns. „Annemusch, die drei haben uns so gut gefahren, die müssen einen mitkriegen", sagte ich. „Nichts leichter als das", antwortete sie.

Wir gingen vor Anker.

Als wir zum Schiff zurückgingen, hatte sich der alte Bendix längst aus den Runden ausgeklinkt. Er ging weit hinter uns und nörgelte vor sich hin.

Auf dem Schiff stürmten wir alle wieder hoch auf die Brücke. Die Gespräche waren inzwischen sehr laut und alles redete durcheinander. Wenn man etwas getrunken hat, scheint man wohl Angst zu haben, dass die geistigen Geniestreiche, die man von sich gibt, von denen, die in diesen großen Augenblicken dabei sein dürfen, überhört und nicht beachtet werden könnten. Deswegen schreit man wohl so.

Die Türschwellen bei solchen Schiffen sind etwa 15 Zentimeter hoch, damit, falls Wasser in das Schiff eindringt, es nicht von einem Raum in den nächsten schwappen kann. Zu hoch für jemanden, der schon zu viel Pharisäer im Bauch hat. Für den Steuermann wurde diese Schwelle zum Verhängnis. Sechs Pharisäertassen samt Inhalt landeten auf dem Fußboden und man kann sich kaum vorstellen, wie ein Kaffee-Rumgemisch stinkt, wenn es nicht durch eine Sahnehaube abgeschirmt ist.

Das Schiff hatte, für mich zuerst kaum merklich, angefangen, ab und an zu rucken, einen kleinen Satz zu machen.

Wir hatten bei Hochflut abgelegt, aber jetzt war ablaufendes Wasser, schon halbe Ebbe.

Der Kapitän war vorher nur auf der Ostsee gefahren, wo es Ebbe und Flut nicht gibt, so kümmerte er sich in seinem Zustand wohl zu wenig um die Gegebenheiten und nahm bisweilen mal eine Sandbank mit. Der alte kleine Bendix, der die ganze Zeit in der Ecke stand, schimpfte leise vor sich hin: „Der Idiot, der kann ja nichts."

Uns störte das Rucken nicht sonderlich, obwohl es jetzt stärker wurde. Wir hielten unseren neuen Pharisäer einfach fester in der Hand.

Der Kameramann hatte von der Brücke nach hinten auf das Schiff geschaut und sagte amüsiert: „Guck mal, die Leute!" Die Touristen wurden bei jeder kleinen Sandbank von ihren Bänken richtig hochgeworfen. Das sah aus wie „Schunkeln mit Aufstehen" beim Karneval und die Frauen juchzten auch so laut.

Wir erreichten Nordstrand. Krampfhaft versuchte der Kapitän, sein Schiff in den Hafen zu manövrieren. Endlich berührten wir die Kaimauer, allerdings nur mit dem Bug, der vorderen Spitze des Schiffes. Das Schiff stand 90 Grad zum Anleger. Bendix fing an, den Kapitän auszumeckern: „Was machst du denn da? Kannst du denn nicht mal ein Schiff anlegen?“ Der nuschelte nur mit stierem Blick: „Das mach ich alles mit dem Bugstrahler!“

Im Dritten Programm des NDR-Fernsehens war eine neue Talkshow eingerichtet worden. Talkshows müssen sein, auf jedem Programm und zu jeder Zeit, sie kosten wenig und werden wohl von den Leuten gern gesehen. Diese Talkshow war auf Plattdeutsch und hatte den originellen Namen *Talk op Platt*.

Zur ersten war ich eingeladen. Sie fand in einem großen alten Bauernhaus statt. Es war zu einem Gemeindeveranstaltungshaus umgebaut worden, in einem kleinen Dorf in der Nähe von Oldenburg,

Mit meinem damaligen Freund und Begleitgitarristen, Peter McCrory, machte ich mich per Bahn, weil wir beide keinen Führerschein haben, auf den Weg nach Oldenburg.

Pete ist ein lustiges Haus und kann so lachen, dass ihm die Tränen die Wangen herunter in seinen Bart laufen. Wir hatten, wie immer, schon in der Bahn viel Spaß und waren bester Dinge, als uns der NDR-Wagen in Oldenburg abholte, um uns in das Dorf der Veranstaltung zu bringen.

Bei der kurzen Probe fiel mir auf, dass ich sehr dicht am offenen Kamin sitzen sollte, in dem jetzt noch kein Feuer brannte. Ich fragte: „Brennt der heut Abend?“ „Jawohl“, sagte man mir. Darauf ich: „Nicht zu doll, sonst verbrenne ich mich!“ „Alles klar, Herr Kiesewetter.“

Beruhigt fuhren wir in unser Hotel in den nächstgrößeren Ort, um uns dort einzurichten.

Als wir am Abend, kurz vor der Live-Sendung, dort wieder eintrafen, sah ich schon ein großes Feuer. Ich bat die zuständigen Leute darum, es doch bis zu meinem Auftritt so weit wie möglich runterbrennen zu lassen.

Noch kurz vor dem Interview mit mir muss ein ganz Schlauer noch kräftig nachgelegt haben.

Nun wäre es ja das Einfachste, sich ein Stück von dem Feuer wegzusetzen; das geht aber beim Fernsehen nicht. Die Position des Stuhls, auf dem ich sitzen sollte, war mit Kreide auf dem Fußboden eingezeichnet, denn die Kameras sind ganz genau auf einen eingerichtet. Und auch der Interviewpartner muss genau denselben Abstand haben. Ich fing also während des Interviews langsam von der linken Seite an zu braten und konnte kaum noch richtig antworten. Wann ist das hier bloß zu Ende?, schoss es mir immer wieder durch den Kopf.

Nun reichte man mir auch noch meine Gitarre, damit ich, live von Pete begleitet, ein Lied singen konnte. Längst waren mir Schweißtropfen unter dem Haaransatz hervorgequollen und liefen mir übers Gesicht. Die beim Fernsehen unvermeidliche Schminke verrann und bildete Streifen.

Die Gitarre verstimmte sich natürlich bei der Hitze, denn die Saiten werden lockerer und nichts stimmt zueinander.

Als ich endlich fertig war, versuchte ich hinter den Kulissen den Idioten zu finden, der diesen Mist verbockt hatte. Aber natürlich gab es ihn nicht, denn das Holz hatte sich selbst nachgelegt.

Meistens gibt es nach einer Sendung noch ein kleines Fest mit allen Mitwirkenden, dazu hatte ich diesmal keine Lust. Wir wurden also sofort ins Hotel gebracht.

Von der Hitze des Kamins völlig ausgetrocknet, zog es uns wie von selbst an die Hotelbar. „Zwei Bier, so schnell wie möglich, bitte!“, sagten wir zu einem drallen Mädchen hinter der Bar. Ihr Gesicht war rosig und glatt wie ein aufgeblasener Luftballon. Nicht die kleinste Falte in ihrer Haut. Später wurde mir klar, warum: Sie hatte ihr Gesicht noch nie grübelnd in Falten geworfen. Während sie das Bier noch langsam wachsen ließ, dachte ich darüber nach, in welcher Gegend wir uns wohl genau befänden. Eigentlich nicht weit von hier musste das Saterland sein.

Weil ich mich für das Friesische, das ja eine ganz eigenständige Sprache ist, und dessen Haupt- und Unterdialekte interessiere, gilt mein Interesse auch dem Saterland.

Das Saterland ist ein kleines Gebiet südlich von Ostfriesland, in dem man noch einen alten ostfriesischen Dialekt spricht.

Nach diesem Saterland wollte ich fragen, nur war wohl auch von dem zu heißen Feuer mein Hirn ausgetrocknet. Ich kam nicht auf das Wort. „Wo befinden wir uns hier eigentlich?“, fragte ich die Dralle. Sie schaute mich an und sagte: „Ammerland.“ „Das klingt so ähnlich wie das Wort, nach dem ich suche“, sagte ich. „Land am Schluss und vorher zwei Silben, m-m-land. Das kann gar nicht so weit von hier sein“, sagte ich weiter. „Ein kleines Gebiet, ungefähr fünf Dörfer, in dem man einen eigenen friesischen Dialekt spricht. M-m-land, was kann ich meinen?“ Sie guckte mich mit großen Augen an, blieb eine Weile stumm und sagte: „Sie meinen Nordrhein-Westfalen.“ Pete neben mir fing an zu prusten, sein dicker Bauch fing an zu beben.

Ich wandte mich wieder geduldig an sie: „Sie müssen mich falsch verstanden haben, Nordrhein-Westfalen liegt doch nicht hier in der Nähe! Außerdem ist es kein kleines Gebiet von fünf Dörfern. Ich kann mir auch nicht vorstellen, dass man dort friesisch spricht. Also noch einmal. Es hat zwei Silben vor dem Land, wie Ammerland, ist klein, nur fünf Dörfer, man spricht dort friesisch und es ist gar nicht weit von hier.“ „Lassen Sie mich einmal nachdenken“, sagte sie. Überrascht von dieser Offerte wartete ich. Sie versuchte, ein intelligentes Gesicht zu machen, und sagte: „Jetzt hab ich es, Sie meinen Lappland!“ Verzweifelt schaute ich zu Boden, da lag schon längst Pete keuchend vor Lachen.

Costa Cordalis heißt ein griechischer Volksbarde, der so lieb ist, dass es einen manchmal schon anfängt zu schaudern. Irgendwo hatte ich ihn getroffen, als er mir erzählte, dass er demnächst in Husum auftreten würde. „Da in der Nähe wohne ich“, sagte ich ihm. „Dann komme ich dich besuchen“, drohte er mir an. Nun musste ich ihm erklären, wie man von Husum aus unseren Fresenhof findet. Da in der Branche viel versprochen und wenig gehalten wird, habe ich nie mit seinem Erscheinen gerechnet. Aber nicht lange Zeit danach hupte ein Auto auf dem Hof, Regine war einkaufen gefahren und ich trat bei schönstem Wetter hinaus und Costa stand vor mir. Dort draußen hatten wir Tisch und Stühle und eine Bank mit gepolsterter Schaumgummiauflage. „Lass uns doch gleich hier draußen bleiben“, sagte ich auf die Bank weisend: „Setz dich dorthin, ich hole etwas zu trinken.“ Als ich wieder erschien, saß er noch ganz ruhig auf der Bank. So setzte ich mich auf einen Stuhl neben ihn. Nach einer Zeit des Plauderns fragte er höflich: „Knut, darf ich mich auch auf solch einen Stuhl setzen?“ „Aber natürlich! Was ist denn?“ Ich drückte auf das Kissen, auf dem er saß, und es plätscherte reichlich Wasser da raus. Es muss also kurze Zeit vorher in Strömen gegossen haben, und er saß die ganze Zeit in dieser Pfütze. Aber ich sagte ja schon, seine Freundlichkeit ist extrem.

Im Januar ’79 befanden wir uns mitten in dem sogenannten Katastrophenwinter, trotzdem schaffte es ein Fernsehteam vom DR (Danmarks Radio) bis zu uns, und dieser strenge Winter war für den einstündigen Fernsehfilm sogar noch ein Glück. Weil doch der Schnee so hoch lag, waren Rehe vor Hunger bis ans Haus gekommen, und in der Reetdachgaube saß eine Schleiereule. Das konnten die Fernsehleute aus Dänemark alles mitfilmen und dadurch ein besonders romantisches Bild vom Fresenhof zeichnen. In der Halle wurde beim brennenden Kamin eine wunderschöne Sendung gemacht, mit lauter Dänen im Publikum, und das dänische Publikum ist toll.

Die Räume des früheren Wohnhauses vom Fresenhof waren ziemlich niedrig, ich, einsachtundachtzig, kam in manchen Räumen gerade so unter den Balken durch, in anderen musste ich eine devote Haltung annehmen. Eines Tages sah ich bei einem Antiqitätenhändler in Niedersachsen einen wunderschönen Eichenschrank (norddeutsch verkröpft). Mir fiel sofort auf, dass meine Schwiegermutter in ihrer Diele einen sehr ähnlichen Schrank, nur viel niedriger, stehen hatte. Der hätte gut in unser Wohnzimmer gepasst. Dieser Schrank hier, beim Antiquitätenhändler, war aber eindeutig zu hoch. Ich rief sofort meine Schwiegermutter an und fragte sie, ob sie mit mir tauschen würde, wenn ich diesen Schrank, der sehr viel schöner war als ihrer, kaufte. Sie versprach mir, das zu tun.

Der Schrank wurde nach Hamburg geliefert, und zwar in die Fischräucherei Frerichs, die sie inzwischen ihren Söhnen übergeben hatte.

Nun wollte ich mit ihr besprechen, wie dieser Tausch vonstatten gehen solle. Sie wollte aber plötzlich nicht mehr. „Mutter, das haben wir doch besprochen." „Nein, will ich aber nicht." „Ja, aber was soll ich mit dem großen Schrank tun?" „Interessiert mich nicht." „Guck ihn dir doch wenigstens mal an!" „Nein, will ich nicht, nachher gefällt er mir noch." Ich habe sie aber trotzdem immer gern gemocht.

Als wir den Fresenhof so gut wie fertig hatten, zeigte mir jemand einen Vierkanthof, auf einer Warft in der Marsch gelegen, also mit eingeschlossenem Innenhof. Alles im Haus war original Barock mit Alkoven, Eichendielen und Delfter Fliesen. Er stand zum Verkauf und war viel billiger, als der Fresenhof inzwischen zu verkaufen gewesen wäre.

Begeistert erzählte ich meiner Regine von dieser Augenweide von Haus. „Komm, lass uns hinfahren, wir gucken ihn uns an." „Nein, will ich nicht", sagte sie. „Ja, aber guck ihn dir doch erstmal an." „Nein, will ich nicht, nachher gefällt er mir noch", sagte sie. Irgendetwas kam mir daran bekannt vor.

Mein Leben lang habe ich mit Tieren zusammengelebt. Schon als Kind hatte ich meine eigene Kaninchen- und Taubenzucht, und Hunde und Katzen waren bei uns fast immer im Haus.

Auch jetzt sind immer mehrere Tiere im Haus.

Schon als Kind habe ich Bernhardiner sehr geliebt, diese schwerfälligen, gescheiten und gutmütigen Tiere. In St. Peter gab es einen Mann, der auf den schönen Vornamen Hans-Walter hörte. Er wurde von den Leuten in echt nordfriesischer Art Hanne-Walle genannt.

Hanne-Walle trank ab und zu mal kräftig einen über den Durst, dann erschlafften ihm die Gesichtsmuskeln so, dass ihm sein Gesicht unter das Kinn zu rutschen drohte, und seine Augen bekamen den Blick eines alten Bernhardiners. Damals nahm ich mir vor, dass ich meinen ersten eigenen Bernhardiner, von dem ich genau wusste, dass ich ihn einmal haben würde, Hans-Walter, sprich Hanne-Walle, nennen wollte.

1975 war es endlich so weit. Mein Hanne-Walle enttäuschte mich nicht. Er war groß, behäbig, intelligent und ausgesprochen freundlich. Er liebte die Menschen, besonders die Kinder, und es war ihm nicht abzugewöhnen, den Leuten, die er ganz besonders mochte, die Pfoten auf die Schultern zu legen, wobei er sie fast umwarf, um ihnen dann liebevoll mit seiner Riesenzunge über das Gesicht zu lecken.

Eine damalige Freundin liebte er so sehr, dass sie ganz besonders unter seiner Zuneigung zu leiden hatte. Immer wieder fing ich laut an zu schimpfen, sobald er nur seine Pfoten auf ihre Schultern legen wollte, bis er es dann eines Tages begriffen hatte. Als sie wieder auf unseren Hof kam (sie war ziemlich klein geraten), legte er ihr die Pfoten wirklich nicht auf die Schultern. Er lief auf sie zu, sprang hoch und an ihr vorbei, indem er seinen Kopf zur Seite nahm und ihr mit seiner Zunge übers Gesicht fuhr.

Direkt vor unserem Haus ist eine Feldwegkreuzung. Auf dieser saß er gern und beobachtete die Umgebung. Mein Freund Erwin war lange nicht bei mir gewesen und kannte Hanne-Walle nur als Welpen. Eines Tages besuchte uns Erwin mit seiner Frau einmal wieder und fuhr auf die Kreuzung zu. Dort saß Hanne-Walle. „Das ist Hanne-Walle“, sagte Erwin zu seiner Frau, „den kenn ich.“ Seine Frau aber, wohl ängstlich vor großen Hunden, warnte ihn: „Woher weißt du, dass er das ist, du hast ihn so groß ja noch gar nicht gesehen! Ich würde da vorsichtig sein.“ „Mal sehen, ob er es ist", sagte Erwin und fuhr ganz nah an den Hund heran. Erwin trägt im Übrigen eine große Brille. Er kurbelte die Scheibe herunter und fragte: „Hanne-Walle?" Dieser steckte seinen Kopf ein Stückchen in den Wagen und machte „schlapp" über Erwins Gesicht und Brille. Erwin stellte die Scheibenwischer an und sagte: „Er ist es."

Ebenso freundlich, wie Hanne-Walle zu Menschen war, war er auch zu Tieren. Wir wohnten sehr dicht am Wald, in dem ich öfter spazieren ging.

Eines Tages gingen meine Frau und ich mal wieder mit Hanne-Walle durch diesen Wald. Plötzlich entdeckte uns ein junger Hase, der wohl im Gras geschlafen hatte. Völlig verstört sprang er auf, um sich unter etwas Schützendem zu verstecken. Dass dieses „Schützende" ein Bernhardiner war, war ihm in der Aufregung wohl entgangen.

Hanne-Walle schaute sich den kleinen Hasen durch seine Vorderbeine an und wedelte dabei freundlich mit dem Schwanz, bis der Hase plötzlich merkte, worunter er saß, und kopflos im Zickzack von dannen hüpfte. Hanne-Walle schaute ihm nach und wedelte noch immer.

Wenn Freunde unsere Küche betraten, in der der Hund lag, hörte man sehr oft denselben Satz: „Oh, is dat en Löw!" Daraufhin sagte ich grundsätzlich sehr freundlich: „Nein, das ist ein Schoßhund." Auf das Stichwort „Schoßhund" stand der Hund auf und wälzte sich über meinen Schoß, Vorder- und Hinterbeine berührten dann natürlich wieder den Boden. Ich hatte das mit ihm einmal geübt, er hatte es sofort begriffen, und es schien ihm jedes Mal wieder Freude zu machen.

Wie Hanne-Walle seine Zuneigung auszudrücken pflegte, erzählte ich schon. Leute, die er sehr liebte, pflegte er mit so viel Liebe zu bestürmen, dass es ihnen sehr lästig wurde. So erging es grundsätzlich meinem Kollegen Hannes Wader, der immer die Arme vor den Kopf hielt und laut „Nein!" schrie, wenn ihn der Hund begrüßte.

Henning Venske, damals ein leidlich bekannter Rundfunkmoderator des NDR, erzählte mir, dass er mich eines Tages mit Hannes Wader zusammen besuchen wollte, aber sie niemanden bei uns zu Hause vorfanden. So beschlossen sie zum Wald zu gehen, weil sie uns dort, spazieren gehend, vermuteten. Klönend gingen sie also in Richtung Wald, als Hannes auf einmal erstarrte und nur sagte: „Oh Gott, oh Gott!“ Im nächsten Moment lag er auch schon im Graben, zusammen mit einem Riesenköter, der ihn liebevoll abschleckte.

Henning Venske war übrigens der Mitverursacher einer Verunstaltung der deutschen Sprache.

Er sagte: „Weil das ist so.“ Ich sagte: „Falsch! Weil das so ist.“ Er wiederum: „Nein, du musst dir nach dem Weil einen Doppelpunkt denken. Weil: Das ist so.“

Inzwischen hat sich dieses falsche Deutsch, zum Beispiel: „Weil, das sind nach Tönning elf Kilometer“, durchgesetzt und es wird auch in den Medien nur noch so gebraucht. Nur das schnelle Denken eines Doppelpunkts nach dem Weil finde ich doch sehr lästig und anstrengend.

Wenn man statt des „Weil“ ein „Denn“ nehmen würde, wäre es doch sofort richtig.

Der Kabarettist und Schriftsteller Hans Scheibner wurde von einem Magazin zu mir geschickt, um einen größeren Artikel über mich zu schreiben. Als er das Haus betrat, wurde er von Regine sofort mit Schnaps begrüßt. Wir setzten uns in unser Wohnzimmer und klönten stundenlang, er müsse mich nichts fragen, sagte er, was er dann schreiben wolle, höre er bei unseren Gesprächen heraus.

Nun wurde manches Getränk gereicht und es wurde spät. Ganz spät erschien meine Schwester noch, und Regine und ich gingen in unseren Alkoven, um etwas zu ruhen. Das war aber schwer möglich, denn meine Schwester musste im Zimmer nebenan Hans Scheibner stundenlang erzählen, was für ein Genie sie sei, bis es auch sie dahinraffte.

Als wir am nächsten Vormittag aufstanden, waren Hans und auch Hanne-Walle verschwunden. Regine machte Frühstück, selbst meine Schwester gesellte sich nach einiger Zeit zu uns, aber kein Scheibner und kein Hanne-Walle, bis sie dann endlich auftauchten.

Hans war auf die glorreiche Idee gekommen, nachts doch noch einmal um den Block zu gehen, wie er selbst sagte. Nur da ist kein Block. Aber Hanne-Walle fand es ja toll, dass jemand mit ihm gehen wollte. So nach einem oder anderthalb Kilometern hatte Hans die Orientierung verloren, aber ihm konnte ja nichts passieren, so meinte er. „Hanne-Walle, jetzt gehst du schön nach Haus", rief er diesem zu. Hanne-Walle muss sich sehr darüber gefreut haben, dass jemand mit ihm durch Feld und Flur streifen wollte, und so ging es bald über Knicks und durch Gräben bis in den Wald.

Inzwischen hatte es angefangen zu schneien und Hans, durch Alkohol erwärmt, hatte nicht einmal eine Jacke an. Dann kamen sie in einem Dorf an, in dem Hans sich in einem Stall verkriechen und, mit Heu zugedeckt, erwärmen wollte, bloß das Heu war inzwischen zu Ballen gepresst, und die bekam er nicht auseinander. So legte er sich zwischen die Ballen und deckte sich mit Hanne-Walle zu. Dem wurde es mit der Zeit zu langweilig, er machte sich das Scheunentor auf und strebte von dannen.

Glücklicherweise hatte es ja inzwischen geschneit, so konnte Hans den Spuren des Hundes folgen und war schon nach zweieinhalb Kilometern um zehn Uhr wieder bei uns.

Wir wollten ihn in ein Bett packen, damit er sich wärmen und ausruhen könne, er verlangte aber nach einem heißen Bad. Dann fuhr er ab und sein Artikel fiel doch sehr positiv aus.

Wir hatten den Fresenhof noch gar nicht so lange und an einem so großen Haus wird ja noch jahrelang gebaut. Es lag ein Kieshaufen mitten auf dem Hof. Hanne-Walle lief öfter zu dem matschigen Bach, wälzte sich darin, das ist ja auch zu schön, kam dann zurück und legte sich auf den Kieshaufen.

Der Schauspieler und Sänger Reiner Schöne wollte uns besuchen kommen und seine überaus vollbusige Freundin mitbringen, die sich immer ganz besonders schick auftakelte, und auch Reiner wollte ja immer fesch aussehen. Als meine Schwester hörte, dass die beiden von München aus zu uns kommen wollten, meinte sie, dass man sie doch in Hamburg-Blankenese (eine Stunde Umweg) abholen könne, weil sie mitkommen wollte.

Reiner Schöne fuhr damals einen ziemlich kleinen Wagen, obwohl er doch fast zwei Meter groß ist. Dieser Wagen rollte auf den Hof und drei Türen flogen auf. Das hielt der Hund für eine Aufforderung. Von Matsch und Kies paniert, zwängte sich der Riesenköter in den kleinen Wagen, und kroch den Menschen, einen nach dem anderen, auf den Schoß. Nein, sahen die aus, als sie ausstiegen. Wir schämten uns natürlich und beteuerten immer wieder, wie leid uns das täte, aber wenn man zu Besuch kommt, bleibt man doch höflich. „Das macht doch nichts! Das macht doch nichts“, schallte es uns entgegen. Aber so wie die aussahen, machte es viel.

Eines Tages übernahm ein Mann die Waldschänke, der eine Hündin besaß. Dieser Hündin schenkte Hanne-Walle komischerweise nicht die leiseste Beachtung. So etwas hält aber bei Hunden nur, solange die Hündin nicht läufig ist – und jede gesunde Hündin wird einmal läufig.

Eines Morgens, als wir hinauskamen, war Hanne-Walle verschwunden.

Er war zur läufigen Hündin in den Wald gelaufen, wie wir nachher herausfanden. Dann hatte er mit ihr eine kleine Tour unternommen. Man hatte die beiden Hunde in der Nähe unseres Nachbardorfes auf freiem Feld gesehen. Die Hündin kam allein zurück. Blutverschmiert, aber ohne Wunde. Ein Bauer und „Jäger“ aus dem Dorf hatte Hanne-Walle erschossen.

Es muss schon ein toller Jäger sein, der einen Bernhardiner erschießt. Abgesehen davon, dass es ungesetzlich ist, ist ein Bernhardiner so langsam, dass er niemals wildern kann. Vielleicht hat der Bauer deshalb auf ihn geschossen, damit er endlich mal etwas treffen konnte.

Es war, wie man sich denken kann, im Frühling, als Hanne-Walle hinter der läufigen Hündin her war. Auch wir Menschen sind zu dieser Zeit von solchen Wallungen nicht ausgeschlossen. Hier meine Gedanken dazu:

Es liegt ein ganz besond'rer Duft
Auf einmal in der lauen Luft
Die Menschen treten aus dem Haus
Und ziehen ihre Jacken aus
Es ist am Mittag schon fast warm
Und alle gehen Arm in Arm
Ich fühl mich plötzlich so allein
Das muss der Frühling sein

Die Tiere sieht man nur zu zweit
Das liegt wohl an der Jahreszeit
Und auch der Spatz jagt mit viel Krach
Und aufgeregt der Spätzin nach
Wo kommen plötzlich immer mehr
So wunderschöne Mädchen her
Ich schau sie an, fühl mich allein
Das muss der Frühling sein

Es steigt die Lerche singend schnell
Zur Sonne auf, die schon so hell
Ein junger Mann hält sein Gesicht
Mit seinen Pickeln in ihr Licht
Ein jedes Mädchen wirkt so schön
Ich hab das vorher nicht geseh'n
Und ich, ich fühl mich so allein
Das muss der Frühling sein

Die unscheinbarste graue Maus
Sieht jetzt wie eine Schönheit aus
Ganz langsam steigt, man sieht es kaum
Auch wieder Saft in jeden Baum
Ich bin kein Baum, jedoch ich spür
Die Säfte steigen auch in mir
Auf einmal fühl ich mich allein
Das muss der Frühling sein

Hanne-Walle war eineinhalb Jahre alt, als er gemeuchelt wurde. Ich glaubte, wir müssten sofort einen anderen Bernhardiner haben. Regine war strikt dagegen: „Wieder die ganze Arbeit mit einem Welpen, nein, nein, das will ich nicht."

„Dann besorgen wir uns eben einen, der so alt ist, wie Hanne-Walle war." „Wie willst du so einen denn kriegen?", fragte Regine. „Ich versuchs mal", sagte ich.

Der Vorsitzende des norddeutschen Bernhardinerzuchtvereins, den ich anrief, war begeistert. „Wir haben da einen Häusermakler im Norden von Hamburg, der will sein wunderschönes Tier verschenken. Das Tier hat ein traumhaft schönes Geläuf." Ich hatte das Wort noch nie gehört, fragte aber nicht nach, weil ich mir schon etwas darunter vorstellen konnte und mich dem Vorsitzenden gegenüber nicht als Bernhardinerunkundiger entblößen wollte.

Regine sträubte sich, aber ich überzeugte sie davon, sich den Hund doch wenigstens einmal anzusehen, wenn wir sowieso nach Hamburg fuhren.

Als wir in den Garten der Hundebesitzer traten, fanden wir einen Riesenköter in einen winzigen Verschlag gesperrt, der hielt seinen Kopf nach Liebkosungen heischend über den Zaun. Regine war sofort verliebt und sagte: „Den nehmen wir gleich mit."

Als der Besitzer meinen Namen hörte, war es nichts mehr mit verschenken, sondern er wollte tausend Mark und den Hund selbst zu uns bringen.

Auf der Rückfahrt sagte ich: „Wetten, dass der mit der ganzen Sippschaft angescheddert kommt? Der will doch wissen, wie wir wohnen."

Er kam nach einer Woche mit der ganzen Sippschaft und band seinen Hund draußen an den Brunnen. Das ganze Haus konnte die Familie nicht besichtigen, denn wir hatten gerade ein Fernsehteam im Haus, in der Vorbereitung auf eine größere Fernsehsendung.

Ich ging hinaus, band den Hund los und nahm ihn mit in unsere Küche, in der sich fast das ganze Leben in unserem

Hause abspielte. „Um Gottes willen“, sagte der Makler, „Sie können doch den Hund nicht so einfach mit ins Haus nehmen.“ Ich gab ihm die tausend Mark und sagte: „Jetzt kann ich.“

Damals gab es eine Fernsehserie aus Amerika um einen Bernhardiner, der George hieß. So musste dieser Hund natürlich auch heißen, woraus wir aber schnell „Schorschi“ machten.

Hintereinander hatten wir drei Bernhardiner, aber nie habe ich so viel Freude an einem Tier gehabt wie an Schorschi, an dem war alles gut.

Glücksgefühle kenne ich eigentlich nur aus der Vergangenheit, ich bin kein Mensch, der spontan Glück empfinden kann, nur nachträglich weiß ich, welche Stunden in meinem Leben voller Glück waren. Ich kann mich aber auch zu diesem Gefühl zwingen.

Zum zehnten Geburtstag von Klas brachte ich ihm ein Pony in sein Schlafzimmer. Es war ein größeres Pony, etwas kleiner als ein Isländer.

An schönen Sommertagen spannte ich das Pony vor die Kutsche und machte eine größere Tour auf den Feldwegen um unseren Fresenhof.

Wolkenloser Himmel, die Lerchen singen, das Pony trabt vorneweg und hintendrein unser Schorschi. Dann sagte ich zu mir: „Kiesewetter, du musst jetzt glücklich sein.“

Wenn ich das Jahre später in Regines Beisein Freunden erzählte, merkte ich, dass Regine immer etwas beleidigt war, sie hatte ja nicht daran teilgenommen, dabei hatte sie aber doch jedes Mal die Gelegenheit dazu, war bockig und wollte nicht. Solche Dinge standen oft zwischen uns.

Trotzdem liebte ich sie und schrieb ihr immer wieder Liebeslieder wie dieses:

Und wenn ich von Zärtlichkeit singe
So sing ich nur für dich
Ein Ständchen voll Zuneigung bringe
Ich tu es nur für dich

Wenn ich eine liebliche Weise sing
Ich tu es nur für dich
Und dabei ganz zart und ganz leise sing
So sing ich nur für dich

Du bist nicht sehr schön und nicht ebenmäßig
Das ist nicht wichtig für mich
Denn deine Natürlichkeit, die sehe ich
So will und brauche ich dich

Und wenn ich von Zärtlichkeit singe
so sing ich nur für dich ...

Du bist nicht sehr vornehm, auch fein bist du nicht
Doch darauf pfiff ich von je
Denn dir steht dein Witz und Humor im Gesicht
Etwas, was ich gerne seh

Und wenn ich von ...

Und klingen die Wörter auch oft nicht gewählt
Es sagt mir viel, was du sagst
Erotische Deutlichkeit hat nie gefehlt
Wenn du sagst, dass du mich magst

Und wenn ich von Zärtlichkeit singe
So sing ich nur für dich
Ein Ständchen voll Zuneigung bringe
Ich tu es nur für dich
Und spür ich beim Singen ein Glücksgefühl
Ich tu es nur für dich
Und wenn mich die Welt schon nicht hören will
So sing ich nur für dich

Regine hatte eine unglaubliche Kodderschnauze und ging mit manchen Leuten fahrlässig rücksichtslos um, es kam auf den Alkoholpegel an. Auch mit Kraftausdrücken ging sie leichtfertig um und benutzte sie viel zu oft. Es waren meist Wörter, die ich nicht benutzen würde. Für mich gibt es eine Inflation der Kraftausdrücke; wenn sie endlich mal treffen sollen, sind sie schon so oft benutzt, dass sie ihre Kraft längst verloren haben.

Den häufigen Besuch hatten wir wohl nicht nur wegen der wohlfeilen Getränke, sondern auch, weil bei uns so viel gelacht wurde. Selten fiel mir bei skurrilen Situationen kein passender Gag ein. Die waren oft ironisch bis sarkastisch. Aber auch Regine war darin gar nicht schlecht, und wenn man gemeinsam lachen kann, hält das mehr zusammen als so manche anderen Dinge.

Im Frühjahr ’75 kam mir die Idee, ein Loblied auf unseren Fresenhof zu schreiben, denn ich fühlte mich sehr wohl in unserem Reetdachhaus, das schon seit Jahrhunderten Fresenhof heißt.

Beim Arbeiten im Garten fiel mir eine Melodie ein, die für mich so gängig war, dass ich sie Regine vorsang, der sie sehr gut gefiel.

Da es damals so war, dass eine Platte erst ein halbes Jahr nach Aufnahme erschien, schrieb man also im Frühjahr die Lieder für den Herbst und nahm im Juli die Weihnachtslieder auf.

Den ganzen Text für den „Fresenhof“ hatte ich schon geschrieben, nur die letzten Zeilen fehlten mir. Die allerletzte Zeile, „Denn ward dat Harfst op uns Fresenhof“, stand natürlich fest. Ich zerbrach mir den Kopf, wie ich ein Reimwort auf „Harfst“ finden sollte. So sehr ich mir den Kopf zerbrach, mir fiel nichts Passendes ein.

Es war Himmelfahrt, und vor unserem Haus hatten sich junge Leute in den Graben gesetzt, grillten Würstchen und tranken Bier und Schnaps.

Die den Vatertag am meisten feiern, sind ja in den seltensten Fällen auch Väter.

Sie riefen auf Plattdeutsch, dass ich herauskommen solle und mit ihnen feiern, worauf ich immer wieder bestellen ließ, dass ich zu arbeiten habe. Außerdem habe ich den Vatertag noch nie gefeiert. Da fiel mir auf, dass die jungen Herren ja Plattdeutsche waren, schon war ich draußen und sagte ihnen (natürlich auf Platt), dass ich sofort mit ihnen feiern würde, wenn sie mir die fehlenden letzten plattdeutschen Zeilen liefern würden.

Ich sagte: „Es hört auf: Un Water steiht inne Grov, denn ward dat Harfst op uns Fresenhof.“ Die Stimmung sank und Rauch bildete sich über den Köpfen. Da bekam einer einen Geistesblitz und sagte: „Davor passt nur: Wenn de Blät sik all brun farvt.“ „Das ist ein schlechtes Reimwort“, sagte ich, „aber mir fällt kein besseres ein“, und ich nahm es.

Dem Erfolg dieses Liedes hat es keinen Abbruch getan, denn es ist wohl das bekannteste neuere plattdeutsche Lied. Es wurde Erkennungsmelodie für manche Rundfunksendungen, und das sogar in Dänemark, obwohl die Dänen doch kein Wort verstehen. Viele Leute halten es inzwischen für ein Volkslied und manche „Autoren“ erbitten sich von mir das Recht, einen hochdeutschen Text darauf zu schreiben, was ich grundsätzlich ablehne. Es ist eben ein plattdeutsches Lied.

Auch eine neuere norddeutsche Gruppe hat sich an diesem Lied versucht. Wenn man aber auf der CD unter dem Titel *Fresenhof* in Klammern „Trad“, also Volkslied, findet, will man Abgaben an die GEMA vermeiden und seinem Publikum den Autor unterschlagen.

Das verletzt mich. Sogar sehr. Ich erhob sofort Einspruch, und nachdem mir die Firma versprach, das bei der nächsten Pressung sofort zu ändern, ließ ich die Sache auf sich beruhen, obwohl Fehler in der Melodie, in den Harmonien und im Text vorhanden sind.

Fresenhof

Wenn de Wind dör de Bööm weiht
Un Gras nich mehr wassen deiht
Un geel al ward
Denn kummt bald de Tied

Wenn de Storm över t Feld geiht
Wo lang al keen Korn mehr steiht

Un Mehl al ward
Denn is bald sowiet

Dat de Dag kötter ward un de Nach de duert lang
Un de Kinner vun Naber, de warrn in Düüstern bang

Wenn de Reg'n vun t Reitdack drüppt
Mien Söhn buten gauer löppt
Sunst ward he natt
Denn schnurrt binn de Katt

Wenn de Wind dreiht, vun Nord weiht
Un Reg'n geg'n de Finster neiht
De Schieb'n dalrennt
Denn föhl ik mi wohl

Wenn dat Füür in Kamin brennt
Un jedeen di bi n Vörnaam nennt
Weil he di kennt
Denn is uns Huus vull

Denn de Nabers sünd disse Tied uk ne geern alleen
Un bi Teepunsch an't Füür ward dat Wedder wedder schön

Wenn de Bläd sik al bruun farvt
Un Water steiht in de Groov
Denn ward dat Harvst
Op uns Fresenhof

Auf einer Zugfahrt von Hamburg nach Husum las ich die *Hamburger Morgenpost*. Auf der ersten Seite war das Bild von einem nackten Mädchen in einem Hühnerverschlag, dazu ein Artikel, in dem stand, dass der Eiderstedter Künstler Hein Hoop seine Freundin nackt in diesen „Höhnerhock" eingesperrt habe, um zu testen, wie lange der Mensch ohne Schutz der rauen Umwelt widerstehen könne.

Diese Verlade gefiel mir. Zu Hause angekommen, erzählte ich Regine davon und meinte, dass wir diesen Menschen unbedingt kennenlernen müssten. Das taten wir auch bald darauf und dieser „verrückte Hund“ gefiel uns sehr gut und wir wurden sogar enge Freunde.

Je mehr ihm mit der Zeit bewusst wurde, wie bekannt und „erfolgreich“ ich war, desto größer wurde wiederum sein Abstand zu uns. Heute kann ich mir das nur mit Neid erklären. Er war Maler, Bildhauer und Happeningkünstler, hatte aber auch ein paar kleine Gedichte geschrieben, von denen er wollte, dass ich sie vertone. Ich aber versuchte ihm klarzumachen, dass man nur Gedichte vertonen könne, die in jeder Strophe dem gleichen Rhythmus folgten, und ich außerdem auf saubere Reime Wert lege.

Er begriff schnell und lieferte mir nach kurzer Zeit solche Werke ab. Zuerst waren nur manche gut, aber sie wurden immer besser, sodass ich sie vertonte und manche mit Fiede Kay, Volker Lechtenbrink, Johanna Holländer, der Gruppe *Labskaus*, Heidi Mahler und Jürgen Pooch, Erich Virch und meiner Schwester Sigrun aufnahm. Als ich die ersten Texte von ihm mit Fiede aufnahm, wollte er eine Woche später die Platte sehen. Es dauerte Stunden, ihm klarzumachen, dass so etwas bei einer Schallplattenfirma mindestens ein halbes Jahr dauert, ehe die Platte herauskommen kann.

Er schrieb in Hochdeutsch und Platt und seine Texte waren voll von ironischem Witz. Nie habe ich einen Schriftsteller gefunden, der besser in Plattdeutsch schrieb als er, auch Klaus Groth und Fritz Reuter nicht. Meine Frau, er und ich spielten oft in unserer Küche Skat, und dabei wurde auch reichlich getrunken. Hein konnte unheimlich viel vertragen. Er schlief dann auch bei uns. Als ich mich eines Vormittags nach solch einer Nacht in die Küche schleppte, saß er schon am Küchentisch und schrieb. Ich hätte überlegen müssen, wie ich überhaupt heiße, er aber hatte schon zwei Gedichte geschrieben, und die waren richtig gut.

In seinem Kopf lief aber doch etwas sehr schräg, er nahm sich als Künstler Dinge heraus, die er anderen nicht im Geringsten zugestand. Als ich einmal auf der Couch tief in Schlaf versunken war, wollte er sich mit Regine sexuell vergnügen. Auf ihr Abweisen hin sülzte er sie mit Sprüchen von freier Liebe und uneingeschränktem Künstlertum voll. Er wurde nichts bei ihr. Ich aber war leicht angestoßen, als sie mir das erzählte, mochte ihm gegenüber aber nicht zeigen, was für ein spießbürgerlicher Sack ich war.

Hein hatte durch mich natürlich auch Hannes Wader kennengelernt, ich hatte ja mehrere Künstler in unsere Gegend gezogen. Eines Tages wollte er kein Wort mehr mit Hannes reden; auf die Frage hin, warum, sagte er, seine Freundin sei mit Hannes ins Bett gegangen, und das ginge ja nun wirklich nicht.

Als ich Hannes danach fragte, wies er das brüsk von sich: „Knut, das glaubst du doch wirklich nicht." Das tat ich dann auch nicht, denn Heins Freundin (die Käsekuchenbäckerin) war geistig so daneben, dass man sich das auch nicht vorstellen konnte.

Eines Tages kam Hein zu mir und unterbreitete mir eine tolle Idee, er wollte in seinem Häuschen am Eiderdeich das Kabarett der dreizehn Stühle aufmachen. Ich sagte ihm: „Vor dreizehn Leuten, okay, ich komme dann auch zu dir und trage ein paar Lieder bei."

Ein paar Tage später stand er vor mir und erzählte mir, dass er seine tolle Idee jetzt schon ans Fernsehen verkauft habe, und ich müsse natürlich, wie versprochen, ein paar Lieder singen. „Nicht umsonst, Hein. Ich mache mir beim Fernsehen meine Gagen kaputt, wenn ich dort umsonst singe." „Das hast du mir aber versprochen!" „Dir ja, Hein, aber nicht dem Fernsehen." Er verließ wütend mein Haus und redete von da an auch nicht mehr mit mir.

Hein war ein Gegner von „altmodischen" romantischen Texten. Als er dann die Texte des schwedisch-deutschen Schriftstellers und Sängers Carl Michael Bellman las, wehte sein künstlerischer Wind aus einer ganz anderen Richtung. Er als geborener Däne hatte es sprachlich ja nicht weit zum Schwedischen, und so erschien er eines Tages bei mir, plötzlich redete er wieder mit mir, mit gedruckten und gebundenen, von ihm ins Deutsche übersetzten Bellman-Liedern. „Die musst du unbedingt singen", sagte er. „Tue ich nicht." „Warum nicht?" „Weil ich nur eigene Texte singe."

Schon lange sang ich nur noch eigene Texte, schon aus Prinzip, denn jeden Tag kamen Texte von Stümpern bei mir an, manche aber auch gar nicht schlecht. Die Verfasser wollten, dass ich ihre Werke sänge, ich aber berief mich immer auf mein Prinzip.

Jetzt bearbeitete mich Hein, dass ich diese Lieder doch mit Fiede aufnehmen solle, die Idee fand ich gar nicht schlecht.

Fiedes und meiner Schallplattengesellschaft schlug ich diese Idee vor – ohne Widerhall.

Mein Freund beim Saarländischen Rundfunk, Hans Bernhard Theopold (HB), war dort der Unterhaltungschef. Ich fragte ihn, ob er eine Fernsehsendung darüber machen wolle, wenn ich die Musik dazu produziere. Er wollte.

Nun zurück zur Polydor: „Wenn der SR einen Film macht, Fiede Kay singt Carl Michael Bellman, bringt ihr das dann als LP heraus?" Ja, dann wollten sie auf einmal.

Wir machten die LP, die Polydor bekam das Band und der Saarländische Rundfunk ebenso. HB machte sich seine Gedanken und machte einen der schönsten Musikfilme, die ich je sah. Er war angestellt bei einem sehr kleinen Sender und hatte natürlich wenig Geld; ich versprach ihm in die Hand, alle Mitwirkenden und Statisten für zwanzigtausend Mark zu engagieren. Das Geld für Fiede, Hein und mich, die Miete für die Aufnahmeplätze, die Gage für die Band (die nicht einmal spielend zu sehen war) war mit darin.

Wie immer hatte ich in friesischer Art die Verträge per Handschlag gemacht.

Als der Film fertig war, kam Hein zu mir und drohte, an den SR eine einstweilige Verfügung zu schicken, wenn der ihm nicht noch außerdem viertausend Mark bezahle, er habe schließlich die ganzen Texte gemacht. Dass er das machen müsse, hätte ihm ein leidlich bekannter Sprecher vom NDR erzählt.

Das Bellman-Buch mit Heins Texten kam mir, als ich es bei mir zum ersten Mal in der Hand hatte, komisch vor, es war seltsam gebunden, hinter dem Umschlag fingen sofort die Texte an, da fehlt doch eine weiße Seite, dachte ich, aber mir sonst nichts dabei. Als ich dann später bei Hein war, stand eine Reihe dieser Bücher in seinem Regal, ich nahm mir eines raus und auf der bei mir fehlenden Seite stand „Hein Hoop für Hannes Wader."

„Hein", sagte ich „was hat dieser Sack vom NDR dir da schon wieder für einen Stuss eingeredet? Erstens bist du GEMA-Mitglied und die GEMA vertritt dich gegenüber den Sendern und Plattenfirmen, und zweitens hast du die Texte gar nicht für den SR gemacht, sondern für Hannes Wader, der sie dir aber nicht abnahm." Er versprach mir, das Geld vom SR dann aber auch nicht zu verlangen. Der Klugscheißer vom NDR aber brachte ihn so weit, so erzählte mir Hein später, das Geld doch vom SR zu verlangen, und der Sender zahlte es sogar. Nur ich konnte mich dort nie wieder sehen lassen.

Außerdem glaube ich, dass Hein bei der GEMA rausgeschmissen worden wäre, wenn ich diese Geschichte dort gemeldet hätte.

Viel früher hatte ich mal ein Lied für Fiede Kay geschrieben, zu dem mich Fiedes Frau (ich glaube die zweite), die ich sehr mochte, inspiriert hatte. In der Zeit, in der ich mit ihm zusammenarbeitete (fünfundzwanzig Jahre), war er mit drei Frauen verheiratet, mit dreien verlobt und lebte mit mindestens dreien in eheähnlichem Zustand. Ich kam schon ziemlich früh zu ihm und fand auf dem Kopfkissen neben ihm einen Zettel von ihr – sie musste viel früher raus –, auf dem sie ihm einen guten Morgen wünschte und „ich liebe dich" schrieb. Das berührte mich sehr, denn ich bin ein sentimentaler Hund. Und so schrieb ich dieses Lied für Fiede:

Lass mich morgens nicht allein erwachen
Ich brauche deine Wärme neben mir
Und weil mich leere Kissen traurig machen

Erhoffe ich ein wenig Mitgefühl von dir
Vertreibe mir die Geister dunkler Stunden
Bleib bei mir, bis der Morgen die Macht der Nacht zerbricht
Du hast dich meinen Armen viel zu oft entwunden
Und kalte Betten mag ich nicht

Ich bin nun mal ein Mann
Der dunkle Stunden schwer erträgt
Und fängt der Abend an
Spür ich, dass sich was in mir regt
Dann brauch ich dich noch mehr
Als je zuvor, das glaube mir
Gedanken werden schwer
Und kalte, dunkle Geister stehen vor der Tür

Die Nacht wird viel zu lang
Wenn ich sie ganz allein durchsteh
Ich handle wie im Zwang
Wenn ich dir sag, du tust mir weh
Wenn du schon von mir gehst
Bevor ich eingeschlafen bin
Und mich alleine lässt
Mit Einsamkeit und Trübsinn tief dort in mir drin

Als dieses Lied auf Schallplatte herausgekommen war, erschien mal wieder Hein bei mir.

Er hörte sich das Lied still an. Plötzlich brach es aus ihm heraus: „So ein Stuss, wie kann man so etwas Frauenfeindliches schreiben? Als ob die Frau nur das Heizkissen des Mannes wäre!“

Ich aber fand das Lied schön und viel zu schade für Fiede, also nahm ich es zwei Jahre später selbst auch noch mal auf. Da kam Hein wieder zu Besuch und fragte nach meinem neuesten Album, er wolle es doch mal hören. Bei diesem Lied schaute er mich verträumt an und sagte: „So ein schönes Kompliment einer Frau gegenüber habe ich ja noch nie gehört.“

Jaja, die Menschen und ihr Hirn.

Hein kam mit einem Text zu mir, der *Erst drüben die Dame, dann du* hieß. Es geht darum, dass der Protagonist in einer Bratwurstbude solch einen Gourmetschmaus bestellen will, aber die Bedienung zu ihm sagt: „Erst drüben die Dame, dann du.“ Als die Bedienung dann den Bratwurstliebhaber aufreißen will und die Zeit ihres Dienstschlusses nennt, antwortet dieser: „Erst drüben die Dame, dann du.“

Ich machte dazu die Melodie.

Eine NDR-Sprecherin namens Brigitte Rohkohl spielte dieses Lied und erzählte den Leuten, dass der Text von mir sei, und dass man daran genau sehen könne, wie frauenfeindlich ich eingestellt sei.

Hein schrieb ihr einen Brief, in dem er sie darauf aufmerksam machte, dass der Text von ihm sei, was jemand, der Ahnung von Schallplatten habe, sehen könne, denn unter dem Titel stehe zuerst der Komponist und dann der Texter. Er sei also der Frauenfeind. Was er in Wirklichkeit nun gar nicht war, denn er ließ nichts anbrennen.

Frau Rohkohl überging das einfach, Fehler zuzugeben fällt ja nicht leicht.

Mir ist im Übrigen oft passiert, dass ich in der Öffentlichkeit für Dinge runtergemacht wurde, die gar nicht von mir waren. Wie viele frauenfeindliche Melodien ich wohl geschrieben habe, ich weiß es bis heute nicht.

Hein Hoop hatte plötzlich die Idee, dass er aus dem ehemaligen Stall bei seinem Haus einen Ausstellungs- und Konzertraum machen müsse. Er bat mich darum, weil ich doch bessere Beziehungen hätte, ihm einen Flügel zu besorgen. Da ich ja Gefallen nicht abschlagen kann, versprach ich es ihm. In Dänemark fand ich einen neunzigjährigen Schmuckflügel, der nicht sonderlich groß war, gut in Heins Raum passte und auch nicht zu teuer war. Ich kaufte den Flügel und rief bei Hein an, um ihn direkt zu ihm bringen zu lassen. Er muss aber länger unterwegs gewesen sein, also wurde mir der Flügel auf den Fresenhof geliefert.

Als Hein dann wieder da war, zeigte ich ihm sein Schmuckstück. Er wollte aber plötzlich nichts mehr davon wissen. Heute noch steht der Flügel bei mir zu Hause, obwohl ich doch gar nicht Klavier spielen kann.

Hein war überhaupt ein strenger Geselle. Als mein damaliger Vibraphonist Gerd Rathje sich mit ihm verabredet hatte, um bei ihm einen gemütlichen Abend zu verleben, nahmen beide ein paar Schlückchen zu sich und kamen so in der Beurteilung eines Malers zu verschiedenen Ansichten. Daraufhin schmiss der Herr Hoop den Herrn Rathje, obwohl er ihn vorher zum Übernachten bei sich eingeladen hatte, aus dem Haus, so betrunken wie er war. Gerd Rathje kam dann bei uns angefahren und bat um Asyl.

Hein wurde nicht einmal sechzig Jahre alt. Nach seinem Tod bekam er noch einen bedeutenden Literaturpreis.

Nach Konzerten kann meist das Publikum nicht aufhören, zu klatschen und „Zugabe“ zu rufen. Mir könnte so etwas nicht passieren, selbst wenn mir die Musik noch so gut gefiele. Nach zwei Stunden ist mein Kopf voll der gehörten Musik, und es passt einfach kein Ton mehr hinein. Das sieht das normale Publikum ganz anders. Ich habe mir mein Leben lang darüber Gedanken gemacht, warum das so ist. Der einzige Schluss, zu dem ich kam, ist: Nach dem angesagten letzten Stück sind die Zugaben ja umsonst.

Als ich mit der Liederband ein Konzert im Kieler Schloss hatte, verabredeten meine Musiker und ich, da wir es ja alle nicht weit nach Hause hatten, einmal auszuprobieren, wie lange das Publikum die Zugaben verlangen würde. Es waren über anderthalb Stunden. Glücklicherweise hatten wir ein so großes Programm.

Vom Hamburger Polizeiboxverein kam die Anfrage, ob ich nicht bei einer Boxveranstaltung in Buchholz in der Nordheide einen Kampf gegen den Ex-Schwergewichtseuropameister Jürgen Blin machen könne, nur so, ohne Geld. Jürgen und ich sollten schließlich nur Zuschauer ziehen. Ich kenne Jürgen gut, hatte schon oft Sparring mit ihm gemacht und sagte zu.

Inzwischen war Jürgen aber krank geworden und sagte wieder ab. Das versuchte ich auch, denn ich hatte mich inzwischen furchtbar erkältet.

„Herr Kiesewetter, das geht aber nicht. Sie boxen dann eben gegen den leichteren Herbert Stettin. Und der tut Ihnen ja nichts. Max Schmeling ist doch auch im Publikum, und da dürfen Sie doch nicht fehlen."

Herbert Stettin ist einer, den man unter den Boxern einen „Stinker" nennt. Er steht falschrum, hat eine schnelle Reaktion und sein Kopf ist schon kilometerweit weg, wenn man danach schlägt.

Ich hatte mich mal wieder überreden lassen. Vor den Kämpfen wird man von einem Arzt unter die Lupe genommen, damit im Ring auch ja keiner krank ist. Das ist schließlich gefährlich. Als ich vor dem Arzt stand, lief mir wegen der Erkältung der Schweiß in Strömen den Körper runter. Der Arzt klopfte mir wohlwollend auf die Schulter und sagte: „Alles in Ordnung."

Nun kam der Kampf, ich lief wie Falschgeld durch den Ring und Herbert vor mir weg, eine peinliche Veranstaltung.

Ein paar Jahre später traf ich Schmeling bei der Berliner Funkausstellung und stellte mich artig mit einem Diener vor.

Schmeling sagte nuschelnd: „Aber Herr Kiesewetter, wir kennen uns doch", und zählte mir alle Begebenheiten, bei denen wir uns getroffen hatten, auf. Ich war baff. „Und zuletzt habe ich doch noch Ihren Kampf in Buchholz gesehen." „Um Gottes willen! Da war ich aber sauschlecht." „Nein, ganz hervorragend, ganz hervorragend", sagte er. So höflich war der Mann.

Inzwischen hatte ich Volker Lechtenbrink kennengelernt und mir eingebildet, er könne singen. Er war ein großer Fan von Kris Kristofferson und redete mir ein, mit ihm zusammen dessen Lieder zu übersetzen. Die Leute von der Polydor, denen ich davon erzählte, gaben mir den Auftrag, vier Titel als Probeaufnahmen zu produzieren. Im Studio merkte ich entsetzt, dass der Herr Lechtenbrink kein Sänger war, und hielt die ganze Sache damit für gestorben. Die Polydor-Jungs aber waren begeistert, und so erschien ein ganzes Album, für das ich hauptsächlich die Texte schrieb, besser, ich diktierte und er schrieb auf. Alle Übersetzungen ließ ich ihn mitzeichnen, denn ich glaubte, bei Übersetzungen gibt es sowieso nicht viele Tantiemen. Das stellte sich aber als Irrtum heraus, weil die Platte sehr gut lief. Aber verlorenes Geld hat mir ja noch nie viel ausgemacht.

Nur als ich bei der Polydor eine meiner Textzeilen groß auf einem Poster an der Wand hängen sah, mit der Autorenangabe Volker Lechtenbrink, hat mich das mehr geärgert als das verlorene Geld.

Im Übrigen ist Volker ein Schnelllerner, ich habe nie wieder einen Text mit ihm zusammen geschrieben, und die Texte, die er alleine machte, waren bald noch erfolgreicher, weil kommerzieller.

Den folgenden Text habe ich für ihn alleine geschrieben. Die Nummern, die mir selbst sehr gut gefielen, nahm ich dann noch mal mit anderen Interpreten auf, zum Beispiel diesen mit Fiede Kay, und viel später habe ich ihn selbst noch mal gesungen. Das ist kein Covern. Covern sagt man, wenn etwas haargenau so nachgemacht wird. Hier sind es aber vollkommen andere Arrangements und andere Interpretationen:

Wolken hängen tief wie immer
Und von Westen weht der Wind wie eh und je
Und schau ich aus meinem Zimmer
Weiß ich, dass ich draußen Kinder spielen seh
Alles scheint noch so zu sein, wie es war, als ich vor Jahren von hier ging
Und ich ging, obwohl ich glaubte, dass ich an diesem Fleckchen Erde hing

Geh ich heute durch die Gassen
Merke ich, dass mich hier niemand mehr erkennt
Und ich kann es gar nicht fassen

Dass mich keiner ruft und meinen Namen nennt
Und ich fühle mich allein, geh dorthin, wo ich als Kind so oft gespielt
Und die Kindheit mir erlaubte, vom Glück zu träumen, das ich nie gefühlt

Heut bin ich fremd hier
Verzweifelt suche ich den Reiz, den diese Stadt noch hat
Heut scheint sie fremd mir
Ein Fremder in der eignen Heimatstadt

Endlich sehe ich sie heute
Sie ist dick geworden und schon sehr verblüht
Von dem Kind an ihrer Seite
Glaube ich, dass es mir etwas ähnlich sieht
Ich seh ihren trüben Blick, der durch mich hindurchgeht, wie durch kaltes Glas
Und sie kann mich nicht erkennen, weil sie vergessen wollte und vergaß

Und ich greif noch mal zur Flasche
Trink aus ihr den letzten Rest und werf sie fort
Und ich packe meine Tasche
Denn nichts hält mich mehr an diesem fremden Ort
Ich schau nicht noch mal zurück und bezahl das Zimmer mit dem letzten Geld
Man braucht sie mir nicht zu nennen, die Straße, wo der Bus nach draußen hält.

Als ich einmal in der Taxe saß, um zu Volker zu fahren, ging mir auf einmal eine Melodie durch den Kopf, die mir gut gefiel. Doch ich weiß, wenn ich mit irgendjemandem ein Gespräch anfange, ist die Melodie weg und kommt nie wieder.

Während ich den Taxifahrer wortlos bezahlte, sang ich die Melodie immer laut vor mich hin. Ich klingelte bei Volker, sagte nicht guten Tag, sondern nur: „Wo ist dein Telefon?" Er guckte verständnislos, aber zeigte auf sein Telefon. Nun rief ich bei mir zu Hause an, und sagte Regine, sie solle sofort den Anrufbeantworter anstellen. So rettete ich die Nummer, die, wie mir oft geschrieben wurde, das Lieblingsstück vieler Leute ist.

Winter, heut hab ich dich tanzen geseh'n
Ans Fensterglas locken mich tanzende Flocken
Wirbeln so schwungvoll und tanzen so schön
Deine Flocken, als würden sie nie mehr vergeh'n

Es wirkt, als sei'n Geest und der Marsch weite Fennen
Mit schlohweißen Tüchern bedeckt
Schon scheint es, als wenn sie zu schlafen begännen
Und würden nie wieder geweckt
Das hat mich oft an dir erschreckt

Winter, heut hab ich dich tanzen geseh'n
...

Du hast unter Watte den Wald fast begraben
Belädst jeden Ast damit schwer
Dein Wind scheint sehr oft scharfe Klingen zu haben
Auch trägt er die Vögel nicht mehr
Das störte mich oft an dir sehr

Winter, heut hab ich dich tanzen geseh'n
...

Du bringst Zeit zum Atmen, du bringst mir die Stille
Ich sitze und lese ein Buch
Ich schaue hinaus übers Glas meiner Brille
Dein friedbringendes, weißes Tuch
Ist um dich zu lieben genug

Winter, heut hab ich dich tanzen geseh'n
...

Volker Lechtenbrink hatte schon, so lange ich ihn kannte, eine Zuneigung zum Alkohol, ein typischer Künstler. Einzelne Geschichten darüber zu erzählen, ginge jetzt zu weit, aber es waren schon sehr komische Storys dabei.

Wie bei Fiede Kay habe ich auch meine Texte Volker auf den Leib geschrieben, wie zum Beispiel *Korn und Bier*:

Rundherum
um und dumm
Geht es mir im Kopf
Eigentlich
Fühl ich mich
Wie ein armer Tropf
Gestern noch
Hatt ich doch
Einen Riesenspaß
Heute früh
Spür ich wie
Ich jedes Maß vergaß

Korn und Bier
Bleibt von mir

Korn und Bier, glaube mir
Geben sich als Freunde dir
Nur so lange, wie sie bei dir sind
Sind sie dann am Morgen fort
Fehlt im Kopf dir manches Wort
Und du fühlst den Schmerz, der jetzt beginnt

Korn und Bier
Bleibt von mir

Nur ein Glas
So zum Spaß
Auch das lass ich sein
Denn ich fall dieses Mal
Nicht mehr auf euch rein

Jeder Korn
Ist ein Dorn
der ins Fleisch dir sticht
und das Bier
glaube mir
schmeckt der Leber nicht
Spiritus, mit dir ist Schluss
Was soll schon sein
Ab morgen trink ich eben Wein

Unser zweiter Bernhardiner Schorschi war, wie schon erwähnt, ein besonders cleveres und liebes Tier.

Eines Morgens hörte ich Regines laute Stimme: „Knut, du hast doch keinen Ziegenbock gekauft, oder?“ Siedend heiß fiel mir ein, dass ich am Abend zuvor tatsächlich in Fiedes Kneipe einen Ziegenbock gekauft hatte. Das habe ich nie bereut, und dass Ziegen so clevere Jungs sind, habe ich nie gewusst.

Der Bock war kohlrabenschwarz und hieß folgerichtig Othello. Nach der ersten Nacht in unserem Stall, als Regine unseren Jungen zum Schulbus, der vor der Tür hielt, gebracht hatte, ließ sie Othello raus und wollte ihn anpflocken. Der entwischte ihr aber und rannte die Feldwege runter, und meine Gattin keuchend im Nachthemd hinterher, bis sie keine Lust mehr hatte und ihm nachrief: „Du kannst mich mal!“ Sie drehte sich um und ging langsam zurück auf unseren Hof. Da hatte der Shakespeare-Protagonist sie längst wieder überholt und war schon in seinem Stall verschwunden.

Zuerst musste unser Bernhardiner unter ihm leiden, weil Othello ihm immer seine Hörner in den Hintern rammte. Schorschi war davon so verängstigt, dass er durchs offene Fenster ins Haus kroch. Der Bock sprang einfach hinterher.

Innerhalb kurzer Zeit waren die beiden aber gute Freunde. Und wenn Schorschi seinen Spaziergang durch die Feldmark machte, war Othello immer dabei.

Es klingelte das Telefon. Jeder kannte ja unsere Geheimnummer, ein Bauer drohte mir: „Wenn ich Ihre beiden

Hunde noch einmal beim Wildern erwische, schieße ich sie tot!“ Ich fragte: „Ist der eine braun-weiß und der andere schwarz?“ „Na klar!“, sagte der Bauer, „es sind ja Ihre Hunde.“ „Hat der schwarze keine Hörner?“, fragte ich. Er: „Wieso Hörner?“ „Weil Ziegenböcke Hörner haben. Sie sind schon ein toller Landmann. Oder ein fideler Landmann?“ Er legte auf.

Leider ertrank Othello eines Tages in unserem Brunnen.

Wenn Hunde anfangen, in höchsten Tönen zu singen, und zwar ja nur, wenn sie selbst hohe Töne hören, ist die allgemeine Meinung, dass sie weinten, weil diese hohen Töne ihnen wehtäten. Ich habe herausbekommen, dass das überhaupt nicht stimmt. Wenn ich auf der Blockflöte spielte, kam Schorschi hurtig angelaufen, setzte sich vor mich hin und „sang“ mit.

Am Sonnabend, mittags um zwölf, beim Probeheulen der Sirene, reckte der Hund seinen Kopf nach oben, zog die Lefzen ein, dass er aussah wie eine zahnlose Oma, und sang zum Steinerweichen mit. Wenn ich ihn eine halbe Stunde später fragte: „Schorschi, wie machte denn die Sirene?“, fing er sofort wieder an zu singen. Das konnte man bis nachmittags um fünf mit ihm machen; ab dann war er des Spieles überdrüssig.

Wenn wir am Sonnabend eine Mucke nicht so weit entfernt hatten, kam unser Multiinstrumentalist Ulli Kliem meist nachmittags um drei, um mich abzuholen.

Dann funktionierte Schorschis Sangesfreude noch und ich konnte Ulli das Schaustück vorführen, was ihn richtig begeisterte.

Leute behaupten außerdem, dass Hunde einzelne Musikstücke nicht unterscheiden könnten. Weit gefehlt. Schorschi hatte ein Lieblingsstück von mir. Wenn jemand meine LP *Das Nordlicht,* und zwar die richtige Seite, auflegte, stand er schon ganz nervös da und hüpfte etwas mit den Vorderpfoten. Je näher dieses Stück nun rückte, es war das vorletzte auf der Seite, desto nervöser wurde er. Er erkannte also die einzelnen Stücke und deren Reihenfolge.

Wenn dann sein Lieblingsstück, *Das alte Haus,* erreicht war, sprang er richtig hoch und sang wieder laut mit.

Da so große Hunde wie Schorschi höchstens zehn Jahre alt werden, schlug ich vor, uns als nächsten Hund einen Neufundländer zu kaufen, und zwar schon, bevor unser Schorschi gestorben sei, damit wir nicht wieder mit so einem kleinen, pinkelnden Welpen anfangen müssten.

Unsere übernächsten Nachbarn hatten einen ganz besonders niedlichen Enkelsohn, der sehr verhätschelt wurde.

Mit unseren beiden Hunden ging ich spazieren und an deren Hof vorbei. Das Enkelkind stand vor dem Graben am Feldweg vor deren Haus.

Der Neufundländer war zwar erst vier Monate alt, aber schon ein kräftiger Brocken. Er stürzte vor Freude wedelnd auf den kleinen Bengel zu und landete mit ihm im Graben. Nun geht's aber los, dachte ich. Nun müsste das Geschrei der Eltern und Großeltern folgen und ich sei mal wieder der Trottel der Gemeinde. Nichts aber passierte, man hatte es gar nicht registriert. Der Junge kroch aus dem Graben, sah mich freundlich an und sagte: „Das ist aber ein Wilder."

Ein Kneipenwirt in Hamburg hatte schon in den 60er-Jahren ein Lokal aufgemacht, das *Central Club* hieß. Er hieß Wolfgang Struck. Er war ein total schräger Vogel, aber Lokale konnte er bauen, eins schöner als das andere. Ich saß häufig bei ihm und traf dort auch oft den alten Stolper Rudi Oettinger.

Eines Tages bat er mich, mit ihm in ein Lokal außerhalb von Hamburg zu fahren, wir seien dort zu den Getränken eingeladen und der Wirt sei so nett, und ich könne doch auch meine Gitarre mitnehmen. Dort angekommen, war das Lokal und der kleine Saal gerammelt voll. Das Publikum erwartete mich und hatte Eintritt gezahlt.

Immer habe ich Angst davor, solche Leute dann zu sehr zu enttäuschen, also zog ich für die Leute eine einstündige Show ab.

Eines Tages kam Wolfgang Struck auf die Idee, in Segeberg ein Lokal aufzumachen, ich solle ihm nur zwanzigtausend Mark geben. Er würde das Lokal zurechtbauen, ich brauchte mich um nichts zu kümmern und bekäme fünfzig Prozent des Gewinns.

„Hört sich doch gut an", dachte ich, er bekam sein Geld und das Lokal wurde toll. Zur Eröffnung spielten bekannte Jazzer und es waren wirklich prominente Menschen von mir eingeladen, die auch erschienen: Uwe Seeler, Boxeuropameister Jürgen Blin, Rudolf Augstein, Jochen Steffen, Werner Kock, der Bürgermeister von Lübeck, der Schleswig-Holsteinische FDP-Vorsitzende und viele andere Prominente, deren Namen ich heute nicht mehr weiß. Auch das Fernsehen war erschienen, um von dem Ereignis zu berichten.

Das versprochene kalte Buffet hatte Wolfgang Struck nicht beschafft, aber Regine war in diesen Sachen ja groß. Sie bereitete das komplette Buffet innerhalb eines Tages zu.

Am nächsten Tag, zur Eröffnung für das allgemeine Publikum, war das Lokal nicht nur total überfüllt, sondern es standen auch noch Menschenmassen vor der Tür, die hineindrängten. Da schnappte Wolfgang Struck über und verwies lautstark alle Leute, die keinen Platz hatten, des Lokals.

Das kann man in einer Kleinstadt nicht machen. Ab jetzt wurde von den Segebergern der *Central Club* gemieden, und ich sah mit Entsetzen mein Geld den Bach hinunterfließen. Nun fragte ich Struck, wie das Lokal denn liefe. Er sagte: „Na, ganz toll! Wir werden beide Millionäre", worauf ich meinte, er solle doch lieber alleine Doppelmillionär werden, und er könne meine zwanzigtausend Mark behalten. Endlich war ich einmal weise. Die Segeberger liebten das Lokal so sehr, dass mindestens dreimal darauf Brandanschläge verübt wurden. Der Laden ging pleite.

Da ich ja nun bei Husum wohnte, machte Struck noch zwei, drei Lokale bei Husum auf. Aber auch die verschwanden wegen seines besonderen Gespürs fürs Publikum wieder.

Nun meldete sich bei mir die Steuerprüfung an. Ich empfing den „Steuermann“ mit einem freundlichen Lächeln und einem total reinen Gewissen. Der aber fragte, wo ich das Geld für den Auftritt bei Hamburg angegeben habe. Ich behauptete stocksteif, dass ich so einen Auftritt nie gehabt hätte. Das sah der Mann nicht ein, und nannte mir auch noch die Gage, die ich bekommen hätte. Mir schwante nichts.

Jetzt kam er mir mit dem Lokal in Segeberg. Dass ich die zwanzigtausend Mark dem Struck geschenkt hätte, wollte er überhaupt nicht glauben, hätte ich ja auch nicht. Aber bei dem Namen „Struck“ fiel mir diese Sonntagsabendfahrt in die Nähe von Hamburg ein, und ich sagte dem Beamten, dass Struck statt meiner die Gage kassiert haben müsse. Ich stieß auf Ablehnung. Auf einmal kam mir eine Idee. „Moment“, sagte ich, „den Namen müssen Sie doch kennen. Der hat doch hier bei Husum drei Lokale gehabt. Mit dem müssen Sie doch zu tun gehabt haben.“ Ein Hauch des Erstaunens war in seinem Gesicht, und er sagte: „Sie reden von dem? Gut, dann ist alles in Ordnung.“

Wie verschieden Brüder sein können, wurde mir an Wolfgang Struck und seinem Bruder sehr deutlich vorgeführt. Der etwas jüngere Bruder hat nichts von den negativen Eigenschaften des älteren, er ist viel intelligenter, künstlerisch begabt, hat einen total sauberen Charakter, und ist ausgesprochen hilfsbereit, so wie seine Frau.

Als ich zufällig wieder in Hamburg war, um Aufnahmen zu machen, rief mich ein junges Mädchen an, die sagte, dass sie Nina Hagen hieße und gerade mit dem Biermann-Clan aus der DDR herausbefördert worden sei. Sie suche nun hier einen Produzenten und Wolf Biermann habe mich empfohlen. Nun, ich mochte Wolf Biermann und seine Lieder, und deswegen zeigte ich mich auch interessiert.

Sie kenne sich überhaupt nicht in Hamburg aus und wohne direkt an der Uni, ob ich nicht dorthin kommen könne, fragte sie. Gut, ich nahm mir eine Taxe und fuhr dorthin. Sie stand auf dem Bürgersteig, wirkte klein und verhuscht und hatte so einen ganz bunt bestickten Schaffellmantel an, wie er zu der Zeit modern war. Wir stellten uns vor. An uns vorbei ging eine alte Frau mit einem kleinen Jungen an der Hand. Dieser Junge zeigte auf einmal auf Nina und kreischte ganz laut: „Oma, guck mal, wie im Zirkus!“ Der alten Frau war das peinlich, und sie zog den Jungen weg. Der Kleine aber konnte gar nicht aufhören: „Wie so'n Kloon im Zirkus.“ Ich wusste gar nicht, was er meinte, und lud Nina ins Steakhaus ein, was dort direkt um die Ecke lag. Dort angekommen, verschwand sie sofort auf der Toilette. Als sie wiederkam, wirkte sie ein wenig anders, und zwar viel blasser. Sie musste also, schloss ich messerscharf, Schminke aus ihrem Gesicht entfernt haben, so unsicher wirkte sie damals noch.

Wenn ich mich mit ihr traf, versuchte ich aus ihr herauszukriegen, was für eine Art von Liedern ich für sie schreiben könne. Aber ich traf sie nicht oft, und wenn ich sie traf, erzählte sie mir immer euphorischer, was für große Liederschreiber sie inzwischen getroffen habe und wer jetzt alles für sie schreiben wolle. „Ich dachte, ich soll der Produzent sein“, sagte ich vorsichtig, aber sie war sich schon sicher, was für eine große Produktion wir machen wollten, darauf sagte ich immer vorsichtiger, ich müsste doch mal hören, wie sie singt. Aber nichts.

Jetzt kam ein Anruf von der CBS aus Frankfurt, mit der ich inzwischen schon einen Vertrag über Nina-Hagen-Produktionen gemacht hatte, ich solle mit Nina nach Frankfurt fliegen und den CBS-Oberen doch einmal vorführen, wie weit wir schon gekommen seien. Auf meinen Einwand, dass wir noch gar nicht weit gekommen seien, reagierte man nicht, jetzt müsse ich kommen. Ich wollte aber unbedingt meinen Arrangeur John O'Brian Docker mit dabei haben. Mit meinem Zettel vor der Nase und meiner Lupe dazwischen versuchten wir, Liedeinfälle zu demonstrieren.

Ein Lied handelte davon, dass Nina einem jungen verhärmten Typen in einer Kneipe am Tresen seine Komplexe ausreden wolle, und der sich doch mal gerade machen solle. Das war natürlich stockend und unsicher vorgetragen. Sie rief immer dazwischen: „Det find ick aba Scheiße." „Nee, so will ick det nich." „Du hast dich ja nie mit uns zusammengesetzt, um etwas zu erarbeiten, sondern dich nur im ‚Onkel Pö' rumgetrieben." In Unfrieden ging diese musikalische Konferenz auseinander. Wieder in Hamburg angekommen, rief ich sofort die CBS an, und sagte, dass ich aus diesem Projekt ausgestiegen sei, ich den Vertrag nicht erfüllen würde und sie sich jemand anderen suchen sollten, denn ich kann mich sehr ärgern.

Dann klingelte wieder das Telefon. Regine nahm ab und sagte: „Hier ist Nina, sie will mit dir sprechen." Ich sagte: „Ich aber nie wieder mit ihr." So sauer war ich über ihr Betragen. Ich habe auch nie wieder ein Wort mit ihr gesprochen, obwohl ein paarmal Gelegenheit dazu gewesen wäre. Später habe ich dann ihr erstes deutsches Album gehört, und viele der Lieder hatten ähnliche Themen wie die, die ich vorgeschlagen hatte.

Eine Frau Adamski aus Hannover rief an (wir hatten ja eine Geheimnummer) und sagte mir, dass ihr Verlobter beinamputiert sei und so wunderschöne Texte schreibe. Die müsse ich unbedingt singen, sie würde mir diese sofort zuschicken. „Frau Adamski, ich singe nur meine Lieder, Sie brauchen mir seine nicht zu schicken." Die Lieder kamen trotzdem am nächsten Tag an und waren, wie neunundneunzig Prozent der Werke, die man mir zuschickte, nicht zu gebrauchen. Frau Adamski rief wieder an und sagte, ihr Verlobter sei beinamputiert, ich hätte doch bestimmt gemerkt, wie gut seine Lieder seien. „Das konnte ich nicht feststellen", sagte ich, „weil ich sie weggeworfen habe. Ich singe nämlich nur eigene Lieder." Sie wollte mir trotzdem noch mal welche zuschicken. Ich warf den Briefumschlag ungeöffnet weg. Da rief Frau Adamski wieder an und sagte, ihr Verlobter sei beinamputiert, und ich müsse doch einsehen, was für geniale Werke diese Lieder seien. „Das mag ja sein, Frau Adamski, aber ich singe doch nur eigene Lieder." Sie wollte mir trotzdem noch einmal welche zuschicken. Frau

Adamski rief wieder an und sagte, ihr Verlobter sei beinamputiert. „Wie schön für ihn“, rutschte mir raus, was mir aber gleich danach sehr peinlich war. Nun beteuerte ich ihr noch einmal, dass ich nur eigene Werke sänge. Daraufhin wurde ich angezeigt von Frau Adamski aus Hannover mit dem beinamputierten Verlobten. Ich hätte Textstellen der Lieder ihres beinamputierten Verlobten in meinen Liedern verwendet. Nun gebe ich unumwunden zu, dass ich Wörter wie „und“, „der“, „die“, „das“, „weil“, „als“ und „wie“, die durchaus auch in seinen Texten vorgekommen sein können, oft verwendet habe. Ich habe dann aber von Frau Adamski und ihrem beinamputierten Verlobten nie wieder was gehört.

Wenn ich in Hamburg war, ging ich gern ins Hotel Norge, das Restaurant hieß Kontiki Grill. Ich versteckte mich ja gern in der Öffentlichkeit vor den Menschen. Die meisten Leute aus der Branche sehen das aber ganz anders.

Ich aß meinen Fisch im Kontiki Grill und Vico Torriani kam herein. Nach alter hanseatischer Art drehte sich kein Kopf und keiner nahm ihn wahr. Das schien ihm sehr zu missfallen. Er, sehr laut: „Herr Ober, der Tisch für Torriani!“ Als noch immer niemand Notiz von ihm nahm, wiederholte er das, immer lauter werdend, noch zwei, drei Mal.

Gar nicht lange danach moderierte ich eine Fernsehsendung fürs ZDF, in der auch der Herr Torriani seinen Auftritt haben sollte. Als ihm jemand sagte, dass ich der Moderator sei, kam er zu mir und bat mich darum, weil er doch gerade sechzig Jahre alt geworden war, ihn mit dem schönen Spruch „Sechzig Jahre und kein bisschen heiser“ anzusagen.

Da rührte sich wieder mein ewiger innerer Stachel. „Herr Torriani“, sagte ich (im Allgemeinen duzt man sich unter Kollegen), „das kann ich leider nicht, dieser Satz ist geschützt, ich bekomme große Scherereien, wenn ich das sage. Das kann mich viel Geld kosten.“ Natürlich stimmte das gar nicht. Enttäuscht zog er ab, nur ich hatte meine Freude.

Ganz anders und sehr bescheiden war „meine Süße" Ilse Werner. Oh, wie mochte ich diese Frau! Eines Tages saß ich mit ihr in München im Bayrischen Hof. Sie ist der einzige Mensch, der mich einmal total unter den Tisch gesoffen hat.

Am nächsten Tag sollte ich nach Nürnberg zu einem Treffen des Polydorvertriebes, und dort artig meine Diener machen, damit die Herren sich mehr für mich einsetzten. Auch sollte ich natürlich etwas singen. Daran war überhaupt nicht zu denken. Ich blieb bis mittags im Bett, und wenn jemand in meinem Zimmer ein Feuerzeug angemacht hätte, wäre der Raum explodiert.

Das konnte Ilse.

Wenn man „Ilse Werner" sagt, spitzen alle Menschen schon die Lippen. Es gibt bei allen Künstlern immer nur eine Sache, an die man sich entsinnt. Ich erzählte ihr einmal, dass der arrogante Engländer Roger Whittaker ganz fantastisch pfeifen könne, mit Trillern und allem Möglichen. Sie sagte: „Das mag ja sein, was du da erzählst, nur ich pfeife natürlich viel besser. Es gibt niemanden auf der Welt, der so gut pfeifen kann wie ich." Da blieb ich ganz stumm. Auch solche Selbstüberschätzung konnte meine Sympathie zu ihr nicht kaputtmachen.

Ilse zog fast monatlich um. Wenn sie mir mal wieder ihre Telefonnummer geben wollte, sagte ich: „Ilse, lass bitte. Die stimmt doch schon bald nicht mehr."

Nur die letzten Monate oder Jahre ihres Lebens verbrachte sie in Lübeck in einer Seniorenresidenz. Die Kosten übernahmen alte Freunde.

Sie erzählte mir, dass sie dort für die Senioren manchmal eine Talkshow mache, und Regine solle mich mal zu solch einer Talkshow fahren, und ich solle doch dort mitmachen, die alten Leute würden sich sehr darüber freuen. Ich sagte zu, na klar. „Dann singst du aber den Leuten noch ein paar Lieder zur Gitarre vor." Als ich einwandte, dass ich schon seit über einem halben Jahr keine Gitarre mehr in der Hand gehabt hätte, sagte sie: „Dann übst du das eben bis dahin." Was ich auch tat.

Bei dieser sogenannten Talkshow wurden ganz normal Eintrittskarten an Lübecker verkauft, und es wurde richtig Geld eingenommen. Eigentlich hätte ich darüber sauer sein müssen, aber es gibt Menschen, die findet man so sympathisch, dass man ihnen nichts übel nimmt.

Dass ihre Leber sie vierundachtzig Jahre am Leben hielt, halte ich für ein großes Wunder, und habe ihr jeden Tag gegönnt.

Wir waren auch mit Hansjörg (Hannes) Felmy und seiner Frau Claudia Wedekind befreundet.

Ich kam von einer Tournee zurück. Es war nie so bei mir, dass ich dann ruhig zu Hause sitzen konnte, sondern ich hatte noch immer die Hummeln im Hintern und fragte Regine: „Wollen wir nicht mal Hannes und Claudi besuchen?“ Sie hatten ein Reetdachhäuschen fünfundzwanzig Kilometer von uns entfernt. Auf Regines Bitten rief ich bei Hannes an und fragte ihn, was er davon hielte, wenn wir kämen. Er hielt es für eine tolle Idee, aber seine Zunge war schon ein wenig schwer. Ich sagte: „Regine, wir müssen uns beeilen, er hat schon einen Kleinen im Tee.“ Aber ehe Frauen sich für solch einen Besuch zurechtgemacht haben, dauert es ja seine Zeit, und als wir ankamen, hatte er schon den Schleudergang eingelegt. Nun ertrage ich Betrunkene, wenn ich nüchtern bin, sehr schwer. Also nahm ich mir vor, so viel zu trinken, bis sein Zustand mir gegenüber nicht mehr so auffiel. Ich wollte ihn also einholen, aber ehe ich mich versah, war ich längst auf der Überholspur.

Wieder zu Hause angekommen, legte ich mich in meinen Alkoven und versank in süßem Schlaf, wurde aber bald durch mächtigen Harndrang wieder wach. Ich hatte keine Ahnung, wo ich mich befand. Das musste doch ein Hotelzimmer sein, weil ich doch gerade noch auf Tournee gewesen war. Ich suchte überall nach einem Lichtschalter, fand aber keinen, bis ich auf einmal ein Fenster vorfand und in höchster Not aus diesem aussteigen musste. Man stelle sich mal vor, es sei ein Hotel im fünften Stock gewesen. In stockfinsterer stürmischer Nacht stand ich, mich erleichternd, splitternackt in unserem Garten. Noch immer hatte ich keine Ahnung, wo ich mich befand, bis es auf einmal von hinten „schlapp“ machte. Eine riesige Bernhardinerzunge hatte mich über den Hintern geleckt. Da war alles klar. Nun suchte ich unsere Haustür. Es war wie gesagt stockfinster. Ich torkelte durch eine Rosenhecke und fand dann auch die Haustür, die aber gegen sonstige Gewohnheiten abgeschlossen war. Ich noch dreimal durch die Rosenhecke und dann durchs Fenster wieder rein. Wie sah ich danach aus!

Eine Nacht voller lustiger Abenteuer.

Hansjörg Felmys Leber hielt es schließlich bis zum Alter von sechsundsiebzig durch.

In Köln machte ich ein Album mit dem Orchester von Peter Herbolzheimer, das mir von der damaligen Schallplattenfirma Metronom in Auftrag gegeben wurde. Die Zeit für die Produktion dieses Albums war zu knapp bemessen und wir wurden nicht ganz fertig. Schon zogen die Leute von der Metronom ihren Auftrag zurück. Ich hätte vor Gericht gehen müssen, um an mein schon bezahltes Geld zu kommen, das aber wollte ich nicht, sondern fiel nur in tiefe Depressionen.

In Fiede Kays Kneipe soff ich mir anständig einen an. Zu Hause angekommen, versuchte ich, mir das Leben zu nehmen. Aber nicht einmal das konnte ich richtig. Ich wachte nach achtundvierzig Stunden wieder auf, und da saß ich mit meinem Talent. Danach habe ich einen Text für die Göttin der Selbstmörder, Suicidia, geschrieben:

Oh, Suicidia
Wie rufst du schon so lang nach mir
Wie lang schon widersteh ich dir
Dabei versprachst du mir als Einzige, mich niemals zu belügen
Und dir zu glauben fiel nicht schwer, wie solltest du mich je betrügen
Doch deiner Liebe und Umarmung konnte ich mich stets entwinden
Und Glück bei andren Damen finden

Oh, Suicidia
Wie lang schon flüsterst du mir zu
Ich fände nur bei dir die Ruh
Die jeder sucht, der mit den Menschen und sich selbst nie Frieden findet
Und dessen Glaube an die Menschheit in Verzweiflung schließlich mündet
Das süße Nichts, mit dem du lockst, scheint mir oft reizvoll nur für Stunden
Noch heilen viele meiner Wunden

Oh, Suicidia
Gib Ruh und warte noch auf mich
In ein paar Jahren lohnt es sich
Dann werd ich nicht mehr so alleine und vereinsamt vor dir stehen
Auch alle Menschen, die sich lieben, sich nur lieben. Du wirst sehen,
Wie alle Brüder, alle Schwestern, eines Tages wird's geschehen
In deine weiten Arme gehen

In volltrunkenem Zustand habe ich auch einmal versucht, mich zu erhängen. Ich war wohl schwerer, als ich glaubte, der Strick riss.

Einem Nordfriesen dürfte eigentlich so etwas nicht passieren. Die Selbstmordrate in Nordfriesland soll höher sein als in ganz Deutschland, nur die Nordfriesen nehmen sich nicht das Leben, sondern erhängen sich. „Sick opbummeln“ heißt das auf Plattdeutsch.

Als der Postbote eines Morgens an die Tür eines Hauses in einem nordfriesischen Dorf bei Bredstedt klopfte, hing dort ein Zettel, auf dem stand: „Hänge im Stall. Friedrich Petersen.“

Und da hing er auch.

In Fiedes Kneipe saß ein junges Mädchen neben mir, sie hätte gerade Abitur gemacht, sagte sie, und hätte jetzt bis zum Anfang des Studiums nichts zu tun. Sie suchte nach einem Job. „Komm mit zu uns“, schlug ich ihr vor, „wohn bei uns und geh Regine ein bisschen zur Hand.“ Sie hieß Ute Steensen.

Inzwischen hatte ich mit Fiede Kay ein Album mit dem Namen *Vier Gesichter hat das Jahr*, produziert. Schöne Musik, so bilde ich mir ein. Die Polydor wollte groß Reklame dafür machen. Am Frühlingsanfang 1979, also am 21. März, lud sie die wichtigsten Leute der Branche von Fernsehen, Rundfunk und Presse in Fiede Kays Kneipe in Bredstedt ein. Am Hamburger Flughafen angekommen sollten die Leute in zwei Busse geladen und zu Fiede gefahren werden, um das Erscheinungsfest dieses Albums zu feiern.

Am 21. März schneit es bei uns fast nie, diesmal aber kräftig, und kein Bus kam je in Bredstedt an.

Bei dem Presseverlag Burda arbeitete eine junge Frau, die aus Rendsburg kam und mir ein paar Antiquitäten, die ich zu viel hatte, und ich hatte immer zu viel, abkaufte. Ich verstand mich mit ihr sehr gut und wir telefonierten öfter miteinander.

Es klingelte das Telefon und irgendein Yellow-Press-Organ gratulierte mir dazu, dass seine Zeitung in vier Wochen zu mir käme und die Leute mitbringen würde, die „ein Wochenende bei Knut Kiesewetter“ gewonnen hätten.

In meiner ach so bekannten charmanten Art sagte ich: „Ihr seid ja wohl verrückt geworden. Ich haue mir nicht ein Wochenende für irgendwelche Idioten um die Ohren.“ „Sie werden dann aber noch bekannter“, versuchte man mich zu ködern. „Ich bin bekannt genug“, antwortete ich. „Und Leute, die Ihre Zeitung lesen, kaufen meine Platten sowieso nicht.“

Um das ausgefallene Frühlingsfest bei Fiede auszugleichen, lud unsere Schallplattengesellschaft im Sommer zu einer Halligfahrt ein.

Die Journalistin aus Rendsburg rief an und sagte freudig erregt, dass auch sie dazu eingeladen sei, und wir uns dann ja endlich wiedersehen könnten. Ich erzählte ihr von dem „Wochenende bei Knut Kiesewetter“, und dass ich so etwas für eine Unverschämtheit hielt. Sie stimmte mir unumwunden zu.

Nun kam die Halligfahrt für die Presse, denn Funk und Fernsehleute waren nicht mehr dabei. Eigentlich wollte ich gar nicht mitfahren, denn es ging ja um Fiede, aber man überredete mich, es doch zu tun, weil ich ja schließlich der Produzent und Autor dieser Platte sei.

Immer wenn Fiede auf dem Krabbenkutter oder auf der Halligwarft fotografiert werden sollte, schrien die Fotografen zum Schluss, dass ich mich noch einmal dazustellen solle, und ich Blödmann merkte nichts.

Nachher, bei einem Umtrunk in Fiedes Kneipe, überredete man mich, doch am nächsten Morgen vor dem Fresenhof (es war schließlich sehr schönes Wetter) das Frühstück mit Fiede einzunehmen.

Jetzt kommt Ute Steensen ins Spiel, auch sie sollte sich doch kurz zu uns an den Frühstückstisch setzen. Meine Rendsburgerin bat Fiede darum, etwas an den Frühstückstisch zu holen. Ich Trottel merkte noch immer nichts.

Dann kamen die Geschichten in den Zeitungen heraus, und zwar nur in der sogenannten Yellow Press. Die LP und ihr Titel wurden nicht erwähnt, was in diesem Fall ja auch nicht schlimm war, denn wie gesagt, die Leser dieser Zeitschriften kaufen diese Musik ja sowieso nicht.

Ute Steensen und ich waren in einer Illustrierten mehrere Male zu sehen, sie kam in der Zeitung plötzlich aus Köln und hatte das Wochenende bei mir gewonnen. Gemacht war diese Schote von meiner Rendsburgerin, deren Namen ich nicht mehr weiß. Damals wusste ich ihn noch und hatte auch noch ihre Telefonnummer.

Wütend rief ich sie an und fragte sie, was das nun solle. Sie antwortete unschuldig, sie müsse doch schließlich Geld verdienen. „Aber nicht so, und nicht mit mir", sagte ich ihr. Ich habe sie seitdem nie wieder gesehen, weil ich ihr unser Haus verbot.

Gitte Hænning ist eine dänische Popsängerin. Früher war ich mit ihr gut befreundet und wir sahen uns nicht nur beruflich sehr oft, sondern auch privat.

Als Popsängerin hatte sie in Deutschland jahrelang großen Erfolg, aber wenn wir zusammen arbeiteten, handelte es sich immer um Jazz.

Als unser Sohn drei Jahre alt und schon im dänischen Kindergarten war (wir wohnten ja nicht weit von der dänischen Grenze), kam Gitte uns wieder besuchen. Nachdem wir einen schönen Nachmittag hatten, musste unser Junge zu Bett. Ich kenne mich in dänischen Kinder- und Schlafliedern nicht gut aus. Weil unser Junge nicht einschlafen wollte, fragte ich Gitte, ob sie nicht mal ins Kinderzimmer gehen und das Balg in den Schlaf singen könne.

Sie blieb eine ganze Weile und ich fragte mich, was sie da wohl täte.

In unserem Haus waren nur antike Türen, die meist Glasfüllungen hatten. So war das auch beim Kinderzimmer. Ich stand also hinter der Tür und lauschte ihr. Gitte sang nicht etwa ein dänisches Kinder- oder Schlaflied, nein, sie sang ihren bekanntesten derzeitigen deutschen Hit und führte es dem Jungen vor, als wenn sie auf der Bühne stünde. Sie konnte wohl so schnell ihr Repertoire nicht wechseln.

Eines Tages, ich war mit Fiede Kay und unseren Frauen unterwegs nach Irland, sagte dieser im Flughafen zu mir: „Da vorne geht Gitte.“ Sie sang damals in Deutschland nur unter ihrem Vornamen. Wir riefen also „Gitte“, aber sie ging stur weiter, ohne sich umzusehen. Da fiel mir ein, dass ihr Nachname „Johansson“ in Deutschland ja unbekannt war. Ich rief also: „Fru Johansson.“ Jetzt blieb sie stehen und schaute sich um.

Wir gingen zusammen ins Flughafenrestaurant, und da merkte ich, dass sie vor fremden Menschen überhaupt keine Scheu hatte und sie auch ihr Repertoire blitzschnell ändern konnte. Denn sie erzählte mir, dass sie ein wunderschönes schwedisches Volkslied gehört habe, und sang es uns laut vor. Alle Köpfe flogen herum, sie sang es wirklich gut.

Da ich ja ein großer Freund alter, schöner Dinge bin – und viele alte Dinge sind nun einmal schön –, besuchten wir das Freilichtmuseum Cloppenburg, das auch ganz besonders schön ist. Der damalige Direktor führte Regine und mich persönlich durchs Museum und er merkte, wie sehr es uns gefiel. Somit ergriff er sofort die Chance, mich nach einem Wohltätigkeitskonzert in dem Museumssaal zu fragen, und wenn es ging, sagte ich in solchen Fällen ja immer zu.

Wir hatten damals einen sehr großen Mercedes, nur in so einem Wagen bekam man den großen Kontrabass leicht in die Mitte gelegt, und alle vier Bandmitglieder (für Liederkonzerte) konnten außerdem noch bequem reisen.

Der Saal war proppenvoll, und es entstand eine sehr positive Stimmung.

Nach Beendigung des Konzertes, als wir die Instrumente wieder einladen wollten, fiel uns auf, dass das ganze Auto alle fünf Zentimeter mit Stickern „Atomkraft, nein danke" beklebt war. Die Sticker hatten einen Durchmesser von drei bis vier Zentimetern. Die freundlichen Umweltschützer hatten vorn am Auto angefangen, den Wagen zu bekleistern, und damit an der Rückscheibe plötzlich aufgehört, weil in dieser von innen mein eigenes „Atomkraft, nein danke" von fünfundzwanzig Zentimetern Durchmesser klebte. Oh, was für ein teures Missverständnis!

Mit diesem Auto wurde ich zu einem Interview im NDR gefahren. Ich weiß nicht mehr, wonach ich in dem Interview gefragt wurde, aber an einer Stelle sagte ich als Vergleich, die Leute würden sich ja auch keine großen, schnellen Autos kaufen, wenn es keine Autobahnen gäbe. Das hatte in diesem Fall überhaupt keinen Bezug zum Umweltschutz und mit „grünem" Denken zu tun.

Da stellte man doch tatsächlich einen Anrufer durch, der mich anfing zu beschimpfen. Er hätte mich selbst mit über 200 Sachen auf der Autobahn fahren sehen, ja, alles begreifen heißt alles verstehen.

Inzwischen hatte ich auch ein paar Umweltschutzlieder geschrieben, denn dieses Thema bewegte mich seit Langem. Eigentlich hatte ich mir vorgenommen, nie einen Preis oder eine größere Ehrung in meinem Leben anzunehmen, jetzt aber sollte ich die *Goldene Europa* von dem damaligen Innenminister Hans-Dietrich Genscher für das beste Umweltschutzlied bekommen. Diesen Preis, so glaubte ich, müsste ich annehmen, sonst würde ich ja schließlich mein Engagement für die Umwelt ad absurdum führen.

Genscher erschien aber wegen Unpässlichkeit nicht, und mir wurde diese potthässliche Skulptur von seinem damaligen Staatssekretär Gerhart Baum, der mir sympathisch war, überreicht.

Von den Fernsehleuten, die das Ganze filmten, wurde mir erzählt, dass Genscher einfach Schiss vor mir gehabt habe. Ich hätte ja schließlich Hannes Wader produziert, der der Terroristin Gudrun Ensslin in Hamburg eine Wohnung besorgt hatte. Ja, so gefährlich war ich mal.

Auf mehreren Alben hatte ich schon Umweltlieder veröffentlicht, als ein Mann vor der Tür stand und Einlass begehrte. Er sagte, dass er Boje Maaßen hieße und von Föhr sei, er erzählte mir, dass er eine Wählergemeinschaft in Nordfriesland gegründet habe, die sich „Grüne Liste Nordfriesland" nenne, und dass ich, wenn ich es mit meinen Liedern ernst meinte, auch dort eintreten müsste, es sei schließlich vor der Kreistagswahl, und für meine Heimatstadt Garding und Umgebung habe man noch keinen Kandidaten. Da die Kreistagswahl in vier Wochen war, eilte es. Ich trat in die Grüne Liste ein und ließ mich für Garding aufstellen.

Die Tagesthemen vom ersten Programm meldeten sich bei mir und wollten dazu ein Interview mit mir machen. Das sei doch interessant. Ich erzählte es bei der nächsten Grünen-Liste-Sitzung. Neben mir saß eine Frau, die sofort Protest erhob: „Du willst ja nur durch uns bekannt werden." Da war ich nun wirklich bass erstaunt. „Wann wollen die denn bei dir filmen?", fragte sie. „Morgen Mittag um zwei", sagte ich. „Dann kommen wir Frauen von der Grünen Liste zu dir, und wir machen das Interview."

Am nächsten Tag hatten grußlos ein paar Frauen unser Haus gestürmt und saßen dort, als ich mein Interview gab. Nun meldete sich die Alphafrau zu Wort und erzählte wichtig in die Kamera, was Deutschland von ihr halten sollte.

Der Kameramann hieß Conny Wehrhahn, nebenbei auch Amateurmusiker. Ich zischte ihm ins Ohr: „Warum nimmst du das auf?“ Er kniff mich in den Arm und zischte zurück: „Gar kein Film drinnen.“

Später wurde die Grüne Liste Nordfriesland nahtlos in die Partei „Die Grünen“ übernommen, da war ich aber längst nicht mehr dabei. Die Leute waren mir einfach zu wichtigtuend.

Als ich noch richtig bekannt war, war ich Deutschlands bestbeschäftigter Wohltätigkeitssänger. Sobald jemand ein Wohltätigkeitskonzert machen wollte, rief er wohl als Ersten mich an. Und sobald ich Zeit dafür hatte, sagte ich zu, ich kann nun mal schlecht Nein sagen.

In den 70er-Jahren gab es im Deutschen Fernsehen nur eine Talkshow, *Samstag Nacht*, die gab's im Ersten. Sie hatte natürlich eine hohe Einschaltquote. In der denkwürdigen Talkshow mit der Hitlerpropaganda-Filmerin Leni Riefenstahl war auch ich. Natürlich kam man in der Sendung auch auf Riefenstahls Filme zu sprechen, zum Beispiel über die Olympiade 1936 in Berlin.

Ich fragte sie, ob sie auch einen Film über eine Behinderten-Olympiade drehen würde, was sie verneinte, weil sie ja immer nur DAS SCHÖNE zeigen wolle.

Wieder zu Hause, bekam ich sofort einen Anruf von einem Vorsitzenden eines Behindertenvereins in Hamburg. Dieser sagte, dass ich mich in der Talkshow doch so für Behinderte eingesetzt hätte, und bat mich, für den Verein – nur mit meinen Musikern – ein ganzes Wohltätigkeitskonzert in einem Theater in Hamburg zu machen. Ich sagte zu.

An dem von uns vereinbarten Tag kamen wir, wie immer vor unseren Konzerten, um fünf bei dem Theater an, doch alles war dunkel und verschlossen. Nur ein paar Schritte vom Theater entfernt war ein Restaurant. Dahin lud ich meine Musiker ein. Ab und zu ging einer von uns hinüber, um zu sehen, ob schon offen ist, und jemand da sei. Um sieben war dann endlich Licht und der Bühneneingang offen. Wir bauten so schnell wie möglich auf und warteten in der Garderobe auf jemanden, der den Abend mit uns besprechen würde. Aber niemand erschien.

Kurz nach acht fing das Publikum an, rhythmisch zu klatschen, was bedeutet, dass es nun endlich losgehen soll. Wir gingen also auf die Bühne, und der Laden war gerammelt voll.

Nach ungefähr einer Stunde sagte ich eine Pause an und ging mit meinen Kollegen wieder in die Garderobe. Auch jetzt erschien wieder niemand, und nach 20 Minuten setzten wir unser Konzert fort.

Als dann Schluss war, erschien wieder keiner der „Veranstalter". Nach einer Weile des Wartens packten wir wieder alles ein und suchten danach das Theater nach lebenden Geschöpfen ab. Es war aber niemand zu finden, und die vorderen Eingangstüren waren längst wieder verschlossen.

So fuhren wir also wieder nach Hause. Es hat sich danach auch nie jemand bei mir gemeldet. Inzwischen glaube ich, dass es diesen Hamburger Behindertenverein nie gegeben, und sich irgendwer nur die Taschen auf unsere Rechnung vollgestopft hat. Aber von solchen Geschichten könnte ich viele erzählen.

Mitte der 70er-Jahre fragte mich der Leiter der Husumer Altenbegegnungsstätte, ob ich nicht einmal für seine alten Leute singen könne, natürlich umsonst. Husum ist zwölf Kilometer vom Fresenhof entfernt, ich sagte zu.

Mein großer Auftritt fiel auf einen Sonnabend, sodass wir am nächsten Tag ausschlafen konnten. Deshalb fragte mein Sohn, ob er nicht mitkommen könne, er wolle seinen Vater so gern einmal vor Menschen singen hören. Er durfte.

Regine fuhr uns nach Husum. Als ich dort nun meinen Stuhl auf das kleine Podium stellte und loslegen wollte, kam Klas, er war fünf, und fragte, ob er sich nicht direkt hinter mich setzen könne. Da dieser Auftritt ja eher privat war, durfte er auch das.

Nun fing ich an zu erzählen und zu singen, und plötzlich hörte ich hinter mir bei meinen Liedern die Melodien und Texte haargenau eine Oktave höher mitklingen. Wie gut Klas meine Lieder kannte, stellte ich da erst staunend fest. Zwar war sein Mitsingen für mich eigentlich störend, aber die Leute amüsierten sich so köstlich, dass ich ihn auf keinen Fall unterbrechen konnte.

Als alles vorbei war, kam eine ältere Dame und drückte ihm ein Geldstück in die Hand, und als wir gehen wollten, sahen wir zu unserem Entsetzen, dass unser Bengel mit ausgestreckter Hand in der Tür stand und bei den alten Leuten, die nach Hause gingen, eine milde Gabe abkassierte.

Im Hamburger *Jazzhouse* begleitete mich ein sonderbares Trio. Am Schlagzeug saß ein ehemaliger Junkie, Hartwig Bartz, der wohl von zu viel Drogengebrauch eine absonderliche Meise zurückbehalten hatte. Er war ein enorm guter Trommler, der Beste, den wir damals in Deutschland hatten. Alle möglichen deutschen Spitzen-Big-Bands hatten sich vorher um ihn bemüht, aber in seinem geistigen Zustand trat man doch besser zurück. Hartwig swingte wie verrückt, und wie war das mit dem wahrsten Sinne des Wortes?

Einmal fuhr ich mit ihm in der Hamburger U-Bahn, er stand mit mir an der Tür und rief ganz laut: „Tut, tut, tut!“

Alle Leute guckten uns an, bis ich ihn aus Peinlichkeitsgründen fragte, was er da tue. Er nuschelte dann in seinem stark pfälzischen Dialekt: „Mein Sohn, Auto in der Hand, tut, tut, tut.“

Seine Frau war eine ganz liebe, nette, aber die drei Kinder litten unter Hospitalismus.

Am Klavier saß der Frankfurter Friggy Hoffmann. Er war spindeldürr und sah wirklich aus wie der leibhaftige Tod. Nach jeder Serie (zwanzig bis dreißig Minuten) verschwand er auf die Toilette, um sich eine neue Spritze zu setzen. Da er keine neuen Stellen mehr fand, wohin er spritzen konnte, spritzte er zum Schluss auch in die Adern im Handrücken. Weil solche Leute mit ihrem Spritzbesteck dann immer sehr fahrlässig umgehen, entwickelten sich aus den Stellen, in die er gespritzt hatte, dicke Eiterbeulen, die manchmal während des Spielens platzten. Er spielte aber ganz fantastisch.

Am Bass war einer, dessen Namen ich nicht mehr weiß, weil er mich auch nicht so beeindruckte wie die anderen beiden. Der sah aber aus wie der absolut deutsche Zickendraht. Dunkler Anzug, schmaler Schlips, weißes Hemd, Haare straff zurück und immer selig grinsend.

Noch einmal zu Hartwig Bartz. Der Chef des *Jazzhouse* telefonierte öfter mit dem Posaunisten Albert Mangelsdorff und erzählte ihm, dass Hartwig immer mehr aus dem Ruder liefe, worauf Albert ihn in einer Psychiatrischen Klinik unterbrachte, mit deren Chef er befreundet war. Der Chef war ein absoluter Klassikfan und hielt nichts von Jazz, aber wenn Albert während Hartwig Bartz' Aufenthalt dort anrief, war er langsam immer mehr an Jazz interessiert und erzählte Albert, dass der Jazz doch eine sehr interessante Musik sein müsse.

Als Albert nun einmal zu der Klinik fuhr und nach dem Patienten Bartz fragte, sagte man ihm, dieser sei im Keller. Um Gottes willen, im Keller eingesperrt, dachte Albert. Auf die Frage, wo der Chef denn sei, sagte man ihm: „Auch im Keller." Albert ging in den Keller, und ein höllisches Schlagzeuggetöse schlug ihm entgegen. Hartwig saß an seinem Riesenschlagzeug und trommelte sich die Seele aus dem Leib, daneben saß der Chefarzt an einem Schlagzeug, das man eher als Kinderschlagzeug bezeichnen konnte, und versuchte, alles, was Hartwig trommelte, nachzuspielen. Hartwig Bartz hatte den Chef also schon fest im Griff.

Als er dann entlassen wurde, war er nicht im Geringsten geheilt. Er erschlug eines Tages seine Frau mit einem Hammer, saß drei Tage neben der Leiche und ließ die Kinder nicht raus. Als eins der Kinder durchs Toilettenfenster entwischte, konnte man sich darum kümmern.

So kam Hartwig auch einmal auf die erste Seite der „Blödzeitung".

Da stand unter anderem, dass der Mörder sogar behauptete, er hätte im Orchester Kurt Edelhagen spielen können, so lächerlich sei dieser Mann. Natürlich hätte er können, er wollte nur nicht.

Er wurde zu lebenslänglicher Haft verurteilt. Lebenslänglich wäre in diesem Fall wahrscheinlich richtig gewesen, aber das doch bitte in der Psychiatrie.

Hartwig Bartz wurde bei mir durch einen Schlagzeuger namens Joe Ney abgelöst. Joe war Zeuge Jehovas, den ganzen Tag aber voll Haschisch gepengt.

Erfahrung mit Haschisch hatte ich überhaupt nicht und sollte sie auch nie bekommen. Nur ein, zwei Mal hat Joe mich dazu verleiten können, mal an seiner Pfeife zu ziehen. Diese Erfahrungen waren für mich keineswegs angenehm.

Die Polizeigewerkschaft war auf die komische Idee gekommen, mich zu ihrem Fest in der Hamburger Musikhalle singen und spielen zu lassen. Den ganzen Abend waren um uns herum nur Uniformierte. Unverdrossen ließ Joe in der Garderobe die Pfeife mit dem schwarzen Afghanen kreisen. Auch ich war so blöd und zog an dem Ding. Unser Bassist Wippel und ich gingen auf den Gang hinter der Bühne voller Polizisten. Wir waren auf einmal so albern, dass wir alle Polizisten umarmen mussten, ihre Wangen tätschelten und laut schrien: „Die Polizei, dein Freund und Helfer." Wir sackten danach schreiend vor Lachen an der Wand zusammen. Jeder Musikant hätte gemerkt, was los ist, aber die Polizisten damals noch nicht.

Mitte der 70er-Jahre, es muss so ’75 gewesen sein, als man mich fragte, ob ich auch für zwei Konzerte auf Mallorca zu engagieren sei. Ich fragte meine Musiker, ob sie Lust dazu hätten, und so standen wir eines Tages auf dem Flughafen von Mallorca, um durch den Zoll zu gehen. Jan Mahler mit dem großen Bass bedeutete man, dass er seinen Bass auspacken solle und darauf ein paar Töne spielen. Es könne ja sonst etwas in dem Bass sein. Jan packte aus, und wir taten dasselbe und fingen an, eine schöne Swingnummer zu spielen. Es bildete sich ein Menschenauflauf. Die Zöllner wollten nun, dass wir aufhörten, es sei wirklich genug. Wir aber spielten weiter, es hat uns Swing lange nicht so viel Spaß gemacht.

In den Verträgen, die ich abschloss, stand auf meinen Wunsch immer, dass das Publikum in Stuhlreihen sitzen solle, denn an Tischen mit Bedienung hört man ständig die Gläser klirren und die Leute fangen an, sich zu unterhalten.

Hier aber standen Tische, und ich wollte, dass diese sofort rausgeschafft würden. Man sagte mir, dass so ein Umräumen ja über eine Stunde dauerte, und ich solle doch einmal ein Auge zudrücken. Ich drückte das Auge zu, und zwar mein schlechteres, damit es mich nicht so sehr behinderte.

Nun fingen wir an zu spielen, und den Leuten wurde sogar Essen aufgetragen.

Das Klappern der Bestecke und das Klirren der Gläser störte mich sehr, und weil ich sowieso leicht aus der Fassung zu bringen bin, fing ich an, mich auf der Bühne sehr zu ärgern.

Zwischen meinen Liedern versuchte ich immer launige Überleitungen zu machen, was mir, wie man mir sagte, auch meistens gelang, und das Publikum lachte ja schließlich sehr amüsiert.

Hier aber fing, so fünf Meter von mir, ein Kerl an zu pöbeln: „Das ist ja Bildzeitungsniveau!“ oder „Nein so was Blödes.“ Der quatschte mir doch das ganze Konzert kaputt. Ich fing an, meine Ansagen intelligenter zu formulieren, um diesem Sack keine weiteren Chancen für Zwischenrufe zu geben.

Ich kann in solchen Fällen ja die Menschen, die so etwas tun, nie erkennen, habe aber gute Ohren und weiß genau, wo der Stänker sitzt.

Das Konzert war zu Ende und die Leute längst draußen, dieser Mann aber saß noch immer auf seinem Platz. Voller Wut ging ich an den Tisch und wollte ihm den Marsch blasen. Der Kerl saß vollkommen schief auf seinem Stuhl, hatte mindestens ein Dutzend leere Bierflaschen vor sich stehen und schlief fest. Immer wenn ich meine Prinzipien verletzt habe, hat sich das böse gerächt.

Am übernächsten Tag fand unser Konzert im Saal eines großen Hotels im Westen von Mallorca statt. Dort hatte man fast schon einen roten Teppich für uns ausgerollt. Wir wurden vom Chef des Hauses beinahe feierlich empfangen, an einen Tisch im Restaurant geführt und zu Essen und Trinken eingeladen. Was ich dort aß, weiß ich nicht, aber ich weiß noch genau, dass ich mir Rotwein bestellte, man brachte mir eine ganze Flasche. Diese war viereckig, mit einem Drahtgitter umwickelt, und es war Staub darauf. Nachdem ich von dem Wein probiert hatte, war ich davon so begeistert, dass ich ihn meinen Kollegen zum Probieren gab. Diese teilten meine Begeisterung, und so bestellten wir uns jeder nach dem Essen eine Kiste von diesem Wein.

Höflich machte uns der Ober darauf aufmerksam, dass das dann aber nicht umsonst sei. „Das macht nichts", sagte ich, „wir wollen ihn gern kaufen. Wir halten den nämlich für enorm gut."

So bekamen wir jeder einen Karton mit sechs Flaschen darin. Unser Gitarrist Pete musste sich gleich von seinem Wein etwas einschenken, stellte aber fest, dass es ein ganz anderer Wein war. Schon rief ich wieder den Ober und machte ihn darauf aufmerksam. Der behauptete aber stocksteif, dass es der gleiche Wein sei, den ich auch getrunken hätte. „Nein, nein", sagte ich und beschrieb ihm die Flasche. „Solch einen Wein haben wir gar nicht im Hause", sagte der Ober.

Nun kam der Chef und die Diskussion ging von vorne los. Als der Chef begriff, dass es sich doch um eine andere Flasche Wein gehandelt haben musste, verschwanden die Herren in der Küche, die mindestens fünf, sechs Meter von uns entfernt war, trotzdem hörten wir das laute Gebrüll, das dort entstand. Was für ein Wein mag das wohl gewesen sein, den ich dort getrunken habe?

Wenn im Fernsehen ein Live-Konzert übertragen und englisch gesungen wird, weiß ich doch ganz schnell, ob die Veranstaltung aus Deutschland kommt, denn so wie die Deutschen früher immer mitschunkeln mussten, müssen sie heute klatschen, und zwar auf eins und drei. Sie machen aus jedem Stück einen Klatschmarsch. Das scheint den Deutschen im Blut zu liegen, denn wenn das Konzert aus anderen Ländern kommt, klatschen die Menschen auf zwei und vier, was den Song nicht so zerstört. Die Deutschen klatschen ja noch, und zwar sehr laut, wenn es bei dem Lied um den Text geht, den sie dann natürlich nicht mehr verstehen können. In unserem Konzert war immer ein Stück, das Peter McCrory auf dem Banjo spielte, es heißt *Irish Washerwoman*. Sobald er anhub, fühlten die Menschen sich gemüßigt, rhythmisch zu klatschen. Dann haute ich ihnen von oben die Nummer kaputt. Ich rief: „Ach, sehen Sie auch so gern die Dieter-Thomas-Heck-Hitparade?“ Das war dem Publikum doch sehr peinlich, und das Klatschen hörte sofort auf. Wir konnten also ungestört weiterspielen.

Seit Mitte der 70er-Jahre wurde ich oft vom Hessischen Rundfunk (bei den Musikern: Hässlicher Rundfunk) engagiert. Der Unterhaltungschef des HR hieß Hanns Verres und war ein unheimlich netter Typ mit sehr viel Witz. Die HR-Big-Band war international top besetzt, und ich habe aus meiner Sicht schöne Aufnahmen mit ihr gemacht. Der erste Posaunist war der Däne Torolf Mølgaard. Er sprach ein herrliches Dänischdeutsch und hatte immer viel zu erzählen. Sein Favorit war Åke Persson. Åke Persson spielte für ihn einfach göttlich. Ich aber fand, dass Torolf selbst genauso gut war.

Eines Tages erzählte er mir, dass er mit Åke in New York gewesen sei. „Da ssind wir beide in Birdland reingegangen. Åke hat sseine Possaune aussgepackt und hat gesspielt sso eine wahnssinnige SSolo. Am nächssten Tag hat ganz New York Kopf gesstanden.“ Er erzählte mir auch von „Die deutsse Muppet Ssow. Hier ist die Koch eine Däne, in Amerika isst das eine Sswede. Eine Sswede, dass iss komisss, eine Däne isss gar niss komisss.“

Zwischen Hanns Verres und mir entstanden ab und zu große Missverständnisse. Er schickte mich zu HR-Mucken mit Minigagen, bei denen ich dann auftrat, weil ich ihm einen Gefallen tun wollte. Er aber glaubte, dass ich wohl zu wenig Geld verdiente und er mich deshalb zu solchen Vorgartenmucken schicken müsse.

Eines Tages sollte ich am Sonntagmorgen um sechs im Frankfurter Hauptbahnhof, ich glaube zum Hauptbahnhofjubiläum oder so, mit meinem Gitarristen Peter McCrory spielen. Als wir nach durchfahrener Nacht in Frankfurt ankamen, fragte ich nach Hanns, der aber war gar nicht da, sondern träumte selig und süß zu Haus im Bett.

Es war sechs, und die große Show ging los. Lauter Schnulzenheinis machten mit Vollplayback (sie sangen also nicht wirklich) ihre große Show, während der morgendliche Bahnhofsverkehr an ihnen vorbeizog. Dann kamen Pete und ich, nur zwei Gitarren und Gesang unverstärkt, sodass uns fast keiner wahrnahm, leider nur fast, denn ein paar Besoffene (sie waren nur so erschöpft), waren sich binnen Kurzem einig, dass wir doch lieber *Wir lagen vor Madagaskar* singen sollten. Wir gingen auf diese guten Vorschläge nicht ein und sangen meine Lieder weiter. Der große Lautsprecher über uns ließ die Leute laut wissen: „Soeben ist der Zug aus Köln eingetroffen. Umsteigen nach Kassel auf Bahnsteig sieben."

Meine Freundschaft zu Hanns Verres war danach für einige Zeit getrübt.

Dass ich zu Wohltätigkeitsauftritten leicht zu überreden war, hatte sich wohl schnell in der ganzen Bundesrepublik herumgesprochen. Am meisten stürzten sich die Umweltschützer auf mich. Das wurde so viel, dass diese häufigen Auftritte mir inzwischen auf die Nerven gingen. Bei jedem „Umweltkonzert" traf ich hinter der Bühne dieselben Künstler.

Mir war allmählich schleierhaft, wie wir mit unserem Gesang und unserer Musik der Umwelt helfen könnten, und ich wurde allmählich grantig.

Als dann wieder ein Anruf kam, ob ich nicht bei einem „Charitykonzert" für die Umwelt mitmachen würde, sagte ich, dass ich das Ganze inzwischen für einen Onanistenclub hielte. Immer dieselben Leute auf der Bühne, und auch das Publikum, so hätte ich den Eindruck, könne man jedes Mal persönlich mit Handschlag begrüßen.

„Das nächste Mal könnt ihr euch bei mir wieder melden, wenn Heino, Anneliese Rothenberger und Peter Alexander zugesagt haben."

Ab da wurde ich als Umweltcharitysänger gemieden.

Eines Tages kam uns auf dem Fresenhof der Schauspieler Knut Hinz, mit dem ich schon lange befreundet war, besuchen. Seine damalige Frau hieß Monika Jetter und war NDR-Rundfunksprecherin. Zu der Zeit hieß der Propst in Garding Röhl, er hatte einen Bruder oder Vetter, der Kirchenmusiker und auch beim NDR war (Programmdirektor oder so etwas). Als ich beim NDR eine neue Reihe *Neues von den Liedermachern* übernehmen sollte, versuchte der Herr Röhl, das sofort zu unterbinden, weil ich ja schließlich ein Mitglied der Grünen sei und über das Radio dann Reklame für diese machen könne. Dass ich nie Mitglied der Grünen war, wusste er wohl nicht. Nun suchte er sich ein anderes Kampfgebiet, so erzählte mir Monika Jetter. Er hatte herausgefunden, dass ich im NDR der meistgespielte Interpret und Songwriter war. Das konnte durchaus stimmen, ich schrieb ja nicht nur für mich und war außerdem mit hochdeutschen, plattdeutschen, friesischen Liedern und Jazzsongs zu hören.

Da ich ja auch meine eigenen Sendungen im NDR machte, warf er den Redakteuren, bei einer eigens meinetwegen einberufenen Sitzung, vor, dass diese ihren vermeintlichen „Kumpel" Knut zu oft einsetzen würden. So erzählte Monika. Die „Kollegen" kannten mich aber gar nicht persönlich. Sofort nahmen die NDR-Redakteure mich aus ihrem Programm. Jahrelang war der NDR für mich ein großes Sendeloch.

Wenn sich jemand einem Jazzmusiker gegenüber damit wichtigtun will, dass er auch Musiker sei, und er spiele in einer Skiffle Group, kann er damit nicht mal ein mitleidiges Lächeln erreichen.

In solchen Skiffle Groups sitzen meist auch Leute, die sich ein Waschbrett auf den Schoß gelegt haben, sie haben sich Fingerhüte über die Fingerkuppen gestülpt und schaben im Rhythmus (so glauben sie) über das Waschbrett. Dieses Luxusinstrument gibt dann ein „Ritschratsch, Ritschratsch“ von sich.

Für solche „Musiker“ hat ein Jazzer nicht einmal einen Rest von Verachtung übrig.

Drei- oder viermal in meinem Leben lief mir Günter Grass über den Weg, den ich für einen üblen Aufschneider und Angeber hielt. Er warf auch mit Urteilen über Musik um sich, die bei mir Magenkrämpfe erzeugten. Er sprach zum Beispiel von „schlagerhaften Harmonien“. Das kann nur eine Grass'sche Schöpfung sein, denn solche Harmonien gibt es nicht und kann es nicht geben. Harmonien sind Harmonien, aber woher sollte Herr Grass das wissen?

Als ich ihn fragte, woher er glaube, etwas von Musik zu verstehen, erzählte er mir sehr wichtig, dass er schließlich selbst einmal Musik gemacht habe, er habe in einer Skiffle Group am Waschbrett gesessen. Sofort lösten sich meine Magenkrämpfe und gingen in tiefes Mitleid über.

Als ich einmal mit dem Schriftsteller Walter Kempowski über Günter Grass sprach, waren unsere Meinungen deckungsgleich. So etwas verbindet, und Kempowski war mir sehr sympathisch.

Der netteste Schriftsteller, den ich je kennengelernt habe, war Siegfried Lenz. Wenn jemand mir sagt, dass er meine Lieder sehr mag, öffnet sich das Herz spontan. Wir konnten aber auch über in Deutschland unbekannte Schriftsteller sprechen, die wir beide sehr mochten, zum Beispiel Ambrose Bierce.

Trotz meiner Geheimnummer riefen mich alle möglichen Leute an und sabbelten mich mit dummem Zeug voll. Auch die Leute, die mich engagieren wollten, aber das war ja positiv.

Eines Tages rief ein Redakteur der Zeitung *Unsere Zeit* an, ich solle in der Essener Grugahalle in einem Programm mitwirken. Er akzeptierte meinen Preis, und wir fuhren dorthin. Dort angekommen, wurde uns langsam klar, dass wir von der DKP (Deutsche Kommunistische Partei) engagiert waren und im Saal zigtausende von DKPissten saßen. Ein sehr diszipliniertes Publikum. Ich sang dann auch das Lied *Die Macht im Staat*. In diesem Lied geht es eigentlich nur um Missverständnisse. So war das auch hier. Der Text heißt zum Schluss:

Die Macht im Staat haben doch immer noch die Gleichen
Wo's Geld ist, sitzt die Macht, wer weiß das nicht
Und das zu ändern, wird man bei uns nie erreichen
Schon gar nicht durch ein Lied oder Gedicht

Das Publikum tobte vor Begeisterung. Alles verstehen heißt alles begreifen.

Ein anderes Mal war ich wieder für eine DKP-Rotte in Marburg engagiert. Das Engagement war von acht bis zehn (für Beamte: zwanzig bis zweiundzwanzig) Uhr.

Auf der Autobahn ging uns das Auto kaputt, auf einmal fiel alles Licht aus. Wie Jan Mahler das Auto im Stockdunkeln an die Seite der Autobahn bugsiert hat, ist mir heute noch ein Rätsel.

Es dauerte Stunden, bis unser Auto abgeschleppt wurde und wir ein anderes gemietet hatten. Nachts um eins kamen wir an, als eigentlich die Veranstaltung schon zu Ende war. Nun hätten wir eine Konventionalstrafe in Höhe der Gage zahlen müssen, aber woher sollen Kommunisten das wissen? Sie schoben uns nur noch weiter nach hinten, empfingen noch Delegierte aus anderen Ländern, auch aus Nordvietnam, die sie feierlich, mit schwülstigen Reden und bunten Fahnen beehrten. Mir wurde schlecht.

Das aber kann mir bei kapitalistischen Veranstaltungen genauso passieren.

Als wir endlich anfingen zu spielen, schaltete der Hausmeister nach drei Minuten das Licht aus. Wir bekamen unsere Gage, und ich nahm mir vor, immer zu fragen, aus welcher Ecke der Veranstalter denn käme. Solche feierlichen, selbstdarstellerischen, schwülstigen Selbstbeweihräucherungen bereiten mir solche körperlichen Schmerzen, dass sie nicht durch eine noch so hohe Gage auszugleichen sind.

Damals war Nordfriesland musikalisch kulturelles Brachland. Auf unserem Fresenhof gingen viele Leute ein und aus, auch viele Musiker, die bei uns ihre freien Tage verbringen wollten. So kam bei abendlichem gemütlichen Zusammensein die Idee zustande, Künstler in unserer sogenannten Halle auftreten zu lassen, wofür sie das Eintrittsgeld bekämen. Viele damals sehr bekannte Leute machten das, die Künstler, die ich produzierte, ja sowieso, aber auch Konstantin Wecker, Tony Sheridan, Alex Campell, Peter Horton, Hans Haider, Torsten Zwingenberger, Bruno Lefeldt. Auch ein Liedermacher namens Christof Stählin war dabei. Er wohnte auch eine Zeit lang bei uns. Ein hochintelligenter, niveauvoller, musikalischer Mann, der in Deutschland nie ein größeres Publikum fand, was mich schon fast persönlich beleidigte. Aber von solchen Leuten gibt es noch mehr in Deutschland.

Erst als es in Husum mehrere Auftrittsmöglichkeiten gab, ließ ich die ganze Sache wieder einschlafen.

1978 trat der damalige Produktionschef der Polydor, Siegfried Wagner, mit dem Verleger Alfred Schacht an mich heran, gemeinsam einen Musikverlag und ein Aufnahmestudio zu gründen. Mit Siegfried Wagner und seiner Freundin traf ich mich bei einem Rechtsanwalt, um die Sache festzumachen. Alfred Schacht war komischerweise nicht dabei. Mir wurde nur gesagt, dass Alfred aus dem Projekt ausgestiegen sei. Der Vertrag wurde aufgesetzt, ich unterschrieb und Siggis Freundin. Was das denn solle, fragte ich, worauf Siegfried sagte, dass er doch gar nicht unterschreiben dürfe, denn er sei doch schließlich Produktionschef der Polydor. Wieder mal merkte ich nicht, wie sehr ich verladen wurde. Das war im Juni. Sündhaft teuer waren damals die Studiogeräte. Vierundzwanzig Spur, achtunddreißig Kanal, das nur für Leute, die davon etwas verstehen. Ein Demonstrationsstudio war auch noch dabei. Das Ganze kostete mit Umbauten im Haus mindestens eine Million.

Zuerst sollte eine weihnachtliche Platte produziert werden, sie sollte *Wiehnachen is nicht wiet* heißen.

Im August musste die Produktion fertig sein. Als alles aufgenommen war und ich ans Abmischen ging, wurde mir zugesteckt, dass der Herr Wagner am ersten Januar die Polydor verlassen würde und mit jemand anderem schon eine weitere Firma aufgemacht habe. Das durfte er ja laut Vertrag eigentlich nicht, aber er hatte ja gar nicht unterschrieben, sondern seine Freundin. Schön in den Hintern gekniffen, dachte ich. Wie kommst du aus der Misere einigermaßen schadlos wieder raus?

Ich mischte die LP so ab, dass sie klang wie Katzenjammer, was sogar Siegfried Wagner hören konnte. So lieferte ich sie bei ihm ab.

Er war entsetzt. „Um Gottes willen, Knut, wie klingt denn das?" „Ja, tut mir leid", antwortete ich. „Ein teureres Equipment konnte ich mir ja nicht leisten, denn du hast ja deine Hälfte nie bezahlt." „Das geht doch aber nicht, so etwas können wir doch nicht auf den Markt bringen!" „Wenn wir unseren Vertrag zerreißen, werde ich einen Kredit bei der Bank aufnehmen, um mir noch bessere Geräte dazu leisten zu können. Dann mische ich das Ganze noch einmal ab."

Der Vertrag wurde hinfällig, und er bekam von mir die richtige Produktion, die sogar sehr erfolgreich war.

Ein Musiker namens Heiner Böcklein stellte sich bei mir vor, nachdem der Tonmann, den ich zuerst hatte, einfach verschwunden war. Das Böcklein behauptete, alles übers Produzieren zu wissen, außerdem trinke er keinen Schluck Alkohol und rauche nicht. Dass er ein trockener Alkoholiker war, wusste ich leider nicht. Das Rauchen würde im Studio sowieso schädlich sein, weil der Rauch alle Kontakte verklebe, vertrat er mit Vehemenz. „Okay", sagte ich, „wir können auf freier Basis zusammenarbeiten."

Jetzt verkroch er sich nächtelang im Studio, um die Anschlüsse zwischen den verschiedenen Geräten zu verlöten.

Nach ein paar Wochen roch es, wenn ich ins Studio kam, doch merkwürdig nach Rauch, und noch ein paar Wochen später waren unsere Mülltonnen voll geleerter Schnapsflaschen. Er war aber ein ausgesprochen intelligenter und hochmusikalischer Mann, weswegen ich ihm zuerst nichts übel nahm. Ich habe mit ihm mindestens fünfundzwanzig Alben in meinem Studio aufgenommen, nur richtig gut klangen sie nie. Unter Alkoholeinfluss hört man eben nicht wirklich gut.

Heiners Alkoholabsturz wurde immer schlimmer. Manchmal saß das Studio voller Musiker, und die waren teuer, nur er erschien nicht. Er hatte in Kiel eine sehr einfache Nummer, ich brauchte nicht nachzugucken, sondern wählte: 123456. Dann bekam ich ihn nach einer Stunde wach, und er kam vier Stunden zu spät ins Studio. Die Musiker musste ich aber (damals hundert Mark die Stunde) voll bezahlen, was ja mehr als recht und billig ist.

Bei vierundzwanzig Spuren nimmt man natürlich viele Spuren hintereinander auf. Oft holte ich den amerikanischen Saxophonisten Herb Geller ins Studio, weil er in meinen Augen damals der beste der Welt war. Herb nahm zweihundertfünfzig Mark für die Aufnahme, was er auch mindestens wert war. Eines Tages, Herb Geller war schon längst unterwegs nach Hause, war auf seiner Spur kein Ton mehr zu hören, da behauptete das Böcklein, das habe das Gerät von selbst gelöscht.

Er schlief auf dem Fresenhof im ersten Stock, das Haus war weiß angestrichen. Auf meinen Vorwurf, er würde nachts dort oben aus dem Fenster pinkeln, stritt er das ab. Ich nahm ihn am Schlafittchen, stellte mich mit ihm unter das Fenster und zeigte ihm die gelben Streifen. Was sollte er da noch sagen?

Trotz seiner eklatanten Fehler im Studio, seiner Rechthaberei und Besserwisserei hatte ich immer Mitleid mit ihm. Er holte sich auch außerdem immer so viel Vorschüsse bei mir ab, dass ich ihn wiederholen musste, wenn ich an mein Geld kommen wollte. Bis er eines Tages an eine Tasche mit vielen Kabeln ging, sie in unserer Halle ausschüttete, kreuz und quer, und, als er das, was er suchte, nicht fand, sich ins Auto setzte und nach Hause fuhr. Ich ließ die Tasche und die Kabel einfach so liegen und wartete darauf, dass er nach ein paar Tagen wiederkäme. Er sah das Malheur und fragte: „Wer war das denn?“ „Na, du“, sagte ich. Daraufhin beschimpfte er mich als Lügner und zeigte mir den Vogel. Da, endlich, habe ich ihn rausgeschmissen. Ein Glück, denn der Schlagzeuger in seiner Band erzählte mir später, dass er die Kabel in meinem Studio so verlötet hätte, dass nur er in dem Studio arbeiten könne. Ich musste also alles wieder rausreißen lassen und neu verkabeln. Dazu brauchten zwei Experten über eine Woche.

Von Heiner Böcklein kamen jetzt aber Erpresserbriefe, ich solle ihm sofort zweihundertfünfzigtausend DM bezahlen, sonst würde er sich an die „Blödzeitung“ wenden und den Leuten dort einmal erzählen, was im Hause eines so „Prominenten“ alles passiert. Am nächsten Tag wusste er bestimmt nicht mehr, was er alles geschrieben hatte.

Schüler ohne gegenseitiges Hänseln und Aufziehen gibt es wohl nicht. Unserem Sohn wurde von seinen Schulkameraden immer wieder gesagt, dass sein Vater schlechte Lieder sänge und der auch gar nicht singen könne.

Ich bekam die Offerte, für die Zeichentrickserie *Garfield* im Fernsehen die deutschen Texte zu machen und die dann auch in meinem Studio zu singen.

Diese Serie kam bei Kindern sehr gut an. Als unser Sohn dann auf dem Schulhof seine Kumpels fragte, ob sie gestern auch Garfield gesehen hätten, bejahten fast alle. „Und, wie hat euch die Musik dazu gefallen?“, fragte unser Bengel. „Na, das war doch klasse“, war das einhellige Urteil. Endlich hatte mein Sohn einen Trumpf in der Hand. „Das aber war mein Vater.“

Für die Serie *Barbapapa* und manche Figuren in der *Sesamstraße* machte ich das auch.

Genauso wie Otto war ein junger Mann namens Mike Krüger in den Hamburger Kneipen bekannt geworden. Seine erste Single *Mein Gott Walter* war ein Riesenerfolg. Andere Lieder von ihm fand ich viel besser, wie auch das spätere *Nippel und Lasche*.

Sein Produzent, Rainer Felsen, rief bei mir an und fragte, ob man bei mir im Studio auch Live-Konzerte mit Publikum mitschneiden könne. Das konnte man, also nahm Mike diese LP bei mir auf.

Viele Kollegen, die mich auf dem Fresenhof besuchten, fanden den Hof sehr schön und bekamen auch Lust, Reetdachhäuser in Nordfriesland zu kaufen, und ich besorgte ihnen dann Wochenendhäuschen wie größere Wohnsitze, ohne etwas davon zu haben. Ich erkundigte mich nur bei Maklern, was sie so im Angebot hätten. Ein Herr Petersen rief bei mir an und sagte, dass er drei Reetdachhäuser, einen Kilometer von mir entfernt, verkaufen wolle. Ich kannte diesen Menschen ja überhaupt nicht, und sah nicht ein, dass ich Käufer für ihn finden solle, ohne irgendetwas dafür zu bekommen. „Geben Sie mir ein Prozent Courtage, und ich bemühe mich.“ Als Mike mit seiner Birgit, die ich richtig gern mochte, bei mir war, fiel mir das größere Reetdachhaus ein. Ich ging mit den beiden dorthin, und beide waren sehr interessiert. Birgit sagte: „Das ist ja ganz schön, aber nach Süden müssen wir dann große Panoramafenster in die Wände reißen.“ Das war ja genau das Richtige für mich. Schon hatte ich die Telefonnummer des Verkäufers vergessen, und die Krügers wurden nicht meine Nachbarn. Das wurden dann andere Künstler. Nur der Herr Petersen fand, dass sein Wort nicht galt, ich bekam nie einen Heller. Das wäre auch nicht viel gewesen, denn die Häuser waren in Nordfriesland damals sehr billig.

Wenn man durch Nordfriesland fährt, und es fällt einem ein schönes altes Reetdachhaus auf, mit Sprossenfenstern und stilvollen Außentüren, kann man fast sicher sein, dass kein Friese darin wohnt. Die Friesen lieben Blech oder Eternit auf dem Dach und große Plastikfenster. Auch Bäume scheinen sie nicht zu mögen.

Bäume, diese wunderschönen Geschöpfe, die uns Menschen um Jahrhunderte überleben können und so viel majestätische Kraft ausstrahlen, sieht man in Nordfriesland sehr selten. Bevor sie richtig mächtig werden, sind sie schon längst gefällt, und Baumkronen, falls man einen Baum überhaupt stehen lässt, werden immer wieder gekappt. Ich nenne das: „Die friesischen Kastratenbäume."

Die Kapelle, in der das Böcklein spielte, fragte mich, ob ich, wenn ihr Posaunist ausfiele, dann einmal einspringen könne. „Okay", sagte ich „mache ich gern. Ist ein schöner Übungsabend für mich." Wenn ich aber dann zu dem Auftrittsort kam, stand ganz groß mein Name auf dem Plakat und das Ganze wurde als Knut-Kiesewetter-Konzert deklariert. Nach dreimaliger solcher Erfahrung begriff ich, wo der Hase längs läuft, und hatte komischerweise nie wieder Zeit für sie.

Diese Gruppe nannte sich *Labskaus*. Mit ihr nahm ich eine Dixieland-LP in Platt- und Hochdeutsch auf, die sehr witzig und ironisch war, also nahm sich die Band dort selbst auf den Arm. Ich verkaufte die LP an die Polydor. Ein Jahr danach rief der Polydor-Mann Fritz Warnke bei mir an und verlangte eine zweite *Labskaus*-LP, die ich sofort mit der Band produzierte. Als ich dann die fertigen Bänder bei Fritz abliefern wollte, behauptete dieser, mir nie den Auftrag gegeben zu haben. Der Idiot war ich. Jahrzehntelang in der Branche, und macht sich Mühe und Arbeit, ohne einen schriftlichen Auftrag zu besitzen.

An einem Himmelfahrtstag Ende der 70er, Anfang der 80er besuchte mich Otto Waalkes mit Freundin auf dem Fresenhof. Er alberte wie immer rum, weil er ja gar nicht anders kann, bis ich auf die Idee kam, einmal die Gruppe *Labskaus*, die fünfzehn Kilometer von uns entfernt spielte, zu besuchen. Er fand das toll. Und wir fuhren dorthin. Was dort passierte, war unglaublich. Alle Besucher des Lokals versuchten ihn zu erdrücken, ich wäre schreiend getürmt, ihm aber machte das überhaupt nichts aus, er wand sich nur etwas, war aber zu jedem freundlich, obwohl die meisten der Schulterklopfer doch schon stark angetrunken (so erschöpft) waren.

Was Otto auf der Bühne vortrug, waren entweder uralte Scherze, die man nicht mehr kannte (meist Musikerwitze), oder von guten Humoristen für ihn geschrieben.

Als ich Otto mal in seiner Villa an der Elbchaussee besuchte, hing dort gerahmt ein toller Spruch an der Wand:

„Plagiat ist die höchste Form der Verehrung."

Bobby Jones war ein Alt-Saxophonist und Klarinettist, der durch die *Charly-Mingus-Band* berühmt wurde. Eines Tages blieb er durch eine Frau in München hängen. Dort hatte er nicht viel zu tun, und bald ergaben sich auch Schwierigkeiten bei seinem Spiel. Bobby litt unter Lungenemphysemen; das heißt, dass ihm viele Lungenbläschen geplatzt waren und er große Schwierigkeiten beim Atmen bekam.

Die Ärzte hatten ihm gesagt, dass seine Krankheit schon so weit fortgeschritten sei, dass er nur noch eine Chance zum Überleben habe, wenn er direkt an der Nordsee wohne. Bobby hatte natürlich kein Geld und konnte sich so eine Wohnung, geschweige denn die Möbel dafür, überhaupt nicht leisten.

Die Musiker der Big Band des NDR machten Benefizkonzerte für Bobby, und es kam auch genügend Geld zusammen, um sich Möbel davon zu kaufen. Der zuständige Redakteur der Hamburger Big Band versprach, Bobby genug Arrangement-Aufträge zu geben, dass er davon leben könne. Nur eine Wohnung an der Nordsee hatte er natürlich nicht. Also rief er mich an, da ich doch an der Nordsee wohne.

Ich fand eine Wohnung in einem schönen alten Reetdachhaus, schräg gegenüber von Hannes Waders Mühle. Hannes bezeichnete sich selbst als Folksänger und war auch sehr stolz darauf, das zu sein.

Mit Bobby Jones und seiner Freundin fuhren wir zu der Wohnung, die ich für ihn besorgt hatte, und zeigten sie ihm. Dann fragte ich ihn, wo er seine Möbel habe. Er hätte keine, sagte er. Wo denn das Geld vom NDR geblieben sei, fragte ich. Dafür hatte er sich sündhaft teure Mikrofone und Aufnahmegeräte gekauft.

Solch eine Wohnung in so einem alten Haus hatte natürlich keine Heizung. Regine und ich zogen los und kauften einen Ölofen und auch alle Möbel für die Wohnung, die wir Bobby und seiner Freundin zur Verfügung stellten. Als Bobby dann seine Wohnung völlig eingerichtet vorfand, nickte er nur befriedigt.

Ein, zwei Wochen später rief Hannes Wader bei mir an und fragte mich, was für einen bekloppten Ami ich ihm da vor die Tür gesetzt hätte. „Worum geht es denn?“, fragte ich. Hannes sagte, er habe seine neuen Nachbarn als Begrüßung zu einem Glas Wein eingeladen, wobei ihm Bobby Jones sofort erzählte, dass er Folkmusiker hasse und dass das alles Idioten seien.

Eines Tages war Bobby Jones nebst Freundin einfach verschwunden, und mit ihnen alle unsere antiken Möbel. Nur der Ölofen war noch da. Der war wohl zu schwer zu transportieren.

Seit Jahren waren wir mit der Sängerin Nana Gualdi befreundet. Als ich nun mein eigenes Studio hatte, erzählte sie mir, dass ein alter Fan von ihr sehr wohlhabend sei und dass der die Aufnahmen einer LP mit ihr bezahlen wolle. Diese LP könne man doch gut bei mir machen, sie wolle dann auch nur Titel von mir singen, denn meine Werke gefielen ihr so sehr.

Eines Tages stand sie mit ihrem Fan vor der Tür und wir beredeten drei Tage lang, wie ihre LP werden sollte. Ich war dagegen, normale, kommerzielle Musik mit ihr zu produzieren. Sie war eine hervorragende Sängerin, aber schon Anfang fünfzig, also gab es nur *eine* Chance auf Erfolg: Chansons für sie zu schreiben, und man schloss sich letztlich meiner Meinung an. Der Gualdi-Fan wollte natürlich so wenig wie möglich für die Produktion bezahlen. Eine einigermaßen aufwendige Produktion kostete damals um die fünfzigtausend Mark. Ich versprach ihm aber, das Ganze für zwanzigtausend machen zu können, ich wollte dann auch keine Studiomiete berechnen. Die zwanzigtausend wären reine Musiker-, Arrangement- und Tontechniker-Kosten gewesen.

Ich schrieb schon Titel für sie und wartete darauf, dass es endlich losgehen sollte, hörte aber nichts mehr davon. Nun war ich nie ein Drängler, aber nach einem halben Jahr fragte ich mal vorsichtig bei Nana an. Nana fing sofort an zu weinen und erzählte mir, dass sie von dem ganzen Projekt ihrem ehemaligen Mann Joe Menke erzählt habe. Joe Menke kannte ich auch seit Jahren, er war Produzent (*Truck Stop*), Komponist und Texter und besaß ein Riesenstudio. Eigentlich mochte ich ihn sehr gern, weil er einen richtigen Mutterwitz hatte, aber wenn es um Geld geht, ist so etwas alles weggewischt. Er hatte dem Gualdi-Fan erzählt, dass ich ein schlechter Songwriter und Produzent sei und er selbst mit Nana so etwas machen müsse.

Er produzierte mit Nana dann zwei Titel für sechzehntausend Mark, ganz normales Schlagergedöns, was er bei keiner Schallplattenfirma unterbringen konnte.

Nana weinte und war so traurig, nun hatte sie gar nichts mehr. Wobei sie mir so leid tat, dass ich ihr anbot, die Produktion auf meine Kosten mit ihr zu machen. Und so geschah es.

Ich schrieb zum Beispiel folgenden Text für diese LP:

Nun gehst du fort, ich weiß, es musste ja so kommen eines schönen Tages
Ich sag kein Wort, schau,
Denn ich wusste ja, nichts hält dich hier mehr

Und ich wag es nicht
Dich zu bitten, noch zu bleiben
Geschweige denn zu fragen, was dich treibt
weil dich nichts hält inmitten dieser Welt
die du verlassen musst, weil sie so bleibt

Es tut mir weh, jedoch du spürst es nicht
es ist doch klar, dass du jetzt gehn musst
Du sagst, ich geh
Ich schau in dein Gesicht
und mir ist klar, dass du es sehn musst
wie sehr ich leide, wenn ich sage
Ich wünsch dir alles Gute und viel Glück
Und jedes Wort nun meide, das sofort
Mich dir verrät nur für nen Augenblick

Du hast es gut, du gehst jetzt fort von hier
Im Wissen, du kannst wiederkommen
Wie gut das tut zu wissen
Du bist mir in keinem Falle ganz genommen
Es wird jetzt schwerer für dich werden, denn du bist jetzt auf dich allein gestellt
Die Welt für mich wird leerer ohne dich
Nicht viel gibt's mehr, was mich in Atem hält

Du bist jetzt frei, du gehst durch meine Tür hinaus und führst ein eignes Leben
Bitte verzeih, dass ich noch immer für dich denk, das wird's wohl länger geben
Das zu vermeiden wird nicht einfach
Denn ich tu's jetzt fast zwanzig Jahre schon
Lass uns sofort zerschneiden ohne Wort
Die letzte Nabelschnur zu dir
Mein Sohn

Nanas beide Söhne waren gerade dabei, das Haus zu verlassen, und so schrieb ich ihr quasi diesen Text auf den Leib.

Aber auch ich konnte diese LP nirgends unterbringen.

Nana war vollkommen fertig, denn nur eine veröffentlichte LP hätte sie wieder ein bisschen besser ins Geschäft bringen können, denn sie lebte ausschließlich von ihrem Gesang. Ich ließ die LP also selbst pressen, um mir einen Vertrieb zu suchen, in den ich die Produktion geben konnte. Nun wurde ein Vertrag aufgesetzt, in dem Nana Lizenzen zugestanden wurden, wenn die Produktionskosten eingespielt seien, also konnten wir beide erst dann etwas verdienen. Damals ein übliches Verfahren.

Nana hatte einen neuen Freund, der war Rechtsanwalt, mit dem müsse sie den Vertrag erst durchgehen, bevor sie unterschreibe. Die Unterschrift habe ich nie bekommen, also konnte ich, ohne einen Vertrag mit ihr, die LPs auch nie in einen Vertrieb geben.

Trotzdem habe ich ihr, als CDs modern wurden, noch welche pressen lassen und hoffte noch immer auf ihre Unterschrift.

Sie lebte damals davon, auf Kreuzfahrtschiffen aufzutreten.

Wieder einmal in Hamburg, rief sie mich an und bat darum, ihr doch noch einmal ein oder zwei dieser CDs zu schicken, denn sie habe keine mehr.

Bei dem Wort „mehr“ schwante mir doch etwas. Sie hatte sich diese CDs also nachpressen lassen und verkaufte sie auf den Kreuzfahrtschiffen.

Gut, sie hatte nicht viel, und ich hätte ihr wahrscheinlich auch gar nichts abgenommen dafür, aber das zu tun, ohne mich je zu fragen, hat mich doch schließlich sehr beleidigt. Und so fror das Verhältnis zu ihr ein.

Ein paar Mal hat sie mich in ihrem Leben noch angerufen und mich gefragt, was sie mir denn Böses angetan habe, weil ich mich doch nicht mehr meldete. Ich aber sagte nichts.

Regine meinte dann immer, ich müsse ihr sagen, was sie da Schofeliges getan habe, worauf ich immer sagte: „Was soll ich da noch böse Stimmung machen? Wer so mit mir umgeht und nicht einmal merkt, was daran böse ist, dem muss ich das nicht sagen, denn die allermeisten Menschen drehen sich Fakten doch im Kopf so, dass der andere der Böse und er selbst der Gute ist.“

In meinem früheren Studio, das nun in Hamburg aufgebaut war, machte ich mal wieder Aufnahmen, als ich mich abends, schon im Dunklen, über der Oevelgönne an der

Elbchaussee von der Taxe absetzen ließ. Ich bezahlte und stieg aus dem Auto. Da fielen mir ein paar Geldscheine aus dem Portemonnaie. Es war sehr windig und sie flogen in alle Richtungen. Nun fing ich mit meinen Adleraugen an, sie zu jagen und einzufangen. Der Verkehr auf der Elbchaussee strömte. Die Autos hupten und fuhren Schlangenlinien, und ich jagte mein Geld.

Solche Dinge laufen wohl automatisch im Kopf ab. Auf einmal merkte ich, dass irgendetwas in meiner Gedankenwelt nicht ganz richtig sein könne, wer setzt denn wegen achtzig Mark sein Leben aufs Spiel? So bekloppt konnte nur einer sein. Lange noch habe ich mich deswegen geschämt.

Die meisten Kritiken, die über meine Konzerte veröffentlicht wurden, waren gut gemeint, aber zu Konzerten schickte man wohl immer die ganz frischen Volontäre, die Meister des deutschen Wortes.

Nur an eine Kritik in meinem Leben kann ich mich erinnern, die gut geschrieben war und deren Verfasser auch etwas von Musik verstand, sie war nicht mal sonderlich wohlwollend mir gegenüber. Die meisten sogenannten Kritiker haben ihre Meinung über das, was sie hören sollen, schon längst gemacht. Zum Beispiel gab ich einmal ein Konzert in Stade im Schwedenspeicher; Stade ist nicht weit und ich bekam zwei verschiedene Kritiken zugeschickt. Der erste Schreiberling versuchte mich damit fertigzumachen, dass ich nur olle Kamellen gesungen hätte und wohl nichts Neues geschrieben habe. Der Zweite aber, potzblitz, rügte, dass ich den Leuten lauter neue Stücke zugemutet hätte und die „schönen" alten Stücke dem Publikum vorenthielt.

Unser Bassist sagte bei einem Konzert einmal in der Pause: „Der Kritiker ist schon weg." Ich fragte ihn: „War das der, der mich vor dem Konzert nach dem Programm ausgefragt hat?" „Ja der", sagte Jan.

Am übernächsten Tag stand eine wohlwollend gesinnte Kritik in der lokalen Zeitung, nur die zweite Hälfte sei sehr schwach gewesen.

Auf der Bühne wechselte ich oft zwischen der sechssaitigen und der zwölfsaitigen Gitarre. Ein „Kritiker" schrieb, dass ich öfter die Gitarre ohne Grund wechselte, denn zwischen den Instrumenten sei optisch wie akustisch kein Unterschied festzustellen. Ein echter Kenner also.

Viele solcher Beispiele könnte ich jetzt geben, denn viele „Kritiken" wurden mir nachher zugesandt. Aber über Stümper will ich mich nicht weiter auslassen.

Nun glaubte ich immer, dass Leute, die die Musikkritiken schrieben, mit der Zeit besser ausgebildet würden – weit gefehlt. Im Rundfunk und Fernsehen werden einem oft Bands mit neuen Liedern und neuen Texten vorgestellt, die absolut sensationell Neues brächten. Das Neue daran ist, dass die Herrschaften nicht mal ihre Instrumente richtig festhalten können, sie nicht einmal richtig reimen können und *Hänschen klein ging allein* eine melodiöse Großtat gegen deren Stücke ist.

Aber ich bin ja nur ein alter Knacker, der das gute Neue einfach nicht versteht.

Als ich an der Hamburger Musikhochschule lehrte, wären solche Leute mit Krach durch die Aufnahmeprüfung gefallen.

Durch einen alten Freund bei der DPA war ich darauf gekommen, dass alle deutschen Tageszeitungen mit Artikeln von der DPA beliefert wurden, die sich dann jemand von der jeweiligen Zeitung unter den Nagel riss, zwei, drei Sätze veränderte und die dann unter seinem Namen in der Zeitung veröffentlichte.

Es kam mir die Idee, die Kritiken über die neu veröffentlichten Alben selbst zu schreiben und an die DPA zu liefern. Das funktionierte gut. Meine LPs waren komischerweise seitdem im deutschen Pressewald immer sehr gut besprochen.

Der Verkauf der gelobten LPs erhöhte sich aber kein bisschen. Selbst wenn positive Kritiken (nicht von mir) im *Spiegel* standen, erhöhte sich die Verkaufszahl nicht.

Eine neue Produktion von mir sollte *Das Nordlicht* heißen. Ich machte mir Gedanken darum, wie man über die Presse doch etwas für solch eine Produktion erreichen könne. Ich ließ extra Fotos von mir machen, die mich in Situationen zeigten, die zu der Platte passten, und schrieb immer einen Artikel dazu. Diese lieferte ich an die Polydor mit der Bitte, sie in vierzehntägigem Abstand an die DPA weiterzureichen. Das vordere Cover, so hatte ich mir ausgedacht, sollte eine Rötelzeichnung von mir sein, mit einer Windrose daneben. Ich hatte das mit der Polydor abgesprochen und man hat mir ein deutliches „Ja" gesagt. Als der Künstler nun die Zeichnung an die Polydor abschicken wollte, fragte ich ihn, wie hoch denn seine Rechnung sei. Er sagte: „Dreihundert Mark." „Das ist die Polydor", sagte ich, „da nimmst du tausend."

Die Polydor-Jungs konnten sich mal wieder an nichts erinnern und schickten ihm seine Zeichnung zurück. Nun kam er zu mir und wollte nicht etwa die zuerst genannten dreihundert Mark, sondern die tausend von mir haben. Ich war einfach nicht lernfähig.

Die Polydor schickte einen Fotografen zu mir, der den ganzen Tag mit mir durch Nordfriesland hetzte und Bilder mit mir am Deich, in den Dünen, im Vorland, am Strand und am Leuchtturm schoss. Es sollte eben ein typisch friesisches Cover werden. Auf der Hülle war dann später nur ein Porträt von mir, was total friesisch war, weil ich doch ein Friese bin.

Auf der Rückseite der LP waren die ganzen Bilder und Storys, die für die DPA gemeint waren. Wieder unter dem Motto: Alles verstehen heißt alles begreifen.

In unserem Haus war, wie gesagt, immer viel los. Unangemeldet standen viele Leute vor der Tür, und manchmal, wenn wir auswärts waren und nach Hause kamen, saßen Leute auf unserer Terrasse und tranken unseren Schnaps und unser Bier. Wir hatten ja nie abgeschlossen.

Regines Alkoholkonsum steigerte sich langsam, und wenn sie dann zu viel getrunken hatte, verstand sie vieles falsch und wurde aggressiv. Da ich ein sehr ungeduldiger Mensch bin, kam es oft zu heftigem Streit. Das heißt nicht, dass wir uns nicht mehr liebten, die Umstände waren einfach nicht gut, und so schrieb ich für sie das Lied *Ohne dich zu sein*:

Ohne dich zu sein, wenn wir uns trennen
Lern ich nie, glaub mir doch
Mag mein Feuer auch nicht mehr heiß brennen
Irgendwie brennt es noch

Wenn du gehst ohne Wort
Nimmst du viel mit dir fort
Was noch Glut war, glimmt kaum mehr vor sich hin
Auch wenn du es nicht oft spürtest, weil ich voller Fehler bin
Warst immer du und bleibst mir stets im Sinn

Dass es Gründe gibt, um fortzugehen
Weiß auch ich, glaube mir
Trotz der Fehler, die wieder geschehen
Bitt ich dich, bleibe hier

Wenn du gehst ohne Wort
...

Angst zu haben, dich ganz aufzugeben
Brauchst du hier bei mir nicht
Eher bitt ich dich, mir zu vergeben
Und verlier mein Gesicht

Wenn du gehst ohne Wort
...

Mit mir verheiratet zu sein, war bestimmt nicht leicht. Ich bin eben ein ungeduldiger Eigenbrötler.

Auch meinem Sohn habe ich wohl nicht sehr gefallen. Viel zu wenig habe ich mich mit ihm abgegeben, und wenn er Mist machte – Kinder machen viel Mist –, bestrafte ich ihn mit Nichtachtung. Regine hatte mir schließlich jedwedes Eingreifen in die Erziehung verboten.

Es gab früher beim WDR am Sonntagmittag eine Stunde im Programm, in der internationale Folk-Gruppen aus Spanien, Irland, Griechenland und den damaligen Ostblockstaaten live spielten und sangen. Pro Sendung jeweils nur eine Band, die sich dann richtig ausmären konnte. Eines Tages wurde auch der nordfriesische Exot Knut Kiesewetter mit Band eingeladen.

Die Gage hielt sich in einem sehr bescheidenen Rahmen, aber die Redakteurin, Margot Goossens, die mich einlud, kannte ich gut und mochte ich sehr. Also sagte ich zu.

Da das Konzert, wie gesagt, sonntags schon am Mittag war, wollten wir natürlich am Tag vorher anreisen und in Köln übernachten.

Nun fragte ich, ob uns der WDR Hotelzimmer besorgen könne. „Kein Problem", war die Antwort. Wir sollten doch das Hotel Schmitz nehmen, das sei dicht beim WDR und man brächte dort alle Gruppen, die in dieser Sendung spielten, unter.

Natürlich wollten wir am Sonnabend schon rechtzeitig in Köln sein, um noch ein paar Kölsch zu verzehren, aber wir verspäteten uns. Wir waren abends um neun Uhr in Köln und fingen an, das Hotel zu suchen, aber das dauerte sehr lange. Die angegebene Straße stellte sich als schmale, schmuddelige Straße heraus. Es wies kein Licht auf ein Hotel hin, und dabei war es doch Sonnabendabend. Wir fanden zwar die Hausnummer, aber vom Hotel keine Spur. Nachdem wir bestimmt zehn Mal die Straße rauf- und runtergefahren waren, entschloss ich mich, dort einfach zu klingeln und nach dem Hotel Schmitz zu fragen. Es war inzwischen halb zehn Uhr abends.

Ich klingelte und es ging ein Licht an. Ein Mann in einem Bademantel kam die Treppe herunter und schloss die Tür auf. Auf meine Frage nach dem Hotel antwortete der freundliche Herr: „Dat is hier, aber warum kommen Se denn so spät?"

Wir bekamen unsere Zimmerschlüssel. Ich betrat ein ungefähr zehn Quadratmeter großes, mit rotem Linoleum ausgelegtes Zimmer. In der Ecke stand ein Sperrholzbett, davor ein Stuhl, an der Wand war ein Garderobenhaken und in der Ecke neben der Tür ein blaues Waschbecken. Über allem hing an einem Draht eine nackte elektrische Birne.

Ich stieg die Treppe hinunter und klopfte nach Herrn Schmitz, der mir öffnete und unwirsch fragte: „Wat wollen Se denn noch, isch bin am Fernsehen?“ Ich fragte nach einer Dusche. „Die is noch ein Stockwerk höher, Zimmer zehn.“

Wir gingen gleich ins Bett, denn unser zuvorkommender Wirt war nicht bereit, uns noch einmal hinaus-, geschweige denn wieder hereinzulassen.

Am nächsten Morgen ging ich ins Bad, dort befand sich keine Dusche, sondern nur eine alte Wanne. Die ließ ich also volllaufen – es dauerte eine Ewigkeit. Auf dem Boden der Wanne war eine Gummimatte mit Saugnäpfen angeklebt. Als ich mich in die Wanne legte, sah ich, wie dicke dunkle Flocken unter der Gummimatte hervorquollen. So flink bin ich wohl noch nie aus einer Wanne gekommen.

Stumm gingen wir zum WDR. Als wir dort gefragt wurden, ob uns unser Hotel gefallen habe, kam von uns ein Sturm der Entrüstung, worauf uns die zuständige Redakteurin sagte, dass sie das Hotel zwar noch nicht gesehen habe, aber wir uns doch nicht so anstellen sollten, noch keiner der Musiker, die man vor uns dort hingeschickt hatte, habe sich je über das Hotel Schmitz beschwert.

Als ich längst nicht mehr in den *Riverkasematten* spielte, gehörte ich doch noch zu den Stammgästen. Dort traf ich eines Tages einen Mann, der Steuerberater war und außerdem ein großer Jazzfan. So etwas verbindet. Er wurde also unser Steuerberater.

Langsam entwickelte sich mein „Einkommen“ und dieser Steuerberater beschied uns, dass es so nicht weiterginge, siebenundfünfzig Prozent Steuern seien einfach zu viel. Wir sollten uns doch Abschreibeobjekte anschaffen.

Damit wollten wir zuerst überhaupt nichts zu tun haben, aber er blieb dabei, dass wir so etwas machen müssten, man könne dabei überhaupt kein Geld verlieren, sondern nur gewinnen. Er habe sich schließlich auch so eine Abschreibewohnung gekauft. Wir gaben unserem „Freund“ nach. Die Verträge zu diesen Wohnungen waren so gehalten, dass diese vermietet wurden und dass sie sich dadurch selbst trügen. Wir konnten also keinen Pfennig verlieren. Auch wenn die Wohnungen nicht vermietet wären, würde eine Firma in Heidelberg dafür sorgen, dass kein Verlust entstehen könne.

Zum Schluss hatten wir zehn Wohnungen in Deutschland, die wir nie gesehen haben.

Die Firma, die uns diese Wohnungen mit den ach so günstigen Verträgen angedreht hatte, ging pleite, machte sofort eine Nachfolgefirma auf, die wiederum diese Wohnungen übernahm, nur die Verträge galten mit der neuen Firma nicht mehr. Wir saßen auf einmal da mit über einer Million Mark Schulden. Unser Steuerberaterfreund hatte bei dem Verkauf immer kräftig Provisionen kassiert.

Unser Sohn ging inzwischen aufs dänische Gymnasium in Flensburg. Von dort brachte er ab und zu ein Geschwisterpaar mit, die dann von ihrem Vater auf dem Fresenhof abgeholt wurden. Der Vater erzählte uns, dass er Steuerbevollmächtigter und studierter Wirtschaftsprüfer sei, er trug sogar einen Doktortitel. Er wolle unbedingt einmal in unsere Steuerunterlagen schauen, schlug die Hände überm Kopf zusammen und sagte, dass ein totaler Trottel unsere Steuerangelegenheiten führte. Wir übergaben ihm alles.

Regine und ich waren in vielen Dingen fast deckungsgleich, beide hatten wir keine Menschenkenntnis. Wir kamen also gar nicht darauf, dass wir mit dem berüchtigten Berufsverbrecher Roland Raubritter sprachen. All seine Titel waren erdacht, aber darüber noch weiter zu schreiben, macht mich zu traurig. Er kostete uns natürlich eine Riesenmenge Geld.

Wir hatten längst festgestellt, dass sich die Moral der Menschen im Laufe unseres Lebens sehr gewandelt hatte. Wenn man im Beisein anderer einmal auf jemanden zu sprechen kam, vor dem wir nur warnen konnten, weil er einen sofort betrog, falls man nicht aufpasse, hörte man sehr oft den Einwand, dass dieser aber sehr viel besitze, und in den Worten klang schon Bewunderung.

Wir aber wussten schon lange, dass man furchtbar aufpassen muss, wenn man jemandem die Hand reicht. Wir kamen aber in langen Diskussionen zu dem Schluss, dass allzu große Vorsicht den Charakter vergiftet und den Lebensgenuss stark einschränkt. Wir beschlossen also, so zu bleiben, wie wir waren.

Bill Ramsey machte eine Zeit lang Konzerte mit dem Mainzer Gitarristen Juraj Galan. Als in den 80er-Jahren Bills alte deutsche Schlager wieder modern wurden, wurde er wieder sehr oft engagiert, sodass er die kleinen Konzerte mit Juraj Galan nicht mehr weiterführte.

Ich hatte Juraj inzwischen kennengelernt, wir fanden uns sympathisch und mochten uns auch musikalisch gegenseitig gern. Zu Konzerten mit ihm fuhr ich immer mit der Bahn und konnte deswegen meine Instrumente nicht in Koffern mitführen, denn ich wollte ja auch noch den Koffer mit meinen persönlichen Dingen transportieren, also kamen meine Instrumente nur in Taschen, die ich mir dann umhängen konnte.

Auf der Rückfahrt von Mainz nach Hause packte ich Koffer und Taschen auf die Gepäckablage und hatte mir in meiner Cleverness überlegt, dass so ein Zug auch mal kräftig bremst, und deswegen die Instrumente in Gegenfahrtrichtung gelegt. Diese Cleverness hielt aber nur bis Frankfurt. Frankfurt hat einen Sackbahnhof, und schon lagen die Instrumente auf der falschen Seite.

Eine ältere Frau aus Köln war zugestiegen und saß mir gegenüber; dass sie aus Köln war, hörte ich schnell an ihrem Dialekt.

Eine sündhaft teure Roland-Oetter-Gitarre hatte ich

mir gekauft und führte sie natürlich bei solchen Konzerten auch immer mit mir.

Roland Oetter war zu der Zeit wohl der beste Korpus-Gitarrenbauer der Welt.

Nun passierte das, was passieren muss. Der Zug ruckelte plötzlich, weil er wohl scharf gebremst hatte, die Gitarre fiel zwei Meter tief und es entstand der Klang von berstendem Holz. Ich schrie laut: „Meine Gitarre! Meine Gitarre!“, nahm die Tasche hoch, öffnete sie, und schon ragten mir einzelne Splitter entgegen.

„Spielen Se doch mal drauf, vielleischt jeht sie ja noch“, sagte die Alte und ich konnte selbst in dieser Situation darüber lachen.

So eine Gitarre bekam ich nie wieder, denn Roland Oetter war inzwischen schon längst nicht mehr am Leben.

Viele sogenannte Kollegen hatte ich während ihrer Karriere reifen sehen, ihre Charakterzüge änderten sich. Es ist mir aber nicht einmal passiert, dass diese Züge sich ins Positive geändert hätten, viele wurden arrogant und unausstehlich. Der Schweizer Schriftsteller Max Frisch hat in diesem Fall gesagt: „Erfolg verändert nicht den Charakter, er stellt ihn nur bloß“; ich kenne nichts Treffenderes.

Beim ZDF hatte ich zu tun und auch die *Horst-Jankowski-Big-Band* war in der Show. Die meisten der Musiker kannte ich seit Jahren. Auf einmal stand im Flur der Berliner Baritonsaxophonist Helmut Brandt direkt neben mir. Ich sagte: „He, Helmut, wie geht’s dir?“ Er sah mich an und sagte unsicher: „Wer biste denn?“ Worauf ich: „Aber Helmut, wir kennen uns doch seit Jahrzehnten.“ Er: „Ja und, wer biste?“ „Wir haben doch schon 1963 in der Fernsehsendung *Die deutschen Jazzpollwinners* zusammengearbeitet“, antwortete ich. „Ne, weeß ik nich“, sagte er. „Helmut, ich bin Knut.“ „Watt fürn Knut?“, fragte er, mit immer noch verständnislosem Blick. „Knut Kiesewetter.“ „Mensch, du hast dir ja jar nich verändert.“

Regine lag im Krankenhaus in Westerland. Ich fuhr also so oft ich konnte vom Bahnhof Bredstedt nach Westerland, um sie ein wenig aufzuheitern. Als ich einmal den Zug besteigen wollte, kam mir eine ältere Frau entgegen und schrie laut: „ Das ist Knut Kiesewetter! Das ist Kiesewetter! Den habe ich sofort am Gesicht erkannt!“

Auf der einstündigen Fahrt nach Sylt quälten mich die Gedanken, was ich denn sonst dieser Frau von mir schon alles gezeigt haben könnte.

Greetje Kauffeld ist meiner Meinung nach eine fantastische Sängerin: In den 60er-Jahren war sie in Deutschland (sie ist Holländerin) ein richtiger Star. Schon damals hatten wir ab und zu im Rundfunk und Fernsehen gemeinsame Auftritte, und wir sangen auch Lieder gemeinsam, nur sie eine Strophe und ich dann eine Strophe – nie parallel. Anfang der 80er-Jahre hatten wir eine gemeinsame Fernsehsendung für den Hessischen Rundfunk, in dem wir das Stück *Just you – just me* parallel singen sollten.

Der Arrangeur hatte sich „eine Krücke“ ausgedacht. Zwischen dem A- und dem B-Teil hatte er ein Zwischenspiel von $3^1/_2$ Takten geschrieben, was jedem normalen Musiker total gegen den Strich geht. Als Solist stehst du vorm Orchester und hast keine Noten, an die du dich halten kannst. Also mussten wir den Einsatz einüben. Und Greetje hatte ihre Schwierigkeiten damit. Das war für mich leicht zu verstehen, denn wie gesagt: Der Zwischenteil war ungewöhnlich.

Wir wohnten in einem kleinen Motel neben dem Hessischen Rundfunk, und Greetje kam immer noch mal in mein Zimmer, das neben ihrem lag, um mit mir den Einsatz zu üben. Sie hatte bei den Proben das Arrangement auf Kassette mitgeschnitten.

Da ich ja auch Instrumentalist bin, hatte ich wohl ihr gegenüber einen Vorteil und ich zeigte ihr den Einsatz immer noch mal.

Endlich war der Live-Auftritt gekommen, und wir standen nebeneinander und sangen *Just you – just me*. Jetzt kam die bestimmte schwierige Stelle. Ich konzentrierte mich ganz auf sie und sie sang den Einsatz total sicher, als wenn sie nie etwas anderes gemacht hätte. Nur ich hatte meinen dabei längst verpasst.

Jahrelang hatte ich keine eigene Jazzband mehr. Nachdem ich aber 1981 mein Studio verkauft hatte, suchte ich mir alte Kumpels zusammen, um wieder eine Jazzband aufzumachen. Es war Juli, als mich ein Ostfriese anrief, der jetzt die Bands für die Hamburger *Fabrik* engagierte. Ich fragte ihn nach der Höhe der Gage, worauf er erklärte, dass das darauf ankäme, wie viele Leute mich hören wollten. „Aber doch nicht im Juli“, sagte ich, „da sind die Hamburger in den Ferien.“ Er beteuerte, dass im Juli so viele Touristen in Hamburg seien, dass die *Fabrik* dann immer gut besucht sei. Ich glaubte ihm kein Wort, suchte aber nach Auftrittsmöglichkeiten für die Band, damit wir uns einspielen konnten. Also schietegol, dachte ich und sagte zu.

Schon lange hatte ich mir vorgenommen, nie wieder auf Eintrittsbasis zu spielen, weil das für Betrügereien Tür und Tor öffnet. Ich verletzte mal wieder ein Prinzip von mir, das musste doch in die Hose gehen.

Als wir vor der *Fabrik* ankamen, stand dort ein „Fabrikarbeiter“ vor der Tür, auch ihn kannte ich schon von früher, er aber meinte es gut mit mir und fragte mich, was ich denn dort wolle. „Im Juli ist die *Fabrik* doch immer leer.“ Das regte mich nicht sehr auf, damit hatte ich ja schon gerechnet und die Gründe dafür, dass ich es trotzdem machte, habe ich ja schon genannt.

Als wir unsere Instrumente aufgebaut hatten, suchte ich meinen Ostfriesen, der mich offensichtlich mal wieder hatte reinlaufen lassen, fand ihn aber nicht, er hatte sich verdrückt.

Jetzt wurde die *Fabrik* fürs Publikum geöffnet und die Menschen strömten nur so herein. Es waren wohl genug Leute in Hamburg, die mich mal wieder jazzen hören wollten. Die zweithöchste Gage meines Lebens habe ich dort kassiert. Und in diesem Falle freut einen das ganz besonders.

Regine trank allmählich immer mehr, und wenn sie genug intus hatte, fing sie an zu meckern und zu streiten. Die ersten Jahre wehrte ich mich oft verbal gegen ihre Streitsucht und ging zürnend ins Bett, aber dann wurde mir wieder klar, was für eine tolle Frau sie eigentlich war und dass sie wohl der einzige Mensch war, der mich je geliebt hat. So schrieb ich diesen Text:

Trübsinn schon am Morgen
So viel fehlt mir zum Glück
Wieder mal ein Tag so grau und leer
Doch trotz aller Sorgen
Denk ich an dich zurück
Fällt mir nur noch alles halb so schwer

Manche Leute geben und wollen nichts zurück
Was du gabst, war voller Zärtlichkeit
So kam in mein Leben ein kleines Stück vom Glück
Das du lächelnd gabst zu jeder Zeit

Denk ich an dich, hör ich ein Lachen, das die Welt erhellte
Was auch kam, dein Lachen ließ dich nicht im Stich
Du warst das Geschenk des Schicksals nur für mich
Wenn ich daran denk – denk ich an dich

1956 hörte ich zum ersten Mal das Posaunenduo *J. J. Johnson and Kai Winding*. Nicht nur vom Spiel der beiden war ich begeistert, sondern auch davon, wie interessant man für zwei Posaunen arrangieren kann. Jahrelang habe ich in derselben Besetzung gespielt und alle Platten dieses Posaunenduos gesammelt.

Eines Tages traf ich bei einem Festival Kai Winding. Natürlich habe ich ihn sofort in ein Gespräch verwickelt und ihm erzählt, wie viele Alben ich von den beiden besäße. Wir fanden heraus, dass mir nur eins fehlte, und er lud mich zu sich ein, dann könnte ich das fehlende Album von ihm bekommen. Leider habe ich das Album bis heute nicht, er starb kurze Zeit danach.

Kai war ein richtiger Gentleman, gut gekleidet und zurückhaltend. Ich erzählte ihm, dass mein Sohn zur dänischen Schule ginge, worauf er sehr erstaunt fragte, wie das komme. „Wir wohnen genauso weit von der dänischen Grenze entfernt wie du früher“, sagte ich. „Bei uns gibt es Schulen für die dänische Minderheit.“ Kai stammte eigentlich aus dem dänischen Örtchen Varde, bevor seine Eltern mit ihm, zwölfjährig, nach Amerika gingen. „Dann kann dein Sohn ja richtig Dänisch“, sagte er. „Ja, natürlich“, antwortete ich. „Kannst du denn auch Dänisch?“, fragte er. Jetzt ich wieder: „Nicht wirklich, aber ich verstehe das meiste.“ Er: „You ought to know Danish is a horrible language.“

Ende der 80er-Jahre, irgendwann im Juli, rief mich ein NDR-Redakteur an, ob ich nicht bei der Hans-Rosenthal-Silvestershow im Deutschen Haus in Flensburg mitmachen wolle. Ich mochte Hänschen Rosenthal, wohl auch wegen seiner Liebe zu Nordfriesland, also sagte ich zu.

Normalerweise sind diese Anstalten des öffentlichen Rechts sehr korrekt, und ich hätte spätestens nach vierzehn Tagen den Vertrag dafür bei mir haben müssen. Es geschah aber nichts und ich strich die Silvestermucke wieder aus meinem Kopf.

Freunde wollten über Weihnachten und Silvester nach Österreich in den Schnee fahren und fragten, ob wir nicht mitkämen. Wir sagten ja und buchten die ganze Geschichte.

Im Dezember rief wieder der Redakteur vom NDR an und sagte mir, welches Hotel er für mich gebucht habe. „Hotel für was?“, fragte ich „Na, die Hans-Rosenthal-Silvestershow“, erwiderte er. „Dafür habe ich nie einen Vertrag bekommen und bin deswegen dann in Österreich in Urlaub.“ Jetzt ging die Erpresserarie wieder los. „Wenn du da nicht erscheinst, wirst du nie wieder vom NDR engagiert.“

So musste ich also von Goldeck (Österreich) nach München mit dem Zug fahren, mit dem Flugzeug nach Hamburg, mit dem Zug nach Husum, mit dem Taxi zum Fresenhof, meine Gitarre holen, mit dem Taxi zurück zum Husumer Bahnhof und dann mit Umsteigen mit dem Zug nach Flensburg. Das Ganze natürlich am nächsten Tag auch wieder zurück.

Warum die Gitarre? Die NDR-Leute hatten die Big-Band-Arrangements zum Radio Helsinki geschickt, bei dem ich im Januar auftreten sollte, also musste ich wegen deren Fehler mal wieder allein mit der Gitarre vor der nicht spielenden Big Band stehen, in der inzwischen der amerikanische Saxophonist Herb Geller saß, direkt hinter mir. So konnte ich also gut, wie vor über zwanzig Jahren, sein mutmachendes „Yeah man“ hören.

Weil ich ja kein Stück mit der Big Band sang und man eine Stimme und eine Gitarre doch in sehr kurzer Zeit für die Anlage einstellen konnte, war ich zum Probetag am dreißigsten Dezember nicht erschienen, deswegen zog man mir später die Hälfte der Gage ab, ich war ja nicht zwei, sondern nur einen Tag da. Ja, das sind Mucken, die sich lohnen.

Auch eine kleine Band spielte dort Salsa-Musik, das machten die Jungs sehr gut, aber am meisten fiel mir auf, wie dick der Trompeter und der Posaunist waren. Ich sollte sie später wiedersehen.

In Holzminden gibt es einen regen Jazzclub, der von einem Arzt geleitet wird. Ein paar Mal war ich mit Jazzband dort engagiert, und weil das Ganze so familiär war, hat es meinem Sextett und mir viel Spaß gemacht, dort zu spielen.

Nach einem Konzert saß ich mit Gitarrist Ulf Maier an der Bar, als ein aufgewecktes Kerlchen an uns herantrat und mir ein Gespräch aufzwang. Er fragte mich irgendetwas, was ich wohl nicht wusste und auch keine Lust hatte, ihm zu beantworten. Ich benutzte einen Ausdruck, der sonst nicht zu meinem Vokabular gehört, ich sagte höflich, wie ich nun mal bin: „Das kann ich ad hoc gar nicht so beantworten.“ Er stand da, stocksteif, fing an zu grübeln, und ließ sich zu folgenden philosophischen Betrachtungen hinreißen: „Ad hoc, das heißt doch jetzt, sofort, im Gegensatz zu Schdande Päi." „Im Gegensatz wie denn?" „Schdande Päi, das ist doch mehr langsam. So von hinten durchs Auge. Aber ad hoc das ist ganz plötzlich. Jetzt und aus." Ulf und ich stimmten ihm unumwunden zu. Er konnte aber nicht aufhören zu philosophieren. Nach einer Viertelstunde haben wir uns wortlos verdrückt, begrüßen uns aber heute noch mit ad hoc und Schdande Päi.

Wenn es um die plattdeutsche Sprache geht, kennen die Plattdeutsch Sprechenden kein Pardon, nur ihr eigener Dialekt, und es gibt viele, ist der richtige und das wahre Platt.

Da ich auf Eiderstedt aufgewachsen bin, kann ich natürlich nur das Eiderstedter Platt. In der Gegend des Fresenhofs spricht man Bredstedter Platt, was für mich ein hässliches Platt ist. Außer der Aussprache, die für mich unschön klingt, sind für mich viel zu viele hochdeutsche Wörter eingeflossen, auch friesische und dänische Wörter sind darin.

Für Fiede Kay klang mein Plattdeutsch genauso hässlich wie umgekehrt. Ich konnte für ihn gar kein Platt. Ab und zu habe ich mich dafür gerächt.

Bei dem Lied *Dat Du mien Levste büst* fängt die letzte Strophe mit „wenn denn de Morgen graut" (wenn dann der Morgen graut) an. Das sei falsches Plattdeutsch, behauptete Fiede, richtig müsste es „wenn denn de Morgen gruht" heissen. Klugscheißer, dachte ich und ließ ihn das singen. Nun singt er das bis in alle Ewigkeit, bloß so heißt es: wenn dann dem Morgen graut.

Fiede Kay genügte seine Kneipe in Bredstedt nicht mehr, und so pachtete er sich auch noch eine in Flensburg am Hafen. Der Vermieter war ein Däne namens Kay Uwe Jensen. Kay Uwe Jensen war ein Antiquitäten-Verrückter, und so hatte er die Hafenkneipe antik eingerichtet, mit Wandpaneelen und eingebauter Standuhr und sonstigen noch sehr schönen Sachen. Es war die schönste kleine Kneipe, die ich je sah. Ich musste meinem Freund Fiede natürlich wieder helfen, und so spielten ein paar andere Jazzer und ich einmal in der Woche bei Fiede, selbstverständlich ohne Gage. Ein paar der Musiker meinten, man solle sich doch wenigstens von Fiede das Fahrgeld ersetzen lassen, ich überredete sie, das nicht zu tun: „Wenn hier am Hafen mal Leute reinkommen, die breit sind und uns richtig stören beim Spielen, können wir einfach einpacken und gehen."

Eines Tages war es so weit. Ein paar junge Leute setzten sich direkt vor uns und fingen an, sich sehr lautstark zu unterhalten. Als einmal eine Lücke entstand, fragte ich: „Stört euch unser Spielen eigentlich sehr?" „Nee, so sehr dann doch nicht", antwortete man uns. Ich gab ein Zeichen, wir packten ein und verschwanden.

Fiede hat die Kneipe dann auch bald aufgegeben, und heute ist da kein Lokal mehr.

Wir aber hatten uns an das wöchentliche Spielen gewöhnt und freuten uns darauf. Mein Freund Helge Schmedeke, ein Flensburger Freund noch aus den 50er-Jahren, der bei uns Klavier spielte, kannte ein anderes Lokal in ähnlicher Größe, in dem man die Jazzerei gut weiterführen konnte. Wir taten es ein paar Monate. Damit der Bassist nicht jedes Mal seinen großen Bassverstärker mitschleppen musste, kaufte ich einfach einen und stellte ihn dort ab. Desgleichen kaufte ich einen Verstärker für das E-Klavier und ließ Posaunendämpfer und Ständer die Woche bis zum nächsten Mal in dem Laden stehen.

Ein riesendicker Schwarzer erschien an einem Abend in dem Lokal und fragte Helge, ob er ihn bei ein paar Schnulzen (er benutzte das Wort natürlich nicht) begleiten könne. Helge, ein überaus freundlicher, höflicher Mensch, bejahte und musste diese schrecklichen Nummern dann mit ihm spielen. Wenn dieser Riese wenigstens noch eine schöne Stimme gehabt hätte, wäre es ja noch erträglich gewesen, aber sein Gesangsorgan hatte den Klang einer Kindertröte. Die Leute aber standen auf den Stühlen und kreischten vor Begeisterung.

Regine meinte, wir sollten doch jetzt ruhig nach Hause fahren, und ich war voll und ganz einverstanden.

Als wir das nächste Mal in Flensburg waren, wollte ich meine Verstärker und mein Equipment abholen. Das Lokal war aber geschlossen und die Wirtin, wie all die Dinge, die von mir noch dort standen, verschwunden. Auch hier stimmte mal wieder der Satz: Jeder Gefallen rächt sich.

Der Oluf-Samson-Gang war die Puffstraße am Flensburger Hafen. Unser Junge war sechzehn und besuchte in Flensburg das dänische Gymnasium. Dort war er auch im dazugehörigen Internat, was ihm gar nicht gefiel.

Nun sollten die alternden Nutten aus dem Oluf-Samson-Gang vertrieben werden und in einem neuen Haus am Hafen arbeiten. Wir wollten uns im Oluf-Samson-Gang ein kleines Häuschen kaufen. Weil kein Zuhälter Geld in Häuser steckt, sondern nur so viel Geld wie möglich da herausziehen möchte, war an den dreihundertjährigen Häuschen so gut wie nichts verändert. Davon wollten wir eins kaufen, renovieren lassen und unserem Sohn zur Verfügung stellen.

Nun, oh Wunder, kämpften grüne Emanzen für den Erhalt des alten Puffs, es wurde eine öffentliche Diskussionssitzung anberaumt. Eine grüne Emanze übernahm die Wortführung. Diese Oberkeife bestimmte die Diskussion, und auch die älteren Puffgänger, die erschienen waren, wurden von ihr thematisch in das richtige Fahrwasser gezwängt. Ich staunte darüber, was für Koalitionen entstehen können. Als es nun zum Schluss zur Abstimmung kam, waren über achtzig Prozent der Anwesenden für den Erhalt des uralten Puffs und dessen antiker Unterhaltungsdamen.

Kaum war die Abstimmung vorüber, zog die Obergrüne einen bedruckten Bogen heraus, um davon vorzulesen, was hier gerade besprochen wurde und zu welchem Ergebnis man gekommen sei.

So funktioniert also Demokratie, staunte ich.

Als es dann auf einmal mit der Atomraketennachrüstung (Pershing gegen SS20) losging, war ich mit vielen anderen in Deutschland voll und ganz dagegen, dass man zum zwanzigfachen menschlichen Overkill noch einen einundzwanzigsten hinzufügen solle.

In der *Westfalenhalle* in Dortmund war ein großes Konzert gegen diese Pershings und alles war da. Auf dem Gang hinter der Bühne kam Regine aufgeregt auf mich zugerannt und sagte, sie habe gerade dem schönsten Mann der Welt den Weg zur Toilette gezeigt. Es handelte sich um Harry Belafonte.

Die Veranstaltung war schön, die Künstler waren meistens toll, das Publikum war begeistert, nur ich fragte mich immer, wie viele Raketen man wohl nach so einem Konzert abbauen würde. Der Hamburger würde sagen: „Das ist doch alles tüdelüt."

Einen kleinen Erfolg feierte ich zur gleichen Zeit an der Uni in Hamburg-Harburg. Dort war ein sogenannter Friedenskongress. Während meines Vortrages erkannte ich, dass die ganze erste Reihe vor mir mit Bundeswehrsoldaten besetzt war. (Das konnten keine Eisenbahneruniformen sein.)

Es gibt ein Lied von mir, das heißt: *Wo bleibt da der Zusammenhang*.

Die letzte Strophe lautet:

Es ging ein Mann zu den Soldaten
Es hatten alle ihm nur zugeraten
Denn zwischen Panzern und Granaten
Lebt man ein Leben ziemlich sorgenfrei

Will man dem Feind den Plan verderben
Legt man des Feindes Land in Schutt und Scherben
Das tut man, will man selbst nicht sterben
Hat er gelernt, er dachte nichts dabei

Doch dass schon bei fast jedem Schuss
Ein Mensch sterben muss
Hat ihn schließlich sehr gehärmt
So hat er von der Truppe sich
Ganz unauffällig und unerlaubt entfernt

Es nahm sich der Soldat das Leben
Was kann es dabei denn zu wundern geben
Er nahm sich einfach nur das Leben
Er hatte töten schließlich doch gelernt

Bei dieser Strophe stand die ganze erste Reihe auf und verließ den Saal.

Ich hatte etwas bewegt. Ein wirklicher Erfolg.

Als der Herr Gorbatschow in der Sowjetunion an die Macht kam, fing das Weltbild sich endlich an zu ändern. Mit großer Hoffnung schauten wir nach Osten, nur mein Freund, der Herr Reagan, ließ den westlichen Wind noch schärfer wehen.

Es war ja noch nie gut, wenn Künstler zu weltpolitischer Macht gelangen.

Zu dieser Lage schrieb ich das Lied *Der Winter steht klirrend vorm Fenster*.

Kaum jemand merkte, dass dieses Lied politisch war, nur eine Redakteurin des Saarländischen Rundfunks begriff und strich dieses Lied sofort aus dem Programm.

Rück näher zu mir und fasse mich um
Der Winter steht klirrend vorm Fenster
Im Glas in der Tür dort schneiden sie stumm
Grimassen, die Eiszeit-Gespenster
Der Winter und seine Gesellen sind hier
Und treiben die Leute ins Haus
Komm näher und lege dich ganz dicht zu mir
So hält man die Kälte noch aus

Ich seh noch die Mädchen mit Blumen im Haar
Am Brunnen die Jungen bespritzen
Das Pflaster war warm und die Füße so bar
Erfrischung versprechend die Pfützen
Bis dann eines Tages der Wind schärfer blies
Er wehte, wie meistens, von Westen
Noch seh ich das Grün, das von Zweigen er riss
Die Zweige dann selbst von den Ästen

Der Herbst kam und Regen rann über das Land
Er fegte die Plätze und Gassen
Und wusch von der Wand, was auf mancher noch stand
Und Sänger trieb er von den Straßen
Bis dann eines Tags keine Klampfe mehr klang
Des Sommers Gesänge verstummten
Die Luft ging so eisig die Straße entlang
Sodass sich die Menschen vermummten

Nun wagt bald kein Mensch mehr, den Mund aufzutun
Weil dir sonst die Worte gefrieren
Du sagst dir, wann war es denn je kalt wie nun
Das muss selbst der Winter doch spüren
Und sitzt du auch heut noch im finstersten Loch
Vergiss nicht, vom Frühling zu sprechen
Verscheuche die Zweifel, zum Schluss kommt er doch
Die Eisdecke wird er zerbrechen

Auch in der Berliner Waldbühne wurde so eine Veranstaltung gemacht. Der Laden war total ausverkauft und auch da fing ich wieder an, daran zu zweifeln, ob das Ganze überhaupt einen Wert habe. Ilja Richter, der im ZDF die *Disco* moderierte, trat dort auch auf und bekräftigte damit seine Überzeugung gegen die Raketennachrüstung.

Was Ilja Richter in seiner *Disco*-Sendung machte, war ganz sicher nicht mein Geschmack, aber handwerklich machte er das gut, dagegen war nichts zu sagen.

Die Raketengegner aber pfiffen ihn total aus, obwohl er sich mit ihnen doch in eine Reihe stellte. Es war im Publikum einfach die Hölle los, und mir wurde kotzschlecht.

Danach zog ich mich langsam von den Galas, und wenn mir auch noch so viel Geld geboten wurde, zurück.

Gala heißt in der Branche, dass mehrere Künstler auftreten.

Ich trat nur noch mit eigenen Konzerten auf, so konnte ich wenigstens sicher sein, dass fast das ganze Publikum meinetwegen gekommen war. Warum „fast"? Es kamen ab und zu Nazis in meine Konzerte, die stören wollten, aber meistens bald vom Publikum herausgedrängt wurden. Ich habe Angst vor solchen Leuten, denn Dummheit gepaart mit Aggressivität ist einfach gefährlich.

In Wien lebt ein Maler, der in Österreich ein richtiger Star ist. Er heißt Karl Hodina. Alle Bilder, die ich von ihm sah, gefallen mir ausgesprochen gut. Ich weiß nicht, wie der Stil heißt, den er malt, er malt mit der Lupe in winzigen Punkten, und mit der Lupe habe ich diese Bilder angeschaut.

Karl ist außerdem ein hervorragender Jazzmusiker (Piano), er singt aber auch Heurigen-Lieder, die sehr skurril sind. Eines heißt zum Beispiel *Mi hams ma Schrebergortn gschtoln*.

Noch etwas verbindet uns sehr: unsere Liebe zu Uhren.

Die Geschichte, wie ich zu meiner IWC-Uhr durch Matten-Willi kam, habe ich ja erzählt. Danach habe ich mir in Flensburg eine große IWC gekauft, die ich damals noch ohne Lupe erkennen konnte. Sie kostete viertausend Mark. So in Wien die Straße herunterschlendernd, sagte ich zu Karl: „Viertausend Mark ist aber die absolute Grenze. Wer mehr für eine Uhr bezahlt, ist bekloppt." „Hier direkt nebenan beim Uhrmacher ist eine Uhr im Schaufenster, die für mich die schönste der Welt ist", sagte Karl. Die wollte ich natürlich sehen und ließ sie mir zeigen. Eine schönere Armbanduhr hatte ich wirklich noch nicht gesehen. Eine goldene IWC mit breitem goldenen Armband und Mondphase. Fragend schaute ich Regine an, und sie sagte: „Wenn sie dir so gefällt, dann kauf sie doch, du bist doch sonst sehr bescheiden." Ich kaufte sie mir, hatte aber immer ein schlechtes Gewissen.

Wenn Zuckerkranke zu viel Insulin im Blut haben oder, anders gesagt, zu wenig Blutzucker, können sie in den Zuckerschock fallen, und der kann tödlich sein. In Garding fiel ich auf dem Nachhauseweg von einer Kneipe, ich muss wohl zu viel getrunken haben, in solch einen Schock. Irgendwie muss meine Leber nach ein paar Stunden „aufgemacht" haben, mein Blutzucker stieg also wieder, und ich schleppte mich nach Hause. Nur meine schöne IWC war weg. Derjenige, der sie mir gestohlen hat, hätte mich beinahe sterben lassen. Ein Leichenplünderer also. Heute würde ich mir solch eine Uhr nie mehr kaufen, auch wenn ich es mir leisten könnte.

Es fiel mir ein Buch in die Hände, das von einem Medizinprofessor geschrieben war und *Luthers Krankheiten* oder so ähnlich hieß. Nun interessieren mich Luthers Krankheiten eigentlich überhaupt nicht, aber ich fing, aus welchem Grund auch immer, an, darin zu lesen, und immer mehr ging mir ein Licht auf, dass all diese Krankheiten Nebenerscheinungen des Diabetes sind. Dem Professor hat man später bestimmt noch das große Bundesverdienstkreuz verliehen.

Mit Fiede Kay hatte ich die LP *Vier Gesichter hat das Jahr* produziert.

Der Aufhänger war der Titel *Frühling spiegelt sich in deinen Augen*, der noch jahrelang immer wieder zur Frühlingszeit ein Rundfunkrenner war, ein äußerst romantisches Lied.

Komm, hör wie die erste Lerche singt
Hör, wie ihr Lied so lieblich klingt
Und wie es frohe Botschaft bringt

Komm, schau, wie die erste Blüte steht
Obwohl ein kühler Wind noch weht
Er bläst das Wolkenmeer
So vor sich her
Und fegt so sehr
Den Himmel leer
Dass bald nichts mehr zu sehen ist, als tiefes Blau
So wie die Augen, in die ich jetzt schau
Und das zu seh'n
Ist wunderschön

Frühling spiegelt sich in deinen Augen
Lass den Winter scheiden

Denn die Sonne steht dir im Gesicht
Frühlingsnächte, die zur Liebe taugen
Liegen vor uns beiden
Und der Frühling hält, was er verspricht

Schau, die Vögel, die vorm Winter flieh'n
Zieht es zurück ins junge Grün
Und in die Bäume, die bald blüh'n
Komm, die Knospen öffnen sich am Baum
Das alles ist fast wie ein Traum
Der niemals enden will
Die Welt steht still
Ein Frühlingsspiel voll Glücksgefühl
Und nun, denk ich an dunkle Winterzeit zurück
Scheint so erwartungsfroh mir heut' dein Blick
Und das zu seh'n
Ist wunderschön

Frühling spiegelt sich ....

Neulich bekam ich einen Anruf von einer Frau, die mir erzählte, wie schön dieses Lied sei und wie toll Fiede Kay das sänge, nur ihr Verlobter könne das noch viel besser.

Da sie gehört habe, dass ich einmal etwas mit Fiede Kay zu tun gehabt haben solle, sollte ich ihr doch jetzt den Text schicken, damit ihr Verlobter ihr zu Hause dieses Lied noch schöner vorsingen könne.

Warum tat sie ihrem Verlobten nicht den Gefallen und schrieb es einfach ab?

1976 hatte Harald Vock, der Fernsehchef des NDR, nach Fiedes und meiner ersten plattdeutschen LP, einen Film mit dem Titel *Leder, Lüüd und Fresenland* machen lassen. Dieser Film war so erfolgreich, dass er innerhalb der Jahre zehnmal in den verschiedenen Programmen wiederholt wurde. Nach Fiedes *Jahreszeiten*-LP kam mir die Idee für einen anderen Film, der aber aufwendig zu machen war.

Das Exposé dafür schickte ich an alle deutschen Sender. Die Idee war, ein festes Bild mit einer Buche, Wiese, Bach und Wald im Hintergrund in den vier Jahreszeiten zu zeigen. In das Bild Interpreten treten zu lassen, die passende folkloristische Lieder sängen.

Natürlich sollten Fiede und ich ganz unegoistisch die Aufhänger dieses Films sein.

Antwort? Keine!

Nun, es bestand wohl kein Interesse, und da so ein Film schließlich über ein Jahr lang Drehzeit gehabt hätte, wäre der wohl auch zu teuer, so dachte ich.

Nach zwei Jahren sah ich aber mehrere Filme mit demselben Thema. Komisch, dass verschiedene Menschen zur gleichen Zeit oft dieselben Ideen haben.

Der Bandleader Werner Müller, der jahrelang die Big Band des RIAS leitete, wurde eines Tages nach Köln zum WDR abgeworben. Ich war mit Werner befreundet und redete ihm ein, mit meinem Schützling Fiede Kay Aufnahmen für den WDR zu machen. Fiede und ich kamen morgens in Köln an und waren den ganzen Tag mit Werner im Studio. Abends wollten wir nun ins Hotel, aber ich hatte vergessen, eins für uns zu bestellen.

Das erste Hotel, das mir in Köln einfiel, war das Hotel am Dom. Ein piekfeines Hotel, in das ich von meiner Schallplattenfirma immer geschickt wurde. Es war sauteuer, und wenn man ins Zimmer wollte, drückte der Angestellte, der einem zuvor das Gepäck entrissen hatte, im Personenaufzug auf den Knopf fürs Stockwerk, fuhr dann aber selbst mit dem Lastenfahrstuhl hoch.

So ein Hotel brauche ich eigentlich überhaupt nicht, aber mir fiel eben so schnell kein anderes ein.

Fiede und ich standen vor der Rezeption, und ich fragte nach Zimmern mit dem Hinweis, dass ich nicht zum ersten Mal hier wohne. Damals war ich noch sehr populär, aber woher soll ein Mann an der Rezeption in solch einem Hotel das wissen? Wir standen dort in Lederjacken, Jeans und Turnschuhen und Taschen in unseren Händen, einer Garderobe, die diesem Hotel nicht angemessen schien, und der Herr an der Rezeption sagte: „Herr Kiesewetter, wir haben jetzt eine neue Anordnung, Sie müssen die Zimmer bitte vorher bezahlen." „Wo ist das Problem?", sagte ich und zahlte.

Als man uns die Taschen abnehmen wollte, lehnte ich ab mit den Worten: „Nein, in so einem Hotel geben wir nichts aus der Hand!". Wir fuhren also ohne Behindertenhilfe in unser Stockwerk und fanden selbst unsere Zimmer.

Dort angekommen, ließ ich mich sofort telefonisch mit dem *Kölner Express* verbinden. Bei dem für das Feuilleton zuständigen Redakteur angekommen, erzählte ich ihm von der neuen „Anordnung" im Hotel am Dom, die besagt, dass ich vorher bezahlen musste. Der Mann war bass erstaunt und dankte mir für die Auskunft.

Als Fiede und ich am nächsten Morgen zum Frühstück erschienen, begrüßte man uns schon an der Rezeption mit ausgesuchter Freundlichkeit, und auch im Frühstücksraum las man uns alle Wünsche von den Augen ab.

Bald fand ich den *Kölner Express*, da stand auch schon der Grund für die plötzlich ausgesuchte Freundlichkeit:

„Knut Kiesewetter musste im ‚Hotel am Dom' im Voraus bezahlen"

Beim Hinausgehen rief ich dem Mann an der Rezeption noch zu: „Bezahlt habe ich ja schon alles." Was der beflissen bejahte. Von den Extras beim Frühstück und den Telefongesprächen, die wir am Abend vorher noch hatten, sagte ich natürlich kein Wort. Strafe muss sein!, dachte ich noch, als wir ins Auto stiegen.

Hansjörg Felmy wurde in die Sendung *Wetten, dass …?* eingeladen. Man kann Hannes gewiss nicht nachsagen, dass er ein fleißiger Mensch war. Er saß am liebsten still auf der Couch und trank Rotwein, also dachte er sich für die *Wetten, dass …?*-Sendung etwas gar nicht so Schwieriges für sich aus, falls er die Wette verlöre. Er schlug vor, in diesem Falle in einem Altenheim einen Ringelnatz-Abend zu machen. Er machte solche Abende öfter, denn Joachim

Ringelnatz' Gedichte konnte er schließlich fast alle auswendig, nur ließ er sich sonst dafür königlich bezahlen.

Hannes aber gewann die Wette und brauchte den Ringelnatz-Abend nicht zu geben.

Als Regine das nächste Mal in Bredstedt zum Frisör ging, sprach die Friseurin sie an: „Sie kennen doch den Felmy. Der wollte doch so was umsonst machen. Kann er das nicht auch bei uns hier im Laden machen?" Regine erstaunt: „Was denn bitte?" „Na, Ringelpiez!"

Eine Frau aus Bredstedt, mit der wir befreundet waren, hatte Jahre zuvor ein Gasthaus sehr erfolgreich geführt, jetzt wollte sie wieder eines aufmachen, aber keine Bank wollte ihr Geld dafür geben. So kam sie zu uns und fragte, ob wir nicht eine Bürgschaft über zweihunderttausend Mark für sie übernehmen könnten. Regine und ich waren uns zu gleich, unsere weichen Herzen schlugen für sie, und wir übernahmen die Bürgschaft. Natürlich ist das blöd, denn wir hatten uns nicht mal erkundigt, wer ihr das Lokal renovieren und einrichten würde.

Wir gingen also zum Rechtsanwalt und unterschrieben die Bürgschaft. Die Papiere wurden uns zur Unterschrift hingehalten, und wie es so üblich ist, mussten wir dreimal unterschreiben.

Die Leute, die der Frau, die wir damals noch für unsere Freundin hielten, ihr Restaurant ausbauten, zogen sie so über den Tisch, dass sie, als sie ihr Lokal eröffnete, schon total pleite war. Nach zwei Jahren war es dann so weit, und wir wurden von der Bank zur Kasse gebeten. Aber nicht etwa über zweihunderttausend Mark, sondern über sechshunderttausend.

Als ich den Rechtsanwalt, bei dem wir unterschrieben hatten, anrief, erzählte ich ihm, dass man jetzt sechshunderttausend von uns haben wolle. Der Mann von der Bank hätte gesagt, dass wir nicht eine Bürgschaft über zweihunderttausend, sondern drei Bürgschaften über je zweihunderttausend unterschrieben hätten. Der Rechtsanwalt sagte: „Moment, ich rufe gleich zurück", und da bestätigte er mir, dass wir wirklich für sechshunderttausend unterschrieben hatten. „Aber Bernd“, sagte ich, „das hast du doch nicht gesagt.“ Er versuchte sich herauszuwinden. Ich aber sagte: „Wenn du das nicht bestätigst, dass wir in dem Glauben für zweihunderttausend unterschrieben zu haben, den dreimaligen Betrug nicht gemerkt hätten, würdest du mich kaputt machen. Ich habe keine sechshunderttausend in bar und müsste den Fresenhof verkaufen.“ Er legte stumm auf.

Am nächsten Tag rief er an. Er hätte die ganze Nacht darüber nachgedacht, und ich solle mit seiner Unterstützung die Bank verklagen. Was ich auch tat.

Es war abends halb zehn, als mein Telefon im Krankenhaus – ich war wegen meines Diabetes mal wieder zum Einstellen da – klingelte, und sich ein Herr Doktor Süsser von der Bank meldete. Herr Doktor Süsser redete mit süßlichem Ton, dass ich die Klage doch sofort zurücknehmen solle, ich hätte doch gar keine Chance. Und es würde dann alles noch viel schlimmer für mich.

Ich wurde vollkommen ruhig und sagte: „Vielen Dank, Herr Doktor Süsser, für Ihren Anruf. Wer meine Telefonnummer im Krankenhaus Bremen Nord herauskriegen muss, mich abends um halb zehn anruft und mir gegenüber so ein Mitgefühl zeigt, dem muss ja die Hose ganz schön flattern. Nochmals herzlichen Dank.“

Wir haben den Prozess gewonnen.

Natürlich mussten wir aber die zweihunderttausend Mark an die Bank bezahlen, denn dafür, und nur dafür hatten wir schließlich die Bürgschaft übernommen.

Dieses Geld schuldete uns nun die sogenannte Freundin, die mit ihrem Lokal pleite gegangen war. Sie zahlte uns nie einen Pfennig zurück, weil sie „beweisen“ konnte, dass sie am Existenzminimum lebte. Ab da benahm sie sich, als sei sie unsere Feindin.

Man schuldet viel lieber einem Feind Geld als einem Freund.

Sie kam zum Beispiel einmal in ein Lokal, in dem wir gerade saßen, und gab großzügig eine Lokalrunde aus, wobei wir ausgelassen wurden.

Wenn man Menschen loswerden will, muss man ihnen Geld leihen. Das hatte ich schon früh erfahren.

Bei einem Herrn Müller vom WDR genügten schon hundert Mark, um ihn nie wieder zu treffen.

Als ich gerade nicht da war, besuchte uns mal wieder ein leidlich bekannter Sprecher des NDR, mit dem wir befreundet zu sein glaubten. Er saß mit Regine auf der Terrasse, als es gegen Abend kühl wurde. Regine gab ihm meinen funkelnagelneuen Kaschmirpullover. Er verschwand damit.

Auch ihn sah ich nie wieder. Bis zu diesem Vorfall hatte ich diesen Mann immer als Freund angesehen, jetzt hörte ich aber, dass er überall über mich herzog und versuchte, mich zu schädigen. Aber wie gesagt: Man schuldet lieber einem Feind etwas.

Da ich kein Mensch bin, der bewusst beleidigend anderen Menschen gegenüber sein kann, borgte ich Leuten, die uns zu oft besuchten und furchtbar nervten, einfach Geld. Damit waren wir sie los.

Seit Jahren litt ich unter Sodbrennen, eine unangenehme, schmerzhafte Angelegenheit, gegen die ich alle möglichen Medikamente nahm. Dann las ich im *Spiegel*, dass ein australischer Wissenschaftler herausbekommen hatte, dass meistens Sodbrennen von Bakterien herrührte und zwar von Helicobacter pylori. Eine bestimmte Sorte von Antibiotikum würde diesen Biestern den Garaus machen, und das Sodbrennen sei danach wie weggeblasen. Ein Rausch von Freude überfiel mich. Ich konnte den Quälgeist also loswerden und wollte mir das Antibiotikum besorgen.

Ging aber nicht, dafür brauchte ich ein Rezept, und das bekam ich nur, wenn ich mir den Magen auspumpen lassen würde. Ich ließ es also machen.

Könnte mein Hobby werden. Nachdem ich die Tortur über mich ergehen lassen hatte, wartete ich eine geraume Zeit, bis dann ein Arzt freudestrahlend auf mich zutrat und mir eröffnete: „Herr Kiesewetter, da haben Sie aber noch mal Glück gehabt, Sie haben die Bakterien gar nicht. Der

Verschluss vom Magen zur Speiseröhre schließt nicht richtig, das ist der Grund."

Nein, wie kann man sich doch über solche körperlichen Fehler freuen! Und meine eigene Sodbrennerei bleibt gut Freund bis an mein Lebensende.

Eines Tages in der Vorweihnachtszeit war ich beim Fernsehen des Hessischen Rundfunks für eine Sendung direkt vom Frankfurter Flughafen eingeladen. Ich kam in Frankfurt an und wurde von jemandem vom Fernsehen direkt vom Flieger abgeholt.

Weil man ja seine Auftrittsklamotten erst direkt vor dem Auftritt anzieht, fragte ich nach einer Garderobe, um mich umziehen zu können. An so etwas hatte man natürlich nicht gedacht und es ließ sich im Flughafen auch nicht finden. Man schlug mir die Toilettenkabine vor, die stellte sich aber als zu klein heraus.

Endlich bedeutete man mir triumphierend, dass man etwas für mich gefunden habe. Es gab dort eine Bude, in der in großen Friteusen für die Laufkundschaft Weihnachtskringel gebacken wurden. Ich solle mich links neben dem Tresen umziehen, wo die Kundschaft mich nicht sehen könne.

Das war aber mehr ein Wunschtraum. Viele der Leute sahen mich dort nun in Unterhemd und Unterhose, mit den Socken im herausgespritzten Fett der Friteusen stehend, dabei, mich umzuziehen. Das war sogar noch besonders schwierig, weil meine Bühnengarderobe ja nicht mit dem Fett in Berührung kommen sollte.

Viele Leute sahen mich also und fragten die Verkäuferin: „Ei, wer isn des? Ei, was macht der denn da?" Darauf die Verkäuferin: „Ja, kenne Sie den denn net? Des is der berühmte Herr Kiesewäddä ausm Fernsehen."

Meine Schamgefühle wurden noch gesteigert durch das Erscheinen der Besitzerin der Bude, die von gar nichts wusste und mich ihres Etablissements verwies.

Glücklicherweise war ich schon umgezogen, musste aber nach dem Fernsehauftritt in meiner Bühnengarderobe wieder nach Hause fliegen.

Heinz Schenk war ein hessischer Fernsehmoderator, dessen Sendungen ich mir nie anschaute. Das war vorsichtig gesagt einfach nicht mein Ding.

Als ich von einem Frankfurter Jazzer, und zwar einem guten, der beim Fernsehen angestellt war, für eine Sendung engagiert wurde, wusste ich nicht, dass es eine Volksmusiksendung „umpaumpatrallala“ sein würde. Auf einmal hatte ich eine Garderobe mit Heinz Schenk und Fred Bertelmann zusammen. Heinz Schenk ging der Ruf eines großen Geizhalses voraus. Er schlug vor, dass wir in den Pausen in der Garderobe Skat spielen könnten. Nun war ich ein guter Skatspieler, der auch ab und zu Preisskatturniere gewann, aber hier hatte ich besonderes Glück, ich gewann innerhalb von kürzester Zeit fünf Mark von Schenk. „Ei, die fümf Mack hab isch net dabei, Herr Kiesewäddä. Aba isch verschpresch Ihne fest, die kriesche Sie. Schpielschulde sind Ehreschulde.“

Nun halte ich es doch für müßig, diese Geschichte zu Ende erzählen zu wollen.

Als ich mal wieder meine Schwiegermutter in Hamburg besuchte, erzählte sie mir, dass sie ihr Testament geändert habe und mir darin all ihre Antiquitäten vererbe. „Was sollen meine Kinder damit? Die verstehen ja sowieso nichts davon. Da ist es doch besser, wenn Regine und du die Antiquitäten bekommen, ihr habt doch viel mehr Freude daran.“ „Mutter, das ehrt mich sehr“, sagte ich, „nur möchte ich das nicht. Für deine anderen Kinder bin ich dann der Buschemann und habe dich in ihren Augen dazu überredet. Also lass das bitte.“

Regines Schwester zog dann nachher in die Wohnung im Haus meiner Schwiegermutter, und die krempelte das Testament dann sowieso total um.

Als meine Schwiegermutter starb, bekam ich gar nichts, was mir sehr recht war, aber Regine bekam ein paar Antiquitäten, wie die anderen Geschwister und Enkel auch. Der Buschemann war ich aber trotzdem, ich hätte meine Schwiegermutter so sehr beeinflusst, fragt sich nur, wozu, ich bekam doch nichts. Und manche Antiquitäten meiner Schwiegermutter wurden uns zu Höchstpreisen von den Geschwistern angeboten.

Wieder klingelte das Telefon mit meiner Geheimnummer und es war ein Mann dran, der mich fragte, ob er mich auch zu dem Geburtstag seiner Frau engagieren könne. „Das kommt auf die Gage an", antwortete ich ihm, aber als ich ihm meine Gagenforderung nannte, sagte er: „So billig sind Sie?"

Seine Frau habe mich bei der Silvestermucke in Flensburg mit Hans Rosenthal gehört und sei von meinen Liedern so begeistert gewesen. Ich erzählte davon, dass dort eine Band mit einem ganz dicken Trompeter und einem dicken Posaunisten gespielt hatte.

Jetzt engagierte mich dieser Mann und gab mir seine Adresse durch. Nun, wenn ich gewusst hätte, wie lange wir dorthin fahren mussten, wäre ich natürlich ein ganzes Stück teurer gewesen, aber das kann man ja nachträglich nicht mehr machen.

Er sagte: „Das Ganze ist in Wildeck. Fällt Ihnen dabei nichts auf?" „Nö", sagte ich. „Was denn?" „Ich bin der kleinere von den Wildecker Herzbuben."

Im Glauben, dass es sich um eine große Party handelte, kamen Ulf und ich dort an.

Das Ganze wirkte wie ein Siedlungshaus mit kleinem Garten, nur teurer. Im Haus waren Möbel, die man als Karstadtbarock bezeichnen könnte, nur teurer. Eingeladen waren ungefähr zwölf Mann, der größere Dicke des berühmten Duetts war nicht dabei. Als ich anfing zu singen, standen neun davon auf und verdrückten sich interesselos in den Garten. Der Herzbub und seine Frau saßen mit ihrer Mutter direkt bei uns und starrten mich an. Ein unangenehmes Erlebnis, das sich noch steigerte, als die Mutter Wünsche äußerte wie *Auf der Reeperbahn nachts um halb eins* oder *An der Nordseeküste*.

Wir rissen unser Programm ab und packten sofort unsere Instrumente ein. Zu einer Zugabe ließ ich mich nicht erweichen.

Auf einer der höchsten Stellen Nordfrieslands (26 Meter) war ein altes Reetdachhaus mit dreiundvierzigtausend Quadratmetern Land zu verkaufen. Auf diesem Grundstück waren ein wunderschönes Tal und ein Teich, also mehr als romantisch. Nur das Haus war unglaublich hässlich. Es war in den zweihundert Jahren seiner Existenz ewig daran herumgeflickt worden, das Wasser lief überall durchs Dach und es war einfach, wie man bei uns so schön sagt, rott.

Nun holten wir uns auf Vermittlung den zuständigen Mann vom Bauamt und fragten ihn, ob wir das Haus abreißen dürften und mit alten Materialien wieder aufbauen.

„Natürlich dürfen Sie das", sagte er jovial, „und da drüben können Sie sich noch ein Studio dazubauen." „Um Gottes willen", sagte ich, „bloß kein Studio mehr. Nein, nur das Haus, wie es ursprünglich einmal ausgesehen haben muss."

Als ein Nachbar, der Architekt war, davon hörte, fragte er uns scheinheilig, ob er uns nicht bei dem Hausbau helfen könne. „Ja, helfen natürlich gern", sagten wir. Dann rückte er auf einmal mit großen Zeichnungen an und wir mussten ihm in langen Diskussionen klarmachen, dass wir uns nie gedacht hätten, das Haus anders zu bauen, als es war. Es zog sich also.

Inzwischen hatten wir uns zweihundert Jahre alte Ziegelsteine (dänisches Reichsformat) und genauso alte Balken, Innen- wie Außentüren und Fenster gekauft.

Als wir nun anfangen wollten zu bauen, das alte Haus schon abgerissen war, bekamen wir von demselben Mann, der uns vorher dort alles erlauben wollte, den Baustop ins Haus. Wir hatten ja nicht gewusst, dass unser Nachbararchitekt ein persönlicher Feind des Mannes vom Bauamt war.

Diesen Nachbarn hatten wir schon längst wieder ausgebootet. Als der das merkte, kam er zu uns, saß weinend an unserem Küchentisch und wollte mal eben für seine Arbeit zwanzigtausend Mark haben. Wir zahlten.

Der Mann vom Bauamt kämpfte aber weiter gegen uns. Das Bauverbot hätte er erteilt, so sagte er, weil wir die Frist des Bauanfangs verstreichen lassen hätten. Das aber hatten wir nicht. Ich rief beim Landrat an und beschwerte mich. Der schlug jetzt eine Zusammenkunft von jenem Mann vom Bauamt, ihm und mir vor.

Was sich manche Menschen aus Antipathie alles einfallen lassen! Dieser Mann vom Bauamt hatte Fotos gemacht, auf denen das Fundament unseres Hauses und der Fußboden und Keller wegen zu hoher Grasbüschel, die sie verstellten, nicht zu sehen waren. Unten in dem Foto war das Datum der Fotografie.

„Das ist ja ein dolles Ding", sagte ich. „Ich werde Sie anzeigen wegen Betruges, und dann geht das zur Polizei. Die Bauarbeiter, die dort geschüttet und gemauert haben, werden sich noch genau erinnern, wann sie das getan haben, und der Bauunternehmer hat es in seinem Buch stehen. Das ist hier eindeutiger Betrug." Der Mann bekam einen gehörigen Schreck, nahm alles zurück und sagte, er müsse wohl den Fotoapparat falsch eingestellt haben.

Mein ganzes Leben lang sind mir solche Dinge passiert, das alles aufzuzählen, würde ein neues Buch füllen. Viele Leute glaubten sich im Kampf gegen mich zu Heroen stilisieren zu können.

Regine und ich wollten eine Zeit lang gar nichts trinken. Ich hielt das oft ganz lange durch, nicht aber Regine. Eines Freitags im November fuhren wir nach Husum, um etwas einzukaufen, was wir aber nicht fanden. Da kam uns ein Mann entgegen, den wir ganz gut kannten. Er redete sich den Mund fusselig, um uns dazu zu bringen, mit ihm im Lokal *Die Schleuse* etwas zu trinken, und nun ging die Geschichte los. Wir tranken da etwas und dort etwas und Regine konnte längst nicht mehr fahren. Wir wollten das Auto stehen lassen und mit der Taxe nach Hause fahren. Es fand sich aber keine. Selbst wenn wir von den Kneipen, in denen wir gerade saßen, eine Taxe bestellen wollten, kam keine. Es muss an diesem frühen Freitagabend die Hölle los gewesen sein.

Nun merkte ich auf einmal, dass ich Unterzucker bekam, aber keinen Zucker und nichts Süßes bei mir hatte, noch immer keine Taxe, da sagte Regine: „Dann fahre ich eben so, wie ich bin.“ Beide waren wir nicht mehr in der Lage, daran zu denken, dass Regine Stunden davor Brötchen gekauft hatte, die hinter ihrem Sitz lagen. Regine war schon so oft mit so viel Alkohol im Blut gefahren, und es war noch nie etwas in Nordfriesland passiert. Jetzt aber die Kelle, Blutentnahme, und man war doch so böse, ihr nur wegen 2,4 Promille den Führerschein für achtzehn Monate zu entziehen. Diese achtzehn Monate ohne Führerschein gaben ihr in Hinsicht Alkohol einen kräftigen Schub. Sie trank noch mehr als sonst, und es geschah selten, dass sie nüchtern ins Bett ging.

Das hätte mir gar nicht so viel ausgemacht, wenn sie nicht bei genügend Sprit so aggressiv mir gegenüber geworden wäre. Sie beschimpfte mich ewig auf unflätige Weise und ich verschwand dann schnell in mein Bett. Wir schliefen schon längst getrennt, weil Regine nach Alkoholgenuss sehr laut schnarchte. Am nächsten Morgen war die Welt wieder in Ordnung.

Das Haus auf dem Margarethenberg konnten wir nicht zu Ende bauen, wir hätten die fünfundzwanzig Kilometer zu dem fast fertigen Haus jeden Tag mit der Taxe zweimal fahren müssen, also viermal, man fährt ja nicht nur hin, sondern auch zurück. Da schlug Regine vor: „Lass uns alle drei Häuser verkaufen, und wir kaufen uns was in Garding, deiner Heimatstadt. Da kann man doch alles ganz schnell zu Fuß erreichen, und dort ist es gemütlich und schön.“

Wir zogen also in den 90er-Jahren zurück in die Theodor-Mommsen-Stadt Garding. Ich wollte nicht mehr im Fernsehen auftreten und nur noch eine Lieder-CD produzieren, denn mir hing der Beruf zum Halse raus.

Im Stadtpark der Stadt stand ein bronzenes Theodor-Mommsen-Denkmal. Eines Tages war es verschwunden. Einfach geklaut.

Vom Touristenbüro in Garding trat eine Frau an mich heran. Ich solle doch für die Halbinsel Eiderstedt im Fernsehen singen, ich sei doch der bekannteste Eiderstedter. Ich sagte ihr, dass ich nicht mehr im Fernsehen auftreten wolle, und hängte ein. Sie ließ aber nicht nach und rief immer wieder an. Sie hätte sogar eine tolle Gage von dreihundert Mark für mich herausgeholt. „Das ist doch wohl ein Witz", sagte ich. „Unter tausend Mark, und das zu Gefallen, habe ich mich noch nie vor die Kamera gestellt. Also wird es auch schon deswegen nichts."

Sie rief wieder an und sagte, ich würde die tausend Mark bekommen. „Na gut, ich mach's und spende die tausend für das neue Theodor-Mommsen-Denkmal."

So geschah es.

Dann musste ich noch für unsere Presse groß den Scheck überreichen, manche Menschen können einen zu allem besabbeln.

Danach hörte ich, dass das Geld für das Theodor-Mommsen-Denkmal schon längst von anderen gespendet war, und einer der Gardinger Stadtkünstler erzählte mir, dass man (ohne mich zu fragen) mein Geld nun für Flyer genommen habe. Flyer sind meiner Meinung nach das Blödeste und Unwichtigste, was es gibt. Rausgeschmissenes Geld. Dafür hatte ich also im Fernsehen den Kasper gespielt.

Bei Garding gibt es ein kleines Dorf, das „Welt" heißt. So machte ich immer wieder den Scherz, dass ich mit der Gitarre in die beiden Lokale in Welt gehe, dort ein Stück singe, und danach erzähle, ich hätte eine Welttournee gemacht. So, wie viele Mucker behaupten, wenn sie in ein paar Kneipen in Deutschland aufgetreten seien, eine Deutschlandtournee gemacht zu haben. Ich schrieb also das Lied *Zurück von meiner Welttournee*:

Es gibt hier in Nordfriesland
Ein Dorf, das mir gefällt
Drei Minuten von der Waterkant
Und dieses Dorf heißt Welt
Ich nahm einmal mein Horn und ging
In Welt von Haus zu Haus
Doch eh die Masse Feuer fing
Schmiss man mich auch schon raus

Ich weiß, was man in Friesland von mir hält
Für Kunst hat man kein Geld in Welt

Zurück von meiner Welt-Tournee
Jetzt kommt die große Pause
Schon viel zu viel getan, ich geh
Nicht fort mehr von zu Hause
Und bild mir ein, hier sei ich Boss
In meinem Mikrokosmos
Zurück von meiner Welt-Tournee
Und sage Welt ade

Ich fange jetzt sofort an
Denn ich mag keinen Spott
Schön zu singen, wie's kaum einer kann
Fast so wie Karel Gott
Im ersten Krug, in dem ich sang
Ich glaubte, Welt zur Zier
Ertrug man mich sekundenlang
Und trug mich vor die Tür
Auch damit setzt man mich hier auf den Pott
Das halt ich für'n Komplott, bei Gott

Doch nun geht mir ein Licht auf
Ich weiß, was hier gefällt
Der modernste Rap, da steht man drauf
Der Welter ist von Welt
Ich rapte mich durch's ganze Dorf
Von Maxi-Bar bis Meister
Der Welt-Bürger warf Matsch und Torf
Und rief laut: Scheibenkleister
Man lässt mich stehn, behandelt mich sehr schnöd
Auch Rap gilt hier als öd und blöd

Garding liegt näher am Meer, als es der Fresenhof tat, und viele Freunde sagten mir: „Wenn die richtig große Sturmflut kommt, dann seht ihr ganz schön alt aus." „Seid ihr dagegen eigentlich versichert?" Dass man gegen Sturmfluten nicht versichert sein kann, hatte ich schon gehört, so eine arme Versicherung muss sich doch schließlich absichern. Ich wollte mich aber von der Versicherung dessen versichern lassen. „Nein, gegen Sturmfluten kann man nicht versichert sein", sagte die junge Dame am anderen Ende der Leitung. „Dann sind wir doch aber gegen Lawinen versichert!", behauptete ich. „Da muss ich mal nachgucken", sagte sie. „Ich rufe gleich zurück." Sie rief zurück und sagte, „Gegen Lawinen sind Sie natürlich versichert." „Na also." Sie meinte wahrscheinlich die gefährlichen Deichlawinen.

Regine trank immer mehr, und in ihrem Kopf passierte das, was ich von anderen Alkoholikern schon kannte, die Leitungen werden kreuz und quer geschaltet und in ihrem Kopf passierten Dinge, die es nie gab.

Es fing damit an, dass sie bei Geschichten, die ich erlebt und ein paar Mal unter Freunden erzählt hatte, auf einmal dabei war, bis ich schließlich in diesen Storys gar nicht mehr vorkam. Ich sagte dann nichts, nur meine Sorgen wurden langsam immer größer. Auch erzählte sie unseren Freunden, dass sie auf dem Fresenhof von morgens bis abends eingespannt gewesen sei, weil sie alle Studiomusiker beköstigen musste. Kein Wort davon stimmte, mit den Musikern gingen wir grundsätzlich in Restaurants zum Essen, nicht nur, weil ich Regine nicht als Köchin beschäftigen wollte, sondern weil man auch nur von der Steuer absetzen kann, was in einem Restaurant quittiert wurde.

Andererseits hatte sie aber genug zu tun, ein Haus mit fünfhundertfünfzig Quadratmetern Wohnfläche und einem zweieinhalbtausend Quadratmeter großen Garten in Schuss zu halten. Wir hatten immer viele Tiere, um die sie sich kümmerte, und auch meine Korrespondenz musste sie ja erledigen. Dafür zolle ich ihr heute noch großen Respekt.

Als wir nach Garding zogen, war Garding eine swingende Kleinststadt voller Geschäfte und Kneipen. Wenn ich mein Haus verließ, konnte ich innerhalb von fünf bis zehn Minuten mindestens vierzehn verschiedene Kneipen und Restaurants betreten. In so einer gemütlichen Kneipe saß ich am Tresen, als sich jemand neben mich setzte und freundlich zu mir sagte: „Ich bin Horst.“ „Ich bin Knut“, sagte ich. Er fragte mich: „Bist du Gardinger?“ Ich bejahte. „Ich jetzt auch“, sagte er, „ich mach grad mal eine Reintour, weißt du, was das ist?“ Ich verneinte. „Hier mal rein und da mal rein“, sagte er mit stark rollendem R. „Weißt du, warum ich nach Garding gezogen bin? Hier sind die Leute so nett. Knut Kiesewetter soll hier auch wohnen.“ Ich sagte: „Ich bin Knut!“ Darauf er: „Ich bin Horst. Ich stand mit meiner Freundin Karin hier vor der Kneipe, da fiel ihr der Autoschlüssel in den Gully, und die Leute aus dieser Kneipe kamen raus, um uns zu helfen. Sie hatte ihren großen, schwarzen Hovawart dabei, der heißt Jonas, aber die Leute sagten immer Kuddel zu ihm, denn Knut Kiesewetter hat genau so einen, und der heißt Kuddel.“ Ich sagte: „Ich bin Knut!“ Darauf er: „Ich bin Horst. Die Leute haben uns so nett geholfen beim Schlüsselsuchen und sagten zu Jonas immer Kuddel. Knut Kiesewetter hat nämlich genau so einen.“ „Ich bin Knut!“, sagte ich. „Und ich bin Horst“, sagte er. „Die Leute hier sind so nett, jetzt hab ich mir hier ein Haus gekauft und wohne hier. Aber der Hund von Knut Kiesewetter muss genau so aussehen wie Jonas.“ „Ich bin Knut!“, sagte ich. Er wieder: „Ich bin Horst.“

Es nahm den ganzen Abend in Anspruch, ihm klar zu machen, wer ich bin.

Dann beschlossen die Gardinger „Stadtväter“, einen großen Supermarkt außerhalb der Stadt zu genehmigen, und das Städtchen starb langsam vor sich hin.

Zu meinem sechzigsten Geburtstag machte der NDR einen fast zweistündigen Fernsehfilm, in dem man Aufnahmen von meinen verschiedenen Lebensjahrzehnten einflocht und sogenannte Prominente und gute Kollegen über mich sprechen ließ. Diesen Film habe ich mir natürlich angesehen (gehört?). Zwei Kollegen sagten über mich, dass sie nicht gern mit mir im Studio arbeiteten, weil ich so ein harter Produzent gewesen sei, ich wolle immer alles hundertfünfzigprozentig haben.

Darüber habe ich lange nachgedacht. Diese Äußerungen konnte ich überhaupt nicht verstehen.

Wie oft sind mir nachträglich, wenn die Aufnahmen längst auf dem Markt waren, Fehler aufgefallen, die einfach mit durchgerutscht waren. Diese Aufnahmen konnte ich mir nie wieder anhören.

Man fragte mich telefonisch, ob ich in Leipzig ein Konzert im Gewandhaus, mit dem Gewandhausorchester, geben wolle. Mein Herz fing an schneller zu schlagen. Dort, wo Johann Sebastian Bach, für mich der größte Komponist aller Zeiten, gespielt hatte, das musste ich erleben, ganz egal, wie hoch die Gage war. Außerdem sollte mein Lieblingsposaunist Henry Walter mit mir im Duett spielen. Das war das Positive.

Jetzt das Negative: Das alte Gewandhaus war zu DDR-Zeiten längst abgerissen und durch einen neuen DDR-Saal ersetzt worden, nur den alten Namen hatte man gelassen. Meine Posaune war gerade zur Reparatur und auf einem anderen Instrument hat man immer seine Schwierigkeiten. Außerdem hatte ich wohl überhaupt einen richtig schlechten Tag.

Was so positiv beginnt, endet oft so negativ.

Anfang des neuen Jahrtausends kauften wir uns in Celle ein Fachwerkhaus. Wir mochten Celle sehr gern, es ist eine wunderschöne Fachwerkstadt mit einer guten Stimmung.

Regine bekam große Schwierigkeiten mit ihren Hüften, und ich machte meine Spaziergänge immer alleine. Sie saß in der Zeit im Haus und betrank sich.

Ihre großen Schmerzen und ich überzeugten sie langsam, sich die Hüften operieren zu lassen. Danach kam sie für Monate in die Reha in St. Peter. Fast jeden Tag fuhr ich mit der Bahn nach St. Peter und schob sie im Rollstuhl sitzend in die dortige Cafeteria. Ich machte dann immer meinen Spaß: „Der Blinde schiebt die Lahme."

Seit Jahren hatten wir uns nicht so gut verstanden, sie kam ja nicht an Alkohol.

Wie schon gesagt, passten wir in vielen Dingen schon fast gespenstisch gut zusammen. Beide gaben wir sehr gerne, wobei sie mich noch bei Weitem übertraf. Sie verschenkte einfach Dinge, auch weil sie geliebt werden wollte. Dabei vergriff sie sich auch an Sachen, die eindeutig mir gehörten.

Auf der Gardinger Kirchwarft saß einmal ein Penner, der Regine ansprach und ihr erzählte, wie kalt ihm sei. Sie ging nach Hause, nahm ein seidenes Bühnenjackett und brachte es dem Mann. Der muss unter seinen Kollegen damit sehr gut angekommen sein.

Der saarländische Rundfunk wollte das Lied *Winter, heut hab ich dich tanzen gesehen* bei uns auf Eiderstedt mit mir aufnehmen. Es war März und es fing an zu schneien. Ich sagte zu Regine: „Na, die haben aber Glück. Zu dem Titel passt doch nichts besser." Ich bekam aber den Anruf, dass man, da es ja schneie, jetzt das Lied draußen nicht aufnehmen könne. Man fuhr mit mir in ein kleines Museum in dem Dörfchen Tetenbüll. Dort saß ich auf einer Couch, das Lied singend, und draußen warf man immer Plastikflocken am Fenster vorbei. So echt ist das oft alles im Fernsehen.

Ein junger Münsteraner Pianist namens Tobias Sudhoff mietete in Hamburg in einem Hotel einen Saal, um mit Herb Geller und mir ein Live-Konzert aufzunehmen. Es wurde dann auch unser letztes gemeinsames Konzert. Nach dem Konzert saß ich nur in Unterhosen in meinem Zimmer, der Abend war warm, plötzlich klopfte es an die Tür. Als ich öffnete, stand ein mir völlig unbekannter Mann, auch nur in Unterhosen, vor mir. Er sagte, er sei auf dem Weg ins Badezimmer aus Versehen auf den Flur hinausgegangen, und die Tür sei hinter ihm zugefallen, worauf er nicht wisse, wie er wieder hineinkommen sollte. Als ich hinaustrat, um mit ihm zu reden, fiel meine Tür hinter mir ins Schloss. Auch ich war jetzt ausgesperrt. Zu dem gänzlich unbekannten Herren sagte ich, dass mein Kollege Tobias das Zimmer neben mir habe, wir müssten mal bei ihm klopfen, damit er die Rezeption anrufen könne. Ich klopfte an die Tür. Er öffnete nur in Unterhosen. „Komm nicht heraus“, sagte ich. Schon zu spät.

Jetzt fuhren drei unterbehoste Männer im Fahrstuhl herunter, und gingen so zur Rezeption. Wir erregten doch einiges Aufsehen, und es machte uns Spaß, noch ein paar Scherze vor den Leuten darüber zu machen.

Die Abrechnungen der Schallplattenfirmen waren fast immer getürkt. Ganz deutlich wurde das einmal bei einer Skiffle Group aus Hannover. Sie hatten bei der Metronom eine Schallplatte veröffentlicht. Davon bei der Firma selbst dreitausend Stück gekauft, um sie bei Mucken zu verscherbeln. Abgerechnet wurden ihnen aber nur tausendfünfhundert. War da nicht irgendwo ein Fehler? Die Sache ging sogar vor Gericht.

Die Schallplattenfirmen besaßen früher keine eigenen Presswerke, sondern ließen ihre Platten in solchen Werken herstellen, und es wurden an den Maschinen die Zahlen der gepressten Platten aufgezeichnet.

Ein Kieler Verleger namens Triebke sprach verschiedene Künstler darauf an, ihre Abrechnungen mit den Zahlen im Presswerk zu vergleichen. Freddy Quinn bot er das auch an. Freddy lehnte ab. Er hatte wohl so viel Geld verdient, dass er so etwas nicht nötig hatte. Ich lehnte auch ab. Zwar wusste ich genau, dass viele Abrechnungen nicht stimmten, aber die Prüfungen hätten mich zu viel Nerven gekostet, sie hätten sich wahrscheinlich auch gar nicht gelohnt.

Aber bei vielen Künstlern hat es sich wirklich gelohnt, Tony Sheridan soll sogar über eine Million nachgezahlt bekommen haben für die Aufnahmen, die weltweit von ihm und den Beatles veröffentlicht wurden.

Seit Jahrzehnten bin ich mit einem Ehepaar befreundet, das bei Köln wohnt. Beide hatten eine Filmfirma, und sie war jahrelang Fernsehansagerin beim WDR.

Eines Tages fuhren wir gemeinsam in den Urlaub. Im Urlaub wird ja alles Mögliche und Unmögliche betratscht. Freunde halten einen immer für viel zu wenig repräsentiert, und meine Freundin Erika klagte darüber, dass ich im WDR viel zu wenig gespielt würde, sie müsse nun endlich etwas daran ändern.

Schon längst wieder zu Hause, rief sie mich an und erzählte mir stolz, dass sie es geschafft habe, mich beim WDR 4 als „Star der Woche" unterzubringen. Ab und zu mache man dort einen bekannten Interpreten zum „Star der Woche". Von diesem würden dann eine Woche lang mindestens drei Titel am Tag gespielt. Ich solle dem WDR doch Aufnahmen von mir schicken. Auf meine Erwiderung, dass jedes deutsche Rundfunkarchiv mit all meinen Schallplatten bemustert worden sei, sagte sie mir, dass man Platten dort nicht spiele und man Bandkopien von mir haben müsse, und gab mir die Adresse durch. Ich dachte noch: „Welch ein Aufwand."

Drei große Bänder mit drei Stunden Musik von mir sollte ich zum WDR schicken, denn die Damen und Herren wollten ja schließlich auch noch aussuchen, welche Lieder für sie in Frage kämen. Das hieß, dass ich für zwei Tage ein Studio mieten musste, mit Kosten, von denen ich höchstens ein Zehntel, wenn man alles spielte, über die GEMA wieder einnehmen konnte. Aber wenn Freunde einem einen Gefallen tun, kann man den ja nicht ausschlagen.

Wir schickten also die Bänder nach Köln, alle Lieder waren natürlich von mir geschrieben, und so standen auf den Kartons nur die Titel und die Zeiten und ganz unten: „Alle Titel, Text und Musik Knut Kiesewetter."

Meine Freundin Erika rief nach einiger Zeit wieder an und fragte, ob ich die Bänder geschickt hätte, denn ich sei noch nicht gespielt worden. Ich beteuerte, dass ich alles, wie verlangt, getan hätte.

Sie rief wieder an und sagte, sie hätte sich erkundigt, man könne beim WDR meine Lieder nicht spielen, weil ich die Autoren nicht angegeben hätte. Ich solle doch bitte dort anrufen und die Autoren durchgeben. Ich wählte die Nummer und bekam die Sekretärin des zuständigen Redakteurs an die Strippe. Diese sagte mir, dass man meine Songs nicht spielen könne, weil unter den einzelnen Titeln keine Autorenangaben seien. Ich erklärte ihr, dass ich ein Liedermacher sei, was heiße, dass ich meine Lieder selbst mache. Um das noch einmal zu verdeutlichen, hätte ich unten diese Angabe für *alle* Lieder gemacht. Ich hoffte, sie hätte begriffen.

Nach einiger Zeit rief meine Freundin Erika wieder an, ich sei noch immer nicht gespielt worden, und die Sekretärin des Musikredakteurs habe ihr gesagt, dass ich mich weigere, die Autoren anzugeben.

Ich rief die Sekretärin wieder an und erklärte ihr noch einmal lang und breit meinen Fall.

Dann war erst einmal Ruhe, und drei Monate später bekam ich meine Bänder zurück.

Ein Jahr danach hatte ich beim WDR zu tun und besuchte bei dieser Gelegenheit auch einmal den Redakteur des vierten Programms, einen älteren Herren. Er begrüßte mich mit den Worten: „Ach, Sie sind derjenige, der sich weigert, Autorenangaben zu machen!“ Ich hielt das für einen Scherz und erklärte ihm die ganze Geschichte und sagte: „Man hat mich dann doch gespielt, ich habe ja die Bänder zurückbekommen.“ „Nein, Sie wurden ungespielt zurückgeschickt“, sagte er und fragte mich, ob ich die Bänder noch hätte: „Wenn ja, dann schicken Sie sie doch bitte noch einmal her. Jetzt, wo ich weiß, worum es geht, werden Sie natürlich Star der Woche.“

Fünf Jahre später bekam ich einen Anruf vom WDR. Es stellte sich jemand als der neue Redakteur des vierten Programms vor und bat mich darum, ihm CDs von mir zu schicken, auch ich solle doch einmal „Star der Woche“ werden. „Das war ich schon mal!“, antwortete ich ihm und: „Sie haben auch genug Bänder von mir.“ Er sagte mir, dass ich noch nie „Star der Woche“ war, das hätte er sonst im Computer. Hinter meinem Namen stünde nur: „Weigert sich, die Autoren anzugeben“, und meine Bänder seien inzwischen auch schon entsorgt worden!

In dieser Branche kann man sehr gut die Lust verlieren.

Björn Engholm, Bonner Minister und später schleswig-holsteinischer Ministerpräsident, gehörte schon seit Jahrzehnten zu meinen Freunden. Ich hatte ihn während meiner Studienzeit auf dem Lübecker *Riverboat* kennengelernt. Er erzählte mir, als er Ministerpräsident war, dass er in die DDR eingeladen sei.

Ich fragte ihn, ob er nicht mal eine Tournee für mich dort klarmachen könne. Er machte.

Wir machten Jazz, denn meine deutschen Lieder waren den Jungs ja viel zu gefährlich. Als wir in die DDR einfuhren, landeten wir zuerst in einem Hotel in Magdeburg. Ich musste mal und dazu die Treppen runter in einen Pinkelsaal mit dreißig bis vierzig Urinalen an der Wand. Kein Mensch war da und so hatte ich freie Auswahl. Als ich dort stand, kam ein Mann herein, der sich direkt neben mich stellte, mich anstarrte und in bestem Sächsisch sagte: „Wenn isch nach Hause gomme, globt mir das geener, dass isch direkt näbn Gnud Giesewädder gebinkelt hab."

Uns wurde ein Ansager mitgeschickt, mitgeschickt von der Stasi. Wir brauchten keinen Ansager, denn das machte ich ja alles selbst. Dass dieser Junge von der Stasi mitgeschickt wurde, war uns allen sehr schnell klar. Er war wohl dazu gezwungen. Bei der Stasi wusste man nachträglich zu viel von dem, was bei uns ablief.

Wir wurden in Ostgeld bezahlt, was wir immer Monopoly-Geld nannten. Natürlich konnten wir uns davon Instrumente kaufen, sie aber nicht ausführen. Für jedes einzelne Instrument hätten wir einen Ausfuhrantrag stellen müssen, der frühestens vier Wochen später bewilligt würde – wenn überhaupt.

Also hätten wir Wochen später für Westgeld (Zwangsumtausch) wieder einreisen müssen, um die Instrumente abzuholen. Das war uns zu blöd. Wir packten also alle unsere Instrumente in unsere Autos und fuhren an die Grenze. Hier wurden wir gleich aus der Schlange gewinkt und mussten alle Instrumente auf den Tresen legen. Jetzt fing man an, alles fein säuberlich aufzuschreiben. Nach einer halben Stunde kam ein fetter Stasimann, und es wurde ein Protokoll mit mir aufgenommen. In urdeutscher Gründlichkeit fragte der Herr an der Schreibmaschine, wie der Mädchenname meiner Frau sei. Mir erschloss sich die Wichtigkeit dieser Frage spontan nicht. Da kam mir eine Idee. Ich fragte ob der Fahrer meines Wagens einmal hereinkommen dürfe, um meinen Blutzucker zu messen, damals gab es noch keine Prüfgeräte glücklicherweise, sondern man benutzte Teststreifen, auf die man ein Blutströpfchen aus dem Ohrläppchen tat, und nach der Verfärbung nach ein paar Minuten konnte man sehen, wie hoch der Blutzucker war. Der Fette ging mit mir nach draußen, und mein Fahrer, sonst kein ganz besonders heller Mensch, nahm nun die Prozedur mit mir vor. Ich sagte zu ihm: „Der Blutzucker ist doch ganz hoch, oder?!“ Er stand einen Augenblick verdattert da, dann begriff er tatsächlich und sagte: „Ja, hoch! Sehr, sehr hoch!“

Eine Woche vorher war an der Grenzstelle ein Mann an Herzversagen gestorben, und es hatte einen Riesentrubel gegeben. Der Stasimann ging zu meinen Musikern und rief: „Alles sofort wieder einpacken und raus, raus, raus!“

Alle Musiker gratulierten mir nachher zu meinem Diabetes.

Vier Wochen später kam eine Rechnung aus Ostberlin von der Künstleragentur bei mir an. Man verlangte von mir Ausfuhrzölle, und fast alle Angaben über die Instrumente stimmten. „Unser“ Stasimann hatte also gepetzt.

Der Chef der Künstleragentur hieß Heinemann. Ein paar Monate später war ich mit Regine auf einer Kanarischen Insel, dort kaufte ich mir eine ganz große, bunte, kitschige Postkarte, schickte sie an die Künstleragentur in Ostberlin und schrieb darauf: „Werter Herr Heinemann, hier ist es auch ganz nett.“

Wiederum ein paar Wochen später wollte mich das DDR-Fernsehen für einen Auftritt engagieren. Ich aber ließ sie wissen, dass ich nicht kommen könne, ich hätte schließlich um die dreitausend Ostmark Schulden. Jetzt bekam ich Bescheid, diese Schulden sind hiermit gestrichen.

Diese Auftritte im Osten machten immer sehr viel Spaß, weil die DDR ein vollkommen exotisches Land war. Das

Publikum aber war unheimlich gut und es machte viel Freude, dort zu singen und zu spielen.

Meine Texte, so fand ich, hatten den Biss von früher nicht mehr, ich hatte doch immer Spaß daran, in der letzten Zeile die Stimmung den Zuhörern um die Ohren zu hauen. Jetzt wollte ich wieder so einen Text schreiben, der sich wie ein altromantisches Liebeslied anhören sollte.

Keine Geduld

Schöner als die schönste Rose
Feinfühlig wie die Mimose
Ach, so blütenrein
Du warst klar wie eine Quelle
Und schon wollt ich auf der Stelle
Immer bei dir sein

Oh, wie war ich dir gewogen
Hattest du mich angezogen
Wie ein fernes Licht
Jahrelang hab ich geworben
Wäre fast für dich gestorben
Doch du sahst mich nicht

Nächtelang bis in die Frühe
Fiel ich vor dir auf die Kniee
Hab mich ganz verzehrt
Doch du hast, so sehr ich drängte
Trotz der Perlen, die ich schenkte
Mich doch nie erhört

Selbst dein Vater ward bestochen
Und bei Schnaps gut zugesprochen
Er hat akzeptiert
Deiner Mutter bracht ich Rosen
Alles, um dich zu liebkosen
Du bliebst ungerührt

Jetzt bist du zu mir gekommen
Hast dir wohl ein Herz genommen
Das find ich sehr nett
Es ist reichlich spät, du Sture
Ich lieg längst mit einer Hure
Arm in Arm im Bett

In Nordfriesland hatte ein Berliner Komponist ein Haus. Was heißt Komponist?

Er behauptete immer, komponieren sei, sich zu erinnern. Er war sowieso kein angenehmer Mensch, denn er war ein Arschkriecher. Er überredete mich, nach Berlin zu fliegen und bei einem Freilichtfest von irgendwelchen jungen Leuten mitzumachen.

Ich flog nach Berlin, bezahlte aber nicht in bar, behielt mein Bargeld im Portemonnaie und benutzte zum ersten Mal so eine Karte.

Dann kam ich zu meinem Auftrittsort. Ich musste auf einem Lastwagenanhänger sitzen, vor mir standen Bier- und Würstchenbuden, hinter denen der Verkehr einer sechsspurigen Straße vorüberrauschte. Ich hörte mich also selbst kaum, was auch für mich nur ein Glück gewesen sein konnte, denn mit Wut im Bauch singt, glaube ich, niemand gut.

Nach meinem „Auftritt" bekam ich sofort die Gage, und die war anständig.

Die Leute von dem „großen" Festival gingen danach noch mit mir in eine Kneipe. Als wir von dort zu denen gehen wollten, ich sollte bei ihnen schlafen, war mein Portemonnaie auf einmal weg. Auf der Matratze, die in meinem Nachtquartier auf dem Fußboden lag, konnte ich kaum schlafen, nicht nur wegen der Matratze, sondern aus Ärger nicht. So eine Kackmucke, so eine Dreckswohnung, ein ganzes Wochenende um die Ohren gehauen und mein ganzes Geld weg. Das Geld, das ich sowieso mithatte, ja auch. Das Portemonnaie ohne Geld bekam ich wieder, also kam ich mit der Karte doch noch nach Hause, aber für mich war das der Tiefpunkt meiner Karriere.

Für Fiede Kay fiel mir auf einmal nichts mehr ein, erst als ich in einem Antiquariat die Hermann-Löns-Gesamtausgabe kaufte, ging mir ein Licht auf.

Fiede Kay singt Hermann Löns, das ist doch eine Idee. Ich nahm dreizehn Hermann-Löns-Lieder mit ihm auf, manche Texte vertonte ich neu. Alle Titel, die ich mit Fiede Kay vorher produziert hatte, waren bei der Polydor erschienen, nur, die Jungs von der Polydor wollten diese Produktion nicht. Nun saß ich da, mit diesem Band, das ich sogar für sehr schön hielt. Wie schafft man das jetzt, dass diese LP doch noch herauskommt, denn ich arbeite nicht gern vergebens.

Schon lange war die Firma darauf scharf, mit Fiede eine weihnachtliche Platte rauszubringen, ich ging ins Niederdeutsche Institut in Bremen, ins Nordfriesische Institut in Bredstedt und in Archive in Berlin, denn die LP sollte sich doch von allen anderen Weihnachts-LPs unterscheiden, und so kamen nur alte bis uralte Weihnachtslieder darauf. Die LP hieß *Wiehnachen, so hedd dat fröher klungen.*

Was freuten sich die Herren von Polydor, als ich mit dem Band bei ihnen erschien, ich aber hatte ja viel von ihnen gelernt und sagte: „Alleine kriegt ihr die nicht, nur, wenn ihr auch die Hermann-Löns-Produktion herausbringt."

Von irgendeiner deutschen Regenbogenzeitung wurde jedes Jahr der Hermann-Löns-Preis verliehen. Der Initiator dieses Preises rief mich an und informierte mich feierlich, dass dieses Jahr ich diesen Preis bekommen sollte. Als ich ihn darauf hinwies, dass ich außer in frühen Kindertagen nie Hermann Löns gesungen habe, fiel ihm nicht einmal ein, dass ich der Produzent von Fiedes Löns-Platte sei. Ich lehnte also ab.

Er hatte mir nebenbei noch erzählt, dass man im St. Pauli Theater in Hamburg ohne Gage bei vollem Haus ein Konzert geben müsse, bevor man diesen ach so edlen Preis erhielte.

Nun fiel ihm ein, dass man den Preis auch Fiede Kay verleihen könne, denn der hätte doch Hermann Löns in

Plattdeutsch gesungen. „Kann er gar nicht", sagte ich. „Hermann Löns hat nie ein plattdeutsches Wort geschrieben." Ich solle ihm doch trotzdem die Telefonnummer von Fiede Kay geben. Das tat ich.

Schnell wählte ich Fiedes Nummer, ich war natürlich eher bei ihm als der mit Vorwahl anrufende Journalist. Ich kannte ja meinen Fiede und sagte: „Fiede, da ruft gleich so ein Pressefuzzi bei dir an, der dich verladen will. Zuerst sollst du zwei Stunden umsonst singen und dann will man dir so einen Wisch als Hermann-Löns-Preis übergeben." „So ein Idiot", grunzte Fiede. „Dem werde ich mal zeigen, wer er ist." Noch parierte Fiede.

Als ich ein paar Monate später zu Aufnahmen ins Godewind-Studio in Schwabstedt kam, hing dort groß der Hermann-Löns-Preis an der Wand.

Im Autoradio hörte ich ein Interview mit Hannes Wader. Es war schon hochinteressant, wie Hannes Wader sich seine Karriere vorstellte. Ich kam aber darin überhaupt nicht vor.

Ein halbes Jahr danach wieder so ein Interview mit ihm, auch hier kam ich nicht vor.

Nach ein paar Tagen trafen wir ihn in unserer Stammkneipe. „Hallo Hannes, ich habe die Interviews mit dir zufällig gehört. Eines nahm mich doch sehr wunder, ich kam darin ja überhaupt nicht vor." Hannes stutzte, überlegte eine Weile und sagte dann süffisant in seiner ach so großzügigen Art: „Ja, das stimmt ja sogar, du hast ja mit meiner Karriere auch irgendetwas zu tun!"

Gerade aus dem Husumer Krankenhaus entlassen fuhr ich mit der Taxe zu Fiedes Kneipe. Der Taxifahrer sagte erstaunt: „Dich habe ich aber lange nicht gesehen." „Ich war ja auch im Krankenhaus", sagte ich, „Was hast du denn?" „Zucker". „Oh, dann darfst du ja gar nichts. Kein Bier, keine Cola." „Ist gut, ich weiß." „Kein Weißbrot, keinen Kuchen." „Ist ja gut, ich weiß", sagte ich ungeduldig. Er aber: „Mein Schwager hatte das schon mit achtzehn und hat sich überhaupt nicht drum gekümmert. Zur Schwarzwälder Kirschtorte reichlich Kakao." Was waren das für neue Botschaften? Die Ärzte übertrieben also. „Und wie geht es ihm?", fragte ich. Er guckte mich nur kurz an und sagte: „Der ist schon lange tot."

Als Diabetiker muss man mindestens einmal im Jahr ein großes Blutbild machen lassen, wobei meine Leberwerte (Gamma-GT) fast immer ziemlich schlecht waren. Also nahm ich mir vor, nachdem ich getrunken hatte, mindestens eine Woche Alkoholpause zu machen. Trotzdem waren manchmal die Leberwerte noch immer nicht gut, also dehnte ich die Pausen mit der Zeit immer mehr aus.

Anfang der 80er-Jahre machte mich jemand darauf aufmerksam, dass in Mannheim der beste Diabetes-Spezialist Deutschlands, wenn nicht Europas, seine Praxis hätte. Mir ging es gerade ziemlich schlecht und Regine tobte sofort mit mir nach Mannheim. Professoren hin und her, Diabetologen auch. Nein, dieser Mann war der Einzige, den ich erlebt habe, der dir bei Diabetes wirklich helfen kann, und das tat er auch. Die ganze Geschichte hatte einen kleinen Nachteil, er verbot mir den Umgang mit Alkohol, und ab und zu trinke ich doch gerne mal ein Bierchen. Das Einzige, was er mir erlaubte, war ab und zu mal ein Gläschen Wein. Das geht aber bei mir nicht, denn wenn ich eine Flasche Wein nur angucke, kann ich schon meine eigene Sodbrennerei aufmachen. In dem Falle des Alkoholverbots mache ich dann gern folgenden Spaß: „Herr Doktor, das mit dem Kuchen, okay. Mit dem Weißbrot, okay. Mit der Cola, okay. Aber den Gefallen mit dem Alkohol kann ich Ihnen nicht tun."

Nachdem Dr. Weiß, so hieß der Mann, mich untersucht hatte, gab er mir noch zehn Jahre, oder ich würde jetzt nach seinen Regeln leben. Das hieße natürlich keinen Zucker, aber viel wichtiger sei kein tierisches Eiweiß, und noch so manche Sachen, die ich jetzt hier nicht weiter erklären will.

Nachdem ich mich nach seinen Regeln verhielt, ging es mir wesentlich besser, und mein Insulinbedarf sank ständig.

Ich fuhr also monatlich mit dem Zug von Norddeutschland nach Mannheim, eine Schweinestrecke, und ließ mich behandeln.

Als ich eines Tages seine Praxis verließ, klebte mir die Zunge gehörig am Gaumen, und vor seiner Tür war eine Kneipe. Ich öffnete die Tür, nahm gleich den ersten Platz an der Bar und bestellte mir ein Bier. Neben mir saß ein unscheinbar wirkender Typ „Wissen Sie eigentlich, wo Sie hier sind?“, fragte er. Auf mein Verneinen sagte er: „Sie sind hier in einem Künstlerlokal.“ „Toll“, sagte ich. „Ja, hier verkehren nur Künstler.“ „Ach.“ „Sie haben jetzt Pech. Gerade ist Bernd Clüver aus dem Lokal gegangen.“ „Nee, so ein Pech aber auch.“ „Sie waren doch aber schon öfter hier, oder?“ „Nee“, sagte ich, „ich bin hier zum ersten Mal.“ „Aber ich kenn Sie doch irgendwoher“, behauptete er. Ich musste ihm immer wieder beteuern, dass ich zum ersten Mal in diesem Lokal sei. „Dann sind Sie Vertreter“, ging ihm ein Licht auf. „Nicht direkt“, antwortete ich. Da öffnete sich die Tür, wir saßen ja direkt am Eingang, und Bernd Clüver trat ein. Er guckte mich erstaunt an. „Was machst du denn hier?“, fragte er. Ich erzählte ihm die Geschichte von dem Arzt nebenan.

Meinem Nachbarn war die Kinnlade runtergefallen, und er blickte entgeistert zwischen uns hin und her, als Bernd fragte: „Spielst du eigentlich Skat?“ Ich bejahte, denn damals spielte ich es noch gern. Er fragte, ob ich dann mit zu ihm nach Hause käme, denn er spiele mit seiner Frau und einem Freund gern abends zusammen. Dieser Freund sei ausgefallen. Also sprang ich ein.

Dass er in Mannheim wohnte, wusste ich bis dahin gar nicht, aber wir waren bald bei ihm, und er schleppte mich in den Keller seines Hauses. Dort stellte er mich seiner Frau vor. Der Keller sah aus wie eine Spielhalle, alle möglichen Automaten, Tischfußball und eben ein Spieltisch. Wir spielten den ganzen Abend Skat, und die beiden turtelten wie ein frisch verliebtes Pärchen. Dieses „Schatzi“, „mein Häschen“, „du, mein Liebster“ fängt mir nach einiger Zeit immer an, auf die Nerven zu gehen, denn ich traue diesem

Frieden nie. Pärchen, die sich nur so titulierten, das hatte ich zu oft erlebt, waren dann bald wieder geschieden.

„Habt ihr gar keine Kinder?“, fragte ich. „Nein, das sind unsere Kinder“, sagte die Frau des Hauses und zeigte auf ihre ewig wedelnden beiden Schäferhunde, mit denen auch den ganzen Abend geschmust wurde.

„Dieses ist im Übrigen das tollste Haus, das wir uns vorstellen können. Findest du nicht auch?“ Ich fand nicht, äußerte mich aber nicht dazu.

Am nächsten Morgen schon fuhr ich wieder Richtung Nordfriesland und freute mich auf mein Zuhause.

Regine erzählte ich natürlich die Geschichte vom Abend vorher, während ich meine Brille suchte. Ich trug damals öfter verschiedene Brillen, nicht dass mir etwa eine Brille hilft, aber manche Menschen erkennen mich dann nicht so schnell.

Erst nach drei, vier Wochen kam mir die Idee, dass ich die Brille bei den Clüvers liegen gelassen hatte. Da er mir seine Karte gegeben hatte, fand ich diese auch nach geraumer Zeit und rief bei den Clüvers an. Da nahm eine Frau mit älterer Stimme ab und meldete sich mit vollkommen anderem Namen. „Entschuldigung, ich muss mich wohl verwählt haben.“ „Wen wollen Sie denn?“ „Na, ich dachte ich hätte die Nummer von Bernd Clüver gewählt.“

„Der wohnt hier nicht mehr“, sagte sie. „Die Clüvers haben sich scheiden lassen und sofort das Haus verkauft.“ „Um Gottes willen“, sagte ich. „Wer hat denn die beiden Hunde gekriegt?“ „Die sind im Tierheim.“

Eine Zeit lang war ich mit dem Fernsehmoderator und Journalisten Rainer Holbe befreundet. Das ging so lange gut, bis er auf einmal geistergläubig wurde. Bei RTL moderierte er noch bis weit in die 90er hinein die Frühsendung, bis ihn die Geister so gefangen hatten, dass er auch im Frühstücksfernsehen davon erzählte und deswegen rausgeschmissen wurde. Vorher hatte er schon eine Sendung, die bei RTL *Unglaubliche Geschichten* hieß.

Er bat mich darum, ihm dafür eine Erkennungsmelodie zu schreiben und diese auch aufzunehmen. Ich sagte: „Rainer, bei aller Freundschaft, das muss mir RTL aber doch bezahlen. Studio und Musiker kosten doch.“ Er versprach es mir fest.

Jahrelang erinnerte ich ihn, aber ich glaube, die Geschichte muss ich nicht zu Ende erzählen.

Zu der Titelmelodie schrieb ich auch einen Text, aus dem man ganz genau hören kann, wie ich zu Geistergläubigkeit stehe.

Unglaubliche Geschichten

Mancher kann, das soll geh'n
Einfach so in die Zukunft seh'n
Hat das zweite Gesicht
Weil der Himmel ihn liebt
Das ist schwer zu versteh'n
Warum können wir das nicht seh'n
Oder seh'n wir das nicht
Weil es das gar nicht gibt

Es gibt mancherlei
Unglaubliche Geschichten
Die man erzählt
Die nicht passen
In uns're eigene Vorstellungswelt
Ungelöst
Bleiben sie
Viele Rätsel und Dinge, die
Wenn der Mensch noch so reift
Er wohl niemals begreift

Ob der Mensch ewig lebt
Seine Seele ins Jenseits strebt
Wenn das Hier er verlässt
Die Dispute sind scharf
Mancher glaubt und er schwört
Dass er Stimmen von Toten hört
Und der and're glaubt fest
Dass der Mensch sterben darf

Wenn man wirklich gläubig ist, hört und sieht man viele Dinge nicht. So hörte Rainer Holbe auch meine Kritik nicht, und er bat mich darum, dieses Lied auch in der Sendung zu singen. Nun, das konnte mir ja nicht schaden, denn Geistergläubige merkten es ja nicht und Nichtgläubige schauten die Sendung ja gar nicht an.

Bei der Sendung stand eine große dicke Frau aus Aachen vor dem Studio und verlangte Einlass. Holbe sagte: „Ach, die schon wieder, die spinnt doch total." Es gibt da also auch noch graduelle Unterschiede. Ich wollte die Frau aber gern hören und fragte sie, was es denn gäbe.

„Der Elvis hat wieder anjerufen und hat mir jesacht, dat die Prüzilla nich mehr in dem Film mitspielen darf. Dafür soll isch sorjen."

Nun, da Elvis schon lange tot war, fragte ich nach der Verbindung. „Ein Ferngespräch? Und wie spricht er denn mit Ihnen, deutsch oder englisch?" „Ja, dat wäes isch nu och nit. Englisch, oder deutsch." „Sie können doch englisch?", fragte ich „Nee, dat kann isch net." Ein aufschlussreiches Gespräch.

Nun beschloss ich, diese philosophischen Ergüsse der Frau aus Aachen zu einem Lied zu verarbeiten. Nur ersetzte ich „Elvis Presley" durch Louis Armstrong, der mir musikalisch ja auch viel näher steht.

Fiede Kay wurde von mir immer „die alte Frau Kay" genannt und so bekam die angerufene Frau den Namen „die alte Frau Kay".

Die alte Frau Kay, meine Nachbarin
Die kommt eines Morgens zu mir
Und fragt mich, wie gut ich in Englisch bin
Es gäb etwas Tolles bei ihr
Am Abend um elf geht das Telefon
Ein männliches Wesen sei dran
Spricht englisch und singt mit nem rauen Ton
Und das hört sich etwa so an:

Sabadubidubidab

Ich sage, Sie sind ja ein Medium
Denn dieser so heisere Mann
Weilt nicht mehr auf Erden, schau, und darum
Ruft er aus dem Jenseits sie an
Er hieß Louis Armstrong und machte wohl
Millionen von Anhängern froh
Er spielte Trompete und sang mit Soul
Und das klang dann ungefähr so:

Sabadubidubidab

Nun glaub ich doch, dass dies die Wahrheit ist
Was mir die Frau Kay da erzählt
Doch Louis, warum, falls du's wirklich bist
Hast du ihre Nummer gewählt?
Wir kannten uns doch und ich liebte dich
Auch englisch kann ich, wie du weißt
Egal wann du anrufst, ich freu mich
Und weiß auch genau, was dies heißt:

Sabadubidubidab

Nachmittags um fünf gab es im Zweiten immer eine Sendung, die *Die Drehscheibe* hieß. Eine aktuelle Sendung mit einem Song darin. Die Mucke konnte man nur annehmen, wenn man gerade in der Nähe von Mainz war, denn es gab fünfhundert Mark und sonst gar nichts. Fahrt und Hotel inbegriffen.

Die Besetzung für die ZDF-*Drehscheibe* machte inzwischen eine Frau Pfeiffer. Sie rief mich an und sagte, ich solle doch zwischen Weihnachten und Neujahr ein besinnliches Lied in ihrer Sendung singen. Sie schlug *De ole Kaat* vor. „Nun Frau Pfeiffer, was habe ich davon? Bahn und Hotel, und in der ruhigen Zeit zwei Tage futsch, zahle draufzu und das Stück ist längst nicht mehr auf dem Markt, also nicht mehr zu kaufen. Ich komme, wenn ich das Lied *Sabadubidubidab* singe."

Jetzt ging wieder die Medienerpressung los: „Ei, Herr Giesewäddä, mer wolle aba gän de ole Kaat. Das Sabadubidubidab könne Se ja sechs Woche spedä bei uns singe und wenn Se sisch nit darauf einlasse, geht es Ihnen net meh so gut beim ZDF."

Ich tobte also runter und sang von der alten Kate hinterm Deich. Dann ließ ich eine große Anstandspause und fragte die Frau Pfeiffer erst Anfang April, wann ich denn nun mit *Sabadubidubidab* dran sei. Darauf die Frau Pfeiffer: „Ei, Herr Giseweddä, Sie ware doch grad in unserer Sendung, nun wolle Se doch net schon widdä." Ich legte entmutigt auf.

Bei meinem Auftritt mit *De ole Kaat* hatte ich in einem Hotel bei Mainz gewohnt. Morgens kam ich hinunter, um zu bezahlen. In der Lobby wurde gebaut und es war heftiger Krach.

Ich sollte hundertneunundsiebzig Mark bezahlen, ich gab der Frau an der Rezeption zweihundert, sie gab mir einen Fünfziger zurück, sagte: „Das sind hunnätachzisch und die Mack", die sie mir entgegenhielt. Ich steckte mir die Quittung ein und sagte: „Na, das rechnen Sie ja merkwürdig, oder?!" Sie sagte: „Ei, lasse Se misch doch noch mal die Quiddung sehe. Sie höre ja, der Krach hier unne, man kommt ja ganz durschenannä." Sie schaute auf die Quittung und wiederholte: „Hundertneunundsiebzisch, hier sind die fuffzisch und die Mack." Ich schaute sie erstaunt an und sagte: „Na gut, wenn Sie das hier so rechnen" und ging. Niemand kann mir nachsagen, dass ich mich nicht bemüht hätte.

Die Schwarzwaldhalle in Karlsruhe ist riesig. Dorthin wurde ich alleine engagiert. Irgendwas stand von „Flieger" auf dem Vertrag, aber die Gage war sehr gut, und dann legt man nicht alles unters Mikroskop. Als ich dort ankam, sah ich nur Menschen in Uniformen, es war ein großes Bundeswehrfest, das dort stattfand, und zwar für die Luftwaffe. Die Bundeswehr-Big-Band spielte dort auch, die meisten von den Jungs kannte ich vom Jazzen her, dazu aber auch eine Hundert-Mann-Militärkapelle, die wohl aus mehreren Militärkapellen zusammengesetzt war. Als ich dran war, stand ich ganz alleine vor der riesigen Militärkapelle, die Pause machte, auf dieser riesigen Bühne. Ich schätze mal mindestens dreihundert Quadratmeter. Dort stand ich vor den Militärmusikanten und fing an zu spielen. Als ich anfing zu singen, bewegte sich viel im Publikum. Die uniformierten Herren führten ihre Damen in Abendkleidern durch die Seitenausgänge zu den Sektbars. Dann muss man einfach abschalten und singt nur für sich selbst. Mit LMAA-Stimmung riss ich mein Programm runter und verschwand zu den Bundeswehr-Big-Band-Musikern an der Bar. Der „Dirigent" der Bundeswehr-Big-Band hatte drei große Sterne auf seiner Schulterklappe. Ich fragte ihn, was das heiße, er antwortete: „Major." Da kam schon wieder einer mit drei Sternen auf der Schulterklappe an mir vorbei. Ich sagte: „Ah, auch ein Major." „Nein", erwiderte der ganz freundlich, „General." „Aber drei Sterne", sagte ich. Er: „Die bei diesem Mann sind in Silber, meine aber in Gold, also Generalmajor." Ich habe mich noch den ganzen Abend mit ihm unterhalten, der Mann war unheimlich nett und war unglaublich lieb zu seiner siebzehnjährigen Tochter, die er dabeihatte.

Er hatte mich auch zu dem Abend engagiert, weil er meine Lieder so liebte. Vorurteile werden manchmal total widerlegt.

Es war überhaupt der Abend der netten Leute. Bei dem General stand oft der deutsche Botschafter in der Türkei, ein liebenswerter Mensch, der aber so aussah, als sei er der türkische Botschafter in Deutschland. Wir duzten uns bald und haben manch ein Gläschen geleert.

Schon vor sechs sollte mein Zug nach Hamburg gehen, und dann wäre ich mit Umsteigen am Nachmittag zu Hause gewesen. Ich ging in mein Hotel, ließ mir Wasser in die Badewanne und verschmähte das Bett, damit ich gar nicht erst einschlafen würde. Schlafen konnte ich ja im Zug. Eine halbe Stunde zu früh bestellte ich mir ein Taxi, bloß das kam nicht. Ganz kurz vor Abfahrt des Zuges bestieg ich endlich das Taxi und sagte: „Hauptbahnhof, bitte", da sagte der Taxifahrer: „Warum denn mit dem Taxi, der Bahnhof ist doch dort drüben." Nun saß ich schon drinnen und fuhr mit ihm zum Bahnhof. Sein Fahrgeld hatte ich nicht klein, gab ihm einen Fünfzigmarkschein, rief: „Behalten Sie den Rest!“, und rannte los, zum Zug. Die Treppe hochhetzend, brach mir eine Hacke vom Schuh ab, ich fiel lang hin und der Zug fuhr neben mir ab.

Jetzt konnte ich fünf Stunden im Wartesaal sitzen, schaffte es aber gerade noch, mit dem letzten Zug nach Hause zu kommen. So schnell kann sich manches ins Negative wandeln.

Meine Augen wurden allmählich immer schlechter. Als mir jemand sagte, dass ich mit einem Behindertenausweis Nordfriesland umsonst mit dem Bummelzug befahren könne, dachte ich mir: „Nach Sylt fahren wir ja ab und zu, also warum nicht solch einen Schein besorgen?“

Ich ließ mich also nach Kiel fahren und dort in der Universitäts-Augenklinik mein Restsehvermögen messen. Man kam zu dem Schluss, dass ich noch ein Fünfzigstel, also zwei Prozent Sehkraft hätte.

Das war in den 80er-Jahren. Inzwischen hat mein Augenlicht natürlich noch mehr abgenommen, wie es beim Älterwerden nun einmal so ist. Dazu habe ich auch inzwischen noch den grauen Star.

Aber wie war das mit dem Teufel und dem größten Haufen?

Inzwischen hatte ich die ganze Familie Mahler (Kabel) sehr nahe kennengelernt. Jans Schwester heißt wie ihre Mutter Heidi, aber nach ihrem Vater Mahler. Sie heiratete später den Schauspieler Jürgen Pooch. Mit beiden habe ich einmal eine LP produziert.

Jan hat mich dann jahrelang als Jazz- und als Liedersänger begleitet. Auch seine Mutter Heidi Kabel fuhr er zu mir auf den Fresenhof in mein Studio und ich machte dort Aufnahmen mit ihr, wobei Jan, wie bei vielen Aufnahmen, Bass spielte.

Wir waren eines Tages in der Nähe von Dortmund mit dem Auto unterwegs, Jan fuhr den Wagen. Da wir den Weg zu unserem Zielort nicht genau wussten, fragte ich am

Straßenrand einen Eingeborenen. Dieser sagte: „Sie fahren jetzt immer geradeaus. Da ganz ganz hinten kommt dann eine BP-Tankstelle, woll. Zwei Kilometer vorher fahren Sie rechts ab."

Den ganzen Tag haben wir noch darüber gelacht.

Es war inzwischen viele Jahre später, als ich einen Auftritt fürs Fernsehen im Ohnsorg-Theater Hamburg, der langjährigen Wirkungsstätte Heidi Kabels, hatte. Jürgen Pooch war zu der Zeit dort engagiert. In einer Pause stand ich mit mehreren Schauspielern zusammen, und wir erzählten Geschichten, die uns so passiert waren. Als wir dabei waren, wie ungewollt komisch manche Menschen reagieren, meldete sich Jürgen Pooch zu Wort. Auch er hatte dazu eine lustige Geschichte: Als er in der Nähe von Dortmund einen Ort suchte, so erzählte er, habe er einen Passanten nach dem Weg gefragt, worauf dieser ihm gesagt habe, er solle immer geradeaus fahren und dann zwei Kilometer vor einer BP-Tankstelle rechts abbiegen. Seine umstehenden Kollegen johlten vor Gelächter, nur ich blieb stumm.

Auf dem Nachhauseweg dachte ich lange über seine Geschichte nach. Es war doch sehr merkwürdig, dass ihm das Gleiche wie mir passiert war, und noch merkwürdiger war, dass alle Details mit meiner Geschichte so genau übereinstimmten. Bis mir auf einmal ein Licht aufging. Er war ja der Schwager von Jan Mahler, und Schwager unterhalten sich schließlich auch manchmal.

Fiede Kay war mit der Brauerei der friesischen Stadt Jever jahrelang eng verbunden. Fiede verkaufte schließlich deren Bier.

Mit dem Chef des Bavariakonzerns, zu dem auch das Jeverbier gehörte, Dr. Friedel Gütt, waren Fiede und ich befreundet, und so wurden wir eines Tages zum Bockbierfest in Jever eingeladen.

Nun, da wir dort schon eingeladen waren, meinte man, wir könnten auch ein paar Lieder singen, wurden also auch richtig engagiert.

Ein paar Tage vorher wollte ich für uns in einem Hotel in Jever Zimmer bestellen. Das war aber so gut wie unmöglich, denn die Hotels waren wegen des Bockbierfestes total überfüllt.

Ich bekam nur noch in einer Pension ein bescheidenes Doppelzimmer für uns beide. Aber ich hatte, wenn Not am Mann war, mit Fiede schon in Doppelzimmern gehaust, also kein Problem.

Der Auftritt bei diesem Bockbierfest war sehr hart. Bockbier geht eben sehr schnell in den Kopf, und die Leute waren wohl schon viel zu berauscht, um uns richtig zuhören zu können. Sie versuchten mit Gewalt gegen uns anzureden.

Als wir dann endlich von der Bühne kamen und uns unter die Trinkenden mischten, waren wir heilfroh, das endlich hinter uns zu haben.

Ein Mann von der „Blödzeitung“ wollte unbedingt zeigen, wie viel Ahnung er von unserer Branche hat, und schleifte eine junge Sängerin auf die Bühne. Er rief den Leuten laut zu, dass er hier eine sensationelle junge Künstlerin habe, die diese unbedingt einmal hören müssten. Die Sensation beschränkte sich darauf, dass kein Mensch überhaupt einen Ton von diesem Mädchen hörte, denn die Quassellautstärke im Saal war inzwischen zu einem Orkan angeschwollen. Fiede und ich verdrückten uns schnell und gingen in eine Nachtbar in Jever, um dort noch etwas abzuschlaffen.

Auf einmal stand der Mann von meiner Lieblingszeitung neben mir, tippte mir auf die Schulter und sagte mit generöser Geste: „Herr Kiesewetter, es ist ja in letzter Zeit so still um Sie geworden. Das sollten wir mal mit unserer Zeitung ändern!“

Die Stille um mich war mir noch gar nicht aufgefallen und außerdem liebe ich Menschen, die sich so dicke tun wollen. Ich antwortete fast weinerlich: „Sie haben recht, ich bin schon fast am Ende. Aber Sie wollen mich jetzt wohl vollkommen fertig machen. Wenn Ihre Zeitung groß über mich schreibt, guckt mich doch kein intelligenter Mensch mehr an! Sie wollen mich wohl völlig in den Abgrund stoßen!“ So was hatte er auf seine Dickbrösigkeit noch nie gehört. Nach ein paar Stammlern und Stotterern drehte er ab und verschwand.

Zu Fiede gewandt, fragte ich: „He, was ist denn mit dir los, warum machst du den Sack nicht mit fertig?“ Fiede darauf kleinlaut: „Den will ich gar nicht auf mich aufmerksam machen. Einmal in der Woche treffe ich mich mit seiner Alten in Hamburg im Hotel.“

Erst um vier Uhr Morgens trafen wir in unserer „Suite“ ein, um uns zur Ruhe zu begeben.

Wie immer schloss ich die Zimmertür nicht ab und schlief sehr schleppend ein. Fiede, der sehr schnell einschlafen konnte, hatte schon längst neben mir ganze Schneisen in die umliegenden Wälder gesägt, als ich plötzlich unruhig wurde. Irgendetwas stimmte hier nicht. Am Fußende unseres Doppelbettes hatte sich etwas bewegt. Es war inzwischen schon hell. Als ich hochschaute, sah ich einen Mann, der dort saß, sich auszog und seine Klamotten fein säuberlich über einen Stuhl hängte.

Haargenau entsinne ich mich noch der Worte, die ich ihm sagte: „Hallo, Sie da, ich halte diese Betten für ziemlich besetzt!“ Er drehte sich um und sah mich an, führte den Zeigefinger zu seinen gespitzten Lippen und machte: „Pssssst.“ Dann zog er sich seelenruhig weiter aus. Ich sagte: „Eh, Mann dort, hier ist es voll, raus hier!“ Er drehte sich um, wieder führte er seinen Zeigefinger zum Mund und machte: „Pssssst“, um sich dann weiter auszuziehen.

Er war ein Mann mit sehr kurzen Haaren, einer dunklen, dicken Brille und einem feinen Schnäutzer. Ein sehr originelles Mondgesicht, das mir irgendwie bekannt vorkam.

Nachdem ich merkte, dass er überhaupt keine Anstalten machte, zu gehen, inzwischen bis auf die Unterhose ausgezogen war und in unser Bett kriechen wollte, rüttelte ich an Fiedes Schulter und sagte: „Fiede, aufwachen, hier will einer in dein Bett!“

Wenn Fiede etwas getrunken hat, redet er oft wirres Zeug im Schlaf, auch dann, wenn man ihn weckt.

Er kam hoch und sagte: „Die Radieschen gehören alle in Alufolie eingepackt.“ „Nein“, sagte ich, „hier ist ein Mann, der in dein Bett will.“ „Wat is dat denn“, sagte Fiede, „eh, du da, raus hier, los, raus“, und schubste ihn vom Bett. Dann sagte er: „Mann, muss ich pinkeln“, und verschwand im Badezimmer.

Unser Freund schien auf Fiedes Abfuhr hin endlich begriffen zu haben und zog sich wieder an. Nun, dachte ich, geht mich das nichts mehr an, und legte mich wieder hin.

Ich hörte den Kerl noch immer wurschteln und Fiede kam und kam nicht aus dem Badezimmer zurück. Nach einiger Zeit dachte ich: „Musst doch mal sehen, was er da macht.“ Ich also wieder hoch, da stand unser Besuch in Fiedes Klamotten und tauschte den Inhalt der Jacketts aus. Also Fiedes Brieftasche und Schlüssel in sein Jackett und umgekehrt. Ich rief: „Fiede, komm schnell, hier passiert etwas Schlimmes!“

Der Mann guckte mich an und machte wieder: „Pssssst.“ Da kam Fiede schon an. Wir kriegten den Kerl zu fassen. Ich zog ihn von der Taille her nach unten und Fiede nach oben aus, alles auf einmal.

Dabei fiel mir sein Zimmerschlüssel in die Hände. Wir hatten die Nummer 9 und er die Nummer 27. Ich sagte zu Fiede: „He du, ich hab's. Er hat einfach die Quersumme genommen.“

Nachdem wir Fiedes Tascheninhalte aus der Jacke des Fremden herausgeholt hatten, schubsten wir ihn in Unterhosen mit seinen Kleidungsstücken über der Schulter auf den Flur und schlossen die Tür ab. Es war jetzt sechs Uhr morgens.

Um zehn Uhr gingen wir zum Frühstück und fragten die Wirtin: „Wo ist denn der Herr von Zimmer 27?“ „Der ist schon längst weggefahren“, antwortete sie. „Mit dem Auto?“, fragte ich. „Ja, mit dem Wagen“, erwiderte sie.

Auf dem Weg von Jever nach Hause unterhielten Fiede und ich uns noch lange über diesen Mann und lachten sehr über ihn.

Fiede setzte mich zu Hause ab und die Sache schien für mich ausgestanden. Da rief mich Fiede auf einmal von sich zu Hause aus an: „Weißt du, wie der heißt?" „Nee." „So und so. Weißt du, wo der wohnt?" „Nee." „In Lüneburg. Weißt du, was der arbeitet?" „Nee." „Der arbeitet bei einer Lüneburger Zeitung. Weißt du, was der verdient? Der verdient 3200 DM brutto." Ich fragte: „Woher weißt du das?" „Wieso? Ich hab doch seine Brieftasche noch."

Fiede hatte inzwischen bei dem Mann angerufen und ihn gefragt, ob ihm irgendetwas fehle. Dieser hatte verneint. Als ihm Fiede den Inhalt seiner Brieftasche vorlas, gab er zu, dass es seine war, hatte aber nicht die leiseste Erklärung, wie diese nach Bredstedt zu Fiede Kay gekommen war, und auch von Jever wusste er nichts, nicht einmal, dass er je da gewesen war!

Schon immer mochte ich gern Geschichten und Gedichte von Theodor Storm lesen; *Pole Poppenspäler*, *Die Regentrude* und *Aquis submersus* gefielen mir besonders. Meine Lieblingsgedichte von Storm sind *Weihnachten 1852* und *Abseits*.

Storm fand manche seiner Gedichte nicht nur gut, sondern hielt sie für „das Beste, was je in deutscher Sprache geschrieben wurde", aber solche Ansichten über ihre Werke sind den meisten Künstlern ja nicht fremd.

Abseits ist voller Romantik, nur der letzte Satz nimmt Bezug auf die 48er-Revolutionen, die zu der Zeit stattfanden, als Storm das Gedicht schrieb.

Etwas zu parodieren, hat mir schon immer gefallen. Und obwohl mir, wie gesagt, Storms Gedicht *Abseits* immer sehr gefiel, habe ich eine Parodie darauf geschrieben, die in den ersten Zeilen Storms Gedicht sehr ähnelt und sich dann erst langsam davon löst.

Theodor Storm
Abseits

Es ist so still; die Heide liegt
Im warmen Mittagssonnenstrahle,
Ein rosenroter Schimmer fliegt

Um ihre alten Gräbermale;
Die Kräuter blüh'n; der Heideduft
Steigt in die blaue Sommerluft.

Laufkäfer hasten durchs Gesträuch
In ihren goldnen Panzerröckchen,
Die Bienen hängen Zweig um Zweig
Sich an der Edelheide Glöckchen,
Die Vögel schwirren aus dem Kraut –
Die Luft ist voller Lerchenlaut

Ein halb verfallen niedrig Haus
Steht einsam hier und sonnbeschienen;
Der Kätner lehnt zur Tür hinaus,
Behaglich blinzelnd nach den Bienen;
Sein Junge auf dem Stein davor
Schnitzt Pfeifen sich aus Kälberrohr.

Kaum zittert durch die Mittagsruh
Ein Schlag der Dorfuhr, der entfernten;
Dem Alten fällt die Wimper zu,
Er träumt von seinen Honigernten.
– Kein Klang der aufgeregten Zeit
Drang noch in diese Einsamkeit.

Jenseits

Es wird so still, die Wiese liegt
Im Schein der heißen Mittagssonne
Der letzte Laut ist längst versiegt
Die Sonne brennt fast wie mit Wonne
Die Luft steht still, nichts in ihr schwingt
Nicht einmal mehr die Lerche singt

Ich sitze hier in dieser Glut
Und wage kaum, mich zu bewegen
Der Wald, auf dem mein Blick nun ruht

Ist gar nicht weit von hier gelegen
Da rührt sich was am Waldessaum
Die Hitze bebt, man sieht es kaum

Es ist ein Mensch, sehr lang und schmal
Ich sehe ihn sich nun bewegen
Er wirkt so schmal, fast wie ein Pfahl
Und schreitet langsam mir entgegen
Sein Schritt durchfurcht das dorre Laub
Am Straßenrand im Straßenstaub

Ein dunkles Cape, so weit und lang
Hat um den Leib er sich geschlagen
Gehalten nur durch einen Strang
Wie es die jungen Leute tragen
Es schützt vor grellem Sonnenlicht
Eine Kapuze sein Gesicht

So kommt er her, stützt mit der Hand
Was auf die Schulter er gelegt hat
Das lange Ding ist mir bekannt
Das er bis jetzt noch nicht bewegt hat
Ich frag mich, als er vor mir steht
Wer heut noch mit der Sense mäht.

Ein Mann, der in Bad St. Peter-Ording beim Gemeindeamt arbeitete, rief mich an und wollte von mir, dass ich ein vorweihnachtliches Konzert in der Kirche St. Peter geben solle. Ich erklärte ihm, dass ich das nicht könne, ich müsse mir dafür ja ein ganz neues Zweistundenprogramm draufschaffen. Er ließ aber nicht locker, rief immer wieder an, und die Gage wurde immer höher. Da fiel mir ein, dass ich Titel wie *Winter*, *Gleiten* und *Fresenhof*, die ich ja sowieso in meinen sonstigen Konzerten sang, auch in ein vorweihnachtliches Programm mit einbauen konnte und es so nur die Hälfte der Arbeit würde, und ich gab das Konzert.

Das letzte Mal davor war ich mit meiner Mutter am Heiligen Abend in dieser Kirche gewesen, als ich vierzehn oder fünfzehn war. Man hatte bis zur Kanzel vorne zusätzliche Stühle gestellt, damit alle Leute eingelassen werden konnten. Da saß ich nun mit meiner Mutter ganz vorne, für jeden sichtbar, und während der Pastor sprach, sackte meine Mutter immer mehr in sich zusammen, um den Schlaf der Gerechten zu halten, was mir als so jungem Typen unheimlich peinlich war, und so bekam sie alle Viertelstunde meinen Ellenbogen in ihre Rippen.

Bei diesem Konzert hatte man wieder Stühle zusätzlich gestellt, und meine Mutter saß auf so einem Stuhl direkt vor mir. Ich erzählte im Konzert unter anderem auch diese Geschichte von meiner Mutter und mir vor fünfundzwanzig Jahren, während dieser Erzählung schaute ich meine Mutter an, die schon wieder fest schlief.

Durch das Einüben dieses weihnachtlichen Konzertes war ich auf die Idee gekommen, gemeinhin Norddeutschland wissen zu lassen, dass man mich für solch ein Konzert engagieren könne, und ich wurde engagiert, das letzte dieser Konzerte gab ich 1999 kurz vor Silvester in Garding.

Irgendwo in Ostfriesland, nahe der holländischen Grenze, war dieses Konzert am Nachmittag während des Weihnachtsmarktes; uns sehr angenehm, denn wir konnten früher wieder losfahren. Als wir unsere kleine Anlage und die Instrumente im Wagen verstauten, stand auf einmal ein jüngerer Mann neben mir, der mir auf die Schulter schlug und sagte: „Konnte das nun nich hören, was du da gemacht hast, musste ja aufm Weihnachtsmarkt arbeiten, aber ich finde, du kannst an Heiligabend mal gut zu uns nach Hause kommen und meinen Kindern Weihnachtslieder vorsingen. Guck mal, denn haben die doch auch was davon."

Das versprach ich ihm. Das war nicht etwa eine Lüge, sondern Notwehr. Er hatte ja außerdem vergessen, mir seine Adresse zu geben.

Sechs Wochen lang machten wir jedes Jahr eine kleine Weihnachtstournee, bis mir 1999 diese Art von Konzerten auf die Nerven ging.

In der Weihnachtszeit fuhren viele Menschen mit kleinen leuchtenden Weihnachtsbäumchen, durch den

Zigarettenanzünder mit Strom versorgt, durch die Gegend.

In einer Tankstelle kaufte ein Mann vor mir in der Reihe so eine Scheußlichkeit. „Das ist aber jetzt der letzte Weihnachtsbaum für dieses Jahr“, sagte der Verkäufer. Mich ritt mal wieder der Schalk: „Das ist aber schade“, sagte ich, „ich hätte doch gern auch noch so einen.“ „Herr Kiesewetter“, sagte der Verkäufer, „das kriege ich noch für Sie hin.“ Er rief bei einer anderen Tankstelle an und fragte seinen Kollegen nach solch einem kleinen Weihnachtsgestrüpp. Dieser beschied ihm, dass er nur noch einen letzten davon habe. Den solle er unbedingt zurückhalten, sagte mein Verkäufer, gleich käme Knut Kiesewetter, um ihn bei ihm abzuholen.

Nun blieb mir ja gar nichts anderes übrig. Wir tobten also durch halb Hamburg, um dieses grässliche Ding zu kaufen. Manche Scherze gehen auch kräftig nach hinten los.

Über siebenundvierzig Jahre war ich mit ihm befreundet, obwohl wir in der breiten Skala der Musik verschiedene Ecken besetzt hatten und ich mich nur an zwei gemeinsame Fernseh- und eine gemeinsame Hörfunksendung im Laufe unseres Lebens entsinnen kann. Ich rede von dem Sänger und Trompeter Peter Beil, der von uns „Pidl“ genannt wurde.

Ich sah ihn nicht sehr oft, aber ich freute mich, wenn wir uns sahen. War das Sentimentalität? Ich weiß es nicht.

Als ich in Hamburg Musik studierte, studierte er dort Trompete. An der Musikhochschule traf ich ihn aber nie. Ich hörte nur von Kollegen, dass man im Winterhuder Fährhaus am Wochenende eine tolle Tanzkapelle, die *Crazy Combo* mit dem Solisten Peter Beil, hören könne. Natürlich interessierte mich das, nur spielte ich abendlich in den *Riverkasematten* und konnte mir nie die *Crazy Combo* anhören.

1960 kam Peter dann in die *Riverkasematten,* und so lernten wir uns kennen. Peter hatte schon seine erste Schallplatte gemacht (*Corinna, Corinna*) und die war ein großer Hit, sogar eine Goldene. Auch meine ersten Platten, die ich dann bald machte, waren erfolgreich, nur Peter hatte die viel besseren Verträge. Er hieß auf seinen Platten Peter Beil und bekam Tantiemen, ich aber sang unter allen möglichen Pseudonymen und wurde mit hundert Mark pro Titel abgespeist.

Als wir ein paar Jahre später gemeinsam auf Tournee gingen, wohnte ich noch immer auf „Bude", er aber hatte eine feudale Wohnung in Winterhude. Ich ging zu Fuß, er aber fuhr Mercedes Cabriolet. Beide kamen wir nicht aus wohlhabenden Verhältnissen und mussten natürlich zeigen, was wir besaßen. Nur bei mir war das eben sehr bescheiden.

Bei dieser Tournee fuhren alle Kollegen mit dem Bus. Nur Peter fuhr mit seinem Sportwagen schon voraus, und ich partizipierte an seinen Erfolgen, denn ich durfte bei ihm mitfahren. So wurden wir fast ein festes Gespann.

Wir waren Freunde, obwohl er stramme CDU-Ansichten hatte, und mit so einem rückwärtsgerichteten Geist konnte ich doch eigentlich gar nicht befreundet sein. Bei Peter ging das, seine Ansichten waren nicht von viel Wissen getragen.

Peter hatte sich einen Koffer bauen lassen, in den seine Trompete, eine Flasche Whisky, zwei Gläser, Knobelbecher, Skatspiele und ein winziger Fernseher passten.

Auf dem Weg nach Kiel, damals noch eine Landstraße, fuhr Peter flott wie immer. Da kam uns plötzlich auf unserer Seite ein Auto entgegen, das einen Lastwagen überholte. Peter riss blitzschnell das Lenkrad nach rechts, sodass der entgegenkommende Wagen an uns vorbeihuschen konnte, kam aber, gerade noch vor dem nächsten Kilometerstein, wieder auf die Straße zurück. Peter fuhr in die nächste Einfahrt, holte aus seinem Koffer den Whisky, schenkte uns zwei Scotch ein und sagte: „Prost, mein Lieber, auf unser zweites Leben."

Peter konnte damals schlafen wie ein Stein. Wir wollten eines Morgens zu unserem Auftrittsort fahren, als ich vergebens auf ihn wartete. Auf mein Anrufen bei ihm nahm er nicht ab. Nun bat ich unseren Schlagzeuger, der neben mir wohnte, weiter bei ihm anzurufen (ich kannte ja meinen

Pidl), und fuhr mit der Taxe zu ihm. An seiner Wohnungstür klingelte ich Sturm und hörte drinnen das Telefon klingeln. Aber nichts geschah und ich fuhr wieder zurück. Kurze Zeit später stand er in meiner Tür und sagte, dass wir es jetzt aber eilig hätten, er hätte verschlafen, warum ich mich denn nicht gemeldet hätte? Wenn ich in seine Wohnung gekommen wäre, hätte ich gewusst, wie man ihn sofort wach bekommt. Peter schlief grundsätzlich mit Socken und wenn man ihm diese auszog, stand er trotz Tiefschlafs aufrecht im Bett.

Als wir eines Sonntagmorgens um sieben Uhr gemeinsam nach Stuttgart fliegen wollten, wollte Peter mich wieder abholen. Er kam aber so spät, dass wir es eigentlich gar nicht mehr schaffen konnten. Während er mit 180 Sachen durch Hamburg tobte, sagte er mir immer wieder: „Auch Flugzeuge verspäten sich mal." Als wir durch die Schalterhalle liefen, sah Peter einen Piloten, den er kannte, und Peter kannte jeden. Er rief dem Piloten zu, dass dieser doch das Flugzeug nach Stuttgart aufhalten solle, er solle ihm den Gefallen doch tun. Und jeder tat Peter gern einen Gefallen. Wir flogen also mit der gebuchten Maschine nach Stuttgart.

Peter war technisch ein so guter Trompeter, dass viele Berufstrompeter es gar nicht glauben konnten. In einer der berühmten Studio-B-Sendungen mit Chris Howland, die ja live waren, drückte ihm Chris die Trompete in die Hand und bat ihn darum, mal was zu spielen. Was Peter da losließ, war so brillant, dass ich ihn später neidischen Kollegen gegenüber immer verteidigen musste und beteuern, dass das wirklich live gespielt war.

Da ich damals nicht mal einen Fernsehapparat besaß, holte mich Peter zu wichtigen Europacup-Fußballspielen, die wir dann gemeinsam sehen mussten. Er war ein richtig begeisterter Fußballfan und benahm sich vorm Fernseher so, wie die Fans im Stadion. Zurück fuhr ich dann mit der Taxe, denn beim Fußballgucken muss man ja Bier trinken.

Dann fing unsere Freundschaft doch an zu leiden. Peter hatte eine neue Freundin, und die heiratete er auch ziemlich schnell. Seine Frau und mich verband eine herzliche Antipathie, also sahen wir uns natürlich viel weniger. Die Ehe hielt nicht ewig und unsere Freundschaft lebte wieder auf.

Peters letzter Hit war *Strangers in the Night* auf Deutsch. Geschrieben von Bert Kaempfert, gesungen im Original von Frank Sinatra. Sinatra konnte dieses Lied im Übrigen gar nicht leiden. Der Titel lag in Deutschland bei einem Verlag, und der hatte das Recht, die erste Aufnahme mit dem deutschen Text zu machen. In Köln wurde die Aufnahme mit Ivo Robić gemacht. Es war ein zu warmer Tag, und man hatte die Außenfenster nur angelehnt. Vor diesem Fenster stand Peters Schwester Monika und schrieb den deutschen Text mit, dann rief sie in Hamburg im Studio an, in dem Peter schon vor dem Mikrofon lauerte und es sofort sang. So kam die Aufnahme von Peter sechs Wochen vor der von Ivo Robić raus und wurde der Hit.

Peter trank und rauchte sehr viel. Das Wort „übermäßig“ kann man in diesem Zusammenhang schon gebrauchen. Er war noch keine vierzig, als er einen Schlaganfall bekam. Das legte ihn für Jahre lahm, und danach hat er auch nie wieder die Füße auf den Boden bekommen.

Weil er nur noch wenig Mucken hatte, ging es dem Ehepaar Beil (2. Frau) pekuniär nicht gut, und so beschloss ich, Peter zu produzieren und ihn auf Samplern unterzubringen. Ich wollte ihm damit helfen. Ich bin aber nicht sicher, dass ihm das wirklich geholfen hat. Auch machte ich zwei Duettstücke, gesungen und geblasen mit ihm auf meiner letzten deutschen CD. Ein Titel hieß *Komm doch mit*:

Komm doch mit, ich zeig dir einen Himmel
Der blau ist und doch Wolken trägt
Erst die Wolke im Blau macht den Himmel schön
Und der Wind, der sie darin bewegt

Komm doch mit, ich zeig dir eine Wiese
Die grün ist und doch Flecken hat
Butterblumen im Grün, kannst du das nicht sehn
Machen Wiesen erst schön, Blatt für Blatt

Komm doch mit, ich zeig dir ein paar Menschen
Die anders als andere sind
Lausche ihnen, sind sie auch schwer zu verstehn
Denn sie rufen meist gegen den Wind

Mit Band hatte ich einen Live-Auftritt im Fernsehen, und das an Peters Geburtstag.

In der Sendung sagte ich zum Moderator, ich müsse noch kurz etwas loswerden und Peter Beil zu seinem siebzigsten Geburtstag gratulieren. Bei Peters Geburtstagsfeier hatte man den Fernseher angestellt, und als ich „siebzigster“ sagte, fingen die Gäste laut lachend an zu grölen. Es war erst sein neunundsechzigster Geburtstag.

Siebzig Jahre alt sollte er nie werden.

Es waren bei einer Schallplattenfirma vier CD-Sets mit Booklets von mir erschienen, eines mit deutschen Liedern und das andere mit Jazz. Peter sah die bei mir, und ich merkte, wie traurig er wurde, das hätte er so gern auch gehabt. Ich rief den Chef der Firma an und überredete ihn, auch so ein Ding mit Peter herauszubringen.

Als Peter und ich die Stücke für die vier CDs ausgesucht hatten und dann das Gesamtwerk herausgekommen war, hielt Peter es voller Stolz in der Hand und sagte immer weder: „Das ist mein Testament.“

Drei Monate später starb er an Krebs.

In Lexika und bei Wikipedia steht unter meinem Namen, dass ich Volkslieder sänge, wer hat diesen Leuten denn solch einen Blödsinn ins Ohr geblasen? Ich habe nie und zwar nie! Volkslieder gesungen. Vielleicht kam man darauf, weil meine plattdeutschen und friesischen Lieder sich sehr folkloristisch anhörten, und das war gewollt. Erst auf meiner vorletzten CD habe ich ein paar Volkslieder benutzt, diese aber verändert, textlich wie harmonisch.

In manchen alten Volksliedern sind die Texte ein richtiger Stuss. Das liegt daran, dass Menschen, die vor Jahrhunderten Volkslieder aus dem Stegreif sangen, oft die Texte nicht mehr kannten und einfach Textzeilen aus anderen Liedern einschoben. Später schrieb man diese Lieder auf und die Texte waren vollkommen sinnlos.

Es dunkelt schon auf der Heide hat solch einen Nonsenstext. Ich habe mich bemüht, diesen in sinnvolle Gedanken zu bringen:

Es dunkelt schon auf der Heide
Nach Hause lasst uns zieh'n
Wir schnitten heut das Getreide
Es sank still vor uns hin

Die Sichel hörte ich klingen
Und rauschen durch das Korn
Noch hör ich ein fernes Singen
Doch klingt es so verlor'n

So geht es mit vielen Dingen
Noch sind sie reich und schön
Doch kann ihnen nicht gelingen
Der Zeit zu widersteh'n

Noch singt der Fink in der Weide
Doch wird er bald entflieh'n
Es dunkelt schon auf der Heide
Nach Hause lasst uns zieh'n

Detlef Petersen, ein Rockmusiker und späterer Filmkomponist, hatte das Haus gekauft, für das sich Mike Krüger zuerst interessierte. Auf einmal verschwand er für ein Jahr nach Amerika, um sich dort neue Anregungen zu holen. Als er dann wiederkam, besuchte ich ihn zu Fuß, das war ja ein guter Spaziergang.

Er setzte sich ans Klavier und sagte: „Du kennst dich in Folkmusik doch auch gut aus, dieses Stück habe ich in Amerika geschrieben." Mir fiel langsam die Kinnlade runter. „Das hast du also geschrieben?", fragte ich. „Hast du das auch in Amerika Kollegen vorgespielt?" „Ja, natürlich", sagte er. „Und wie fanden die das?" „Die fanden das gut." „Da kannst du mal sehen, was für höfliche Menschen die Amerikaner sind. Das ist eines der bekanntesten amerikanischen Volkslieder und heißt *Streets of Lorado*. Schon vor Jahren habe ich dazu einen deutschen Text geschrieben, der *Der Wind treibt mich weiter* heißt. Und ich habe es mit Fiede längst aufgenommen."

So etwas kann einem immer wieder passieren. Ich habe zum Beispiel mal ein Lied geschrieben, das *Ein Leben lang* heißt und bei dem mir die letzten vier Takte so verdächtig bekannt vorkamen. Allen möglichen Leuten spielte ich das vor und fragte sie, ob sie den Schluss kennen, aber keiner kannte ihn. Längst hatte ich es mit Dorothea Holländer aufgenommen, als im Fernsehen der Film *Krieg und Frieden* lief, und da waren die Töne auf einmal. Das kann also jedem passieren.

Vom NDR aus wurde ich angerufen, und man bat mich darum, ein Interview mit dem amerikanischen Trompeter Chet Baker zu machen, der gerade beim NDR Aufnahmen gemacht hatte. Ich sagte gern zu, denn ich hatte ihn persönlich noch nicht kennengelernt, diesen sagenumwobenen Mann, der sein Leben lang an der Nadel hing und in viele Länder gar nicht mehr hereingelassen wurde. Nun nahm ich mir vor, auch dieses Thema in dem Interview nicht auszusparen. Da stand also dicht vor mir ein Mann, der aussah wie der leibhaftige Tod, oder sollte man besser sagen: eine lebende Mumie.

Als dieses Thema nun kam, erklärte er mir, und er ließ dabei den Weisen durchblicken, dass die Sucht nach dem Heroin bei ihm ja nie eine richtige Sucht war und man mit den Drogen nur richtig umgehen müsse. Dann täten sie einem ja gar nichts. Ich war tief beeindruckt.

Drei Wochen später fiel er in Amsterdam aus einem Hotelfenster und war plötzlich gar nicht mehr süchtig.

Seit Jahren leide ich unter chronischer Prostataentzündung. Ende der 80er-Jahre traf ich den berühmten Journalisten

Axel Eggebrecht. Er war schon weit über neunzig, und wir kamen auf die berühmte Drüse zu sprechen. „Ich habe Prostatakrebs“, sagte er mir. „Wirst du denn gar nicht behandelt?“, fragte ich. „Nein“, sagte er. „Als ich das letzte Mal deswegen beim Arzt war, beschied mir der Arzt, der Krebs wächst schon längst nicht mehr. In Ihrem Alter, Herr Eggebrecht, wächst sowieso nichts mehr.“ So alt möchte ich aber gar nicht werden.

In der Nähe des Fresenhofs wohnten relativ viele Künstler. Die Leute der Gegend waren mit den Namen überfordert. Mal hieß ich für die Leute Hannes Wader, mal Volker Lechtenbrink, mal Detlef Petersen, und ich habe mit all diesen Männern nicht die leiseste Ähnlichkeit, erst recht nicht mit Fiede Kay.

In Bredstedt ging ich die Straße runter, als eine ältere Frau auf mich zugeschossen kam und mir auf den Kopf zusagte, dass ich Fiede Kay sei. Nun, Fiede Kays Kneipe war zweihundert Meter entfernt, da schien doch ein Kurzschluss in ihrem Hirn entstanden zu sein. Ich antwortete noch ruhig: „Der bin ich sicher nicht.“ „Doch, doch“, sagte sie. „Sie sind Fiede Kay.“ Jetzt kam ihr Mann von der gegenüberliegenden Straßenseite auf uns zu. Sie empfing ihn mit: „Guck mal, das ist doch Fiede Kay.“ Er: „Na klar isser das.“ „Das bin ich nicht“, sagte ich jetzt lauter und deutlicher. „Wetten, dass?“, sagte der Mann. „Warum streiten Sie das ab?“ „Weil ich Knut Kiesewetter bin“, jetzt etwas lauter. Er erschrak und sagte: „Oh Gott, oh Gott, die Wette hätte ich verloren.“

Ein Ü-Wagen von RTL hatte sich bei mir angesagt. An einem Sonntagmorgen wollten die Fernsehleute bei uns erscheinen, um mich mit meinen Tieren zu filmen. Künstler und Tier wird ja immer wieder gern genommen.

Am Abend davor waren wir zu einem Fest eingeladen, Regine und ich waren die letzten, die die stark alkohollastige Nacht verließen, und Regine hatte es doch tatsächlich geschafft, mich an den Küchentisch zu fesseln, um mit ihr noch ein paar schleppende Sätze zu wechseln. Auf einmal sagte sie: „Da fährt ein Wagen auf den Hof, auf dem groß ‚RTL' steht." Der Schreck, den ich bekam, bereitete Schmerzen. Regine hatte einen sehr „vernünftigen" Vorschlag, wie wir die Situation retten könnten.

„Wir schließen schnell die Türen ab, gehen ins Bett und tun so, als ob wir nicht da seien." „Um Gottes willen, das können wir nicht machen", sagte ich. Ich versuchte also, den Stocknüchternen zu spielen, was mir gar nicht gelingen konnte, machte für die Kameras Blödsinn mit unserem Bernhardiner und den Katzen, und ob meiner Fahne verschwanden die TV-Leute sehr schnell wieder.

Wenn ich gewusst hätte, dass damit die Sache gar nicht vorbei sein sollte, sondern ich auch noch in einen Saal in Mannheim kommen musste, hätte ich zu dem allen sowieso Nein gesagt, aber jetzt musste ich auch noch zwei Tage im Zug sitzen.

Vor der Sendung sagte man mir, dass man mir die Aufnahmen vom Fresenhof vorspielen wolle und ich dazu Stellung beziehen sollte. Das Ganze war vor viel Publikum.

Ich warnte die Fernsehleute und machte sie darauf gefasst, dass man den Monitor zwanzig Zentimeter vor mein Gesicht stellen müsse, weil ich wegen meiner Augen sonst nichts dazu sagen könne.

Als ich mich dann vor dem Publikum dazu äußern sollte, konnte ich nicht mal einen Monitor sehen, geschweige denn, was sie mir zeigten. Entrüstet fragte ich: „Habt ihr mir denn nicht zugehört? Ich kann das doch nicht sehen."

Die ganze schöne Überraschung, die sich die Fernsehleute ausgedacht hatten, ging nun wegen ihrer eigenen Blödheit nach hinten los, und ich war noch mal gut davongekommen.

In Hamburg gibt es einen Jazzclub, der sich *Cotton Club* nennt, ein finsteres schwarzes Loch mit einem höchst unsympathischen Wirt. Fest hatte ich mir vorgenommen, in diesem Loch nie zu spielen.

Regine und ich waren mit einem Hamburger Ehepaar befreundet, das wir richtig gern mochten. Er war ein Amateurjazzer, der Trompete und Banjo spielt, sie eine Freundliche, Liebe. Als sie unseren Fresenhof gesehen hatten, kauften sie sich auch bald in Norderdithmarschen eine Reetdachkate. Später, als ich nur noch wenig auftrat, bis dann ab 2000 gar nicht mehr, bat er mich ab und zu darum, wenn ihm sein Posaunist ausfiele, doch für den einzuspringen. „Warum nicht“, sagte ich „dann komme ich mal wieder dazu, ein bisschen zu blasen“, und weil ich dann monatelang nicht geübt hatte, fiel ich in der Band auch gar nicht weiter auf.

Wenn es irgendwo weiter hingehen sollte, musste er mich abholen, denn Regine dachte nicht daran, mich zu den Mucken zu fahren, sie hasste Dixieland.

Eines Tages holte er mich nachmittags um vier, ich wunderte mich, dass es so früh war, zum Spielen nach Hamburg ab. Auf die Frage, warum so früh, antwortete er, er müsse noch einen Fan aus Glückstadt mitnehmen, und dann müsse er den Schlagzeuger mit Schlagzeug noch abholen, der habe mal wieder keinen Führerschein.

Auf einmal stand ich im Eingang des *Cotton Clubs*, des Horrorladens, in dem ich doch nie spielen wollte, aber ich konnte mich ja nicht einfach umdrehen und das Etablissement verlassen.

Die Band spielte auf Eintritt, und so verteilte der Trompeter nach der Mucke an jeden Mitwirkenden siebzehn Euro fünfzig. Ich wollte das Geld natürlich nicht annehmen und sagte ihm, er solle mein Geld an die Restmusiker verteilen, es sei ja schließlich wenig genug. „Nein, das kann ich nicht“, sagte er. „Du hast doch schließlich mitgespielt.“ „Dann tu das in die Bandkasse.“ „Die haben wir nicht.“

Ich ging zum Wirt, legte ihm das Geld auf den Tisch und sagte: „Gib doch den Jungs jedem ein Getränk davon.“ „Das ist zu wenig“, sagte dieser. Die Band kriegte dort also nicht mal Hauspreise. Ich hatte mich also die ganzen Jahre nicht geirrt.

Wir machten um ein Uhr Schluss, bauten die Instrumente, das Schlagzeug ab, fuhren den Schlagzeuger nach

Hause, dann den Fan nach Glückstadt, und ich war morgens um vier wieder zu Hause und nahm mir vor, solche Gefallen nicht mehr zu tun.

Vom Büro des schleswig-holsteinischen Ministerpräsidenten wurde ich angerufen. Ich solle den Schleswig-Holsteinischen Verdienstorden bekommen. Der Ministerpräsident hätte aber Angst, dass ich diesen nicht annehmen würde. „Wofür soll ich den denn bekommen?", fragte ich. „Für Ihre Verdienste um die plattdeutsche und die friesische Sprache", antwortete man mir. Nun, das hörte sich gut an, und ich bilde mir ein, auch wirklich etwas für diese Sprachen getan zu haben. Angst habe ich aber immer davor, dass alte Nazis auch diesen Orden schon bekommen hätten. Nein, dieser Orden sei ganz neu, sagte man mir, und nur zwei Männer außer mir bekämen ihn. Der eine sei ein plattdeutscher Schriftsteller und Professor, und der andere sei der frühere Intendant des Ohnsorg-Theaters. Ich nahm an und ließ mich zu dem Anlass von Regine nach Kiel kutschieren. Die kleine Feier war richtig harmonisch und kein wenig gestelzt.

Keine vier Wochen später hörte ich im Radio, dass der Professor gestorben sei, und drei, vier Monate danach war auch der ehemalige Ohnsorg-Theater-Intendant tot. Seitdem wollte ich nicht mehr an die Tür gehen, wenn es klopfte.

Die ehemalige Ministerpräsidentin von Schleswig-Holstein, Heide Simonis, wurde zur Ehrenbürgerin des Landes erklärt und ich wurde zu der Feier eingeladen. Sie war leider überhaupt nicht gesund und erkannte mich zuerst gar nicht, als ich ihr gratulierte. Aber als man ihr sagte, wer ich sei, schien sie sich doch sehr zu freuen. Bei dieser Feier sang sie mit dem Publikum *Die Gedanken sind frei*, die Texte waren ausgelegt.

Auch für dieses Lied habe ich schon vor Jahren einen neuen Text gemacht und die Harmonien verändert.

Kurze Zeit danach hatte sie Geburtstag. Zu diesem schickte ich ihr unter anderem meinen zeitgemäßeren Text:

Die Gedanken sind frei
Nichts kann sie verraten
Denn sie sind nur mir treu
Und kaum zu erraten
Nur ich kann sie führen
Und sie kontrollieren
Und hegen dabei
Die Gedanken sind frei

Auch der Zeitgeist soll mir
Gedanken nicht trüben
Er kommt schnell, doch ist hier
Nie lange geblieben
Kann man mich nicht leiden
Soll man mich doch meiden
Ich bleibe mir treu
Die Gedanken sind frei

Was die Mehrheit auch denkt
Muss nicht für mich gelten
Denn mit Einsicht beschenkt
Sind Massen nur selten
Mir wird nie gelingen
Im Chor mitzusingen
Es bleibet dabei
Die Gedanken sind frei

Eh ich je mich belüg
Muss vor allen Dingen
Eh ich je mich betrüg
Mir eines gelingen
Ganz innen verschwiegen
Mir selbst zu genügen
Dann weiß ich aufs Neu
Die Gedanken sind frei

Es gab eine Sendung, in der es um die norddeutsche Heimat gehen sollte, und Fiede Kay bat mich darum, ihm ein Lied für die vorherige Auswahl zu schreiben. Nicht nur Norddeutschland ist für Menschen Heimat, und so schrieb ich ihm folgendes Lied:

Heimat, das ist die ganze Erde

Heimat, das ist die ganze Erde
Überall, wo es Menschen gibt
Denn es geht nur, dass auf Erden Frieden werde
Wenn der Mensch die ganze Erde liebt

Ob die Felswand in schwindelnder Höh
Ob der Sandstrand von Sonne beschienen
Ob das Hochland mit schlohweißem Schnee
Ob die Heide voll summender Bienen
Egal, ob nun Nord oder Süd
Ob Steppe, ob Hallig im Meer
Egal, was auch immer geschieht
Dich Erde, dich liebe ich sehr

Heimat, das ist ...

Lass uns wachen und vorsichtig sein
Denn nur so ist die Schönheit zu retten
Die wir sehen, ob groß oder klein
Auf dem Land und in uralten Städten
Die Schönheit wird oft nicht geseh'n
Weil sie uns ja ständig umgibt
Doch werden die Dinge erst schön
In den Augen von dem, der sie liebt

Heimat, das ist ...

Wo der Mensch auf der Erde auch wohnt
Und wohin ihn auch grade der Wind weht
Sieht die Sonne er gleich und den Mond

Und das Sternenzelt, wo er auch hingeht
Und ist er auch schwarz oder weiß
Und ist er auch arm oder reich
Ob Baby, ob Kind oder Greis
Dort innen sind wir alle gleich

Heimat, das ist ...

Als ich mit Fiede das Demo aufnahm, kamen die Musikanten, nachdem sie das Backingtrack gespielt hatten, in den Abhörraum, um zu hören, was sie dort aufgenommen hatten. Es ist das schlechteste Omen, das es gibt: Wenn die Musiker das interessiert, was sie aufgenommen haben, interessiert es nie den Normalverbraucher. Diese Weisheit hatte ich von Kollegen in vielen Jahren Studioarbeit gehört. Und sie stimmt. Mein Heimatlied kam nicht mal unter die ersten zehn.

Die Freundschaft zu Fiede Kay hatte inzwischen erheblich gelitten. Er hatte auch heimlich, hinter meinem Rücken, versucht, einen anderen Produzenten zu finden, denn wenn eine Produktion viel verkauft, liegt das natürlich nur am Künstler. Tut sie das nicht, hat der Produzent Schuld. Als ich schon längst nicht mehr Fiede Kays Produzent war, keine Firma ihn mehr veröffentlichen wollte und dadurch kein Tonträger mehr von ihm auf dem Markt war, wandte sich Fiede noch oft an mich, um Gefallen von mir zu erbitten.

Im dritten Programm des NDR-Fernsehens gibt es abends zwischen sechs und sieben eine Sendung, die sich *DAS!* nennt, dort werden unter anderem sogenannte Prominente auf einem roten Sofa interviewt.

Fiede Kay rief an und sagte: „Du warst doch jetzt bestimmt schon dreimal auf dem roten Sofa. Das will ich auch mal. Mach das mal klar."

Warum sollte ich? Was hatte ich davon? Er hatte sich in der letzten Zeit nun wirklich nicht mehr gut benommen.

Trotzdem rief ich beim NDR an und erreichte das für ihn.

Ein paar Tage später kommen wir zufällig in Fiedes *Krog*. Die Gäste am Tresen empfingen mich mit der Neuigkeit, dass Fiede ihnen erzählt habe, der NDR hätte bei ihm angerufen, um ihn aufs „rote Sofa“ zu bitten. „Was die Leute vom NDR so alles tun“, dachte ich.

Später gab es noch einmal so einen Wettbewerb, diesmal aber hielt ich mich wirklich an Norddeutschland und versuchte meine Heimat schönzudichten. Ich schrieb *Meine Sonne geht im Norden auf*:

Wenn der Wind von See dir durch die Haare weht
Spürst du jeden Herzschlag deines Lebens
Wenn die weiße Wolke hoch am Himmel steht
Fühlst du, nichts im Leben ist vergebens
Wo die sanfte Welle sich im Sand verläuft
Können morgen Brecher übers Land geh'n
Wenn der Sturmwind schon den Sand zu Dünen häuft
Werde ich am Tresen meinen Mann stehn

Wenn die Gänse über dir nach Norden ziehn
Und ihr Ruf schallt über weite Felder
Träum ich oft davon, mit ihnen fort zu fliehn
Über grünes Land und dunkle Wälder
Denn ich weiß, sie kehren ja im Herbst zurück
Und sie stärken sich auf grünen Wiesen
Dann stärk ich mich auch, doch lass ich mir zum Glück
Goldnes Bier durch meine Kehle fließen

Nicht nur Hessen trinken und essen
Nicht nur Schwaben können sich laben
Nicht nur Bayern können gut feiern
Auch die Friesen können genießen

Meine Sonne geht im Norden auf
Und sie macht auch trübe Tage bunter
Endlos lange scheint ihr Tageslauf
Dass du meinst, hier ginge sie nie unter
Heidebienen summen fleißig

Schafe steigen schräg den Deich hinauf
Wenn die Luft nach Salz schmeckt, ja, dann weiß ich
Meine Sonne geht im Norden auf

Die Demoaufnahme habe ich manchmal potentiellen Fans vorgespielt. Alle waren sie restlos begeistert und sagten, dieses Lied würde unter die ersten drei kommen. Ich wettete dagegen. Ich habe alle diese Wetten gewonnen, denn es kam nicht mal unter die ersten zwanzig. Mein Humor kommt bei Juroren offensichtlich nicht an.

Dreimal in meinem Leben habe ich mich dazu erweichen lassen, in solch einer Jury zu sitzen. Mich interessierte, was für musikalische Kompetenzen sich befähigt fühlten, über Qualität von Liedern zu urteilen.

Die Leute, die dort saßen, waren der reinste Horror. Von nichts eine Ahnung, von Versmaßen nicht, von Reimen nicht, von Harmonien und Melodik nicht. Also ausgesprochene Spezialisten.

Wenn man bei solchen Jurys nicht gewinnt, kann man darauf eigentlich nur stolz sein.

Unser Sohn Klas war ein musikalisch begabter Mensch. Ich wollte gern eine Produktion mit ihm machen.

Eric Clapton hatte ein Album herausgebracht, bei dem alle Instrumente unverstärkt (unplugged) waren. Das Album wurde ein Welterfolg. Bei so einem Erfolg wollen natürlich alle Schallplattenfirmen partizipieren. Ich wollte, so schnell ich konnte, auch ein Unplugged-Album mit meinem Sohn zusammen machen, bevor diese Welle und das Interesse bei den Schallplattenfirmen abebbte.

Jetzt kamen aber die Schwierigkeiten. Kein Studio war frei, die Wunschmusiker waren besetzt, also es zog und zog sich. Erst ein Jahr später waren die Aufnahmen beendet und es kam so, wie ich es mir vorher gedacht hatte: Jetzt hatte kein Sack von den Firmen mehr Interesse daran. Dabei ist es eines der schönsten Alben geworden, die ich je gemacht habe. Das Album mit dem originellen Titel *Here comes the Son* habe ich dann selbst pressen lassen und der Erfolg war entsprechend.

Unser Sohn Klas war, wie gesagt, begabt, aber sein Klavierspiel ließ doch zu wünschen übrig, und so schickte ich ihn zu meinem alten Freund Bruno Lefeldt in Hamburg, damit er dort Klavierunterricht bekommen sollte.

Mein Sohn muss mich bei Bruno so schlecht gemacht haben, dass Bruno danach die Freundschaft zu mir einschlafen ließ und ich ihn nie wieder gesehen habe. Was ich meinem Sohn angetan habe, ist mir nie klar geworden, ich habe mich, als er Kind war, zu wenig um ihn gekümmert, und ihm, als er vierzehn war, das Haschischrauchen verboten. Das war es wohl.

Apropos Haschisch, eines Tages lief mir ein alter, guter Freund über den Weg; ich freute mich ihn wiederzusehen, aber bekam dann mit, dass er sich jeden Tag voll Haschisch sog. Bald merkte ich, wie sehr sein Hirn darunter gelitten hatte. Der Unsinn, den er erzählte, war kaum auszuhalten, und er war inzwischen so unzuverlässig geworden, dass ich ihn nach einem halben Jahr nicht mehr wiedersehen wollte.

Auch Alkoholiker verändern mit der Zeit ihren Charakter und das nicht zum Positiven. Ich weiß wirklich, wovon ich spreche, ich habe viele Alkoholiker untergehen sehen.

Auch Hansjörg Felmy, mit dem Ehepaar waren wir ja gut befreundet, entwickelte sich ins Negative, und zwar zum Stänkerer.

Als er Ende sechzig war, hatten die beiden einen Jack Russell Terrier geschenkt bekommen. Ich ging mit Hannes spazieren und fragte ihn, wie alt so ein Hund eigentlich wird. „Mindestens fünfzehn“, sagte er. „Wenn der dann tot ist, wollen wir uns in eine Seniorenresidenz in München einmieten. Aber erst einmal zur Probe.“ Mit über achtzig, dachte ich, und dann zur Probe? Welch zuversichtlicher Optimismus.

Als wir das Felmy'sche Haus wieder betraten, erzählte ich lachend Claudi diese Geschichte, während er zuhören konnte. Oh, damit hatte ich aber viel verdorben! Er wurde im Laufe der Zeit immer ungnädiger und schrie oft Regine an. Dann sagte ich immer: „Komm, Mädchen, wir fahren nach Haus, was soll das noch?“ Sie aber wollte nicht, weil sie doch Claudi so mochte.

Als ich wieder in meine Heimatstadt Garding zog, versuchte ich besonders zu den Menschen, die ich von früher kannte, freundlich zu sein. Ein Mann sprach mich an, redete über früher und sagte, ich solle ihn und seine Frau doch mal besuchen kommen. In Garding gibt es keine weiten Wege, also setzte ich mich an einem schönen Frühlingstag mit ihnen in die Sonne auf ihrer Terrasse. Man hatte mir vorher erzählt, dass er Krebs habe, ich wollte aber lieber nicht darüber reden.

Nun fing sie an: „Weißt du Knut, in ein paar Monaten könnten wir ja so schön Goldene Hochzeit feiern“, und dann, mit dem Finger auf ihn zeigend, „aber er schafft das ja nicht.“ Ich erstarrte. Kann man so hart sein? Sie war es. Er saß da, stumm, und sie wiederholte noch und noch mal: „Wir könnten ja so schön Goldene Hochzeit feiern, aber er schafft das ja nicht.“ Kein Wort darüber, dass sie ihn jetzt verlöre, es ging nur um ihre Goldene Hochzeit und ohne den Mann ist es ja keine. Ich habe mich so schnell wie möglich verabschiedet. Er schaffte es wirklich nicht. Ein paar Monate später war auch sie tot, und das erfüllte mich mit einiger Genugtuung.

Regine überredete mich, in Fernost die Patenschaft für ein Kind zu übernehmen. Als dann teure Kataloge ins Haus geschickt wurden, in denen man Geschenke für sein Patenkind aussuchen konnte, schien mir die ganze Sache ziemlich suspekt. Ich gebe aber zu, dass ich inzwischen fast niemandem mehr traue.

Plötzlich ruft mich jemand von dieser Patenkindorganisation an und erzählt mir, dass jetzt eine ganze Fernsehsendung über diese Organisation gemacht würde, bei der man auch Spenden sammele. Das Ganze sei wie eine Showsendung mit Musik aufgezogen.

„Sie haben doch auch ein Patenkind bei uns, also wäre es doch schön, wenn auch Sie in dieser Sendung mitmachen könnten."

„Sehr gut", sagte ich, „welches meiner Lieder soll ich denn singen?" „Nein, um Gottes willen! Auftreten sollen Sie in unserer Sendung nicht, dafür nehmen wir richtige Stars. Sie sollen am Telefon sitzen und die Spenden aufschreiben." Da ich es mit dem Schreiben ja nicht so habe, musste der Verein auf meine Mitwirkung verzichten.

In Garding fiel mir ein, dass ich ein Mädchen in unserer ersten Klasse ganz besonders mochte, nur weil sie hübsch war, sonst war sie eklig. Ihre Mutter hatte ihr wohl zu oft erzählt, wie süß sie sei, und so bewegte sie ihre Arme immer ganz besonders affektiert und stellte ihren Kopf dabei schief.

Sie heiratete später einen der größten Spinner, aber Spinner haben es bei Frauen ja immer besonders leicht, so bilde ich mir ein.

Sie hatte sich bestimmt vorgestellt, ein besonderes Leben in der Upper Class zu führen, was ihr aber nicht gelang, und so versank sie langsam in der Buddel. Ihr zu „Ehren" schrieb ich folgendes Lied. Am Tag der Aufnahme kam der Studiobesitzer und zeigte mir ihre Todesanzeige.

Für sowas bin ich schon zu alt
Ich kam in die Schule und schon kam der Trieb
Er trieb mich, nach Mädchen zu sehn
Dann wurde ich älter, doch dieser Trieb blieb
Das fand ich jahrzehntelang schön

Ein Mädchen war schöner, als andre sonst sind
Sie wusste das und tat geziert
So sah man mit an, wie ein zu schönes Kind
Die kindliche Unschuld verliert

Ich fragte sie: „Willst du nicht spielen mit mir?"
Und sagte, ich habe sie gern

Da sagte sie, ich sei für sie keine Zier
Und dann konnte ich von ihr hör'n

Sie habe nicht Lust, Onkel Doktor zu spieln
Das ließe sie vollkommen kalt
So könne ich keinerlei Wirkung erzieln
Für so was sei sie schon zu alt

Dann sah ich sie wieder nach so vielen Jahrn
Ich glaub, sie erkannte mich nicht
Sie hatte so viele wie mir fehln an Haarn
An Falten in ihrem Gesicht

Da hat ihr wohl jemand gesagt, wer ich bin
Schon steuerte sie auf mich zu
Und setzte sich polternd dicht neben mich hin
Und ließ mir ab da keine Ruh

Sie sagte, ich solle doch mit zu ihr gehn
Sie habe bei sich Schnaps und Bier
Dort sei es gemütlich, dort sei es sehr schön
Ich fänd, was ich wünschte, bei ihr

Ich sagte, solch Angebot wirkt bei mir nie
Das lasse mich lange schon kalt
Und schob ihre Hand langsam von meinem Knie
Für so was bin ich schon zu alt

Zwar war ich mit der Familie Mahler, zu der ja auch Heidi Kabel gehörte, recht gut bekannt, aber warum ich in Fernsehsendungen anlässlich ihrer runden Geburtstage immer wieder dabei sein musste, erschließt sich mir nicht richtig. Es war Heidis fünfundachtzigster Geburtstag, die Sendung wurde aus einem Saal des CCH in Hamburg ausgestrahlt.

Schwule helfen sich oft gegenseitig, ein schöner Zug von ihnen. Natürlich war ich wieder dabei, aber der Fernsehredakteur mit etwas vorstehenden Zähnen, daher „Häschen" genannt, hatte auch Jürgen Marcus in die Sendung eingeladen. Ich musste Heidi mal wieder *Dat du mien Levste büst* vorsingen, als nach mir Jürgen Marcus auf der Bühne erschien und groß vom Moderator als Heidis alter Freund angesagt wurde. Der Toningenieur hatte wie so oft nicht aufgepasst und Heidis Mikrofon war noch offen, als sie fragte: „Wer ist denn der junge Mann?"

Zu der Zeit nahm ich für den Hessischen Rundfunk zwanzig Jazzsongs auf, die ich selbst für gut fand.

Mir ist es selten gelungen, Aufnahmen zu machen, mit denen ich wirklich zufrieden bin.

Aber irgendwann ist die Aufnahme abgeschlossen und dann kommt die Platte so raus, wie sie nun einmal fertig ist.

Ein jeder Sänger, der eine Idealvorstellung von seinem Gesang hat und kein Kopist anderer Sänger ist, muss logischerweise, wenn er das trifft, was er sich vorstellt, für sich der beste Sänger der Welt sein. Oft habe ich schon Sänger gehört, die ich für ganz grauslich hielt, aber diese hielten sich für die besten Sänger der Welt, denn man hörte genau, dass sie jeden Ton, den sie sangen, auch haargenau so meinten. Das nennt man dann eben Geschmackssache.

Diese Titel vom Hessischen Rundfunk sind nie erschienen; nur Leute, die ich gut kenne, lasse ich Kopien davon ziehen.

Wenn unser Sohn Klas uns mit seiner netten freundlichen Freundin Lotte besuchen kam, merkte ich, dass die beiden immer mehr abdrifteten. Den ganzen Tag stank unser Haus nach Haschisch, und sie redeten immer von total bescheuertem PSI-Zeug.

Allmählich gingen die Themen aber immer mehr auf Außerirdische und dass diese die Erde besuchten.

„Ja, glaubst du denn wirklich, dass wir die einzigen intelligenten Lebewesen in diesem Universum sind?", fragte mich mein Sohn. „Ich glaube es nicht, und ich weiß es nicht. Aber warum sollten Außerirdische, wenn sie so viel intelligenter sind als wir, dass sie diese Riesenentfernungen im Weltall zurücklegen können, so blöd sein und sich auf unseren ausgebeuteten und vergifteten Planeten stürzen? Das kann ich gar nicht glauben."

Außerirdische sind im übrigen Christen. Wussten Sie das schon? Zu Silvester zum Jahr 2000 wollten sie auf die Erde kommen und in Mexiko ihre irdischen Jünger abholen.

Unser Sohn, der in Kopenhagen Musik studierte, brach deswegen drei Monate vor dem Abschluss das Studium ab und flog mit anderen bescheuerten Jüngern nach Mexiko.

Mit dem Abholen scheint es wohl nicht ganz geklappt zu haben, weil die Außerirdischen sich verflogen haben müssen, denn er scheint jetzt wieder in Dänemark zu wohnen. Aber schon weit vor dem Jahreswechsel 1999/2000 brach er die Verbindung zu uns ab. Nun, ich bin nicht ein so großer Familienmensch, ich kann damit, wenn auch schwierig, doch leben.

Meine Regine aber hat sich jahrelang nachts die Augen aus dem Kopf geweint, weil unser Sohn ihr vorher bei jeder sich bietenden Gelegenheit seine Liebe beteuert hatte. Ab und zu tat er das auch mir gegenüber, aber ich wusste, dass das nicht stimmen konnte, da mir seine Freunde, wenn sie bei uns anriefen, „mich seiner tiefen Zuneigung versicherten". Regine aber liebte ihren Sohn vorbehaltlos und innig. Durch diese tiefe Enttäuschung wurde sie immer trauriger und immer mehr zur Alkoholikerin. Wenn von Bekannten nur sein Name genannt wurde, fing sie schon an zu weinen, und ganze Nächte hindurch hörte ich sie schluchzen. Bei Alkoholikern ändert sich der Charakter nach einiger Zeit sehr ins Negative. Sie beurteilte alles negativ, selbst Dinge, die sie früher sehr mochte, auch die meisten Menschen, die sie umgaben, außer ein paar Leuten, die sie tief ins Herz geschlossen hatte, und an denen man gar nichts kritisieren durfte. Dass sie gerne half und gerne gab, änderte sich aber an ihr nicht.

Wenn sie genug getrunken hatte, fing sie an, mich zu beschimpfen; mir war schleierhaft, warum, und auch kritische Worte von mir ihr gegenüber wurden immer weniger. „Reg sie bloß nicht auf“, sagte ich mir dann oft und verschwand einfach ins Bett, was sie noch mehr aufregte.

Der absolute Nachtmensch Knut Kiesewetter ging schon um acht Uhr ins Bett, damit ich ihr keine Trinkgesellschaft bot, aber das war wohl gerade das Falsche.

Wenn ich sie manchmal nachmittags um drei fragte, ob sie mich irgendwohin fahren könne, sagte sie: „Geht nicht, hab schon zu viel getrunken.“ „Warum bist du denn so früh schon so betrunken?“ „Ich hab ja noch nichts gegessen“, sagte sie dann. Dann fragte ich mich, wie man, wenn man nichts isst, von Birnengeist und Wein dick werden könne. Das ist physikalisch ein absolutes Novum.

Wir schliefen schon lange in getrennten Räumen, weil sie, wenn sie etwas getrunken hatte, sehr laut schnarchte, so bekam ich nur selten mit, dass sie nachts die Treppe heruntertaperte und sich die Dinge aus dem Kühlschrank nur so reinpfiff.

Am nächsten Morgen wusste sie nichts davon und wollte nicht frühstücken, sie hatte dann natürlich keinen Hunger.

Manchmal hörte sie in dem Raum unter mir bis morgens um vier sehr laute Musik. Musikalisch konnte mich das nicht stören, denn sie hatte einen guten Geschmack, aber ich verzweifelte immer mehr.

Das war eine Spirale, die sich immer mehr in den Abgrund drehte, ich zog mich immer mehr zurück, weil sie zu viel trank, und sie trank immer mehr, weil ich mich zurückzog.

Oft kam sie dann mitten in der Nacht noch in mein Zimmer getobt, um mir irgendeinen trunkenen Quatsch zu erzählen. Am nächsten Morgen sagte ich dann oft zu ihr: „Komisch, ich kenne keinen Menschen, der volltrunken vernünftige Dinge erzählt, außer dir natürlich.“ Dann blieb sie still, aber ich merkte, wie sie sich darüber ärgerte. Auch meine Ironie wurde inzwischen unerträglich für sie. „Hör doch mal auf mit deinem ewigen Quatsch“, sagte sie, worauf ich sagte, dass man einen Vierundsiebzigjährigen schließlich nicht mehr verändern könne.

Tagsüber saß sie im Haus oder im Garten, bei ihrem Weißwein, und wollte sich auch nicht mehr irgendwohin bewegen.

Auch mein Üben auf der Posaune störte sie sehr. Wenn man selbst verkatert ist, kann man das plötzlich sehr gut nachempfinden.

Wenn sie im Suff anfing zu streiten, hatte ich das Gefühl, dass ihre Verbindungen im Hirn kreuz und quer geschaltet waren, und sie widersprach sich innerhalb von drei Sätzen. Unter dem Vorwand, dass wir alt genug seien, um auch Alzheimer zu kriegen, schleifte ich sie mit ins Husumer Krankenhaus, und wir ließen unsere Hirnleistungen messen. Das geht zuerst mit Punkten los, die man erreichen muss, nach Rechenaufgaben und sonstigen Intelligenz- und Gedächtnisfragen. Von achtzehn Punkten, die man erreichen kann, schaffte sie aber doch fünfzehn. Mir fehlte schon wieder ein Argument gegen den Suff.

Wenn ich sie darum bat, doch den Alkoholverzehr einzuschränken, sagte sie: „Nein, ich trink nun einmal gern und es schmeckt mir."

Ab und zu ließen wir unsere Leberwerte messen, meine waren zwar nicht gut, aber noch im Grenzbereich, ihre waren die eines Säuglings. Als einmal ein Arzt zu mir sagte, nachdem er uns unsere Werte vorgetragen hatte: „Herr Kiesewetter, beim Alkohol müssen Sie sich ein Beispiel an Ihrer Frau nehmen", antwortete ich tieftraurig: „Dann wäre ich seit Jahrzehnten tot."

Seit den 80ern mache ich zweimal im Jahr eine sechswöchige Fastenkur, ich esse einmal am Tag einen großen gemischten, vegetarischen Salat und sonst nichts, außerdem trinke ich dann keinen Tropfen Alkohol. Zum Schluss empfand sie das als Provokation ihr gegenüber, ich würde in dieser Zeit immer unausstehlicher, behauptete sie. Das empfand aber nur sie so, nicht einer unserer Bekannten konnte dem zustimmen, und ich war längst nicht mehr von Speichelleckern umgeben. Ich glaube, ihr fehlte in der Zeit einfach einer, der mal mit ihr anstoßen konnte, aber ich bin kein Psychiater.

Eines Nachts kam sie wieder in mein Zimmer, setzte sich auf mein Bett und hatte tolle Dinge zu erzählen. Als sie aber von meinem Bett dann nicht hochkam, sagte ich ihr, dass sie das nie wieder machen solle, ich würde ihr ab jetzt nicht mehr dabei helfen aufzustehen. In der nächsten Nacht kam sie schon früher und wälzte sich neben mich. Ich fragte sie mürrisch: „Willst du etwa jetzt hier schlafen?“ „Ja“, sagte sie. „Du weißt doch, wie du schnarchst. Ich nehme jetzt mein Bettzeug und gehe in dein Bett.“ Was ich auch tat. Kurze Zeit später kam sie schimpfend hinter mir her und bedeutete mir, dass ich wieder in mein Bett gehen dürfe. „Mensch, bist du schon wieder besoffen“, sagte ich. „Das kannst du auch noch gerade beurteilen.“ „Nach achtundvierzig Jahren Zusammensein kann man das natürlich überhaupt nicht“, antwortete ich und ging in mein Bett zurück. Das war das ganze Gespräch dieser Nacht. Nein, nicht ganz, es fehlt das Wort „Arschloch“, mit dem sie mich in diesem Zustand immer betitelte. Mit diesem Gespräch muss ich sie so beleidigt haben, dass sie in die Küche ging und sich Insulin in den Leib spritzte, was für gesunde Menschen tödlich ist. Dann ging sie wieder in ihr Bett.

Ein geplanter Selbstmord kann das auf gar keinen Fall gewesen sein, denn sie hatte gegen ihre sonstigen Gewohnheiten nichts für mich in Ordnung gebracht.

Ich musste mir den Tresor aufbrechen lassen und fand auch im ganzen Haus nichts, was man beim Tod des Partners dringend braucht (Personalausweise, Bankkarten, Passwörter, etc.).

Am nächsten Vormittag wunderte ich mich, dass sie nicht erschien, aber sie hatte wohl zu viel getrunken und lag zu sehr in Sauer, dachte ich. Dann kam auch bald die Frau, der ich damals dieses Buch diktierte. Wir arbeiteten den ganzen Nachmittag, bis ich die Frau zu ihrem Auto führte.

„Hören Sie mal, wie meine Frau um diese Zeit schnarcht.“ „Meine Freundin schnarcht auch so“, sagte sie.

Ich ging zur Musikantenbörse Garding, die gerade stattfand, und blieb dort bis zehn. Wieder zu Hause angekommen, hörte ich sie atmen und ging beruhigt ins Bett. Am nächsten Tag fand ich in der Küche zwei Post-its, die von ihr beschrieben waren, darauf stand immer, was ich aus der Apotheke holen sollte. Ich ging also in die Apotheke und bat die Angestellte darum, mir vorzulesen, was meine Frau geschrieben hatte. Sie las vor: „Tschau Bello. Hab keine Lust mehr." Und auf dem zweiten Zettel: „Du warst nicht nett", und das war ich ja auch nicht. Als Regine ins Krankenhaus Heide kam, war ihr Selbstmordversuch schon sechsunddreißig Stunden her.

Dass ihr Selbstmord auf keinen Fall so geplant gewesen sein kann, war klar daran ersichtlich, dass noch Dinge geliefert wurden, die sie sich per Internet bestellt hatte.

Schon Jahre zuvor hatten Regine und ich gegenseitig eine Patientenverfügung und gegenseitige Vollmacht verfasst. Keine lebensrettende Maßnahme durfte danach an uns vorgenommen werden, wenn es einmal so weit sein sollte.

Gerade für Regine war es eine Horrorvorstellung, an lauter Schläuchen zu hängen und künstlich am Leben erhalten zu werden. Das aber passierte jetzt. Die Ärzte im Krankenhaus Heide kannten die Patientenverfügung und meine Vollmacht, und haben Regine trotzdem einen Monat lang künstlich ernährt und beatmet. Mir gegenüber benahmen sie sich höchst arrogant. Einer dieser arroganten jungen Ärzte sagte mir, dass man in dem Krankenhaus nicht feststellen könne, warum meine Frau im Koma läge. „Sie hat sich betrunken Insulin gespritzt", sagte ich ihm. „Wir konnten aber keinen erniedrigten Zucker und keinen Alkohol in ihrem Blut feststellen." „Wie könnten Sie das auch sechsunddreißig Stunden später?", sagte ich. Ich hatte also einen ausgesprochenen Spezialisten vor mir.

Mir war eigentlich klar, dass Regine keine Chance mehr hatte zu überleben. Ich kenne viele Ärzte und habe, panisch, wie ich war, alle hintereinander angerufen und ihnen die Situation geschildert, ohne ihnen zu sagen, dass es um Regine ging. Alle sagten: „Der Patient hat keine Chance."

Nach vier Wochen wurde sie in eine Neuro-Rehaklinik in Süsel verlegt. Süsel ist von Garding aus mit der Bahn so gut wie gar nicht zu erreichen, und mit dem Auto dauert es über zweieinhalb Stunden.

Als ein befreundeter Mann sich bereitfand, mich dorthin zu fahren, fand ich Regine dort vor, wie sie schon die ganze Zeit in Heide gewesen war. Nichts registrierte sie, was um sie geschah, und außer ein klein wenig die Lider hochzuziehen war sie nicht mächtig, irgendeinen Körperteil zu bewegen.

Die Ärzte dort kannten die Willenserklärung meiner Frau, bestritten aber ihre Chancenlosigkeit und fingen an, mich zu verhören.

Als es dann so weit war, was für einen Beruf ich mal gehabt habe, und ich darauf sagte: „Liedermacher", sollte ich doch mal sagen, welches meine bekanntesten Lieder seien. Da war Schluss mit meiner Großmütigkeit, und ich bedeutete den Herren Doktoren, ich sei kein Prahlhans, sie sollten gefälligst bei Wikipedia nachgucken. Außerdem begriffe ich nicht, was das mit meiner Frau zu tun habe.

Als ich auf die Patientenverfügung und meine Vollmacht aufmerksam machte, beriefen die Ärzte sich auf den Hippokrates-Eid.

Dass dieser für Ärzte gilt, wusste ich schon lange, hatte aber keine Ahnung, dass sich auch Folterknechte auf diesen berufen können. Was man mit Regine gemacht hat, war für sie reinste Folter, und somit folterte man auch mich.

Um mir meine Vollmacht zu entziehen, wandten sich die Ärzte an das Gericht Eutin, und mir wurde ein Gerichtsbevollmächtigter vor die Nase gesetzt. Der Richter wie der Bevollmächtigte sahen sich Regine an, ohne die Ärzte davon in Kenntnis zu setzen, und fragten die Schwestern nach ihrem Zustand. Die Schwestern hatten keinen Grund, unehrlich zu sein, und sagten: „Diese Patientin stirbt doch", und so gaben der Richter wie der Bevollmächtigte ihre Aufträge schriftlich an mich zurück, was aber die Ärzte nicht kümmerte.

Mir wurde von befreundeten Ärzten erklärt, dass dieses So-lange-am-Leben-Halten wohl nur aus pekuniären Gründen geschah. So ein Patient brächte sehr viel Geld am Tag für das Krankenhaus.

Nach wiederum einem Monat wurde meine Frau in das Pflegeheim in Garding verlegt, wo ich sie zweimal am Tag besuchen ging, das waren richtige Qualen. Da lag diese charakterlich sonst so starke Frau und litt, und ich mit ihr. Am 10. November 2015 am Abend starb sie. Endlich wurde sie von ihren Qualen erlöst.

Eigentlich war das für mich ja eine Befreiung. Aber auch Befreiungen können furchtbar wehtun.

Ich fühle mich schuldig, kann aber diese meine Schuld nicht wirklich benennen. Tag und Nacht denke ich darüber nach, was ich hätte anders oder besser machen können. Natürlich hätte man es besser machen können, nur nicht ich. Auch Freunde, die mein Leiden ja miterlebten, scheinen hilflos, wenn ich mit ihnen über dieses Thema rede.

Für Regine

Du berauschtest die Sinne
Du warst Abend und Morgen
Warst der Stadt höchste Zinne
Und tiefstes Verlies
Du erregtest Verlangen
Trotz Freuden und Sorgen
Blieb ein heimliches Bangen
Doch brauchte ich dies

Du warst oft wie ein Lufthauch
An dem Spätsommerabend
Dann auf einmal warst du auch
Eine Sturmflut bei Nacht
Oft so klar wie die Quelle
So erfrischend und labend
Dann die Ozeanwelle
Mit all ihrer Macht

Diese letzten Zeilen sind nun wirklich nicht sehr erheiternd, aber ich komme leider nicht umhin, den Schluss so zu schreiben, weil ich es nicht besser weiß, aber ich gebe zu … ein blöder Schluss.

P.S.
Du Land an't wille Water

Du Land an't wille Water
Wo ruuch de Westwind weiht
De över hoge Dieken
Un flacke Fennen geiht

De Wulken an de Heben
De will ik trecken sehn
Denn hier blots mach ik leben
Denn hier blots mach ik ween.

Wenn ik mal weg bin, leng ik mi
Ik kann vun di nich af
Vun di to laten, segg ik di
Is dat, wat ik nich schaff

Du Land an't wille Water
Du Land an't wiede Haff
Un en paar Jahr later
Dar legg mi hier in't Graff